DIE ASSUMPTIO MOSIS

SUPPLEMENTS

TO THE

JOURNAL FOR THE STUDY
OF JUDAISM

Formerly Studia Post-Biblica

Editor

JOHN J. COLLINS

The Divinity School, University of Chicago

Associate Editor

FLORENTINO GARCÍA MARTÍNEZ

Qumran Institute, University of Groningen

Advisory Board

J. DUHAIME – A. HILHORST – M.A. KNIBB
M. MACH – J.T.A.G.M. VAN RUITEN – J. SIEVERS
G. STEMBERGER – J. TROMP – A.S. VAN DER WOUDE

VOLUME 67

DIE ASSUMPTIO MOSIS

Studien zur Rezeption massgültiger Überlieferung

BY

NORBERT JOHANNES HOFMANN

BRILL

LEIDEN · BOSTON · KÖLN

2000

This book is printed on acid-free paper.

BS
1830
. A8
H64
2000

Library of Congress Cataloging-in Publication data

Hofmann, Norbert Johannes.
  Die Assumptio Mosis : Studien zur Rezeption massgültiger Überlieferung /
  by Norbert Johannes Hofmann.
    p.   cm. — (Supplements to the journal for the study of Judaism,
  ISSN 1384-2161 ; v. 67)
  Includes bibliographical references.
  ISBN 9004119388 (alk. paper)
  1. Assumption of Moses—Criticism, interpretation, etc. I. Title. II. Series.

BS1830.A8 H64   2000
229'.913—dc21   00-060829

Die Deutsche Bibliothek – CIP-Einheitsaufnahme

Hofmann, Norbert Johannes:
Die Assumptio Mosis : Studien zur Rezeption massgültiger Überlieferung
/ by Norbert Johannes Hoffmann. – Leiden ; Boston; Köln : Brill, 2000
  (Supplements to the journal for the study of judaism ; Vol. 67)
  ISBN 90–04–11938–8

ISSN   1384-2161
ISBN   90 04 11938 8

In freundschaftlicher Verbundenheit
meinem sehr verehrten Lehrer und Wegbegleiter
Prof. P. Dr. Otto Wahl SDB

INHALTSVERZEICHNIS

VORWORT

Die vorliegenden Studien zu Rezeptionsprozessen in der Assumptio Mosis (= AM) verdanken ihre Entstehung wichtigen Anregungen von Prof. Dr. Odil Hannes Steck, Zürich. Dafür, dass ich bei ihm fruchtbare Lehrjahre verbringen durfte, sei ihm herzlich gedankt. Nach Abschluss des Lizentiats am "Pontificium Institutum Biblicum" durfte ich im Zürcher Exegetenkreis wichtige Erfahrungen sammeln. So bin ich sowohl den Professoren des Biblicum in Rom für eine fundierte Grundausbildung als auch den Alttestamentlern von Zürich für eine weitere Bereicherung und Fortbildung zu Dank verpflichtet.

Diese Studie stellt die geringfügig überarbeitete Fassung meiner Dissertation mit dem gleichnamigen Titel dar, die Ende 1999 in Rom an der "Pontificia Università Gregoriana" eingereicht wurde. Für die Übernahme des Zweitgutachtens der Dissertation danke ich Prof. P. Dr. Charles Conroy MSC, der die Arbeit äusserst gewissenhaft gelesen und mir wertvolle Hinweise gegeben hat. Mein besonderer Dank aber gilt meinem Doktorvater Prof. Dr. Joseph Sievers, Professor am "Pontificium Institutum Biblicum", der die Arbeit in einfühlsamer und kompetenter Weise betreut hat, und mir dabei stets die nötige wissenschaftliche Freiheit belassen hatte.

Mein Ausbildungsweg wurde von Anfang an von Prof. P. Dr. Otto Wahl SDB betreut, der mich immer wieder ermuntert und mein Tun mit steter Aufmerksamkeit begleitet hat. Ihm sei diese Arbeit deshalb in freundschaftlicher Verbundenheit zugeeignet. Überhaupt möchte ich allen Exegetenkollegen an der Philosophisch-Theologischen Hochschule der Salesianer Don Boscos in Benediktbeuern danken, die mich—jeder auf seine Weise—gefördert und unterstützt haben. Ein besonderer Dank unter meinen Mitbrüdern gilt jedoch meinem Provinzial, P. Herbert Bihlmayer SDB, der dafür Sorge getragen hat, dass die entsprechenden äusseren Bedingungen für meine Arbeit gewährleistet gewesen waren.

Schliesslich danke ich ganz herzlich Prof. Dr. John J. Collins für die Aufnahme meiner Arbeit in die Reihe JSJSupplements und dem Verlag Brill für die gute Zusammenarbeit bei der Publikation.

Benediktbeuern, den 24.05.2000
Norbert Johannes Hofmann SDB

ABKÜRZUNGSVERZEICHNIS

Die bibliographischen und allgemeinen Abkürzungen, sowie die der biblischen und ausserbiblischen Schriften, richten sich nach S.M. SCHWERTNER, *Theologische Realenzyklopädie. Abkürzungsverzeichnis*, 2. Auflage, Berlin – New York 1994. Davon abweichende oder fehlende Abkürzungen finden sich im folgenden.

Abkürzungen ausserbiblischer Schriften:

AM	Assumptio Mosis
ApocDan	Daniel-Apokalypse
Bar	Das Buch Baruch
2Bar	Syrische Baruch-Apokalypse
3Bar	Griechische Baruch-Apokalypse
4Esr	Das 4. Buch Esra
GenAp	Genesis Apocryphon
grEsrApk	Griechische Esra-Apokalypse
3Hen	hebräische Henoch-Apokalypse
LAB	Liber Antiquitatum Biblicarum (= Pseudo Philo)
1/2/4Makk	1., 2., 4. Makkabäerbuch
TestIjob	Testament Ijobs

Allgemeine Abkürzungen:

bzgl.	bezüglich
cf.	confer
et al.	et alii
Frag.	Fragment
ID.	Idem
Kol.	Kolumne(n)
Pass.	Passiv
trad.	traduzione, traducción
trans.	translation
𝔐	Samaritanus

EINFÜHRUNG

Die Assumptio Mosis gehört im weitesten Sinn zur sogenannten intertestamentarischen Literatur. Unter diesem Begriff aber werden eine
Reihe von Schriften subsumiert, die vielleicht nur das gemeinsam
haben, dass sie weder in einen alttestamentlichen noch in den neutestamentlichen Kanon Eingang gefunden haben. In traditionsgeschichtlicher Hinsicht scheint aber eine Dreiteilung in das AT, die
intertestamentarische Literatur und das NT durchaus problematisch
zu sein, da eine derartige Abgrenzung suggerieren könnte, es handele sich um drei voneinander relativ unabhängige Textcorpora, die
zwar untereinander sachlich-thematische Verbindungen aufweisen,
ansonsten aber fein säuberlich voneinander geschieden werden könnten. Die AM zeigt sowohl Beziehungen zum AT und NT, als auch
zu anderen jüdischen Schriften aus dem Zeitraum vom 2.Jh.v.Chr.
bis zum 1.Jh.n.Chr. Sie ist nicht vom Himmel gefallen, sondern Teil
eines grossen Traditionsstroms, der sich ausgehend von der alttestamentlichen bis hin zur rabbinischen Literatur erstreckt. In ihr kommen geistes- und theologiegeschichtliche Ideen und Konzepte zum
Ausdruck, die ihren Haftpunkt auch in konkreten historischen Situationen haben müssen. Sie entsteht nicht im religionsgeschichtlichen
Vakuum, sondern verdankt sich massgültigen überlieferten Traditionen,
die sich in ihr niederschlagen, und zwar unter den neuen und gewandelten Verhältnissen zur Zeit der Abfassung. In ihr geschieht also
eine—wie auch immer geartete—Rezeption massgültiger schriftlicher
oder auch mündlicher Tradition auf dem Hintergrund veränderter
historischer Umstände. Und genau diese Rezeptionsprozesse interes-
sieren in besonderer Weise, wird doch durch sie augenscheinlich, auf
welche Art und Weise Überliefertes in Treue zum Ursprünglichen
neu appliziert und aktualisiert wird. So geht es in ihnen um Treue
im Wandel: Tradition wird in der Aktualisierung verlebendigt, sach-
gerecht zeitgemäss gemacht. In diesem Fluss der Aktualisierung von
Tradiertem, der Anwendung von Überliefertem, stehen auch wir
Heutigen, die wir das Gestern auf dem Hintergrund unserer Traditionen ins Morgen hineinverlängern. In diesem Sinn geht es darum,
das Bewährte zu bewahren und das Bewahrte zu bewähren. Das gilt
im besonderen auch für unsere religiösen Traditionen, die sich—um

wirksam werden zu können—"aus-zeitigen" müssen, also in den je veränderten Zeitumständen neue Valenz bekommen müssen. In diesem Sinn braucht eine sinnvolle Textauslegung sogar das Milieu der Zeitgebundenheit, aus dem sie heraus und in das sie hinein geschieht. Schrifttexte sind kein totes Konglomerat von einmal fixierten Traditionen, aufgrund eines inhärenten Sinnpotentials entlassen sie aus sich heraus immer wieder neue Applikationsmöglichkeiten. Auf diese Weise werden Traditionen gleichsam fortgeschrieben, sie werden aufgeweitet, verlebendigt und damit wirksam gemacht.

Rezeptionsprozesse verlebendigen also Althergebrachtes und wenden es neu an, sie können gleichsam als eine Art der Schriftauslegung betrachtet werden, die heilige Texte neu verständlich machen wollen. Schon innerhalb der Bibel geschehen diese Rezeptionen als "relecture" durch buchinterne Fortschreibungen. Mit Abschluss des Pentateuchs oder anderer Teile des Kanons aber war diese Art der Interpretation verwehrt, so dass eine reichhaltige schriftliche Auslegungtradition der heiligen Texte in Gang gekommen war. Es entstanden Schriften, die dann ausserhalb des Kanons blieben und biblische Erzählungen neu akzentuierten, sie auf diese Weise aktualisierten. Bei der Kanonisierung von Schriften spielte unter anderem auch das Kriterium ihrer Inspiration eine Rolle (cf. z.B. Josephus, Ap I,37–43): man glaubte, in ihnen Gottes Wort authentisch zu vernehmen. Wie aber steht es in dieser Hinsicht mit den Schriften, die als apokryph oder pseudepigraphisch bezeichnet werden? Es ist zu vermuten, dass die Ansicht, in diesen würde das Gotteswort nicht zum Ausdruck kommen, dazu führte, sie zu vernachlässigen und sie nicht in dem Masse exegetisch zu erforschen wie die kanonischen bzw. deuterokanonischen Schriften. Dahinter stünde unter Umständen ein statisches Offenbarungsverständnis, das die Geschichtlichkeit und Dynamik der göttlichen Offenbarung nicht genügend berücksichtigen würde. Gottes Offenbarung und sein Heilswille endet nicht an der Kanongrenze der biblischen Bücher, wenngleich diese natürlich als *norma normans* eine unverzichtbar wichtige Rolle für die Entfaltung des Glaubenslebens spielen. Gottes Heilswille verwirklicht sich in der Geschichte unaufhörlich, also auch in der Schriftauslegung und damit in der Applikation seines Wortes unter historischen Bedingtheiten.

Unter dem Aspekt der Schriftauslegung, der Rezeption massgültiger Überlieferung, soll also die AM betrachtet werden. Von Interesse sind diese Rezeptionsvorgänge in ihrer konkreten Art, in ihrer Bezugnahme auf die biblischen Grundlagen und in ihrer Zielrichtung. Besonders die Intentionen bei der Wiederaufnahme und die damit verbundenen theologischen Implikationen müssen benannt werden. Dabei geht es nicht um einen lückenlosen Aufweis, wo die AM wie auf welche Bibelstelle zurückgreift. Schriften dieser Art sind meistens durch und durch von biblischer Sprache geprägt, sie ahmen gleichsam das biblische Milieu nach, um es neu gegenwärtig zu setzen. In der vorliegenden Untersuchung soll es um Abfolge-Rezeptionen gehen, die im Sinn eines Rewritten-Bible-Phänomens an einer durchgehenden Erzählung entlang gehen. Letzlich ist eine durchgängige biblische Grundlage ausfindig zu machen, die den Rezeptionsprozessen zugrunde liegt. Die Verhältnisbestimmung zwischen biblischer Vorlage und in der AM geschehener Rezeption muss detailliert nach allen Richtungen hin untersucht werden. Dazu gehört teilweise auch die Fragestellung, wie die Rezeptionsgrundlage in anderen Schriften aus dem entsprechenden Zeitraum aufgegriffen worden ist (2.Jh.v.Chr.–1.Jh.n.Chr.); nur so lassen sich die Rezeptionsprozesse traditionsgeschichtlich orten. Zuvor ist aber—nach einem entsprechenden Forschungsüberblick—die AM selbst in ihrer literarischen Struktur in Augenschein zu nehmen, um die Rezeptionsprozesse literarisch adäquat einordnen zu können. Da sich die AM in ihrem Kern als eine Rede Moses an Josua kurz vor der Landnahme zu erkennen gibt, die als Geschichtsvorausblick die künftigen Ereignisse ins Blickfeld nimmt, ist zudem das Mose-Josua-Nachfolgeverhältnis bzw. die Josuagestalt in anderen Schriften der intertestamentarischen Zeit von Interesse. Auf diesem Hintergrund ist es unerlässlich, die AM traditionsgeschichtlich zu orten, also nach Parallelen in anderen entsprechenden Schriften aus dem vorgegebenen Zeitraum zu suchen (äthHen, TestXII, Jub, 1/2/4Makk, PsSal, 4Esr, 2Bar, LAB, Qumrantexte). Methodisch steht also der traditionsgeschichtliche Ansatz im Vordergrund, der bei einer Untersuchung von Rezeptionsprozessen geboten zu sein scheint. So verfolgen diese Untersuchungen eigentlich den folgenden Zweck: zum einen geht es um eine traditionsgeschichtliche Ortung der AM und zum anderen sollen auf diesem Hintergrund entsprechende Rezeptionsprozesse deutlich herausgearbeitet werden.

Dass in der AM der Deuteronomiumschluss (Dtn 31–34) rezipiert worden sei und man in dieser Hinsicht von einem Rewritten-Bible-Phänomen sprechen könne, gehört schon seit längerem zum Erkenntnisstand der Forschung. Allerdings begnügte man sich bislang mit dieser

Feststellung ohne eine detailliertere Untersuchung der Rezeptionsprozesse vorzulegen. Ziel dieser Untersuchung ist es, dieser Behauptung ein
solides Fundament zu verschaffen und gleichzeitig an einem Rewritten-
Bible-Phänomen aufzuzeigen, wie Schriftauslegung durch Rezeption
massgültiger Überlieferung in damaliger Zeit geschieht. Sie kann
vielleicht auch einen Diskussionsbeitrag liefern, wie das Phänomen "Rewritten Bible" näher gefasst werden kann, denn bislang zeigte sich
ein recht schillernder und uneinheitlicher Gebrauch dieses Terminus.

KAPITEL 1

FORSCHUNGSÜBERBLICK ZUR AM

Ein Forschungsüberblick zur AM muss die Forschungsgeschichte erhellen und den heutigen Forschungsstand differenziert darstellen. Grundlegend ist die Textbasis und die sich darauf stützenden textkritischen Ausgaben, um Fragen bezüglich der Ursprache, der literarischen Gattung und Einheit anzugehen. Desweiteren sollen die verschiedenen Meinungen bezüglich der Datierung, Abzweckung und Herkunft des Autors der AM im Mittelpunkt stehen. Auch wenn sich die vorliegende Untersuchung im ganzen auf Rezeptionsprozesse konzentriert, die in der AM ausfindig gemacht werden können, so sind die eben erwähnten allgemeinen Fragen dennoch von Belang, um die einzelnen Rezeptionen besser einordnen zu können. Schliesslich soll nach den Beziehungen der AM zu Qumrantexten gefragt und im Zusammenhang der Wiederaufnahme massgültiger Traditionen auf Rewritten-Bible-Phänomene eingegangen werden.

1.1 *Zur Identifizierung des Fragments von* CERIANI

Zu Beginn der hier anzustellenden Überlegungen zu historisch-kritischen Fragen gilt es, die Textbasis genau zu beschreiben und die bisherigen Bemühungen darzustellen, den betreffenden Text zu identifizieren. Im Jahre 1861 veröffentlichte der Bibliothekar der Mailänder Bibliotheca Ambrosiana CERIANI einen lateinischen Codex (*Monumenta sacra et profana ex codicibus praesertim Bibliothecae Ambrosianae, opera Collegii Doctorum ejusdem, I*),[1] der wohl aus dem Kloster Bobbio nach Mailand gelangt war.[2] Unmittelbar nach einer unvollständigen Version des Jubiläenbuches folgte in diesem Codex ein Textkomplex, den CERIANI

---

[1] Der als Assumptio Mosis identifizierte Text findet sich auf den Seiten 55–64 mit der Überschrift «Fragmenta Assumptionis Mosis» (in der Mailänder Bibliotheca Ambrosiana trägt der betreffende Codex die Nummer "C 73 inf."; auf folgenden Seiten des Palimpsests finden sich die Fragmente der AM: 112 a/b; 111 a/b; 110 a/b; 109 a/b; 85 a/b; 86 a/b; 78 a/b; 77 a/b; 68 a/b; 67 a/b; 91 a/b; 92 a/b; 100 a/b 99 a/b; 98 a/b; 97 a/b).

[2] Cf. G. VOLKMAR, *Mose Prophetie und Himmelfahrt*, 1.

mithilfe des *Codex pseudepigraphus* von Fabricius aus dem Jahre 1722
(2. Auflage) als Assumptio Mosis oder ἀνάληψις Μωυσέως identifizierte.
In diesem Werk lagen alle Spuren verlorener apokrypher Schriften
des Alten Testaments gesammelt vor, und dort entdeckte er ein Zitat,
das von Gelasius von Cyzikus stammt (5.Jh.n.Chr.), als der ἀνάληψις
Μωυσέως zugehörig markiert wird, und scheinbar parallel läuft zu
Stellen des gefundenen Fragments. Ein Vergleich des griechischen
Gelasius-Zitats (Hist.Eccl. II,17,17) und AM 1,6.9.14 im lateinischen
Codex erweist im weiteren Sinn die Zusammengehörigkeit beider
Stellen,[3] wobei zweifelhaft bleibt, ob es sich bei den Bruchstücken
aus AM 1,6.9 um ein wörtliches Zitat handelt, während dies für
AM 1,14 durchaus wahrscheinlich ist.[4] Vor der Publikation Cerianis
war auch durch andere Kirchenväterverweise[5] und Listen von apokryphen Büchern bekannt,[6] dass eine Assumptio Mosis existiert haben
muss, allerdings wusste man kaum etwas über deren Inhalt. Was den
Text der Assumptio Mosis betrifft, so befindet er sich unter zwei
darübergeschriebenen Schriften auf einem Palimpsest auf Pergament
aus dem 6.Jh.n.Chr.,[7] der aufgrund der Behandlung mit Chemikalien
im letzten Jahrhundert ziemlich beschädigt ist und einige Lücken
aufweist.[8] Es handelt sich um insgesamt 16 Seiten (acht Blätter vorne
und hinten beschrieben), wobei jede Seite jeweils zwei Kolumnen zu
fast durchgängig je 24 Zeilen aufweist. Die Schrift ist eine durchgehende Unzialschrift aus dem 5. oder 6.Jh.n.Chr., und aus dem Text
geht hervor, dass es sich um eine Abschrift handeln muss, nicht um

---

[3] Cf. A.-M. Denis, *Fragmenta Pseudepigraphorum*, 63.

[4] Die beiden Texte in Gegenüberstellung: itaque excogitavit et invenit me, qui
ab initio orbis terrarum praeparatus sum ut sim arbiter testamenti illius (AM 1,14);
καὶ προεθεάσατό με ὁ θεὸς πρὸ καταβολῆς κόσμου εἶναί με τῆς διαθήκης αὐτοῦ μεσίτην
(Gel. Cyz. Hist. Eccl. II,17,17).

[5] Cf. R.H. Charles, *The Assumption of Moses*, 103–110; M.R. James, *The Lost
Apocrypha*, 43–48; A.-M. Denis, *Fragmenta Pseudepigraphorum*, 63–67; Id., *Introduction aux
pseudépigraphes grecs*, 128ff.

[6] Die Assumptio Mosis wird beispielsweise in einer "Liste von 60 Büchern" (600
n.Chr.), in der "Stichometrie des Nicephorus" (9.Jh.n.Chr.) und in der "Synopsis
scripturae sacrae" des Pseudo-Athanasius (500 n.Chr.) neben einem Testamentum
Mosis erwähnt; cf. E.-M. Laperrousaz, «Le Testament de Moïse», 33/Anm. 1;
J. Tromp, *The Assumption of Moses*, 87.100; D. Maggiorotti, *Il Testamento di Mosè*,
36/Anm. 7.

[7] Bezüglich der Datierung des Codex ist nicht auszuschliessen, dass er auch schon
aus dem 5.Jh.n.Chr. stammt; cf. D. Maggiorotti, *Il Testamento di Mosè*, 67/Anm. 8.

[8] Zur detaillierten Beschreibung des Manuskripts cf. A.M. Ceriani, «Fragmenta
Assumptionis Mosis», 9–13.63–64; E.-M. Laperrousaz, «Le Testament de Moïse»,
8–12.

das Übersetzungsoriginal.[9] Fragmentarisch ist diese Handschrift in mehrfacher Hinsicht, denn zum einen fehlen die ersten drei Zeilen des Textes, die vermutlich mit roter Farbe geschrieben waren und die Überschrift beinhaltet haben könnten, zum anderen bricht das Manuskript am Ende unvermittelt mitten im Satz ab, und auch im laufenden Text selbst gibt es eine Reihe von Lücken[10] (das 7. Kapitel ist diesbezüglich besonders betroffen). Das heisst, dass von dieser Assumptio Mosis scheinbar nur ein Teil im von CERIANI publizierten Codex zu finden war; welchen Umfang und Inhalt der weggebrochene Schluss gehabt haben könnte, darüber lassen sich nur Mutmassungen anstellen. Was das Latein der Handschrift betrifft, so ist es weit davon entfernt, klassischen Grammatikregeln zu entsprechen, vielmehr finden sich viele Unregelmässigkeiten, die aber für das Vulgärlatein der Abfassungszeit[11] typisch sind.[12] CERIANI besorgte also die *editio princeps* der AM, zuvor aber schon wurde von PEYRON auf diesen Codex der Ambrosiana hingewiesen, der den Abschnitt AM 4,5–5,1 unter dem Titel "Apokryphe Bücher des Alten Testaments" in seinem Werk *Ciceronis orationum fragmenta inedita* veröffentlichte.[13]

Was nun die Identifizierung des Textes der AM anbelangt, so blieb diese unbestritten bis SCHÜRER (1886) Argumente dafür ins Feld führte, den entsprechenden Text eher als das Testamentum Mosis (διαθήκη Μωυσέως) aufzufassen. In der Stichometrie des Nicephorus, im Verzeichnis des Pseudo-Athanasius und in einer Liste von 60 Büchern wird nämlich neben einer Assumptio auch ein Testamentum Mosis erwähnt, und der Grossteil der griechischen Kirchenväterzitate, die sich expressis verbis auf eine Assumptio Mosis beziehen, handelt von Sachverhalten, die nicht im lateinischen Fragment vorzufinden sind. So folgerte man, dass das, was in den Kirchenväterverweisen

---

[9] Als Beweis dafür wird stets auf eine ausgiebige Dittographie in AM 5,6 hingewiesen; cf. A.M. CERIANI, «Fragmenta Assumptionis Mosis», 58.

[10] Cf. G. VOLKMAR, *Mose Prophetie und Himmelfahrt*, 3.

[11] Diesbezüglich behauptet R.H. CHARLES, *The Assumption of Moses*, xiii.xxx, das Latein des Manuskripts sei nicht später als im 5.Jh.n.Chr. anzusetzen und H. RÖNSCH, «Sprachliche Parallelen aus dem Bereich der Itala», 76, spricht davon, dass die AM im Idiom der Itala abgefasst wäre und der Codex aus dem 6.Jh.n.Chr. stamme; cf. dazu auch E.-M. LAPERROUSAZ, «Le Testament de Moïse», 12f.

[12] Eine fundierte und detaillierte Auseinandersetzung bezüglich des Lateins der AM und der damit verbundenen linguistischen Probleme findet sich bei J. TROMP, *The Assumption of Moses*, 27–85; cf. auch R.H. CHARLES, *The Assumption of Moses*, xxviii–xxxvi; E.-M. LAPERROUSAZ, «Le Testament de Moïse», 12–16.

[13] Cf. J. TROMP, *The Assumption of Moses*, 90.

bezeugt ist, im verlorengegangenen Schluss der AM zu finden sein müsste, und es fehlt nicht an Versuchen, das weggebrochene Ende aufgrund dieser Zitate zu rekonstruieren.[14] Besonders bekannt ist diesbezüglich der überlieferte Streit zwischen dem Erzengel Michael und dem Satan über den Leichnam Moses, der von Origenes überliefert ist (De principiis III,2,1) und von dem er behauptet, er wäre im Judasbrief aufgegriffen worden (Jud 9).[15] Da also die meisten Kirchenväterverweise nicht im publizierten Fragment CERIANIS zu finden waren und dieses zudem keine Spuren einer leiblichen Aufnahme Moses in himmlische Sphären zeigt, folgerte SCHÜRER, beim Fragment handele es sich um das Testamentum Mosis, das den ersten Teil einer umfänglicheren ἀνάληψις Μωυσέως ausmachen müsste.[16] Diese These wurde nun von CHARLES (1897) in der Weise aufgegriffen und modifiziert, dass er die Unabhängigkeit beider Werke behauptete, also davon ausging, dass das Testamentum und die Assumptio Mosis zwei verschiedene literarische Kompositionen waren, die letztlich unter dem zweiten Titel zusammengearbeitet wurden, und zwar noch im 1.Jh.n.Chr., weil unter anderem der Judasbrief und Josephus ein bereits kompiliertes Werk voraussetzen würden.[17] Auf diese Weise lieferte er ein Erklärungsmodell, warum im Fragment CERIANIS, das er als Testamentum Mosis identifizierte, von einem gewöhnlichen Tod des Mose die Rede ist, die Kirchenväterbezüge aber auf eine Aufnahme in himmlische Sphären verweisen. Die eigentliche Assumptio Mosis wäre nach diesem Modell dann aber aufgrund der Kirchenväterverweise zu rekonstruieren,[18] und hätte gleichsam das mit ihm zusammengearbeitete Testamentum Mosis seines Titels beraubt. Aufgrund der These von CHARLES wurde schliesslich von CLEMEN (1900) eine andere Lösung ins Feld geführt, nämlich die, dass eine Grundschrift, also das Testamentum Mosis, derart überarbeitet wurde, dass

---

[14] Cf. z.B. R.H. CHARLES, *The Assumption of Moses*, 103–110; J. TROMP, *The Assumption of Moses*, 270–285.

[15] Cf. J. TROMP, *The Assumption of Moses*, 271–275. In nahezu jedem Kommentar zum Judasbrief wird auf diesen Sachverhalt mehr oder weniger differenziert Bezug genommen.

[16] Cf. E. SCHÜRER, *Geschichte des jüdischen Volkes*, III, 303, im Wortlaut: «Da die uns erhaltene Schrift in Wirklichkeit ein "Vermächtnis Mosis" ist, dieselbe aber [...] in den Akten des Konzils von Nicäa als Ἀνάληψις Μωυσέως zitiert wird, so ist anzunehmen, dass jene beiden Titel nur die beiden Hälften eines und desselben Werkes bezeichnen, von welchem uns die erste Hälfte erhalten ist, während die Zitate der Kirchenväter sich fast alle auf die zweite Hälfte beziehen».

[17] Cf. R.H. CHARLES, *The Assumption of Moses*, xlv–liv.

[18] Cf. R.H. CHARLES, *The Assumption of Moses*, 103–110.

daraus zum Schluss eine Assumptio entstehen konnte.[19] Wie auch
immer, seit SCHÜRER gibt es mit entsprechenden Modifikationen die
These, dass das von CERIANI publizierte Fragment nicht als Assumptio, sondern als Testamentum Mosis zu bezeichnen wäre. Gegen die
These CHARLES' zweier ursprünglich getrennter Werke, die vereint
worden sein sollen, führte schliesslich LAPERROUSAZ (1970) an, dass
auch nach dem 1.Jh.n.Chr. immer noch die Titel beider Werke genannt wurden, also eine Zusammenarbeit beider literarischer
Kompositionen nicht aufrecht zu erhalten ist; er identifiziert jedoch
das Fragment gleichermassen mit dem Testamentum Mosis.[20] Zu diesen Überlegungen kamen im Laufe der Zeit schliesslich noch formkritische Argumente hinzu, um dem Fragment CERIANIS den Titel
Testamentum Mosis zuzuschreiben: es enthielte typische Stilmerkmale
dieser literarischen Gattung, so dass es sich unzweifelbar um ein
Testament handele.[21] So darf es nicht verwundern, dass in den letzten 25 Jahren, vor allem in der englischsprachigen Literatur, kaum
mehr von einer Assumptio Mosis die Rede ist, vielmehr wird das
CERIANI-Fragment als Testamentum Mosis betitelt. Erst TROMP (1993)
greift wieder bewusst den alten Titel auf und begründet es damit,
dass moderne Kriterien bezüglich einer literarischen Gattung nicht
zur Namensbestimmung eines Dokuments verwendet werden können, das in der Antike ursprünglich anders betitelt wurde. Zudem
entkräftet er das Argument, eine Schrift mit dem Titel Assumptio
Mosis müsste auch eine leibliche Aufnahme des Protagonisten in den
Himmel beinhalten, denn die Begriffe ἀνάληψις oder "assumptio"
können gleichermassen den Aufstieg der Seele nach dem Tod meinen und müssten nicht unbedingt in dem Sinn gedeutet werden, dass
Mose direkt in himmlische Sphären aufgefahren wäre. Letztlich sei
die Identifizierung CERIANIS massgeblich, weil eben nur das ange-
führte Gelasius-Zitat im Fragment eindeutig wiedergefunden werden
könne, und dieses als einer ἀνάληψις Μωυσέως zugehörig bezeichnet wurde.[22] Zur Frage eines adäquaten Titels für das lateinische
Fragment kann auch MAGGIOROTTI (1995) nichts Neues beitragen,
sie macht lediglich den diplomatischen Vorschlag, den ursprünglichen

---

[19] Cf. C. CLEMEN, «Die Himmelfahrt Moses», in *APAT*, II, 312.
[20] Cf. E.-M. LAPERROUSAZ, «Le Testament de Moïses», 26–62.
[21] Cf. E. CORTÉS, *Los discursos de adiós*, 140–146; E. VON NORDHEIM, *Die Lehre der Alten*, I, 206f.
[22] Cf. J. TROMP, *The Assumption of Moses*, 115.

Titel "Fragmenta Assumptionis Mosis" beizubehalten, unter dem die
editio princeps herausgegeben wurde.[23]

Für die folgenden Untersuchungen ist letztendlich das von Ceriani
im Jahre 1861 publizierte Fragment massgeblich, ganz gleich, welchen Titel man ihm auch geben mag. Dieses ist schliesslich das einzige Textzeugnis, das allen bisherigen textkritischen Editionen zugrunde
liegt, die je nach Bedarf Berücksichtigung finden müssen. Aus Kon-
venienzgründen wird schliesslich der Titel Assumptio Mosis beibehalten, weil er zum einen der ursprünglich gebräuchliche gewesen
ist, zum anderen die Argumentationen Tromps in dieser Angelegenheit
durchaus plausibel und nachvollziehbar zu sein scheinen.

1.2   *Textkritische Ausgaben im Überblick*

Die besagte *editio princeps* von Ceriani aus dem Jahre 1861 erhebt
nicht den Anspruch einer kritischen Textausgabe, denn dem Herausgeber ging es ausschliesslich darum, den Text so wiederzugeben, wie
er ihn im Codex identifizieren konnte.[24] Aufgrund dessen, dass es
sich um einen alten Palimpsest handelt, der an vielen Stellen unleserlich oder sogar lückenhaft ist, konnten manche Lesarten nur mit
einem gewissen Wahrscheinlichkeitswert angegeben werden. Im Manuskript gab es eine Reihe von Abkürzungen und Kürzeln, die Ceriani
in seiner Edition ausgeschrieben wiedergab. Diese *editio princeps* bil-
dete nun die einzige Textbasis für alle folgenden textkritschen Ausgaben. Die erste wurde 1866 von Hilgenfeld unter dem Titel "Mosis
Assumptionis quae supersunt primum edita et illustrata" in seinem
Werk *Novum Testamentum extra canonem receptum* besorgt.[25] Die von ihm
dort durchgeführte Kapiteleinteilung des Textes wurde bis heute beibehalten und massgültig. Dieser Ausgabe folgte die von Volkmar
(1867),[26] in der sich auch die erste deutsche Übersetzung des Textes
findet und die in extenso Fragen bezüglich der Herkunft und
Abfassungszeit behandelt. Unmittelbar danach erfolgten die nächsten

---

[23] Cf. D. Maggiorotti, *Il Testamento di Mosè*, 54.
[24] Cf. A.M. Ceriani, «Fragmenta Assumptionis Mosis», 9–13.
[25] Dazu gibt es im Jahr 1884 eine zweite Auflage, die sich nicht unwesentlich
von der ersten unterscheidet. Hilgenfeld machte sich zudem die Mühe den lateinischen Text ins Griechische zurückzuübersetzen; cf. A. Hilgenfeld, «Die Psalmen
Salomo's und die Himmelfahrt des Moses», 276–299 (gleichermassen findet sich
diese Übersetzung in A. Hilgenfeld, *Messias Judaeorum*, 435–468).
[26] Cf. G. Volkmar, *Mose Prophetie und Himmelfahrt*, 12–55.

textkritischen Editionen von Schmidt – Merx (1869)[27] und Fritzsche (1871),[28] wobei anzumerken ist, dass die textkritischen Bemühungen der ersteren von der Grundüberzeugung getragen waren, dass das eigentliche Original in Aramäisch abgefasst war; der zweite nahm eine Verseinteilung der einzelnen Kapitel vor, die noch heute üblich ist. Eine für die Forschungsgeschichte der AM im 20.Jh. folgenreiche textkritische Ausgabe wurde schliesslich von Charles (1897)[29] herausgegeben, die weite Kreise gezogen hat und auf die sich die meisten Forscher im 20. Jahrhundert bezogen haben. Bezüglich der Konjekturen und Textemendationen geht Charles konsequent von einem hebräischen Original aus. Bis zu dieser Ausgabe stützten sich alle auf die *editio princeps* von Ceriani, erst Clemen (1904)[30] zog zu seiner textkritischen Ausgabe ausdrücklich noch einmal den Codex der Ambrosiana zu Konsultationen heran. Seine Übersetzung fand schliesslich Eingang in das von Kautzsch herausgegebene deutsche Sammelwerk alttestamentlicher Apokryphen,[31] und wurde auf diese Weise für lange Zeit zum massgeblichen Referenztext. Nicht im eigentlichen Sinn bietet schliesslich Laperrousaz (1970) eine textkritische Ausgabe, wenn er einfach den lateinischen Text Cerianis abdrucken lässt,[32] aber seine detaillierten Überlegungen zur AM dürften nach einer langen Pause des Schweigens wieder das Interesse an dieser Schrift geweckt haben.[33] Die letzte veröffentlichte textkritische Ausgabe besorgte Tromp (1993),[34] wobei er sich auf die Arbeiten von Ceriani und Clemen stützte, sowie Photographien des Manuskripts zu Rate ziehen konnte;[35] das eigentliche Manuskript der Ambrosiana

---

[27] Cf. M. Schmidt – A. Merx, «Die Assumptio Mosis», 111–152.

[28] Cf. O.F. Fritzsche, *Libri Apocryphi Veteris Testamenti Graece*, 700–730.

[29] Cf. R.H. Charles, *The Assumption of Moses*, 1–101.

[30] Cf. C. Clemen, «Die Himmelfahrt des Mose», 1–16.

[31] Cf. C. Clemen, «Die Himmelfahrt Moses», in *APAT*, II, 311–331.

[32] Cf. E.-M. Laperrousaz, «Le Testament de Moïse», 102–109.

[33] Etwa zwischen 1900 und 1970 erschienen nur spärlich Publikationen, die ausschliessliches Interesse an der AM zeigten; cf. J. Tromp, *The Assumption of Moses*, 103–105.

[34] Cf. J. Tromp, *The Assumption of Moses*, 6–25.

[35] Aufgrund des schlechten Zustands der Pergamente lässt sich heute in der Mailänder "Biblioteca Ambrosiana" das Original nicht einsehen. Ich war in dieser Bibliothek, und man zeigte mir Photographien mit verschiedenen Belichtungen. Leider konnte ich aber kaum etwas erkennen, da die darunterliegende Schrift des Palimpsests weitgehend unleserlich bleibt. Man liess mich auch eine Seite des Original-Pergaments sehen, aber mit blossem Auge kann man schwerlich etwas entziffern. Da die Pergamente im 19. Jh. mit Chemikalien behandelt wurden, dürfte auch vieles

war ihm damals nicht zugänglich. Schliesslich gibt es noch eine unveröffentlichte textkritische Ausgabe von MAGGIOROTTI (1995),[36] die sich in ihrer Dissertation[37] auf CERIANI, CLEMEN und TROMP beruft.

Alle diese erwähnten textkritischen Editionen sind bei den folgenden Untersuchungen zur Rezeptionsgeschichte auf der Basis der *editio princeps* von CERIANI von Fall zu Fall zu Rate zu ziehen, wenn es um textkritische Unsicherheiten geht. Grundsätzlich ist jedoch immer zuerst das überlieferte Manuskript der Ambrosiana in Augenschein zu nehmen.

1.3   *Überlegungen bezüglich der Ursprache*

Dass das lateinische Fragment eine Übersetzung einer griechischen Vorlage ist, war von Anfang an klar und wurde von keinem Forscher bestritten, denn zum einen lässt die lateinische Syntax auf griechische Sprachstrukturen schliessen, zum anderen gibt es eine Reihe von Wörtern, die schlichtweg transkribiert wurden, also jeweils das griechische Original mit lateinischen Buchstaben wiedergaben.[38] Zudem ist das oben erwähnte Gelasius-Zitat erhalten, das gleichermassen auf eine griechische Vorlage hinweist. Der Herausgeber der ersten textkritischen Ausgabe HILGENFELD (1866) hält nun auch das Griechische für die ursprüngliche Sprache der AM[39] und nimmt einen abendländischen Ursprung an.[40] Er scheint einer der wenigen zu sein, der

---

unwiederbringlich verloren sein, so dass man sich scheinbar mit der *editio princeps* von CERIANI begnügen muss.

[36] Cf. D. MAGGIOROTTI, *Il Testamento di Mosè*, 92–174.

[37] Diese Dissertation wurde an der Universität Turin als "Dottorato di Ricerca in Ebraistica" (Relatore: Prof. Paolo Sacchi) eingereicht und mir dankenswerter Weise von der Verfasserin zur Verfügung gestellt.

[38] Cf. G. VOLKMAR, *Mose Prophetie und Himmelfahrt*, 56; M. SCHMIDT – A. MERX, «Die Assumptio Mosis», 111; R.H. CHARLES, *The Assumption of Moses*, xxxvi–xxxviii; die entsprechenden Beispiele CHARLES' werden von den nachfolgenden Forschern immer wieder genannt: AM 1,17 ("chedrio" von κεδρόω); AM 3,7 ("clibsis" oder "tlibsis" von θλῖψις); AM 3,11 ("heremus" von ἔρημος); AM 8,3 ("acrosisa" oder "acrobistia" von ἀκροβυστία); zudem lässt das "scene" in AM 1,7 und "scaene" in AM 1,9 das griechische σκηνή durchschimmern.

[39] Auch der Herausgeber der zweiten textkritischen Ausgabe VOLKMAR (1867) optiert für das Griechische als Originalsprache (der Verfasser der AM denke hebräisch und schreibe griechisch), wobei er aber nicht ganz auszuschliessen vermag, dass das Original auch in hebräisch abgefasst sein könnte. In jedem Fall müsste man sich vor einer definitiven Beantwortung dieser Frage hüten; cf. G. VOLKMAR, *Mose Prophetie und Himmelfahrt*, 56f. Eindeutig für das Griechische als Originalsprache entscheiden sich hingegen FRITZSCHE (1871) und DRUMMOND (1877); cf. O.F. FRITZSCHE, *Libri Apocryphi Veteris Testamenti Graece*, 700–730; J. DRUMMOND, *The Jewish Messiah*, 75.

[40] Cf. A. HILGENFELD, «Mosis Assumptionis qui supersunt» (1. Auflage 1866), 95f.;

nicht eine Entstehung der AM in Palästina behauptet. Das jedoch darf durchaus als eine *opinio communis* angesehen werden, weil die Schrift keine andere Stadt als Jerusalem und den dort praktizierten Tempelkult ins Zentrum rückt[41] und die Diaspora eigentlich keine Rolle zu spielen scheint.[42] Besonders zwei Argumente führten nun zu der Annahme, dass der griechischen Vorlage wiederum ein semitisches Original zugrunde liegen muss: einerseits scheint es unwahrscheinlich, dass ein palästinischer Jude eine derartige Schrift in irgendeiner anderen Sprache als der liturgischen Sprache Hebräisch oder der Umgangssprache Aramäisch abgefasst haben könnte,[43] andererseits würde eine grosse Anzahl von Hebraismen diese Annahme nahe legen. Als erster behauptete 1862 EWALD einen semitischen Ursprung der AM,[44] und eigentlich ging es—von wenigen Ausnahmen abgesehen (cf. Anm. 39)—ab diesem Zeitpunkt nur darum, ob ein hebräisches oder aramäisches Original zugrunde liegt. Die ersten, die ein aramäisches Original postulierten, waren SCHMIDT und MERX (1869),[45] denen sich eine Reihe von Forschern angeschlossen haben. Eine ausführliche Gegenüberstellung derer, die sich für ein hebräisches oder ein aramäisches Original aussprechen, bietet LAPERROUSAZ (1970), wobei er auch die anführt, die sich für keines von beiden entscheiden können und deshalb nur von einer semitischen Vorlage sprechen.[46] In diesem Zusammenhang ist anzumerken, dass die Meinung CHARLES' (1897), die AM sei in hebräisch abgefasst,[47] eine besondere

---

ID., «Die Psalmen Salomo's und die Himmelfahrt des Moses», 275f.; ID., *Messias Judaeorum*, 110. Cf. auch ID., «Moses, Ezra und Tobit», 138: «Dass er [der Pseudo-Moses] nicht dem Morgenlande, sondern dem Abendlande, wahrscheinlich der römischen Judenschaft angehört, wie er denn nicht hebräisch [...], sondern griechisch geschrieben hat, ...».

[41] Cf. J. TROMP, *The Assumption of Moses*, 117.

[42] Anders W. BOUSSET – H. GRESSMANN, *Die Religion des Judentums*, 115/Anm. 3, die bezüglich AM 4,7–9 folgendermassen kommentieren: «Noch nicht beachtet ist, daß der Verfasser einen babylonischen Standpunkt einnimmt. Die zwei Stämme sind in Babylon geblieben. Nur einige sind hinaufgestiegen und haben Jerusalem neu aufgebaut»; cf. dazu auch D.R. SCHWARTZ, «The Tribes of As. Mos. 4:7–9», 221f.

[43] Cf. z.B. M. SCHMIDT – A. MERX, «Die Assumptio Mosis», 112.

[44] Cf. H. EWALD, «Rezension von Ceriani, *Monumenta sacra et profana I*», 1–9; ID., «Rezension von Langen, *Das Judenthum in Palästina*, und von Hilgenfeld, *Novum Testamentum*», 100–118. Zuerst (1862) optiert er für ein hebräisches, dann (1867) aber für ein aramäisches Original.

[45] Cf. M. SCHMIDT – A. MERX, «Die Assumptio Mosis», 112.

[46] Cf. E.-M. LAPERROUSAZ, «Le Testament de Moïse», 17–25.

[47] Cf. R.H. CHARLES, *The Assumption of Moses*, xxxviii–xlv.

Wirkungsgeschichte gehabt hat,[48] weil die von ihm herausgegebene
Sammlung apokrypher und pseudepigrapher Schriften zum Alten
Testament eine besondere Beachtung und Verbreitung fand. Nach
ihm wurde dessen Position bezüglich der Frage der Ursprache explizit nur noch von WALLACE (1955) aufgegriffen und untersucht,[49] bis
TROMP (1993) neue Gesichtspunkte geltend machen konnte. Seine
Arbeit untersucht das Vulgärlatein der AM unter linguistischen
Aspekten[50] und erklärt auf diesem Hintergrund einige Erscheinungen,
die von vorangegangenen Forschern als Textverderbnis, Übersetz-
zungsfehler oder Semitismus gekennzeichnet wurden. Zum einen
betont er, es sei durchaus denkbar, dass man in Palästina in der entsprechenden Epoche religiöse Schriften auch in griechisch abgefasst
hat. Zum anderen differenziert er bezüglich der Herkunft von
Hebraismen: sie könnten einerseits wirklich von einem hebräischen
Original herrühren, andererseits ist es aber auch denkbar, dass einer
griechisch auf dem Hintergrund hebräischer Denkstrukturen schreibt
oder bewusst das Griechisch des Alten Testaments, also der Septuaginta,
imitiert, um der religiösen Literatur einen entsprechenden Anstrich
zu verpassen. Schliesslich gelangt er zur Schlussfolgerung:

---

[48] Es ist darauf hinzuweisen, dass A. SCHALIT einen Kommentar zur AM zu
schreiben begonnen hatte, diese Arbeit aber nicht vollenden konnte. Er ging von
der Grundannahme eines hebräischen Originals aus, und seine Bemühungen waren
hauptsächlich sprachwissenschaftlich geprägt. So untersuchte er nahezu jedes Wort
auf dem Hintergrund der Latinitas der entsprechenden Epoche und verglich mit
dem Sprachgebrauch der LXX, der Vulgata und—wo möglich—der Vetus Latina.
Die Wiederherstellung des griechischen Textes und des vermeintlich zugrundeliegenden hebräischen Originals gehörte zu seinem Grundanliegen. Sein unvollende-
ter Kommentar umfasst insgesamt 564 Seiten (AM 1,1–4,9), von denen allerdings
nur die ersten 286 (AM 1,1–18) publiziert worden sind (cf. A. SCHALIT, *Untersuchungen
zur Assumptio Mosis*, 1–208). Dankenswerter Weise wurde mir von H. SCHRECKEN-
BERG das gesamte Manuskript SCHALITS, auch mit den unveröffentlichten Teilen
(AM 2,1–4,9), zur Verfügung gestellt (cf. in der Bibliographie: A. SCHALIT, *Manuskript
zu AM 2–4*). Interessant ist vor allem der wiederhergestellte griechische und ver-
meintlich hebräische Urtext (cf. zum Text von AM 2,1–4,9 auch A. SCHALIT,
Untersuchungen zur Assumptio Mosis, XIII–XV). Eine Übersetzung des lateinischen
Textes ins Hebräische bietet, allerdings ohne textkritische Überlegungen, A. KAHANA,
«Aliyyat Moshe», 314–325, der sich an der Textausgabe von CHARLES orientiert.
[49] Er zweifelt im Grunde nicht an einem semitischen Original und schlussfolgert:
«Charles is too certain of his position when he declares that the original was in
Hebrew. [...] It is far more judicious to affirm that the original language of the
Ass. Mos. was *probably Hebrew*, but final conclusions must await further evidence»
(D.H. WALLACE, «The Semitic Origin of the Assumption of Moses», 328).
[50] Cf. J. TROMP, *The Assumption of Moses*, 27–85.

> The possibility that the Greek text in its turn went back to a Hebrew or an Aramaic original cannot entirely be ruled out, but there is no solid evidence to substantiate it. In our linguistic and exegetical discussion [. . .] we must, therefore, avoid arguments based on a supposed Hebrew or Aramaic original.[51]

Damit scheint die Frage der Ursprache zunächst wieder offen zu sein, wenngleich die Tendenz latent spürbar ist, kein semitisches Original anzunehmen. MAGGIOROTTI (1995) fügt zu diesem Problem nichts Neues hinzu.[52]

1.4 Die Frage der literarischen Gattung

Was die literarische Gattung betrifft, so ist man auf Formelemente angewiesen, die sich aus dem Erzählduktus und inhaltlichen Aufbau der Schrift ergeben. In Bezug auf die literarische Struktur der AM ist festzustellen, dass sie sich in ihrem Corpus als eine prophetische Zukunftsansage des Mose an seinen Nachfolger Josua erweist (AM 2,1–10,10), die grösstenteils aus *vaticinia ex eventu* besteht. Die Mitteilung dieser auf die zukünftigen Dinge gerichteten Geschichtsschau ist dabei vom Tod des Protagonisten motiviert (AM 1,15; 10,12.14), dieser gibt sie gleichsam als sein letztes Vermächtnis weiter. Nimmt man nun die Geschichtsvorausschau ins Blickfeld, so erweist sie sich als eine Vorhersage der Geschicke Israels von der kurz bevorstehenden Landnahme (AM 2,1) bis zur eschatologischen Erhöhung in den Sternenhimmel (AM 10,9), d.h., dass die geschichtlichen Ereignisse scheinbar eine Überhöhung in eine aussergeschichtlichen Sphäre erfahren. Besonders der eschatologische Hymnus AM 10,1–10 mit dem machtvollen Auftreten des Himmlischen, der definitiven Errettung Israels und der Rache Gottes an den Feinden, ist mit apokalyptischen Farben gezeichnet. Aus diesem Grund wurde die AM von Anfang an als eine apokalyptische Schrift bezeichnet, manchmal sogar fraglos unter die Gattung der Apokalypsen eingereiht.[53] In ihr finden

---

[51] J. TROMP, *The Assumption of Moses*, 118; cf. dazu auch Seite 85: «The evidence for assuming a Hebrew original, however, is extremly weak and unconvincing, whereas there can be little doubt that As. Mos. once existed in Greek».

[52] Cf. D. MAGGIOROTTI, *Il Testamento di Mosè*, 62f.

[53] Die massgeblichen Sammlungen alttestamentlicher Apokryphen und Pseudepigraphen von E. KAUTZSCH, *APAT*, II, (1900) und R.H. CHARLES, *APOT*, II, (1913) reihen die AM unter dem Sammelbegriff "Pseudepigraphische Apokalypsen" bzw. "Apocalypses" ein. Desgleichen wird sie zusammen mit der griechischen Esra- und

sich durchaus Charakteristika apokalyptischen Schrifttums: explizite oder implizite Terminangaben bezüglich eines bevorstehenden Endes (AM 1,18; 7,1; 10,13; 12,4), eine Periodisierung des Geschichtsablaufs in Entsprechung zum deuteronomistischen Geschichtsbild ("sin-exile-return-pattern"), Bedrohungs- und Verfolgungsreminiszenzen vor dem unausweichlichen Ende (AM 6–9), der Umbruch des alten Äon mit Heraufführung einer definitiven Heilssituation (AM 10,1–10), Theophanieelemente unter Erscheinung des Himmlischen (AM 10,3–7). Bis hinein in die 70er Jahre war es auf diesem Hintergrund fast selbstverständlich, die AM als Apokalypse zu bezeichnen oder sie zur apokalyptischen Literatur zu zählen.

Während CHARLES (1897) und lange nach ihm LAPERROUSAZ (1970) die "Fragmenta Assumptionis Mosis" als das Testamentum Mosis identifiziert hatten, und zwar im dem Sinn, dass das Testamentum eine andere, in frühen Listen neben der Assumptio bezeugte Schrift sei, verwendet nun KOLENKOW (1973) formale Kriterien, um die AM fernerhin nicht mehr als "Apokalypse", sondern als "Testament" zu bezeichnen.[54] Sie meint, dass "apocalypse" ein zu generischer Begriff für Enthüllungen bezüglich künftiger Dinge wäre, und "death-bed-prophecies" besser als Testamente zu klassifizieren seien.[55] Näherhin untersucht sie die ethischen Implikationen der AM und benennt sie als ein "blessing testament", das die letzten Worte Moses in Zukunfts-ansagen fasst und in dem Gott seinem Volk Israel seine andauernde und letztgültige Zuwendung in der Heraufführung der Heilszeit (bles-sed time) zusichert.[56] Diese Ansätze greift NICKELSBURG (1973) auf und verbindet sie mit seiner Einsicht, dass die AM die letzten Deute-ronomiumkapitel aufgreift, in denen es um das Vermächtnis und den Tod des Moses geht. Das biblische Material, das neu aufgelegt und damit aktualisiert wird (Rewritten-Bible-Phänomen) gebe nun den Rahmen für ein Testament ab.[57] Schliesslich redet BRANDENBURGER (1976) davon, dass das Fragment die Form eines Testaments hätte,

---

der syrischen Baruch-Apokalypse unter dem Titel *Apokalypsen* in den JSHRZ (1976) herausgegeben (cf. E. BRANDENBURGER, «Himmelfahrt Moses», 57–84).

[54] Schon MUNCK (1950) reiht jedoch die AM unter die «discours d'adieu» ein; cf. J. MUNCK, «Discours d'adieu», 157f.

[55] Cf. A.B. KOLENKOW, «The Assumption of Moses as a Testament», 71. Zum Begriff des Testaments cf. auch ID., «The Genre Testament and Forecasts of the Future», 57–71; ID., «The Literary Genre "Testament"», 259–267.

[56] Cf. A.B. KOLENKOW, «The Assumption of Moses as a Testament», 71.74.

[57] Cf. G.W.E. NICKELSBURG, «Studies on the Testament of Moses—Introduction», 10f.

bezeichnet aber dennoch den Inhalt als «durch und durch apokalyptische Prophetie».[58] Die Gattung "Testament" sei hier im Sinne einer "Apokalypse", eben als Offenbarung verborgener Zukunft umgeprägt worden.[59] Näherhin benennt CORTÉS (1976) die AM als Testament, das vom «discurso de adiós» bzw. vom «discurso de despedida» des Mose geprägt ist.[60] Eine detaillierte Untersuchung der Gattung "Testament" und "Abschiedsrede" erfolgt schliesslich 1980 von VON NORDHEIM, der in der AM alle Formelemente wiederfinden will, um sie geradlinig in diese Sparte einordnen zu können. Entsprechend seiner Untersuchungen sei ein Testament unter formal-stilistischer Perspektive zunächst durch den Anfangsrahmen gekennzeichnet, der in der Regel den Titel der Schrift aufweist, den Protagonisten und die Adressaten der Rede benennt, den bevorstehenden Tod des Redenden erwähnt und durch eine Redeeinleitungsformel markiert ist.[61] Weiterhin folge der Mittelteil, der aus der Rede der Hauptfigur in Ich-Form bestehe und in dem normalerweise die drei Elemente "Rückblick auf die Vergangenheit, Verhaltensanweisung und Zukunftsansage" zu finden seien. Diese Bausteine seien aber in der Reihenfolge austauschbar und beliebig wiederholbar. Schliesslich runde das Pendant zum Anfangsrahmen, der Schlussrahmen, die Rede ab; in ihm fänden sich häufig Bestattungsanweisungen, eine Redeabschlussformel und die Notiz über den Tod des Sprechers. Was nun die unleserliche Überschrift und den weggebrochenen Schluss der AM anbelange, so folgert VON NORDHEIM, müssten diese in Einklang mit der Form des Testaments stehen, da im Fragment die Formelemente eines Testaments untrüglich nachweisbar wären.[62] Auch die Intention des Inhalts, die Abzweckung der Schrift, wiesen ohne Zweifel auf die Gattung eines Testaments hin.[63] Die Intention der Gattung liege nach seiner Meinung vornehmlich in der Verhaltensanweisung,[64] so dass er die AM dahingehend interpretieren muss, dass es ihr in erster Linie um die Einschärfung eines ethischen Verhaltens geht, nämlich um eine rigorose Gesetzesobservanz (cf. AM 9,4–6; 12,10f.). VON NORDHEIM wird in diesem Punkt dahingehend kritisiert, dass er auf

---

[58] E. BRANDENBURGER, «Himmelfahrt Moses», 63.
[59] Cf. E. BRANDENBURGER, «Himmelfahrt Moses», 61.
[60] Cf. E. CORTÉS, Los discursos de adiós, 140–146.
[61] Cf. E. VON NORDHEIM, Die Lehre der Alten, I, 229f.
[62] Cf. E. VON NORDHEIM, Die Lehre der Alten, I, 198.204.
[63] Cf. E. VON NORDHEIM, Die Lehre der Alten, I, 206.
[64] Cf. E. VON NORDHEIM, Die Lehre der Alten, I, 233.

dem Hintergrund der vorgängig untersuchten Formelemente der TestXII die AM in das von dort her gewonnene Schema presst.[65] Die AM weist in ihrem Mittelteil keinen Rückblick in die Vergangenheit auf, besteht eben ausschliessslich aus Zukunftsansagen, und eine ethische Ausrichtung ist höchstens implizit intendiert, denn es finden sich keine ausdrücklichen paränetischen Abschnitte.

Ein Jahr nach der Publikation von VON NORDHEIM griff schliesslich MÜNCHOW (1981) dessen Gedanken auf, die AM gehöre zur Gattung der Testamente. Aufgrund des Charakters der Abschiedsrede, die in ihrer Geschichtsdarstellung am Ende vom eschatologischen Ausblick geprägt ist, meint er aber, die Gattung des Testaments würde hier, wie in anderen Apokalypsen, dem Anliegen apokalyptischer Theologie dienstbar gemacht.[66] Auf diesem Hintergrund ergibt sich nun die Notwendigkeit, klar zu definieren, was unter einer Apokalypse zu verstehen ist, und wie sich in der AM die Gattungen "Testament" und "Apokalypse" zueinander verhalten. Handelt es sich nun um ein Testament mit apokalyptischen Elementen oder um eine Apokalypse in Testamentsform?

Zunächst ist in diesem Zusammenhang die Unterscheidung zwischen der literarischen Gattung der Apokalypse und der geistigen Strömung der Apokalyptik vorzunehmen.[67] Ohne sich auf die komplexen Phänomene und methodologischen Implikationen bei der Bestimmung einer Gattung "Apokalypse" näher einzulassen, sei hier eine kurze und prägnante Definition von COLLINS wiedergegeben:

> This definition is first of all formal: *an apocalypse is a genre of revelatory literature with a narrative framework, in which a revelation is mediated by an otherworldly being to a human recipient.* It also recognizes a common core of content: an apocalypse *envisages eschatological salvation and involves a supernatural world.* Finally, there is, on a rather general level, a common function: an apocalypse is *intended to interpret present, earthly circumstances in light of the supernatural world and of the future, and to influence both the understanding and the behavior of the audience by means of divine authority.*[68]

Davon sind nun die Merkmale der Apokalyptik[69] als historischer Strömung zu unterscheiden, die grundsätzlich eine eschatologische

---

[65] Cf. J. TROMP, *The Assumption of Moses,* 112f.
[66] Cf. C. MÜNCHOW, *Ethik und Eschatologie,* 65.
[67] Cf. K. KOCH, *Ratlos vor der Apokalyptik,* 15–19.
[68] J.J. COLLINS, «Early Jewish Apocalypticism», 283 (cf. dazu auch J.J. COLLINS, «Introduction: Towards the Morphology of a Genre», 9; A.Y. COLLINS, «Introduction», 7; J.J. COLLINS, *The Apocalyptic Imagination,* 2–9).
[69] Zur eschatologischen Ausrichtung und den Geschichtskonzeptionen der jüdi-

Grundausrichtung zeigen. KOCH bestimmt sie folgendermassen:[70] eine
drängende Naherwartung der Umwälzung aller Verhältnisse wird
spürbar; das Ende erscheint als kosmische Katastrophe mit ungeheu-
erem Ausmass; die Weltzeit ist bestimmt bzw. determiniert und in
festgesetzte Perioden eingeteilt; Engel und Dämonen spielen eine
Rolle; jenseits der Katastrophe taucht ein neues Heil mit ungeahn-
ten Dimensionen auf; Gott selbst erscheint von seinem Thronsitz,
leitet von dort das Endgeschehen ein und begründet sein Königreich;
oft werden Vermittler mit königlichen Funktionen eingeschaltet (z.B.
Messias, Menschensohn, Auserwählter); den Geretteten wird Herrlichkeit zuteil, die den irdischen und himmlischen Bereich umfasst.

Auf diesem Hintergrund kann die AM keinesfalls der literarischen
Gattung "Apokalypse" zugerechnet werden, da es nicht um die Ent-
hüllung irgendwelcher Geheimnisse aus der anderen Welt geht und
auch keine himmlische Gestalt erscheint,[71] um das Verborgene ver-
schlüsselt mitzuteilen.[72] Mose wird zwar als Mittler göttlicher Offenbarung gezeichnet, keineswegs aber als aussergeschichtlich-himmlische
Figur mit esoterischem Geheimwissen (cf. dazu Mk 9,4 par). In der
AM ist hingegen der historische Rahmen der Mosenachfolge gesetzt,
in den eine Geschichtsbetrachtung eingespannt wird, die auf das
künftige Geschick Israels nach der Landnahme gerichtet ist. Dass
diese Geschichtsschau eschatologisch motiviert ist und von dort her
ihre Valenz bekommt, reicht nicht aus, die AM in literarischer Hinsicht als Apokalypse zu kennzeichnen. Wohl aber finden sich in ihr
untrüglich apokalyptische Elemente, so dass man mit Recht davon
sprechen kann, dass sie im weiteren Sinn im Traditionskreis der Apokalyptik zu orten ist, oder anders ausgedrückt, dass sie irgendwie
Anteil hat an dieser theologischen Strömung. Zur Zeit des zweiten
Tempels fanden derartig eschatologisch-apokalyptische Gedanken und

---

schen Apokalyptik cf. auch K. MÜLLER, «Apokalyptik/Apokalypsen. III. Die jüdische Apokalyptik. Anfänge und Merkmale», bes. 223–248.

[70] Cf. K. KOCH, *Ratlos vor der Apokalyptik*, 24–31.

[71] Der "nuntius" in AM 10,2 kann in dieser Hinsicht sicher nicht als himmlische Gestalt betrachtet werden, die für die Offenbarung bestimmter Geheimnisse
zuständig ist.

[72] Cf. dazu auch J.J. COLLINS, «The Testament (Assumption) of Moses», 146:
«The Testament of Moses has many affinities with apocalyptic literature but is not
an apocalypse in form. The decisive difference lies in the manner of revelation: An
apocalypse always involves a mediating angel [. . .]. Here Moses is the giver of revelation, not the recipient»; cf. auch ID., *The Apocalyptic Imagination*, 131f.

Tendenzen eine breite Ausfaltung und Verbreitung, vor allem auch in der pseudepigraphischen Testamentenliteratur.[73]

Damit scheint ein letztes Wort über die Gattungsbestimmung der AM gesprochen zu sein,[74] wenngleich das Zueinander der Formelemente eines Testaments und der apokalyptischen Charakteristika noch genauer bestimmt werden kann. So bezeichnet COLLINS (1984) die AM als ein Testament (oder "farewell discourse")[75] mit Affinitäten zu apokalyptischen Schriften, die sich daraus ergeben, dass die geschichtlichen Prophezeiungen des Mose auf dem Hintergrund des deuteronomistischen Geschichtsbildes grösstenteils aus *vaticinia ex eventu* bestehen und AM 10,1–10 von transzendenter Eschatologie geprägt ist.[76] Diesem Blickwinkel kann auch TROMP (1993), gefolgt von MAGGIOROTTI (1995), nichts Neues hinzufügen,[77] wenn er die AM als "farewell discourse" bezeichnet. Schliesslich führt WINTER (1994) für die AM den Begriff "Vermächtnisrede" ein,[78] spezifiziert also die Bezeichnung "Abschiedsrede" bzw. "Testament" mit Blick auf die Funktion des Mitgeteilten. Wenn er näherhin behauptet, die Vermächtnisrede bilde in der AM den Gesamtrahmen einer Apokalypse und dort läge eine Kombination von Vermächtnisrede und Apokalyptik vor,[79] differenziert er nicht zwischen der literarischen Gattung einer "Apokalypse" und der Apokalyptik als eschatologischer Strömung. Ob man nun die AM als Testament, Abschieds- oder Vermächtnisrede bezeichnet, letztlich ist mit wenigen Nuancen das gleiche gemeint und die entsprechenden Argumentationen unterscheiden sich kaum bezüglich der namhaft gemachten Formelemente und inhaltlichen Strukturen.

---

[73] Cf. M.E. STONE, «Apocalyptic Literature», 418.

[74] In der neuesten Kollektion apokrypher und pseudepigraphischer Schriften zum AT von CHARLESWORTH, *OTP*, I, (1983) findet sich die Assumptio Mosis, nunmehr mit dem Titel "Testament of Moses", unter dem Sammelbegriff "Testaments (often with Apocalyptic Sections)".

[75] Cf. J.J. COLLINS, «The Testament (Assumption) of Moses», 146.

[76] Cf. J.J. COLLINS, «Testaments», 346; cf. dazu auch L. VEGAS MONTANER, «Testamento de Moisés», 237, der diesbezüglich zwischen Kap. 10 und dem Rest der AM differenziert.

[77] Cf. J. TROMP, *The Assumption of Moses*, 119; D. MAGGIOROTTI, *Il Testamento di Mosè*, 52.

[78] Cf. M. WINTER, *Das Vermächtnis Jesu*, 169f.

[79] Cf. M. WINTER, *Das Vermächtnis Jesu*, 206.

1.5 *Die Frage der literarischen Einheit*

Von der Entdeckung und Publikation CERIANIS (1861) bis zum einflussreichen Kommentar CHARLES' (1897), einer Periode, die hauptsächlich von textkritischen Überlegungen zur AM geprägt war, hielt man an ihrer literarischen Einheit fest, und es kamen keine Zweifel darüber auf, dass die auf uns gekommene Schrift in entsprechend vorliegender Anordnung verfasst worden war. Erst CHARLES brachte den Vorschlag einer Umstellung in der Reihenfolge einiger Kapitel auf, denn er bemerkte auf dem Hintergrund der historischen Ereignisse eine chronologische Unordnung des lateinischen Textes, die er zu beseitigen trachtete.[80] So sah er in den "reges participes scelerum" von AM 5,1 die hellenisierenden Hohenpriester unter Antiochus IV., in den "reges imperantes" von AM 6,1 die hasmonäischen Herrscher, während der "rex petulans" von AM 6,2 aufgrund der 34 Regierungsjahre unbestritten mit Herodes zu identifizieren war (cf. AM 6,6). Die beiden Kapitel AM 8 und 9 wären schliesslich mit der religionspolitischen Verfolgungssituation unter Antiochus IV. zu verbinden ("rex regum terrae" in AM 8,1) und seien nun als eine «accurate description of that persecution»[81] zu bezeichnen. CHARLES stellte auf diesem Hintergrund zwischen AM 5 und 6 eine inhaltliche Lücke fest, denn in einem derartigen Geschichtsrückblick dürften die von Antiochus begangene Tempelschändung, dessen erneute Einweihung und die makkabäischen Heldentaten nicht fehlen. Genau in diese Lücke würde AM 8 und 9 passen, so dass die ursprüngliche Reihenfolge der Kapitel die folgende gewesen wäre: 1–5.8–9.6–7.10–12. Die Umstellung von AM 8–9 nimmt SCHÜRER zunächst positiv auf, lässt aber später davon ab und bemerkt, beide Kapitel gehörten eng zusammen und AM 10 würde sich ungezwungen anschliessen.[82] Überhaupt finden sich bis in neueste Zeit hinein immer wieder Anhänger dieser Umstellungshypothese, die die Argumente CHARLES' kritiklos übernehmen,[83] weil dessen Sammelwerk alttestamentlicher Apokryphen

---

[80] Cf. R.H. CHARLES, *The Assumption of Moses*, 28–30; dort findet sich eine detaillierte Darlegung seiner Argumentation.

[81] R.H. CHARLES, *The Assumption of Moses*, 29.

[82] Cf. E. SCHÜRER, *Geschichte des jüdischen Volkes*, III, 297/Anm. 64.

[83] Als Beispiele seien genannt: C.C. TORREY, *The Apocryphal Literature*, 115; R.H. PFEIFFER, *History of New Testament Times*, 79/Anm. 19; J. KLAUSNER, *The Messianic Idea in Israel*, 326; C. DE SANTO, «The Assumption of Moses and the Christian Gospel», 307/Anm. 9; O.H. STECK, *Israel*, 172.

und Pseudepigraphen bis in unsere Tage einen grossen Einfluss ausübte.[84] Und doch blieb seine Argumentation zu seiner Zeit nicht
unbestritten, denn schon BURKITT (1900) sah die Schwierigkeit, dass
auf AM 7, der Darstellung übler und verdorbener Leute im eigenen Volk, die Endtheophanie von AM 10 mit der definitiven Errettung Israels folgte.[85] Die beiden Kapitel AM 9 und 10 würden gut
zueinander passen und deren Abfolge dürfte nicht gewaltsam literarkritisch unterbrochen werden. In die gleiche Richtung läuft die Argumentation HÖLSCHERS (1916),[86] der sich ausdrücklich auf BURKITT
bezieht und in AM 8-9 die Steigerung der höchsten Not sieht, auf
die der Eintritt des Endes in AM 10 folgen muss.[87] Ebenfalls auf
BURKITT verweist schliesslich LATTEY (1942), der an der Zusammengehörigkeit von AM 9 und 10 festhält, jedoch in Anlehnung an
CHARLES eine Umstellung von AM 8 zwischen das 5. und 6. Kapitel vorschlägt; dieses Kapitel könne als Zusammenfassung der Verfolgung unter Antiochus betrachtet werden.[88] Auf der Basis dieser
Überlegungen publizierte LICHT (1961) einen Artikel über Taxo, dessen Rolle für das Hereinbrechen der Gottesherrschaft von grosser
Bedeutung sei: er wäre eine aktive Figur und würde die Rache Gottes durch seine Taten gleichsam bewirken, sein unschuldiger Märtyrertod wäre für das heilsstiftende Auftreten Gottes verantwortlich.[89]
Damit bestätigt LICHT, dass AM 9 und 10 eng zusammengebunden
sind, er sieht aber auch die Verwiesenheit von AM 8 auf diese beiden Kapitel. Diese drei Kapitel demonstrierten den in apokalyptischen Schriften bekannten Sachverhalt, dass vor der göttlichen Rettung
die letzte Bedrängnis in aller Schärfe dargestellt wird (apokalypti-
sches Schema der letzten Wehen vor dem Umbruch). So meint er
schliesslich, dass AM 8 und 9 genauso zusammengehören müssten
wie AM 9 und 10. Auf dem Hintergrund der chronologischen Über-

---

[84] Cf. R.H. CHARLES, «The Assumption of Moses», *APOT*, II, 420.

[85] Cf. F.C. BURKITT, «Moses, Assumption of», 449.

[86] Was Aussagen zur literarischen Einheit betrifft, so wurde noch vor HÖLSCHER
eine recht singuläre Meinung geäussert: HOLTZMANN (1906) bezieht AM 8 auf Kaiser
Domitian und bezeichnet dieses Kapitel als eingeschoben, weil es keinen Zusammenhang mit AM 5-7 habe; cf. O. HOLTZMANN, *Neutestamentliche Zeitgeschichte*, 303.

[87] Cf. G. HÖLSCHER, «Über die Entstehungszeit», 114; cf. dazu auch die Position
KUHNS (1925), der in AM 7-10 die vier Abteilungen der Endgeschichte sieht und
damit die Zusammengehörigkeit dieser Kapitel behauptet (cf. G. KUHN, «Zur
Assumptio Mosis», 128).

[88] Cf. C.C. LATTEY, «The Messianic Expectation», 11f.; seiner Meinung schliesst sich
z.B. H.H. ROWLEY, «The Figure of "Taxo"», 142f. an (cf. auch ID., *Apokalyptik*, 86).

[89] Cf. J. LICHT, «Taxo», 96-98.

legungen von Charles folgert Licht, dass AM 6 und 7 nachträgliche Interpolationen in einer Schrift aus vormakkabäischer Zeit sein müssten, die in nach-herodianischer Zeit erfolgten.[90] Die Idee, dass AM 8–10 eng zusammengehören, hatte schon Hölscher (1916) formuliert, und der Verdacht, dass in der AM mit Interpolationen zu rechnen sei, wurde erstmals von Leszynsky (1912) artikuliert.[91] Insofern basiert die Meinung Lichts auf bereits geäusserten Anschauungen, die er näher konkretisiert und mit der Figur des Taxo verbindet. Umso erstaunlicher ist es, dass dessen Position durch die Rezeption von Nickelsburg (1972) eine weite Verbreitung, vor allem im englischsprachigen Raum, gefunden hat.

Zuvor muss aber auf den literarkritischen Vorschlag von Reese (1967) Bezug genommen werden,[92] der meistens nicht in Forschungsüberblicken zu finden ist, weil dessen Arbeit bis Ende 1999 nicht publiziert wurde.[93] Er meint, die Geschichtsdarstellung und die Rahmenerzählung der AM hätten ursprünglich keine literarische Einheit gebildet. Er listet Ungereimtheiten im ersten Kapitel auf, nimmt Bezug auf Spannungen zwischen der Geschichtsschau und dem dazugehörigen Rahmen, und kommt zum Schluss, dieser sei keine selbständige Erzählung gewesen. Der Verfasser der Geschichtsdarstellung hätte die Rahmenerzählung aus einem Werk entnommen, das inhaltlich und stilistisch mit LAB verwandt gewesen wäre. Demnach wäre die Geschichtsdarstellung in eine bereits vorliegende Erzählung eingefügt worden, beide wären aber theologisch miteinander verwandt.[94] Diese Anschauung blieb jedoch singulär und niemand ist ihr mehr gefolgt. Hingegen die oben angedeutete Position von Nickelsburg erfreute und erfreut sich reger Aufmerksamkeit, wird immer noch ungefragt übernommen, und deshalb muss sie detailliert dargestellt werden. Nickelsburg (1972) greift von Licht die Interpolationsthese auf, stützt diese aber zunächst durch formkritische

---

[90] Cf. J. Licht, «Taxo», 100–103.

[91] Cf. R. Leszynsky, *Die Sadduzäer*, 267.

[92] Cf. G. Reese, *Die Geschichte Israels*, 70–73.

[93] Erst nach 32 Jahren wurde die Arbeit von Reese publiziert, so dass dessen Ergebnisse für weitere Forscher gleichsam brach lagen, wenngleich in manchen Publikationen am Rand darauf aufmerksam gemacht wurde, dass diese Arbeit existiert.

[94] Näherhin seien dem Verfasser der Geschichtsdarstellung folgende Verse zuzuordnen: AM 1,1–5.16–18; 2,3–10,13; 11,1a; die vorgängige Erzählung aber hätte folgenden Umfang gehabt: AM 1,6–15; 10,14f.; 11,1bff.; über die Zugehörigkeit von AM 2,1–2 liesse sich jedoch streiten; cf. G. Reese, *Die Geschichte Israels*, 71.

Argumente.[95] Die AM könne man als ein «rewriting of Deuteronomy 31–34»[96] bezeichnen, in ihr gelange das in der zeitgenössischen jüdischen Literatur oft vorfindbare deuteronomistische Geschichtsbild mit dem festgeprägten Schema "sin-punishment-turning point-salvation" zur Anwendung, das sich in AM 5–10 insofern nachweisen lasse,[97] als man das 6. Kapitel als nachträgliche Interpolation annimmt.[98] Damit wird die AM zu einer Schrift, die während der antiochenischen Verfolgung geschrieben worden war, in nach-herodianischer Zeit aber durch Zusätze eine Aktualisierung erfuhr.[99] Dieses formkritische Argument präzisiert NICKELSBURG (1973) dahingehend, dass neben AM 6 auch das folgende 7. Kapitel als nachträgliche Interpolation zu gelten habe.[100] Zudem würden weitere Beobachtungen diese These stützen.[101] So wäre die Beschreibung der Religionsverfolgung in AM 8 derart lebendig und lebensnah, dass es gleichsam unmöglich erscheine, dieses Kapitel nicht historisch mit den Massnahmen Antiochus' in Verbindung zu bringen. Desgleichen gäbe es zur Taxoszene untrügliche Parallelen in den Makkabäerbüchern, so dass AM 9 traditionsgeschichtlich in diesem Zusammenhang zu betrach-

---

[95] Cf. G.W.E. NICKELSBURG, *Resurrection*, 43–45.

[96] G.W.E. NICKELSBURG, *Resurrection*, 29; cf. dazu auch ID., «The Nature and Function of Revelation», 116.

[97] Cf. G.W.E. NICKELSBURG, *Resurrection*, 44:

1. Sin	AM 5 (2)	Dtn 28,15
2. Punishment	AM 8 (3,1–4)	Dtn 28,16–68
3. Turning Point	AM 9 (3,5–4,4)	Dtn 30,2
4. Salvation	AM 10 (4,5–9)	Dtn 30,3–10

[98] Bezüglich AM 7 wird zunächst nicht definitiv Stellung bezogen: es könnte ursprünglich eine Beschreibung der hellenisierenden Partei gewesen sein und zwischen Kapitel 5 und 8 gestanden haben; cf. G.W.E. NICKELSBURG, *Resurrection*, 44/Anm. 14.

[99] Wenn man AM 6 als eine nachträgliche Interpolation in nach-herodianischer Zeit betrachtet, dann muss man sich auch erklären können, warum dieses Kapitel genau an dieser—scheinbar chronologisch ungünstigen Stelle—eingeschoben wurde. Diese Frage stellt sich weder LICHT (1961) noch NICKELSBURG (1972), sie wird erst von MAGGIOROTTI (1993) aufgegriffen. Eigentlich würde man unter chronologischer Perspektive die Einfügung von AM 6 nach dem 8. Kapitel erwarten, der Interpolator hätte aber zur Zeit der römischen Besatzung die Absicht gehabt, aus AM 8–10 (dessen Zusammengehörigkeit er schon erkannt hätte) ein eschatologisches Szenario zu machen, das die ursprünglich historischen Verhältnisse unter Antiochus auf die Endzeit hin neu deutet; cf. D. MAGGIOROTTI, «La datazione del Testamento di Mosè», 260f.

[100] Dass AM 5 und 6 interpoliert worden wären, behauptet J.J. COLLINS, «Testaments», 347f.; ID., «The Testament (Assumption) of Moses», 148.

[101] Cf. G.W.E. NICKELSBURG, «An Antiochan Date», 33–37; cf. dazu auch ID., *Jewish Literature*, 80.212f.

ten wäre. Beide Kapitel beschrieben die Situation vor dem Herein-
bruch der Endzeit, würden also dem apokalyptischen Schema der
letzten Bedrängnisse kurz vor Anbruch des Heils entsprechen. Zudem
gäbe es theologische Vergleichspunkte zu anderen Werken aus der
Makkabäerzeit, so dass sich eine Datierung der AM angesichts der
angeführten Argumente vor den Makkabäeraufständen nahelegen
würde.[102] Diese Position von NICKELSBURG wurde nun von vielen
Forschern aufgegriffen,[103] wobei zwei von ihnen eine besondere
Erwähnung verdienen, weil sie auf die eine oder andere Weise dessen Anschauungen weiterspinnen oder modifizieren. Zunächst sei
GOLDSTEIN (1973) genannt, der die Interpolationsthese dahingehend
übernimmt, dass er die Einfügung von AM 7 in nach-herodianischer
Zeit behauptet, bezüglich AM 6 aber differenziert:[104] nicht das ganze
Kapitel sei zu diesem Zeitpunkt neu hinzugekommen, sondern es sei
nur überarbeitet und aktualisiert worden; dort gäbe es einen Grund-
bestand, der auf Antiochus und seine Eroberung Jerusalems im Jahr
169 v.Chr.verweise; AM 6,1 sei eine Interpolation in nach-hasmo-
näischer Zeit, der Rest des Kapitels aber enthalte ursprüngliche Worte
des Autors der vor-makkabäischen Periode, die von einem nach-
herodianischen Redaktor aktualisiert worden seien. Bezüglich des
Umfangs der zweiten Redaktion in nach-herodianischer Zeit gibt es
schliesslich eine zusätzliche Überlegung von A.Y. COLLINS (1976):
AM 10,8 weise Redaktionsspuren auf, die "alae aquilae" wären mit
Blick auf eine Aktualisierung zur Zeit der römischen Besatzung ergänzt
worden. Schliesslich stehe der Adler für die römische Besatzungsmacht
und es wird an eine von Josephus überlieferte Szene erinnert, die

---

[102] Die Argumente von NICKELSBURG wurden kritisch beleuchtet und teilweise
zurückgewiesen von J.J. COLLINS, «The Date and Provenance», 18–30; letztlich aber
akzeptier er doch in gewisser Weise die Interpolationshypothese, wenn er aufgrund
revidierter Überlegungen zu AM 8 behauptet, dass das Werk «an earlier, Antiochan
stage» hatte; cf. J.J. COLLINS, «Some Remaining Traditio-Historical Problems», 43.
[103] Cf. D.C. CARLSON, «Vengeance and Angelic Mediation», 85; M. MCNAMARA,
Intertestamental Literature, 96; O. CAMPONOVO, *Königtum, Königsherrschaft und Reich Gottes*,
153–158; M.E. STONE, «Apocalyptic Literature», 420; A. DÍEZ MACHO, *Introducción
general*, 274; E. SCHÜRER – G. VERMES, *The History of the Jewish People*, III/1, 282f.;
H. COUSIN, «Le Testament de Moïse», 40f.; M.G. REDDISH, *Apocalyptic Literature*, 215;
M. REISER, *Die Gerichtspredigt Jesu*, 71; D. MAGGIOROTTI, «La datazione del Testamento
di Mosè», 253f.; D.P. MOESSNER, «Suffering, Intercession and Eschatological
Atonement», 203/Anm. 4; G. ZERBE, «"Pacifism" and "Passive Resistance"», 75f.;
I. FRÖHLICH, *"Time and Times and Half a Time"*, 169; S.C. MARTIN, *Pauli Testamentum*,
162; J.J. COLLINS, *The Apocalyptic Imagination*, 129.132f.
[104] Cf. J.A. GOLDSTEIN, «The Testament of Moses», 44–47.

davon spricht, dass ein von Herodes am Tempeltor angebrachter
Adler von jüdischen Frommen entfernt wurde (Ant XVII,149–167).
Ursprünglich hätte sich AM 10,8 auf Antiochus bezogen, nach der
Interpolation aber wäre auf die definitive Besiegung der römischen
Fremdherrschaft angespielt worden.[105]

Letztlich aber basieren alle diese Ansätze auf der Interpolationstheorie
von LICHT, die von NICKELSBURG "salonfähig" gemacht und neu fun-
diert wurde. Erst TROMP (1993) tritt diesen Erklärungsversuchen entgegen und behauptet mit Entschiedenheit die literarische Einheit der
AM.[106] Er entkräftet die Argumente von NICKELSBURG, indem er
durch Gegenargumente alle seine Prämissen in Frage stellt: die
Theorie, dass ein apokalyptischer Autor seine eigene Zeit immer als
unmittelbar der Endzeit vorausgehend begreift sei unbegründet, zumal
AM 8 durchaus als eine Beschreibung der Wehen der Endzeit vor
der Rettung gesehen werden kann; formkritische Argumente könnten schlechthin nichts beweisen, weil jedem Autor zuzugestehen sei,
dass er ein Schema nach eigenem Gutdünken verändern könne;[107]
die Beschreibungen in AM 8 hätten sehr allgemeinen Charakter und
die Folgerung, es müsse sich um einen zeitgenössischen Bericht
handeln, sei deshalb unbegründet. Nach seiner Meinung wären in
AM 5–6 die misslichen Zustände unter den Hasmonäern und Herodes
beschrieben, in AM 7 müsse es sich um eine Gegenwartsschilderung
des Autors handeln (oder es sei unmittelbar Zukünftiges im Blick)
und AM 8–10 zeichne ein eschatologisches Szenario zukünftiger
Dinge, wobei diesbezüglich Material aus der antiochenischen Verfolgung dienlich war. Damit werde Antiochus IV. zum Modell des End-
zeittyrannen, ohne dass seiner Beschreibung direkt historischer Wert
zukomme.

Die Position TROMPs wurde allerdings in der unmittelbaren Folgezeit
kaum rezipiert, vielmehr hielt man sich vornehmlich an die Theorie
NICKELSBURGS, so dass sich bis heute in der Forschung bezüglich der
literarischen Einheit der AM kein Konsens abzeichnet.[108]

---

[105] Cf. A.Y. COLLINS, «Composition and Redaction», 183–186.
[106] Cf. J. TROMP, *The Assumption of Moses*, 120–123.
[107] Nach J. TROMP, *The Assumption of Moses*, 123, fände sich das deuteronomistische Geschichtsbild in der AM in folgender Ausprägung:

Sin	2,3–9	5,1–6,7	7
Punishment	3,1–3	6,8–9	8
Repentance	3,4–4,4		9
Salvation	4,5–9		10

[108] Als Beispiel sei hier MAGGIOROTTI (1995) genannt, die sich wieder voll und

1.6 Zur Datierung der AM

Die Beurteilung der Frage, ob sich die AM literarisch einheitlich präsentiert oder mit einer nachträglichen Interpolation zu rechnen ist, erweist sich schliesslich als entscheidend für deren Datierung. Betrachtet man nämlich in Anlehnung an Licht und Nickelsburg die Kapitel 6 und 7 als nach-herodianische Zusätze zur Aktualisierung einer vorgängigen Schrift, dann kann diese zur Zeit der Religionsverfolgung Antiochus' noch vor der makkabäischen Erhebung angesetzt werden. Unter dieser Perspektive sind AM 8 und 9 ursprünglich zeitgenössische Darstellungen mit historischem Wert, die durch die Hinzufügung von AM 6 und 7 die meta-historische Funktion einer eschatologischen Darstellung bekommen. Hält man hingegen an der literarischen Einheit der AM fest, dann ist sie mit Blick auf AM 6,2.6 frühestens nach dem Tod Herodes' des Grossen zu situieren, da mit dem "rex petulans", der 34 Jahre lang sein Unwesen treiben kann, dieser Herrscher gemeint sein muss.[109] Dann aber könnten die in AM 7 beschriebenen unliebsamen Personen zur Zeit des Autors gelebt haben und AM 8–9 sind von vornherein nie historisch gemeint gewesen, sondern waren ursprünglich als überzeichnetes eschatologisches Szenarium kurz vor der Heilswende verfasst worden.

Bis Nickelsburg (1972) hielt man im wesentlichen an der Einheit der AM (und damit an einer Datierung nach Herodes) fest;[110] zur Festlegung der Abfassungszeit aber wurden inhaltliche Kriterien herangezogen, es wurde also danach gefragt, welche historischen Sachverhalte dort dargestellt erscheinen. Diese Kriterien sind vor einer detaillierten Stellungnahme der einzelnen Forscher aufzulisten:[111] bestimmte Zeitabläufe, Perioden und Termine mit Blick auf die Dauer der Weltzeit oder das Ende der Zeiten (z.B. AM 1,2; 7,1; 10,12;

---

ganz auf die Argumentation von Nickelsburg stützt; cf. D. Maggiorotti, *Il Testamento di Mosè*, 54f.

[109] Als erster behauptet H. Ewald, «Rezension von Ceriani, *Monumenta sacra et profana I*, 4ff., die AM sei nach dem Tod Herodes' im ersten Drittel des 1.Jh.n.Chr. entstanden.

[110] Eine einzige Ausnahme ist diesbezüglich festzustellen: O. Holtzmann, *Neutestamentliche Zeitgeschichte*, 301–303, identifiziert den "rex petulans" (AM 6,2) mit Alexander Jannai, den "occidentes rex potens" (AM 6,8) mit Pompejus, geht von einer Überarbeitung der Schrift nach Domitian aus (der "rex regum terrae" in AM 8,1 sei dieser römische Kaiser), und datiert deshalb die AM etwa um 50 v.Chr. Ohne direkten Bezug auf diese Überlegungen nimmt C. Thoma, *Das Messiasprojekt*, 226, das gleiche Entstehungsdatum an.

[111] Cf. J. Tromp, *The Assumption of Moses*, 94–96.

12,4); die Identifizierung des "rex regum terrae" in AM 8,1; die
Figur des "rex petulans" in AM 6,2; die partielle Tempelzerstörung
in AM 6,9; die Identität der "homines pestilentiosi" in AM 7,3–10.

Zunächst gibt es die Gruppe derer, die die scheinbar chronologische Unordnung der AM derart auflösen, dass sie im "rex regum
terrae" (AM 8,1) nicht Antiochus, sondern den römischen Kaiser
Hadrian sehen, unter dessen Herrschaft gleichermassen eine Juden-
verfolgung im Gange war. Dementsprechend datieren sie die AM in
relativ später Zeit, meistens nach dem Bar-Kochba-Aufstand.[112] Diese
Position findet sich hauptsächlich am Ende des letzten Jahrhunderts,
vereinzelt noch in diesem Jahrhundert, insgesamt aber scheint sie
überholt und wird im Prinzip fallen gelassen.

Weiterhin datieren einige Autoren die AM zwischen dem ersten
und zweiten jüdischen Aufstand.[113] Dieser Vorschlag findet keine
Anhänger, weil die AM durchaus noch die Existenz des Tempels
voraussetzen muss. Die Tempelzerstörung hätte aufgrund dessen, dass
die AM ein lebendiges Interesse am Kult und dem damit verbundenen Kultort zeigt, durchaus eine entsprechende Erwähnung in der
Schrift finden müssen (cf. AM 2,4.8–9; 3,2; 4,8; 5,3–4; 6,1.9; 8,5).

Die bei weitem grösste Gruppe derer, die sich mit der AM befassen, datiert diese nach dem Tod des Herodes im Jahre 4 v.Chr. und
vor dem ersten jüdischen Aufstand (66–70 n.Chr.), weil zum einen
der "rex petulans" (AM 6,1) mit Herodes identifiziert wird und zum
anderen der intakte Tempel vorausgesetzt werden muss. Zudem

---

[112] Cf. G. VOLKMAR, *Mose Prophetie und Himmelfahrt*, 59 (Datierung: 135–138 n.Chr.).
An ihm orientieren sich folgende Autoren: F. PHILIPPI, *Das Buch Henoch*, 166–191;
T. COLANI, «L'Assomption de Moïse», 75; T. KEIM, *Geschichte Jesu von Nazara*, II,
591; M. VERNES, *Histoire des idées messianiques*, 284/Anm. 1; C. SIGWALT, «Die Chronologie der Assumptio Mosis», 375. Aufgrund der Parallelen zu Hadrian und einer
Wiederherstellung von AM 7,1–2 geht G. HÖLSCHER, «Über die Entstehungszeit»,
126–127.151, von einer Abfassungszeit im Jahr 131 n.Chr. aus. Auf dem Hintergrund
von Zeitberechnungen datiert hingegen die Schrift ins Jahr 140 n.Chr. S. ZEITLIN,
«The Assumption of Moses and the Revolt of Bar Kokba», 35. Als *terminus a quo*
für die Datierung der AM bezeichnet K. HAACKER, «Assumptio Mosis—eine samaritanische Schrift?», 404f., das Edikt Hadrians im Jahr 135 n.Chr., nimmt somit
eine Entstehung im zweiten oder dritten Drittel des 2.Jh.n.Chr. an.
[113] So behauptet J. LANGEN, *Das Judentum in Palästina zur Zeit Christi*, 110f., AM 10,8f.
beziehe sich auf den Untergang Jerusalems, so dass die Schrift kurz nach diesem
entstanden sein muss. A. HAUSRATH, *Neutestamentliche Zeitgeschichte*, 78f., sieht im "rex
regum terrae" von AM 8,1 Vespasian oder seinen Sohn Titus und setzt die Abfassung
der AM nach 73 n.Chr. zur Zeit Domitians an. Daran schliesst sich F. ROSENTHAL,
Vier Apokryphische Bücher, 18–20, an, der meint, alles treffe für die Zeit des Vespasian
und Titus, besonders aber für die Zeit des Domitian zu, so dass man davon auszugehen hat, die AM sei bald nach der Tempelzerstörung entstanden.

scheint die partielle Zerstörung des Tempels in AM 6,9 auf die Niederschlagung eines Aufstands durch Varus hinzuweisen. Im Zeitraum von 4 v.Chr. bis 70 n.Chr. variieren nun die exakten Angaben für die Datierung,[114] wobei dem Vorschlag von CHARLES (1897) wiederum ein besonderer Vorrang in der weiteren Rezeption zukommt. Ihn gilt es detailliert darzustellen:[115] der *terminus ad quem* sei mit 70 n.Chr. anzugeben, weil zur Zeit der Abfassung der Tempel noch stehen muss (cf. AM 1,17f.), der *terminus a quo* hingegen sei mit dem Tod des Herodes im Jahre 4 v.Chr. zu bestimmen. Weiterhin grenzt CHARLES näher ein, indem er Bezug auf AM 6,7 nimmt, wo davon die Rede ist, dass die Söhne des "rex petulans" (AM 6,2) kürzere Zeit herrschen werden als ihr Vater. Da von den Herodessöhnen nur Archelaus eine kürzere Regierungszeit als der Vater vorweisen kann, Philippus und Antipas aber länger im Amt waren, muss der Autor der AM nach dem Abtritt des Archelaus und vor einer 34jährigen Regierungszeit der beiden anderen geschrieben haben. Damit aber kommt man auf das Jahr 30 n.Chr. als *terminus ad quem*. Archelaus herrschte von 4 v.Chr. bis 6 n.Chr., und dessen kurze Regierungszeit könnte den Autor der AM veranlasst haben, seinen Brüdern eine kürzere Amtsperiode zu prophezeien. Auf dem Hintergrund dieser Überlegungen kommen als Abfassungszeit die Jahre 7–30 n.Chr. in Frage. Diese Datierung von CHARLES wurde in der Folgezeit vielfach übernommen[116] und war eigentlich massgeblich bis NICKELSBURG

---

[114] Eine detaillierte Auflistung der entsprechenden Datierungsvorschläge mit den zugehörigen Autoren und Literaturangaben bis 1970 findet sich bei E.-M. LAPERROUSAZ, «Le Testament de Moïse», 97f. (cf. auch L. VEGAS MONTANER, «Testamento de Moisés», 229). Nachzutragen sind die Autoren, die nach LAPERROUSAZ die Datierung der AM im 1.Jh.n.Chr. vor der Tempelzerstörung ansetzen: L. ROST, *Einleitung in die alttestamentlichen Apokryphen und Pseudoepigraphen*, 111f.; E. BRANDENBURGER, «Himmelfahrt Moses», 59f.; E. CORTÉS, *Los discursos de adiós*, 143; J. PRIEST, «Some Reflections on the Assumption of Moses», 95–97 (cf. auch ID., «Testament of Moses», 920f.); E. VON NORDHEIM, *Die Lehre der Alten*, I, 195; C. MÜNCHOW, *Ethik und Eschatologie*, 68/Anm. 88; L. VEGAS MONTANER, «Testamento de Moisés», 231; J. TROMP, *The Assumption of Moses*, 116f.; R. RUBINKIEWICZ, «Reich Gottes im frühjüdischen Schrifttum», 30; G. OBERHÄNSLI-WIDMER, «Mose/Moselied/Mosesegen/Moseschriften III», 347; M. WINTER, *Das Vermächtnis Jesu*, 173; G. ARANDA PÉREZ – F. GARCÍA MARTÍNEZ – M. PÉREZ FERNÁNDEZ, *Literatura judía intertestamentaria*, 297f.

[115] Cf. R.H. CHARLES, *The Assumption of Moses*, lv–lviii.

[116] Die Meinung CHARLES' übernehmen bis zur Publikation von LAPERROUSAZ (1970): C. CLEMEN, «Die Himmelfahrt Moses», in *APAT*, II, 313f.; T.W. MANSON, «Miscellanea Apocalyptica», 42; C.C. TORREY, *The Apocryphal Literature*, 114; R.H. PFEIFFER, *History of New Testament Times*, 80; O. EISSFELDT, *Einleitung*, 846; R. MEYER, «Himmelfahrt Moses», 337; C. DE SANTO, «The Assumption of Moses», 306; G. REESE,

(1972) die Interpolationstheorie von LICHT (1961) mit zusätzlichen
Argumenten begründete und verfestigte. Er behauptete, die AM sei
noch vor der makkabäischen Erhebung und der Wiedereinweihung
des Tempels zur Zeit der antiochenischen Verfolgung im 2.Jh.v.Chr.
entstanden (ähnlich wie das biblische Buch Dan), dann aber in nach-
herodianischer Zeit mit dem Ziel einer Aktualisierung interpoliert
worden.[117] Die Argumentation zu dieser frühen Datierung hängt
mit der Bestreitung der literarischen Einheit der AM zusammen und
der damit zusammenhängenden Interpolationstheorie, die bereits
oben dargestellt wurde. In der Folgezeit wurde die Datierung von
NICKELSBURG in weiten Kreisen übernommen,[118] auch wenn TROMP
(1993) dessen Argumente nicht akzeptierte[119] und an der vorgängig
traditionellen Meinung festhielt, die AM sei im ersten Drittel des
1.Jh.n.Chr. entstanden. Näherhin lässt er zur Datierung nur die Identifizierung des "rex petulans" mit Herodes gelten (AM 6,2.6), bestreitet den historischen Wert von AM 6,8–7,10 für die Festlegung der
Abfassungszeit und meint, die AM sei kurz nach dem Tod des
Herodes im ersten Viertel des 1.Jh.n.Chr. geschrieben worden.[120]

Was den aktuellen Stand der Datierungsfrage betrifft, so stehen
bis heute zwei Meinungen unvermittelt und unversöhnt nebeneinan-
der: entweder man bestreitet die literarische Einheit der AM und
datiert die Grundschrift ohne die vermeintlich nach-herodianischen
Zusätze ins 2.Jh.v.Chr. oder man geht von der literarischen Einheit
der AM aus und akzeptiert den traditionellen Ansatz zu Beginn der
Zeitenwende im ersten Drittel des 1.Jh.n.Chr. Datierungskriterien für
beide Anschauungen waren bis jetzt ausschliesslich inhaltliche Anhalts-
punkte gewesen, nicht aber traditionsgeschichtliche Verortungen.

1.7   *Zur Abzweckung der AM*

Explizit stellte man sich die Frage der Abzweckung der AM relativ
spät, wenngleich den ersten Forschern durchaus klar gewesen sein

---

Die Geschichte Israels, 70; O.H. STECK, *Israel*, 172/Anm. 1.; E.-M. LAPERROUSAZ, «Le
Testament de Moïse», 99.
    [117] Cf. G.W.E. NICKELSBURG, *Resurrection*, 43–45; ID., «Studies on the Testament
of Moses—Introduction», 6; ID., «An Antiochan Date», 33–37; ID., *Jewish Literature*,
80–83.212–214.
    [118] Cf. oben Anm. 103.
    [119] Cf. J. TROMP, *The Assumption of Moses*, 120–123.
    [120] Cf. J. TROMP, *The Assumption of Moses*, 116f.

muss, dass die AM einen ungebrochenen Gesetzesgehorsam anmahnt (cf. AM 1,10; 3,12; 9,4–6; 12,10f.). Da ihr zudem ursprünglich die literarische Gattung der Apokalypse zugeeignet wurde, dürfte sie in geschichtlicher Not- und Bedrängnissituation den Zweck verfolgt haben, die Bedrückten zu ermutigen und ihnen das kurz bevorstehende, von Gott allein gewirkte Heil in der Überwindung der Feinde anzukündigen (cf. AM 10,1–10). Diesen letzten Gedanken greift NICKELSBURG (1973) auf und präzisiert,[121] die AM gebe enttäuschten und entmutigten Leuten die Zusage göttlicher Rechtfertigung, indem sie das Kommen Gottes betone, der den Tod der Märtyrer räche und die Endzeit heraufführe, um Israel zu erhöhen. Mit Blick auf die Taxoszene (AM 9) bezeichnet COLLINS (1973) die AM schliesslich als ein «pacifistic statement»,[122] dessen Pazifismus sich ganz und gar auf die Erwartung göttlicher Rache für den Tod der Märtyrer gründe.[123] Damit könne man die AM als eine Tendenzschrift bezeichnen, die mit dem Ziel verfasst worden sei, keinesfalls einen militanten Widerstand gegen die Besatzer zu provozieren. In diesem Sinn rufe sie zum gewaltlosen Widerstand auf, denn die einzige Möglichkeit, das Gottesreich heraufzuführen, bestünde in rigoroser Gesetzesobservanz und im Martyrium. Die Taxofigur würde auf diese Weise dem Mattatias gegenübergestellt, der die Seinen zum bewaffneten Widerstand aufruft (1Makk 2,49–68). Auf diesem Hintergrund hätte die AM dann auch noch die Funktion, die dem Gesetz ergebenen Juden in der Anschauung zu bestärken, dass die Welt allein für sie geschaffen wurde, auch wenn das in der geschichtlichen Situation nicht deutlich erkennbar wäre.[124] Die Ermutigungsfunktion der AM streicht deutlich PRIEST (1977) heraus und bringt sie in Verbindung mit dem in ihr dominanten Bundesgedanken:[125] Gottes Versprechungen aufgrund

---

[121] Cf. G.W.E. NICKELSBURG, «An Antiochan Date», 37.

[122] J.J. COLLINS, «Some Remaining Traditio-Historical Problems», 39.

[123] In die gleiche Richtung geht die Meinung von G. ZERBE, «"Pacifism" and "Passive Resistance"», 78.

[124] Cf. J.J. COLLINS, «Testaments», 348; ID., «The Testament (Assumption) of Moses», 148f.; ID., The Apocalyptic Imagination, 132f. Dieser Meinung schliesst sich auch L. VEGAS MONTANER, «Testamento de Moisés», 244, an.

[125] Davon, dass in der AM eine Aktualisierung der traditionellen Bundestheologie vorliegt, ist D. MAGGIOROTTI, Il Testamento di Mosè, 59, überzeugt. Der Autor suche zu seiner Zeit einen Sinn in den geschichtlichen Ereignissen, der nicht dem heilsgeschichtlichen Wert der göttlichen Erwählung Israels und der damit verbundenen Bundestheologie widerspricht. Zweck der Schrift sei demnach die Verlebendigung und Bestätigung der Bundestheologie, die ihre Gültigkeit auch in angefochtener Zeit behält. Zur Bundestheologie in der AM siehe den Aufsatz von B. HALPERN-AMARU, «Redesigning Redemption», 131–152; cf. auch T. HOLMÉN, «Convenant Thinking», 107f.

des Bundes mit Israel können ihr Ziel nicht verfehlen, so dass die Hoffnungen auf seine letztgültige Rechtfertigung aufrecht erhalten werden können.[126]

Als ausschliesslichen Zweck der Schrift bezeichnet VON NORDHEIM (1980) die Anleitung zu einer ethischen Grundhaltung, weil die Intention der Gattung Testament in der Verhaltensanleitung bestehe. Die Offenbarung des Zukünftigen diene dazu, den Leser zu einem bestimmten Verhalten auf dem Hintergrund einer entsprechenden Haltung aufzufordern: es gelte nun in aller Ungerechtigkeit und Bedrängnis auszuhalten, den Bund und seine Gebote in Treue zu bewahren, um auf diese Weise für die bald hereinbrechende Endzeit gerüstet zu sein.[127]

Auf den scheinbaren Widerspruch, dass zum einen das kommende Heil von einer konsequenten Gesetzesobservanz abhängig ist, es aber Gott souverän ohne das Zutun des Menschen heraufführen wird, geht MÜNCHOW (1981) ein, und meint, dass das richtige ethische Verhalten nicht die alleinige Bedingung für die Teilhabe am künftigen Heil sein könne. Vielmehr motiviere das Wissen um das kommende Eingreifen Gottes den unbedingten Gesetzesgehorsam einer von der Eschatologie her geprägten Ethik, so dass die Hoffnung auf das endzeitliche Handeln Gottes das Tun der Gebote einschärfen solle.[128] Demnach geht es der AM um die Aufrechterhaltung dieser Hoffnung in der Anleitung zum Gesetzesgehorsam.

Mit der einen oder anderen Nuance behauptet schliesslich auf dem Hintergrund des bisher Ausgeführten der Grossteil der Autoren, dass die AM eine zweifache Abzweckung verfolge, nämlich zum einen zur Treue zum Gesetz auf dem Hintergrund der Bundeszusagen anzuleiten, zum anderen die Bedrängten zu ermutigen, da—so die Deutung der misslichen historischen Situation—die letzte Phase menschlicher Geschichte angebrochen sei und ein machtvolles Eingreifen Gottes in der Heraufführung ewigen Heils unmittelbar bevorstehe. Exemplarisch sei in diesem Zusammenhang auf TROMP (1993) verwiesen,[129] der diese Meinung in lapidarer Weise artikuliert, damit aber im Chor anderer Forscher steht.[130]

---

[126] Cf. J. PRIEST, «Some Reflections on the Assumption of Moses», 109.
[127] Cf. E. VON NORDHEIM, *Die Lehre der Alten*, I, 206.
[128] Cf. C. MÜNCHOW, *Ethik und Eschatologie*, 74f.
[129] Cf. J. TROMP, *The Assumption of Moses*, 123.
[130] Cf. z.B. O. CAMPONOVO, *Königtum, Königsherrschaft und Reich Gottes*, 154; C. THOMA, «Das Böse im Zeitalter Jesu», 57; A. DÍEZ MACHO, *Introducción general*, 274.

1.8   *Zur Provenienz des Autors*

Dass der Autor der AM aus Palästina stammen muss, unter Umständen sogar aus dem Umkreis von Jerusalem, wurde bereits erwähnt und gehört gleichsam zum Konsens der Forschung. Seine theologische Einordnung hingegen wurde von Anfang an sehr kontrovers diskutiert, und zwar auf dem Hintergrund der Einteilung der Religionslandschaft Palästinas in die sogenannten jüdischen Parteien durch Josephus. So gab es die verschiedensten Zuweisungen mit den unterschiedlichsten Begründungen: der Autor sei ein Samaritaner, ein Zelot, ein Sadduzäer, ein Pharisäer, ein Essener gewesen. Auf dem Hintergrund der Vielgestaltigkeit und Buntheit des Judentums zwischen dem 2.Jh.v.Chr. und dem 1.Jh.n.Chr. lässt sich aber eine rigorose Aufteilung der religiösen Strömungen in klar konturierte jüdische Parteien kaum mehr verantworten.[131] Vielmehr ist davon auszugehen, dass es neben den von Josephus genannten Bewegungen noch eine ganze Reihe anderer Gruppen mit den verschiedensten Schattierungen gegeben haben muss und dass die bekannten religiösen Strömungen zum einen Entwicklungen durchlaufen haben, also sich zu verschiedenen Zeiten jeweils etwas anders präsentierten, zum anderen sich aber auch gegenseitig beeinflusst und durchdrungen haben müssen. Die Grenzen dürften fliessend gewesen sein und ein Autor der damaligen Zeit konnte sich durchaus verschiedener theologischer Topoi bedient haben, die nicht geradlinig in bestimmte Strömungen einzuordnen sind. In diesem Sinn lässt sich kaum von einem "orthodoxen Judentum" ausgehen, das die allgemeinen Richtlinien vorgab und eine normative Funktion ausübte.[132] Auf diesem Hintergrund muss man sich Rechenschaft über die Kriterien ablegen, die man anlegt, wenn man von separatistischen oder sektiererischen Strömungen[133] innerhalb eines "offiziellen Judentums" sprechen will.[134] Daher

---

[131] Cf. D.M. RHOADS, «The Assumption of Moses and Jewish History», 53f.; J.A. SANDERS, «Introduction: Why the Pseudepigrapha?», 14.

[132] Cf. J.H. CHARLESWORTH, «In the Crucible: The Pseudepigrapha as Biblical Interpretation», 40.

[133] Zur Meinung, der Autor der AM gehöre einer sektiererischen Sondergruppe innerhalb des Judentums an cf. E. JANSSEN, *Das Gottesvolk und seine Geschichte*, 107f.; J.J. COLLINS, «The Date and Provenance», 31f.; ID., «Testaments», 348f.; L. VEGAS MONTANER, «Testamento de Moisés», 228; A. SCHALIT, *Untersuchungen zur Assumptio Mosis*, 180 (cf. dazu die kritischen Anmerkungen in der Rezension von H.-J. BECKER, «A. Schalit, *Untersuchungen zur Assumptio Mosis*», 296).

[134] Cf. dazu die Überlegungen von A.I. BAUMGARTEN, *The Florishing of Jewish Sects*,

scheint es auch unfruchtbar zu sein, frühere Zuordnungversuche bezüglich der Zugehörigkeit der AM zu irgendeiner jüdischen Partei
aufzulisten und die entsprechenden Argumentationen darzulegen.[135]
Die Position von CHARLES (1897) soll dennoch eine besondere Berücksichtigung erfahren, weil sie von grossem Einfluss in der Forschungsgeschichte gewesen ist. Eine Bezugnahme auf die These, die AM sei
essenischen Ursprungs und hätte Berührungspunkte mit Qumran,
muss gesondert geschehen.

Zunächst geht CHARLES von der Prämisse aus, der Autor müsse
einer religiösen Partei des Judentums im 1.Jh.n.Chr. zuzuordnen
sein.[136] Ein Sadduzäer könne er nicht sein, weil er einen Eingriff
Gottes zur Errichtung eines theokratischen Königtums erwarte und
diese Partei darüber hinaus angreife (AM 7 wird so gedeutet). In
gleicher Weise könne er kein Zelot sein, weil sich kein Bericht über
den makkabäischen Aufstand in der AM finde und eine Aversion
gegen ein militantes Judentum zu spüren sei, zumal Taxo mit der
Bereitschaft zum Martyrium ein gewaltloses Ideal verkörpere. Dass
der Autor auch kein Essener sein könne, zeigten schliesslich die natio-
nalen Hoffnungen und Sehnsüchte, die für ein Mitglied dieser Religions-
partei untypisch wären. Zudem präge die AM ein lebhaftes Interesse
am Opferkult im Tempel, dem die Essener skeptisch gegenüber gestanden wären. Durch negativen Ausschluss der genannten Strömungen
gelangt CHARLES schliesslich zur Einsicht, dass der Verfasser ein
"Pharisaic Quietist" gewesen sein muss.[137] Diese Auffassung findet
sich nun nahezu durchgehend bis zu der Zeit, in der man sich über
das Judentum in der entsprechenden Epoche ein differenzierteres
Bild machen konnte.

Um den heutigen Forschungsstand in dieser Frage aufzuzeigen,
sollen exemplarisch die Positionen von PRIEST (1983) und TROMP

7, der eine Sekte definiert als eine «*voluntary association of protest, which utilizes boun-
dary marking mechanisms—the social means of differentiating between insiders and outsiders—to
distinguish between its own members and those otherwise normally regarded as belonging to the
same national or religious entity. Ancient sects accordingly, differentiated between Jews
who were members of their sect and those not*».

[135] Einen diesbezüglichen Überblick bis zum Jahr 1970 bietet zudem E.-M.
LAPERROUSAZ, «Le Testament de Moïse», 88–95 (cf. auch L. VEGAS MONTANER,
«Testamento de Moisés», 224–228).

[136] Cf. R.H. CHARLES, *The Assumption of Moses*, li–liv.

[137] Näherhin bezeichnet er ihn folgendermassen: «He was a Pharisee of a fast-
disappearing type, recalling in all respects the Chasid of the early Maccabean times,
and upholding the old traditions of quietude and resignation» (R.H. CHARLES, *The
Assumption of Moses*, liv).

(1993) erwähnt werden. Nachdem der erstere drei ernsthafte Optionen vorstellt (1. Im weiteren Sinn könne der Autor der hasidäischen Bewegung zugerechnet werden; 2. Er gehöre einem Zweig der Pharisäer an; 3. Er wäre ein Essener), kommt er zum Schluss, dass es aufgrund der Komplexität des Judentums zur damaligen Zeit nicht opportun wäre, den Autor mit irgendeiner Gruppe zu identifizieren. So schiene es angebracht, die AM weder den Pharisäern noch den Essenern zuzueignen, sondern einfach festzustellen, sie reflektiere den «general outlook of the later Hasidic movement with a stress on apocalyptic motifs».[138] Der zweiter stimmt darin überein, dass er den Autor keiner speziellen Gruppe im Judentum zuordnet und meint, die Theologie der AM sei ziemlich unspezifisch.[139] Auch wenn er den aktuellen Tempelkult zurückzuweisen scheint, könne er dennoch nicht mit den Essenern und Qumran in Verbindung gebracht werden, weil eben eindeutige Charakteristika, wie z.B. der immer wieder auftauchende Dualismus, fehlen würden. Auch aufgrund von AM 7,3–10 sei keine Zuordnung möglich, wenngleich dort gegnerische Leute kritisch beurteilt würden (ob dort Pharisäer, Sadduzäer oder sonst irgendwelche Personen beschrieben werden, sei nicht auszumachen). Zumindest schiene es so, dass der Autor einer Gruppe in der jüdischen Gesellschaft zugehöre, die nur über eine begrenzte Macht verfüge.

Auf dem Hintergrund dieser Anschauungen muss die Frage der Provenienz des Autors offen gelassen werden, wenngleich es möglich scheint, ein theologisches Profil der AM zu entwerfen, das für sich bestehend nicht in irgendeine Sparte eingeordnet werden muss. Diesen Versuch unternimmt beispielsweise VEGAS MONTANER (1987), der den theologischen Gehalt der AM mit folgenden Kategorien beschreibt:[140] Gottesbild, Angelologie, Bundestheologie, Eschatologie, Israel, Mose, Taxo. Dass die AM eine eschatologische Ausrichtung auf dem Hintergrund der Bundesverheissungen und der Gesetzesobservanz hat, und das mit einer Geschichtsdeutung aus deuteronomistischer Sicht verbunden wird, gehört wohl zum Kern dieser Theologie.

---

[138] J. PRIEST, «Testament of Moses», 922; ID., «Moses, Testament of», 921.
[139] Cf. J. TROMP, *The Assumption of Moses*, 118f.
[140] Cf. L. VEGAS MONTANER, «Testamento de Moisés», 244–249.

1.9   *Beziehungen zu Qumran*

Will man von den Beziehungen der AM zu Qumrantexten handeln,
so ist zunächst im Vorfeld zu bemerken, dass schon vor den Funden
am Toten Meer ein essenischer Ursprung dieser apokryphen Schrift
vermutet wurde. Die ersten, die eine essenische Autorschaft behaupten, sind SCHMIDT – MERX (1869), die sich voll und ganz an der
Beschreibung der jüdischen Religionsparteien Josephus' orientieren
und von dort her ihre Zuschreibung begründen.[141] Aufgrund der Identifizierung der spürbar negativ und feindlich beschriebenen "homines pestilentiosi" (AM 7,3–10) als Pharisäer gelangen sie zum Schluss,
der Verfasser müsse im gewissen Sinn einer Gegenpartei angehören,
entweder den Sadduzäern oder den Essenern. Durch Ausschluss der
ersten Möglichkeit und Vergleich mit den von Josephus überlieferten Kennzeichen der Essener gelangen sie zur Überzeugung, die AM
sei einem essenischen Propheten zuzeignen. In die gleiche Richtung
geht die Zuschreibung von HOLTZMANN (1906), der ein anderes
Argument dafür ins Feld führt:[142] AM 4,8 sei so zu deuten, dass die
aus der Verbannung zurückgekehrten zwei treuen Stämme nicht
mehr opfern könnten, AM 5,4 spreche von der Entweihung des
Altars durch unwürdige Priester, AM 6,1 bringe die Gottlosigkeiten
dieser Leute (= Hasmonäer) vom Allerheiligsten aus zum Ausdruck,
so dass insgesamt die Meinung des Verfassers artikuliert werde, im
zweiten Tempel seien keine Opfer mehr möglich; das entspreche der
Auffassung der Essener, wie ein Vergleich mit äthHen 89,73 und
2Bar 68,6 zeige. Auf dem Hintergrund dieser Argumentationen
schliesst sich auch LAGRANGE (1931) der Vermutung an, die AM sei
ein essenisches Dokument.[143] In Anlehnung an ihn war nach der
Entdeckung der Qumranschriften DUPONT-SOMMER (1950) der erste,
der die AM zusammen mit einigen anderen massgeblichen Pseudepigraphen mit den damals neu gefundenen Handschriften in Zusammenhang brachte.[144] Mit Rekurs auf den enigmatischen Namen Taxo
(τάξων) in AM 9,1, der als eine Übersetzung des hebräischen, in der

---

[141] Cf. M. SCHMIDT – A. MERX, «Die Assumptio Mosis», 120–124.

[142] Cf. O. HOLTZMANN, *Neutestamentliche Zeitgeschichte*, 301.

[143] Cf. M.-J. LAGRANGE, *Le Judaïsme avant Jésus-Christ*, 329: «Si le tableau des
Esséniens tracé par Josèphe et par Philon répond à la réalité, on se décidera à leur
attribuer des écrits comme le livre éthiopien d'Hénoch et l'Assomption de Moïse».

[144] Cf. A. DUPONT-SOMMER, *Aperçus préliminaire sur les manuscrits de la Mer Morte*,
115f.

Damaskusschrift vorkommenden מחקק betrachtet werden könne,[145] bestimmte schliesslich MOWINCKEL (1953) die AM als eine Sektenschrift aus Qumran.[146] Zudem bestätige deren sektiererischer Charakter und der Rückzug Taxos mit seinen Söhnen in eine Höhle diese Einordnung. Weitere Argumente für einen Ursprung in Qumran wurden von DELCOR (1955) hinzugefügt:[147] AM 1,17 spreche von der Verwahrung der Bücher an einem geheimen Ort in irdenen Gefässen, und das stimme mit der vorgefundenen Praxis in Qumran überein; die Rolle Moses als Mittler in AM 1,14 passe zudem zum Gedankengut der Qumranleute. Den Ursprung der AM nimmt STAUFFER (1956) in Priesterkreisen an, die den Geist der aaronitisch orientierten Sezessionsgemeinde aus der Wüste Juda widerspiegele.[148] An den Hasmonäern und den Hohenpriestern der Herodäerzeit werde scharfe Kritik geübt, man spare gegenüber den herrschenden Kreisen in Jerusalem nicht an Polemik. Der Tempeldienst der Hasmonäer und ihrer Nachfolger wäre illegitim und überall stosse man auf priestertheologische Begriffe und Denkmotive. Dass die AM einer priesterlichen Partei zugehöre, von antipharisäischer Haltung geprägt sei, an mosaischen Offenbarungen für dem wahren Tempel treu gebliebener Priester interessiert sei und eine massive Abneigung gegen die Hasmonäer zeige, behauptet JAUBERT (1963). Aus diesem Grund gehöre sie zu Zirkeln, die theologisch den Qumranleuten nahestehen oder sie sei sogar mit dieser Bewegung zu identifizieren.[149] Alle die vorgängig genannten Argumente für eine Zuordnung der AM zur Qumrangemeinschaft greift schliesslich LAPERROUSAZ (1970) auf, bestätigt und vertieft sie.[150] Der Autor der AM wäre ein Nationalist, der die gleiche Feindstellung wie die Qumranleute aufweise, ihm läge an der rituellen Reinheit des Tempels, die zu seiner Zeit scheinbar nicht gewährleistet gewesen wäre. Auch den in der AM aufscheinenden Prädestinationsgedanken, die Hervorhebung der Bundes- und Erwählungstheologie, die Souveränität Jahwes in der Heraufführung

---

[145] Cf. CD VI,2–10 und Gen 49,10.

[146] Cf. S. MOWINCKEL, «The Hebrew Equivalent of Taxo», 88–96.

[147] Cf. M. DELCOR, «Contribution à l'étude de la legislation», 64f.

[148] Cf. E. STAUFFER, «Probleme der Priestertradition», 141f.

[149] Cf. A. JAUBERT, *La notion d'alliance dans le Judaïsme*, 260.

[150] Cf. E.-M. LAPERROUSAZ, «Le Testament de Moïse», 93–95. Für einen essenischen Ursprung bzw. eine Zuordnung zu den Qumrantexten der AM treten ohne ausführlichere Argumentation weiterhin ein: J. KLAUSNER, *The Messianic Idea in Israel*, 325; R. MEYER, «Himmelfahrt Moses», 337; O. EISSFELDT, *Einleitung*, 846; L. ROST, *Einleitung in die alttestamentlichen Apokryphen und Pseudoepigraphen*, 111.

des Heils am Ende der Zeiten fände man in den Texten vom Toten
Meer. Näherhin wird der Autor der AM als ein «Essénien quiétiste»[151]
bezeichnet.

Die Argumentationen für eine essenische oder qumranische Herkunft
der AM stützen sich also alle auf inhaltliche Vergleiche, vorwiegend
auf vermutete historische oder nachweisbare theologische Parallelen.
So ist die abgrundtiefe Abneigung gegen die Hasmonäer, ein allgemeines kultisch-priesterliches Interesse (besonders am Tempel), die
Betonung der Bundestheologie, die Erwartung der göttlichen Rache
an den Feinden, eine Zuspitzung auf eschatologisch-apokalyptische
Perspektiven, die Erwähnung des Satans bzw. eines "nuntius", eine
mögliche Frontstellung gegen die Pharisäer und eine eventuelle Ein-
ordung des Taxo in entsprechende Sachverhalte zu nennen.[152] Zudem
scheinen die Pesharim von Qumran in ähnlicher Weise die aktuelle
Wirklichkeit auf biblischem Hintergrund zu interpretieren wie dies
in der AM auszumachen ist. In beiden Fällen gehe es um Denkmuster,
die den eschatologischen Charakter der Jetzt-Zeit an die Deutung
kanonischer Prophetie binden.[153] So verwundert es nicht, dass behauptet wird, der Autor sei, wenn schon nicht direkt mit den Qumranleuten
zu verbinden, unter den Essenern oder ihnen nahe stehenden Leuten
zu suchen[154] oder die Gemeinschaft von Qumran hätte einen gewissen Einfluss auf die AM ausgeübt.[155] In jedem Fall können die
Affinitäten zwischen der AM und dem in Qumran gängigen theologischen Gedankengut nicht geleugnet werden; wie man sie allerdings deutet, das ist eine andere Frage. Es gibt ja schliesslich auch
gravierende Unterschiede, die nicht übersehen werden dürfen:[156] in
der AM findet sich nicht der für Qumrantexte übliche Sektenjargon
mit bestimmten Fachausdrücken (Lehrer der Gerechtigkeit, Gemeinde
des neuen Bundes, u.a.); sie geht von einer Rettung ganz Israels aus
(AM 10,8f.) und bezieht diese nicht nur auf die Mitglieder der
Gemeinde; bestimmte theologische Grundschemata wie der in Qumran
anzutreffende Dualismus oder die Kennzeichen präsentischer Eschato-

---

[151] E.-M. LAPERROUSAZ, «Le Testament de Moïse», 95.
[152] Cf. J.J. COLLINS, «The Date and Provenance», 30–32; O. CAMPONOVO, *Königtum, Königsherrschaft und Reich Gottes*, 159f.; E. SCHÜRER – G. VERMES, *The History of the Jewish People*, III/1, 283f.; L. VEGAS MONTANER, «Testamento de Moisés», 227f.
[153] Cf. G.W.E. NICKELSBURG, «Studies on the Testament of Moses—Introduction», 14.
[154] Cf. J.J. COLLINS, «The Date and Provenance», 32.
[155] Cf. I. FRÖHLICH, *"Time and Times and Half a Time"*, 171–173.
[156] Cf. O. CAMPONOVO, *Königtum, Königsherrschaft und Reich Gottes*, 160.

logie fehlen; gemeindliche Organisationsstrukturen mit entsprechenden Abgrenzungstendenzen spielen überhaupt keine Rolle; der Kalender von Qumran scheint nicht mit den Zeitangaben in der AM übereinzustimmen;[157] dort dürfte der Tempel zumindest nicht grundsätzlich abgelehnt werden, wenn auch seine Verunreinigung beklagt wird. Schliesslich wurde in Qumran auch kein Fragment der AM gefunden, was aber nicht unbedingt den Schluss zulässt, dass die Schrift mit dieser Gemeinde nichts zu tun gehabt hätte.

Was einen konkreten Textvergleich der AM mit Qumrantexten anbelangt, so werden nur vereinzelt thematische Parallelen angegeben. So meint PRIEST (1983), es gebe zwischen der AM und CD bzw. 1QH viele wörtliche Berührungen,[158] andere Autoren aber stellen einzelne Parallelen heraus.[159] Eine detaillierte Untersuchung, wie sich 4Q390 zur AM und anderen Pseudepigraphen verhält, präsentiert schliesslich DIMANT (1992).[160] Sie stellt besonders die Verbindung von 4Q390 und AM 5 heraus, erwähnt den Vergleichspunkt eines ähnlich pseudepigraphischen Rahmens, der durch eine Abschiedsrede des Mose markiert ist,[161] und meint, besondere Affinitäten dort feststellen zu können, wo es um die Beschreibung des Abfalls Israels geht.[162] Das Fragment 4Q390 gehöre aufgrund dessen, dass typische Qumranterminologie fehle, im strengen Sinn nicht zu den Zirkeln der Gemeinschaft, sondern wäre ihr nahestehenden Kreisen zuzuordnen. Dort hätten andere Pseudepigrapha und auch die AM ihre Heimat, so dass mit der Existenz einer vor-qumranischen Gemeinschaft

---

[157] Cf. J.A. GOLDSTEIN, «The Testament of Moses», 50.

[158] Cf. J. PRIEST, «Testament of Moses», 924. Im Gegensatz dazu schreibt J.J. COLLINS, «Pseudepigraphy and Group Formation», 55: «But neither does the Testament of Moses have significant parallels with the sectarian rule books from Qumran. What it shares with 4Q390 and CD is simply the heritage of Deuteronomy, which was available to all strands of ancient Judaism».

[159] Schon A. JAUBERT, *Le notion d'alliance dans le Judaïsme*, 260/Anm. 35, weist auf den Zusammenhang von AM 10,8–10 und 1QM XVII,7–8 hin. Das wird von E.-M. LAPERROUSAZ, «Le Testament de Moïse», 130, und E. SCHÜRER – G. VERMES, *The History of the Jewish People*, III/1, 283/Anm. 21, aufgegriffen, wobei die letzteren ebenso die Verbindung zwischen AM 10,9 und 1QH III,20–22 herausstellen.

[160] Cf. D. DIMANT, «New Light from Qumran», 405–448; cf. dazu auch J.J. COLLINS, «Pseudepigraphy and Group Formation», 54f.

[161] Als Abschiedsrede des Mose muss auch 1QDM (=1Q22) konzipiert sein; cf. E. BRANDENBURGER, «Himmelfahrt Moses», 60; E. SCHÜRER – G. VERMES, *The History of the Jewish People*, III/1, 284f.

[162] Cf. D. DIMANT, «New Light from Qumran», 439f.; dort findet sich eine direkte Gegenüberstellung von Stellen aus 4Q390 und AM 5,1–5.

zu rechnen sei, aus der sich die Qumrangemeinschaft erst entwickelt
haben könnte.[163]

1.10   Rewritten-Bible-Phänomene in der AM

Dass der Rahmen der AM in gewissem Sinn mit einer Wiederaufnahme von Dtn 31 zu tun hat, speziell mit dem Mose-Josua-Nachfolgeverhältnis, hatten schon die ersten Editoren im letzten Jahrhundert
gesehen.[164] So beobachtet beispielsweise VOLKMAR (1867), es gehe um
eine Moseprophetie, die eigentlich bereits im Deuteronomium liege.[165]
Da das Lied und der Segen des Mose in Dtn 32–33 als eine
Hinzufügung der mosaischen Offenbarung zu betrachten wäre, wolle
die AM nun die Moseprophetie vollständiger bieten, und zwar in
der Weise, dass sie sowohl aus der aktuellen Situation als auch aus
dem Deuteronomium herausgewachsen wäre, sich auf diesem Hintergrund gleichermassen als echte Moseoffenbarung präsentiere.[166] Dass
die AM eine Verwandtschaft mit midraschartigen Darstellungen habe
und das ganze als eine prophetisch historische Ausführung von Dtn
32 gesehen werden kann, behaupten weiterhin SCHMIDT – MERX
(1869), und nehmen damit eigentlich den Begriff "Rewritten Bible"
schon voraus ohne ihn näher zu spezifizieren.[167] Expressis verbis
wurde die AM als ein «rewriting of Deuteronomy 31–34»[168] zum
ersten Mal von NICKELSBURG (1972) bezeichnet, wobei er darauf ver-
wies, dass sie mit der Mose-Josua-Nachfolge eröffnet wird (AM 1)
und kurz vor dem Tod des Mose schliesst (AM 11–12). Fernerhin
fänden sich in ihr die Bausteine des deuteronomistischen Geschichtsbildes, die gleichermassen in Dtn 28;30 nachweisbar wären.[169] Die

---

[163] Cf. D. DIMANT, «New Light from Qumran», 444–447. Einer derartigen
Argumentation muss die Datierung der AM im 2.Jh.v.Chr. zugrunde liegen, da
DIMANT das Fragment nicht später als Johannes Hyrcanus (134–104 v.Chr.) ansetzt.
[164] Cf. die Verweise auf Deuteronomium-Stellen bei A. HILGENFELD, «Mosis
Assumptionis quae supersunt» (2. Auflage 1884), 115–116.118–119.131; O.F. FRITZSCHE,
Libri Apocryphi Veteris Testamenti Graece, 701; R.H. CHARLES, *The Assumption of Moses*,
3–51.
[165] Cf. G. VOLKMAR, *Mose Prophetie und Himmelfahrt*, 13.
[166] Cf. G. VOLKMAR, *Mose Prophetie und Himmelfahrt*, 15.
[167] Cf. M. SCHMIDT – A. MERX, «Die Assumptio Mosis», 126.
[168] G.W.E. NICKELSBURG, *Resurrection*, 29.
[169] Cf. G.W.E. NICKELSBURG, *Resurrection*, 29/Anm. 89 und 44. Die Elemente des
deuteronomistischen Geschichtsbildes aus Dtn 28;30 (Sin – Dtn 28,15; Punishment –
Dtn 28,16–68; Repentence – Dtn 30,2; Salvation – Dtn 30,3–10) scheinen von

AM möchte die Ereignisse von Dtn 31–34 gleichsam neu erzählen und so seien folgende inhaltlichen Vergleichspunkte auszumachen:[170] 1. Die Ankündigung des Mosetodes; 2. Die Beauftragung Josuas; 3. Anweisungen, ein Buch zu verwahren; 4. Eine ausführliche Offenbarung der Geschichte Israels; 5. Der Segen des Mose; 6. Der Tod und das Begräbnis des Mose (womöglich im weggebrochenen Schluss). In Dtn 31 sei vom Moselied die Rede, von der Weitergabe und Aufbewahrung eines Buches und diese Sachverhalte fänden in AM 1,16; 10,11 eine Entsprechung. Überhaupt sei die ganze AM in den Ereignisrahmen von Dtn 31 eingebunden, der Beauftragung des Josua durch Mose. Desweiteren spiele in der Rezeption auch das Moselied eine Rolle, weil es mit der Rache Gottes an den Feinden ende, und dieser Sachverhalt in AM 10 zum Ausdruck komme. Bei der Beschreibung dieser Theophanie greife der Autor der AM auch auf Material aus Dtn 33 zurück. So fänden die Worte des Mose, die vor langer Zeit ausgesprochen wurden, ihre vollkommene Erfüllung in der kommenden Theophanie. Die alte Moseprophetie beziehe der Autor der AM auf seine eigene Zeit, die für ihn mit der Zeit kurz vor dem Ende der Zeiten identisch wäre.[171]

HARRINGTON (1973) bezieht sich auf die Argumentation von NICKELSBURG und bestätigt, dass Dtn 31–34 die Szene für die AM setzt. Näherhin untersucht er die Wiederaufnahme des Moseliedes Dtn 32,1–43 und kommt zum Ergebnis, dass das dort vorfindbare Schema "apostasy-punishment-vindication" in modifizierter Weise in der AM zu entdecken sei.[172] Die Rückkehr aus dem Exil in AM 4,5–9 könne nur als eine "partial vindication" betrachtet werden, weil der wiederhergestellte Kult in den Händen unreiner Priester wäre. Letztlich ergäbe sich bezüglich dieses Schemas folgende Abfolge: "apostasy-punishment-partial vindication-apostasy-punishment-eschatological vindication". Von Umkehr oder Reue wäre in der AM nichts zu finden, vielmehr spiele die Fürsprache bestimmter Gestalten eine Rolle. So genüge es, Dtn 32 als schematischen Hintergrund für die AM vorauszusetzen, eine Bezugnahme auf Dtn 28–30 sei daher nicht nötig.

O.H. STECK, *Israel*, 139–143, übernommen worden zu sein ohne ausdrücklich darauf Bezug zu nehmen.

[170] Cf. G.W.E. NICKELSBURG, «Studies on the Testament of Moses—Introduction», 8–10.

[171] Cf. G.W.E. NICKELSBURG, «Studies on the Testament of Moses—Introduction», 11–14.

[172] Cf. D.J. HARRINGTON, «Interpreting Israel's History», 63–65.

Eine Reihe von direkten Zitationen aus Dtn 31–34 bestätige schliesslich, dass die AM ein "rewriting" dieser Deuteronomiumkapitel sei.
Bezüglich des Autors könne angenommen werden, dass er das geschichtliche Schema aus Dtn 32 deshalb benutzt hätte, um es in der
AM näher zu präzisieren.[173] Auf dem Hintergrund der Untersuchungen zur Rezeption des Moseliedes in der AM präsentiert schliesslich
NICKELSBURG (1981) ein erweitertes deuteronomistisches Geschichtsschema[174] und betont die Wiederaufnahme einzelner Stellen aus Dtn
31–34. Letztlich geht es beiden, NICKELSBURG und HARRINGTON, in
erster Linie um den Nachweis eines vorgeprägten Geschichtsschemas
in der AM, wörtliche Wiederaufnahmen und theologische Perspektiven
bei der Rezeption lassen sie nahezu ausser acht; genauso wenig
beachten sie das konkrete "Wie" der Wiederaufnahme und die damit
verbundenen Implikationen. Diese Rewritten-Bible-These der letzten
Deuteronomiumkapitel wurde nun von anderen in mehr oder weniger expliziter Weise übernommen.[175] Erwähnenswert sind noch Versuche, die Abläufe des Rezeptionsvorgangs näher zu fassen. So geht
COLLINS (1984) davon aus, dass sich AM 1 vorwiegend aus Dtn 31
speist, die Geschichtsschau in AM 2–10 mit Dtn 32 in Verbindung
zu bringen ist, der eschatologische Hymnus in AM 10 auf dem
Hintergrund von Dtn 33 gesehen werden muss und sich der weggebrochene Schluss wahrscheinlich auf Dtn 34 bezieht.[176] Etwas detail-

---

[173] Cf. D.J. HARRINGTON, «Interpreting Israel's History», 65f.

[174] Cf. G.W.E. NICKELSBURG, *Jewish Literature*, 80f. Das Schema integriert nun
auch Dtn 32 (Sin—Dtn 32,15–18; Punishment—Dtn 32,19–27; Turning Point—
Dtn 32,28–34; Salvation—Dtn 32,35–43).

[175] Zunächst sind Autoren zu nennen, die lediglich darauf hinweisen, dass Dtn
31–34 den Ausführungen der AM zugrundeliegt: E. VON NORDHEIM, *Die Lehre der Alten*,
I, 206; O. CAMPONOVO, *Königtum, Königsherrschaft und Reich Gottes*, 145; M. MCNAMARA,
Intertestamental Literature, 96; D.S. RUSSELL, *The Old Testament Pseudepigrapha*, 97; M.G.
REDDISH, *Apocalyptic Literature*, 216. Den Begriff "rewriting" übernehmen folgende
Autoren: L. VEGAS MONTANER, «Testamento de Moisés», 237; H. COUSIN, «Le
Testament de Moïse», 40; G. ZERBE, «"Pacifism" and "Passive Resistance"», 76;
D.P. MOESSNER, «Suffering, Intercession and Eschatological Atonement», 205; S.C.
MARTIN, *Pauli Testamentum*, 166f.; L.H. SCHIFFMAN, «The Temple Scroll and the
Halakhic Pseudepigrapha», 129f./Anm. 29. Davon, dass die AM ein «comentario
apocalíptico de Dt 31–34» sei, spricht A. DÍEZ MACHO, *Introducción general*, 275.
B. HALPERN-AMARU, *Rewriting the Bible*, 55, behauptet, Dtn 31–32 bilde die «substruc-
ture for the testament» (cf. auch ID., «Redesigning Redemption», 132), und G. ARANDA
PÉREZ – F. GARCÍA MARTÍNEZ – M. PÉREZ FERNÁNDEZ, *Literatura judía intertestamen-
taria*, 298, meinen, die AM enthalte eine «reelaboración de Dt 31–34».

[176] Cf. J.J. COLLINS, «Testaments», 345; ID., «The Testament (Assumption) of
Moses», 146; ID., *The Apocalyptic Imagination*, 130.

lierter greift diesen Gedanken FRÖHLICH (1996) auf und untergliedert in Entsprechung zum konkreten Ablauf.[177] Mit Bezug auf das Rewritten-Bible-Phänomen konkretisiert schliesslich PRIEST (1983), dass nicht nur auf das *pattern* der letzten Deuteronomiumkapitel zurückgegriffen worden wäre, sondern sich in der AM auch Anspielungen und theologische Perspektiven aus Dtn 31–34 finden lassen. Diese Kapitel bezeichnet er als Modell für die AM, und zwar in dem Sinn, dass der Verfasser im Licht der Geschichte Israels von der Landnahme bis in seine eigenen Tage apokalyptische Zukunftsaussichten artikuliert.[178] Den Sachverhalt, dass Dtn 31–34 als Modell für die Ausgestaltung der AM fungiere, greift CHARLESWORTH (1987) auf und spezifiziert ihn näher. Pseudepigraphen könnten unter anderem auch als eine Form biblischer Exegese betrachtet werden, und die Bezugnahme auf biblisches Material lasse sich insgesamt in vier Kategorien einteilen (Inspiration, Framework, Launching, Inconsequential).[179] Bei der AM gehe es nun darum, dass sich der "framework" biblischer Grundlage verdanke und der Inhalt gleichsam als "Expansion of the Old Testament" zu betrachten wäre.[180] Bezüglich des Inhalts macht schliesslich WINTER (1994) die Bemerkung, dass der Verfasser der AM durch die ausdrückliche Bezugnahme auf das Deuteronomium (AM 1,5) eine Aufnahme und aktualisierende Neuinterpretation des Dtn (insbesondere Dtn 31–34) beabsichtige.[181]

In jedem Fall scheint die neuere Forschung sich darüber einig zu sein, dass die AM sich auf Dtn 31–34 bezieht und—in welchem Sinn auch immer—ein Rewritten-Bible-Phänomen vorliegt. Allerdings existiert noch keine detailliertere Untersuchung, wie dieses Phänomen in concreto ausschaut, in welche Richtung die Rezeptionen laufen, in welcher Art und Weise sie im einzelnen geschehen, welche

---

[177] Cf. I. FRÖHLICH, *"Time and Times and Half a Time"*, 169:
1. Die Ankündigung des Mosetodes (Dtn 31,1.14 und AM 1,15)
2. Die Berufung Josuas (Dtn 31,7.14.23 und AM 1,7–11)
3. Die Anordnung zur Verwahrung der Bücher (Dtn 31,19.25–26 und AM 1,16–18)
4. Die Offenbarung der Geschichte Israels (Dtn 32 und AM 2–9)
5. Der von Mose verliehene Segen (Dtn 33 und AM 10).

[178] Cf. J. PRIEST, «Testament of Moses», 923.

[179] In späteren Publikationen erweitert CHARLESWORTH (1993) seine vier Kategorien: Inspiration, Framework, Launching, Inconsequential, Expansions; cf. J.H. CHARLESWORTH, «Biblical Interpretation: The Crucible of the Pseudepigrapha», 71–75; ID., «In the Crucible: The Pseudepigrapha as Biblical Interpretation», 29.

[180] Cf. J.H. CHARLESWORTH, «The Pseudepigrapha as Biblical Exegesis», 142.148.

[181] Cf. M. WINTER, *Das Vermächtnis Jesu*, 169/Anm. 5.

theologischen Implikationen damit verbunden sind, was das Ziel dieser Neuaufnahme sein könnte und welche theologischen oder historischen Anstösse eine derartige Rezeption notwendig gemacht haben.
Auch wenn TROMP (1993) behauptet, die AM stelle kein «rewriting
of the latter part of Deuteronomy» dar, es gehe vielmehr um ein
«rewriting of Israel's history»[182] und Dtn 31 liefere dafür lediglich
die Szene und den allgemeinen Grundriss, so soll doch der Versuch
unternommen werden, die Rezeptionsprozesse in der AM näher zu
erhellen, die sich vorwiegend auf die letzten Deuteronomiumkapitel
stützen. Ob diese Prozesse dann als "rewriting" bezeichnet werden
können, hängt schliesslich auch davon ab, was man eigentlich dar-
unter verstehen will.

---

[182] J. TROMP, *The Assumption of Moses*, 121.

KAPITEL 2

STRUKTURBEOBACHTUNGEN ZUR AM

Nachdem der Forschungsüberblick den Stand der Dinge vor Augen geführt hat, soll zunächst die gesamte AM in ihrer Struktur untersucht werden. Dabei ist zu berücksichtigen, dass im Manuskript der Ambrosiana die ersten drei Zeilen nicht mehr zu identifizieren sind und der Schluss weggebrochen ist (der eigentliche Gesamtumfang der AM steht damit zunächst in Frage). Nur wenn man sich darüber Rechenschaft ablegt, wie die AM literarisch aufgebaut ist, kann man sich an die Untersuchung der Rezeptionsprozesse machen. Mit Blick auf die freigelegten Strukturen der AM und deren gegenseitigem Beziehungsverhältnis lassen sich dann die Rezeptionsprozesse genauer darstellen, deren Zielperspektiven kommen auf diese Weise deutlicher zum Vorschein. Zuerst muss der Text der AM im Mittelpunkt stehen, ihm ist das erste Recht einzuräumen. Ansonsten besteht die Gefahr, dass man die AM nur der Rezeptionsprozesse zuliebe missbraucht und den Gesamtzusammenhang aus dem Auge verliert. Da die AM auf den ersten Blick aus einem erzählerischen Rahmen und einem Geschichtsvorausblick Moses an Josua besteht, sollen diese Teile gesondert betrachtet, aber auch deren gegenseitige Beziehungen erhellt werden. Schliesslich drängen sich Überlegungen zur Geschichtsschau auf, die auf deren literarische Funktion und theologischen Charakter Bezug nehmen.

2.1 *Grobstruktur*

Eine Grobgliederung des Textes weist zunächst einen erzählerischen Rahmen auf (AM 1,2–18; 10,11–12,13), der die als "profetia" bezeichneten Worte des Mose (AM 1,5; 3,11) in einer apokalyptisch anmutenden Geschichtsschau fasst (AM 2,1–10,10). Mit Sicherheit endet diese mit der Erhöhung Israels am Sternenhimmel und dem Sieg über die Feinde in AM 10,10, weil der folgende Vers sich wieder auf die Gesprächssituation zwischen Mose und Josua zurückbezieht, die als Rahmen schon in 1,9b erkenntlich war.[1] Ob sie nun in

---

[1] Cf. M. WINTER, *Das Vermächtnis Jesu*, 170.

AM 2,1 oder erst in 2,3 beginnt, das muss zunächst noch offen bleiben, weil auf der einen Seite die Geschichtsschau mit der Führung ins gelobte Land beginnen muss (2,1), auf der anderen Seite aber die Anrede an Josua bis einschliesslich 2,2 nachzuweisen ist. Ab 2,3–10,10 schimmert nichts von einer Gesprächssituation durch, man bekommt vielmehr den Eindruck, es handele sich um eine in sich geschlossene Geschichtsbetrachtung.

Nimmt man nun das erste Kapitel in den Blick, so ergibt sich eine Unterteilung in die einleitenden Bemerkungen 1,2–9a und in die beginnende Rede des Mose an seinen Nachfolger Josua 1,9b–18, die nach grundsätzlichen Anmerkungen schliesslich in die Geschichtsschau mündet. Der erste Teil lässt sich wiederum untergliedern: 1,2–4 enthält eine Zeit- und Ortsangabe für die Kundgaben des Mose und ordnet diese geschichtlich kurz vor dem Einzug ins gelobte Land ein; 1,5–9a setzt die Gesprächssituation zwischen Mose und Josua, wobei dessen Stellung und Aufgaben zur Sprache kommen: zum Nachfolger des Mose bestellt, soll er das Volk ins Land führen, das den Stämmen schon aufgrund erfolgter Zusicherung im Bund und Schwur in Aussicht gestellt worden war.

AM 1,9b–18 kann als eine Art "Präludium" bezeichnet werden, in dem Mose seinen bevorstehenden Tod ankündigt und dem Josua die nachfolgenden Worte als Geheimschrift zur Bewahrung bis zur letzten Heimsuchung Israels bei der Vollendung der Tage anvertraut.

Am Ende der in eschatologischen Farben gemalten Eskalation des Geschichtsverlaufs folgen in AM 10,11–15 überleitende Notizen, die sich inklusionsmässig auf die eröffnenden Worte in AM 1,5–18 zurückbeziehen.[2] AM 11,4–19 enthält nach einer narrativen Brücke in 11,1–3 eine Antwort Josuas, der Zweifel an seiner Fähigkeit zur Ausführung der ihm anvertrauten Aufgabe äussert und die besondere Bedeutung des Mose in den Vordergrund stellt. Wiederum nach einer kurzen narrativen Überleitung in 12,1–2 ergreift in den letzten Versen dieses Kapitels (V.3–13) Mose das Wort zu einer tröstenden Schlussmahnung.

---

[2] Cf. J. Tromp, *The Assumption of Moses*, 238f.

2.2 Struktur des äusseren Rahmens (AM 1,2–18; 10,11–12,13)

Zunächst soll sich dem erzählerischen Rahmen der AM zugewandt werden, der die Geschichtsschau einrahmt und von der Gesprächssituation zwischen Mose und Josua geprägt ist. Zum engeren Rahmen gehören AM 1,2–18 und 10,11–15, zum weiteren aber auch die Josuarede in Kapitel 11 und die darauf bezogene Antwort Moses im 12. Kapitel.

2.2.1 Struktur von AM 1,9b–18

Geht man der Struktur der beginnenden Moserede in AM 1,9b–18 behutsam nach, die der eigentlichen Geschichtsschau vorausgeschaltet ist, so erkennt man einen sinnvollen Aufbau, der im folgenden beschrieben werden soll.

Zunächst wird Josua von Mose in 1,9b direkt angesprochen.[3] Sogleich wird auf das "verbum hoc" verwiesen, womit eigentlich nur die von Mose im Nachfolgenden zu artikulierende Geschichtsschau gemeint sein kann. Josua wird von Mose zu Beginn gleichsam in die Pflicht genommen, da er alles so auszuführen hat, wie es ihm aufgetragen wird. Die V.9b–10 verdeutlichen somit in aller Klarheit die Aufgabe Josuas, die sich auf die Beachtung der Moseworte bezieht, und bestimmen dessen Funktion zunächst als Ausführungsorgan.

V.11 bildet einen Einschnitt, denn in ihm wird klar, dass Mose

---

[3] Ob die Moserede erst in AM 1,11 beginnt und V.10 noch zu einer vor der Rede stehenden Parenthese gehört, darf durchaus bezweifelt werden (anders D. MAGGIOROTTI, *Il Testamento di Mosè*, 100.180), denn nach dem "dicendo ad Jesum" ist der Anfang einer Rede zu erwarten. Die Schwierigkeit besteht im Prinzip darin, dass ein Diskurs wohl kaum mit "et" beginnen dürfte (cf. D. MAGGIOROTTI, *Il Testamento di Mosè*, 98). Das führte im Laufe der Forschungsgeschichte zu mehreren Konjekturen, von denen die von J. TROMP, *The Assumption of Moses*, 6.139f., vorgeschlagene hohe Plausibilität beanspruchen kann. Er schlägt mit Blick auf AM 10,11 die Einfügung von "custodi" nach "Jesum" und vor "verbum" vor, obwohl der Codex von CERIANI an dieser Stelle keine Lücke aufweist (A.M. CERIANI, «Fragmenta Assumptionis Mosis», 55: «est in scenae dare / de iesum dicendo ad iesum / uer-bum hoc et pro- / mitte secus indus- / triam tuam omnia»). Ähnliche Aufforderungen begegnen mit gleichen Worten häufig im Dtn und in den ersten Kapiteln von Jos; TROMP verweist mit Bezugnahme auf A. SCHALIT, *Untersuchungen zur Assumptio Mosis*, 117–124, besonders auf Jos 1,7f. Eine andere Möglichkeit zur Lösung dieses textkritischen Problems bestünde darin, das "et" zu streichen. Würde man nach MAGGIOROTTI aber die Moserede erst in V.11 mit der sogenannten Botenspruchformel beginnen lassen, dann würde man die im folgenden aufgewiesene Textstruktur von AM 1,9b–18 nicht ernst nehmen, sie gleichsam verkennen.

nur das weitergibt, was ihm durch göttliche Offenbarung zuteil geworden ist. Das Demonstrativum (haec) bezieht sich zweifellos wiederum auf die nachfolgende Geschichtsschau. Überhaupt wird deutlich,
dass bis V.14a (itaque excogitavit et invenit me) Gott selbst das
Subjekt ist: er wird als Schöpfer der Welt um seines Volkes willen
vorgestellt ohne dabei seine Absicht offenbar zu machen (V.12–13a),
und mit der Person des Mose in Verbindung gebracht (V.14a).

Schliesslich geht es im nächsten Abschnitt V.14b–15 um die Person
des Mose: von Gott ausersehen und von Weltbeginn bereitet,[4] ist er
zum Bundesmittler bestimmt (V.14bc); er tut kund, dass sich die
Tage seines Lebens geneigt haben und sein unmittelbarer Tod bevorsteht (V.15ab); damit verbunden ist die Weitergabe bestimmter Offenbarungen (V.15c). Mose redet von sich in der ersten Person (preparatus
sum, sim, palam facio, transio), betont auf diese Weise seine Mitt-
lertätigkeit und stellt klar den Anlass seiner Offenbarungen heraus:
gleichsam als letztes Testament vor seinem Hinscheiden hat er den
Auftrag, wichtige Dinge kundzutun.

In V.16 wendet er sich wieder mit einem Imperativ seinem Nachfolger Josua zu und nimmt erneut Bezug auf die folgenden Worte,
die jener nun verschriftet in Empfang nehmen soll (scripturam hanc),
damit er sie an einem nicht näher zu definierenden Ort sorgsam
verwahren soll. Auffällig ist die Entsprechung zu V.9b–10, denn auch
dort wird Josua imperativisch angesprochen, es geht ebenfalls um
die Offenbarungsworte des Mose und Aufträge an den Nachfolger
werden artikuliert.

V.17b hat offenbar ein anderes implizites Subjekt, denn hinter
dem "fecit" steckt doch wohl Gott selbst, der den unbestimmten Ort
vom Anbeginn der Schöpfung bereitet hat. Dessen Name soll bis
zum "dies paenitentiae" angerufen werden (V.18a), an dem er bei
der Vollendung der Tage alles heimsucht (V.18b).

Obwohl in 1,9b–18 immer Josua angeredet ist, ergibt sich somit
bezüglich des Inhalts in Anlehnung an das jeweilige Subjekt eine
eindeutige Struktur:[5]

---

[4] Cf. zur Bereitung des Mose von Weltbeginn an D.L. TIEDE, «The Figure of
Moses», 90f.

[5] Diese Struktur ergibt sich, wenn die angeredete oder redende Person (bzw. das
Subjekt) als strukturierendes Merkmal betrachtet wird; zugegebenermassen ergibt
sich allerdings auf linguistischer Ebene das Problem, dass in V.14 ein Relativsatz
vom Hauptsatz getrennt wird ("itaque excogitavit et invenit me" und "qui ab initio
orbis terrarum preparatus sum" gehörten so zu verschiedenen Blöcken).

V.9b–10: Imperativische Anrede an Josua
          (Bezugnahme auf die Geschichtsschau, Auftrag an Josua)
V.11–14a: Subjekt ist Gott
          (Erschaffung der Welt)
              V.14b–15: Rückbezug auf die Person des Mose
                         (Präexistenz des Mose, Lebensende des
                         Mose)
V.16–17a: Imperativische Anrede an Josua
          (Bezugnahme auf die Geschichtsschau, Auftrag an Josua)
V.17b–18: Subjekt ist Gott
          (Erschaffung des unbestimmten Ortes)

Auf dem Hintergrund dieser Beobachtungen wird also eine Struktur nach dem Schema A-B-C-A'-B' deutlich, die als Aussagezentrum die Mittlerrolle des Mose und den Anlass seiner Offenbarungen ins Rampenlicht rückt. Eigentlich soll dadurch die Wichtigkeit und Gewichtigkeit der Moseworte unterstrichen werden: er ist der präexistent von Gott eingesetzte Mittler des Bundes und das, was er kurz vor seinem Tod weiterzugeben hat, wird den Lesern besonders ans Herz gelegt. Überhaupt ist mit seinem Tod der eigentliche Anlass für die nachfolgende Geschichtsschau gegeben, von ihm her sind die an Josua gerichteten Kundgaben motiviert.

2.2.2 *AM 1,2–18 und 10,11–15*

Am Ende des apokalyptischen Finales der Geschichtsschau kommt in 10,11 wieder die Gesprächssituation zwischen Mose und Josua ins Blickfeld. Hatte man im Verlauf des Geschichtsvorausblicks fast den durch die Kommunikationssituation gesetzten Rahmen vergessen, so wird man jetzt gewahr, dass man eigentlich neben Josua zum Zuhörer des Mose geworden war. Josua wird direkt imperativisch angesprochen und die ergangenen "verba haec" des Mose stehen erneut im Mittelpunkt. AM 10,12f. nimmt auf den Tod des Mose als gesetzten Zeitpunkt Bezug, von dem aus das Ende der Zeiten ins Visier genommen wird. Noch einmal geht es in 10,14 um die Ankündigung des unmittelbar bevorstehenden Todes Moses und abgeschlossen wird das 10. Kapitel durch die Bemerkung in V.15, dass Josua von Gott erwählt ist, der Nachfolger des Bundes zu sein. Zu bemerken ist in diesem Zusammenhang eine Parallelisierung der Figur des Mose mit der des Josua, denn in 1,14 war Mose als "arbiter testamenti illius" bezeichnet worden, während Josua jetzt als "successor ejusdem testamenti" betitelt wird. In 11,1 beginnt eigentlich eine neue Sequenz,

die aber auf die von Mose in seiner Schrift in globo niedergelegten
Aussagen zurückblickt.

Deutlich werden mit Blick auf 10,11–11,1 die Rückbezüge zum im
ersten Kapitel gesetzten Rahmen. Teilweise ähnliche Formulierungen
mit gleichem Vokabular erzeugen eine Fassung für den Edelstein der
prophetischen Moseworte, die durch diese Umrahmung eigentlich
erst ihre Gewichtigkeit bekommen. Hätten sie nicht testamentarischen Charakter und wären sie nicht in der Situation der Weitergabe
der Sukzessionspotestas formuliert, so würde ihr Stellenwert um ein
Vielfaches sinken.

AM 10,11 nimmt eindeutig auf 1,9b Bezug, wo es um die als
"verbum hoc" bezeichnete Geschichtsschau geht. Zugleich erweist
sich ein Zusammenhang mit 1,16a, wo ebenfalls differenziert wird
zwischen den prophetischen Moseworten (scripturam hanc) und anderen Büchern. AM 10,14 übernimmt wörtlich die Todesankündigung
des Mose aus 1,15 (dormitionem patrum meorum), und 10,15 kombiniert die Einsetzung des Josua zum Nachfolger (successorem ejusdem testamenti) aus 1,7 (successor plebi) und 1,14 (Mose als "arbiter
testamenti illius"). Schliesslich verweist 11,1 auf 1,16 zurück, wo die
Geschichtsschau des Mose ebenfalls als "scriptura" bezeichnet worden war.

Ganz bewusst wurde also in AM 10,11–11,1 der Blick auf die
Einführung der Situation zurückgelenkt, damit die erfolgte Weissagung
des Mose nach ihrem Abschluss die richtige Wertschätzung erfahre.
Eine zur Schrift gewordene Prophetie des Mose, die aufgrund des
nahe bevorstehenden Todes testamentarischen Charakter besitzt
und der Situation der Weitergabe des Amtes an Josua entspringt,
muss nun einmal Massgebliches beinhalten, das man nicht so ohne
weiteres übergehen kann. Während in der Einführung zuerst der Sukzessionsgedanke zum Vorschein kommt (1,7), an den sich die Ankündigung des baldigen Todes des Sprechers (1,15) und die Verschriftung
seiner prophetischen Worte (1,16) anschliesst, gibt der Epilog zur
Geschichtsschau die Motive spiegelbildlich wider: zuerst geht es um
das Verwahren der ergangenen Worte (10,11), dann um die allfäl-
lige Todesankündigung (10,14) und schliesslich um den Nachfolgegedanken (10,15). Insgesamt kann man sich nicht des Eindrucks
erwehren, dass der Rahmen der Geschichtsschau mit Bedacht verfasst wurde und die Schwerpunkte absichtlich so gesetzt wurden, dass
die *gravitas* der Moseworte in ihrem vollem Glanz zum Ausdruck
kommen konnte.

2.2.3 *Struktur von AM 11*

Eine auf den ersten Blick augenfällige Grobstrukturierung des 11. Kapitels ergibt sich durch die narrative Brücke in V.1–3 und der sich anschliessenden Josuarede in V.4–19.[6] Verkoppelt ist dieses Kapitel durch V.1 mit dem Vorangegangenen, denn schon in 10,11 wurde auf die verschrifteten Worte des Mose hingewiesen. Mit dem nachfolgenden 12. Kapitel ergeben sich bezüglich der narrativen Überleitungen strukturgleiche Bausteine (1. Bezug zur vorangegangenen Rede, 2. Josua fällt dem Mose zu Füssen, 3. Aufmunternde/aufrichtende Geste des Mose gegenüber Josua, 4. Identischer Übergang zur Rede), so dass eine Verbindung der beiden letzten Kapitel durch ihre Redeeinleitungen ersichtlich ist.

Betrachtet man die Josuarede näher, so kommt sie zunächst in V.4 auf das Faktum des bevorstehenden Todes des Mose zurück und stellt die Trostbedürftigkeit des Redenden deutlich heraus. V.5–8 bleibt an dieser Thematik und weitet sie durch Reflexionen bezüglich des Mosegrabes aus. Die folgenden Verse 9–19 bilden ein durchdacht komponiertes Ganzes,[7] was allein schon an der Inklusion "plebs iste" und der Moseanrede ablesbar ist (V.9: domine; V.19: domine Monse). Überhaupt ist die gesamte Josuarede in V.4 und 19 inklusorisch gerahmt mit der Anrede "domine Monse". Der wichtigen Frage, wie es mit dem Volk weitergehen und wer die Sorge diesbezüglich tragen soll, widmen sich die V.10–14. Diese Gedanken werden hauptsächlich in Frageform vorgetragen und bekräftigen somit die Ratlosigkeit des Josua. Ganz deutlich tritt das schliesslich in V.15 zu Tage, der die mögliche Unfähigkeit des Josua bzgl. der gestellten Aufgabe ins Zentrum rückt. V.16–18 bringt schliesslich die Könige der Amoriter ins Spiel, also die Bedrohung durch die Feinde, damit auf diesem Hintergrund die Gestalt des Mose umso leuchtendere Züge bekommt. Josua lässt in seiner Rede die Könige der Amoriter selbst zu Wort kommen, die sich schon am Ende von V.16 (eamus

---

[6] J. Tromp, *The Assumption of Moses*, 241f., gliedert Kap. 11 in thematischer Hinsicht in vier Abschnitte (V.1–4; V.5–8; V.9–15; V.16–19), übersieht dabei aber die im folgenden herausgestellten Strukturen bzw. aufeinander bezogenen Bausteine.

[7] Eine Ausscheidung von V.17, wie sie E. von Nordheim, *Die Lehre der Alten*, I, 202/Anm. 26, vorschlägt, scheint aufgrund der Struktur von AM 11,9–19 unbegründet. Besonders AM 11,16–18 ist—wie weiter unten dargestellt—als untrennbare Einheit ausgewiesen. Zudem gehört V.17 zur Rede der Amoriterkönige im Mund des Josua, so dass ein Subjektwechsel—wie es von Nordheim als Argument zur Ausscheidung ins Feld führt—kein Grund für die Herausnahme von V.17 sein kann.

ad eos) zu Wort melden, deren Einwand aber bis zum Ende von
V.18 geht (et confundamus eos a faciae terrae). Abgeschlossen wird
der Komplex durch V.19 mit dem "plebs iste", das zu V.9 und der
einleitenden Thematik der Sorge um das Volk zurückführt. Schematisch
dargestellt ergibt sich somit für V.9–19 folgender Aufbau:

I) V.9:   "plebs iste"
            II) V.10–14:   Fragende Sorge um das Volk
                        III) V.15:   Unfähigkeit des Josua
            IV) V.16–18:   Feinde und die Funktion des Mose
V) V.19:   "plebs iste"

Während also die Teile I) und V) den Textabschnitt einrahmen,
geht es in II) und IV) um die Bedrohung des Volkes, einerseits
bezüglich der täglichen Versorgung und andererseits angesichts der
anzugreifenden Feinde. Im Mittelpunkt steht die Frage, ob Josua
wohl für die anzugehende Aufgabe geeignet ist, dazu genügend
Weisheit und Einsicht besitzt, und damit scheint auch die Zentralaussage des ganzen Abschnitts artikuliert zu sein. Die eventuelle
Unwürdigkeit und Unfähigkeit des Josua wird von ihm selbst thematisiert angesichts der erdrückenden und dominanten Figur des
Mose, die besonders im Teilabschnitt V.16–18 beschrieben wird.
Dieser kleine Text ist in sich noch einmal strukturiert:[8]

Nachricht für die Könige der Amoriter (V.16a)
                        Besondere Qualitäten des Mose (V.16b bis
                        "dicent")
Urteil der Feinde zum Verhalten Israels (V.16b ab "eamus" und V.17a)
                        Fürsprachetätigkeit Moses nach Meinung der
                        Feinde (V.17b)
Vernichtungsbeschluss der Feinde (V.18)[9]

Die ersten beiden Punkte (V.16 bis "dicent") markieren die Meinung
Josuas, während die letzten drei (V.16 ab "eamus" bis V.18) den
Amoriterkönigen in den Mund gelegt sind. Die Charakterisierung
Moses geschieht also von zwei Blickwinkeln aus, zum einen erfolgt

---

[8] J. Tromp, *The Assumption of Moses*, 241, nimmt zu AM 11,16–18 den abschliessenden V.19 hinzu, der sich eigentlich aufgrund der aufgewiesenen Inklusion auf
V.4 zurückbezieht. Richtig sieht er aber, dass an dieser Stelle eine Verbindung zwischen dem militärischen Erfolg des Mose gegen die Amoriter und seiner Fürsprachetätigkeit hergestellt wird.
[9] Nach V.17 findet sich ein kleiner, die Rede weiterführender Einschub (dicent
enim).

die Meinung Josuas, zum anderen die der Feinde des erwählten Volkes. Die besonderen Eigenschaften und Tätigkeiten des Mose werden also auf der Folie der Feindbedrohung gezeichnet und kommen dadurch in herausragender Weise zur Geltung. Insofern verwundert es nicht, dass die Figur des Josua umso mehr in den Schatten gestellt wird und er als Nachfolger in keinem Fall an seinem Vorgänger gemessen werden kann. Zu einem nahezu bedeutungslosen Epigonen wird er herabstilisiert, wenngleich er durch Mose in die Geheimnisse der kommenden Geschichtsabläufe eingeweiht wird. Somit wird also die "Wuchtigkeit" der Mosefigur im Gegensatz zur "Flüchtigkeit" der Josuagestalt thematisiert, und das gibt dem bevorstehenden Tod des mittelbaren Offenbarers Mose eine besondere Valenz.

2.2.4 Struktur von AM 12

In Entsprechung zu 11,1–3 findet sich die narrative Einleitung zur abschliessenden Moserede in 12,1–2, die mit einer Anrede an Josua in V.3 eröffnet wird und sich bis V.13 erstreckt, wobei allerdings der Schluss weggebrochen und es absolut unklar ist, welchen Umfang dieser eingenommen und welche Aussagen er enthalten hatte. Zunächst können die letzten Worte Moses unterteilt werden in V.3–9, die verschränkt um drei Themen kreisen, und V.10–13, die einerseits die Wichtigkeit des Gesetzesgehorsams betonen und andererseits die darauf bezogene Reaktion Gottes verdeutlichen.[10]

Josuabezogene Aussagen finden sich in V.3 und V.8, die jeweils durch eine Anrede aus dem Munde des Mose unterstrichen sind. Ihm soll grundsätzlich Ermutigung zuteil und die Furcht vor der anstehenden Aufgabe genommen werden.[11] Sowohl V.4–5, als auch

---

[10] Anders gliedert J. Tromp, *The Assumption of Moses*, 131.260ff., das 12. Kapitel: V.1–3; V.4–5a; V.5b–9; V.10–13. Dass V.3–9 als in sich gegliederte Einheit—wie weiter unter aufgewiesen—zu verstehen ist, kommt dabei nicht in den Blick.

[11] Cf. dazu M. Winter, *Das Vermächtnis Jesu*, 172: «In seiner Erwiderung geht Mose auf die Ängste und Sorgen seines Nachfolgers ein, indem er die betont an den Anfang gesetzte persönliche Ermutigung [...] durch zwei Argumente begründet: 1) Gottes Vorherbestimmung des ganzen Geschichtsablaufs zielt auf Israels engültige Rettung (12,4–5.12f.). 2) Auch wenn der Toraobservanz die Verheißung und der Nichtbefolgung der Gebote die Drohung gilt (12,10f.), beruht die Vernichtung der Heiden nicht auf Israels Frömmigkeit, sondern auf Gottes Bundestreue (12,8.13), basiert die Einsetzung zum Anführer Israels nicht auf dessen Tüchtigkeit, sondern auf Gottes Langmut und Barmherzigkeit (12,7)». Insofern wird eine enge Verwiesenheit der beiden Kap. 11 und 12 deutlich, es gibt also keinen Grund, sie literarkritisch zu scheiden.

V.9 thematisieren den Schöpfungsgedanken, wobei zum ersten die Vorsehung Gottes gegenüber seiner Schöpfung im Vordergrund steht und zum zweiten die Souveränität Gottes auf dem Hintergrund der Welterschaffung akzentuiert wird. Schliesslich stellen V.6–7 die Fürsprachetätigkeit Moses und dessen Abhängigkeit von der göttlichen Barmherzigkeit und Langmut heraus. Schematisch dargestellt ergibt sich für V.3–9 somit folgendes Bild:

V.3:   Ermutigung für Josua
V.4–5:   Schöpfung (Vorsehung durch Gott)
          V.6–7:   Rolle des Mose
V.8:   Ermutigung für Josua
V.9:   Schöpfung (Gründung durch Gott)

Im Zentrum des eruierten Schemas A-B-C-A'-B' steht also die Figur des Mose, ihre Bedeutung bezüglich der Fürsprache bei Gott und gleichzeitig die Relativierung ihrer Qualitäten auf dem Hintergrund der gnädigen Zuwendung Gottes. Bezüglich dieser ausfindig gemachten Struktur ist man auf AM 1,9b–18 verwiesen, denn dort sind die gleichen Bausteine zu finden und die Person des Mose steht ebenfalls im Mittelpunkt. In den äusseren Elementen geht es auch in diesem Text um eine Bezugnahme auf Josua und den Rekurs auf die Schöpfungsthematik, wenngleich durchaus eine etwas andere Akzentsetzung vorliegt.

Nimmt man die letzten V.10–13 näher ins Visier, so lassen sie sich bezüglich ihrer inhaltlichen Struktur in V.10–11 unterteilen, die positiv (V.10) und negativ (V.11) die Konsequenzen des Gesetzesgehorsams aufzeigen, und V.12–13, die die Unmöglichkeit thematisieren, dass Gott sein gesamtes Volk[12] aufgrund seiner im Bund gemachten Zusagen verlassen könnte.

---

[12] Einzig AM 12,10f. könnte den Schluss zulassen, dass das letztendgültige Heil nur einem bestimmten Rest von Gerechten zugedacht ist. Dieser Gedankengang ist aber wohl eher als allgemeine Regel formuliert, denn als Beschränkung des Heils auf eine bestimmte Gruppe. Deutlich entgegen steht die Erhöhung ganz Israels zum Sternenhimmel (AM 10,8f.; cf. auch 3,7), und die Aussage in AM 12,12, dass Gott sein Volk (oder Teile desselben) nicht gänzlich verlassen kann. Eine strikte Trennung von Gerechten und Frevlern, die unterschiedlich Anteil am verheissenen Anteil bekommen, kommt im Text der AM nicht explizit zum Vorschein (anders D. Maggiorotti, *Il Testamento di Mosè*, 275). Dieser Gedanke ist hauptsächlich in den Schriften des 2.Jh.v.Chr. zu entdecken, nicht aber expressis verbis in der AM (cf. zu dieser Problematik z.B. Röm 9–11).

2.3 Struktur der Geschichtsschau (AM 2,1–10,10)

Abgehoben vom erzählerischen Rahmen der AM bildet die Geschichtsschau (AM 2,1–10,10) ein eigenes Textcorpus, das in seiner Struktur eine offenkundige Zweiteilung aufweist. Bevor diese beiden Teile und deren gegenseitige Beziehung näher untersucht werden, sollen zunächst die Verbindungen zwischen AM 2 und 10 im Mittelpunkt stehen.

2.3.1 AM 2,1–2 und die Beziehungen zwischen AM 2 und 10

Aufgrund der in sich geschlossenen Struktur von 1,9b–18 fällt es schwer, den kleinen Abschnitt 2,1–2 zur vorgeschalteten Einleitung der Geschichtsschau zu rechnen.[13] Zwar wird dort durchaus noch die Gesprächssituation zwischen Mose und Josua spürbar, aber inhaltlich beginnt aufgrund ihrer Verortung die Geschichtsschau schon mit der Führung ins Land. Ab 2,3 verschwindet gänzlich die Kommunikationssituation zwischen Mose und seinem Nachfolger, so dass 2,1–2 durchaus als Überleitung verstanden werden kann. Stilistisch auffällig sind in dieser Passage die feierlichen Dopplungen synonymmer Ausdrücke[14] (decrevit et promisit; dabis [. . .] et stabilis [. . .] et constabilis; in judicio et justitia) und der Bezug zu vorangegangenen bzw. nachfolgenden Gedankengängen. In 1,8 kam zum Ausdruck, dass das Land den Stämmen zugesichert war (terram datam ex tribus eorum)[15] und in 2,1 wird das mit Bezug auf die Väter noch einmal betont (terram quam decrevit et promisit dare patribus eorum). Dass das Volk ins Land geführt werden soll, findet sich in gleicher Weise in unmittelbarer Nähe: 2,3 wirkt wie eine erneut einsetzende Wiederaufnahme von 2,1 (postquam intrabunt in terram suam – intrabunt per te in terram). So kann durchaus behauptet werden, dass 2,1–2 als Überleitungsstück zur Hinführung auf die Geschichtsschau dienen soll. Thematisch neu wird neben der Landnahme die weitere Aufgabe Josuas der Landverteilung eingeführt

---

[13] Eine Abgrenzung von AM 1,9b bis 2,2 übersieht die in sich geschlossene Struktur von AM 1,9b–18; cf. J. Tromp, The Assumption of Moses, 129.139ff.

[14] Cf. J. Tromp, The Assumption of Moses, 148f.

[15] Auf dem Hintergrund der vorgeschlagenen Korrektur "pa-tribus eorum" anstelle von "ex tribus eorum" (cf. A. Hilgenfeld, «Die Psalmen Salomo's und die Himmelfahrt des Mose», 278; M. Schmidt – A. Merx, «Die Assumptio Mosis», 127; R.H. Charles, The Assumption of Moses, 56; J. Tromp, The Assumption of Moses, 137f.), liessen sich sogar wörtliche Parallelen zwischen AM 1,8 und 2,1 ausmachen; diese Konjektur scheint aber sehr problematisch zu sein.

(AM 2,2), die ebenfalls fest in der biblischen Tradition verwurzelt ist.

Sowohl die Überleitung zur Geschichtsschau in 2,1–2, als auch deren eigentlicher Beginn ab 2,3 verweisen in einem gewissen Sinn auf ihr Ende im 10. Kapitel.[16] Während in 2,1–3 davon die Rede ist, dass das Land in Besitz genommen und verteilt werden soll, wird in 10,9 diese Landperspektive aufgrund der eschatologischen Erhöhung Israels in der Weise absolut relativiert, dass es nun den Sternenhimmel in Besitz nehmen wird und deshalb das Land den Feinden überlassen kann (AM 10,10: et vides inimicos tuos in terram). Bewirkt wird das alles durch den rettenden Gott Israels, der in 2,4, sowie in 10,3 als "deus caelestis" bzw. einfach kurz als "caelestis" bezeichnet wird. Wurde seine Verehrung mit dem Aufstellen fremder Götzenbilder in 2,8f. pervertiert, so geschieht die definitive Vernichtung aller heidnischer Kultgegenstände durch ihn selbst in 10,7. Überhaupt erscheint in 10,1 Gottes unumstössliche Herrschaft über alle Kreatur und relativiert somit sowohl die von Josua einzusetzende Herrschaft über das Land (2,2), als auch die von den zehn Stämmen nach eigener Manier aufgerichtete Ordnung (2,5).[17]

Insgesamt ergeben sich demnach Entsprechungen zwischen dem Beginn und dem krönenden Abschluss der Geschichtsschau, die sicher nicht zufälliger Natur sein können. Das apokalyptische Finale nimmt also die zu Beginn genannten Motive auf und überhöht sie in einem neuen, unvorhergesehenen Sinnzusammenhang, so dass ihnen nur noch relativierte Bedeutung zukommt; das unüberbietbare Eingreifen Gottes hebt alles auf eine andere Stufe.

2.3.2   Struktur der Geschichtsschau

Wie bereits aufgezeigt, gibt es eine Überleitung zur Geschichtsschau (AM 2,1–2), die die einführenden Bemerkungen mit dem eigentlichen Corpus der Geschichtsbetrachtungen verbindet. Diese Überleitung fungiert einerseits als Brücke zwischen den beiden Teilen und steht somit zwischen ihnen, gehört aber andererseits unter themati-

---

[16] Ohne detailliert Wortberührungen anzuführen behauptet schon E. JANSSEN, *Das Gottesvolk und seine Geschichte*, 102, bezüglich der Heraufführung der endgültigen Heilszeit im 10. Kapitel: «Dieser letzte große Umbruch hat seine Entsprechung, seinen Antitypos, in dem Einzug Israels in das heilige Land unter Moses und Josua». Das scheint auch der Grund für den Einsatzpunkt der Geschichtsschau mit der Landnahme zu sein.

[17] Das Wort "regnum" findet sich in der Tat nur in AM 2.2.5 und 10.1.3.

scher Hinsicht zur Geschichtsschau, weil es dort bereits in der Landnahme und Landverteilung durch Josua um zukünftige Vorgänge geht.[18]

Die Geschichtsschau wiederum lässt sich auf den ersten Blick in
zwei thematische Blöcke oder Zyklen einteilen.[19] In 2,3–4,9 geht es
nach erfolgter Landnahme um die Errichtung der Herrschaft und
Strukturen, um den Abfall zu fremden Göttern, die damit verbundene Strafe der Exilierung, die theologische Deutung dieses misslichen
Geschicks in Form von Bittgebeten und schliesslich um die göttlich
bewirkte Rettung in der Heimführung ins Land. Der zweite Zyklus
setzt die Zustände ab dem 2.Jh.v.Chr. voraus und beginnt in 5,1
mit der Schilderung des pervertierten Verhaltens der Führungsschicht.
Dieser zweite Block erstreckt sich bis 10,10 und ist zum einen durch
die Beschreibung der sozialpolitischen und kultischen Missstände und
die damit zusammenhängenden Strafmassnahmen durch fremde Herrscher gekennzeichnet, zum anderen durch die Rettungstat Gottes in
der Erhöhung Israels zum Sternenhimmel, der die Gestalt des Taxo,
eines bis zum Martyrium gesetzestreuen und damit vorbildlichen Juden,
vorausgeht. Schematisch lässt sich demnach 2,1–10,10 auf dem Hintergrund der israelitischen Geschichte folgendermassen unterteilen:[20]

2,1–2:	Überleitung von der einführenden Rede zur eigentlichen Geschichtsschau
2,3–4,9:	Von der erfolgten Landnahme bis zur Rückkehr aus dem Exil
5,1–10,10:	Zustände vom 2.Jh.v.Chr. bis in nachherodianische Zeit und definitve Rettung bzw. Erhöhung Israels

---

[18] Im Wissen darum, dass AM 2,1–2 eigentlich als Überleitung zur Geschichtsschau
fungiert, soll im folgenden dennoch—wenn von der Geschichtsschau als ganzer die
Rede ist—diese als Block von 2,1 bis 10,10 behandelt werden.

[19] Cf. J.J. COLLINS, «Testaments», 346; ID., «The Testament (Assumption) of
Moses», 147. J. TROMP, *The Assumption of Moses*, 123.129f., teilt die Geschichtsschau
auf dem Hintergrund des Schemas "sin-punishment-repentance-salvation" in drei
Sektionen auf (AM 2,3–4,9; 5,1–6,9; 7,1–10,10); wie weiter unten noch aufgezeigt
werden wird, können aber die letzten beiden Teile aufgrund von Stichwortverknüpfungen zusammengenommen und der Abschnitt 2,1–2 darf—zwar als Überleitung verstanden—noch unter thematischem Aspekt zur Geschichtsschau gerechnet
werden.

[20] Eine Unterteilung in zwei Blöcke vom vermeintlich historischen Standpunkt
des Verfassers in AM 2,1–6,9 und 7,1–10,10 übersieht die literarische Struktur der
Geschichtsschau; cf. G. OBERHÄNSLI-WIDMER, «Mose/Moselied/Mosesegen/Mose-
schriften. III», 347f. Das gleiche gilt für eine thematisch orientierte Einteilung in
folgende Blöcke: AM 2,1–6,9 (Geschichtsdarstellung von der Landnahme bis zur
Endzeit), AM 7,1–8,5 (Darstellung der Zeit vor dem Ende), AM 9,1–7 (Auftreten
Taxos und seiner Söhne), AM 10,1–10 (Schilderung des Herbeiführens der Heilszeit
durch Gott); cf. C. MÜNCHOW, *Ethik und Eschatologie*, 66–72.

2.3.2.1   *Struktur des ersten Zyklus der Geschichtsschau (AM 2,3–4,9)*
Dass es sich bei 2,3–4,9 um eine in sich geschlossene Einheit handelt, ist in erster Linie an einer thematische Abgrenzung ablesbar, da die Rückkehr aus dem Exil eine deutliche Zäsur markiert. Stilistisch ist dieser Block aber auch durch eine Inklusion gerahmt, die ihn vom Textumfeld trennt: sowohl in 2,3, als auch in 4,8–9 ist vom Antagonismus zwischen den zwei und den restlichen zehn Stämmen die Rede;[21] AM 2,3 erwähnt das Faktum der Trennung der zehn Stämme und 4,8–9 bietet eine wertende Gegenüberstellung, die davon geprägt ist, dass die zwei Stämme in ihrer früheren Treue ausharren, während die zehn sich unter den Nationen vermehren.[22] Diese Beobachtung ist insofern von Bedeutung, weil der ganze erste Block merklich vom Gegensatz zwischen den beiden Stämmegruppen durchzogen ist (AM 3,4–9). Die einzelnen Stämme spielen im zweiten Teil der Geschichtsschau überhaupt keine Rolle mehr; so wird dann in 10,8 ganz Israel als vom Herrn gerettet angesprochen. Der Stämmeantagonismus scheint aber schon vorher überwunden zu sein, weil Taxo als ein Mann aus dem Stamm Levi beschrieben wird (9,1) und offensichtlich für ganz Israel durch das Festhalten am Gesetz Vorbildfunktionen erhält.[23]

Bei näherer Betrachtung ergibt sich, dass 2,3–4,9 eine konzentrische Struktur aufweist, in inhaltlicher Hinsicht eine Ringkomposition darstellt, die in ihrer Mitte die Zentralaussage zum Ausdruck bringt. AM 2,3–8 ist davon geprägt, dass sich die zehn Stämme separieren und die Herrschaft der jeweils zwei Gruppen etabliert; dazu gehört die Gründung des Heiligtums (V.4) und der damit zusammenhängende Bundesbruch (V.7) im kultisch frevelhaften Verhalten des Abfalls zu fremden Göttern (V.8–9). Dieser Passage entspricht am Ende des ersten Blocks der Geschichtsschau 4,7–9: die Rückkehr aus dem Exil wird erwähnt, der Wiederaufbau mit der Bemerkung, dass zwei Stämme kultisch blockiert sind und keine Opfer darbringen können; das Ganze wird—wie bereits beobachtet—vom Stämmeanta-

---

[21] Cf. R. DORAN, «T. Mos. 4:8 and the Second Temple», 492.

[22] In AM 4,9 gibt es diesbezüglich textkritische Unsicherheiten, denn das Manuskript CERIANIS liest an dieser Stelle «et X tribus crescent et devenient apud natos in tempore tribum» (A.M. CERIANI, «Fragmenta Assumptionis Mosis», 57); da der Sinn dieser Aussage in Frage steht, gibt es eine Reihe von Emendationsvorschlägen, auf die aber hier nicht weiter eingegangen werden soll (u.a. wird auch "natos" in "nationes" verbessert; cf. J. TROMP, *The Assumption of Moses*, 12).

[23] Tatsächlich kommt das Wort "tribus" nur im ersten Teil der Geschichtsschau vor (2,3.4.5; 3,3.4.6.8.10; 4,7.8.9) und an der besagten Stelle 9,1.

gonismus inklusorisch gerahmt. Beide äusseren Elemente der Ringkomposition gehen von der Trennung der beiden Stämmegruppen
aus, sind vom Etablieren neuer Strukturen gekennzeichnet und weisen
kultische Bezüge auf.

Der nächste Baustein findet sich in 3,1–3, wo davon die Rede ist,
dass der König des Ostens als Strafwerkzeug Jahwes das Land und
den Tempel verwüsten, sowie das Volk exilieren wird. Dem entspricht in positiver Wendung die Zusicherung, dass Gott seines Bundes
gedenken und seine Barmherzigkeit offenbaren wird, indem er dem
massgeblichen König ins Herz gibt, er solle die Exilierten wieder in
ihr Land entlassen (4,5–6). Beide Male spielt ein fremder König als
Ausführungsorgan Jahwes eine zentrale Rolle, sei es als Strafwerkzeug
oder als potentieller Heilsvermittler. Das eine Mal geht es um die
Vertreibung des Volkes aus dem Land, das andere Mal um dessen
Rückführung dorthin.

Die nächste Einheit kann man in 3,4–9 sehen, denn dort geht es
um eine Kommunikationssituation zwischen den beiden Stämmegrup-
pen, die zunächst von der Schuldfrage für das Exilsgeschick motiviert
ist, dann aber in ein alle Stämme umgreifendes gemeinsam-solidarisches
Bittgebet mündet, das auf den Bund des Vätergottes Rekurs nimmt.
In gleicher Weise stellt das Fürbittgebet eines Unbekannten in 4,1–4
(Einleitung zum Gebet in V.1) neben der auf das Volk gerichteten
Erwählungszusage den Bundesgedanken ins Zentrum seiner Aussagen.

Die Mitte der Ringkomposition bildet die Passage 3,10–14, wobei
man sich nicht des Eindrucks erwehren kann, dass V.14 eine Erweiterung sein könnte, die unter Umständen auf das Konto eines
Übersetzers geht. Zunächst steht diese Anmerkung bezüglich der zeitlichen Dauer des Exils von 77 Jahren[24] ziemlich isoliert zwischen
zwei Aussageblöcken, sodann wirkt sie wie eine nähere Explizierung
der am Ende von V.13 gemachten Aussage, dass die Prophezeiungen
Moses bis zur Gefangenführung eingetroffen sind. Ein weiteres Argument für diese Annahme ist die Inklusion zwischen dem Anfang und
Ende des 3. Kapitels; der König des Ostens (ab oriente rex) von 3,1
entspricht doch augenscheinlich der Exilierung in das Land des Ostens

---

[24] Die 77 Jahre lassen sich nicht auf biblischem Hintergrund erklären; cf. M.A.
KNIBB, «The Exile in the Literature of the Intertestamental Period», 260; J.C.
VANDERKAM, «Exile in Jewish Apocalyptic Literature», 93. Deutlich ist aber die
symbolische Valenz dieser Zeitdauer (77 = 70 + 7), die auf die definitive und
umfänglich-vollkommene Strafe des Exils verweist; cf. J. TROMP, The Assumption of
Moses, 173f.

(in partem orientis) in 3,13. Insofern scheint 3,10–13 für sich zu
stehen, wobei V.10 nur die Einleitung zur ausgesagten Meinung bildet, dass sich die Prophezeiungen Moses verwirklicht hätten. In V.11
wird eigentlich das einzige Mal in der AM die im jüdischen Credo
klassische Abfolge von Ägyptenaufenthalt, Meerwunder und Wüstenzug
genannt. Mose wird diesbezüglich als Leidender eingeführt und der
Grund für seine Leiden scheint die Neigung des Volkes gewesen zu
sein, sich nicht an die Gebote halten zu wollen. Diese Deutung
könnte durch die Mahnung Moses gestützt werden, die von ihm vermittelten Gebote nicht zu übertreten (V.12). Seine mahnende Funktion
wird gleichsam mit der Quintessenz verbunden: hätten wir uns an
das von Mose geoffenbarte Jahwegesetz gehalten, dann wäre die
Strafe des Exils nicht über uns gekommen (V.13).

Dass im ersten Zyklus der Geschichtsschau eine Aussage im Zentrum
steht, die die Mosegestalt erneut beleuchtet, darf nicht verwundern,
weil bereits die Abschnitte 1,9b–18 und 12,3–9 die Person des Mose
brennpunktartig in den Vordergrund rückten. Damit kompatibel ist
in jedem Fall das Mosebild der AM, der als präexistenter Mittler
(1,14), göttlicher Prophet (11,16) und "magnus nuntius" (11,17) dargestellt wird. Um die gemachten Beobachtungen bezüglich der kon-
zentrischen Ringstruktur von 2,3–4,9 auf einen Blick transparent zu
machen, sei ein überblicksmässiges Schaubild präsentiert:

2,3–8: Stämmeantagonismus
        Organisationssstrukturen nach der Landnahme
        Kultisches: Gründung des Heiligtums und Abfall zu fremden Göttern
        3,1–3: Strafe durch den König des Ostens:
                Zerstörung und Exilierung
                3,4–9: Kommunikation unter den zwei Stämmegruppen
                        und gemeinsam-solidarisches Bittgebet (Bundesgedanke)
                        3,10–13: Rückblick auf die
                                  Prophezeiungen Moses
                                  und deren aktuelle
                                  Verwirklichung
                4,1–4: Fürbittgebet eines unbekannten Fürbitters
                        (Bundesgedanke)
        4,5–6: Aufhebung der Strafe durch einen König:
                Erlaubnis zur Rückkehr
4,7–9: Rückkehr aus dem Exil und Neuorganisation im Land
        Kultisches: Blockierung der zwei Stämme im Opferkult
        Stämmeantagonismus

2.3.2.2 *Struktur des zweiten Zyklus der Geschichtsschau (AM 5,1–10,10)*
Auf die literarische Struktur des zweiten Blocks der Geschichtsschau
achtete man im Laufe der Forschungsgeschichte wenig, denn man hatte
die geschichtlichen Vorgänge ab dem 2.Jh.v.Chr. im Kopf und ging
gleichsam mit diesen vorstrukturierenden Vorurteilen auf den Text
zu; so versuchte man die geschichtlichen Ereignisse in diesem Zyklus
wiederzufinden und sie zu benennen. Die Schwierigkeit einer chronologischen Unordnung von AM 5,1–10,10 war das Resultat dieser Vor-
gangsweise. So ordnete man Kap. 5 der ersten Hälfte des 2.Jh.v.Chr.
mit den Wirren um das Hohepriesteramt zu, Kap. 6 situierte man
aufgrund der Nennung eines Königs mit 34 Regierungsjahren in der
nach-herodianischen Ära, gegenüber Kap. 7 versagten die Einordnungs-
versuche und Kap. 8 verlegte man aufgrund der Parallelen zur Religionsverfolgung unter Antiochus IV. in die Zeit vor der Entweihung
des Tempels, denn von diesem geschichtlichen Faktum scheinen in
der AM keine Spuren zu finden zu sein.[25] Diese Sichtweise der Texte
musste notwendigerweise zu literarkritischen Operationen führen, so
dass die wie auch immer zustande gekommene Unordnung durch
Umstellungen beseitigt[26] oder eine nachträgliche Interpolation angenommen wurde.[27] Mit dem Wissen um diese Problematik, gleichzeitig aber auch mit einer diesbezüglichen Unvoreingenommenheit und
Vorurteilsfreiheit sollen nun die Texte selbst in ihrer Struktur ana-
lysiert werden.

Zu diesem Zweck sind zunächst die strukturierenden Leitwörter
ins Blickfeld zu nehmen. Von Kapitel 5–8 treten Einzelgestalten oder
Gruppen von Herrschenden auf, die als "rex" bzw. "reges" bezeichnet werden;[28] zum einen handelt es sich um die eigenen Führer (im
Plural), zum anderen um fremde Herrscher (im Singular), die das
Volk bedrohen. In diesem Zusammenhang ist in 5,1 von einer sich
erhebenden Rache die Rede (vindicta) und dieser Sachverhalt wird

---

[25] Cf. J. Licht, «Taxo», 101; D. Maggiorotti, *Il Testamento di Mosè*, 210f.

[26] Der erste, der eine derartige Umstellung vorschlägt, ist R.H. Charles, *The Assumption of Moses*, li.19–20.29f. (cf. auch R.H. Charles, «The Assumption of Moses», *APOT*, II, 420): Kap. 8 und 9 werden zwischen Kap. 5 und 6 gestellt, um eine vermeintlich chronologische Unordnung zu beseitigen.

[27] Der erste, der eine derartige Interpolation vorgeschlagen hatte, war J. Licht, «Taxo», 102f.: Kap. 6 und 7 wären Zusätze in nach-herodianischer Zeit, die in einen Text eingetragen worden wären, der bereits am Beginn der "Hasmonaean revolt" entstanden wäre.

[28] Cf. AM 5,1: "reges participes scelerum"; AM 6,1: "reges imperantes"; AM 6,2: "rex petulans"; AM 6,8: "occidentes rex potens"; AM 8,1: "rex regum terrae".

wieder in 8,1 (ultio) aufgegriffen. Die Kap. 9 und 10 führen dieses
Motiv fort, wenn in 9,2 von einer "ultio altera crudelis" die Rede
ist und die Rache an den Feinden in 9,7 angekündigt, dann aber in
10,2.7 vollzogen wird (vindicare). Die vorher genannten "reges" werden in Kap. 10 in dem Sinn relativiert, dass die Herrschaft Gottes
("regnum" in 10,1.3) nun alles andere in den Schatten stellt. Allein
diese Beobachtungen auf der Textoberfläche machen evident, dass
durchgehende Linien in den Kapiteln 5–10 festzustellen sind, die
nicht gewaltsam literarkritisch durchbrochen werden können. Eine
nähere Strukturierung der Inhalte wird schliesslich die einzelnen
Bausteine des eschatologischen Szenarios als aufeinander angewiesen
und ihre Folge als durchdacht komponiert ausweisen.

Entsprechend der ausfindig gemachten Leitwörter soll nun eine
Strukturierung von AM 5,1–10,10 vorgenommen werden. Der erste
Baustein des zweiten Teils der Geschichtsschau kann von 5,1 bis einschliesslich 6,1 bestimmt werden, denn inklusionsmässig wird diese
Einheit durch das Auftreten (5,1: surgere; 6,1: ex(s)urgere) von frevelhaften Führern des eigenen Volks gerahmt (5,1; 6,1).[29] Ab 6,2 ist
dann von einem "rex petulans" im Singular die Rede, der als fremder Herrscher das Gericht am Volk in grausamer Weise vollzieht.
Den Volksführern wird in erster Linie kultischer Frevel im Abfall zu
anderen Göttern vorgeworfen (5,3), sie werden als Personen beschrieben, die den Tempel wie den Altar entweihen und eigentlich keine
rechte Legitimation für ihr Amt haben (5,4). Auf sozialem Gebiet
werden sie als ungerechte Richter gebrandmarkt und dafür verantwortlich gemacht, dass sich Verbrechen und Gewalttat mehren (5,6).
Wenn auch der Hauptakzent auf den kultischen Vergehen liegt, so
werden dennoch das Gemeinschaftsleben bedrohende Untaten gegen
sie ins Feld geführt. Die Volksführer müssten ja normalerweise für
die rechte Kultpraxis, als auch für den sozialen Frieden verantwortlich zeichnen.

---

[29] Ob mit diesen "reges" in AM 5,1 und 6,1 die gleichen Volksführer oder verschiedene Regenten gemeint sind, spielt im Zusammenhang der Strukturierung keine
Rolle. In der Forschung ist man sich nämlich einig, dass mit AM 6,1 die Hasmo-
näerkönige gemeint sind, während AM 5,1 einerseits auf die ruchlosen Hohenpriester
im ersten Viertel des 2.Jh.v.Chr. (Jason, Menelaos) gedeutet wird (cf. z.B. R.H.
CHARLES, *The Assumption of Moses*, 16; M. HEIDENHEIM, «Beiträge zum bessern
Verständniss der "Ascensio Moysis"», 85f.; G. REESE, *Die Geschichte Israels*, 80), andererseits aber auch schon auf die nämliche Hasmonäerdynastie (cf. z.B. E.-M.
LAPERROUSAZ, «Le Testament de Moïse», 119; J. TROMP, *The Assumption of Moses*,
185f.).

Als Reaktion auf das ungehörige Verhalten der unbotmässigen Volksführer folgt in 6,2 ein "homo temerarius et improbus", der als "rex petulans" die Ersten des Volkes beseitigt, für das ganze Volk aber Furcht und Schrecken verbreitet. Dem steht in 6,8–9 der "occidentes rex potens" gegenüber, der das Land erobert, Gefangene macht, den Tempel partiell zerstört und einige kreuzigt. Beide Könige, die jeweils singularisch im Gegensatz zu den vorher (6,1) und nachher im Plural Auftretenden (7,3) erwähnt werden, bedrohen das Volk in existentieller Weise und werden als Potentaten gezeichnet, die schonungslos ihre Macht demonstrieren. Aus diesem Grund ist es durchaus sinnvoll, die Einheit von 6,2–9 abzugrenzen, zumal Kapitel 7 nach den textkritisch undurchsichtigen V.1–2 wieder mit einer Beschreibung einer Gruppe von frevelhaften Menschen einsetzt. In dieser abgegrenzten Einheit werden die beiden Könige bezüglich ihrer Herkunft und ihres ruchlosen Verhaltens gegenüber dem Volk beschrieben. Der "rex petulans" kommt nicht aus einem priesterlichen Geschlecht, der zweite König aus dem Westen; beiden geht es um eine Unterdrückung, sogar um eine physische Vernichtung der Gegner. In Bezug auf den ersten König werden noch dessen Söhne genannt, die die Nachfolge in der Herrschaft antreten (6,7). Insofern kann man die kleine Einheit in die V.2–7 (Auftreten und Beschreibung des "rex petulans" mit seinen Söhnen) und V.8–9 (Auftreten und Beschreibung des "occidentes rex potens") unterteilen.

Offenkundig ist die Abgrenzung der nächsten Einheit von 7,1–10, denn nach einer Bemerkung zum Termin der Endzeit in den textkritisch schwer einzuschätzenden V.1–2 folgt ab V.3 die Beschreibung der "homines pestilentiosi et impii", die in erster Linie aufgrund ihrer sozialen Vergehen mit einem negativen Urteil bedacht werden.[30] Es handelt sich um betrügerische Leute, die sich in selbstgenügsamer Weise über die anderen erheben, die Armen ausbeuten, sich selbst aber als ausschweifende Fresser und gottlose Frevler hervortun. Kultisch unreines Verhalten ist nur angedeutet (V.9), der Schwerpunkt der Kritik liegt in jedem Fall beim scheinbar untragbaren Sozialverhalten dieser nicht näher zu bestimmenden Menschengruppe,[31] die jedoch innerhalb des jüdischen Volksganzen ihren Ort haben muss.

In Kapitel 8 folgt wiederum die Beschreibung eines Fremdherrschers, der als "rex regum terrae" bezeichnet wird. Allein dieser Ausdruck

---

[30] Cf. G. Reese, *Die Geschichte Israels*, 81.
[31] Cf. C. Münchow, *Ethik und Eschatologie*, 68.

zeigt die Kulmination der Bedrohung des Volkes,[32] die durch die Schilderung religionspolitischer Verfolgungsmassnahmen untermauert wird. Weil die AM ein eminentes Interesse an religiösen und kultischen Gegebenheiten zeigt, bedeutet die Religionsverfolgung den Gipfel aller Bedrohung des erwählten Volkes. Da es insgesamt in 8,1–5 um genau diesen Sachverhalt geht[33] und in 9,1 mit dem Auftreten Taxos eine Wende angedeutet wird, ist das 8. Kap. als eine Einheit aufzufassen. Eine nähere Unterteilung ergibt sich aus der Beschreibung der Verfolgungsmassnahmen: nachdem der in V.1a nahezu dämonisch gezeichnete Fremdherrscher aufgetreten ist, wird sein Vorgehen gegen die Beschneidung in V.1b–3 geschildert, seine Strafmassnahmen erwähnt (Gewalt, Tragen von Götzenbildern), scheinbar auf eine geforderte Tempelschändung Bezug genommen (V.5a) und die Lästerung des Gesetzes[34] aufgrund von Zwangsmassnahmen dargestellt (V.5b). Das über das Volk verhängte Unheil wird als "ultio et ira" bezeichnet (8,1);[35] daran anknüpfend leitet im nächsten Kapitel Taxo die Rede an seine Söhne damit ein, dass er eine "ultio [...] altera crudelis" erwähnt (9,2).[36]

Überhaupt lässt sich der Auftritt Taxos und seine Rede in 9,1–7 als eigene Einheit bestimmen, wenngleich dieses Kapitel natürlich durch Stichwortverknüpfungen in den Gesamtduktus eingeflochten

---

[32] Auf die klimaktische Funktion des Titels "rex regum terrae" verweist J. TROMP, *The Assumption of Moses*, 162.217.

[33] Cf. C. MÜNCHOW, *Ethik und Eschatologie*, 68f.

[34] Mit dem "verbum" in AM 8,5b kann aber auch der Gottesname oder das Gotteswort schlechthin gemeint sein; cf. J. TROMP, *The Assumption of Moses* 221.

[35] Die textkritisch unsichere Stelle 8,1 (das Manuskript CERIANIS liest: «et .. ta .. veniet in eos ultio et ira»; A.M. CERIANI, «Fragmenta Assumptionis Mosis», 59), wird von M. SCHMIDT – A. MERX, «Die Assumptio Mosis», 132, und R.H. CHARLES, *The Assumption of Moses*, 80, folgendermassen wiedergegeben: «et [al]te[ra] veniet in eos ultia et ira». In dieser konjizierten "altera [...] ultia" sieht G. HÖLSCHER, «Über die Entstehungszeit», 115f., der die AM nach der Zerstörung des Tempels datiert, eine Anspielung auf die Tempelzerstörung unter Titus und AM 9,2 (ultio [...] altera crudelis) bezieht er auf die Religionsverfolgung unter Hadrian.

[36] Bei der Bezeichnung "ultio [...] altera crudelis" wird scheinbar auf eine erste Rache angespielt, die von R.H. CHARLES, *The Assumption of Moses*, 37 (cf. auch ID., «The Assumption of Moses», *APOT*, II, 421), mit dem Geschick des Volkes in der Exilszeit identfiziert wird; cf. desgleichen G. REESE, *Die Geschichte Israels*, 86; J.J. COLLINS, «The Date and Provenance», 20; G.W.E. NICKELSBURG – M.E. STONE, *Faith and Piety in Early Judaism*, 129; J. TROMP, *The Assumption of Moses*, 225; D. MAGGIOROTTI, *Il Testamento di Mosè*, 244. Mit E. SCHÜRER, *Geschichte des jüdischen Volkes*, III, 297, ist jedoch festzuhalten, dass die "ultio [...] altera crudelis" in AM 9,2 sich auf die "ultio" in AM 8,1 beziehen muss, denn nur an diesen beiden Stellen in der AM findet sich dieses Wort. Demgemäss ist ausgesagt, dass die Verfolgung der Endzeit der des Antiochus Epiphanes ähnlich ist, diese aber noch übertrifft.

ist.[37] Weist das Wort "ultio" auf das vorangegangene Kapitel hin, so
ergeben sich über 9,7 Bezüge zu 10,2.7, wenn das dem gleichen
Wortfeld angehörige Verbum "vindicare" benutzt wird. Es geht um
die Rache an den Feinden, die nicht nur vorausgesagt, sondern auch
deutlich vor Augen geführt wird. Will man das 9. Kap. untergliedern,
so ergibt sich zunächst eine Zweiteilung in das Auftreten Taxos
in V.1 und dessen Rede an seine Söhne in V.2–7. Die Rede wiederum
kann in zwei Gedankengänge aufgeteilt werden, die eindeutig
durch die Anrede an die Söhne markiert sind (V.2: videte fili;
V.4: fili audite me videte enim). Der erste Aspekt der Ausführungen
bezieht sich in einer Rückschau auf das bisherige leidvolle Geschick
des gesamten Volkes (V.2–3), der zweite aber auf den in Vergangenheit
und Zukunft entscheidenden Gesetzesgehorsam mit der Bereitschaft
bis zum Martyrium. Das 10. Kap. stellt einerseits einen Einschnitt
in der bislang sich steigernden Bedrohung des Volkes und dem
Bekenntnis zu den Geboten dar, weil es als Kulminationspunkt die
Rettung des Volkes in eindrucksvoller Weise vor Augen führt, andererseits
aber schliesst es thematisch ohne Probleme an 9,7 an.[38]

Das 10. Kap. ist durch das "et tunc" an die vorangegangenen Ausführungen
sprachlich gebunden.[39] Inklusionsmässig beginnt die Szenerie
mit der Herrschaft über die ganze Schöpfung (V.1) und wird mit
dem Verweis zum Bekenntnis des Schöpfergottes abgeschlossen (V.10).
Dass die Erniedrigung der Feinde Israels und die Rache an ihnen
ein wichtiges Motiv in diesem eschatologischen Hymnus ist, zeigt
deren Erwähnung noch vor Beginn des Auftreten Gottes in V.2 und
im abschliessenden Hinweis, dass das erhöhte Israel auf sie herabblicken
kann (V.10); ebenso wird auf die Rache an ihnen und die
Zerstörung ihrer Götterbilder in der Mitte der Ausführungen in V.7
verwiesen; rahmend refrainartig durchzieht also diese Thematik in
augenfälliger Vehemenz die Ausführungen.

---

[37] Dass Kap. 9 aus literarkritischen Gründen nicht aus dem Zusammenhang der
Kap. 8–10 entfernt werden kann, haben schon F.C. BURKITT, «Moses, Assumption
of», 449, und G. HÖLSCHER, «Über die Entstehungszeit», 114, gesehen; cf. auch
J. LICHT, «Taxo», 101f.; D.C. CARLSON, «Vengeance and Angelic Mediation», 86.
G. KUHN, «Zur Assumptio Mosis», 128, redet sogar von «vier Abteilungen der
Endgeschichte» in den Kap. 7–10 und behauptet damit ihre enge Zusammengehörigkeit.
[38] Zur unabdingbaren Zusammengehörigkeit von Kap. 9 und 10 cf. F.C. BURKITT,
«Moses, Assumption of», 449; C.C. LATTEY, «The Messianic Expectation», 11f.;
H.H. ROWLEY, «The Figure of "Taxo"», 142f.; D.C. CARLSON, «Vengeance and
Angelic Mediation», 95.
[39] Cf. C. MÜNCHOW, *Ethik und Eschatologie*, 70.

In V.1–2 erfolgt die Ansage dessen, was im Weiteren zur Darstellung gelangt: Gottes Herrschaft setzt sich durch, alle Widersacher werden unterjocht, jede Traurigkeit entflieht und die Rache an den Feinden wird vollzogen.[40] Von V.1 zieht sich eine Linie zu V.8, denn an beiden Stellen geht es um einen Glückszustand des erretteten Volkes, zuerst negativ formuliert, dann aber positiv zum Ausdruck gebracht. V.2 und V.7 aber sind eng thematisch verbunden, weil es jeweils um die Rache (vindicare) an den Feinden geht. Ausgehend von dieser Beobachtung lässt sich weiterhin folgendermassen gliedern: V.3–7 beschreibt die Epiphanie Gottes und die damit verbundenen Folgen für die Feinde unter Darstellung kosmischer Erschütterungen und V.8–10 erwähnt die Erhöhung Israels und deren Konsequenzen.[41] Der erste Teil ist in V.3 bzw. V.7 von der Erscheinung Gottes gerahmt[42] und beschreibt im Mittelteil die damit verbundenen kosmischen Erschütterungen, die die Bereiche der Erde, des Himmels und Firmaments, des Meeres und der Wasserreservoirs umgreifen; das Erscheinen Gottes hat eine allumfassende Veränderung des Lebensraums zur Folge. Der zweite Teil beschreibt die Erhöhung Israels zum Sternenhimmel und

---

[40] Da in den V.1–2 die Rache an den Feinden vom "nuntius" ausgesagt ist, in V.7 aber Gott allein dafür verantwortlich gemacht wird, wurde eine literarkritische Scheidung von V.1–2 und 3–10 erwogen (zuerst von R.H. Charles, *The Assumption of Moses*, 39f.). A.Y. Collins, «Composition and Redaction»,179–182, sieht im "nuntius" kein himmlisches Wesen, das Gott die Rolle streitig machen könnte, und für sie gibt es deshalb keinen Grund, die V.1–2 auszuscheiden. So ist mit J. Priest, «Some Reflections on the Assumption of Moses», 105, an der literarischen Einheit des eschatologischen Hymnus festzuhalten (cf. auch C. Münchow, *Ethik und Eschatologie*, 71; M. Reiser, *Die Gerichtspredigt Jesu*, 73), denn in den Zirkeln der Entstehung solcher Schriften wie der AM konnten durchaus verschiedene Traditionen kombiniert werden, die für uns heute widersprüchlich erscheinen. Zudem könnte man den "nuntius" auch als einen Vorboten Gottes verstehen, dessen lediglich angesagtes Handeln nicht im Widerspruch zu Gottes Souveränität stehen muss.

[41] Cf. zu dieser Gliederung auch T.W. Manson, «Miscellanea Apocalyptica», 43–45; J. Tromp, *The Assumption of Moses*, 228ff.

[42] Nimmt man V.3–7 zusammen, dann ergibt sich eine Inklusion dieser Einheit im Heraustreten Gottes (V.3: ex(s)urget enim Caelestis; V.7: quia ex(s)urgit summus Deus aeternus solus), die die in V.4–6 beschriebenen kosmischen Theophaniefolgen rahmt. R.H. Charles, *The Assumption of Moses*, 40ff., und in seinem Gefolge O. Camponovo, *Königtum, Königsherrschaft und Reich Gottes*, 166ff., unterteilen in V.3–6 und V.7–10, lassen also die zwei Strophen jeweils mit dem Heraustreten Gottes beginnen, übersehen aber dabei die inklusorische Funktion dieses Motivs. Zudem markiert das "tunc", mit dem V.8 beginnt, einen neuen Einsatzpunkt, das jeweils durch das "et" zu Beginn von V.9 und 10 fortgeführt wird. Ausserdem bilden V.8–10 eine thematische Einheit, in der es um das Geschick des Volkes Israel geht, während sich vorher alles um das Erscheinen Gottes und dessen Auswirkung für die Heiden dreht.

die damit verbundene jubelnd-dankbar-bekenntnisorientierte Grundstimmung des geretteten Volkes.

Die Gliederung macht die Hauptaussagen transparent und ordnet sie in ihrer gegenseitigen Beziehung. Von drei Grundmotiven ist die ganze Darstellung durchwirkt:[43] 1. dem rettenden Auftreten Gottes, der für sein Volk machtvoll, unter sichtbaren kosmischen Zeichen, einsteht, 2. von der Erhöhung des Volkes mit dem Anbruch eines neuen, heilsbezogenen Äons, 3. von der Unterwerfung der Feinde, der Rache an ihnen und der Zerstörung ihrer verführerischen Götzenbilder. Diese drei Motive bedingen sich gegenseitig, denn ohne das Erscheinen Gottes gäbe es keine Erhöhung des Volkes, und ohne diese kein Herabsehen auf die erniedrigten Feinde. Im Abschluss des eschatologischen Hymnus antwortet schliesslich das Volk mit Dank und Lobpreis auf die Heilstat Gottes und bekräftigt das Bekenntnis zu diesem einzig wahren Rettergott, das im Laufe der Geschichtsschau durch den Abfall zu fremden Göttern immer auf dem Spiel stand. Insofern ergibt sich durch das Eingreifen Gottes ein gelungenes "happy end", das die vorangegangenen Unheilserfahrungen überwindet und die Gottesbeziehung wieder ins richtige Verhältnis setzt.

Eine kurzgefasste Übersicht soll die Inhalte und die damit verbundene Struktur des zweiten Zyklus der Geschichtsschau verdeutlichen und gleichzeitig als Anknüpfungspunkt für weitere Überlegungen dienen:

I) 5,1–6,1: Führer aus dem eigenen Volk (Plural: reges) mit *primär* kultischen Vergehen (dennoch in 5,5–6 die soziale Dimension)

II) 6,2–9: Zwei fremde Könige (Singular: rex) mit Bestrafungsmassnahmen durch physische Bedrohung

III) 7,1–10: Verderbliche und gottlose Menschen aus dem eigenen Volk mit *primär* sozialen Vergehen (dennoch in 7,10 die kultische Dimension)

IV) 8,1–5: Fremder Potentat (Singular: rex regum) mit religionspolitischen Verfolgungsmassnahmen

V) 9,1–7: Auftreten Taxos aus dem Stamm Levi und Rede an seine Söhne: Mahnung zum Gesetzesgehorsam, Bereitschaft zum Martyrium

VI) 10,1–10: Apokalyptisch gefärbte Rettung und Erhöhung Israels

---

[43] Cf. T.W. Manson, «Miscellanea Apocalyptica», 43.

2.3.2.3 *Beziehungsgeflecht der Einheiten des zweiten Zyklus*
Die schematische Übersicht macht auf den ersten Blick deutlich, dass
jeweils die geraden Einheiten als Reaktion auf die ungeraden zu verstehen sind; unter diesem Aspekt ergibt sich eine Einteilung in drei
grössere "actio-reactio-Blöcke", die wiederum untereinander durch
Stichwortverknüpfungen verbunden sind. I) beschreibt die vorwiegend kultischen Vergehen der Volksführer, worauf in II) die Strafe
durch zwei fremde Könige erfolgt. III) schildert die vorwiegend sozialen Frevel gottloser Menschen aus dem eigenen Volk, die von den
Strafmassnahmen bezüglich der Religionsausübung in IV) gefolgt
sind.[44] V) hingegen stellt die exemplarische Einstellung Taxos vor
Augen, die in VI) durch die endgültige Rettung Israels besiegelt wird.
Bezüglich des letzten Zusammenhangs lässt sich jedoch nicht folgern,
dass das Auftreten und Verhalten Taxos das rettende Eingreifen
Gottes gleichsam herbeizwingt; es geht nur um eine logische Zuordnung
beider Ereignisse. Zugegebenermassen ergibt sich eine Zäsur zwischen Block IV) und V), da es vorher um die Frevel der Volksführer
und die darauf bezogenen Strafmassnahmen geht, dann aber um das
vorbildliche Verhalten Taxos, dem die wundersame Rettung durch
Gott folgt, aber durch die aufgezeigten Stichwortverknüpfungen entsteht in keiner Weise ein unüberbrückbarer Hiatus. Neben den durchgängigen Vokabeln "rex" und "ultio" bzw. "vindicta, vindicare" ist
auch die Bezugnahme auf fremde Götter bzw. Götzenbilder auffällig. Heisst es in 5,3, dass die Volksführer zu fremden Göttern abgefallen sind (post deos alienos), so wird in 8,4 die Zwangsmassnahme
der Feinde zum Tragen ihrer Götzenbilder erwähnt (cogentur [. . .]
bajulare idola eorum) und in 10,7 schliesslich der Untergang aller
fremder Götzen angesagt (perdet omnia idola eorum). Wenngleich
also ein absoluter Bruch zwischen Kap. 8 und 9 nicht vorliegen
kann, so ergibt sich dennoch eine striktere gegenseitige Zuordnung
der Einheiten I)–IV). Baustein I) handelt vom frevelhaften Verhalten
der eigenen Volksführer (Plural) im primär kultischen Bereich, Baustein
III) aber vom ruchlosen Benehmen einer nicht weiter bezeichneten
Volksgruppe (Plural) hauptsächlich auf sozialem Sektor. Beide Male
wird also das sündhafte Verhalten einer massgeblichen Volksgruppe
unter negativem Vorzeichen beschrieben, die nach innen gerichtete

---

[44] Dass die Verfolgung in AM 8 als Strafe auf die Zustände von AM 5 gedeutet werden kann, setzt voraus, dass man AM 6 und 7 als Interpolation ausschei-
det; cf. D. MAGGIOROTTI, *Il Testamento di Mosè*, 57f.

Perspektive ist dominant, sei es kultischer oder sozialer Natur. In II) und IV) erfolgen jeweils die Strafmassnahmen durch einen fremden Herrscher (jeweils Singular), also die von aussen initiierte Vergeltung für nach innen gerichtete Vergehen. Im ersten Fall betrifft die Bestrafung die vitale Lebensdimension im Auslöschen der frevelhaften Volksführer, im zweiten Fall die Verfolgungsmassnahmen für das ganze Volk im kultisch-religiösen Bereich.[45] Das bedeutet, dass die primär kultischen Verbrechen in I) einer genau auf diesen Sektor gerichteten Bestrafung in IV) entsprechen und die Strafdimension von II) mit den primär sozialen Vergehen von III) zusammengeordnet werden kann (chiastische Stellung). Insgesamt ergibt sich also in I)–IV) ein Wechsel von beschriebenen Vergehen und entsprechenden Strafmassnahmen:

   I) Primär kultische Vergehen
  II) Bestrafung in der Lebensdimension
 III) Primär soziale Vergehen
  IV) Bestrafung in der kultischen Dimension

Diese Zuordnung von verübten Vergehen und entsprechender Bestrafung ist aus der Perspektive des Autors der AM durchaus im Sinn einer Klimax gestuft, denn dessen Interesse liegt in erster Linie auf kultischem Gebiet, so dass die Behinderung der Religionsausübung durch Verfolgungsmassnahmen in Einheit IV) von ihm sicher als gravierender eingeschätzt wird als das Auslöschen der sowieso verdorbenen Oberschicht in II).

Nimmt man nun wieder alle sechs Blöcke ins Blickfeld, so lässt sich feststellen, dass in I) und III) Führungseliten als Gruppen aus dem eigenen Volk negativ beurteilt werden, in V) dann aber eine einzige, herausragende Persönlichkeit aus dem Stamm Levi exemplarische Vorbildfunktionen übernimmt und durchwegs positiv konnotiert wird. Bezüglich der Feinde lässt sich aussagen, dass in II) und IV) jeweils Einzelpersonen als despotische Herrscher negativ gezeichnet werden, in VI) dann aber die Widersacher als Kollektiv überwunden werden, und diese endgültige Ausschaltung der Feinde positiv beschrieben wird.

Insgesamt ergibt sich also bei näherem Hinsehen eine durchaus sinnvoll gestufte und in sich verknüpfte Struktur[46] der sechs Einheiten

---

[45] Cf. O. Camponovo, *Königtum, Königsherrschaft und Reich Gottes*, 148.

[46] Natürlich ist es auch nicht mit absoluter Gewissheit auszuschliessen, dass ein späterer Redaktor füheres Material entsprechend der vorfindbaren Struktur sinnvoll

des zweiten Teils der Geschichtsschau in AM 5,1–10,10, so dass man
mit literarkritischen Massnahmen mit Blick auf die tatsächliche Ge-
schichtsabfolge ab dem 2.Jh.v.Chr. durchaus vorsichtig sein sollte.[47]
Das legt den Verdacht nahe, dass es dem Autor der AM nicht um
die objektive Darstellung jüdischer Geschichte ging, sondern um die
theologisch motivierte Schilderung eines eschatologischen Szenarios,[48]
das in der angesagten Rettungstat Gottes kulminierte. Alles musste
stringent auf die Erhöhung Israels zum Sternenhimmel in Kap. 10
hingeordnet werden und das verlangte eine entsprechende literarische Komposition, die durchaus über historische Sachverhalte hin-
wegschauen konnte. So erhalten die Kap. 5–9 eine eschatologische
Brisanz, die die Stimmung erzeugt: es ist "fünf vor Zwölf", und in
dieser bedrängten Situation muss das göttliche Eingreifen unmittelbar bevorstehen.

2.4   *Überlegungen zur Geschichtsschau*

Die Untersuchung der Struktur der Geschichtsschau auf dem Hintergrund des sie umgebenden erzählerischen Rahmens macht die Annahme durchaus wahrscheinlich, dass das am Ende weggebrochene
Stück der AM nicht allzu lang gewesen sein kann. Man könnte aufgrund der oben angestellten Überlegungen fast davon ausgehen, dass
die Erzählstruktur nahezu vollständig ist, und der fehlende Schluss irgendwie mit dem endgültigen Schicksal des Mose zu tun haben muss.

  An dieser Stelle soll es aber nicht um oft nur hypothetische Mutmassungen über den nicht erhaltenen Schluss der AM gehen, sondern
es ist sich der Fragestellung zu widmen, wie das "Herz der AM"—
eben die Geschichtsschau—insgesamt zu beurteilen ist. Ihre beiden
Teile oder Zyklen sollten noch näher in ihrer gegenseitigen Beziehung
betrachtet werden.

---

angeordnet (bzw. auch selbst etwas ergänzt oder hinzugefügt) hat, wenngleich man
dann vielleicht mit noch deutlicheren "Redaktionsspuren" rechnen dürfte.

  [47] Die Behauptung, dass AM 6 im dargestellten Endszenario des zweiten Teils der
Geschichtsschau keinen Platz hat, scheint von der Vorentscheidung geprägt zu sein,
dieses Kapitel aus chronologischen Gründen ausscheiden zu wollen; cf. D. MAGGIOROTTI,
Il Testamento di Mosè, 212.

  [48] Cf. E.-M. LAPERROUSAZ, «Le Testament de Moïse», 122, der bezüglich Kap.
8 und 9 von einem «tableau de la persécution finale» spricht. Hingegen S.C. MARTIN,
Pauli Testamentum, 168–174, bezeichnet AM 7,1–10,10 als ein «eschatological scenario».

2.4.1 *Zur Chronologie und Objektivität der Geschichtsschau*

Aufgrund der ausgewiesenen literarischen Einheit der gesamten Geschichtsschau muss die offenkundige chronologische Unordnung des zweiten Zyklus theologisch erklärt werden. Die Bezugnahme auf Herodes den Grossen in Kap. 6 scheint in jedem Fall nahe zu liegen, weil die 34 Regierungsjahre darauf unzweideutig verweisen; auch die Beschreibung dieses "rex petulans" in 6,2–6 würde durchaus zu dieser Figur passen. Nun könnte man in Frage stellen, ob der "rex regum terrae" in 8,1 unbedingt mit Antiochus IV. zu identifizieren ist, obwohl die Aussagen bezüglich der von ihm initiierten Religionsverfolgung in 8,1–5 mit ihm vereinbar wären. In diesem Fall muss man sich nun vor dem methodischen Irrtum hüten, mit einem vorgefertigten Bild vom Ablauf der historischen Ereignisse an die Texte heranzugehen. Bezüglich der als Strafwerkzeuge eingesetzten Fremdherrscher zeigen die Einheiten der Geschichtsschau eine Steigerung vom "rex petulans" (6,2) über den "occidentes rex potens" (6,8) bis hin zum überzeichneten "rex regum terrae" (8,1). Dass mit dieser Terminologie und den entsprechenden Beschreibungen der Fremdherrscher, sowie deren rigorosen Strafmassnahmen, eine Klimax erzeugt werden soll, ist naheliegend.[49] Insofern geht es in erster Linie um die Darstellung eines eschatologischen Szenarios mit den immer enger werdenden Bedrohungen für das Volk, und nicht um eine objektive Geschichtsbetrachtung.[50] Das leitende theologische Interesse zur Schilderung der Brisanz der Endzeitereignisse überdeckt somit eine nüchterne Auflistung etwaiger Lebensbehinderungen durch die fremdländischen Besatzer, seien sie kultischer, sozialer, politischer oder kultureller Natur. Aus diesem Grund werden die Fremdherrscher kumulativ mit allen möglichen Farben gezeichnet, die sie als lebensbedrohend in allen vitalen Bereichen erscheinen lassen.[51] So ist es durchaus möglich, dass die normalerweise Antiochus IV. zugesprochenen Handlungsweisen[52] als Steigerung der Charakterzüge und Massnahmen Herodes' des

---

[49] Cf. E.-M. LAPERROUSAZ, «Le Testament de Moïse», 122.

[50] Es geht in erster Linie um «eschatolgical concerns»; cf. J. PRIEST, «Some Reflections on the Assumption of Moses», 107f.

[51] Cf. C. MÜNCHOW, *Ethik und Eschatologie*, 68f.

[52] So bemerkt C. CLEMEN, «Die Himmelfahrt Moses», in *APAT*, II, 313, AM 8 sei nicht auf die makkabäische Drangsalszeit unter Antiochus IV. zu deuten, sondern diese hätte nur die Farben für die Schilderung in AM 8 hergegeben; dieses Kapitel sei auf die Zukunft zu beziehen, in der alles, was die Vergangenheit an Schrecklichem und Grausamem brachte, in gesteigertem Masse wiederkehre.

Grossen gesehen werden können. Der Vorrang der kultisch-priesterlichen Dimension in der Theologie des Autors der AM steht offenbar im Hintergrund dieser Bemühungen und bewirkt eine derartig
kumulative Optik, die die im historischen Sinn zeitlich weit getrennten
Figuren in eins sieht, was die Perspektive der Lebensbedrohung für
das auserwählte Volk anbelangt. Insofern lässt sich durchaus davon
sprechen, dass ein Zukunftsbild eines Endtyrannen entworfen wird,
der auf dem Hintergrund der Herodesgestalt die Züge Antiochus IV.
annimmt und dessen Weltherrschaft in Kürze erwartet wird.[53] So gesehen ebnet die theologische Einstellung des Autors der AM die
historischen Fakten ein, so dass man mit recht von einem Primat
der Theologie über die Chronologie sprechen kann. Keine wirklich-
keitsgetreue Geschichtsdarstellung ist intendiert,[54] sondern eine unter
eigenen theologischen Aussageabsichten artikulierte Wertung und
Einordnung geschichtlicher Gegebenheiten.[55]

Diese Feststellung hätte sich schon im ersten Teil der Geschichtsschau
aufdrängen können,[56] denn dort wird zwar die Reichsteilung erwähnt
(AM 2,3.5), aber der Untergang des Nordreichs und die Deporta-
tion seiner Bevölkerung stillschweigend übergangen.[57] Vielmehr wird
ein historisch unzutreffendes Bild gezeichnet, wenn scheinbar von
einer einmaligen Exilierung[58] aller zwölf Stämme ausgegangen wird
(AM 3,5) und diese wieder ins Land zurückkehren, um getrennt nach
zwei Stämmegruppen ein jeweils unterschiedliches Geschick zu erfah-

---

[53] Cf. P. Volz, *Die Eschatologie der jüdischen Gemeinde*, 281; W. Bousset –
H. Gressmann, *Die Religion des Judentums*, 254f.; M. Hengel, *Die Zeloten*, 108/
Anm. 2 und 309f.

[54] Zurecht behauptet D. Maggiorotti, *Il Testamento di Mosè*, 181, mit Blick auf
AM 1,11–14: «Non si tratta di un'affrettata esposizione di fatti, bensì della loro
interpretazione che diventa chiave di lettura del tempo presente». Diese Aussage
kann durchaus Gültigkeit für die gesamte AM beanspruchen.

[55] Mit Blick auf den eher symbolischen Wert der Zahlen in der AM behauptet
I. Fröhlich, *"Time and Times and Half a Time"*, 171, zurecht: «The purpose of the
author most likely was not so much to provide precise data to his readers about
historical chronology, but rather to inform them of the time of the end of the last
period».

[56] So beobachtet beispielsweise G. Reese, *Die Geschichte Israels*, 78, bezüglich der
Darstellung des Exils in AM 3, dass theologische Fragen im Zentrum stehen, weniger historisch-politische Fakten.

[57] Cf. C. Münchow, *Ethik und Eschatologie*, 66f.

[58] Zur Frage, ob der Verfasser der AM zwischen dem Untergang von Nord- und
Südreich unterscheiden möchte, meint G. Reese, *Die Geschichte Israels*, 75, dass dies
aus der Darstellung nicht genau hervorgehe, der Gedanke an eine Exilierung des
gesamten Volkes jedoch vorherrsche. Das "pariter" in AM 3,5 lässt zumindest mehrere Deutungsmöglichkeiten offen.

ren (AM 4,8–9). Auf der literarischen Ebene ist durch die Inklusion des Stämmeantagonismus (2,3 und 4,8–9) und der Kommunikationssituation der zwei Stämmegruppen (3,4–9) zum einen der Akzent auf die Unterschiedenheit der beiden Gruppierungen, zum anderen aber auch auf deren Zusammengehörigkeit im gemeinsam-solidarischen Bittgebet gelegt (3,9).

Sollte die AM in die erste Hälfte des 1.Jh.n.Chr. gehören, so könnte mit den zehn Stämmen auf die Samaritaner verwiesen sein. Das würde bedeuten, dass der Autor der AM den Samaritanern zwar kritisch gegenübersteht, zugleich aber solidarische Tendenzen unterstützt, indem er sie angesichts der Bedrohung durch die Besatzer nicht absolut ausgrenzt. Dieser Vermutung folgend, würde es sich unter Umständen bei der AM um eine Schrift mit pro-samaritanischen Tendenzen handeln,[59] und das künftige Rettungshandeln Gottes würde Judäer, wie auch Samaritaner einschliessen.[60] Insofern könnte es sich auch um eine Tendenzschrift handeln in Abgrenzung zu den verdorbenen Volksführern (cf. Kap 5 und 7), die eine wie auch immer geartete Zusammenordnung mit den Samaritanern der Zugehörigkeit zur eigenen ruchlosen Oberschicht vorzieht.

Auch in diesem Fall würde der theologische Blickwinkel des Autors der AM die Darstellung historischer Ereignisse in der Geschichtsschau beeinflussen. Nicht um objektive Wiedergabe geschichtlicher Fakten geht es, sondern um eine Deutung des Geschehenen auf dem Hintergrund eigener theologischer Aussageabsichten.

2.4.2 *Vergleich des ersten mit dem zweiten Zyklus*

Der erste Teil der Geschichtsschau (2,3–4,9) ist im theologischen Duktus dem sogenannten deuteronomistischen Geschichtsbild verpflichtet,[61] weil zunächst die Sünde des Volkes im Abfall zu fremden Göttern (2,8–9) beschrieben wird, die darauf folgende göttlich initiierte Reaktion in der Bestrafung durch die Zerstörung und

---

[59] Als genuin samaritanische Schrift möchte K. HAACKER, «Assumptio Mosis— eine samaritanische Schrift?», 385–405, die AM ausweisen; cf. dazu aber die Gegenargumente von J.D. PURVIS, «Samaritan Traditions on the Death of Moses», 116f.

[60] Cf. das zweimalige Vorkommen von "Istrahel" in der um Solidarität werbenden Antwort der zehn Stämme (3,7) und in der Rettungserfahrung des gesamten Volkes (10,8).

[61] Dass die AM von der deuteronomistischen Geschichtsbetrachtung geprägt ist, hat schon E. SJÖBERG, *Gott und die Sünder im palästinischen Judentum*, 238 (cf. auch 235/Anm.1 und 250/Anm. 4) gesehen. O.H. STECK, *Israel*, 172f., greift diesen Sachverhalt auf und stellt ihn differenziert dar.

Exilierung besteht (3,1–3), schliesslich eine Neubesinnung des Volkes
im Fürbittgebet (3,9; 4,2–4) und damit verbundener Schuldfrage
geschieht (3,5), worauf die rettende Tat Gottes in der ermöglichten
Rückkehr ins Land erfolgt (4,6–7). Die Bausteine dieses Schemas sind
logisch miteinander verknüpft und der Rettungserfahrung geht das
Bittgebet voraus, das auf dem Hintergrund einer durch das Unheil
bewirkten Umkehr- und Hinkehrbereitschaft zu Jahwe formuliert
wird.[62] Die anfänglichen Äusserungen stehen in AM 3–4 zunächst
im Rahmen des Stämmeantagonismus und münden in die Fürsprache
eines unbekannten Fürbitters in 4,2–4. Als erstes erheben die zwei
Stämme anklagend ihre Stimme und beschuldigen die zehn anderen, dass deren Sünden für das Exilsgeschick verantwortlich seien
(3,5). Diese antworten mit Verweis auf die gegenseitige Solidarität
und betonen, dass alle gleichermassen Drangsal und Bedrängnis
getroffen hat (3,6). Das erste Bittgebet der nunmehr zwölf Stämme
nimmt Rekurs auf den Vätergott und stellt den Bundesgedanken in
den Mittelpunkt (3,9). Der Abschnitt 3,10–13 blendet auf die Prophezeiungen Moses zurück und betont, dass diese sich verwirklicht
hätten. Nach dieser Rückschau wird erneut die Bittperspektive in
4,2–4 mit dem Gebet eines nicht näher bezeichneten Beters aufgegriffen, und zwar wiederum mit Bezug auf den Bundesgedanken.[63]

Unter Bund wird hier primär eine unverbrüchliche Heilsgarantie
verstanden,[64] die sich auf die Verheissungen Gottes gegenüber den
Vätern gründet (AM 3,9; 4,2). Dort, wo sich im Lauf der Geschichte
das Volk in bedrängter Situation befindet, wird im hilfesuchenden
Aufschrei auf den Bund als ewig-gültiger Zusage Jahwes Rekurs
genommen und von ihm die Wende erwartet. Weil Jahwe ein zuver-
lässiger Bundespartner ist, scheint das Volk gleichsam das Recht zu
haben, die Verheissung des Beistandes und der Rettung einklagen
zu können. Im Vergleich zur gängigen biblischen Bundestheologie,
die zunächst im Bund Israel zum Volk Jahwes und Jahwe zum Gott

---

[62] Cf. D. Maggiorotti, *Il Testamento di Mosè*, 272.

[63] Die Hervorhebung des Bundes gehört zu den leitenden theologischen Interessen
des Verfassers der AM; cf. z.B. A. Jaubert, *La notion d'alliance dans le Judaïsme*, 260f.;
G. Reese, *Die Geschichte Israels*, 92.95–96; E. Brandenburger, «Himmelfahrt Moses»,
63f.; J. Priest, «Testament of Moses», 922; M. Winter, *Das Vermächtnis Jesu*, 170f.

[64] Cf. L. Vegas Montaner, «Testamento de Moisés», 245. Der Bund verbürgt
vor allem auch das Eintreffen der eschatologischen Erwartung (cf. C. Münchow,
Ethik und Eschatologie, 74) und meint den Heilsindikativ der Selbstverpflichtung und
-bindung Gottes an Israel, dem seitens des Volkes die Toraobservanz entspricht (cf.
M. Winter, *Das Vermächtnis Jesu*, 172/Anm. 16).

Israels macht, verengt sich das theologische Bundesverständnis aufgrund der geschichtlichen Situation: in Bedrängnis und Verfolgung
wird der Bund als Heilsgarantie verstanden, an der man sich in der
Hoffnung auf Befreiung festmachen kann.

Bezeichnend ist nun die Beobachtung, dass der Bundesgedanke
allein im ersten Zyklus der Geschichtsschau zum Ausdruck kommt,
nicht aber im zweiten; der äussere Rahmen bezieht sich jedoch mehrfach darauf.[65] Die bereits beschriebenen Bittgebete in AM 3–4 sind
leitend aus der Pespektive des Bundes formuliert (3,9; 4,2.5), während vorgängig das sündige Verhalten des Volkes im Abfall zu fremden Göttern als Bundesbruch gebrandmarkt wurde (2,7). Das heisst
doch nichts anderes, als dass kurz vor der Heilswende mit Nachdruck
auf den Bundesgedanken verwiesen wird; er bildet gleichsam den
theologischen Hintergrund zum rettenden Eingreifen Gottes zugunsten seines Volkes.

Wendet man an diesem Punkt den Blick zum zweiten Teil der
Geschichtsschau, so wird kurz vor der Rettung und Erhöhung Israels
auf die Wichtigkeit des Gesetzesgehorsams verwiesen. Taxo schärft
mit Rekurs auf das tadelfreie Verhalten der Väter gegenüber den
Geboten (9,4) seinen Söhnen ein, an diesen in jedem Fall festzuhalten, und sei es bis zum Martyrium (9,6). Darin bestünde eigentlich
erst die Kraft des Volkes (9,5), die Gesetze genauestens zu beachten und auf diesem Hintergrund die Rettungstat Gottes angesichts
der Bedrohung durch die Feinde zu erwarten (9,7). Abgesehen davon,
dass der Verweis auf die Gebote auch im äusseren Rahmen geschieht,
erfolgt er zentral eigentlich nur an dieser Stelle in der Geschichtsschau.
Zwar ist im ersten Teil der Geschichtsschau ein einziges Mal von
den Geboten die Rede (3,12), dort aber im Rückblick auf das von
Mose gegebene Gesetz, das nicht übertreten werden sollte. Vom logischen Gesamtzusammenhang her gehört diese Argumentation aber
nicht in den Duktus der durch die Fürbittgebete geprägten Kap.
3–4, und so könnte man von einer proleptischen Andeutung dieses
Themas mit Blick auf den zweiten Teil der Geschichtsschau sprechen.

Damit wird eine jeweils deutliche theologische Akzentsetzung der

---

[65] Im ersten Teil der Geschichtsschau findet sich "testamentum" in 2,7; 3,9; 4,2.5;
im äusseren Rahmen in 1,9.14; 10,15; 11,17; 12,13; "jusjurandum" findet sich in
der AM ausschliesslich in sachlicher Verbindung mit "testamentum" (1,9; 3,9; 11,17;
12,13); cf. B. HALPERN-AMARU, «Redesigning Redemption», 132.135; ID., *Rewriting
the Bible*, 56.58.

beiden Teile der Geschichtsschau evident: war im ersten Block die
Bezugnahme auf den Bund als Garantie für die Heilswende und die
Barmherzigkeit Gottes entscheidend,[66] so ergibt sich für den zweiten
die Propagierung eines rigorosen Gesetzesgehorsams.[67] Auffällig ist
diesbezüglich auch, dass die Bittgebete mit Bezug auf den Bundesgedanken als tatsächlich vorgebrachte Hilferufe gestaltet sind, während
der Gebotsgehorsam lediglich als Mahnung Taxos an seine Söhne
formuliert ist. Insofern werden eigentlich zwei Phasen in der Geschichte
Israels dargestellt: war es früher zur Exilszeit notwendig, im Bittgebet
seine Stimme zu Gott zu erheben und auf den Bund zu verweisen,
so kommt es in den späteren Tagen darauf an, unverbrüchlich am
Gesetz festzuhalten, damit Gott das endgültige Heil für sein Volk in
der Befreiung von den Feinden verwirklichen kann.[68] Natürlich war
und ist der Gesetzesgehorsam immer von Bedeutung, in allen Phasen
der Geschichte Israels, die nur durch die Gebotsbefolgung zur Heilsgeschichte werden kann. Dass mit dieser Darstellung zu einem gesetzestreuen Verhalten in den Tagen des Autors der AM angeleitet
werden soll, ist einleuchtend, zumal Taxo und seine Söhne als besondere Vorbilder gezeichnet werden.

Im zweiten Teil der Geschichtsschau geht es demnach im Vergleich
zum ersten um eine theologische Umorientierung.[69] Das macht sich
nicht nur durch die unterschiedlich propagierten Haltungen kurz vor
der Heilswende bemerkbar, sondern überhaupt am Gesamtaufbau
des zweiten Teils der Geschichtsschau. Zwar findet sich das deuteronomistische Geschichtsbild schattenhaft angedeutet, es ist aber in
eine ganz andere Richtung modifiziert.[70] Das frevelhafte Verhalten
der Volksführer besteht—wie in 2,8–9—zunächst in der kultischen
Sünde des Abfalls zu fremden Göttern (5,3), wird aber dann in Kap. 7
durch soziale Vergehen aufgeweitet. Die Strafdimensionen werden

---

[66] Cf. D. MAGGIOROTTI, *Il Testamento di Mosè*, 202.

[67] In diesem Zusammenhang ist augenfällig, dass die Wende vom Unheil zum
Heil in beiden Teilen durch das stellvertretende Handeln einzelner markiert wird
(unbekannter Fürsprecher in AM 4,1–4 und Taxo in AM 9,1–7); cf. M. WINTER,
Das Vermächtnis Jesu, 171/Anm. 13.

[68] Angedeutet schon bei R.W. HUEBSCH, «The Testament of Moses: A Soteriological
Consideration», 25.

[69] Cf. D. MAGGIOROTTI, *Il Testamento di Mosè*, 213.

[70] Cf. dazu das veränderte literarische Schema von G.W.E. NICKELSBURG, «An
Antiochian Date», 33, das er allerdings aufgrund der Ausscheidung von Kap. 6
und 7 sofort wieder verwirft, weil er historisch-chronologische Massstäbe an die
Geschichtsschau anlegt.

sukzessiv aufgeführt, denn zum ersten geht es um die Auslöschung
der verdorbenen Oberen und die Einschüchterung des ganzen Volkes
(6,2–9), zum zweiten dann aber um religionspolitische Verfolgungsmassnahmen (8,1–5). In sich verschränkt, gleichsam im Sinn einer
Klimax gestuft, wechseln sich also die Bausteine "Sünde der Volksführer" und entsprechende "Bestrafung durch Fremdherrscher" jeweils
ab, und erzeugen so eine Bedrängungssituation, die durch das Auftreten
Taxos mit seiner Mahnung des unbedingten Gesetzesgehorsams und
der darauf folgenden Errettung des gesamten Volkes einer Lösung
zugeführt wird.[71] Dass die Weisung Taxos etwas mit fürbittendem
Gebet oder expliziter Bereitschaft zur Umkehr bei vorgängigem Sündenbekenntnis zu tun hätte, lässt sich in keiner Weise aufrecht erhalten,[72] denn die an die Söhne ausgegebenen Verhaltensmassregeln
wollen lediglich den jederzeit gültigen Gesetzesgehorsam erneut einschärfen, um in der misslichen Lage an den altbekannten Traditionen
festhalten zu können. Das unbeirrte Halten der Gebote sollte dann
auch die Hoffnung auf Rettung und Befreiung vom Feindesjoch ermöglichen. In einem gewissen Sinn handelt es sich hierbei um eine
eminent theozentrische Einstellung, weil Gott allein aufgrund seiner
Souveränität zum Heile seines Volkes eingreifen würde und vorgängige menschliche Akte in keinem Fall determinierend wirken könnten. Wie Gott nun das Heil verwirklicht, ist grundsätzlich unterschieden
vom ersten Teil der Geschichtsschau: geht es dort nach dem Exil
um die Rückführung ins Land, so dass eine neue Existenz aufgebaut
werden kann (4,5–7), so handelt es sich im zweiten Teil um die alles
in den Schatten stellende Äonenwende, denn Israel scheint nach
einer gewaltigen Theophanie aussergeschichtlich zum Sternenhimmel
erhöht zu werden (10,1–10).[73] Der einzige Vergleichspunkt ist das
blosse Faktum der Errettung, wie allerdings die Befreiung geschieht,
das wird jeweils ganz anders beschrieben.

Die aufgezeigten Unterschiede zwischen dem ersten und zweiten
Teil der Geschichtsschau verbieten somit, ein geradlinig-durchgängiges
Raster nach dem Modell "sin-exile-return" über beide Blöcke zu

---

[71] Cf. J. TROMP, *The Assumption of Moses*, 122f.

[72] Aus Taxo kann man nur mit viel Phantasie und interpretativem Geschick einen
«intercessor for the endtime» machen; cf. A.B. KOLENKOW, «The Assumption of
Moses as a Testament», 74. Zurecht spricht D. MAGGIOROTTI, *Il Testamento di Mosè*,
271, Taxo keine Fürsprecherfunktion zu.

[73] Zur aussergeschichtlichen Heilsvorstellung cf. D. MAGGIOROTTI, *Il Testamento di
Mosè*, 265.

spannen[74] oder ein vorgefertigt-starres Schema in Entsprechung zum deuteronomistischen Geschichtsbild in beiden Teilen der Geschichts-schau wiederzuentdecken.[75] Zwar gibt es in den Ausgestaltungen der Elemente durchaus Entsprechungen, doch der jeweils grundsätzlich verschiedene Gesamtaufbau und die differenten theologischen Akzent-setzungen zeugen doch eher von einem gegensätzlichen Verhältnis,[76] das bewusst gesetzt zu sein scheint. Der zweite Teil der Geschichtsschau macht vielmehr den Eindruck, die theologischen Grundlinien des ersten neu zu akzentuieren. So wäre es sogar durchaus denkbar, dass der zweite Block als Korrektiv zum deuteronomistischen Geschichtsbild im ersten geformt ist.

2.4.3   *Thematische Linien zum äusseren Rahmen*

Wie bereits gesehen, spielt das fürbittende Gebet auf dem Hintergrund des Bundesgedankens im ersten Teil der Geschichtsschau eine wich-tige Rolle, der rigorose Gesetzesgehorsam aber im zweiten. Beide Sachaspekte sind desgleichen im äusseren Rahmen zu finden, so dass Verbindungslinien zu entdecken sind, die es aufzuzeigen gilt.

Nimmt man den Bundesgedanken ins Visier, so taucht er als erstes im Zusammenhang mit der angekündigten Landnahme durch Josua in AM 1,9 auf, denn—wie dort zum Ausdruck kommt—war es dem Volk bereits versichert worden, dass ihm aufgrund des von Gott gewährten Bundes und Schwures das Land gegeben werden solle. Weiterhin bezeichnet sich Mose in 1,14 als Mittler des Bundes (arbi-ter testamenti), wobei nach ihm Josua zum Nachfolger jenes Bundes werden soll (10,15). Im Rahmen seiner Fürbitterfunktion wird Mose von Josua die Aufgabe zuerkannt, Gott an den Bund mit den Vätern zu erinnern (11,17) und abschliessend beteuert Mose, dass Gottes Bund unverbrüchlich bestehen bleibt (12,13).

Von Anfang an ist also die Konnotation des Bundesgedankens mit dem Landbesitz verbunden, und diese Linie zieht sich in den ersten Teil der Geschichtsschau, wenn im ersten Bittgebet die Landperspektive eine Rolle spielt (3,9) und im darauffolgenden die Rückkehr ins Land erbeten wird, die schliesslich auch gewährt wird (4,2–6). Was mit dem Titel "Mittler des Bundes" für Mose konkret gemeint ist (1,14),

---

[74] Angedeutet auch bei D. MAGGIOROTTI, *Il Testamento di Mosè*, 216.

[75] So schon E. JANSSEN, *Das Gottesvolk und seine Geschichte*, 108.

[76] Cf. J.J. COLLINS, «Some Remaining Traditio-Historical Problems», 41; er spricht von «disparity between the first and second halves».

wird in 11,17 näher ausgefaltet: er wird als der "magnus nuntius" bezeichnet, der Tag und Nacht nicht aufgehört hat, den Herrn durch sein fürbittendes Gebet zu besänftigen und ihn an die Bundeszusagen zu erinnern (cf. auch 11,11). Insofern wird Mose mit dem Fürbittgebet auf dem Hintergrund des Bundesgedankens verbunden und er fungiert gleichsam als Garant dafür, dass Gott zu seinen im Bund gemachten Heilszusagen steht. Daher verwundert es nicht, dass dort, wo die beiden Fürbittgebete im ersten Teil der Geschichtsschau stehen (3,9 und 4,2–4), zwischen ihnen ein Einschub gemacht ist, der von den Prophezeiungen Moses und deren Bewahrheitung handelt (3,11–13).

Untersucht man die Linien, die vom angemahnten Gesetzesgehorsam des zweiten Teils der Geschichtsschau (9,4–6) zum äusseren Rahmen gezogen sind,[77] so stösst man auf das erste Wort Moses an Josua in 1,10; er trägt seinem Nachfolger auf, alles Gebotene eifrig und untadelig auszuführen. Dass damit auf das von Mose gegebene Gesetz verwiesen ist, zeigt das Verbum "mandare", das sonst nur noch im darauf bezogenen Substantiv "mandatum" vorkommt[78] und mit dem unzweifelhaft die Gebote der Tora gemeint sind.[79] Auch im 12. Kap., der abschliessenden Rede des Mose, wird nach einer direkten Anrede an Josua (12,8) auf die Wichtigkeit hingewiesen, die Gebote zur Vollendung eines glücklichen Lebensweges zu befolgen (12,10f.). Insofern wird die Figur des Josua mit dem Gebotsgehorsam zusammengeordnet; diese gilt gleichsam als Garant zur Erfüllung der gesetzlichen Vorschriften. Nach dem Tod Moses, der in effizienter Weise als Fürsprecher für sein Volk fungieren konnte,[80] ist an dessen Stelle als Weisung zum gelungenen Leben das Gesetz getreten, dessen genaue Beobachtung Josua ans Herz gelegt ist. Damit befindet man sich auf genuin biblischem Terrain, denn in Jos 1,7f. wird Josua aufgefordert, sich genau an das zu halten, was Mose im Gesetzbuch geboten hat, er wird ermuntert, Tag und Nacht über die Weisungen nachzusinnen, damit die weiteren Schritte Erfolg haben können.

---

[77] Im ersten Teil der Geschichtsschau findet sich in einer kurzen Rückschau auf die Prophezeiungen des Mose und deren Bewahrheitung ein Verweis auf den Gebotsgehorsam (3,12), der aber—wie bereits dargelegt—wahrscheinlich proleptischen Charakter für den zweiten Teil der Geschichtsschau hat.

[78] Cf. AM 3,12; 9,4.6; 12,10.11.

[79] Cf. A. SCHALIT, *Untersuchungen zur Assumptio Mosis*, 117; D.P. MOESSNER, «Suffering, Intercession and Eschatological Atonement», 205.

[80] Zur Fürbitterfunktion des Mose cf. S.J. HAFEMANN, «Moses in the Apocrypha and Pseudepigrapha», 90–94.

So kann man also resümieren, dass Mose für das Fürbittgebet mit
Bezug auf den Bundesgedanken, Josua aber für eine rigorose Gesetzesobservanz steht. Während die erste Perspektive im ersten Teil
der Geschichtsschau leitend ist, wird der zweite Aspekt in deren zweiten Block mit dem endgültigen, von Gott heraufgeführten Heilsge-
schehen, zusammengeordnet. Auffallend ist dabei, dass die unbekannte
Fürbittergestalt in 4,1 mit Mose parallelisiert wird, weil das fürbittende Gebet eigentlich sein ureigenes Geschäft wäre (AM 11,11.17).
Die Zeichnung des Taxo in 9,1–7 hingegen scheint sich an die Josuafigur anzulehnen, weil sie im äusseren Rahmen mit dem Gebotsgehorsam in Zusammenhang gebracht wird (1,10; 12,10f.). So könnte
man folgern, dass die im äusseren Rahmen genannten zwei Personen
Mose und Josua, die eigentlich in eine Gesprächssituation verwickelt
sind, in eben diesem Gesprächsinhalt jeweils ein Pendant in der
unbekannten Fürbittergestalt des 4. Kap. und dem nicht identifizier-
baren Taxo haben, in ihnen gleichsam abgebildet werden.[81]

---

[81] Die Zuordnung Taxos zu Mose, die D.P. MOESSNER, «Suffering, Intercession
and Eschatological Atonement», 204.212f., vornimmt, geht davon aus, dass sowohl
Mose als auch Taxo sterben. Der Tod des Mose ist in der AM zwar von ihm selbst
angekündigt (AM 1,15; 10,12.14), er wird aber de facto nicht beschrieben (unter
Umständen im weggebrochenen Schluss). Desgleichen ist in keinster Weise vom Tod
des Taxo explizit die Rede; er ermuntert lediglich seine Söhne, unter allen Umständen
an den Geboten bis zur Bereitschaft des Martyriums festzuhalten (AM 9,6). Aus
diesem Grund kann der erfolgte Tod des Mose mit dem des Taxo nicht verglichen
werden.

KAPITEL 3

DIE REZEPTION AUF DEM HINTERGRUND
VON DTN 31

Nachdem die Struktur der AM genügend beleuchtet wurde, so dass
das Zueinander der einzelnen Teile und Aussagen deutlicher vor
Augen getreten ist, soll sich nun den Rezeptionszusammenhängen
im einzelnen zugewendet werden. Eine erste Lektüre der AM verweist offenkundig auf die Redesituation des Deuteronomium und die
Mosenachfolge durch Josua in Dtn 31. Wie die Rezeptionsprozesse
im Detail verlaufen, das soll nun zum Gegenstand der Untersuchungen
gemacht werden. Diesbezüglich muss es um einen aufmerksamen
Vergleich zwischen der Rezeptionsvorlage und den Ausführungen in
der AM gehen, wobei immer die zugrunde liegende konkrete
Textgestalt im Blick bleiben muss (MT im Vergleich mit den entsprechenden fragmentarischen Texten aus Qumran, LXX, barwa, Vulgata,
unter Umständen die Targumim). Schliesslich ist die Frage nicht
unwichtig, welcher konkreten Textvorlage sich die Ausführungen der
AM im jeweiligen Einzelfall verdanken. In diesem Zusammenhang
sind die Überlegungen der Textkritik bezüglich der Beziehungen
unter den einzelnen Versionen zu berücksichtigen. Aufgrund des
lateinischen Textes der AM können nur hypothetische Rücküberset-
zungen mit der biblischen Vorlage verglichen werden. Gehen nun
einzelne Stellen entgegen der MT-Lesart mit der LXX zusammen,
so muss das noch lange nicht bedeuten, dass die AM einen griechischen Bibeltext als Vorlage benutzt hat. Schliesslich ist es auch möglich,
dass die AM auf die hebräische Vorlage der LXX zurückgegriffen
hat.[1] Daher können auf diesem Hintergrund Schlussfolgerungen
bezüglich der Ursprache der AM nicht zulässig sein.

Bei der Erhellung der Rezeptionszusammenhänge sind sowohl
Handlungsabläufe, narrative Grundlinien als auch direkte Wortbezüge
von Belang. Im Zentrum der Aufmerksamkeit soll zunächst Dtn 31
stehen, da dieses Kapitel offenkundig als Anknüpfungspunkt für die

---

[1] Zur Eigenart und Bedeutung der hebräischen Vorlage der LXX cf. E. Würthwein,
Der Text des Alten Testaments, 76–82; E. Tov, *The Text-Critical Use of the Septuagint in
Biblical Research*, 183–212.

Rahmenerzählung der AM gedient hat. Hat man sich schliesslich
ein Bild darüber gemacht, wie Dtn 31 in der AM rezipiert wird, so
ist die gesamte Rezeptionsgeschichte dieses Kapitels im entsprechenden Zeitraum zu betrachten, um über das Spezifische und Unterscheidende der Rezeption in der AM Aussagen machen zu können.
Zunächst aber sollen, ausgehend von einer detaillierten Untersuchung
des Rahmens der AM, die konkreten Beziehungen der AM zum
Deuteronomium im Mittelpunkt stehen.

3.1   *Beziehungen der AM zum Deuteronomium*

Die Einführung der Redesituation geschieht in der AM zunächst
durch eine zeitliche und lokale Fixierung der Offenbarungsrede.
Zudem wird die Zentralfigur benannt, an der die Ereignisse auf dem
Hintergrund der traditionellen biblischen Geschichte festgemacht werden können. Mose steht in Amman jenseits des Jordan (AM 1,4),
nachdem er das Volk aus Ägypten herausgeführt hatte, und der
Einzug ins gelobte Land steht unmittelbar bevor. Genau an dieser
Schnittstelle situiert die AM eine Rede des Mose, die an seinen
Nachfolger Josua gerichtet ist und die künftigen Geschehnisse nach
erfolgter Landnahme ins Auge fasst. Insofern scheint man allein vom
äusseren Rahmen her, in den diese Redesituation gespannt ist, auf
den Anfang des Buches Deuteronomium verwiesen zu sein,[2] denn
auch dort wird die grosse Abschiedsrede des Mose so eingeführt,
dass sie jenseits des Jordan stattfindet (Dtn 1,1aβ), eine zeitliche
Fixierung vorgenommen wird (Dtn 1,3) und die unmittelbar vorangegangenen Ereignisse eine Erwähnung finden (Dtn 1,4).[3] Während

---

[2] Cf. M. WINTER, *Das Vermächtnis Jesu*, 169.

[3] Neben der ersten Einleitung am Anfang des Deuteronomiums in Dtn 1,1–5 gibt
es noch andere Redeeinführungen bzw. Überschriften zu bestimmten Textpassagen,
die teilweise eine ähnliche Struktur aufweisen (Dtn 4,44; 28,69; 33,1); cf. N. LOHFINK,
«Der Bundesschluss im Land Moab», 32–36 (cf. auch ID., «Zur Fabel des
Deuteronomiums», 69); G. BRAULIK, «Das Buch Deuteronomium», 126f. So ist in
Bezug auf Dtn 4,44 in V.46 die gleiche Ortsangabe wie in Dtn 1,1 zu finden (jenseits des Jordan) und in der Darstellung vorangegangener Ereignisse werden die
Könige Sihon und Og erwähnt (Dtn 1,4 und 4,46f.). Desgleichen wird in Dtn 28,69
eine Lokalisierung der Rede vorgenommen (Moab = jenseits des Jordan), der—
allerdings nicht mehr in der Einleitung, sondern am Anfang der Moserede selbst—
eine relative Zeitangabe folgt (Dtn 29,4: nach den vierzig Jahren des Wüstenzugs)
und die Bezugnahme auf Sihon und Og fehlt ebenfalls nicht (Dtn 29,6). Einzig Dtn
33,1 leitet ohne Orts- und Zeitangabe, sowie ohne Bezug auf irgendwelche vorgängige
Ereignisse den Mosesegen ein.

in dieser Redeeinleitung jeweils ganz Israel angesprochen ist, nimmt Mose in der AM allein Josua als neu einzusetzenden Führer des Volkes ins Blickfeld, um ihn vor seinem Tod in den Verlauf der künftigen Dinge einzuweihen.

Was bezüglich der Situierung der Rede bislang assoziativ in AM 1,2–4 erschlossen werden konnte, wird nun in AM 1,5 expressis verbis deutlich: es geht um eine "profetia", die durch Mose im Buch Deuteronomium ergangen ist.[4] Unweigerlich stellt sich an diesem Punkt die Frage, ob mit dieser "profetia" das ganze Deuteronomium als Inhalt der dort ergangenen Moserede gemeint ist,[5] ein bestimmter Abschnitt, der vielleicht besonderen prophetischen Charakter trägt, einzelne herausgegriffene Ideen bzw. Gedankenführungen, oder ob es sich um Neuformulierungen handelt, die nur einen losen Bezug zum Deuteronomium haben[6] bzw. in der dort formulierten Offenbarungssituation lediglich festgemacht werden.[7] Um in dieser Angelegenheit Klarheit gewinnen zu können, ist man auf die folgenden Verse AM 1,6–9 verwiesen, die aufgrund der vorgängig ausdrücklichen Erwähnung des Deuteronomiums innerhalb desselben ihren Haftpunkt haben müssen. In AM 1,6 ruft Mose den Josua herbei, was dieser zu tun hat und womit er in Verbindung gebracht wird, darüber gibt AM 1,7–9 Aufschluss: er wird als Nachfolger für das Volk und das Offenbarungszelt bezeichnet (1,7), er hat es in das

---

[4] In der lateinischen Handschrift findet sich allerdings der Genitiv "profetiae", der beziehungslos in der Luft hängt. J. TROMP, *The Assumption of Moses*, 135, ergänzt davor "liber" und G. KUHN, «Zur Assumptio Mosis», 125, meint, es handele sich um eine schlecht gelungene Wiedergabe eines *Genitivus absolutus* des griechischen Originals (προφητείας γενομένης).

[5] Cf. dazu M. WINTER, *Das Vermächtnis Jesu*, 169/Anm. 5: «Der ausdrückliche Verweis auf die "Prophezeiung, die Mose im Buch Deuteronomium ausgesprochen hat" [...] stellt bereits zu Anfang der Schrift heraus, dass der Verfasser in seinem Werk eine Aufnahme und aktualisierende Neuinterpretation des Dtn (insbesondere Dtn 31–34) beabsichtigt».

[6] Die Rede des Mose sei geschichtlich nach Dtn 31,23 einzureihen, meint G. KUHN, «Zur Assumptio Mosis», 125, während E. VON NORDHEIM, *Die Lehre der Alten*, I, 198, die AM als einen Anhang zum Buch Deuteronomium sieht. H. RÖNSCH, «Weitere Illustrationen zur Assumptio Mosis», 215, meint, die AM kündige sich als eine Fortsetzung des Deuteronomiums an. Interessant ist in diesem Zusammenhang die eher beiläufige Bemerkung, die "prophetia" des Moses im Deuteronomium meine eine prophetisch historische Ausführung von Dtn 32; cf. M. SCHMIDT – A. MERX, «Die Assumptio Mosis», 126.

[7] Die Anschauung, dass die Prophetie der AM im Buch Deuteronomium erwähnt, nicht aber in diesem biblischen Buch enthalten ist, vertritt J. TROMP, *The Assumption of Moses*, 76–77.135. D. MAGGIOROTTI, *Il Testamento di Mosè*, 213, meint dazu, es handele sich um ein in den Mund des Mose gelegtes «supplemento di rivelazione».

versprochene Land zu führen (1,8), das aufgrund des göttlich gewährten Bundes und Schwures zugesagt ist (1,9); schliesslich wird etwas als im Zelt Ausgesprochenes bezeichnet, das mit der durch Josua vermittelten Landnahme zu tun haben muss. Inklusionsmässig steht also nach dem Herbeirufen des Josua das Offenbarungszelt am Anfang (1,7) und am Ende (1,9) seiner Kurzcharakteristik. Wie die Einsetzung Josuas zum Nachfolger vonstatten geht und wer sie vornimmt, spielt im Text keine Rolle, dafür aber wird die Offenbarungssituation im Zelt betont.

Im Deuteronomium wird die Sukzessionsfrage schon in Dtn 1,38 und 3,28 angedeutet,[8] wenngleich sie aber erst konkret in 31,3.7.14.23 aufgegriffen wird.[9] Während Mose den Josua in 31,7 herbeiruft, ihn zum Nachfolger mit einer Ermutigungsformel[10] einsetzt, ihm den Einzug ins Land und dessen Verteilung auf dem Hintergrund des Väterschwurs befiehlt, ist in 31,14 Gott selbst aktiv, indem er bezüglich der Sukzessionsfrage Mose zunächst mit Josua zur Einsetzung ins Offenbarungszelt beordert (nach MT), um diese dann schliesslich nach ergangener Offenbarung in 31,23 selbst vorzunehmen;[11] sie ist wiederum durch eine Ermutigungsformel und den Befehl, das Volk aufgrund eines Schwures ins Land zu führen, gekennzeichnet, wobei die Landverteilung nicht erwähnt wird.

In AM 1,6–9 liegt der Schwerpunkt auf der Offenbarungssituation im Zelt und das Motiv der Landverteilung kommt zunächst nicht ins Spiel.[12] Was die Bestimmung Josuas zum Nachfolger des Mose und dessen Aufgaben betrifft, so müssen bezüglich einer möglichen Rezeption in AM 1,6–9 zunächst alle biblischen Grundlagen zusammengesehen werden,[13] also Num 27,15–23; Dtn 31,7.14.23; Jos 1,6–9,

---

[8] Cf. A. DILLMANN, *Numeri, Deuteronomium und Josua*, 386; A. BERTHOLET, *Deuteronomium*, 92; C. STEUERNAGEL, *Deuteronomium und Josua*, 110f.; S.R. DRIVER, *A Critical and Exegetical Commentary on Deuteronomy*, 333f.; G. VON RAD, *Das fünfte Buch Mose*, 134; P.D. MILLER, *Deuteronomy*, 217.

[9] Cf. M. WINTER, *Das Vermächtnis Jesu*, 74.

[10] Zu dieser Ermutigungsformel, die scheinbar Teil eines festen Schemas einer Amtseinsetzung ist cf. N. LOHFINK, «Die deuteronomistische Darstellung des Übergangs», 38f.

[11] Dass Dtn 31,14–15.23 zusammengehören müssen, wurde schon immer gesehen. Die klassische Pentateuchkritik wies diese Verse dem Elohisten bzw. JE zu; cf. A. BERTHOLET, *Deuteronomium*, 93; C. STEUERNAGEL, *Deuteronomium und Josua*, 112; S.R. DRIVER, *A Critical and Exegetical Commentary on Deuteronomy*, 336–339; G. VON RAD, *Das fünfte Buch Mose*, 135; R. CLIFFORD, *Deuteronomy*, 161; I. CAIRUS, *Word and Presence*, 273.

[12] Dieses Motiv findet sich erst in AM 2,2.

[13] Cf. A. SCHALIT, *Untersuchungen zur Assumptio Mosis*, 70.86.88.

wenngleich Dtn 31 aufgrund der dort konkreter werdenden Ankündigung des Todes des Mose eine herausragende Rolle spielen muss.[14] Besonders scheint Dtn 31,14ff. als geeigneter Anknüpfungspunkt zu fungieren,[15] weil dort das Offenbarungszelt erwähnt wird[16] und der Tod des Mose konkret ins Blickfeld rückt, wenn Gott ihm das Ende seiner Tage kundtut. Zwar gab es schon vor dieser Szene Anspielungen auf das Lebensende des Mose (Num 27,13; 31,1; Dtn 4,22), aber so richtig konkret zeichnet es sich erst ab Dtn 31,14 ab. Ausgehend von dieser Stelle verdichtet sich die Gewissheit, dass sein Tod unmittelbar bevorsteht (cf. Dtn 31,16.27.29; 32,50; 33,1), der dann inklusive Begräbnis in 34,5–7 berichtet wird. Da die Geschichtsschau der AM genau vor dem unmittelbaren Tod des Mose situiert ist (1,15; 10,12.14) und dessen Worte an Josua von diesem unausweichlichen Schicksal motiviert sind, muss die Theophanie in Dtn 31,14ff.[17] im Rezeptionsprozess eine wichtige Rolle spielen.[18]

In der AM kommt zum Ausdruck, dass das von Mose dem Josua Mitgeteilte göttliche Offenbarung[19] ist (1,11), das im Zelt erfolgt oder zumindest eine Verlängerung dessen darstellt, was dort offenbart wird (1,9). Desgleichen handelt es sich um göttliche Offenbarung, die an Mose in Dtn 31,16ff. im Offenbarungszelt ergeht. Der Inhalt dieser Offenbarung bezieht sich ohne Zweifel auf das in Dtn 32,1–43 folgende Moselied. Als eine Einleitung zum Moselied darf aufgrund thematischer Anklänge und eindeutiger Wortbezüge Dtn 31,16–22 betrachtet werden (cf. auch V.28f.).[20] Inhaltlich steht dieser Abschnitt allerdings nur mit einem Teil des Moseliedes in Verbindung (32,1–25),

---

[14] Cf. M. WINTER, *Das Vermächtnis Jesu*, 170/Anm. 9.

[15] Cf. J. TROMP, *The Assumption of Moses*, 136.

[16] Das Offenbarungszelt wird nur in 31,14f. im Deuteronomium erwähnt; cf. S.R. DRIVER, *A Critical and Exegetical Commentary on Deuteronomy*, 337–339; G. VON RAD, *Das fünfte Buch Mose*, 135; A.D.H. MAYES, *Deuteronomy*, 376; J.-P. SONNET, *The Book within the Book*, 147f.; F. GARCÍA LÓPEZ, «Deuteronomio 31», 77f.

[17] In diesem Zusammenhang muss angemerkt werden, dass bezüglich der literarischen Struktur von Dtn 31 genau die Theophanie V.14f. im Zentrum steht; cf. N. LOHFINK, «Der Bundesschluss im Land Moab», 48–52; S. CARILLO ALDAY, *El Cantico de Moisés (Dt 32)*, 136; N. LOHFINK, «Zur Fabel in Dtn 31–32», 261–263; C.J. LABUSCHAGNE, «The Setting of the Song of Moses», 116.

[18] Cf. C.R. KOESTER, *The Dwelling of God*, 45f.; D.P. MOESSNER, «Suffering, Intercession and Eschatological Atonement», 205.

[19] Zur göttlichen Offenbarung und Mittlerrolle Moses cf. L.H. SCHIFFMAN, «The Temple Scroll and the Halakhic Pseudepigrapha», 130f.

[20] Cf. S.R. DRIVER, *A Critical and Exegetical Commentary on Deuteronomy*, 339–342; N. LOHFINK, «Der Bundesschluss im Land Moab», 52f.; C.J. LABUSCHAGNE, «The Song of Moses», 86; R. CLIFFORD, *Deuteronomy*, 163; P.D. MILLER, *Deuteronomy*, 223f.

denn es wird lediglich auf den Abfall des Volkes Bezug genommen, nicht aber auf die abschliessende Rettungs- und Heilsperspektive.[21] Die V.19–22 sind insofern als zusammengehörig zu betrachten, als inklusionsmässig die Verschriftung und das Lehren des Liedes diesen Abschnitt rahmen. In V.19 ergeht der göttliche Schreibbefehl zur Fixierung seines Textes[22] und in V.22 erfolgt die entsprechende Ausführung.[23] Insofern wird dieses Lied zunächst offenbart, dann schriftlich fixiert und schliesslich verkündigt.[24] Über die Zielgruppe des Liedvortrages finden sich schliesslich widersprüchliche Angaben:[25] V.19.22 spricht von den Israeliten (בני ישראל), V.28 nennt die Ältesten der Stämme und die Listenführer (כל־זקני שבטיכם ושטריכם),[26] V.30 die gesamte Versammlung Israels (כל־קהל ישראל) und 32,44 schlicht und einfach das Volk (העם). In der AM ist bezüglich des Vortrags die gleiche Abfolge festzustellen: die dem Josua vorzutragende Geschichtsschau ist göttliche Offenbarung (AM 1,11), die ihren Haftpunkt im Zelt hat (AM 1,9) und bereits vor ihrer verbalen Mitteilung verschriftet vorliegt, da sie dem Josua als "scriptura" zur Aufbewahrung

---

[21] Cf. z.B. N. LOHFINK, «Der Bundesschluss im Land Moab», 53; S. CARILLO ALDAY, El Cantico de Moisés (Dt 32), 141f.; A.D.H. MAYES, Deuteronomy, 376.

[22] Was den Schreibbefehl im MT betrifft, so steht er im Plural, so dass sich die Annahme aufdrängt, er wäre gleichermassen an Mose und Josua gerichtet (nach Dtn 32,44b tragen auch beide das Lied vor). Dazu im Widerspruch stehen in 31,19a die weiteren Imperativformen im Singular und V.22 berichtet von der Verschriftung des Liedes durch Mose allein. Die LXX, Vetus Latina und Vulgata setzen in 31,19a alle Imperative in den Plural, während die Peschitta durchgängig den Singular zeigt. Aufgrund dieser Ungereimtheiten (ob und wie Josua mit dem Lied zu tun hat), wurde schon vorgeschlagen, den ersten Plural in den Singular zu emendieren; cf. z.B. A. DILLMANN, Numeri, Deuteronomium und Josua, 389; A. BERTHOLET, Deuteronomium, 94; C. STEUERNAGEL, Deuteronomium und Josua, 113. Aufgrund redaktionsgeschichtlicher Überlegungen wurde auch erwogen, ob nicht der Singular ursprünglich sei, der aufgrund von Erweiterungen in den Plural geändert worden wäre; cf. z.B. C. SCHÄFER-LICHTENBERGER, Josua und Salomo, 180f.; E. NIELSEN, Deuteronomium, 279.

[23] Die LXX nimmt in Abweichung vom MT in der abschliessenden Rahmennotiz zum Moselied in Dtn 32,44 die Aussagen von 31,22 wörtlich auf und akzentuiert somit noch einmal nachdrücklich die Verschriftung des Moseliedes.

[24] Cf. N. LOHFINK, «Zur Fabel in Dtn 31–32», 270f.

[25] Aus diesen widersprüchlichen Angaben und der Erwähnung in Dtn 32,44(MT), dass auch Josua zusammen mit Mose das Lied vorgetragen haben soll, konstruiert LOHFINK im Sinne seiner "Fabel" eine doppelte Verkündigung des Moseliedes vor verschiedenen Versammlungen; cf. N. LOHFINK, «Zur Fabel in Dtn 31–32», 263–270. Die "Fabel" in zusammengefasster Kurzform findet sich auch in einem weiterführenden Artikel von N. LOHFINK, «Zur Fabel des Deuteronomiums», 66.

[26] Die LXX erweitert die Zielgruppe in Dtn 31,28: ἐκκλησιάσατε πρός με τοὺς φυλάρχους ὑμῶν καὶ τοὺς πρεσβυτέρους ὑμῶν καὶ τοὺς κριτὰς ὑμῶν καὶ τοὺς γραμματοεισαγωγεῖς ὑμῶν; cf. dazu auch 4QDeut[b] (= 4Q29) Kol. III, Frag. 5–8, Zeile 4–5: ... שבטיכם [וזקניכם] ושפטיכם ושטריכם ... (cf. DJD, XIV, 13).

anvertraut wird (AM 1,16; 10,11). Allein der äussere Rahmen der AM bezüglich der Offenbarungssituation legt also den Verdacht nahe, dass die dem Josua mitzuteilende Geschichtsschau auf dem Hintergrund von Dtn 31,14ff. mit dem Moselied zu tun hat.[27]

Als "profetia" wurde dieser Geschichtsvorausblick in AM 1,5 bezeichnet und die Untersuchung dieser Bezeichnung könnte im Rahmen der AM weiteren Aufschluss über deren Charakter geben. Nur noch an einer einzigen anderen Stelle taucht dieses Wort auf:[28] in 3,11 wird Bezug genommen auf die Prophezeiungen des Mose, die nach der Fortführung der zwei Stämme (3,3) und dem Hereinbrechen vorausgesagter Drangsal (3,7) als erfüllt betrachtet werden. In diesem Zusammenhang fällt die verstärkte Verwendung des Wortfeldes "Zeuge, Zeugnis geben, bezeugen" auf, denn nur an dieser Stelle findet sich das Verbum "testari" (3,11.12.13) und das Substantiv "testis" (3,12). Mose bezeugte die eingetroffenen Sachverhalte in seinen Prophezeiungen, deren Verwarncharakter besonders herausgestellt wird, und rief zu jener Zeit Himmel und Erde als Zeugen an. Mit Blick auf das Deuteronomium, auf das sich die profetia der AM zurückbezieht (1,5), lassen sich bezüglich der Zeugenanrufung von Himmel und Erde drei Stellen ausfindig machen (Dtn 4,26; 30,19; 31,28),[29] von denen sich allerdings nur eine auf einen Kontext bezieht, der ausdrücklich im sachbezogenen Zusammenhang des Wortfeldes "Zeuge, Zeugnis" steht.[30] Dtn 31,28(MT) ist Moserede zur Sammlung der Ältesten und Listenführer, um ihnen die הדברים האלה vorzutragen, die aufgrund des Rückbezugs mit sachthematischer Orientierung am Zeugnisgedanken mit dem im Offenbarungszelt mitgeteilten Lied zu identifizieren sind.[31] Die Anrufung von Himmel und Erde als Zeugen (Verbum עוד) verweist offensichtlich auf das Lied als Zeuge in 31,19b

---

[27] Cf. O. CAMPONOVO, *Königtum, Königsherrschaft und Reich Gottes*, 145.

[28] In AM 11,16 wird Mose zudem als göttlicher Prophet bezeichnet (divinum per orbem terrarum profetem).

[29] Überhaupt findet sich in MT nur an diesen drei Stellen die Kombination des Verbums עוד mit "Himmel und Erde" als Objekt; cf. R.H. CHARLES, *The Assumption of Moses*, 13; J. TROMP, *The Assumption of Moses*, 173/Anm. 5; D. MAGGIOROTTI, *Il Testamento di Mosè*, 195.

[30] Cf. B. HALPERN-AMARU, «Redesigning Redemption», 136; ID., *Rewriting the Bible*, 60: «The witnessing ceremony the tribes recollect is that of Deut 31,28».

[31] Cf. A. BERTHOLET, *Deuteronomium*, 94; S.R. DRIVER, *A Critical and Exegetical Commentary on Deuteronomy*, 343; P.C. CRAIGIE, *The Book of Deuteronomy*, 373; R. CLIFFORD, *Deuteronomy*, 164; C.F. KEIL, *Leviticus, Numeri und Deuteronomium*, 555; E. NIELSEN, *Deuteronmium*, 279; C.J. LABUSCHAGNE, «The Setting of the Song of Moses», 124f.

und 21a (Nomen עד)[32] zurück und zugleich voraus auf den Beginn des Moseliedes in 32,1. Aufgrund dessen, dass im Kontext von AM 3,12 die Zeugnisterminologie dominant ist und Mose dort als der dargestellt wird, der Himmel und Erde als Zeugen angerufen hat, ergibt sich also die Orientierung an Dtn 31,28, und damit zusammenhängend an 32,1. Insofern müssen die in AM 3,11 eingetroffenen Prophezeiungen des Mose (quod testabatur nobis tum Moyses in profetis) in erster Linie mit dem in Dtn 32 artikulierten Moselied zu tun haben.[33] Gleichzeitig ist der Rückschluss zulässig, dass die in AM 1,5 als "profetia" bezeichnete Geschichtsschau des Mose, die in Entsprechung zu 3,11 vierzig Jahre nach dem Wüstenzug situiert ist,[34] im Zusammenhang mit diesem Lied steht, zumal sich schon die Offenbarungssituation auf dem Hintergrund von Dtn 31,14ff. entsprechend in dieses Bild fügte.[35] In diesem Zusammenhang erhebt sich die Frage, wie das Verhältnis des Moseliedes zur Geschichtsvorausschau in AM 2,1–10,10 zu bestimmen ist.[36] Ist es sich lediglich so vorzustellen,

---

[32] In Dtn 31,26 findet sich ebenfalls das Nomen עד wobei allerdings das ספר התורה הזה als Zeuge dienen soll.

[33] Dass mit diesen Prophezeiungen des Mose ausschliesslich die Fluchbestimmungen des Deuteronomium gemeint sein müssen, geht also aus dem Kontext nicht zwangsläufig hervor (anders G. REESE, *Die Geschichte Israels*, 76/Anm. 29; O. CAMPONOVO, *Königtum, Königsherrschaft und Reich Gottes*, 145/Anm. 15; J. TROMP, *The Assumption of Moses*, 170f.). Erwähnenswert ist hier die Meinung SCHALITS in Bezug auf die Rezeptionsphänomene in AM 3,11–13, die er in einem grösseren Zusammenhang sieht: «Wir sehen also, dass in Ass.Mos. III,11–13 alle wesentlichen Momente von Jesaja 63,11ff. und der Strafpredigt Moses in Deuter. 29,23ff.; 30,17ff.; 31,28f. berührt werden: Die Erinnerung an Mose, den treuen Führer Israels durch die Fährnisse des Durchzugs durch das Rote Meer und der Wüstenwanderung, die Warnung vor der Übertretung der Gesetze, die Anrufung von Himmel und Erde als Zeugen, endlich die Verkündigung der Strafe des Verlustes der Heimat und der Abführung in die Verbannung. Der Schluss aus allen diesen Übereinstimmungen ist zwingend: Ass.Mos. III,11–13 ist nur auf dem Hintergrund der oben aufgezählten Quellen zu verstehen» (A. SCHALIT, *Manuskript zu AM 2–4*, 461).

[34] AM 1,4 lässt entsprechend biblischer Tradition (Dtn 1,3) die "profetia" nach dem Wüstenzug kurz vor dem Einzug ins Land ergehen (post profectionem quae fiebat per Mosysen usque Amman trans Jordanem), also nach dem vierzigjährigen Aufenthalt des Volkes in der Wüste.

[35] Cf. D.J. HARRINGTON, «Interpreting Israel's History», 64.

[36] Als «somewhat like Deut 32» bezeichnet z.B. J.J. COLLINS, «Testaments», 345, die Kap. 2–9 der AM. Eine interessante Deutung bietet diesbezüglich schon G. VOLKMAR, *Mose Prophetie und Himmelfahrt*, 15, mit Blick auf die gesamte AM: «Auch hat er [Mose] laut Deut. 31f. nicht blos die 5 Bücher Mose, "die Bücher des Gesetzes" selbst geschrieben, sondern auch zwei weitere "Büchlein" zugefügt,—das Lied und den Segen—, die "zum Zeugnis für sie dienen sollten, wenn sie durch ihr Vergehen in Drangsal kommen" (Deut, 31,19f.). Wie viel mehr geziemt es sich, in der allerhöchsten Drangsal [. . .] die προφητεία Μωυσέως vollständiger zu bieten, den

dass sie mit dem Anlass der Offenbarung des Moseliedes im Zelt gleichzeitig kundgemacht wurde ohne dass inhaltliche Berührungspunkte und Parallelen intendiert sind oder will sie das Moselied korrigieren, vielleicht sogar in ein anderes Licht rücken oder es gar ersetzen?

Wenn man die Geschichtsschau der AM mit dem Moselied in Verbindung bringt, dann muss auch auf die Differenzen bezüglich der Redesituation aufmerksam gemacht werden. Zwar ist diese gleichfalls von Mose mitgeteilte göttliche Offenbarung, der Adressat aber ist Josua allein, der die Nachfolge des Mose in der Führung des Volkes nach dessen Tod übernehmen soll. Bezüglich des Vortragenden und der Adressaten des Moseliedes finden sich in Dtn 31–32 widersprüchliche Angaben: Dtn 31,22.28.30 gehen mit Selbstverständlichkeit davon aus, dass Mose allein der göttliche Beauftragte zur Verschriftung, zum Lehren und zum Vortrag dieses Liedes ist, während in V.19 (MT) zumindest der Verschriftungsbefehl an Mose und Josua gerichtet zu sein scheint. Gleichermassen ist im Rahmen des Liedes am Schluss davon die Rede, dass Mose und Josua das Lied vorgetragen hätten (32,44b).[37] Die LXX scheint die tatsächliche Verschriftung und den Vortrag des Liedes allein Mose zuzuschreiben (31,22.28.30; 32,44), wenngleich der göttliche Befehl dazu auch auf Josua bezogen ist (31,19). Diesbezüglich ist die Zielgruppe nicht einheitlich und variiert, wie bereits vermerkt wurde (Israeliten, Älteste und Listenführer nach MT, gesamte Versammlung Israels, das Volk). Die LXX-Version scheint also am ehesten mit der Situation in der AM vergleichbar zu sein, denn einerseits trägt Mose in Dtn 31–32 das Lied allein vor, andererseits artikuliert er in der AM die Geschichtsschau allein gegenüber Josua. Vergleicht man die Zielgruppen, so ergibt sich in der biblischen Grundlage ein recht uneinheitliches Bild, während in der AM die Offenbarung der Geschichtsschau allein Josua und mit ihm dem Leser gilt. In diesem Fall darf aber Josua durchaus als Vertreter des ins Land zu führenden Volkes gesehen werden; ihm und den Lesern—als gesamtem Forum Israels—gelten die Voraussagen bezüglich des künftigen Geschicks.

Bedrängten "zum Zeugniss", zu speciellerer Tröstung und Mahnung. So ist dies neue "Zeugniss" Mose's ebenso aus der neuen Zeit, wie aus dem Deuteronomium selbst herausgewachsen und ist auch so "echt" von "Mose's Hand", wie—die andern Mose-Bücher aus seinem Geist hervorgingen bei verschiedenem Anlass».

[37] Die LXX lässt in Dtn 32,44 von Mose und Josua πάντας τοὺς λόγους τοῦ νόμου τούτου vortragen, womit sicher nicht das Moselied, sondern die vorausgegangenen Weisungen des Mose gemeint sein müssen.

3.2   Verschriftungsphänomene in der AM

Zunächst wird in AM 1,5 klar, dass es im Folgenden um eine "profetia" geht, die von Mose vorgetragen wird. Gleich zur Eröffnung der Moserede an Josua wird sie als "verbum hoc" bezeichnet (1,9), das seinen eigentlichen Ursprung aber göttlicher Offenbarung verdankt und sich insofern als durch Mose vermitteltes Gotteswort präsentiert (1,11). Unvermittelt ist schliesslich in 1,16 von einer "scriptura" die Rede, die Josua entgegennehmen soll und bei der es sich aufgrund des Zusammenhangs um nichts anderes handeln kann als der eingangs vorgestellten Moseprofetia. Das bedeutet, dass die von Mose zu artikulierende Geschichtsschau bereits vor ihrer Verkündigung an Josua verschriftet vorliegt.[38] Dass mit dieser "scriptura" die dem Josua vorgetragenen Worte gemeint sind, ergibt sich unzweifelhaft aus 11,1, denn dort wird ihr Inhalt als das bestimmt, was alles von Mose vorausgesagt worden war.[39] Die Entgegennahme der "scriptura" durch Josua hat nach 1,16 einen bestimmten Zweck: ad recognoscendum tutationem librorum. Was auch immer sich hinter dieser Formulierung verbergen mag, sie bringt zum Ausdruck, dass es andere Bücher gibt, die zu dieser "scriptura" in Verbindung gesetzt werden sollen.[40] Mit dem lateinischen Wort "liber" wurde bereits in 1,5 das Deuteronomium bezeichnet, und in 10,11 wird nach ergangener Kundgabe des Geschichtsvorausblicks (verba haec) ein Buch (hunc librum) erwähnt, das nicht mit den Worten des Mose identisch sein kann; zu bewahren sind beide, was durchaus als Rückbezug auf 1,16 zu werten ist. Insofern legt es sich nahe, dass mit "liber" die Tora gemeint ist, die in Verbindung mit der als "scriptura" bezeichneten Geschichtsschau des Mose zu betrachten ist.[41] Das lateinische "verbum" hingegen,

---

[38] Cf. M. WINTER, *Das Vermächtnis Jesu*, 170.

[39] In der AM kommt "scriptura" nur an den beiden genannten Stellen vor und meint mit Sicherheit die von Mose dem Josua vorgetragene Geschichtsschau; cf. J. TROMP, *The Assumption of Moses*, 144f.

[40] Anders A. SCHALIT, *Untersuchungen zur Assumptio Mosis*, 172, der meint, "liber" bezeichne eine beschriebene Rolle, während unter "scriptura" ein Literaturwerk zu verstehen ist, das in einem "liber" enthalten ist. Mose würde demgemäss eine "scriptura" dem Josua überreichen, die in den "libri" niedergelegt ist. D. MAGGIOROTTI, *Il Testamento di Mosè*, 184, sieht in der "scriptura" und in den "libri" das gleiche Objekt ohne den Gebrauch beider Termini näher zu untersuchen.

[41] Cf. D.P. MOESSNER, «Suffering, Intercession and Eschatological Atonement», 205; J. TROMP, *The Assumption of Moses*, 145. Schon C. CLEMEN, «Die Himmelfahrt Moses», in *APAT*, II, 320, meint: «Genauer sind mit den libri doch wohl die fünf

mit dem durchaus auch die geschichtsträchtigen Worte des Mose bezeichnet werden können (1,9; 10,11; 11,1), wird insgesamt in mehrfachen Sinnzusammenhängen gebraucht. Der Blick auf das mit Verschriftungsvorgängen zusammenhängende Vokabular macht also deutlich, dass zum einen die Geschichtsschau schon vor ihrer Kundgabe als "scriptura" verschriftet vorliegt und gleichzeitig biblische Bücher— wahrscheinlich die Bücher des Pentateuch—als selbstverständlich zu Pergament gebrachtes Wort damit in Zusammenhang stehen. Diesen Konnex näher erhellen zu können, ist davon abhängig, was wohl der dem lateinischen zugrunde liegende griechische Text zum Ausdruck bringen wollte. Wahrscheinlich steckt hinter dem "recognoscere tutationem" im Griechischen ἐπιγινώσκειν τὴν ἀσφάλειαν, wobei auf dem Hintergrund der Bedeutung von ἀσφάλεια nicht so sehr an den Schutz oder die Bewahrung der Bücher gedacht ist, als vielmehr an deren Verlässlichkeit und Zuverlässigkeit.[42] Das würde bedeuten, dass die "scriptura" als Lesehilfe zum Erkennen der Zuverlässigkeit der biblischen Bücher fungiert,[43] oder anders ausgedrückt: dass eigentlich erst die Kenntnis der von Mose mitgeteilten Geschichtsschau den Inhalt der biblischen Bücher verifiziert, in rechter Weise aufschlüsselt und ihn damit in den richtigen Verstehenshorizont rückt.[44]

Bezüglich etwaiger Verschriftungsvorgänge, die im Zusammenhang mit der Figur des Mose und zugleich der des Josua stehen, ist man biblisch zunächst auf Ex 17,14 verwiesen, wo Jahwe den Mose nach der erfolgreich beendeten Schlacht gegen Amalek anweist, zum Gedenken etwas in einer Urkunde (ספר/βιβλίον) aufzuschreiben, um es dann an Josua weiterzugeben (ושים באזני יהושע/καὶ δὸς εἰς τὰ ὦτα Ἰησοῖ). Doch es bleibt beim göttlichen Schreibbefehl, dem keine Ausführung folgt, und über den Inhalt dieses Gedenkens erfährt man schlichtweg nichts.

Bücher Mosis gemeint, von denen wenigstens das letzte ja auch schon nach V.5 prophetischen Charakters ist».

[42] Cf. H. RÖNSCH, «Weitere Illustrationen zur Assumptio Mosis», 222; O. CAMPONOVO, *Königtum, Königsherrschaft und Reich Gottes*, 144/Anm. 12; J. TROMP, *The Assumption of Moses*, 145f.

[43] Schon G. HÖLSCHER, «Über die Entstehungszeit», 154, bemerkt: «Auch der Verfasser [. . .] läßt seinen Moses 1,16 dem Josua erklären, die Schrift solle dienen ad recognoscendam tutationem librorum, d.h. um daran die Bestätigung der kanonischen Bücher zu erkennen».

[44] Cf. D.P. MOESSNER, «Suffering, Intercession and Eschatological Atonement», 206: «In other words, Moses' "words"/"writing" to Joshua are in some fashion the key to the understanding and obedience to the Law that will lead eventually, at the end of time, to God's final visitation or appearance of God's kingdom for Israel».

Daher fällt der Blick geradlinig auf Dtn 31–32: es geht um Verschriftungsprozesse, um die Ankündigung des Todes des Mose, um die Einsetzung Josuas zu seinem Nachfolger und um den Vortrag eines Liedes, das als Geschichtsvorausblick gestaltet ist. Nimmt man die Verschriftungsvorgänge näher unter die Lupe, so stellt sich heraus, dass es sich um zwei ineinander verschachtelte handelt, die schliesslich parallelisiert werden.[45] Hinsichtlich der Bedeutung, Funktion und Ausrichtung der beiden zu verschriftenden Dokumente lassen sich auffällige Ähnlichkeiten erkennen.[46] Was aber die Verschriftung betrifft, so wird in Dtn 31,9 davon berichtet, dass Mose die התורה הזאת (τὰ ῥήματα τοῦ νόμου τούτου) schriftlich fixiert und sie den Priestern, den Söhnen Levis, und allen Ältesten Israels übergibt.[47] Im gleichen Zusammenhang stehend wird in V.24 ausgesagt, dass Mose beim Beenden des Schreibvorgangs (ככלות משה לכתב/συνετέλεσεν Μωυσῆς γράφων) der Weisung in eine Urkunde (על־ספר/εἰς βιβλίον) die Leviten beauftragt, diese an der Seite der Bundeslade zu deponieren. Zwischen diesen beiden Notizen gibt Gott im Offenbarungszelt dem Mose und scheinbar auch dem Josua einen auf ein anderes Dokument gerichteten Schreibbefehl (V.19),[48] den aber Mose allein ausführt (V.22). Er bezieht sich auf ein Lied, das zum Zeugen gegen die Israeliten fungieren soll und nach seiner Verschriftung in Entsprechung zur LXX-Version von Mose allein vorgetragen und dem Volk gelehrt wird. Im MT gibt es allerding auch die Notiz, das Lied sei von Mose und Josua den Adressaten vorgestellt worden (Dtn 32,44b). Nach der Artikulation dieses Liedes, wird es in Dtn 32,44–47 mit der vorher aufgezeichneten Weisung parallelisiert,[49] da beiden die gleiche Funktion zugesprochen war. Sowohl die aufgezeichnete und

---

[45] Der Grund für die textliche Anordnung der Verschriftungsvorgänge könnte auch darin liegen, dass die verschriftete Tora (Dtn 31,9) noch durch das verschriftete Lied (Dtn 31,22) ergänzt werden soll, und dann erst der Verschriftungsvorgang der Tora als abgeschlossen betrachtet werden kann (Dtn 31,24); cf. J.-P. SONNET, The Book within the Book, 156–167.

[46] Cf. O. EISSFELDT, «Die Umrahmung des Moseliedes», 330f.; S. CARILLO ALDAY, El Cantico de Moisés (Dt 32), 142f.; C.J. LABUSCHAGNE, «The Song of Moses», 91–93; I. CAIRUS, Word and Presence, 274.

[47] Dtn 31,9(LXX) ergänzt, dass in ein Buch geschrieben wurde (εἰς βιβλίον); cf. dazu auch Dtn 31,24. Diese Lesevariante findet sich scheinbar ebenso in einem Qumranfragment: 4QDeut[h] (= 4Q35), Frag. 10, Zeile 1 (cf. DJD, XIV, 67).

[48] In Dtn 31,19(LXX) finden sich alle Imperative im Plural und es wird präzisiert, dass die τὰ ῥήματα dieses Liedes verschriftet werden sollen; zu dieser Präzisierung cf. auch 4QDeut[c] (= 4Q30), Frag. 54–55, Kol. I, Zeile 7 (cf. DJD, XIV, 32).

[49] Cf. z.B. G. BRAULIK, Deuteronomium, II, 235; E. NIELSEN, Deuteronomium, 293; J.-P. SONNET, The Book within the Book, 178–180.

neben der Bundeslade niedergelegte Weisung (31,26), als auch das
zu Gehör gebrachte Lied soll den Israeliten zum Zeugen werden
(V.19.21), sie zur Beachtung und Einhaltung der ergangenen Bestimmungen ermahnen. Das Moselied steht insofern in Zusammenhang mit der in extenso dargestellten Weisung zum Leben,[50] als es
warnend demonstriert, was bei ihrer Nicht-Beachtung in Zukunft eintreten wird und wie Gott trotz aller Vergehen seines Volkes zu ihm
im Angesicht seiner Feinde letztendlich steht. In ihm verdichtet sich
die Gewichtigkeit der ergangenen Weisung und deren Zukunfts-
trächtigkeit für ein in den Geschichtsereignissen verankertes gottge-
fälliges und gelungenes Leben. Als leicht zu erlernendes Vademecum
soll es an den Ernst und die Konsequenzen der Gebote erinnern
und die Barmherzigkeit Gottes bezüglich seines Volkes als unverbrüchlich herausstellen.[51] Daher leuchtet es ein, dass sein Verschriftungs-
prozess (31,19.22) von der Niederschrift der göttlichen Weisungen
umrahmt ist (31,9.24), da diese ja gleichsam den Rahmen für den
im Lied beschriebenen Geschichtsverlauf abgeben.

Nimmt man die Verschriftungsprozesse der AM auf dem Hintergrund von Dtn 31–32 ins Blickfeld, so werden unweigerlich paral-
lele Vorgänge augenfällig. Wie das Moselied, so wird auch die von
Mose an Josua weitergegebene Geschichtsschau zuerst verschriftet
und dann mündlich vorgetragen.[52] Beide Texte fassen das künftige
Ergehen des Volkes nach der Landnahme ins Auge, sind also als
Vorausblick in die unmittelbare Zukunft gestaltet,[53] und betonen
dabei die Wichtigkeit der Loyalität Gott gegenüber im Halten seiner
Gebote, wobei das Fremdgötterverbot jeweils im Zentrum steht.
Sowohl das Moselied, als auch die Geschichtsschau der AM werden
in Zusammenhang gebracht mit der aus Gottes Mund ergangenen
verschrifteten Weisung. Während diese in Dtn 31,26 von den Leviten

---

[50] Zum Zusammenhang von Lied und Gesetz meint sehr treffend L. Laberge,
«Le texte de Deutéronome 31», 145: «cantique et loi forment une même réalité».
[51] Das Lied bezeichnet O. Eissfeldt, «Die Umrahmung des Mose-Liedes», 333f.,
als eine eindringliche Zusammenfassung, als eine Art Kompendium des Gesetzes.
[52] Was in diesem Zusammenhang den Vergleich mit der Tora betrifft, so bemerkt
N. Lohfink, «Zur Fabel in Dtn 31–32», 271: «Die Tora erfährt Mose am Horeb,
das Moselied in Moab. Die Tora wird erst verkündet, dann aufgeschrieben [. . .].
Das Moselied wird erst aufgeschrieben, dann verkündet [. . .]. Dauer hat die Tora
in Schriftlichkeit, das Moselied in Mündlichkeit».
[53] Im Vergleich zu anderer Testamentenliteratur (z.B. TestXII; TestIjob) besteht
die AM im Corpus nur aus einer Vorausschau künftiger Ereignisse; cf. J.J. Collins,
«Testaments», 325f.

neben die Bundeslade gelegt werden soll, um fernerhin als Zeuge gegen das Volk zu dienen, sollen die von Mose dem Josua übergebenen Bücher in AM 1,16f. von ihm geordnet, gesalbt und in tönernen Gefässen an einem bestimmten Ort verwahrt werden.[54] Es ist anzunehmen, dass Josua nicht nur die Bücher, die mit dem Pentateuch identisch sein dürften, sondern auch zusammen mit ihnen die "scriptura" als hermeneutischen Schlüssel dafür bis zum Ende der Tage aufheben soll.[55] Wie das Moselied die Wichtigkeit der Gebote für das künftige Geschick des Volkes und das unumstössliche Erbarmen Gottes herausstellt, so fusst der Geschichtsvorausblick der AM auf der vitalen Notwendigkeit der Einhaltung der Gebote und demonstriert in seinem apokalyptischen Finale die unverbrüchliche Zuwendung Gottes im Angesicht der Feinde Israels (AM 10,1–10). Während das Moselied den zukünftigen Geschichtsverlauf auf dem Hintergrund der ergangenen Weisung demonstriert, verifiziert der Geschichtsvorausblick der AM das in den Büchern Grundgelegte in dem Sinn, dass dieser gleichsam als Folie zum neuen Verständnis traditioneller Aussagen herangezogen werden kann.

3.3 Wörtliche Wiederaufnahmen von Dtn 31 in der AM

Dass die AM in ihrer Anlage auf das Mose-Josua-Nachfolgeverhältnis, die entsprechenden Verschriftungsphänomene und den Gesamtduktus von Dtn 31 zurückgreift, dürften die vorgängigen Ausführungen zur Genüge gezeigt haben.[56] Nun aber soll es im Detail um wörtliche Wiederaufnahmen gehen.[57] Ähnliche Phrasen und Wortfolgen wie in

---

[54] Cf. G.W.E. NICKELSBURG, *Jewish Literature*, 80: «Integral to the author's conception of his work is his rewriting of Deuteronomy 31:24–26 in the Testament of Moses 1:16–18».

[55] Grammatikalisch lässt "quos tibi tradam, quos ordinabis" in AM 1,16f. offen, ob nur die Bücher oder zusammen mit ihnen auch die "scriptura" zur Verwahrung übergeben werden. J. TROMP, *The Assumption of Moses*, 146, favorisiert die Meinung, dass allein die "scriptura" verwahrt werden soll, und erklärt den Plural "quos" damit, dass die "scriptura" als "libri" gemeint ist (cf. dazu die berechtigte Kritik in der Rezension von W. HORBURY, «J. Tromp, *The Assumption of Moses*», 401–402). Eine einfachere Erklärung für den Plural ergibt sich aber, wenn beides—"scriptura" und "libri"—dem Josua zur Aufbewahrung übergeben ist.

[56] Cf. G.W.E. NICKELSBURG, «Studies on the Testament of Moses—Introduction», 8ff.; ID., *Jewish Literature*, 80; D.J. HARRINGTON, «Interpreting Israel's History», 63; J.J. COLLINS, «Testaments», 345; ID., «The Testament (Assumption) of Moses», 146; B. HALPERN-AMARU, «Redesigning Redemption», 131f.; ID., *Rewriting the Bible*, 55; D. MAGGIOROTTI, *Il Testamento di Mosè*, 177.

[57] Ohne näheren Aufweis nennt D.J. HARRINGTON, «Interpreting Israel's History»,

Dtn 31 finden sich sicher noch zur Genüge in anderen biblischen Texten, da aber gerade dort die Mosenachfolge durch Josua geregelt wird und der Rahmen der AM auf diesem Hintergrund ausgefaltet wird, soll ausschliesslich danach gefragt werden, wie Dtn 31 rezipiert worden ist. Die wörtlichen Wiederaufnahmen können jedoch nicht immer eindeutig aufgewiesen werden, weil man vom lateinischen Text der AM auf eine hypothetische griechische Rückübersetzung rekurrieren muss, die dann mit der Septuagintafassung bzw. dem MT (unter Umständen auch mit Qumranfragmenten) oder dem Samaritanus zu vergleichen ist.[58] Manche Phänomene liegen auf der Hand, anderen aber ist nicht mehr als Wahrscheinlichkeitswert beizumessen. Zudem ist von vorneherein augenscheinlich, dass der Autor der AM sehr frei mit den biblischen Grundlagen umgegangen ist und sich nicht immer an deren Wortlaut gehalten hat. Dennoch soll im Rahmen dieser eingeschränkten Möglichkeiten versucht werden, wörtliche Wiederaufnahmen namhaft zu machen.[59]

Bezüglich der Rezeption des Mose-Josua-Verhältnisses ist man zunächst auf AM 1,6 verwiesen: von Mose wird ausgesagt, er hätte Josua, den Sohn Nuns, zu sich gerufen (qui vocavit ad se Jesum filium Nave). Zu dieser Stelle gibt es ein Kirchenväterzitat von Gelasius von Cyzicus aus dem 5. Jh.:[60] μέλλων ὁ προφήτης Μωσῆς ἐξιέναι τὸν βίον, ὡς γέγραπται ἐν βίβλῳ ἀναλήψεως Μωσέως, προσκαλεσάμενος Ἰησοῦν υἱὸν Ναυῆ καὶ διαλεγόμενος πρὸς αὐτὸν ἔφη. Ob es sich beim Partizip προσκαλεσάμενος um ein wörtliches Zitat handelt,[61] muss offen bleiben, so dass für AM 1,6 durchaus auch folgende Rückübersetzung denkbar wäre: «καὶ ἐκάλεσεν πρὸς αὐτὸν τὸν Ἰησοῦν».[62]

65f., folgende wörtliche Zitate und Anspielungen: AM 1,6 und Dtn 31,7; AM 1,8.10 und Dtn 31,7; AM 1,15 und Dtn 31,16; AM 1,16 und Dtn 31,9ff.; AM 2,1 und Dtn 31,7; AM 3,12 und Dtn 31,28; AM 10,8 und Dtn 33,29; AM 10,14 und Dtn 31,7.

[58] Ein entsprechender Verweis auf die Vulgata kann manchmal zum Vergleich hilfreich sein, da man aber keine absolut sicheren Aussagen über die Datierung der lateinischen Übersetzung der AM machen kann (das Manuskript CERIANIS stammt aus dem 5. oder 6.Jh., die lateinische Übersetzung erfolgte aber sicher früher), sind die Zusammenhänge zwischen der Übersetzung des Hieronymus und dem lateinischen Text der AM mit Vorsicht zu behandeln. H. RÖNSCH, «Sprachliche Parallelen aus dem Bereich der Itala», 76, meint, die AM wäre im Idiom der Itala abgefasst.

[59] Von einer «paucity of actual quotations of Deuteronomy in TM» spricht G.W.E. NICKELSBURG, «Studies on the Testament of Moses—Introduction», 14. Die folgenden Ausführungen aber werden zeigen, wie sehr der Autor der AM auf das Sprachmaterial von Dtn 31 zurückgreift.

[60] Cf. A.-M. DENIS, Fragmenta Pseudepigraphorum, 63.

[61] Dieser Meinung ist J. TROMP, The Assumption of Moses, 78.

[62] A. SCHALIT, Untersuchungen zur Assumptio Mosis, 72.

In jedem Fall dürfte hinter dem lateinischen "vocare" das griechische καλέω stehen, wenngleich aufgrund des Zusammenhangs auch das Kompositum προσκαλέω nicht auszuschliessen ist. Dass Mose den Josua zu sich ruft, um ihm etwas zu sagen, verweist unzweideutig auf Dtn 31,7:[63] καὶ ἐκάλεσεν Μωυσῆς Ἰησοῦν καὶ εἶπεν αὐτῷ (ויקרא משה ליהושע ויאמר אליו).[64] Im Rahmen einer Gottesrede wird in Dtn 31,14 dem Mose befohlen, er solle Josua herbeirufen: κάλεσον Ἰησοῦν (קרא את־יהושע); dort allerdings folgen keine Mitteilungen Moses an Josua, sondern beide haben den göttlichen Weisungen Folge zu leisten. An beiden Stellen ist der Name des Mosenachfolgers mit יהושע angegeben, während in Dtn 31,23, wo es ebenfalls um die Einsetzung Josuas geht, dieser entsprechend des MT mit יהושע בן־נון bezeichnet wird; die LXX verzichtet allerdings auf eine nähere Charakterisierung Josuas als Sohn des Nun. In V.23 fehlt jedoch die Geste des Herbeirufens und es geht unmittelbar um eine Beauftragung (ἐντέλλω/ צוה), wobei im MT Gott selbst Josua einsetzt, in der LXX dies aber Mose tut.[65]

Auf diesem Hintergrund lässt sich AM 1,6 mit allen drei Stellen in Verbindung bringen, wenngleich der unmittelbarste Bezugspunkt in Dtn 31,7 vorzuliegen scheint, weil dort in narrativer Form davon die Rede ist, dass Mose Josua herbeiruft, um ihm mitzuteilen, er solle mit dem Volk ins gelobte Land ziehen und es als Erbbesitz verteilen. Dtn 31,14 schwingt insofern mit,[66] als auch dort das Motiv des Herbeirufens aufgegriffen ist, wenngleich es in einer Gottesrede imperativisch an Mose formuliert ist. Schliesslich kommt noch die LXX-Fassung von Dtn 31,23 ins Blickfeld, weil dort—wie in Dtn 31,7—die Initiative von Mose ausgeht, Josua zum Nachfolger einzusetzen.[67]

---

[63] Cf. R.H. CHARLES, *The Assumption of Moses*, 4.

[64] Die Wortfolge ויקרא משה ליהושע findet sich auch in Num 13,16; dort allerdings geht es um die Umbenennung Hoscheas zu Josua (LXX: καὶ ἐπωνόμασεν Μωυσῆς τὸν Αυση υἱὸν Ναυη Ἰησοῦν).

[65] Dtn 31,23(MT): ויצו את־יהושע בן־נון ויאמר חזק ואמץ כי אתה תביא את־בני ישראל אל־הארץ אשר נשבעתי להם ואנכי אהיה עמך; in der LXX wird statt Jahwe nun Mose zum Subjekt: καὶ ἐνετείλατο Ἰησοῦ καὶ εἶπεν ἀνδρίζου καὶ ἴσχυε σὺ γὰρ εἰσάξεις τοὺς υἱοὺς Ἰσραὴλ εἰς τὴν γῆν ἣν ὤμοσεν κύριος αὐτοῖς καὶ αὐτὸς ἔσται μετὰ σοῦ; cf. dazu N. LOHFINK, «Zur Fabel in Dtn 31–32», 272f.

[66] Cf. J. TROMP, *The Assumption of Moses*, 136.

[67] Bezüglich der Amtseinsetzung Josuas lässt sich zwischen der Aufgabe der Landnahme und Landverteilung differenzieren. In der Einsetzung durch Mose in Dtn 31,7 werden beide Aufgaben erwähnt, in der göttlichen Beauftragung werden diese beiden Aufgaben allerdings auseinanderdifferenziert. So geschieht die Beauftragung zur Landnahme in Dtn 31,23, die zur Landverteilung erst in Jos 1,6; cf. N. LOHFINK,

Aus der Namensnennung "Jesus filius Nave" in AM 1,6[68] auf den
MT von Dtn 31,23 Rekurs zu nehmen (in der LXX fehlt die Näherbestimmung "Sohn Nuns"), scheint nicht unbedingt notwendig, weil
in der biblischen Tradition diese Bezeichnung Josuas gängig ist. Bei
seiner ersten Nennung in der AM ist zudem zu erwarten, dass er
mit seinem vollen Namen bezeichnet wird, so dass Verwechslungen
ausgeschlossen bleiben.

Bleibt man weiterhin bei der Rezeption von Dtn 31,14, so spielt
das dort erwähnte Offenbarungszelt eine wichtige Rolle (σκηνὴ τοῦ
μαρτυρίου/אהל מועד). Es ist festzuhalten, dass Dtn 31,14 zunächst
Gottesrede an Mose ist, in der ihm angekündigt wird, dass die Zeit
seines Todes nahe bevorsteht, er Josua herbeirufen soll, beide an/in
das Offenbarungszelt kommen sollen, damit Gott ihn beauftrage;
schliesslich wird die Erledigung des göttlichen Auftrags vermerkt,
nämlich dass Mose und Josua ins Zelt hineingehen. Zwischen der
Fassung des MT und der LXX gibt es kleine Unterschiede, die folgendermassen zu benennen sind: im MT heisst es im göttlichen
Befehl, dass Mose den Josua herbeirufen soll, beide sich im Zelt
einzufinden hätten, damit ihn Gott dort selbst beauftrage; in der
LXX soll Mose ebenfalls Josua herbeirufen, beide hätten sich von
aussen an die Eingänge des Zeltes zu stellen (παρὰ τὰς θύρας τῆς
σκηνῆς τοῦ μαρτυρίου) und Gott würde ihn dort einsetzen. Während
anschliessend im MT lapidar davon die Rede ist, dass Mose und
Josua sich im Zelt einfinden, konkretisiert die LXX dahingehend,
dass beide ins Zelt gehen und demnach nun von innen an den
Eingängen stehen. Das heisst, dass in der göttlichen Ankündigung
der Einsetzung Josuas dieser Akt nach dem MT im Zelt stattzufinden
hat, nach der LXX-Fassung aber soll sie bereits ausserhalb desselben vollzogen werden, also bevor es beide betreten. Im Zelt selbst
ergeht eine Gottesrede, die in Dtn 31,16 beginnt und in V.21 endet;
daran schliesst sich in V.22 die Notiz an, dass Mose das im Zelt
geoffenbarte Lied aufgeschrieben und es den Israeliten gelehrt habe.
Ob dieser Verschriftungsvorgang noch im Zelt erfolgt ist, kann nicht

---

«Die deuteronomistische Darstellung des Übergangs», 32–44. Insofern lässt sich
AM 1,6–9 (Landnahmethematik) und AM 2,2 (Landverteilungsthematik) mit der
sukzessiven göttlichen Beauftragung in Dtn 31,23 und Jos 1,6 vergleichen.

[68] Zur Form "Nave" cf. R.W. KLEIN, «The Text of Deuteronomy Employed in
the Testament of Moses», 78; R.H. CHARLES, *The Assumption of Moses*, 56. "Nave"
lässt den Rückschluss zu, dass der Übersetzer die Form Ναυή/der LXX benutzt
haben muss, und nicht auf den hebräischen Text zurückgegriffen hat.

eruiert werden, das Lehren des Liedes geschah entsprechend biblischer Tradition sicher nicht in ihm.[69] Insofern bleibt der Ort der
Einsetzung Josuas im folgenden V.23 offen, zumal nirgendwo mehr
zum Ausdruck kommt, dass Mose und Josua das Zelt verlassen hätten.[70] Wenn das Lehren des Liedes in V.22 nicht im Zelt geschehen
sein kann, ist vielmehr zu vermuten, dass auch der Schauplatz zur
Beauftragung Josuas in V.23 ausserhalb des Zeltes anzunehmen ist.
Insofern erweist sich der Erzählduktus der LXX als kohärenter und
logischer: Gott tut kund, er wolle Josua ausserhalb des Zeltes in sein
Amt einsetzen (V.14); danach geht er zusammen mit Mose hinein,
um bestimmte Offenbarungen zu erhalten (V.16–22); schliesslich verlassen beide wieder das Zelt und die eigentliche Beauftragung geschieht
ausserhalb desselben (V.23).

Auf dem Hintergrund dieser Beobachtungen lässt sich nun AM 1,7–9
ins Blickfeld nehmen, denn dort spielt das Offenbarungszelt eine
wichtige Rolle. Hinter dem lateinischen "scene testimonii" von AM 1,7
steht mit Sicherheit das griechische σκηνὴ τοῦ μαρτυρίου (אהל מועד),
wobei offensichtlich ist, dass der lateinische Übersetzer das σκηνὴ
unübersetzt transkribierte.[71] In AM 1,9 ist wiederum vom Zelt die
Rede, und zwar davon, dass in ihm etwas gesprochen wurde: für "in
scenae" stand offenbar in der griechischen Vorlage ἐν τῇ σκηνῇ.[72]
Verfolgt man nun genau den Duktus von AM 1,6–9, so ruft Mose
den Josua zu sich, damit er Nachfolger sei für das Volk und das
Offenbarungszelt, sowie die Leute in das Land führe. Von einer
faktischen Einsetzung zum Nachfolger oder einer damit zusammenhängenden Zeremonie ist nicht die Rede; genauso wenig interessiert,
wer nun eigentlich Josua beauftragt. Schliesslich geschieht in AM 1,9
der Bezug zu dem, was im Zelt gesprochen worden war. Das Subjekt

---

[69] Cf. C.J. LABUSCHAGNE, «The Setting of the Song of Moses», 126.

[70] Geht man davon aus, dass Dtn 31,14–15.23 zusammengehören und einmal
eine Einheit gebildet haben, dann geschieht die Einsetzung Josuas durch Jahwe
nach dem MT im Offenbarungszelt. Bei einer synchronen Lesung bezüglich des
narratologischen Ablaufs von Dtn 31 (cf. z.B. E. TALSTRA, «Deuteronomy 31»,
87–110; J.-P. SONNET, *The Book within the Book*, 147–180) ergibt sich aber die
Schwierigkeit, die Szene im Zelt vom Folgenden abzugrenzen. Was konkret im Zelt
geschah und wann es verlassen wurde, bleibt völlig unklar. Da die meisten Autoren
darauf fixiert sind, dass Dtn 31,14–15.23 eine Einheit bildet, stellt sich ihnen diese
Frage gar nicht.

[71] In der Vulgata findet sich jeweils die Übersetzung "tabernaculum testimonii".

[72] Cf. R.H. CHARLES, *The Assumption of Moses*, 56.

von "quod locutus est"[73] muss Gott selbst sein[74] (was in Einklang mit AM 1,11 steht), und der Inhalt des Gesprochenen wird mit "dare de Jesum" umschrieben.[75] Das muss die durch Josua vollzogene Landnahme meinen, weil "dare" nahezu ausschliesslich auf diesen Vorgang bezogen wird[76] und der unmittelbare Kontext diesen Zusammenhang auch nahe legt. Von dieser Landnahme ist dann dezidiert am Beginn der Geschichtsschau in AM 2,1 die Rede. Dieses "dare de Jesum" muss als *pars pro toto* für die gesamte Geschichtsschau stehen, so dass das im Zelt dem Mose Mitgeteilte mit der gesamten Geschichtsschau identisch ist.

Damit ergibt sich offenkundig für AM 1,6–9 eine Parallelisierung zu Dtn 31,14, weil dort zum einen das Offenbarungszelt eine Rolle spielt und zum anderen der göttliche Auftrag zur Einsetzung Josuas ohne entsprechende Ausführung formuliert wird und sich das anschliesst, was im Zelt geoffenbart wurde (Dtn 31,16ff.). In AM 1,6–9 ist nicht ersichtlich, dass eine Beauftragung Josuas im Zelt erfolgen soll, vielmehr wird er zuerst herbeigerufen, damit er Nachfolger mit den entsprechenden Aufgaben sei und dann wird Ausgesprochenes genannt, das im Zelt erfolgt ist. Insofern könnte man schlussfolgern,

---

[73] Für diese Wortfolge gibt es zunächst drei Möglichkeiten, wie das Subjekt zu bestimmen ist: 1. es handelt sich um einen Nebensatz, der sich auf "per testamentum et per jusjurandum" bezieht; 2. Subjekt ist Mose, von dem bereits in 1,5 die Rede war; 3. Subjekt ist in Anlehnung an AM 1,11 Gott selbst. Da gegen die erste Möglichkeit die Tatsache spricht, dass "testamentum" und "jusjurandum" in vergleichbaren Konstruktionen nie mit dem Verb "loqui" verbunden wird (cf. AM 3,9; 4,2.5: das Verbum ist "facere" bzw. "jurare"), muss ein direkter personaler Offenbarungsträger im Zelt für das Gesagte verantwortlich sein. Auf biblischem Hintergrund liegt die Annahme näher, dass Gott im Offenbarungszelt redet, zumal er sowieso in AM 1,11 für alles zu Sagende verantwortlich gemacht wird. Zudem ist die mit dem Verb "dare" assoziierte Landnahme Gott zu verdanken, die andererseits bei Annahme des Mose als Subjekt diesem selbst zugeschrieben wäre (was er [Mose] gesagt hat im Zelt zu geben durch Josua). Das aber ist biblisch und vom theologischen Gesamtduktus der AM nicht haltbar. Zwei verschiedene Subjekte anzunehmen (was er [Mose] gesagt hat im Zelt, dass er [Gott] geben wird durch Josua) verkompliziert die Zusammenhänge und lässt Mose—wider alle biblische Tradition—als Offenbarungsquelle im Zelt erscheinen; anders J. Tromp, *The Assumption of Moses*, 138. Erst recht nicht kann "quod locutus est" auf "terram" bezogen werden, weil "quod" durch das Femininum "quam" ersetzt werden müsste; anders G. Kuhn, «Zur Assumptio Mosis», 125.

[74] Cf. D. Maggiorotti, *Il Testamento di Mosè*, 95–96.180.

[75] Es wird demnach davon ausgegangen, dass mit "quod locutus est" ein neuer Satz beginnt, der sich nicht auf das Vorhergehende, sondern auf das Nachfolgende bezieht; "quod" wäre damit ein Demonstrativum und kein Relativpronomen (grammatikalisch würde es sich um einen relativen Satzanschluss handeln).

[76] Cf. AM 1,8.9 (2x); 2,1.2; 3,9; die einzige Ausnahme findet sich in 10,5.

AM 1,6–9 greife eher auf den Duktus der LXX zurück, die in der
göttlichen Anordnung keine Beauftragung im Zelt kennt.

Auch auf die Unterschiede zwischen Dtn 31,14 und AM 1,7–9
soll hingewiesen werden: während zur Offenbarung in Dtn 31,14
Mose und Josua ins Zelt hineingehen sollen, wird in AM 1,9 nur
resultativ auf das Bezug genommen, was dort mitgeteilt worden ist.
Scheinbar handelt es sich um göttliche Offenbarung, die zunächst
nur für Mose bestimmt war und die er dann an Josua weitergibt.
Dtn 31,14 hingegen geht davon aus, dass beide—Mose und Josua—
die Möglichkeit gehabt hatten, die Offenbarung im Zelt zu vernehmen,
wenngleich sie eigentlich dem Mose gegolten hatte (in Dtn 31,16
wird von Jahwe nur Mose angeredet). Weiterhin soll dem Josua in
AM 1,7 auch die Nachfolge für das Offenbarungszelt anvertraut werden, d.h., dass er anstelle seines Vorgängers zum Offenbarungsempfang
berechtigt sein wird. Das steht in Einklang damit, dass zunächst Mose
als erstrangiger Offenbarungsempfänger gezeichnet wird, der sein
Geheimwissen vor seinem Tod an seinen Nachfolger weiterleitet.

Betrachtet man die Formulierung der Aufgabe Josuas, das Volk
in das Land zu führen in AM 1,8 auf dem Hintergrund von Dtn
31 näher, so werden bestimmte Bezüge erkennbar.[77] Zuvor aber muss
auf eine textkritische Unsicherheit hingewiesen werden, die zum
Vorschlag einer möglichen Konjektur geführt hat. Im Manuskript
CERIANIS liest sich AM 1,8 folgendermassen: ut et inducat plebem
in terram datam ex tribus eorum. Das "ex tribus" bereitet Schwierigkeiten, weil der Kasus unstimmig ist (nach "ex" stünde Ablativ, nicht
Akkusativ); zudem ist in AM 2,1 in ähnlichem Zusammenhang von
den "pa-tribus eorum" die Rede, so dass ebenfalls für AM 1,8 die
Konjektur "pa-tribus eorum" anstelle von "ex tribus eorum" vorgeschlagen wurde.[78] Da aber diese Konjektur dazu führen würde, dass das
Land schon den Vätern verliehen wurde und dies in Widerspruch
zur biblischen Tradition steht, sollte man lieber von ihr absehen,[79]
zumal AM 1,8 aufgrund der thematischen Bezüge auf dem Hintergrund
von Dtn 31 zu lesen ist. Auch Dtn 31,7 geht davon aus, dass das

---

[77] So schon R.H. CHARLES, *The Assumption of Moses*, 5; G. KUHN, «Zur Assumptio
Mosis», 125.

[78] Cf. A. HILGENFELD, «Die Psalmen Salomo's und die Himmelfahrt des Moses»
278; M. SCHMIDT – A. MERX, «Die Assumptio Mosis», 127; R.H. CHARLES, *The
Assumption of Moses*, 56; J. TROMP, *The Assumption of Moses*, 137f.

[79] Cf. A. SCHALIT, *Untersuchungen zur Assumptio Mosis*, 99–103; D. MAGGIOROTTI,
Il Testamento di Mosè, 97f.

Land den Vätern zugeschworen war, während es erst den Söhnen gegeben wurde.[80] Eine mögliche griechische Rückübersetzung von AM 1,8 könnte sich demnach so gestalten: «ἵνα καὶ εἰσαγάγοι τὸν λαὸν εἰς τὴν γῆν τὴν δεδομένην εἰς φυλὰς αὐτῶν».[81] Im Hintergrund steht zunächst Dtn 31,7, da dort Mose dem Josua aufträgt mit dem Volk ins Land zu ziehen, das Gott schon den Vätern zu geben geschworen hat.[82] Um zu sehen, welche Textgestalt am ehesten mit AM 1,8 zusammengeht, ist von Dtn 31,7 die Fassung des MT (im Vergleich mit den entsprechenden fragmentarischen Texten aus Qumran), des Samaritanus und der LXX heranzuziehen.[83] Die Hiphil-Form חביא des Samaritanus entspricht am besten dem lateinischen "inducere",[84] hinter dem das griechische εἰσάγω stehen muss.[85] Dass tatsächlich diese Hiphil-Form so ins Griechische übersetzt wird, kann mit Blick auf Dtn 31,20.21.23 bestätigt werden. So könnte man einerseits vermuten, dass die Samaritanus-Fassung von Dtn 31,7 im Hintergrund steht, andererseits kann natürlich auch Dtn 31,23 einen Einfluss auf die Abfassung gehabt haben, weil dort ebenfalls eine Hiphil-Form von בא vorkommt.[86] Schaut man weiterhin auf die Vergleichspunkte zwischen AM 1,8 und Dtn 31,7, so ist folgendes festzustellen:

---

[80] Cf. dazu auch Dtn 31,20 und die LXX-Fasung von Dtn 31,21.

[81] A. HILGENFELD, «Die Psalmen Salomo's und die Himmelfahrt des Moses», 278; cf. auch A. SCHALIT, *Untersuchungen zur Assumptio Mosis*, 100f.

[82] Die Phrase, dass das Volk ins Land geführt wird, das bereits den Vätern zugeschworen war, oder darin einzieht (niph שבע אשר אל־הארץ ... qal/hiph בא), findet sich auch an anderen Stellen, allerdings dort ohne direkten Bezug auf Josua; cf. Num 14,16; Dtn 1,8; 6,10.23; 8,1; 10,11; 26,3; Ri 2,1.

[83] Dtn 31,7(MT): כי אתה תבוא את־העם הזה אל־הארץ אשר נשבע יהוה לאבתם לתת להם; die Samaritanus-Fassung bringt statt der Qal-Form תבוא die entsprechende Hiphil-Form תביא (cf. auch Vulgata, Peschitta, Targum Neophiti); LXX: σὺ γὰρ εἰσελεύσῃ πρὸ προσώπου τοῦ λαοῦ τούτου εἰς τὴν γῆν ἣν ὤμοσεν κύριος τοῖς πατράσιν ἡμῶν δοῦναι αὐτοῖς; cf. dazu L. LABERGE, «Le texte de Deutéronome 31», 149.

[84] Cf. R.H. CHARLES, *The Assumption of Moses*, 111: «the text in I. 8, ut inducat plebem in terram, agrees with the Samaritan text, the Syriac and Vulgate Versions of Deut. xxxi. 7, אתה תביא את־העם הזה אל־הארץ, against the Masoretic, LXX, and Targum of Onkelos, which have תבוא = "thou shalt enter," and its equivalents, instead of תביא, "thou shalt cause to enter" or "thou shalt bring in"». Desweiteren cf. R.W. KLEIN, «The Text of Deuteronomy Employed in the Testament of Moses», 78; B. GROSSFELD, «Neofiti 1 to Deut 31:7», 30–33; L. VEGAS MONTANER, «Testamento de Moisés», 249.

[85] Die Vulgata übersetzt in Dtn 31,7 in Entsprechung zum Samaritanus mit "introducere"; in Dtn 31,20.21.23 findet sich ebenfalls dieses Verbum.

[86] Allein aufgrund der Hiphil-Form תביא auf eine ausschliessliche Rezeption von Dtn 31,23 (bzw. damit zusammenhängend Dtn 31,14) zu schliessen, hiesse die Rezeptionsprozesse in ihrer Vielgestaltigkeit einzuengen; anders D. MAGGIOROTTI, *Il Testamento di Mosè*, 179f.

das lateinische "plebem" entspricht dem griechischen τὸν λαόν, das eher mit der MT-Fassung bzw. der des Samaritanus zusammengeht (אֶת־הָעָם), weil in der LXX πρὸ προσώπου τοῦ λαοῦ τούτου zu stehen kommt; hinter dem "in terram" steht das εἰς τὴν γῆν (אֶל־הָאָרֶץ); das Partizip "datam" muss sich auf das griechische δίδωμι beziehen, das eigentlich in der Grundlage in Infinitivform gebraucht wird (δοῦναι/לָתֵת). In diesem Zusammenhang muss aber auch der Einfluss von Dtn 31,23 auf AM 1,8 angenommen werden,[87] da es dort um die Einsetzung Josuas zum Nachfolger geht, der die Söhne Israels ins Land führen soll (σὺ γὰρ εἰσάξεις τοὺς υἱοὺς Ισραηλ εἰς τὴν γῆν/אַתָּה תָּבִיא אֶת־בְּנֵי יִשְׂרָאֵל אֶל־הָאָרֶץ). Hier handelt es sich um einen narrativen Abschnitt, in dem nach dem MT Gott selbst Josua einsetzt, während dies nach der LXX dem Vorgänger Mose obliegt.

Auf dem Hintergrund all dieser Beobachtungen muss konstatiert werden, dass sich AM 1,8 zwar in erster Linie aus Dtn 31,7 speist, dass aber aufgrund der Hiphil-Form von בוא genauso V.23 als Vorlage eine Rolle gespielt haben kann. Welche Textfassung von Dtn 31,7 als Grundlage gedient haben könnte, lässt sich nicht mit Sicherheit bestimmen. Auf der einen Seite könnte das "inducere" für eine Orientierung am Samaritanus (Hiphil-Form von בוא) sprechen, auf der anderen Seite das "plebem" für die Vorlage des MT (אֶת־הָעָם). Schliesslich weist V.23 bezüglich der inhaltlichen Ausgestaltung auf die LXX hin, weil es dort Mose ist, der seinen Nachfolger ins Amt einsetzt und in der AM von einer göttlich initiierten Einführung Josuas keine Rede ist.

Im Hinblick auf eine deutlichere Wiederaufnahme von Dtn 31,7 ist man allerdings auf AM 2,1 verwiesen.[88] Der lateinische Text (intrabunt per te in terram quam decrevit et promisit dare patribus eorum) könnte folgendermassen ins Griechische rückübersetzt werden: «εἰσελεύσονται διὰ σοῦ εἰς τὴν γῆν ἣν ὡρίσατο καὶ ἐπηγγείλατο δοῦναι τοῖς πατράσιν αὐτῶν».[89] Verglichen mit Dtn 31,7 behält AM 2,1 die Qal-Form des MT von בוא bei (εἰσέρχομαι), weist wiederum unverän-

---

[87] Auch Dtn 31,20.21 weist wie V.23 Vokabular auf, das in AM 1,8 wiederzufinden ist. Es handelt sich dort um eine Rede Gottes, in der er selbst die Führung ins Land bewerkstelligt. So findet sich jeweils eine Hiphil-Form von בוא (εἰσάγω) und die Sequenz εἰς τὴν γῆν, wobei in V.21 im Hebräischen אֶל־הָאָרֶץ, in V.20 אֶל־הָאֲדָמָה zu stehen kommt; weiterhin findet sich in V.20 der Infinitiv δοῦναι.

[88] Cf. R.H. CHARLES, *The Assumption of Moses*, 8; A. SCHALIT, *Manuskript zu AM 2–4*, 288–298; D. MAGGIOROTTI, *Il Testamento di Mosè*, 187; anders J. TROMP, *The Assumption of Moses*, 149, der meint AM 2,1 beziehe sich in erster Linie auf Dtn 31,23.

[89] A. HILGENFELD, «Die Psalmen Salomo's und die Himmelfahrt des Moses», 279.

dert die Formulierung אל־הארץ (εἰς τὴν γῆν) auf, ersetzt das אשר נשבע
(ἤν ὤμοσεν) durch die Formulierung "quam decrevit et promisit" und
belässt—wenn auch notwendig in veränderter Satzstellung—die Infini-
tivkonstruktion לאבתם לתת. Bezüglich dieser Konstruktion[90] kann
jedoch festgestellt werden, dass sich AM 2,1 (patribus eorum) an der
Formulierung des MT anlehnt, da die LXX das Suffix der 3. Person
durch das der 1. Person ersetzt: τοῖς πατράσιν ἡμῶν. Das heisst, dass
aus "ihren Vätern" im MT "unsere Väter" in der LXX werden. Bei
dieser Wiederaufnahme von Dtn 31,7 in AM 2,1 kommt inhaltlich
deutlich zum Ausdruck, dass das Land zwar den Vätern versprochen
war, es aber den Söhnen durch die Tätigkeit Josuas verliehen wird.
Blendet man nun auf die textkritische Unsicherheit in AM 1,8 zurück,
so scheinen die Zweifel berechtigt, die vorgeschlagene Konjektur
"patribus eorum" zu übernehmen. Zwischen Dtn 31,7 und AM 2,1
gibt es einen weiteren Vergleichspunkt, der jeweils in der Verteilung
des eroberten Landes durch Josua besteht. Das Motiv der Landverteilung findet sich sowohl in AM 2,2, (et stabilibis eis sortem in
me et constabilibis eis regnum),[91] also im Anschluss an die Aussage
des Mose, dass Josua ins Land ziehen soll (AM 2,1), als auch am
Ende von Dtn 31,7, wenn es heisst, dass er es als Erbbesitz verteilen
soll[92] (ואתה תנחילנה אותם/καὶ σὺ κατακληρονομήσεις αὐτὴν αὐτοῖς).[93]
Durch diese Motivverkettung wird die Wiederaufnahme von Dtn
31,7 in AM 2,1f. umso deutlicher, wenngleich der Wortlaut nicht
unbedingt identisch sein muss. Dennoch könnte hinter dem lateinischen "stabilire sortem" durchaus das griechische Verbum κατακλη-
ρονομέω bzw. das hebräische נחל (hiph) stecken.[94] In jedem Fall aber
wird das Motiv der Landverteilung unzweideutig rezipiert.

Blickt man weiterhin auf die Aussage in AM 1,9, dass das Land
aufgrund des Bundes[95] und Schwures den Israeliten gegeben wird

---

[90] Was die Formulierung "et promisit dare patribus eorum" (AM 2,1) betrifft,
verweist A. SCHALIT, *Manuskript zu AM 2–4*, 296, auf Jos 1,6 als möglichen Rezeptionshintergrund (אשר נשבעתי לאבותם לתת להם).

[91] Diese Fassung entspricht dem ursprünglichen Manuskript; cf. A.M. CERIANI,
«Fragmenta Assumptionis Mosis», 55. A. HILGENFELD, «Mosis Assumptionis quae
supersunt» (2. Auflage 1884), 117, schlägt die Konjektur "sortem in ea" vor, J. TROMP,
The Assumption of Moses, 8, aber "sortem in eam".

[92] Die Vulgata übersetzt an dieser Stelle: et tu eam sorte divides.

[93] Cf. dazu J. TROMP, *The Assumption of Moses*, 149.

[94] Cf. dazu A. SCHALIT, *Manuskript zu AM 2–4*, 305–309.

[95] Die Aussage, dass das Land aufgrund des Bundes (ברית) gegeben wird, kommt
eigentlich nur zweimal im gesamten Pentateuch vor (Gen 15,18 und Ex 6,4).

(per testamentum et per jusjurandum), so ist festzustellen, dass in Dtn 31 nur im negativen Zusammenhang vom Bund die Rede ist (ברית/διαθήκη). Dass er nach dem Einzug in das gelobte Land vom Volk gebrochen werden wird,[96] sagt Jahwe in V.16 und 20 voraus.[97] Der Grund für diesen Bundesbruch besteht darin, dass man sich den fremden Göttern des Landes zuwendet und ihnen folgt. Dass das versprochene Land den Vätern zugeschworen wurde, ist eine Aussage, die sich des öfteren in Dtn 31 findet.[98] Allerdings ist nirgendwo das Substantiv שבועה bzw. ὅρκος zu entdecken, sondern jeweils das Verbum שבע (niph.) bzw. ὄμνυμι. Die V.7 und 23 erwiesen sich bei der Rezeption bereits als besonders bedeutsam: in ihnen wird das Land auch als von Gott zugeschworen betrachtet, wobei sich beide Verse dadurch unterscheiden, dass im letzteren die Näherbestimmung fehlt, das Land wäre den Vätern zugeschworen worden. In beiden findet sich aber die Wendung (niph.) אל־הארץ אשר שבע bzw. εἰς τὴν γῆν ἥν ὤμοσεν κύριος. Fernerhin kommt dieser Sachverhalt in den V.20 und 21 zum Ausdruck;[99] dort handelt es sich allerdings um eine Gottesrede, die die Abfallssituation nach der Landnahme ins Auge fasst.

Was die Todesankündigung des Mose anbelangt, die sowohl in Dtn 31 als auch im Rahmen der AM als ausschlaggebender Faktor dafür fungiert, dass sein Nachfolger eingesetzt wird, so findet sich eine allgemein übliche Redeweise. In AM 1,15 tut Mose dem Josua kund, dass die Zeit seiner Lebensjahre aufgebraucht ist (quia consummatum est tempus annorum vitae meae) und in Dtn 31,14 kündet Jahwe dem Mose, dass seine Tage zum Sterben herangenaht sind (הן קרבו ימיך למות/ἰδοὺ ἠγγίκασιν αἱ ἡμέραι τοῦ θανάτου σου); beide Male spielt der Aspekt der Lebenszeit[100] eine Rolle, die zur

---

[96] Der Ausdruck הפר ברית kommt nur hier im Deuteronomium vor (Dtn 31,16.20), im Pentateuch sonst nur noch in Gen 17,14 und Lev 26,15.44; cf. S.R. DRIVER, A Critical and Exegetical Commentary on Deuteronomy, 340.

[97] Fernerhin wird die Bundeslade Jahwes in Dtn 31,9.25.26 erwähnt (ארון ברית־יהוה/κιβωτὸς τῆς διαθήκης κυρίου).

[98] Cf. zu dieser recht häufigen Aussage Gen 26,3; 50,24; Ex 33,1; Num 11,12; 14,16.23; 32,11; Dtn 1,8; 6,10.23; 7,13; 8,1; 10,11; 11,9.21; 26,3; 28,11; 30,20; 31,7.20.21.23; 34,4; Jos 1,6; 5,6; 21,43; Ri 2,1.

[99] In der LXX weisen V.20 und 21 jeweils folgende Wendung auf: εἰς τὴν γῆν τὴν ἀγαθὴν ἥν ὤμοσα τοῖς πατράσιν αὐτῶν; der MT unterscheidet sich davon insofern als das Adjektiv ἀγαθὸς keine Entsprechung hat und in V.21 die Väter keine Erwähnung finden; zudem verwendet V.20 für das Land אדמה, V.21 jedoch das gewohnte ארץ.

[100] Der Aspekt der zur Neige gehenden Lebenszeit des Mose kommt auch schon in Dtn 31,2 zum Ausdruck: die vollendeten 120 Lebensjahre und die altersbedingte

Neige geht (tempus/ἡμέραι/יָמָיו). Schliesslich drückt Mose das Faktum, sterben zu müssen, mit einer in der biblischen Tradition üblichen Redeweise aus: et transio in dormitionem patrum meorum (AM 1,15).[101] Griechisch rückübersetzt könnte das folgendermassen aussehen: «καὶ μεταβαίνω εἰς τὴν κοίμησιν τῶν πατέρων μου».[102] Allerdings ist das Substantiv κοίμησις (dormitio) im biblischen Kontext eher ungewöhnlich,[103] vielmehr wird im Normalfall das Verbum κοιμάω verwendet. Im Hebräischen heisst die gängige Wendung שָׁכַב עִם אֲבוֹת, die griechisch übersetzt lautet κοιμάω μετὰ τῶν πατέρων. In Entsprechung dazu heisst die göttliche Todesankündigung für Mose nach Dtn 31,16 הִנְּךָ שֹׁכֵב עִם אֲבֹתֶיךָ bzw. ἰδοὺ σὺ κοιμᾷ μετὰ τῶν πατέρων σου. Aufgrund dessen, dass es sich hier um eine übliche Formulierung für das Sterben handelt, darf den Entsprechungen nicht allzu viel Gewicht beigemessen werden. Während Dtn 31,14.16 Gottesrede an Mose ist, erweist sich AM 1,15 als Moserede an Josua, dennoch lässt sich diese Ankündigung auf biblischem Hintergrund lesen.[104] AM 1,15 bringt zuerst den zeitlichen Aspekt bezüglich des Lebensende des Mose, bei der eigentlichen Todesansage aber wird das Substantiv dormitio/κοίμησις verwendet. Dtn 31,14.16 betont ebenfalls zuerst die abgelaufene Lebenszeit und den bevorstehenden Tod, wobei dann aber in gewohnter Weise das Verbum κοιμάω zu finden ist.[105] Letztlich ergibt sich jedoch aus der Situation des nahen Todes des Mose und der Bestellung Josuas zum Nachfolger in dieser Situation der eindeutige Vergleichspunkt zwischen Dtn 31 und dem Rahmen der AM.[106]

Eine weitere wörtliche Wiederaufnahme in AM 10,15 hängt von textkritischen Überlegungen ab. Nach CERIANI lautet das Manuskript an dieser Stelle: «itaque / tu iesu naue forma te / elegit deus esse mihi successorem eiusdem testamenti».[107] Schon sehr bald wurde mit

---

Unfähigkeit zum Aus- und Eingehen weisen unzweideutig auf das bevorstehende Ende hin (cf. A. SCHALIT, *Untersuchungen zur Assumptio Mosis*, 155). Allerdings wird kein Vokabular von Dtn 31,2 in AM 1,15; 10,12.14 (Todesankündigung des Mose) übernommen.

[101] Ähnlich findet sich diese Redeweise noch einmal in AM 10,14: ego autem ad dormitionem patrum meorum eram; das Todesdatum des Mose wird als Zeitangabe schon in AM 10,12 verwendet: erunt enim a morte, receptione mea usque.

[102] A. HILGENFELD, «Die Psalmen Salomo's und die Himmelfahrt des Moses», 279.

[103] Ausschliesslich in Sir 46,19; 48,13 findet sich dieses Substantiv.

[104] Cf. R.H. CHARLES, *The Assumption of Moses*, 7.

[105] Die Vulgata übersetzt diese Phrase folgendermassen: ecce tu dormies cum patribus tuis.

[106] Cf. J. TROMP, *The Assumption of Moses*, 136/Anm. 3 und 143f.

[107] A.M. CERIANI, «Fragmenta Assumptionis Mosis», 61.

Blick auf Dtn 31,6.7.23 für "forma" die Konjektur "firma" vorgeschlagen und ein zweites "te" vor "elegit" ergänzt, das aufgrund einer
Haplographie ausgefallen sein soll.[108] Folgt man dieser Korrektur,
dann heisst der erste Teil von AM 10,15: itaque tu, Jesu Nave, firma
te. Das könnte folgendermassen rückübersetzt werden: «σὺ οὖν, Ἰησοῦ
ὁ τοῦ Ναυῆ, ἴσχυε».[109] Diese Ermutigung Josuas durch Mose kann nun
auf dem Hintergrund der biblischen Tradition betrachtet werden.[110]
Bezüglich dieser Ermutigungsformel steht die griechische Fassung der
LXX ἀνδρίζου καὶ ἴσχυε der ursprünglichen hebräischen חזק ואמץ
des MT gegenüber.[111] Im Hintergrund von AM 10,15 muss wiederum
Dtn 31,7.23 stehen, weil dort die Ermutigung Josua gilt, während
in V.6 das Volk gemeint ist (MT im Plural; LXX im Singular).
Entsprechend des MT ermutigt Mose seinen Nachfolger in V.7,
während dies nach V.23 Gott selbst obliegt. Da aber V.23 in der
LXX gegenüber dem MT derart verändert ist, dass Mose zum Subjekt
wird, ermuntert nun er den Josua. Auf welche Textfassung bei der
Rezeption zurückgegriffen wurde, lässt sich nicht eruieren, da Dtn
31,7 nach dem MT und der LXX bezüglich der Ermutigungsformel
die gleiche Gestalt haben. Sollte jedoch zusätzlich V.23 eine Rolle
gespielt haben, dann ist die Bezugnahme auf die LXX-Version
wahrscheinlicher, weil dort Mose den Josua einsetzt und ihn ermutigt.

---

[108] Cf. G. VOLKMAR, *Mose Prophetie und Himmelfahrt*, 47; M. SCHMIDT – A. MERX, «Die Assumptio Mosis», 134; R.H. CHARLES, *The Assumption of Moses*, 90; J. TROMP, *The Assumption of Moses*, 20.

[109] A. HILGENFELD, «Die Psalmen Salomo's und die Himmelfahrt des Moses», 294.

[110] Auf dem Hintergrund dieser textlichen Veränderungen in AM 10,15, nimmt R.H. CHARLES, *The Assumption of Moses*, 5.56f., in Entsprechung dazu auch Konjekturen in AM 1,9b-10a vor. Der ursprüngliche Text lautet im Manuskript «de iesum·dicendo ad iesum / uerbum hoc et pro- / mitte secus indus- / triam tuam omnia» (A.M. CERIANI, «Fragmenta Assumptionis Mosis», 55). Mit Blick auf Dtn 31,6.7.23 und Jos 1,6.7.9.18 modifiziert er folgendermassen: «dicendo ad Iesum verbum hoc: (Confortare) et firma te secus industriam». Diese textlichen Veränderungen in AM 1,10 sind mit Skepsis zu betrachten, da sie sich auf die an sich schon unsicheren Konjekturen in AM 10,15 beziehen.

[111] Wo es um die Nachfolgebeziehung zwischen Mose und Josua geht, erscheint diese Formel in Dtn 3,28; 31,6.7.23; im Anschluss daran wird sie Josua von Gott in Jos 1,6.7.9 vor der Landnahme zugesprochen; in Jos 1,18 wenden sich die Ostjordanstämme mit ihr an Josua und in Jos 10,25 ermutigt dieser selbst auf derartige Weise das Volk. In Dtn 3,28 geht es um den göttlichen Befehl an Mose zur Einsetzung Josuas, in Dtn 31,6 wendet sich Mose mit dieser Formel ans Volk, in Dtn 31,7 an Josua und in Dtn 31,23 spricht Gott mit ihr Josua selbst an (MT; LXX: Mose zu Josua); desgleichen gilt für Jos 1,6.7.9. In der Vulgata ist diese Formel folgendermassen ins Lateinische übersetzt: confortare et esto robustus. Zu dieser Ermutigungsformel cf. N. LOHFINK, «Die deuteronomistische Darstellung des Übergangs», 36–39.

Da in der AM von einer direkt göttlichen Beauftragung Josuas zum Nachfolger des Mose keine Rede ist, könnte der Duktus der LXX in dieser Angelegenheit einen besseren Hintergrund für die AM abgeben.

Bezüglich eventueller Wiederaufnahmen aus Dtn 31 soll auch auf AM 1,16 verwiesen werden, wo die Übergabe der verschrifteten prophetischen Worte des Mose und anderer Bücher an Josua zur Sprache kommt (percipe scripturam hanc ad recognoscendum tutationem librorum quos tibi tradam). Dort ist das lateinische Verbum "tradere" gebraucht, hinter dem im Griechischen δίδωμι oder παραδίδωμι stehen könnte. Davon, dass Mose etwas aufgeschrieben hatte, um es zu übergeben, ist in Dtn 31,9 die Rede: er übergibt die verschriftete Weisung (תורה/ῥήματα τοῦ νόμου) den Priestern, den Söhnen Levis. Das hebräische Verbum נתן wird im Griechischen mit δίδωμι wiedergegeben.[112] Insofern könnte man an diesem Punkt—was eben das Verbum der Übergabe betrifft—eine Parallele sehen, wenngleich Mose in Dtn 31,9 nur die Tora den Priestern übergibt, während er in AM 1,16 zusätzlich zu den Büchern, bei denen es sich wahrscheinlich ebenfalls um die Tora handelt, noch seine verschriftete Prophetie überreicht. Der Zweck der Übergabe ist jedoch völlig verschieden: einerseits soll die Tora öffentlich zu festgesetzten Zeiten verlesen, andererseits sollen die Schriften bis zum Ende der Tage geheim verwahrt werden. Was die Bücher in AM 1,16 betrifft, so sind sie lateinisch als "libri" bezeichnet, hinter dem das griechische βιβλία stehen müsste. Entsprechend der LXX-Fassung von Dtn 31,9 schrieb Mose die Worte der Weisung in ein βιβλίον (das fehlt im MT, findet sich jedoch scheinbar in 4Q35, Frag. 10, Zeile 1), und in Dtn 31,24 ist davon die Rede, dass Mose damit zu Ende war, sie in ein βιβλίον/ספר niederzuschreiben. Das Buch des Gesetzes (βιβλίον τοῦ νόνου/ספר התורה) wird schliesslich noch in Dtn 31,26 erwähnt: es soll neben die Bundeslade gelegt werden. Das hebräische Verbum für "legen" heisst im MT שׂים und wird im Griechischen mit dem Futur von τίθημι wiedergegeben;[113] das wiederum könnte auf das "reponere" von AM 1,17 verweisen. Während Mose in Dtn 31,26 den Leviten befiehlt, das Buch der Weisung (die Tora) entgegenzunehmen und es neben die Bundeslade zu legen, damit es als Zeuge gegen das Volk diene, gebietet er in AM 1,16f. dem Josua, die prophetische

---

[112] Die Vulgata verwendet ebenfalls an dieser Stelle das Verbum "tradere".

[113] In der Vulgata findet sich das Verbum "ponere".

"scriptura" samt den anderen Büchern (wahrscheinlich die Tora) nach der Übergabe zu ordnen, zu salben und sie in irdenen Gefässen an einem bestimmten Ort zu hinterlegen,[114] der unter Umständen mit dem Tempel identifiziert werden kann.[115] So könnte sich die Idee des Hinterlegens einer massgeblichen Urkunde in AM 1,17 an einem besonderen, vielleicht sogar heiligen Ort auf Dtn 31,26 beziehen,[116] und AM 1,16 düfte aus Dtn 31,9 (LXX bzw. 4Q35).24.26 den Begriff βιβλίον aufgreifen, womit die Bücher der Tora—oder diese als Gesamtheit—gemeint sein muss.[117] Ob in diesem Zusammenhang der MT oder die LXX als Vorlage gedient hat, lässt sich nicht ausmachen, wenngleich die LXX-Fassung von Dtn 31,9 als Hintergrund für AM 1,16 wahrscheinlicher sein könnte (im Zusammenhang damit steht auch 4Q35).

Im Corpus der Geschichtsschau scheint nur eine einzige Bezugnahme auf Dtn 31 vorzuliegen, wenn es in AM 5,3 heisst, dass die Leute vom wahren Gott abfallen werden, indem sie sich von der Gerechtigkeit abwenden, Frevelhaftes tun, den Tempel verunreinigen und fremden Göttern nachhuren (fornicabunt post deos alienos). Das lässt sich auf dem Hintergrund von Dtn 31,16 lesen,[118] wo ebenfalls in einer Gottesrede an Mose davon die Rede ist, dass das Volk sich nach der Landnahme erheben und mit fremden Göttern Unzucht treiben wird.[119] Im MT lautet die entsprechende Passage: וקם העם הזה וזנה

---

[114] Cf. B. HALPERN-AMARU, «Redesigning Redemption», 135; ID., *Rewriting the Bible*, 59.

[115] Entsprechend biblischer Tradition existiert der Tempel noch gar nicht zur Zeit Josuas, aber in der rabbinischen Literatur findet sich—wie in AM 1,17—die Vorstellung, dass er seit den Tagen der Schöpfung existiert haben soll (cf. M. HEIDENHEIM, «Beiträge zum bessern Verständnis der Ascensio Moysis», 80–82; R.H. CHARLES, *The Assumption of Moses*, 415; P. SCHÄFER, «Tempel und Schöpfung», 124; A. SCHALIT, *Untersuchungen zur Assumptio Mosis*, 198), denn beim Ort, über den der Name Gottes ausgerufen ist, dürfte es sich nach biblischem Sprachgebrauch um den Tempel handeln; cf. 1Kön 8,43 (par 2Chr 6,33); Jer 7,10.11.14.30; 32,34; 34,15. J. TROMP, *The Assumption of Moses*, 146f., nimmt davon Abstand, den Aufbewahrungsort der Schriften mit dem Tempel zu identifizieren, und meint, es handele sich nur um einen «secret place that was made in the beginning of creation» (cf. dazu die Kritik in der Rezension von W. HORBURY, «J. Tromp, *The Assumption of Moses*», 401–402); cf. auch D. MAGGIOROTTI, *Il Testamento di Mosè*, 185f.

[116] Cf. A. SCHALIT, *Untersuchungen zur Assumptio Mosis*, 198.

[117] Cf. auch AM 1,5; 10,11.

[118] Dass Dtn 31,16 hier rezipiert wird, ist aufgrund der Bedeutung von Dtn 31 im gesamten Rezeptionsvorgang naheliegend. Zudem findet sich die exakte Wortfolge (fornicabunt post deos alienos) nur in Dtn 31,16, wenngleich andere Stellen diesen Sachverhalt ähnlich aufgreifen (cf. z.B. Ex 34,15; Ri 2,17; 1Chr 5,25).

[119] Cf. A. HILGENFELD, «Mosis Assumptionis quae supersunt» (2. Auflage 1884),

אַחֲרֵי אֱלֹהֵי נֵכַר־הָאָרֶץ; ins Griechische wird das in der LXX folgendermassen übersetzt: καὶ ἀναστὰς ὁ λαὸς οὗτος ἐκπορνεύσει ὀπίσω θεῶν
ἀλλοτρίων τῆς γῆς.[120] Betrachtet man für AM 5,3 eine entsprechende
Rückübersetzung ins Griechische, so fällt unweigerlich das gleiche
Vokabular auf: (ἐκ)πορνεύσουσιν ὀπίσω θεῶν ἀλλοτρίων. Der einzige
Unterschied besteht in der Verwendung des Plurals von πορνεύω,
der aber im Kontext von AM 5 zu verstehen ist; auf welche Textfassung (MT oder LXX) man sich bei der Rezeption stützt, ist jedoch
nicht auszumachen.

Weiterhin scheint sich ein Anklang an Dtn 31,6 in AM 12,12 zu
finden, wo es vorgängig um das Halten der göttlichen Gebote geht
und denjenigen Strafen angedroht werden, die sie nicht beachten.
Gleichsam als Quintessenz wird dann aber zum Ausdruck gebracht,
dass Gott sie nicht ganz und gar ausrotten und verlassen werde: nam
in totum exterminet et relinquat eos fieri non potest.[121] Hinter dem
lateinischen "relinquere" könnte das griechische ἐγκαταλείπω oder
καταλείπω stecken. Diese Aussage kann auf dem Hintergrund von
Dtn 31,6 gesehen werden: in einer Rede an die Israeliten, die von
der künftigen Landnahme handelt, versichert Mose, Gott würde sie
nicht fallen lassen und verlassen. In der LXX-Fassung findet sich
diesbezüglich das Verbum ἐγκαταλείπω, das auf das hebräische עזב
zurückgeht.[122] Sowohl in Dtn 31,6 als auch in AM 12,12 handelt es
sich um eine Moserede, wobei sie zum einen an das ganze Volk,
zum anderen aber nur an Josua gerichtet ist. Im Zentrum dieser
Aussage steht aber jeweils das Schicksal des Volkes: es soll durch
die Zusage ermutigt werden, dass es von Gott niemals verlassen wird.
Inhaltlich findet sich die gleiche Aussage in Dtn 31,8, denn dort
sagt Mose dem Josua zu, Gott würde ihn niemals fallen lassen,[123]
sowie in Jos 1,5, wo Gott selbst dieses dem Josua zusichert.[124] Da

---

[119]; R.H. Charles, *The Assumption of Moses*, 17; J. Tromp, *The Assumption of Moses*,
190f.

[120] Die Vulgata weist dazu folgenden Text auf: et populus iste consurgens fornicabitur post deos alienos in terra.

[121] Eine mögliche griechische Rückübersetzung bringt A. Hilgenfeld, «Die Psalmen
Salomo's und die Himmelfahrt des Moses», 298: «ὅλως δὲ ἐξολεθρεῦσαι καὶ ἐγκατα-
λιπεῖν αὐτοὺς οὐ δύναται».

[122] Dtn 31,6 an dieser Stelle im MT: לֹא יַרְפְּךָ וְלֹא יַעַזְבֶךָּ; dazu die LXX-Fassung:
οὐ μή σε ἀνῇ οὔτε μή σε ἐγκαταλίπῃ.

[123] Während im MT die entsprechende Stelle in Dtn 31,8 im Vergleich zu V.6
unverändert zu finden ist, übersetzt die LXX etwas anders: οὐκ ἀνήσει σε οὐδὲ μὴ
ἐγκαταλίπῃ σε.

[124] In MT zu Jos 1,5 findet sich der gleiche Wortlaut wie in Dtn 31,6.8, die

in AM 12,12 aber die Israeliten gemeint sind, ist in erster Linie eine Bezugnahme auf Dtn 31,6 anzunehmen. Bezüglich der Präferenz einer Textfassung (MT oder LXX) lassen sich in diesem Fall keine Aussagen machen.

Betrachtet man abschliessend die wörtlichen Wiederaufnahmen von Dtn 31 in der AM, so muss man feststellen, dass ihr Autor sehr frei mit der biblischen Vorlage umgegangen ist, wenngleich er einzelne charakteristische Wörter oder Phrasen übernommen hat. Von besonderer Bedeutung sind bei der Rezeption Dtn 31,7.14.23, weil es dort um die Nachfolge des Mose geht und Josua eingesetzt wird. Besonders AM 1,6–9 ist von dieser Thematik geprägt, und man kann mit Recht behaupten, dass alle drei Verse (Dtn 31,7.14.23) bei der Rezeption eine Rolle spielen, sie werden gleichsam kumulativ aufgenommen. Insgesamt konzentrieren sich die Wiederaufnahmen von Dtn 31 auf den Rahmen der AM (besonders auf 1,5–18; 10,11–15), weil es dort um die Setzung der Kommunikationssituation zwischen Mose und Josua geht, die vom bevorstehenden Tod des Mose motiviert ist. Was die zugrunde liegende Textfassung im Rezeptionsprozess anbelangt, so lässt sich bezüglich des Vokabulars weder der MT noch die LXX durchgängig als Grundlage nachweisen (oft gehen auch beide zusammen). Dennoch scheint der logischere Erzählduktus der LXX eher mit den Ausführungen der AM vereinbar. Das betrifft besonders die Einsetzung Josuas allein durch Mose (die LXX kennt—wie die AM—keine göttliche Beauftragung; cf. Dtn 31,23), die Offenbarungssituation am Zelt (in der LXX geschieht—in Entsprechung zur AM—die Einsetzung ausserhalb des Zeltes; cf. Dtn 31,14.23) und die Kommunikationssituation zwischen Mose und Josua (in der LXX trägt Mose allein das Moselied vor, das mit der Geschichtsschau der AM in Zusammenhang steht; cf. Dtn 32,44).

3.4   *Rezeption von Dtn 31 vom 2.Jh.v.Chr. bis ins 1.Jh.n.Chr.*

Mit dem Wissen darum, wie Dtn 31 in der AM bezüglich wörtlicher Wiederaufnahmen rezipiert worden ist, soll sich nun der Rezeption dieses Kapitels in anderen Schriften im zu untersuchenden Zeitraum zugewandt werden. Von besonderem Interesse wäre eine Rezeption

---

LXX übersetzt aber ganz anders (οὐκ ἐγκαταλείψω σε οὐδὲ ὑπερόψομαί σε); cf. auch 1Chr 28,20.

von Dtn 31,7.14.23, da diese Verse in der AM in besonderer Weise aufgegriffen werden, zumal das Nachfolgeverhältnis zwischen Mose und Josua als Aufhänger für die Offenbarungsworte des Mose dient.

Geht man chronologisch bezüglich der Abfassungszeit der Schriften vor, so müssen zunächst die Wiederaufnahmen im Jubiläenbuch erwähnt werden. Im ersten Kapitel befindet sich Mose auf dem Sinai, um göttliche Offenbarungen zu vernehmen, die von zukünftigen Ereignissen und deren Abfolge handeln. In Jub 1,7 ergeht ein göttlicher Schreibbefehl zur Verschriftung der Offenbarungen, die von der Begründung gefolgt ist, Jahwe kenne die Widerspenstigkeit und den harten Nacken derer, die er in das den Vätern zugeschworene Land bringen werde. Nachdem Mose auf diese Rede (Jub 1,5–18) mit der Fürbitte für das Volk reagiert hatte (Jub 1,19–21), greift Jahwe in einem weiteren Redeansatz noch einmal eröffnend diese Aussage auf (Jub 1,22): er kenne den Widerspruch, die Gedanken und den harten Nacken des Volkes, es würde nicht hören bis es seine Sünde und die Sünden seiner Väter erkenne. Diese Ausführungen sind auf dem Hintergrund von Dtn 31,27 zu betrachten, wo sich Mose an die Leviten wendet und bezüglich des Volkes beteuert, er kenne dessen Widerspenstigkeit und Halsstarrigkeit.[125] Sowohl in Dtn 31,27 als auch in Jub 1,7.22 geht es um das künftige Geschick des Volkes nach dem Einzug ins gelobte Land, um dessen verfehltes Verhalten, das mit den gleichen Ausdrücken begründet wird. Schaut man etwas näher auf Jub 1,7f., so ist zu entdecken, dass weitere Gedanken aus Dtn 31 aufgenommen sein müssen.[126] Es ist davon die Rede, dass Jahwe sein Volk in das den Vätern zugeschworene Land bringen wird, in dem Milch und Honig fliessen, sie würden essen und satt werden, sich aber dann fremden Göttern zuwenden, die sie nicht retten können. Dieser Duktus muss sich an Dtn 31,20 anlehnen, weil auch dort die gleichen Gedanken in der gleichen Abfolge aufscheinen. Zudem handelt es sich in beiden Fällen um eine an Mose adressierte Jahwerede, die die Situation nach der Landnahme kritisch beleuchtet, indem sie die Verfehlung des Volkes im Götzendienst

---

[125] Dtn 31,27(MT) zu diesem Gedanken: יָדַעְתִּי אֶת־מֶרְיְךָ וְאֶת־עָרְפְּךָ הַקָּשֶׁה; dazu die LXX-Fassung: ἐπίσταμαι τὸν ἐρεθισμόν σου καὶ τὸν τράχηλόν σου τὸν σκληρόν.

[126] Zu Jub 1,7f. existiert ein Qumranfragment, das zwar weitgehend in Entsprechung zur äthiopischen Übersetzung ergänzt werden musste, jedoch die wörtlichen Zusammenhänge mit Dtn 31,20f. (cf. auch Dtn 31,18) teilweise aufzuzeigen vermag. Jub 1,7f. findet sich in 4Q216, Kol. I, Zeile 17, und Kol. II, Zeile 1–5; cf. DJD, XIII, 5.7–8.

voraussagt. Womöglich gibt es im ersten Kapitel des Jubiläenbuches noch einen weiteren Anklang an Dtn 31, wenn in Jub 1,18 Gott zusichert, er werde sein Volk nicht verlassen und verstossen. Das kann auf dem Hintergrund von Dtn 31,6 gesehen werden, wo Mose das Volk vor dem Einzug ins Land ermutigt, bei Schwierigkeiten nicht zurückzuschrecken, weil Jahwe mit ihm ist, es nicht fallen lässt und nicht verlässt.

Zwischen den Ausführungen in Jub 1,7ff. und 1Q22 I,5–11 gibt es offensichtliche Parallelen, wenn es um die Vorhersage des verkehrten Verhaltens des Volkes nach der Landnahme im Götzendienst geht. Beide scheinen sich aber auf Dtn 31 zurückzubeziehen, wenngleich 1Q22[127] bezüglich seiner Wortwahl sehr eigenkonturiert erscheint.[128] Die Situation von 1Q22 ist damit beschrieben, dass Mose zunächst eine Jahwerede kurz vor dem Einzug ins gelobte Land vernimmt,[129] in der ihm das Schicksal des Volkes enthüllt wird, das zum Götzendienst abfallen wird. Jahwe ruft als Zeugen Himmel und Erde an und sagt voraus, das Volk werde ihn verlassen und den Götzen der Völker dienen (I,7). Die Zeugenanrufung von Himmel und Erde (I,5) und der Versammlungsbefehl für die Gemeinde (I,2) kann auf dem Hintergrund von Dtn 31,28 gesehen werden,[130] die Ausführungen zum Abfall von Jahwe nach der Landnahme aber dürften von Dtn 31,16–22 inspiriert sein.[131] Jedenfalls stimmen die Redesituation und die thematischen Grundlinien zwischen 1Q22 I, 5–11 und Dtn 31,16–22 darin überein, dass es jeweils um eine göttliche Zukunftsansage vor der Landnahme bezüglich des zu erwartenden pervertierten Verhaltens des Volkes im Land durch den Fremdgötterkult geht und dass dieses Verhalten verheerende Folgen zeitigen werde.

Gleichermassen muss sich 4Q390[132] in ähnlicher Weise wie 1Q22

---

[127] Zum hebräischen Text von 1Q22 cf. F. García Martínez – E.J.C. Tigchelaar, *The Dead Sea Scrolls. Study Edition*, I, 58–62.

[128] Cf. dazu die Bermerkung von M.J. Bernstein, «Pseudepigraphy in the Qumran Scrolls», 20: «but this is not a text composed independently. Rather, it is constructed completely out of pentateuchal verses with supplementation [...] and portions of biblical verses are even rearranged into new combinations».

[129] Die Datierung dieser Rede ist die gleiche wie in Dtn 1,3.

[130] Zum Versammlungsbefehl (קהל hiph) cf. auch Dtn 31,12.

[131] Bezüglich wörtlicher Wiederaufnahmen lassen sich aber keine Formulierungen nachweisen, wenn man von der Aussage absieht, das Volk hätte Jahwe verlassen (יעזבוני in 1Q22 I,7 und ועזבני in Dtn 31,16).

[132] Zum hebräischen Text cf. D. Dimant, «New Light from Qumran», 414f.; F. García Martínez – E.J.C. Tigchelaar, *The Dead Sea Scrolls. Study Edition*, II, 782–785.

auf Dtn 31,16–22 zurückbeziehen. In diesem Fall sind sogar Wortberührungen nachweisbar, die sich auch auf Dtn 31,26–29 erstrek-
ken. In 4Q390 scheint eine deuteronomistisch geprägte Gottesrede
an Mose vorzuliegen,[133] die den Abfall der Israeliten und die darauf
bezogenen entsprechenden Konsequenzen beschreibt. Das lässt sich
in jedem Fall mit der Offenbarungssituation in Dtn 31,16ff. vergleichen, die das Fehlverhalten des Volkes nach der Landnahme ins
Blickfeld nimmt. In 4Q390, Frag. 1, Zeile 3, heisst es, dass die Söhne
Aarons nicht in den Wegen wandeln werden, die ihnen Gott anbe-
fohlen hat (ולא יתהלכון בדר[כי אשר אנוכי מצו]י[ת]ך).[134] Dtn 31,29 aber
ist vom gleichen Gedanken geprägt, wenn dort zum Ausdruck kommt,
dass die Israeliten vom Weg abweichen werden, den ihnen Gott
vorgeschrieben hat (וסרתם מן־הדרך אשר צויתי אתכם). Dass sie aufgrund
dieses Sachverhalts zu verwarnen sind bzw. dieses Verhalten gegen
sie zum Zeugnis ins Feld geführt wird, ist durch das Verbum עוד
(hiph.) in Zeile 4 (תעיד) zum Ausdruck gebracht.[135] Das lässt sich auf
dem Hintergrund des Moseliedes betrachten, das zum Zeugnis gegen
die Israeliten oder zu ihrer Vermahnung dient (Dtn 31,19.21.28).[136]
Fortgeführt ist der erwähnte Gedanke mit der Bemerkung in Zeile
4, dass sie das tun werden, was in den Augen Gottes böse ist (ויעשו
הרע בעיני [...]),[137] und diese Formulierung begegnet auch in Dtn
31,29.[138] Dass sie dadurch das Gebot Jahwes verlassen haben, kommt
durch das Verbum עזב zum Ausdruck (Frag. 1, Zeile 7 und Frag. 2,
Kol. I, Zeile 8), das sich im nahezu gleichen Zusammenhang auch
in Dtn 31,16f. findet.[139] Eigentlich geht es um Bundesbruch, und das
wird auch verbaliter in Zeile 8 erwähnt (cf. auch Frag. 2, Kol. I,
Zeile 5–6): וברית ויפרו. Dieses Vokabular wird im Deuteronomium
nur in Dtn 31,16.20 benutzt und drückt den Sachverhalt des Abfalls von Jahwe in aller Deutlichkeit aus. Weiterhin erscheint eine

---

[133] Cf. D. DIMANT, «New Light from Qumran», 432–434.

[134] Zu den deuteronomistischen Formulierungen הלך (ב)דרך und אשר אנוכי מצוך
cf. Dtn 19,9; 26,17; 28,9; 30,6; 1Kön 3,14; 11,33.38; Sach 3,7 und Ex 34,11; Dtn
4,40; 6,6; 28,1; 30,8.11.16.

[135] Zu עוד ב cf. Dtn 4,26; 8,19; 30,19; 31,28; 32,46; Jer 11,7; Ps 50,7; Neh 9,29;
2Chr 24,19.

[136] In Dtn 31,19.21 findet sich das Nomen עד, in V.28 das Verbum עוד; cf. auch
V.26, der aber nicht auf das Moselied zu beziehen ist.

[137] Cf. auch 4Q390 Frag. 1, Zeile 8–9 und Zeile 12 bzw. Frag. 2, Kol. I, Zeile 8.

[138] Cf. zu dieser deuteronomistischen Formulierung auch Dtn 4,25; 9,18; Ri 2,11;
1Sam 12,9; 1Kön 21,15; 2Kön 1,15; Jer 7,30; 18,10; Jes 65,12; Ez 39,23.

[139] Dieses Verbum mit Bezug auf Jahwe und seine Gebote findet sich in 1Kön
18,18; 2Kön 17,16; Ps 119,53; Spr 28,4; Esr 9,10; 2Chr 7,19; 12,1.

wortgetreue Phrase aus Dtn 31,17 (cf. auch V.18) in Zeile 9 (cf. auch Zeile 10), wenn es um die Reaktion Jahwes geht, der sein Antlitz von den Seinen abwendet (והסתרתי פני מהמה).[140] Schliesslich kann die Verstocktheit des Herzens in Zeile 12 (שרירות) mit der Widersetzlichkeit und Halsstarrigkeit des Volkes in Dtn 31,27 verglichen werden, selbst wenn anderes Vokabular verwendet wird (ידעתי את־מריך ואת־ערפך הקשה).

Dieser detaillierte Wortvergleich mit der Kumulation bestimmter Phrasen bezeugt in jedem Fall, dass 4Q390 auf dem Hintergrund von Dtn 31,16ff. formuliert sein muss und rezeptionstechnisch dort ansetzt. Aus diesem Grund ist der Verdacht berechtigt, dass 4Q390 eine ähnliche Situation voraussetzt, es sich also um eine Jahwerede an Mose handelt, die vor dem Einzug ins gelobte Land geschieht und den künftigen Abfall des Volkes ansagt.

Wenn es um die Rezeption von Dtn 31 in Qumrantexten geht, so soll an dieser Stelle auch auf 4Q378 (= Psalms of Joshua[a])[141] verwiesen werden, wenngleich als primäre Rezeptionsgrundlage wahrscheinlich das erste Kapitel des Josuabuches gedient hat. Zumindest findet sich in 4Q378 Frag. 3, Kol. II, Zeile 10–11, Vokabular, das im Zusammenhang mit der Einsetzung Josuas als Mosenachfolger steht, aber gleichermassen in Dtn 31,7f. und Jos 1,5–9 zu finden ist. Da die Wortberührungen mit Jos 1,5.6.9 jedoch deutlicher sind,[142] muss nicht unbedingt Rekurs auf Dtn 31,7f. genommen werden.[143]

Bleibt man weiterhin bei Qumrantexten, so ist man auf die Kriegsrolle verwiesen, in der Dtn 31,6 wiederaufgenommen wird. In 1QM XV[144] geht es um die Vorbereitung des Krieges gegen jedes Volk

---

[140] Cf. zu dieser Redewendung in entsprechendem Zusammenhang Dtn 32,20; Jes 8,17; 54,8; 59,2; Jer 33,5; Ez 39,23–24.29; Mi 3,4.

[141] Cf. C. Newsom, «4Q378 and 4Q379: An Apocryphon of Joshua», 37–58; DJD, XXII, 240–262; F. García Martínez – E.J.C. Tigchelaar, The Dead Sea Scrolls. Study Edition, II, 744–748.

[142] Die Formulierung ואל תחת (Zeile 10) findet sich wörtlich in Jos 1,9 (Dtn 31,8: ולא תחת), die Wortfolge חזק וא[מ]ץ כ]י תנחיל אתן העם הזה (Zeile 10) entspricht exakt Jos 1,6 und das Wortpaar לא רפה לא עזב (Zeile 11) entdeckt man auch in Jos 1,5, nicht nur in Dtn 31,6.8.

[143] Ob bei diesem Textbefund (Anm. 142) eine Rezeption beider Stellen (Dtn 31,7f. und Jos 1,6–7.9) vorliegt, kann zumindest angezweifelt werden, da in 4Q378 Frag. 3, Kol. II, auch sonst nur Jos 1 im Hintergrund zu stehen scheint; anders C. Newsom, «4Q378 and 4Q379: An Apocryphon of Joshua», 41–43; cf. auch DJD, XXII, 245f.

[144] Cf. J. Duhaime, «War Scroll», 128f.; F. García Martínez – E.J.C. Tigchelaar, The Dead Sea Scrolls. Study Edition, I, 136–139.

des Frevels (Zeile 2), und zu diesem Zweck ordnet der Hauptpriester unter seinen Brüdern die Schlachtreihen (Zeile 5–6). Wahrscheinlich ein anderer Priester, der für den Zeitpunkt der Rache bestimmt ist, ermutigt schliesslich seine Brüder mit den Worten: "Seid stark und fest und werdet tapfere Männer. Fürchtet euch nicht und erschreckt nicht, und euer Herz erweiche nicht. Seid nicht bestürzt und erschreckt nicht vor ihnen" (Zeile 7–8). Diese Aussage enthält wörtliche Berührungen mit Dtn 31,6, wobei bei der Rezeption auch 2Sam 2,7 und Dtn 20,3 eine Rolle spielen. In Dtn 31,6 wendet sich Mose vor der Landnahme an das Volk, um es zu stärken und ihm Mut zu machen: "Seid stark und fest, fürchtet euch nicht und erschreckt nicht vor ihnen". Diese Worte des Mose wurden nun dem Priester in den Mund gelegt, der vor dem Krieg seine Brüder im Kampfgeist bestärkt.[145] Dass die Ermutigung dieses Priesters mit den Worten des Mose aus der Tora erfolgt (Dtn 20,3; 31,6), verleiht ihnen natürlich ein immenses Gewicht und unterstreicht ihre Bedeutung.

Was die Rezeption von Dtn 31,6 anbelangt, so findet sich auch im NT eine Stelle, die allerdings eine andere Aussage dieses Verses aufgreift. Im 13. Kapitel des Hebräerbriefes findet sich in V.5 gleichsam als Abschluss eines kleinen paränetischen Abschnitts ein Zitat, das sich auf Dtn 31,6 bezieht und die Zusage bzw. Hilfe Gottes verdeutlichen möchte. Daran schliesst sich ein Psalmzitat aus der LXX an (Ps 117,6), das in gleicher Weise die Unterstützung Gottes thematisiert. Letztlich wird mit Bezug auf Dtn 31,6 ausgesagt, dass Gott versprochen hat, die Angesprochenen nicht fallen zu lassen und nicht zu verlassen.[146] Diese Ermutigung stammt ursprünglich aus dem

---

[145] Im hebräischen Original lautet 1QM XV,7–8: חזקו ואמצו והיו לבני חיל אל תיראו ואל תח[תו] ואל ירך לבבכ]מה ואל תחפזו ואל תערוצו מפניהם. Dieser Satz speist sich aus drei Stellen, nämlich Dtn 31,6, 2Sam 2,7 und Dtn 20,3; im einzelnen ist folgendes anzumerken: die Worte חזקו ואמצו verdanken sich Dtn 31,6, das אל תיראו kommt sowohl in Dtn 31,6 als auch in Dtn 20,3 vor, die Phrase והיו לבני חיל bezieht sich auf 2Sam 2,7, die Wortfolge von ואל ירך bis zum Ende des Zitats speist sich aus Dtn 20,3, wobei der letzte Teil ואל תערוצו מפניהם auch in Dtn 31,6 zu finden ist. Es handelt sich also um eine Verquickung der drei Stellen, wobei manche Teile sowohl in Dtn 31,6 als auch in Dtn 20,3 zu finden sind.

[146] Dtn 31,6 heisst an dieser Stelle in der LXX: οὐ μή σε ἀνῇ οὔτε μή σε ἐγκαταλίπῃ (MT: לא ירפך ולא יעזבך). Die gleiche Aussage findet sich auch in Dtn 31,8, wenngleich dort Mose nicht das Volk, sondern Josua meint, und die griechische Übersetzung etwas anders ausfällt (οὐκ ἀνήσει σε οὐδὲ μή σε ἐγκαταλίπῃ σε). Desweiteren ist man auch auf Jos 1,5 verwiesen, wo Jahwe sich an Josua wendet und ihn ermutigt; wiederum variiert die Übersetzung der LXX, während der gleiche hebräische Text zugrundeliegt (οὐκ ἐγκαταλείψω σε οὐδὲ ὑπερόψομαί σε). Vergleicht man nun die Wiederaufnahme in Hebr 13,5 (οὐ μή σε ἀνῶ οὐδ' οὐ μή σε ἐγκαταλίπω), so dürfte

Mund des Mose und galt dem Volk vor dem Einzug ins gelobte
Land, das mit kriegerischer Auseinandersetzung zu rechnen hatte.
Im 13. Kapitel des Hebräerbriefes aber wird sie aus ihrem eigentlichen
Kontext gelöst und als eine allgemeine Zusage Gottes in einen paräneti-
schen Text begründend eingeführt.

Blickt man bezüglich wörtlicher Wiederaufnahmen aus Dtn 31 in
die *Antiquitates* des Josephus, so muss man feststellen, dass man kaum
fündig werden kann.[147] Die Übertragung der Leitung von Mose auf
Josua ist so geschildert, dass eigene Aussageinteressen des Autors in
den Vordergrund rücken und von der biblischen Vorlage lediglich
das Erzählgerüst in groben Zügen beibehalten wird. Die Erzählmanier
des Josephus entfernt sich deshalb weitgehend vom biblischen Wortschatz und setzt eigene Akzente.

Schliesslich ist noch der LAB bezüglich wörtlicher Wiederaufnahmen
heranzuziehen, da in ihm die biblische Geschichte von Gen 1 bis
2Sam 1 in besonderer Weise und von eigenen Intentionen geleitet
nacherzählt wird. Die Inhalte von Dtn 31 finden sich im 19. und
20. Kapitel dieser Schrift verarbeitet, wobei sie recht eigenwillig
aufgegriffen werden. Dennoch lassen sich Wortberührungen mit der
biblischen Vorlage aufweisen, die sich hauptsächlich auf Dtn 31,16
stützen; dort sagt Jahwe zunächst den Tod des Mose voraus. Diese
Ansage des Todes des Mose findet sich in LAB in mehrfachen
Zusammenhängen mit der entsprechend biblisch üblichen Redewendung "mit/bei den Vätern schlafen" (*dormire cum patribus tuis/
meis*). In LAB 19,2 kündet Mose selbst seinen bevorstehenden Tod
an, in LAB 19,6 nimmt Jahwe in einer Rede an ihn darauf Bezug
und in LAB 19,12 konkretisiert er in einer weiteren Rede die näheren
Umstände seines Ablebens.[148] Nach der Voraussage des Todes des

---

sie sich auf Dtn 31,6(LXX) beziehen, weil dort beide Verbalformen im Aorist
Konjunktiv wiedergegeben sind, ähnliche Negationen gebraucht werden und die
Satzstellung gleich ist. Zudem sei bemerkt, dass sich diese Aussage auch in 1Chr
28,20 findet; der hebräische Text ist identisch, während die LXX-Fassung wiederum
anders ausfällt (οὐκ ἀνήσει σε καὶ οὐ μή σε ἐγκαταλίπῃ).

[147] Dass Mose die verschriftete Weisung den Priestern übergeben hat, findet sich
in Dtn 31,9(LXX) und Ant IV,304 in etwa im gleichen Wortlaut, ansonsten könnte
vielleicht noch eine annähernd wörtliche Entsprechung zwischen Dtn 31,12 und
Ant IV,309 vorliegen.

[148] Cf. LAB 19,2: *ecce ego dormio cum patribus meis*; LAB 19,6: *ecce tu pro-
ficisceris dormire cum patribus tuis*; LAB 19,12: *et dormificabo te cum patribus
tuis*; cf. dazu den Gedanken in Dtn 31,16(MT): הִנְּךָ שֹׁכֵב עִם אֲבֹתֶיךָ; in der LXX-
Fassung: ἰδοὺ σὺ κοιμᾷ μετὰ τῶν πατέρων; bzw. in der Vulgata: *ecce tu dormies cum
patribus tuis*.

Mose folgt in der Jahwerede in Dtn 31,16 die Ankündigung, dass das Volk sich im Land erheben, fremden Göttern nachfolgen und es auf diese Weise Jahwe verlassen wird. Diese Thematik ist ebenfalls in LAB 19,2 (cf. auch V.3) angesprochen, wenn es in der Moserede heisst, dass das Volk sich erheben wird, die von Mose erlassenen göttlichen Weisungen verlassen und deshalb auch von Gott verlassen werden wird; ebenso spricht Jahwe in LAB 19,6 davon, dass das Volk gegen ihn aufstehen und sein Gesetz vergessen wird, er dafür aber ihre Nachkommenschaft eine zeitlang verlässt.[149] Eine weitere mögliche Wiederaufnahme von Dtn 31,16 könnte noch in LAB 21,1 vorliegen, wo Jahwe sich an Josua wendet und ihm ankündigt, das Volk werde hinter anderen Göttern her verführt werden, so dass er es verlassen werde.[150] Bezüglich weiterer Wiederaufnahmen stösst man auf die Zeugenanrufung von Himmel und Erde im Munde des Mose in LAB 19,4, die durchaus auf dem Hintergrund von Dtn 31,28 gesehen werden kann,[151] und eine Ermutigungsformel an Josua in LAB 20,5, die wahrscheinlich mit Blick auf Dtn 31,7.23 gewählt worden ist.[152] In Bezug auf Dtn 31,7.23 ist weiterhin anzumerken, dass im LAB das Nachfolgeverhältnis zwischen Mose und Josua nicht auf diesem Hintergrund ausgefaltet wird, wenn man das Kriterium wörtlicher Wiederaufnahmen zugrunde legt. In LAB 20,1 ist vielmehr angemerkt, Jahwe hätte nach dem Tod des Mose einen Bund mit Josua geschlossen und dieser hätte die Leitungsfunktion deshalb übernehmen können, weil er die Gewänder der Weisheit des Mose

---

[149] Cf. LAB 19,2: novi autem quia surgentes relinquetis disposita vobis per me verba [. . .] et derelinquet vos; LAB 19,6: exsurget autem populus hic et non requiret me et obliviscentur legem meam in qua illuminavi eos, et relinquam ad tempus semen eorum; im Vergleich dazu Dtn 31,16(MT): וְעֲזָבַנִי [. . .] וְקָם הָעָם הַזֶּה; die LXX-Fassung: καὶ ἀναστὰς ὁ λαὸς οὗτος [. . .] καὶ ἐγκαταλείψουσίν με (Vulgata: et populus iste consurgens [. . .] derelinquet me).

[150] Cf. LAB 21,1: et seducuntur post deos alienos, et derelinquam eos sicut testatus sum; dazu der Hintergrund von Dtn 31,16: וּוָנָה אַחֲרֵי אֱלֹהֵי נֵכָר; in der LXX-Fassung: ἐκπορνεύσει ὀπίσω θεῶν ἀλλοτρίων (Vulgata: fornicabitur post deos alienos).

[151] Cf. LAB 19,4: ego autem testor hodie vobis celum et terram quia hoc celum audiet et terra percipiet auribus; dazu der Hintergrund von Dtn 31,28: וָאָעִידָה בָּם אֶת הַשָּׁמַיִם וְאֶת הָאָרֶץ; in der LXX-Fassung: καὶ διαμαρτύρωμαι αὐτοῖς τόν τε οὐρανὸν καὶ τὴν γῆν (Vulgata: et invocabo contra eos caelum et terram).

[152] In LAB 20,5 sprechen die Leute dem Josua die Ermutigung "confortare et viriliter age, quoniam tu solus in Israel principaberis" zu, die der in Dtn 31,7.23 entspricht: חֲזַק וֶאֱמָץ bzw. ἀνδρίζου καὶ ἴσχυε (Vulgata: confortare et esto robustus; in Dtn 31,6 übersetzt sie diese im Plural vorkommende Formel mit: viriliter agite et confortamini). Es kann natürlich nicht ausgeschlossen werden, dass auch Jos 1,6.7.9.18 im Hintergrund steht.

und dessen Gürtel des Wissens angelegt hätte. Auf ganz eigene Weise fasst also der LAB die Einsetzungszeremonie Josuas zum Nachfolger des Mose.

Zusammenfassend lässt sich also über die Rezeption von Dtn 31 im entsprechenden Zeitraum anmerken, dass bezüglich wörtlicher Wiederaufnahmen das Nachfolgeverhältnis zwischen Mose und Josua ausserhalb der AM keine Rolle spielt. Bevorzugt wurde die Thematik rezipiert, dass das widerspenstige und hartnäckige Volk (Dtn 31,27–29) sich nach der Landnahme auflehnen, zu fremden Göttern abfallen, Jahwe verlassen und dies einschneidende Konsequenzen nach sich ziehen wird (Dtn 31,16–22). Unabhängig von dieser Thematik wird auch auf Dtn 31,6 zurückgegriffen, wobei dieser Vers aus seinem thematischen Zusammenhang gerissen gleichsam als "Steinbruch" für Ermutigungsaussagen verwendet wird.

3.5 *Auswertung der Rezeptionsvorgänge*

Will man abschliessend die Rezeptionsphänomene in der AM auf dem Hintergrund von Dtn 31 auswerten, so ist grundsätzlich festzustellen, dass das dort dargestellte Nachfolgeverhältnis zwischen Mose und Josua das narrative Grundgerüst der Rahmenhandlung in der AM abgibt. Die AM ist bei der wörtlichen Rezeption von Dtn 31 primär an der Mose-Josua-Beziehung und den damit zusammenhängenden Implikationen interessiert. Um den Rahmen für die Geschichtsdarstellung entsprechend zu setzen, benötigt sie die Umstände des Nachfolgeverhältnisses und gestaltet diese nach eigenen Intentionen um. So verwundert es nicht, dass das vorrangige Rezeptionsinteresse an Dtn 31,7.14.23 gebunden ist. Besonders Dtn 31,14 mit der Offenbarungssituation im Zelt dient als Anknüpfungspunkt für den Autor der AM. Entsprechend biblischer Vorlage wird dort das Moselied offenbart, das das künftige Verhalten Israels nach der Landnahme voraussagt und seinen Abfall vom wahren Gott thematisiert. Gleichermassen betrachtet die AM den Geschichtsvorausblick Moses als göttliche Offenbarung (AM 1,11), die—wie das Moselied—zuerst verschriftet vorliegt und dann mitgeteilt wird, sowie dessen thematische Grundlinien aufgreift, vor allem was den künftigen Abfall Israels und dessen letztendliche Rettung vor den Feinden betrifft. Die "profetia" des Mose (AM 1,5) scheint gleichermassen im Zelt verankert zu sein (AM 1,9) und muss aufgrund der dargestellten Offenbarungssitua-

tion mit dem Moselied zu tun haben. Dieser Sachverhalt lässt sich
derart interpretieren, dass die Moseprophetie der AM das Moselied
aktualisieren, neu applizieren, dessen Bewahrheitung in den aktuellen geschichtlichen Verhältnissen erweisen und seine Wirkkraft in
die Zukunft hinein verlängern möchte. Das Moselied stellt gleichsam die Matrix zur Interpretation aktueller Verhältnisse dar, und an
seiner Aktualisierung erweist sich die göttlich geoffenbarte Tora als
zuverlässig und wahr. Das wird besonders deutlich, wenn man die
Verschriftungsphänomene der AM mit Dtn 31 vergleicht. In AM 1,16
werden dem Josua die von Mose vorzutragende und bereits verschriftete Geschichtsschau und andere Bücher zur Verwahrung übergeben, die mit den Büchern des Pentateuch identisch sein dürften.
Das Verhältnis der Moseprophetie zur Tora dürfte so zu beschreiben
sein, dass die Kenntnis der in der AM artikulierten Moseoffenbarungen
zum richtigen Verständnis, zur Bewahrheitung und Zuverlässigkeit
der göttlichen Weisungen der Tora herangezogen werden können.
Damit wird die Geschichtsschau zu einem unverzichtbaren hermeneutischen Schlüssel zum aktuellen Verständnis der Tora. Diese Interpretation
von AM 1,16 ergibt sich auf dem Hintergrund der Verschriftungsphänomene von Dtn 31, denn dort werden die Tora und das Moselied
derart parallelisiert, dass letzteres die Dringlichkeit der Gesetzesobservanz deutlich vor Augen führt und als leicht zu erlernendes Vademecum die Forderung der göttlichen Gebote auf dem Hintergrund
geschichtlicher Abläufe einschärfen möchte.

Was die Wiederaufnahme von Vokabular aus Dtn 31 in der AM
betrifft, so ist man hauptsächlich auf die Passagen verwiesen, die von
der Nachfolge-Beziehung zwischen Mose und Josua handeln. So spielen in der Rezeption V.7, V.14 und V.23 eine herausragende Rolle,
wobei diese drei Verse von ihrem Wortlaut her beliebig kombiniert
und auch kumulativ aufgenommen werden können. Weiteres Vokabular
aus Dtn 31 wird lediglich sporadisch, zusammenhangslos und unsystematisch benutzt, so dass eigentlich nur im Kontext der Mose-
Nachfolge die Rezeptionsgrundlage benannt werden kann. Oft handelt
es sich auch um allgemein übliches Vokabular, das für die Darstellung bestimmter Sachverhalte stereotyp verwendet wird. Besonders
an AM 1,5–18 (damit zusammenhängend auch an 10,11–15) ist ablesbar, dass das sprachliche Material von Dtn 31 im Hintergrund stehen muss, d.h., dass der erzählerische Rahmen der AM sich in erster
Linie einer Rezeption von Dtn 31 verdankt. Das hängt aber wiederum

mit dem Mose-Josua-Nachfolgeverhältnis zusammen, das dort beschrieben ist.

Was die konkrete Textvorlage betrifft, so ist es durchaus wahrscheinlich, dass die LXX-Fassung von Dtn 31 aufgrund ihres mit den Ausführungen der AM vergleichbaren Erzählduktus als Rezeptionsgrundlage gedient haben könnte, wenngleich in Bezug auf das verwendete Vokabular keine eindeutige Entscheidung getroffen werden kann. Ob die überlieferte griechische Fassung der LXX oder eine nicht erhaltene entsprechende hebräische Vorlage als Rezeptionsgrundlage gedient hat, lässt sich in diesem Zusammenhang nicht entscheiden. Es ist ja denkbar, dass eine vom MT verschiedene hebräische Textfassung als Grundlage benutzt wurde, oder dass der Autor der AM sich tatsächlich am bekannten griechischen Text orientierte. Weiterhin könnte die Rezeptionsgrundlage des Autors der AM durchaus auch als ein eigenständiger Text betrachtet werden, der sich im Prozess der Textentwicklung herausgebildet hat, und sowohl mit dem hebräischen MT als auch der griechischen LXX Gemeinsamkeiten teilt.[153]

Schliesslich soll die Frage aufgegriffen werden, warum der Autor der AM gerade den Rezeptionshintergrund der Mosenachfolge in Dtn 31 für seine eigentlichen Aussageintentionen benützt. Zunächst bietet sich Dtn 31 insofern als dankbare Vorlage an, als dort von Verschriftungsphänomenen die Rede ist, die auf die von Mose artikulierte Geschichtsschau bezogen werden können. Geht es dem Autor der AM doch darum, dass diese als mit der Autorität des Mose ausgestattete göttliche Offenbarung seinem Leserkreis mitgeteilt werden kann. In ihr konzentrieren sich seine Geschichtsbetrachtungen, die einerseits zu verschärfter Gesetzesobservanz anleiten, andererseits aber auch den Bedrängten Mut und Zuversicht zusprechen wollen. Weiterhin hat Dtn 31 in der Rezeption den Vorteil, dass es bereits auf das Moselied als massgültiger Geschichtsbetrachtung vorausweist, wird doch seine Thematik schon in Dtn 31,16–22.28–29 unmissverständlich vorweggenommen. Die Absicht des Autors scheint ja auch darin zu liegen, in einer Aktualisierung des Moseliedes dessen Bewahrheitung in der aktuellen Situation zu erweisen.

---

[153] Zudem sind bei Abweichungen des tradierten griechischen LXX-Textes von MT mehrere Denkmodelle möglich: eine tatsächlich von MT verschiedene hebräische Vorlage oder Veränderungen durch den griechischen Übersetzer. Zu dieser Problematik cf. E. Tov, *Textual Criticism of the Hebrew Bible*, 121–128 (deutsche Übersetzung: 101–107); Id., *The Text-Critical Use of the Septuagint in Biblical Research*, 189.

Wird in der AM das Moselied in der Geschichtsschau neu appliziert
(AM 2,1–10,10), das den Abfall des Volkes zu fremden Göttern nach
der Landnahme thematisiert, so wird dieser Sachverhalt in anderen
Schriften aus dem zu untersuchenden Zeitraum auf dem Hintergrund
der Aussagen von Dtn 31,16–22 (bzw. V.27–29) rezipiert. Als eindeutige Beispiele seien hier Jub 1 und die beiden Qumrantexte 1Q22
und 4Q390 genannt. Die AM ist im äusseren Rahmen rezeptionstechnisch auf die Aussagen von Dtn 31,16–22 nicht angewiesen,
weil sie diese in thematischer Hinsicht im Moselied findet, das dann
in der Geschichtsschau rezipiert wird. Diesbezüglich sind aber noch
detaillierte Untersuchungen anzustellen, inwiefern die Geschichtsschau
AM 2,1–10,10 das Moselied von Dtn 32,1–43 wiederaufnimmt. So
wird scheinbar die Untreue des Volkes nach der Landnahme in der
AM auf dem Hintergrund des Moseliedes wiederaufgenommen, in
den anderen Schriften aber nach der Vorlage von Dtn 31,16–22
(bzw. V.27–29). Letztlich aber bietet nur die AM als einzige apokryphe
Schrift diese Zusammenhänge im Rahmen der Mosenachfolge durch
Josua und stützt sich deshalb in der Rezeption massgeblich auf Dtn
31,7.14.23.

Fragt man sich nun, warum der Autor der AM als Aufhänger für
seine Geschichtsdarstellung die Übergabe der Leitung von Mose auf
Josua und die Situation kurz vor der Landnahme hergenommen hat,
so hat das sicherlich in erster Linie mit der Aktualisierung des
Moseliedes zu tun. Er nutzt also die Autorität des Mose, um auf
dem Hintergrund des deuteronomistischen Geschichtsbildes eine Erklärung für die bedrängte Lage seiner Landsleute zu liefern. Dazu muss
er Rekurs auf den Abfall von Jahwe in der Verehrung anderer Götter
nehmen und die darauf bezogene göttliche Strafe, die durch die
Feinde Israels vollzogen wird. Die Landnahme kann im Grunde als
Beginn eines Entfremdungsprozesses zwischen dem Volk und Jahwe
betrachtet werden, weil sie gleichsam die Voraussetzung für die
Untreue ihm gegenüber darstellt. Insofern bildet die Situation kurz
vor der Landnahme einen geeigneten Anknüpfungspunkt für die
Geschichtsschau, und die beiden Kapitel Dtn 31 und 32 fungieren
dafür als entsprechender Rezeptionshintergrund. Eine Aktualisierung
des Moseliedes ist insofern in der geschichtlichen Situation der
Bedrängnis bezüglich einer ungehinderten Ausübung jüdischer
Glaubenspraxis ratsam, als dadurch demonstriert werden kann, dass
Gott zu seinem Volk in seiner konkreten Religionsausübung steht,
sich letztendlich seiner erbarmt und an den Feinden Rache übt. Das

Moselied hat nicht nur paradigmatischen Charakter bezüglich der Deutung der Vergangenheit, sondern entwickelt in der aktuellen Situation ein Erklärungsmodell für den jetzigen Zustand mit der Aussicht auf letztendlich heilvolle zukünftige Verhältnisse, die allein von Jahwe heraufgeführt werden können. Eingebettet ist das in die Mahnung, rigoros an den Traditionen der Väter festzuhalten, die Gesetze mit letzter Konsequenz zu befolgen. Obwohl in der Geschichtsschau auf literarischer Ebene Josua der Adressat der Moseoffenbarung ist, gilt sie doch den Lesern der apokryphen Schrift. Wie Josua mittelbarer Offenbarungsempfänger ist (im Gegensatz zu Dtn 31,14, weil er dort mit Mose zusammen die Offenbarung empfängt), so bekommt auch der Leser Anteil an den göttlichen Enthüllungen bezüglich des weiteren Geschichtsverlaufs durch die Worte des Mose. Sie erst schlüsseln in rechter Weise das Verständnis der gesamten Tora auf, weil das "Woraufhin" aller gesetzlichen Erfüllung deutlich vor Augen geführt wird: die endgültige Rettung durch Jahwe. Insofern kann sich der Leser mit Josua identifizieren, der sich in seiner bedrängten Situation wie dieser hilflos und schwach vorkommen muss (AM 11,10–15), gleichzeitig aber ein gutes Ende in der Überwindung aller Not und Bedrückung erwartungsvoll erhofft. Die Situation der AM kurz vor der Landnahme mit der bangen Frage, ob Israel das grosse Ziel erlangen wird, ist demnach auch die Situation des Lesers der AM, der die Offenbarung der Herrschaft Jahwes zum Heil Israels erwartet. Mose weist auf die universale Determinierung alles Geschehens hin (AM 12,4–9), und versichert so, dass alle Feinde überwunden werden und sich die Sache Jahwes machtvoll durchsetzen wird.[154]

---

[154] Cf. G. REESE, *Die Geschichte Israels*, 93f.

KAPITEL 4

DIE REZEPTION DES MOSELIEDES DTN 32,1–43

Um die Rezeption des Moseliedes in der Geschichtsschau der AM
(2,1–10,10) aufzeigen zu können, soll zunächst an die Ergebnisse
bezüglich der Verschriftungsphänomene der AM auf dem Hintergrund
von Dtn 31–32 angeknüpft werden. Es wurde bereits festgestellt, dass
mit der Moseprofetia (AM 1,5; 3,11) nichts anderes gemeint sein
kann als eine Wiederaufnahme des Moseliedes, so dass AM 2,1–10,10
unter neuen geschichtlichen Bedingungen Dtn 32,1–43 aktualisiert
und diesem Text damit neue Gültigkeit verleiht.[1] Bei beiden handelt es sich um einen Geschichtsvorausblick, um eine prophetische
Schau des Mose der künftigen Geschehnisse und Ereignisse. Während
das Moselied die Situation nach der durch Josua erfolgten Landnahme
im Blick hat, will die Geschichtsschau der AM einen Überblick von
der Landnahme bis an das ausstehende apokalyptische Ende der
Zeiten geben, das auch dem Autor der AM noch vorausliegt. Beide
liegen zuerst verschriftet vor und werden dann mündlich vorgetragen, beide befassen sich im Kern mit ähnlichen Themenkreisen und
zeigen die gleiche Struktur.

So soll im folgenden das biblische Moselied (in den verschiedenen
Versionen von MT—auch im Vergleich mit den entsprechenden
fragmentarischen Texten aus Qumran—, LXX,[2] ɯ, Vulgata und unter
Umständen den Targumim) mit den Ausführungen der Geschichtsschau in AM 2,1–10,10 verglichen werden, sowohl was die Struktur,
das Handlungsgerüst, die thematische Ausfaltung als auch die konkrete Wortwahl betrifft. Dass das Moselied in der Geschichtsdarstellung
der AM als thematischer Block rezipiert wird, zeigte schon deren
Verankerung auf dem Rezeptionshintergrund von Dtn 31 im Rahmen
der AM. Nun aber soll es um das konkrete "Wie" der Wiederaufnahme
gehen, so dass die Rezeptionslinien und -schwerpunkte deutlich werden. Um diese Ergebnisse traditionsgeschichtlich orten zu können,
ist es gleichfalls nötig, die Rezeption des Moseliedes im entsprechenden

---

[1] Das Moselied bezeichnet G.W.E. NICKELSBURG, «Studies on the Testament of
Moses—Introduction», 11, als Prototyp für die AM.
[2] Zur LXX-Fassung des Moseliedes cf. M. HARL, *La langue de Japhet*, 127–144.

Zeitraum, also vom 2.Jh.v.Chr. bis ins 1.Jh.n.Chr., zu untersuchen. Nur so lässt sich die charakteristische Eigenart der Rezeption des Moseliedes in der AM eruieren. Diesbezüglich ist von Interesse, ob die Rezeption des Moseliedes durch den Autor der AM in den Traditionsstrom vergleichbarer Rezeptionen dieses Textes in anderen Schriften eingeordnet werden kann: was also unterscheidet die Wiederaufahme des Moseliedes in der AM von Wiederaufnahmen in anderen Schriften? Oder wird etwa dieses Lied generell in ähnlichen historischen Situationen unter den gleichen thematischen Perspektiven rezipiert?

4.1 *Rezeption des Moseliedes in der AM*

Die Geschichtsschau der AM beginnt mit dem Einzug ins gelobte Land, mit dessen Verteilung und der Errichtung der Herrschaftsstrukturen (AM 2,1f.), ihr Ende ist vom definitiven Sieg über die Feinde Israels und der Rache an ihnen gekennzeichnet (AM 10,2.7.10; cf. auch 9,7). Das kann auf dem Hintergrund des Moseliedes gesehen werden, das in Dtn 32,7 mit einer kurzen Notiz, an die Vergangenheit zu denken, eine geschichtliche Betrachtung einleitet, die in Dtn 32,8f. damit einsetzt, dass der Höchste die Einteilung der Gebiete der Völker vornimmt,[3] wobei Israel natürlich eine Sonderstellung bekommt. Beendet wird das Moselied durch die Überwindung der Feinde und die göttliche Rache an ihnen (Dtn 32,41–43), so dass die Geschichtsschau der AM und die Geschichtsbetrachtungen des Moseliedes thematisch den gleichen Einsatz- und Schlussgedanken aufweisen.[4] Eine weitere Thematik, die in beiden Texten eine zentrale Rolle spielt, ist die Götzenpolemik, denn sowohl in der AM als auch im Moselied besteht das Vergehen des Volkes im Kult gegenüber fremden Göttern. Im ersten Zyklus der Geschichtsschau heisst es in AM 2,8, dass die Abtrünnigen ihre Söhne fremden Göttern opfern, im Heiligtum Götzenbilder aufstellen und ihnen dienen. Im zweiten Zyklus ist in AM 5,3 davon die Rede, dass sie das Haus des Dienstes (domum

---

[3] Einen Zusammenhang zwischen Dtn 32,8f. und AM 12,4 sieht G.W.E. NICKELSBURG, «Studies on the Testament of Moses—Introduction», 10; L. VEGAS MONTANER, «Testamento de Moisés», 236/Anm. 61.

[4] Bezüglich des Schlusses bemerkt G.W.E. NICKELSBURG, *Resurrection*, 31: «The Song of Moses ends with the triumphant assertion that Yahweh will avenge the blood of his people (32:43). The Assumption of Moses strikes this same note».

servitutis) schänden und fremden Göttern nachhuren; schliesslich werden im abschliessenden eschatologischen Hymnus noch einmal die Götzenbilder erwähnt, die alle vernichtet werden (AM 10,7).[5] Dieselbe Thematik findet sich in Dtn 32,15–18.21a breit ausgefaltet, wenn davon die Rede ist, dass Gott vom Volk durch fremde Götter gereizt bzw. eifersüchtig gemacht worden war und es den Dämonen geopfert hatte, die eigentlich keine Götter sind. Auch dort wird dieses Vergehen—ähnlich wie in der AM—als Ursache für die angedrohten Strafmassnahmen Gottes betrachtet, die über das Volk hereinbrechen sollen. Eine weitere Thematik, die in beiden Texten gleichermassen gefunden werden kann, ist die der Schöpfung und des souveränen Schaffens Gottes. Innerhalb der Geschichtsschau ist man auf den eschatologischen Hymnus im 10. Kapitel der AM verwiesen,[6] wenn dort in V.1 von Gottes Herrschaft über die ganze Schöpfung gehandelt wird, die V.4–6 kosmische Erschütterungen am Ende der Tage erwähnen und abschliessend in V.10 Gott als "creator" betitelt wird. Das Moselied bezeichnet schon in Dtn 32,6 Gott als Vater, der Israel erschaffen, gemacht und bereitet hat; dieser Gedanke wird ferner in anderem Zusammenhang in V.15.18 aufgegriffen. Diesbezüglich ist interessant, dass in Dtn 32,15–18.21a die Schöpfungsaussagen mit der Götzenpolemik verschränkt sind[7] und sich diese Kombination auch am Hymnus in AM 10,1–10 ablesen lässt.[8]

Dass die Geschichtsschau von ihrer Struktur her auf dem Hintergrund des Moseliedes gesehen werden kann, hat bereits Harrington aufgewiesen, wobei er allerdings nicht an der literarischen Einheit der Geschichtsschau festhält.[9] Das Moselied weist ein *pattern* nach dem Muster "apostasy-punishment-vindication" auf,[10] wobei das Vergehen im Abfall zu fremden Göttern, die Strafe in der angedrohten Bedrängnis durch die Feinde und die Wiederherstellung durch Gott

---

[5] Cf. dazu auch AM 8,3f.

[6] Cf. zur Schöpfungsthematik im Rahmen ausserhalb der Geschichtsschau: AM 1,2.12; 12,4–5.9 bzw. die schöpfungsbezogenen Titel für Gott in AM 1,11; 2,4 oder die vermeintlichen Präexistenzvorstellungen in AM 1,14.17.

[7] Dtn 32,15: Verweis auf Gott, der Jakob gemacht hat; Dtn 32,17: Opferdienst für unbekannte Götter; Dtn 32,18: Gott als Fels, der Jakob gezeugt und geboren hat; Dtn 32,21a: Gottes Eifersucht aufgrund der Verehrung anderer Götter.

[8] AM 10,1.4–6: Erscheinung der Herrschaft Gottes über seiner ganzen Schöpfung und kosmische Erschütterungen am Ende der Tage; AM 10,7: Vernichtung der Götzenbilder; AM 10,10: Bekenntnis Israels zu seinem Schöpfer.

[9] Cf. D.J. Harrington, «Interpreting Israel's History», 64.

[10] Cf. D.J. Harrington, «Interpreting Israel's History», 60f.

selbst in der Rache an den Feinden besteht. Gottes freier und sou-
veräner Rettungswille und sein Einstehen für das von ihm erwählte
Volk angesichts seiner Feinde bewirkt den Wendepunkt, nicht ein
irgendwie geartetes vorgängiges menschliches Verhalten. In Dtn
32,26–35 finden sich Erwägungen Jahwes, die verhängte Strafe nicht
zu vollziehen, damit die Feinde nicht der irrigen Meinung verfallen,
der Untergang Israels ginge auf ihre Rechnung. Schaut man näher
auf das Moselied, so ist der Abfall des Volkes im Fremdgötterkult
in Dtn 32,15–18, die angedrohte göttliche Strafaktion und die Abkehr
davon in den V.20–35, sowie das göttliche Erbarmen und die Rache
an den Feinden in V.36–43 erwähnt.[11] Dieses *pattern* entdeckt man
ohne Mühe im ersten Zyklus der Geschichtsschau (AM 2,1–4,9),
wobei HARRINGTON nur von einer "partial vindication" zu reden
geneigt ist, weil der Opferkult—aus welchen Gründen auch immer—
nicht mehr möglich ist (AM 4,8).[12] Ob dieses Faktum erlaubt, nur
von einer "partial vindication" auszugehen, sei dahingestellt, weil die

---

[11] Die Beurteilung der Struktur des Moseliedes variiert in der Literatur, je nachdem, welche Kriterien für eine Gliederung zugrunde gelegt werden. Entsprechend
seiner Einführung wird es von Mose vorgetragen, im Gedicht selber aber entdeckt
man die Stimme Jahwes und die des Poeten. Aus der Fülle der Gliederungsbeispiele
seien im folgenden einige exemplarisch angeführt. C.J. LABUSCHAGNE, «The Song
of Moses», 94–98: V.1–6 (Introduction), V.7–18 (Retrospect on Israel's history),
V.20–27 (Yahweh's first speech), V.28–31 (The poet's comment on Yahweh's first
speech), V.32–35 (Yahweh's second speech), V.36–39 (The poet's comment on
Yahweh's second speech), V.40–42 (Yahweh's third speech), V.43 (The poet's exhor-
tation for praise). J. LUYTEN, «Primeval and Eschatological Overtones», 347: V.15–18
(Israel's unfaithfulness), V.20–25 (Yahweh's anger and punitive purposes), V.26–33
(Yahweh's complete change of mind), V.34–42 (Yahweh's great deeds in the future).
E. NIELSEN, *Deuteronomium*, 286: V.1–25 (Drohung Jahwes gegenüber seinem undank-
baren Volk), V.26–35 (Überlegungen Jahwes, die ihn von der Ausführung der
Drohung abhalten), V.36–43 (Eidliche Zusage der göttlichen Rache). P. SANDERS,
The Provenance of Deuteronomy 32, 264: V.1–2 (Exhortation to listen), V.3–4 (Introduction
to the song's theme), V.5–6 (Accusation of Israel), V.7 (Admonition to remember
the past), V.8–14 (Yahweh's election of Israel), V.15–18 (Israel's apostasy), V.19–25
(Yahweh's reaction: punishment of Israel), V.26–31 (Yahweh's change of opinion),
V.32–35 (Yahweh's wrath is going to strike the enemies too), V.36 (Yahweh's com-
passion), V.37–38 (Uselessness of the veneration of foreign gods), V.39 (Yahweh as
only real god), V.40–42 (Vengeance on Israel's enemies), V.43 (Honouring Yahweh
for his vengeance). Welche Gliederung man auch im Moselied zu finden meint, in
jedem Fall sind die Bausteine des "apostasy-punishment-vindication-pattern" evident, denn in Dtn V.15–18 ist der Abfall des Volkes beschrieben, in V.20–25 die
darauf bezogene Strafdimension erwähnt und in V.41–43 geht es um die göttliche
Rache an den Feinden. Welche Verse man nun genau welchem Baustein des *pattern* zuordnet, das bleibt durchaus strittig, in keinem Fall aber determinieren menschliche Akte die Verschonung Israels durch Jahwe (z.B. Fürbitte, Sündenbekenntnis,
Umkehrbereitschaft).
[12] Cf. D.J. HARRINGTON, «Interpreting Israel's History», 65.

Rückkehr aus dem Exil in jedem Fall als erfolgt betrachtet wird, und
das allein könnte als Wiederherstellung des früheren Zustands gedeutet werden. Der zweite Zyklus der Geschichtsschau (AM 5,1–10,10)
lässt sich aufgrund der gemachten Beobachtungen nicht so geradlinig in dieses Schema hineinpressen, wenngleich man natürlich auch
die Elemente "apostasy, punishment, vindication" findet und im
abschliessenden Hymnus sogar von einer "eschatological vindication"
gesprochen werden kann.[13] Was die Abfolge der Kapitel 5–8 in der
AM betrifft, könnte man schliesslich von einer retardierenden Abfolge
der Elemente "apostasy" und "punishment" ausgehen, so dass das
pattern aus dem Moselied nur erweitert wurde, um die Endzustände
dramatischer zu schildern und die apokalyptische Erhöhung Israels
mehr zu konturieren. In jedem Fall lassen diese Überlegungen den
Schluss zu, dass die Struktur des Moseliedes auf dem Hintergrund
des "apostasy-punishment-vindication-pattern"[14] bei der Ausgestaltung
der Geschichtsschau der AM massgeblich gewesen sein muss.

Auf dem Hintergrund der Elemente dieses *pattern* lassen sich weitere Beobachtungen bezüglich der Wiederaufnahme des Moseliedes
in der Geschichtsschau der AM anführen. Im ersten Zyklus der
Geschichtsschau (AM 2,1–4,9) tritt in AM 4,1 ein Fürsprecher auf,
der seine Rede damit beendet, dass er Gott bittet, er möge auf sein
exiliertes Volk achten und sich seiner *erbarmen* (AM 4,4). Der dritte
Baustein des *pattern* (vindication) erstreckt sich im Anschluss daran
von V.5 bis 9; dort kommt zum Ausdruck, dass Gott aufgrund des
Bundes seines Volkes gedenkt und seine *Barmherzigkeit* offenbar werden wird. Schliesslich gibt er der Seele des feindlichen Königs ein,
dass er sich des exilierten Volkes *erbarme*, um es in sein Land ziehen zu lassen. In diesem Abschnitt ist auffällig von der Barmherzigkeit
Gottes die Rede (misericordia, misereri),[15] die im Moselied genau am
Beginn des dritten Elements des *pattern* ebenfalls zu finden ist, wenn
es in Dtn 32,36 heisst, dass der Herr seinem Volke Recht verschaffen
und sich seiner Knechte *erbarmen* wird.[16] Im Moselied findet sich also

---

[13] Cf. D.J. HARRINGTON, «Interpreting Israel's History», 65.

[14] Dieses *pattern* findet sich natürlich noch an anderen Stellen, sowohl in der biblischen als auch ausserbiblischen Literatur; cf. z.B. D.J. HARRINGTON, «Interpreting
Israel's History», 61–63.

[15] Cf. AM 4,4.6 (misereri) und AM 4,5 (misericordia); cf. zu diesen Termini auch
AM 11,10 (misereri) und AM 7,6; 9,2; 11,17; 12,7 (misericordia); die griechischen
Äquivalente dürften wohl ἐλεέω und ἐλεημοσύνη sein.

[16] Dtn 32,36 an dieser Stelle (LXX): καὶ ἐπὶ τοῖς δούλοις αὐτοῦ παρακληθήσεται;
MT: ועל עבדיו יתנחם; Vulgata: et in servis suis miserebitur.

bezüglich seiner Ausfaltung ein gewisser Einschnitt mit der Erwähnung
des göttlichen Erbarmens, denn von Dtn 32,36 an scheint klar zu
werden, dass Gott auf der Seite der Seinen steht und an ihren Feinden Rache üben wird. Desgleichen wird das Erbarmen Gottes über
sein exiliertes Volk in AM 4,4–6 herausgestrichen, das letztlich dafür
verantwortlich gemacht wird, dass sich das Unheilsgeschick des Volkes
wendet. Die parallele Erwähnung der göttlichen Barmherzigkeit an
einer zentralen Schnittstelle des *pattern* ist demnach augenfällig.

Eine weitere thematische Parallele zwischen dem Moselied und
der Geschichtsschau der AM besteht im Rekurs auf die Vorväter,
denen jeweils eine massgebliche Rolle zuerkannt wird. Bevor im
Moselied in Dtn 32,8 die eigentlichen Geschichtsbetrachtungen bezüglich des Geschicks Israels anheben, indem auf die Aufteilung der
Völker in ihren jeweiligen Gebieten Bezug genommen wird, findet
sich als Einleitung dazu in Dtn 32,7 die Aufforderung, sich an die
Tage der Vorzeit zu erinnern und den Vater bzw. die Ältesten zu
befragen, wie sich die Geschehnisse der vorgängigen Generationen
zugetragen haben. Lenkt man den Blick auf die Geschichtsschau der
AM, so findet sich ein Bezug auf die vorgängigen Generationen in
AM 9,4: dort heisst es in der Rede des Taxo an seine Söhne, dass
weder die Väter noch die Vorväter Gott versucht und seine Gebote
übertreten hätten (numquam temptantes Deum nec parentes nec pro-
avi eorum). Nach einer weiteren Ermahnung, die Gebote des Herrn
nicht zu vernachlässigen und sogar bis zum Martyrium bereit zu
sein, beginnt in AM 10,1 der eschatologische Hymnus mit der neuen
Herrschaft Gottes über die ganze Schöpfung (regnum; cf. auch AM
10,3),[17] also der absoluten Neueinteilung aller Herrschaftsbereiche.
Das kann auf dem Hintergrund von Dtn 32,8 gesehen werden, der
Festsetzung der irdischen Herrschaftsbereiche durch den Höchsten.
Die Abfolge der Bezugnahme auf vorgängige Generationen und die
Einrichtung des gesamten Herrschaftsbereichs findet sich also sowohl
im Moselied als auch in der Geschichtsschau der AM, eben an dem
Punkt, an dem der eschatologische Rettungshymnus den endgültigen
Sieg über die Feinde verkündet.

Schliesslich soll die Wiederaufnahme von Dtn 32,1–43 in der
Geschichtsschau der AM durch Wortbezüge aufgewiesen werden,
wobei aufgrund der lateinischen Überlieferung der AM gewisse

---

[17] Dass hier ein Rückbezug auf AM 2,2.5 vorliegt, zeigten die Beobachtungen zur
Struktur der Geschichtsschau; cf. unter 2.3.1. die vorgängigen Ausführungen, bes. 56.

Unsicherheiten und Unwägbarkeiten nicht auszuschliessen sind.[18] Es wurde bereits dargestellt, dass sowohl in Dtn 32,15–21 als auch in AM 2,8; 5,3 die Fremdgötterthematik bzw. der im Kult praktizierte Götzendienst eine Erwähnung finden. Schaut man mit einem Vergrösserungsglas auf diese beiden Stellen der AM, so findet sich Vokabular, das ebenfalls im Moselied benutzt worden war. In AM 2,8 ist davon die Rede, dass die Abtrünnigen ihre Söhne fremden Göttern opfern und Götzenbilder aufstellen:[19] et immolabunt natos suos diis alienis et ponent idola. Eine Rückübersetzung ins Griechische dürfte in etwa folgendermassen ausgesehen haben: «καὶ θύσουσι τὰ τέκνα αὐτῶν θεοῖς ἀλλοτρίοις καὶ θήσουσιν εἴδωλα».[20] Betrachtet man nun das Moselied, so wird in Dtn 32,17 erwähnt, dass das abtrünnige Volk Dämonen geopfert hätte (LXX: θύω/MT: זבח), die keine Götter sind. Von Götzen oder Götzenbildern (εἴδωλα/הבלים) liest man in Dtn 32,21, durch die die Abgefallenen ihren Gott eifersüchtig gemacht haben. Und dass sie ihn durch fremde Götter (ἐπ᾽ ἀλλοτρίοις/בזרים) reizten, kommt in Dtn 32,16 zum Ausdruck. In AM 5,3, der anderen markanten Stelle bezüglich der Fremdgötterverehrung, heisst es, dass das widerspenstige Volk fremden Göttern nachhuren wird. Lateinisch ist hier von den "dei alieni" die Rede, was im Griechischen wahrscheinlich mit θεοὶ ἀλλότριοι rückübersetzt werden kann. Diese aufgewiesenen Wortbezüge beweisen für sich genommen noch keine Orientierung der Geschichtsschau am Moselied, denn zur Fremdgötterthematik könnte damals ein allseits gängiges Vokabular gehört haben, das eben auch in der AM benutzt wurde. Da aber bereits in anderer Hinsicht eine Parallelisierung der Geschichtsschau mit dem Moselied aufgewiesen werden konnte, stützen diese Wortbezüge die These der Wiederaufnahme des Moseliedes in der Geschichtsschau.

Ein eindeutiges Zitat aus dem Moselied findet sich jedoch in AM 3,5; dort wenden sich die zwei exilierten Stämme an die zehn mit dem Vorwurf, dass die letzteren gesündigt hätten und dies der Grund für die Vertreibung der zwei gewesen sei.[21] Eingeleitet ist

---

[18] Hinweise zur wörtlichen Wiederaufnahme von Dtn 32 in AM 9–10 finden sich bereits ohne detaillierte Ausführung bei G. Zerbe, «"Pacifism" and "Passive Resistance"», 79/Anm. 62.

[19] Ferner heisst es in AM 2,9, dass sie im Haus des Herrn frevelhaft handeln und Götzenbilder (idola/εἴδωλα) aller Tierarten anfertigen werden.

[20] A. Hilgenfeld, «Die Psalmen Salomos und die Himmelfahrt des Moses», 281.

[21] Cf. J. Tromp, The Assumption of Moses, 168/Anm. 6.

diese Anklage durch eine Prädikation Gottes: iustus et sanctus dominus; diese lässt sich folgendermassen ins Griechische zurücküber-
setzen: δίκαιος καὶ ὅσιος κύριος. Dieser Ausspruch findet sich wörtlich in Dtn 32,4, wo Gottes Tun als untadelig und seine Wege als
gerecht qualifiziert werden, er selbst aber als ein Gott der Treue, der
gerecht und gerade ist.[22] Vergleicht man die Wendung, dass Gott gerecht und heilig ist auf dem Hintergrund von Dtn 32,4, so ist offenkundig und zweifellos auf die LXX-Version (ob unter Umständen
hinter der griechischen eine vom MT abweichende hebräische Fassung steht, muss hier offen gelassen werden) zurückgegriffen worden.[23]
Was den Kontext in den Vergleichstexten anbelangt, so ergibt sich
wiederum eine auffällige Parallele: in AM 3,5 und Dtn 32,5(LXX)
ist nach dieser Prädikation Gottes jeweils vom Sündigen die Rede:
einerseits hätten sich die zehn Stämme versündigt (peccare), andererseits die Kinder Israels (ἁμαρτάνω/שחת). Wiederum steht im Hintergrund die Version der LXX, weil das lateinische "peccare" einfacher
aus dem griechischen ἁμαρτάνω erklärbar wird.[24]

Eine weitere Entsprechung zwischen dem Moselied und der
Geschichtsschau findet sich in AM 6,3f., wo die Greueltaten des "rex
petulans" beschrieben werden (AM 6,2). Dieser hätte die Oberen des
Volkes mit dem Schwert zerschmettert (elidit principales eorum gla-
dio), sowie die Alten und Jungen umbringen lassen (AM 6,4: occi-
dit majores natu et juvenes et non parcet). Diese Aussagen können
auf dem Hintergrund von Dtn 32,25 gelesen werden, wo die Strafaktionen Jahwes gegen sein Volk dargestellt sind: draussen würde das
Schwert wegraffen und drinnen der Schrecken, sowohl den Jüngling,
als auch die Jungfrau, den Säugling und den ergrauten Mann. Der
νεανίσκος und πρεσβύτερος aus Dtn 32,25(LXX) findet sich in
AM 6,4 als "majores natu et juvenes" wieder und das "gladius", mit
dem in AM 6,3 die Oberen umgebracht wurden, könnte sich auf
die μάχαιρα in Dtn 32,25aα beziehen. Dass wiederum die LXX-

---

[22] Anders R.H. CHARLES, *The Assumption of Moses*, 11; A. SCHALIT, *Manuskript zu AM 2–4*, 431, die beide AM 3,5 auf Ps 145,17 zurückführen möchten. In diesem Zusammenhang ist darauf hinzuweisen, dass die Wendung δίκαιος καὶ ὅσιος ὁ κύριος (im Unterschied zu Dtn 32,4 allerdings mit Artikel vor κύριος) ebenso in PsSal 10,5 zu finden ist.

[23] Dtn 32,4 an dieser Stelle nach der LXX: δίκαιος καὶ ὅσιος κύριος; im Vergleich dazu MT: צדיק וישר הוא.

[24] In der LXX gibt ἁμαρτάνω normalerweise andere hebräische Verben wider, nur in Dtn 32,5 wird שחת (piel) mit ἁμαρτάνω übersetzt.

Fassung als Orientierungsgrundlage benutzt worden ist, lässt sich daran ersehen, dass die "majores" eher dem πρεσβύτερος entsprechen als dem אִישׁ שֵׂיבָה.

Weiterhin findet sich die Eröffnung des Moseliedes mit der Anrufung von Himmel und Erde (Dtn 32,1) in der Geschichtsschau als Rückblende auf die Profetie des Moses in AM 3,12. Der paränetische Sinn dieser Moseprofetia, mit der die Geschichtsschau der AM gemeint sein muss, ist dort lakonisch genannt: die von Mose vermittelten Gebote sollten nicht übertreten werden. Weiterhin wird ausgesagt, dass sich die Weissagungen des Mose zum Zeitpunkt der Reflexion bereits erfüllt haben (AM 3,13); dass sie aber auch weiterhin ihre Gültigkeit behalten und sich in fernerer Zukunft verwirklichen werden, ist unterschwellig intendiert.

Schliesslich sei noch auf die interessante und folgenreiche Rezeption von Dtn 32,43 in der Geschichtsschau der AM verwiesen, denn der dort ausgedrückte Rachegedanke wird in mehrfacher Brechung aufgenommen.[25] Zunächst muss jedoch die Textüberlieferung von Dtn 32,43 in ihren verschiedenen Varianten dargestellt werden, da für diese Stelle die LXX-Version nicht unerheblich vom MT abweicht, ein Qumranfragment (4Q44)[26] aber wiederum eine eigene Gestalt aufweist,[27] die jedoch zu grossen Teilen mit dem LXX-Text zusammengeht.[28]

---

[25] Cf. G.W.E. Nickelsburg, *Resurrection*, 31.97; Id., *Jewish Literature*, 82; G.W.E. Nickelsburg – M.E. Stone, *Faith and Piety in Early Judaism*, 128f.; K. Haacker – P. Schäfer, «Nachbiblische Traditionen vom Tod des Mose», 159/Anm. 28; J.J. Collins, «Testaments», 347; J. Tromp, *The Assumption of Moses*, 227; B. Halpern-Amaru, «Redesigning Redemption», 142; Id., *Rewriting the Bible*, 66; D. Maggiorotti, *Il Testamento di Mosè*, 245.

[26] Cf. P.W. Skehan, «A Fragment of the "Song of Moses" (Deut. 32) from Qumran», 12–15; R. Meyer, «Die Bedeutung von Deuteronomium 32,8f.43(4Q) für die Auslegung des Moseliedes», 197–209; A. van der Kooij, «The Ending of the Song of Moses», 93–100; *DJD*, XIV, 137–142.

[27] Auch bezüglich anderer relevanter Textstellen aus dem Bereich Dtn 31 – Jos 1 wurden jeweils entsprechende Qumranfragmente mit MT und LXX verglichen (bei Abweichungen finden sich Hinweise in den Anmerkungen); der augenfälligste Unterschied ergibt sich allerdings in Dtn 32,43, und daher sind diese Textüberlieferungen eigens nebeneinanderzustellen.

[28] Was die Versionen in den Targumin anbelangt, so stützen sie sich im wesentlichen auf den MT, zeigen aber insgesamt eigene Erweiterungen; einzig im Targum Onqelos zu Dtn 32,43 finden sich Anklänge an die fünfte Zeile von 4Q44 bzw. die siebte der LXX-Version.

MT   4Q44 (= 4QDeut^q)

MT	4Q44 (= 4QDeutq)
הרנינו גוים עמו	הרנינו שמים עמו
כי דם־עבדיו יקום	והשתחוו לו כל אלהים
ונקם ישיב לצריו	כי דם בניו יקום
וכפר אדמתו עמו	ונקם ישיב לצריו
	ולמשנאיו ישלם
	ויכפר אדמת עמו

LXX

εὐφράνθητε οὐρανοί ἅμα αὐτῷ
καὶ προσκυνησάτωσαν αὐτῷ πάντες υἱοὶ θεοῦ
εὐφράνθητε ἔθνη μετὰ τοῦ λαοῦ αὐτοῦ
καὶ ἐνισχυσάτωσαν αὐτῷ πάντες ἄγγελοι θεοῦ
ὅτι τὸ αἷμα τῶν υἱῶν αὐτοῦ ἐκδικεῖται
καὶ ἐκδικήσει καὶ ἀνταποδώσει δίκην τοῖς ἐχθροῖς
καὶ τοῖς μισοῦσιν ἀνταποδώσει
καὶ ἐκκαθαριεῖ κύριος τὴν γῆν τοῦ λαοῦ αὐτοῦ

Offenkundig hängen diese drei Textüberlieferungen eng zusammen, gleichzeitig aber weisen sie erhebliche Unterschiede auf. Wie dieses Faktum zu deuten ist, darüber gehen die Meinungen auseinander, je nachdem welcher Standpunkt in textkritischen Fragen eingenommen wird.[29] Es kann sich einerseits um drei unabhängige Textformen handeln, die die Gestalt des Bibeltextes zu verschiedenen Zeitpunkten oder an verschiedenen Orten widerspiegeln. Andererseits könnte man die hebräische Vorlage der griechischen Übersetzung in der Nähe von 4Q44 ansiedeln, wobei immer noch zu erklären wäre, wie der Überschuss der griechischen Fassung zustande kommt. Zudem ist auch damit zu rechnen, dass die Veränderungen des griechischen Textes auf das Konto des Übersetzers gehen könnten (aus welchen Gründen auch immer). Ohne in textkritischen Fragen einen bestimmten Standpunkt einnehmen zu wollen, sollen nun diese drei Versionen mit dem Text der AM verglichen werden.

Bezüglich einer Rezeption ist man auf AM 9,4–7 verwiesen: Taxo mahnt seine Söhne eindringlich zum Gebotsgehorsam und er geht sogar so weit, lieber den Tod in Kauf zu nehmen als die göttlichen Gesetze zu übertreten; sollte man wirklich für die Gebote sterben, so würde das Blut vor dem Herrn gerächt werden (AM 9,7: hoc

---

[29] Cf. z.B. die Ausführungen zu dieser Problematik bei E. Tov, «The History and Significance of a Standart Text of the Hebrew Bible», 55–66; Id., *The Text-Critical Use of the Septuagint in Biblical Research*, 188–204, bes. 192.

enim si faciemus et moriemur, sanguis noster vindicavitur coram Domino). Die seltsame Form "vindicavitur" gibt es entsprechend den Regeln der lateinischen Grammatik nicht, so dass wahrscheinlich "vindicabitur" stehen müsste (Futur Passiv). Die griechische Version von AM 9,7 dürfte in etwa folgendermassen gelautet haben: «τοῦτο γὰρ εἰ ποιήσομεν καὶ ἀποθανούμεθα, τὸ αἷμα ἡμῶν ἐκδικηθήσεται ἐνώπιον τοῦ κυρίου».[30] Schaut man auf den LXX-Text von Dtn 32,43, so zeigt er an der entsprechenden Stelle zwei Verbalformen von ἐκδικέω (rächen, bestrafen), nämlich eine Form des Präsens Passiv und des Futur Aktiv (ἐκδικεῖται καὶ ἐκδικήσει), so dass eine Kombination aus diesen beiden Formen höchstwahrscheinlich zum Futur Passiv (ἐκδικηθήσεται) von AM 9,7 geführt haben dürfte. In Dtn 32,43 geht es inhaltlich darum, dass das Blut der Söhne (LXX und 4Q44) bzw. Knechte (MT) Gottes gerächt wird (LXX: τὸ αἷμα τῶν υἱῶν αὐτοῦ ἐκδικεῖται καὶ ἐκδικήσει), und dieser selbst Rache an den Bedrängern des Volkes übt. In der Rezeption dieser Stelle kommt ebenfalls zum Ausdruck, dass vor Gott im entsprechenden Fall das Blut der Taxosöhne gerächt werden wird (τὸ αἷμα ἡμῶν ἐκδικηθήσεται ἐνώπιον τοῦ κυρίου). Die explizite Erwähnung des κύριος könnte wiederum mit dem griechischen LXX-Text von Dtn 32,43 zusammenhängen, wenn dort am Schluss ausgesagt ist, dass der Herr selbst das Land reinigen wird (καὶ ἐκκαθαριεῖ κύριος τὴν γῆν). In MT und 4Q44 findet sich nämlich an dieser Stelle nicht die explizite Erwähnung des κύριος. Was den Rezeptionsvorgang anbelangt, so finden sich also wörtliche Entsprechungen und die Sinnrichtung wurde in jedem Fall beibehalten. Als Grundlage könnte vielleicht die griechische LXX-Fassung verwendet worden sein, da dort die zwei in AM 9,7 womöglich zusammengesehenen Formen von ἐκδικέω zu finden sind (καὶ ἀνταποδώσει δίκην dürfte dem נקם ישׁב korrespondieren). Sollten wirklich diese beiden griechischen Formen hinter dem "vindicabitur" von AM 9,7 stehen, dann ist die griechische Rezeptionsgrundlage der LXX wahrscheinlicher als eine hinter ihr stehende hebräische Vorlage. Was das "Blut der Söhne" betrifft, so passt es besser in den Taxokontext (im MT sind es "Knechte"). In dieser Hinsicht ist sowohl eine Bezugnahme auf die LXX-Fassung als auch auf 4Q44 denkbar. Eine eindeutige Entscheidung, welche Rezeptionsgrundlage hinter AM 9,7 steht, kann also mit letzter Sicherheit nicht getroffen

---

[30] A. HILGENFELD, «Die Psalmen Salomo's und die Himmelfahrt des Mose», 292.

werden (vielleicht handelt es sich auch um eine Vorlage mit einer
Textform, der keiner der drei Textzeugen in allen Details restlos entspricht).

Nun ist besonders im eschatologischen Hymnus, der die Geschichtsschau in einem apokalyptischen Finale abschliesst, von der Rache
an den Feinden die Rede. Diese letzte Einheit der Geschichtsschau
(AM 10,1–10) scheint fast wie eine Explikation der Ansage Taxos,
dass das Blut derer vor dem Herrn gerächt werden wird, die bis
zum Tod an den Geboten festhalten. Die Strukturbeobachtungen zu
diesem eschatologischen Hymnus hatten ergeben, dass drei Themen
miteinander verschränkt sind, nämlich das machtvoll-rettende Auftreten
Gottes, die Erhöhung und Rettung Israels und die Unterwerfung der
Feinde mit der entsprechenden göttlichen Rache an ihnen. Allein
die Abfolge dieser Themen erinnert an den Grundduktus des Moseliedes, so dass der Verdacht aufkommt, in diesem eschatologischen
Hymnus würden die Hauptaussagen des Moseliedes verdichtet. Geht
man aber Schritt für Schritt den weiteren Racheaussagen nach, so
fällt zunächst AM 10,2 ins Blickfeld. Dort heisst es, dass die Hände
eines "nuntius" gefüllt werden,[31] der das Volk an seinen Feinden
rächen wird (vindicavit[32] illos ab inimicis eorum; rückübersetzt: «ἐκδικήσει αὐτοὺς ἀπὸ τῶν ἐχθρῶν αὐτῶν»).[33] Auch diese Aussage kann auf
dem Hintergrund von Dtn 32,43 gesehen werden, wenn es dort heisst,
dass Gott Rache übt an den Feinden des Volkes (LXX: ἐκδικήσει
καὶ ἀνταποδώσει δίκην τοῖς ἐχθροῖς). Wiederum ist in der Rezeption
die Sinnrichtung die gleiche, wobei allerdings die Rache zunächst
von einem göttlichen Beauftragten vollzogen wird (nuntius),[34] nicht

---

[31] Dieser Ausdruck scheint für eine besondere Beauftragung zu stehen (cf. z.B.
Ex 28,41; 29,9.29.33; Lev 8,33; 16,32; 21,10; Num 3,3; 1Kön 13,33; Ez 43,26;
1Chr 29,5; 2Chr 13,9; 29,31; TestLev 8,10); cf. R.H. CHARLES, *The Assumption of
Moses*, 39; ID., «The Assumption of Moses», *APOT*, II, 421; G.W.E. NICKELSBURG,
Resurrection, 29/Anm. 94; D.C. CARLSON, «Vengeance and Angelic Mediation», 94.
[32] Da der ganze Hymnus futurisch formuliert ist, dürfe man hier wohl "vindica-
bit" lesen.
[33] A. HILGENFELD, «Die Psalmen Salomo's und die Himmelfahrt des Moses», 292.
[34] Die Erwähnung eines "nuntius" in AM 10,2, dem noch vor Gott (AM 10,7)
die Rache an den Feinden obliegt, könnte ebenfalls auf dem Hintergrund von Dtn
32,43(LXX) gesehen werden; der LXX-Text bringt im Vergleich zu MT und 4Q44
den Zusatz: καὶ ἐνισχυσάτωσαν αὐτῷ πάντες ἄγγελοι θεοῦ. Wenn sich also in Dtn
32,43(LXX) zunächst die Heiden am (bzw. mit dem) Gottesvolk erfreuen (Zeile 3)
und alle Engel Gottes erstarken sollen (Zeile 4), weil das Blut der Söhne Gottes
gerächt wird (Zeile 5), dann wird unter Umständen erklärbar, warum in AM 10,2
zuerst der "nuntius" (ἄγγελος) die Rache vollziehen soll. Eine literarkritische Scheidung

von Gott selbst. Auch in AM 10,7 ist von einer göttlichen Bestrafung an den Heiden oder von einer Rache an ihnen die Rede, sowie von einer Vernichtung aller Götzenbilder. Der lateinische Text an dieser Stelle lautet folgendermassen: ut vindicet gentes et perdet omnia idola eorum; die griechische Rückübersetzung: ἵνα ἐκδικῇ τὰ ἔθνη καὶ ἀπολλύῃ πάντα τὰ εἴδωλα αὐτῶν. Auch diese Aussage kann im Rückgriff auf Dtn 32,43 verstanden werden, wenn dort die Heiden aufgefordert werden, das eigentliche Gottesvolk zu preisen und den Bedrängern Rache angesagt wird. Schliesslich ist der Abschluss des eschatologischen Hymnus in AM 10,10 noch zu nennen: das erhöhte Israel wird von oben auf die im Land befindlichen Feinde herabblicken, sich freuen und sich dankbar zum Schöpfer bekennen. Im lateinischen Fragment stellt sich das so dar: et conspiges a summo, et vides inimicos tuos in terram et cognosces illos et gaudebis et agis gratias et confiteberis creatori tuo; die griechische Rückübersetzung könnte folgendermassen aussehen:[35] καὶ θεωρήσεις ἄνωθεν καὶ ὄψει τοὺς ἐχθρούς σου ἐν τῇ γῇ καὶ γνώσῃ αὐτοὺς καὶ εὐφρανεῖ καὶ εὐχαριστήσεις καὶ ἐξομολογήσῃ τῷ κτίστῃ σου. Im Vergleich zu diesem Gedanken werden in Dtn 32,43(LXX) die Heiden aufgefordert, sich am Gottesvolk zu freuen (LXX: εὐφράνθητε ἔθνη; Zeile 3), das Land seines Volkes reinigt der Herr selbst (LXX: καὶ ἐκκαθαριεῖ κύριος τὴν γῆν τοῦ λαοῦ αὐτοῦ; Zeile 8) und an den Feinden wird die verdiente Rache vollzogen (LXX: καὶ ἀνταποδώσει δίκην τοῖς ἐχθροῖς; Zeile 6). AM 10,10 scheint also einzelne Termini aus Dtn 32,43(LXX) aufzugreifen, um sie in einen neuen Zusammenhang zu bringen, wenngleich natürlich der endgültige Sieg über die Bedränger in beiden Stellen das thematische Grundgerüst bildet. Die nähere Beleuchtung der Racheaussagen in AM 10,1–10 lässt also die Rezeptionsgrundlage Dtn 32,43 erkennen, wenngleich die deutlichste und eindeutigste Wiederaufnahme bereits in AM 9,7 gefunden werden konnte.[36] Diese gibt gleichsam die Richtung für die weiteren Racheaussagen an, bereitet sie vor

---

von AM 10,1–10 in zwei Teile (V.1–2; V.3–10) mit der Begründung, dass in V.2 der "nuntius", aber in V.7 Gott selbst die Rache an den Feinden vollzieht, scheint auf diesem Rezeptionshintergrund nicht gerechtfertigt; anders R.H. CHARLES, *The Assumption of Moses*, 39–41.

[35] Cf. dazu auch A. HILGENFELD, «Die Psalmen Salomo's und die Himmelfahrt des Mose», 293.

[36] Dass AM 9–10 in erster Linie als eine Exegese auf dem Hintergrund von Dtn 32,35 gesehen werden muss, scheint aufgrund der Wortbezüge eher unwahrscheinlich zu sein; anders G. ZERBE, «"Pacifism" and "Passive Resistance"», 79f.

und verifiziert sie sogar in einem gewissen Sinn. So bestimmt unterschwellig Dtn 32,43 den gesamten Grundduktus des eschatologischen
Hymnus, weil dieser in erster Linie den Sieg über die feindlichen
Bedränger herausstellt, der zugleich die Rettung und Erhöhung Israels
bedeutet.

Betrachtet man abschliessend im Überblick die Rezeption des
Moseliedes in der AM, so weisen Parallelen in der Gesamtanlage
und Struktur, in den aufscheinenden Themen und in einzelnen
Wortbezügen darauf hin, dass das Moselied bei der Ausgestaltung
der Geschichtsschau der AM im Hintergrund steht.[37] Das Moselied
hat entsprechend der Intention des Autors der AM bereits als prophetische Vorausschau des Protagonisten seine Bewahrheitung erfahren (AM 3,11–13), ist aber gleichzeitig noch offen für künftige
Geschicke, so dass diese Prophetie ihre Wirkkraft auch weiterhin entfaltet. Gleichzeitig wird die paränetische Valenz des Moseliedes genutzt, um auf die Wichtigkeit einer ungebrochenen Gesetzesobservanz
hinzuweisen und diese konsequent anzumahnen. Dass sowohl das
Moselied in seinen geschichtlichen Betrachtungen als auch die Geschichtsschau der AM den gleichen Einsatz- und Schlusspunkt aufweisen, wurde bereits vermerkt. Es kann aber nun aufgrund der
detaillierten Untersuchung des Rezeptionsprozesses noch weiter differenziert werden. Der Einsatzpunkt mit der Errichtung der Herrschaftsstrukturen in AM 2,2 spiegelt sich in AM 10,1 wider, wo von
einem neuen Herrschaftsantritt die Rede ist. Der Schlusspunkt der
Geschichtsschau scheint mit Blick auf die Rezeption von Dtn 32,43
schon in AM 9,7 gegeben, weil dort die wörtliche Wiederaufnahme
am auffälligsten ist. Allerdings wird in AM 9,7, in der Rede des
Taxo, nur die Rache für das unter Umständen zu vergiessende Blut
angesagt; vollzogen wird sie erst im Hymnus AM 10,1–10. Der
Hymnus selbst steht in der Rezeptionsperspektive unter der Über-

---

[37] Dass fein sauber voneinander geschieden Dtn 32 in AM 2–9 und Dtn 33 in
AM 10 geradlinig wiederaufgenommen wurde, lässt sich nicht unbedingt behaupten (obwohl natürlich—wie weitere Untersuchungen ergeben werden—auch Bezüge
zu Dtn 33 in AM 10,1–10 vorliegen), denn AM 10,1–10 ist eng mit 9,7 verbunden, so dass die dort angesagte Rache an den Feinden auf dem Hintergrund von
Dtn 32,43 eigentlich den ganzen eschatologischen Hymnus thematisch umspannt;
anders I. Fröhlich, *"Time and Times and Half a Time"*, 169. Die Behauptung, dass
die Geschichtsoffenbarung und das apokalyptische Gedicht den Prosa-Abschnitt Dtn
31,16–21 und Dtn 32,1–43 ersetzen möchte, übersieht ebenfalls die etwas verwik-
kelteren Rezeptionszusammenhänge; anders B. Halpern-Amaru, «Redesigning Redemption», 132; Id., *Rewriting the Bible*, 55.

schrift von Dtn 32,43, d.h., dass er als Ganzes die thematische Ausfaltung dessen bewirkt, was dort angesagt ist.[38] Es wurde bereits beobachtet, dass im Hymnus das Moselied brennpunktartig von seinem Ende her zusammengefasst ist: die Rache an den Feinden wird vollzogen, Israel ist gerettet, Gott ist der souveräne Retter seines Volkes und bewirkt allein diese Rettung. Das Gottesbild des Hymnus steht also durchaus im Einklang mit dem des Moseliedes, wenngleich zuerst ein beauftragter "nuntius" als Vorbote auftritt (AM 10,2). So lässt sich durchaus behaupten, dass das Moselied die ganze Geschichtsschau der AM in der Rezeption überspannt, wobei aber der eschatologische Hymnus in AM 10,1–10 gleichsam als unüberbietbares Finale die Gedanken des Moseliedes von dessen Ausgang her verdichtet. Sowohl das Moselied als auch der die Geschichtsschau abschliessende Hymnus ist als poetischer Text gefasst, der letztlich die Rettung Israels zum Ziel hat.

4.2 *Rezeption des Moseliedes vom 2.Jh.v.Chr. bis ins 1.Jh.n.Chr.*

Wenn die Geschichtsschau der AM das Moselied in einer Weise aufgreift, dass sie es aktualisierend für entsprechend neue Zeitumstände aufweitet, appliziert und damit auslegt, dann ist die generelle Wirkungsgeschichte dieses biblischen Textes im Zeitraum vor der Entstehung der AM und zur Zeit ihrer Abfassung ins Blickfeld zu nehmen. Aus der Untersuchung, wie Dtn 32,1–43 in diesem Zeitraum allgemein rezipiert worden ist, lassen sich unter Umständen Rückschlüsse auf die Aufnahme und Interpretation des Moseliedes in der Geschichtsschau der AM gewinnen. Hätte nämlich die Rezeption des Moseliedes in der Zeit vom 2.Jh.v.Chr. bis ins 1.Jh.n.Chr. besonders ausgeprägte, eindeutig nachweisbare Charakterzüge und Schwerpunkte, die sich in entsprechender Form auch in der AM finden lassen, dann läge die AM in einem den historischen Verhältnissen entsprechend angepasst verlaufenden Rezeptionsstrom, an dem sie sachthematisch gleichen Anteil hätte. Aus den eventuellen Unterschieden zur Rezeption des Moseliedes in der anderen Literatur ergeben sich hingegen die Eigenheiten bzw. Abwandlungen in der AM, so dass die Aussageabsichten ihres Autors um so leuchtender zum Vorschein kommen können. Deshalb ist sowohl die apokryphe Literatur in diesem Zeitraum

---

[38] Cf. G.W.E. Nickelsburg, *Resurrection*, 31.

auf die Art und Weise der Rezeption von Dtn 32,1–43 zu befragen, als auch Qumrantexte, Texte des NT, Josephus und Philo. Es wurde versucht, nur die eindeutigen Bezugnahmen namhaft zu machen, die auch wirklich wörtliche Anklänge aufweisen und nicht nur von vagen sachthematischen Orientierungen geprägt sind, die sich unter Umständen auch aus anderen Bibelstellen speisen. Wenn es z.B. im slavischen Henochbuch heisst, dass es keinen anderen Gott gibt als den Gott Israels,[39] so muss das noch lange nicht eine Aufnahme von Dtn 32,39 sein, weil die Aussage erstens zu allgemein ist und sich zweitens auch anderer biblischer Grundlage verdanken kann.[40] Bezüglich einer Rezeption des Moseliedes wurden also nur die wörtlichen Zitationen und Wiederaufnahmen berücksichtigt, nicht aber ein gewisses *pattern* nach dem Muster "apostasy-punishment-vindication", dessen ursprüngliche Ausfaltung sicherlich auch im Moselied gesucht werden kann und in vielen Schriften aus dem zu untersuchenden Zeitraum seine rezeptive Anwendung findet.[41] Von besonderem Interesse sind jedoch die Stellen, in denen vom Lied des Mose expressis verbis die Rede ist, weil dort mit der Rezeption gleichzeitig ein Interpretationsschlüssel geliefert wird, wie das ganze Lied eingeschätzt wurde und welche Aussagen man besonders betonte. Diese drei Stellen, die gefunden wurden, sollen in einem ersten Schritt näher beleuchtet werden, bevor die einzelnen Bereiche—Apokryphen (bzw. deuterokanonische Bücher), Qumran, NT, Josephus, Philo— auf die Rezeption des Moseliedes befragt werden.

4.2.1 *Direkter Verweis auf das Lied des Mose*

An drei Stellen wird ausdrücklich und eindeutig auf das Moselied Bezug genommen, indem es verbaliter erwähnt und jeweils eine bestimmte Aussage dieses Liedes ins Zentrum gerückt wird:[42] 2Makk 7,6; 4Makk 18,18f. und Offb 15,3f.

In 2Makk 7 geht es um das Martyrium der sieben Söhne vor ihrer Mutter, die sich allesamt im Angesicht des Todes dem Ansinnen

---

[39] Cf. slHen 33,8; 36,1; 48,3[A]; cf. F.I. ANDERSEN, «2 (Slavonic Apocalypse of) Enoch», 157.161.175.

[40] Man denke in diesem Zusammenhang an den Deuterojesajakomplex; cf. z.B. Jes 44,6.8; 45,5f.; 46,9.

[41] Cf. D.J. HARRINGTON, «Interpreting Israel's History», 64f.

[42] Zu 2Makk 7,6 und 4Makk 18,18 cf. D. DIMANT, «Use and Interpretation of Mikra», 385; R.A. KRAFT, «Scripture and Canon in the Commonly Called Apocrypha and Pseudepigrapha», 211f.

des Königs Antiochus widersetzen, entgegen des jüdischen Gesetzes Schweinefleisch zu essen.[43] Dieses Kapitel des zweiten Makkabäerbuches scheint nicht zur Grundschicht der Schrift zu gehören,[44] ist in sich aber eine abgeschlossene Erzählung, so dass die Erwähnung des Moseliedes mit in den Duktus des Handlungsablaufs gehören muss. Die thematisch-theologische Überschrift dieses Kapitels befindet sich in V.2b (ἕτοιμοι γὰρ ἀποθνήσκειν ἐσμὲν ἢ παραβαίνειν τοὺς πατρίους νόμους),[45] denn durch den beschriebenen Tod der Protagonisten wird ganz eindeutig ein rigoroser Gesetzesgehorsam verherrlicht und für den Leser paränetisch vor Augen geführt (cf. dazu AM 9,6). Während die Getöteten von Gott für ihre heroische Haltung mit der Auferstehung belohnt werden (2Makk 7,9.11.14.23.29.36), muss der König im Gericht mit Gottes Strafe rechnen (2Makk 7,17.19.31.36.37). Allein diese Gegenüberstellung der Belohnung der Gerechten und der Strafe für den Fremdherrscher spiegelt den Grundduktus von Dtn 32,1–43 wider, wenn es dort um die Bewahrung des Gottesvolkes trotz vorgängigen Abfalls zu anderen Göttern, um die darauf erfolgte Strafe und die Rache an den Feinden geht. Aus welcher Perspektive das Moselied wahrgenommen wird, zeigt die wörtliche Wiederaufnahme der Phrase aus Dtn 32,36(LXX)[46] in 2Makk 7,6:[47] καί ἐπὶ τοῖς δούλοις αὐτοῦ παρακληθήσεται. Dtn 32,36 stellt Gott als den heraus, der seinem Volk Recht schaffen wird und sich über die Seinen erbarmt. Genau das ist auch die leitende Perspektive bei der Rezeption in 2Makk 7,6:[48] die vom Tod bedrohten Brüder hoffen auf Gott als den, der ihnen Recht schafft—also die Gerechten belohnt und sich am Fremdherrscher rächt—und sich über sie selbst erbarmt, indem er ihnen in der Auferstehung neues Leben schenkt. Gott ist der, der auf die Brüder in ihrer Not schaut (ἐφοράω) und sicherlich mit ihnen Erbarmen haben wird (παρακαλέομαι);[49] und zwar in Entsprechung

---

[43] Zu 2Makk 7 cf. G.W.E. NICKELSBURG, *Resurrection*, 93–96.

[44] Cf. C. HABICHT, *2.Makkabäerbuch*, 171.176.

[45] Den Zitationen des griechischen Textes von 2Makk liegt jeweils die "Göttinger Septuaginta" zugrunde; cf. W. KAPPLER – R. HANHART, *2 Maccabaeorum liber II*, 74.

[46] Dtn 32,36(MT) lautet an dieser Stelle: וְעַל־עֲבָדָיו יִתְנֶחָם.

[47] Cf. G.W.E. NICKELSBURG, *Resurrection*, 97; ID., «An Antiochan Date», 36; J.J. COLLINS, «Testaments», 347; D. DIMANT, «Use and Interpretation of Mikra», 385; G. ZERBE, «"Pacifism" and "Passive Restistance"», 80/Anm. 66.

[48] Zur exegetischen Dimension der Rezeption von Dtn 32,36 in 2Makk 7,6 cf. D. DIMANT, «The Problem of Non-Translated Biblical Greek», 4–7.

[49] Die Bedeutung "Erbarmen haben" für παρακαλέομαι kommt erst mit der LXX auf, d.h. in jüdischem Übersetzungsgriechisch; cf. C. HABICHT, *2.Makkabäerbuch*, 234/Anm. 6a; D. DIMANT, «The Problem of Non-Translated Biblical Greek», 16/Anm. 12.

zu dem, was Mose öffentlich in seinem Lied erklärt hat, das als ein
"Gesang des Protests"[50] bezeichnet wird (καθάπερ διὰ τῆς κατὰ πρόσωπον
ἀντιμαρτυρούσης ᾠδῆς διεσάφησε Μωυσῆς). Vom Moselied wird also
ausgesagt, dass es von Mose öffentlich proklamiert wurde und die
Funktion eines "Anti-Zeugnisses" hatte. Was damit gemeint ist, ergibt
sich aus Dtn 31,19.21: das Moselied soll als Zeuge gegen die Israeliten
fungieren, nachdem sie ins Land gezogen sind und sich anderen
Göttern zugewandt haben.[51] In der Wiederaufnahme in 2Makk 7
wird diese Art von Zeugnis scheinbar auf die augenblicklichen
Machtverhältnisse bezogen: zwar hat momentan der König Antiochus
alle Macht in Händen, aber das zitierte Lied zeugt gegen den
Augenschein für eine andere Machtkonstellation, nämlich die, dass
Gott letzten Endes der Retter für die Geschundenen und der Rächer
für den Übeltäter werden wird. Dass Gott ganz auf der Seite der
Seinen steht, also derer, die an seinem Gesetz unbeirrbar festhalten,
dass er mit ihnen Erbarmen haben wird entsprechend der in Dtn
32,36 gemachten Aussage, das stellt das Moselied in einen nahezu
prophetischen Kontext. Gottes Zusagen sind verlässlich, sie werden
sich prophetisch erfüllen und die notvolle Situation der bedrängten
Brüder derart wenden, dass sie Anteil haben am Sieg über das Böse,
das in der Gestalt des ruchlosen Königs auftritt. Damit wird das
Moselied zum Zeichen der Zuversicht, es wird unter der Perspektive
des unverbrüchlichen göttlichen Erbarmens rezipiert, das den Toratreuen gilt, vor allem dann, wenn sie von fremden Mächten bedroht
sind. In Dtn 32,1–43 spielt ja auch der Abfall zu fremden Göttern
eine grosse Rolle (Dtn 32,15–18.21a), also die Bedrohung des wahren Jahweglaubens durch andere Kulte; genau um diesen Punkt geht
es ebenfalls in 2Makk 7, wenn König Antiochus zur Abwendung
vom jüdischen Gesetz auffordert, und damit letztlich auch zum Abfall
vom wahren Gott Israels. Im Angesicht der Bedrohung durch Fremdgötterkulte wird hier also das Moselied zur Verheissung, dass Gott
die Seinen nicht verlassen wird, ihnen sein Erbarmen schenkt und
gleichzeitig die fremde und verführerische Macht untergehen lässt,
sie ins Gericht bringt, sich an ihr rechtfertigend rächt.[52]

---

[50] So die Übersetzung von C. HABICHT, *2.Makkabäerbuch*, 234.

[51] Zur wörtlichen Gegenüberstellung von 2Makk 7,6 und Dtn 31,21 cf. D. DIMANT,
«The Problem of Non-Translated Biblical Greek», 6.

[52] In diesem Zusammmhang lässt sich auch der Blick auf 1Makk 2,37 richten: in
der Verfolgungssituation werden Erde und Himmel als Zeugen angerufen. Das lässt
sich als ein Verweis auf das Moselied verstehen (Dtn 31,28; 32,1); dieser Eindruck

In engem thematischen Zusammenhang mit der ausgeführten Stelle 2Makk 7,6 steht die nächste in 4Makk 18,18f., denn auch dort geht es im Gesamtzusammenhang um das Martyrium der sieben Brüder.[53] Bekanntlich greift ja 4Makk in grosser Ausführlichkeit (4Makk 5,1–17,6) die Märtyrergeschichten von Eleasar in 2Makk 6,18–31 und den sieben Söhnen in 2Makk 7,1–42 auf. Angehängt ist in 4Makk 17,7–18,5 eine Reflexion über die öffentliche Wirksamkeit des Martyriums, in 4Makk 18,6–19 eine Rede der Mutter an ihre sieben Söhne und in 4Makk 18,20–24 eine Schlusssentenz mit einer abschliessenden Doxologie.[54] 4Makk 18,18f. gehört nun genau zum Schluss der Rede der Mutter, die zunächst über ihre tugendhafte Jugend Aussagen macht und dann den Vater der sieben Söhne als einen frommen Juden qualifiziert, der seine Kinder gewissenhaft im jüdischen Glauben unterwies. Das tat er anhand der Schrift, indem er sich in der jüdischen Geschichte auf markante Persönlichkeiten und Texte bezog. Als letztes wird das von Mose gelehrte Lied erwähnt (ᾠδὴν μὲν γὰρ, ἥν ἐδίδαξεν Μωυσῆς), das scheinbar zum unabdingbaren Kanon jüdischer Erziehung gehört haben muss, weil der Vater nicht vergessen hat, es seine Söhne zu lehren. Wörtlich wird eine Phrase aus Dtn 32,39(LXX)[55] aufgegriffen (ἐγὼ ἀποκτενῶ καὶ ζῆν ποιήσω), die derart weitergeführt ist, dass das Ausgeführte "das Leben und die Länge der Tage" der Söhne bedeuten würde. In Dtn 32,39 qualifiziert sich Gott als einzig, souverän und absolut, als Herr über Leben und Tod, als einer, der schlägt, aber auch wieder heilt. Unter dieser Sachperspektive wird also das Moselied rezipiert, das unangefochten den Absolutheitsanspruch Gottes zum Ausdruck bringt, der töten, aber auch wieder lebendig machen kann. Im Kontext des Martyriums der sieben Brüder gewinnt diese Aussage ein besonderes Kolorit: selbst wenn der frevlerische König das irdische Leben töten kann, so ist es doch Gott selbst, der das eigentliche Leben gibt. Nicht der Fremdherrscher bestimmt letztlich das Schicksal der Getöteten, sondern der souveräne Gott selbst; aufgrund der göttlichen Gerechtigkeit wird der verruchte Tyrann dann sogar noch bestraft (4Makk 18,22).

Die dritte Stelle, in der ein direkter Verweis auf das Moselied zu

---

wird dadurch verstärkt, dass in 1Makk 2,67f., dem sogenannten Testament des Mattatias, auf den Schluss des Liedes in Dtn 32,43 angespielt wird (die Verben ἐκδικέω und ἀνταποδίδωμι finden sich in beiden Stellen).

[53] Cf. dazu D. DIMANT, «Use and Interpretation of Mikra», 385.

[54] Cf. dazu H. ANDERSON, «4Maccabees», 531.

[55] Diese Wendung lautet im MT אֲנִי אָמִית וַאֲחַיֶּה.

entdecken ist, findet sich in der neutestamentlichen Apokalypse. In Offb 15,3 singen die, die das Tier (θηρίον) besiegt haben, das "Lied des Mose", das zugleich als das Lied für das Lamm[56] bezeichnet wird. Dieses besagte Tier tritt in Offb 13,1 auf, und aus den entsprechenden Ausführungen wird klar, dass damit der römische Fremdherrscher gemeint sein muss, dessen Standbild angebetet werden sollte; das Lamm jedoch deutet auf den zu Tode gebrachten und auferstandenen Herrn. Die Szene spielt im Himmel, die Singenden stehen auf einem gläsernen Meer und benutzen die Harfen Gottes. Was sie singen wird als Lied des Mose ausgegeben, der als "Knecht Gottes" bezeichnet wird (καὶ ᾄδουσιν τὴν ᾠδὴν Μωυσέως τοῦ δούλου τοῦ θεοῦ). Betrachtet man aber dieses Lied näher, so speist es sich aus einer Reihe alttestamentlicher Zitate, die zu einem Loblied Gottes, zu einem Siegeslied über das Tier angesichts der Grösse Gottes zusammengestellt worden sind. Der Grundtenor besteht darin, die Macht, Gerechtigkeit, Einzigkeit und Heiligkeit Gottes zum Ausdruck zu bringen, vor der sich alle Völker neigen müssen. Natürlich wird auch auf das alttestamentliche Moselied zurückgegriffen und auf Dtn 32,4(LXX)[57] angespielt, wenngleich kein wörtliches Zitat vorliegt. Heisst es in Dtn 32,4, dass Gottes Tun wahrhaftig/zuverlässig ist (ἀληθινός) und alle seine Wege (ὁδός) dem Recht entsprechen, er zudem als gerecht (δίκαιος) und heilig (ὅσιος) bezeichnet wird, so spricht Offb 15,3 lediglich davon, dass Gottes Wege gerecht und wahrhaftig/zuverlässig sind (δίκαιαι καὶ ἀληθιναὶ αἱ ὁδοί σου); dass Gott zudem allein heilig ist (ὅσιος), findet sich im Folgevers Offb 15,4 (ὅτι μόνος ὅσιος) und in Offb 16,5 wird gleichsam nachklappend in einem kleinen Hymnus noch einmal auf Dtn 32,4 Rekurs genommen (δίκαιος, ὅσιος, κρίνω). Die Aussage, dass Gott gerecht in allen seinen Wegen und heilig ist, könnte sich allerdings auch aus einer anderen Spendestelle in Ps 145,17(LXX) speisen, denn dort heisst es: δίκαιος κύριος ἐν πάσαις ταῖς ὁδοῖς αὐτοῦ καὶ ὅσιος ἐν πᾶσιν τοῖς ἔργοις αὐτοῦ. Da aber in Offb 15,3 explizit auf das Moselied Bezug genommen wird, kann Dtn 32,4 nicht von vornehrein als Bezugspunkt ausscheiden.

---

[56] Diesen Genitiv (τὴν ᾠδὴν τοῦ ἀρνίου) übersetzt man im Gegensatz zum vorhergehenden (τὴν ᾠδὴν τοῦ Μωυσέως) als einen *Genetivus objektivus*: das Lied für das Lamm, zu Ehren des Lammes.

[57] Bezüglich der Übersetzung der jeweiligen Ausdrücke ins Griechische entsprechen sich MT und LXX folgendermassen: תמים—ἀληθινός; צדיק—δίκαιος; ישר—ὅσιος.

Das Moselied wird hier als Siegeslied über die Macht des Bösen, über den den eigenen Glauben bedrohenden Fremdherrscher gesehen, wobei es die Grösse und Macht Gottes angesichts der feindlichen Bedrohung besonders akzentuiert. Trotz der gegenwärtigen misslichen Verfolgungssituation ist an Gott festzuhalten, der alle Völker und Fremdherrscher beugen wird, weil er unumstösslich zu den Seinen steht und als Allherrscher (παντοκράτωρ) seine gerechten und zuverlässigen Wege durchsetzen wird. Zum Trost für die Adressaten wird in der Rezeption auf das Moselied verwiesen, denn auch dort ging es darum, dass Gott die Seinen letztlich nicht verlassen und Rache an den Feinden bzw. Bedrängern üben wird.

4.2.2 *Rezeption des Moseliedes in den Apokryphen*

Bezüglich der Wiederaufnahme des Moseliedes in der apokryphen (bzw. deuterokanonischen) Literatur sieht man sich vor das Problem gestellt, dass diese Schriften nicht unbedingt in Hebräisch oder Griechisch überliefert sind und ein Vergleich deshalb unter dem Vorbehalt geschehen muss, dass Übersetzungen eben vieles ungenau wiedergeben oder sogar verfälschen können. Zudem ist es manchmal nicht möglich, diese Schriften eindeutig zu datieren; oft nämlich handelt es sich um in langen Zeiträumen angewachsene Kompilationen oder um Texte, die mehrfach redigiert worden sind. Trotz dieser Schwierigkeiten sollen einige Stellen vorgestellt werden, die Gedanken des Moseliedes aufgreifen und unter Umständen in neue Sinnzusammenhänge einbauen.

Im hebräischen Testament Naphtali (TestNaph), das nur im weiteren Sinn der Schrift des Testaments der zwölf Patriarchen zuzuordnen ist,[58] findet sich eine Stelle, die durchaus auf das Moselied zurückgreifen könnte. Im 8. Kapitel verheisst der Jakobssohn Naphtali, dass sein Los ihm im schönsten Teil des Landes zufällt und sich dementsprechend alle sättigen werden können. Schliesslich aber warnt er seine Söhne, nicht widerspenstig zu werden, Jahwe nicht

---

[58] Das Hebräisch dieser Schrift verweist eher auf eine späte Entstehungszeit (im Vergleich zur Datierung von TestXII), und es kann durchaus ausgeschlossen werden, dass es sich um eine späte Kopie eines Textes handelt, der dem griechischen Text von TestNaph zugrundeliegt, da nur zufällige und fragmentarische wörtliche Parallelen zu finden sind; cf. H.C. KEE, «Testaments of the Twelve Patriarchs», 776. Zur Datierung des griechischen TestXII cf. unter 7.2. die folgenden Ausführungen, 233/Anm. 20.

zu vergessen und nicht gegen dessen Gebot aufzubegehren. Der hebräische Wortlaut von TestNaph 8,2 lautet folgendermassen:[59] מזהירכם
אני שלא תבעטו במשמניכם ולא תמרדון ולא תמרו את פי יהוה המשביעכם
מטובי אדמתו. Aufgrund der im MT womöglich singulären Wurzel
בעט[60] (ausschlagen) könnte ein Rückbezug auf Dtn 32,15 vorliegen,[61]
wo davon die Rede ist, dass Jeschurun[62] ausschlägt, fett und dick
wird, sowie den Gott fallen lässt, der es gemacht hatte. Zudem findet sich die Wurzel שמן (fett sein) aus Dtn 32,15 wieder im Substantiv
משמן (Fettheit, Feiste) in TestNaph 8,2. In beiden Stellen geht es
thematisch um eine vollkommene Sättigung, die jedoch teilweise mit
verschiedenem Vokabular zum Ausdruck kommt.[63] Während in Dtn
32,15 Israel satt, dick und fett wird, um dann von Jahwe abzufal-
len, macht dieser selbst die Söhne Naphtalis in TestNaph 8,2 mit
den Gütern seines Landes satt.[64] Der Kontext des Abfalls von Jahwe
ist in beiden Vergleichsstellen gegeben, denn in Dtn 32,15–18 geht
es letztlich um das Opfern fremder Götter und TestNaph 8,2f. ist
von der Warnung geprägt, sich gegenüber Jahwe nicht widerspenstig
zu verhalten.[65] So wird also in diesem Zusammenhang im TestNaph
auf Dtn 32,15 zurückgegriffen, um vor dem Abfall von Jahwe zu
warnen. Die Fremdgötterpolemik aus dem Moselied ist demnach der
Bezugspunkt zur Rezeption, sie gibt gleichsam den sachthematischen
Hintergrund für die Ausführungen in TestNaph 8,2 ab. Es liegt zwar
kein wörtliches Zitat vor, es lassen sich jedoch eindeutige Wortbezüge
namhaft machen und der Kontext ist in jedem Fall vergleichbar, so
dass man durchaus von rezeptiven Vorgängen sprechen kann.

---

[59] Cf. R.H. CHARLES, *The Greek Versions of the Testament of the Twelve Patriarchs*, 242;
cf. dazu die Übersetzung nach J. BECKER, *Die Testamente der zwölf Patriarchen*, 156:
«Ich aber warne euch, dass ihr in eurem Glück nicht nach hinten ausschlagt und
nicht widerspenstig werdet noch dem Gebot Jahwes widerstrebt, der euch mit Gütern
seines Landes satt macht».

[60] Diese Wurzel findet sich noch in 1Sam 2,29, wobei dort aber eine andere
Lesart vorgeschlagen wird, und unter Umständen in Jer 2,17, wenn man zu einer
Konjektur bereit ist; cf. *HALAT*, I, 136.

[61] Zu Dtn 32,15 gibt es ein Qumranfragment (4Q141 = 4QPhyl[n]), das im Wortlaut
nicht unerheblich von MT abweicht; der Sinn bleibt jedoch weitgehend gewahrt;
cf. *DJD*, VI, 73: ‏י]אכ[ל י]עקוב וישבע [ויבעט וישמן ישור]ון שמנתה [עביתה כשית]ה ...
... ‏ויטוש [אלה עשהו ויבל]ו צור י]שועתו.

[62] "Jeschurun" scheint ein Ehrenname für Israel zu sein; cf. *HALAT*, II, 430.

[63] Dtn 32,15: ‏כשה, עבה, שמן; TestNaph 8,2: ‏שבע, משמן.

[64] Die Wurzel שבע in TestNaph 8,2 hängt sicher auch mit dem Segensspruch
Moses über Naphtali in Dtn 33,23 zusammen: ‏נפתלי שבע רצון.

[65] Schon in den eröffnenden Worten Naphtalis wird in TestNaph 1,8 die Befürch-
tung laut, man könne zu fremden Göttern abfallen.

Eine sichere Bezugnahme mit eindeutigen Wortberührungen und sachthematischem Zusammenhang zum Moselied liegt auch im Baruchbuch vor, das nach neueren Untersuchungen von STECK im Original hebräisch verfasst wurde und um die Jahre 163/162 v.Chr. zu datieren ist.[66] Als Rezeptionsgrundlage benutzt Bar in erster Linie die hebräische Textüberlieferung, wenngleich auch auffallende Übereinstimmungen mit der LXX zu entdecken sind, die aber wahrscheinlich auf das Konto des griechischen Übersetzers gehen.[67] Im Folgenden soll der überlieferte griechische Text von Bar 4,5–8 ins Blickfeld kommen und mit der LXX-Fassung von Dtn 32,1–43 verglichen werden, wobei jeweils auch auf den MT Bezug genommen werden muss. Mit Bar 4,5 beginnt im Buch ein neuer, nahezu prophetischer Abschnitt, in dem sich das personifizierte Jerusalem an diejenigen in der Verbannung wendet, um ihnen durch die Verheissung der Heimkehr Mut zuzusprechen; das erste Wort dieses Abschnitts θαρσεῖτε bringt das schon proleptisch zum Ausdruck. Im zu berücksichtigenden Abschnitt geht es um die Begründung für die Verbannung des Volkes: es hat Gott durch Fremdgötterkulte zum Zorn gereizt und deshalb wurde es bestraft. Um die Bezugnahmen genau zu sehen, scheint es vorteilhaft, Bar 4,6–8 wörtlich im griechischen Text anzuführen:[68] ἐπράθητε τοῖς ἔθνεσιν οὐκ εἰς ἀπώλειαν, διὰ δὲ τὸ παροργίσαι ὑμᾶς τὸν θεὸν παρεδόθητε τοῖς ὑπεναντίοις. παρωξύνατε γὰρ τὸν ποιήσαντα ὑμᾶς θύσαντες δαιμονίοις καὶ οὐ θεῷ. ἐπελάθεσθε δὲ τὸν τροφεύσαντα ὑμᾶς θεὸν αἰώνιον, ἐλυπήσατε δὲ καὶ τὴν ἐκθρέψασαν ὑμᾶς Ιερουσαλημ. Unter anderem speist sich diese Stelle aus einzelnen Wörtern und Phrasen aus Dtn 32,15–18.21,[69] wobei besonders der thematische Hintergrund von Dtn 32,17.21 zum

---

[66] Cf. O.H. STECK, *Das apokryphe Baruchbuch*, 285–303. Eine überblicksmässige Gegenüberstellung der jeweiligen Positionen in der Datierungsfrage findet sich dort in Anm. 173, Seite 285; die meisten Autoren datieren die einzelnen Teile von Bar oder das Gesamtwerk mit entsprechenden Nuancierungen im 2. oder 1.Jh.v.Chr.

[67] Cf. O.H. STECK, *Das apokryphe Baruchbuch*, 203f.

[68] Cf. J. ZIEGLER, *Ieremias, Baruch, Threni, Epistula Ieremiae*, 462; die Übersetzung nach A.H.J. GUNNEWEG, «Das Buch Baruch», 177, lautet: «Ihr wurdet den Völkern verkauft, (jedoch) nicht zum Untergang, sondern weil ihr Gott erzürntet, wurdet ihr den Feinden preisgegeben; denn ihr erbittertet den, der euch geschaffen hat, indem ihr den Geistern opfertet, die doch nicht Gott sind. Ihr vergaßt den, der euch ernährte, den ewigen Gott, betrübet auch, die euch auferzogen, Jerusalem».

[69] Dass sich Bar 4,5–8 nicht nur aus Dtn 32 speist, sondern auch aus Stellen in Jer und Jes 40–55, zeigt O.H. STECK, *Das apokryphe Baruchbuch*, 206–209; für vorliegende Zwecke reicht aber der Nachweis, wie auf das Moselied zurückgegriffen wird.

Vorschein kommt. Dass Israel an andere Völker (ἔθνη) verkauft worden ist,[70] kann auf dem Hintergrund von Dtn 32,21 gesehen werden, denn dort soll es durch ein Unvolk (LXX: ἐπ᾽ οὐκ ἔθνει/MT:
בלא־עם), ein unverständiges Volk (ἐπ᾽ ἔθνει ἀσυνέτῳ/בגוי נבל), gereizt
werden. Weil Israel Gott erzürnt hat wird es in Bar 4,6 den Feinden[71]
preisgegeben; auch dieser Sachverhalt speist sich aus Dtn 32,21, weil
das gleiche Verbum in den beiden Vergleichsstellen benutzt wird
(παροργίζω/כעס). In sachlicher Nähe dazu steht das Verbum παροξύνω
(zum Zorn reizen, anreizen), das in Bar 4,7 zu finden ist, und sich
auf Dtn 32,16 zurückbezieht (MT: קנא). Durch fremde Götter wurde
dort Gott erzürnt bzw. eifersüchtig gemacht und durch Greuel gereizt.
Bar 4,7 stellt fest, dass Israel den Schöpfer (τὸν ποιήσαντα) durch
Götzendienst zornig gemacht hat. Das verrät eine Orientierung an
Dtn 32,15, wo es heisst, dass Israel seinen Schöpfer (τὸν ποιήσαντα/אלוה
עשהו) fallen gelassen und verworfen hat. Die Phrase in Bar 4,7 θύσαντες δαιμονίοις καὶ οὐ θεῷ ist wörtlich aus Dtn 32,17 übernommen,
wobei dort θύω als finites Verbum und nicht als Partizip zu finden
ist (ἔθυσαν δαιμονίοις καὶ οὐ θεῷ/יזבחו לשדים לא אלה). Schliesslich ist
das Vergessen (ἐπιλανθάνομαι) des Ernährers (τὸν τροφεύσαντα) in
Bar 4,8 mit der Aussage in Dtn 32,18 zu verknüpfen, dass Israel
den Gott vergessen hatte (ἐπιλανθάνομαι/שכח), der es hervorgebracht
(MT: חיל) bzw. ernährt (LXX: τρέφω) hat.

Diese vielfältigen Bezugnahmen zeugen eindeutig davon, dass vor
allem der Abschnitt Dtn 32,15–18.21 aus dem Moselied rezipiert
wurde. Dort steht der Götzendienst Israels im Blickfeld, seine Untreue
im Abfall zu fremden Göttern, seine darauf bezogenen obskuren
Opferpraktiken. Damit verbunden geht es um die Reaktion Gottes
auf diesen Akt des Ungehorsams, um seinen Zorn und um seine
angedeuteten Strafmassnahmen. Bar 4,5–8 greift nun diesen thematischen Zusammenhang auf und begründet damit das Exilsgeschick
des Volkes. Letztlich werden die Worte des Moseliedes als prophetisch bewahrheitet betrachtet, sie werden in der Geschichte Israels
gleichsam verifiziert. Unter dem Blickwinkel der Fremdgötterpolemik
wird also hier auf das Moselied zurückgegriffen, weil es als Moseprophetie zu dieser Thematik eindeutige Bezugsmöglichkeiten gibt.

Eine weitere Stelle, die auf das Moselied zurückgreift, findet sich

---

[70] Cf. Dtn 32,30: παραδίδωμι/מכר.
[71] Cf. Dtn 32,27(LXX): dort findet sich ebenfalls ὑπεναντίος für die Feinde bzw.
Widersacher (MT: צר).

in der griechischen Baruch-Apokalypse (3Bar), die höchstwahrscheinlich in den ersten beiden Jahrhunderten n.Chr. im Orginal in Griechisch verfasst worden ist.[72] Diese apokryphe Schrift erzählt davon,
dass Baruch nach der Zerstörung des Tempels traurig ist und deshalb von einem Engel getröstet wird, der ihn durch die fünf Himmel
geleitet und ihm die entsprechenden Geheimnisse entschlüsselt. In
3Bar 16 geht es um die, die nichts vorzuweisen haben, während im
vorangegangenen Kapitel die benannt werden, die gute Werke präsentieren konnten. Bezüglich derer, die nichts bieten können, wird
in 3Bar 16,2 auf Dtn 32,21(LXX)[73] modifizierend zurückgegriffen:[74]
ἀλλ᾿ ἐπειδὴ παρώργισάν με ἐν τοῖς ἔργοις αὐτῶν, πορευθέντες, παραζηλώ-
σατε αὐτοὺς καὶ παροργίσατε, καὶ παραπικράνατε ἐπ᾿ οὐκ ἔθνει, ἐπὶ ἔθνει
ἀσυνέτῳ. Im Vergleich merkt man, dass in jedem Fall Dtn 32,21(LXX)
hinter dieser Aussage stehen muss, weil ganze Phrasen wörtlich übereinstimmen. In der Spendestelle ging es um den Fremdgötterkult,
wenn Gott bemerkt, sein Volk hätte ihn durch Nichtgötter eifersüchtig gemacht und durch Götzen gereizt, so dass er sie als Strafe durch
ein gottloses Volk wiederum reizen werde. 3Bar 16,2 greift diesen
Gedanken derart auf, dass nun der Zorn des Herrn nicht mehr auf
die Götzen (εἴδωλα), sondern auf die Werke (ἔργα) bezogen wird,
und die entsprechenden Menschensöhne gegen ein Nicht-Volk, ein
unverständiges Volk, erzürnt werden sollen. Begründend wird in V.4
genannt, dass sie nicht der Stimme des Herrn gehorcht und auf seine
Gebote geachtet hätten. Im Kontext von 3Bar 16,2 geht es also auch
darum, dass der Herr missachtet wird; stand in Dtn 32,21 der Abfall
zu fremden Göttern im Aussagezentrum, so geht es jetzt um die
Untreue ihm gegenüber in der Missachtung seiner Gebote.

Die hebräische Henochapokalypse (= 3Hen) enthält zwei wörtliche Zitate aus dem Moselied, die jeweils in einen Kontext gestellt
sind, der von den "letzten Tagen" geprägt ist, konkreter von Umständen, die mit dem Endgericht zu tun haben und der Sammlung ganz

---

[72] Cf. H.E. GAYLORD, «3(Greek Apocalypse of) Baruch», 655f.; bezüglich der
Datierung der Schrift gibt es sehr kontroverse Standpunkte.

[73] Dtn 32,21(LXX): αὐτοὶ παρεζήλωσάν με ἐπ᾿ οὐ θεῷ παρώργισάν με ἐν τοῖς
εἰδώλοις αὐτῶν κἀγὼ παραζηλώσω αὐτοὺς ἐπ᾿ οὐκ ἔθνει ἐπ᾿ ἔθνει ἀσυνέτῳ παροργιῶ
αὐτούς.

[74] Cf. J.-C. PICARD, *Apocalypsis Baruchi Graece*, 96; cf. dazu die Übersetzung nach
W. HAGE, «Die griechische Baruch-Apokalypse», 34: «Aber weil sie mich erzürnt
haben mit ihren Werken, geht, ereifert und erzürnt sie und erbittert sie gegen ein
Nicht-Volk, gegen ein unverständiges Volk».

Israels nach Jerusalem unter der Leitung des Messias. Diese Schrift
ist allerdings nicht im zu untersuchenden Zeitraum anzusetzen,[75]
wenngleich es nicht absolut ausgeschlossen werden kann, dass auch
ältere Traditionen aus dieser Zeit mitverarbeitet wurden.[76] Insofern
könnte man diese beiden Stellen durchaus zur weiteren Wirkungsgeschichte des Moseliedes rechnen und darf sie nicht unbedingt mit
der Epoche der Abfassung der AM in Zusammenhang bringen.[77]
Dennoch sollen sie kurz vorgestellt werden, denn es ist interessant,
welche Aspekte des Moseliedes aufgegriffen werden. Die erste Stelle
findet sich in 3Hen 32,2: dort wird das Schwert des Gerichts und
sein Aussehen erwähnt. In einer Gerichtsszene wird ein Buch aufgeschlagen und die Engel der Zerstörung gehen von Gott aus, um
das Gericht an den Frevlern zu vollziehen. Dazu bedienen sie sich
des Schwertes Gottes, das als besonders mysteriös, angsteinflössend
und schrecklich gezeichnet wird. Alle Einwohner der Erde sind mit
Furcht vor diesem Schwert erfüllt, das wie ein Blitz vom einen Ende
der Welt zum anderen glänzt. Bezüglich dieses Schwertes wird nun
mit einer Zitationsformel ("wie es geschrieben steht") folgende Aussage
präsentiert:[78] אם שנותי ברק חרבי. Das ist die wörtliche Wiedergabe
von Dtn 32,41aα, wo ebenfalls Gottes Schwert erwähnt wird. Am
besten übersetzt man diesen Ausdruck mit "wenn ich geschärft mein
blitzendes Schwert" (Zürcher Bibel). Auch dort geht es im weitesten
Sinn um einen Gerichtskontext, wenn die Rache an den Feinden
Israels im Vordergrund steht (Dtn 32,41–43). Aufgegriffen wurde
dieses wörtliche Zitat aber, um das in 3Hen 32 beschriebene Schwert
im Schriftkontext zu orten; schliesslich geht es um die Offenbarung
göttlicher Geheimnisse, die schon in der Schrift einen Anhalt haben
müssen. Das Gericht gilt aber in 3Hen 32 den Frevlern, nicht den
Feinden Israels, wie es ursprünglich in der Spendestelle zum Ausdruck
kam. Insofern behält das Zitat durchaus seine Sinnrichtung, wenngleich
der Kontext und die Offenbarungssituation jeweils eine andere ist.

---

[75] Für die Endredaktion betrachtet P. ALEXANDER, «3(Hebrew Apocalypse of)
Enoch», 228f. als *terminus a quo* das 5. oder 6.Jh.n.Chr., als *terminus ad quem* das
10.Jh.n.Chr.

[76] Cf. P. ALEXANDER, «3(Hebrew Apocalypse of) Enoch», 226.229.

[77] Nicht aus dem Zeitraum der Abfassung der AM ist ebenfalls die Danielapokalypse
(8.Jh.n.Chr.), in der Dtn 32,30(LXX) wörtlich zitiert wird, und zwar in ApocDan
4,14; da aber eine Verarbeitung älterer Traditionen fraglich bleibt, soll diese Stelle
nur beiläufig erwähnt werden.

[78] Cf. H. ODEBERG, *3 Enoch*, 48.

Die zweite Stelle in 3Hen befindet sich am Ende der Schrift in
48A,10. Das Hauptthema ist dort die rechte Hand Gottes, und die
dazu vorgetragenen Erörterungen münden in die Rettung und Sammlung Israels aus den Heidenvölkern nach Jerusalem. Dazu erscheint
der Messias, der die Versprengten in die heilige Stadt geleitet, um
dort mit ihnen und den Heiden ein Mahl zu halten. Begleitend unterstützt und demonstriert wird diese Zeremonie durch die Zitation von
Jes 52,10, Dtn 32,12 und Sach 14,9, wobei diese drei Schriftstellen
durch eine Zitationsformel eingeleitet sind ("wie es geschrieben steht").[79]
Aus dem Moselied wird also der Anspruch Gottes zitiert, sein Volk
allein geleitet zu haben, wobei ihm kein fremder Gott zur Seite
stand:[80] יהוה בדד ינחנו ואין עמו אל נכר. Diese Leitungsfunktion Gottes
wird in einem gewissen Sinn in 3Hen 48A auf den Messias übertragen, der aus allen vier Windesrichtungen das zerstreute Volk Israel
sammelt, um ein neues Reich und eine neue Herrschaft zu initiie-
ren. Die Verschränkung der drei Schriftzitate an dieser Stelle bringt
eigentlich die absolute Souveränität Gottes zum Ausdruck, der allein
für die Rettung seines Volkes verantwortlich ist und eine neue Herrschaft begründet. Was die Wiederaufnahme von Dtn 32,12 betrifft,
so wird die Leitungserfahrung des Volkes Israels mit seinem Gott
auf die Sammlungsaufgabe des Messias übertragen, wobei durch die
Zitation natürlich zum Ausdruck kommt, dass hinter allem letztlich
Gott selbst steht und er der eigentlich Führende ist.

4.2.3 *Rezeption des Moseliedes in Qumrantexten*

Wenn es um rezeptive Vorgänge des Moseliedes in Qumrantexten
gehen soll, sind solche in Augenschein zu nehmen, die Dtn 32,1–43
zitieren oder Gedankengut von dort aufgreifen, und es ist danach
zu fragen, wie sie unter Umständen in den Textfunden von Qumran
interpretiert wurden. Dass nicht alle Texte, die in Qumran gefunden worden sind, auf das Konto dieser Gemeinde gehen[81] und im
strengen Sinn deren Theologie widerspiegeln, gehört inzwischen zum

---

[79] Zur Identifikation der zitierten Schriftstellen cf. Cf. P. ALEXANDER, «3(Hebrew
Apocalypse of) Enoch», 302.

[80] Cf. H. ODEBERG, *3 Enoch*, 65; die Zitation entspricht wörtlich Dtn 32,12(MT).

[81] In dieser Hinsicht lässt sich jedoch zwischen Autorschaft im strengen Sinn,
Gebrauch in der Qumrangemeinde (zu welchen Zwecken auch immer) und rheto-
rischer Funktion der jeweiligen Texte unterscheiden; cf. dazu C.A. NEWSOM, «"Sectually Explicit" Literature from Qumran», 172–179.

Konsens der Qumranforschung[82] (es gibt sicher auch vor-qumranische oder nicht-qumranische Texte, die in Qumran tradiert oder
redigiert worden sind). Aus diesem Grund lassen sich nicht mit absoluter Sicherheit darüber Aussagen machen, wie in der Qumrangemeinschaft das Moselied rezipiert wurde, wenngleich die im folgenden
erwähnte Damaskusschrift (CD) und Hymnenrolle (1QH) durchaus
zu den Schriften der Qumransekte im eigentlichen Sinn gehört haben
dürften.[83] Bezüglich des Gebets 4Q504 (= 4QDibHam) ist eine strenge
Zuordnung zur Qumrangemeinde durchaus problematisch, denn es
kann unter Umständen vor-qumranische Autorschaft angenommen
werden.[84]

In der Damaskusschrift finden sich drei wörtliche Zitate aus dem
Moselied, wobei zwei Stellen untereinander parallel laufen. Zunächst
soll CD V,16–17 näher beleuchtet werden:[85] in Kol. V geht es um
die Verurteilung sündigen und gesetzeswidrigen Verhaltens und um
die Einordnung derer, die diese Vergehen begehen. Sie werden als
ein uneinsichtiges, verständnisloses Volk qualifiziert (CD V,16: לא
עם בינות, cf. Jes 27,11), als ein Volk, an dem guter Rat verloren ist
(CD V,17: גוי אבד עצות), weil es keine Einsicht unter ihnen gibt (CD
V,17: אין בהם בינה). Diese Aussage greift wörtlich auf Dtn 32,28
zurück,[86] wo es um die Uneinsichtigkeit des Volkes aufgrund des
Abfalls zu fremden Göttern und die darauf bezogene göttliche Strafe
geht. In einen neuen Kontext gestellt disqualifiziert diese Zitation
die, die sich gegen gesetzliche Bestimmungen vergehen. Letztlich entfernt auch der sich von Gott, der sich nicht an seine Weisungen
hält, wenngleich in dieser Hinsicht der Abfall zu anderen Göttern
sicherlich schwerwiegender ist. Eigentlich wird nur eine Prädikation
aus dem Moselied übernommen und in einen ganz anderen Zusammenhang gestellt: gesetzloses und damit jahwefernes Volk ist und
bleibt einfach ein uneinsichtiges Volk.

---

[82] Cf. z.B. D. Dimant, «Qumran Sectarian Literature», 487–489; C.A. Newsom,
«"Sectually Explicit" Literature from Qumran», 167–179; E.G. Chazon, «Is Divrei
Ha-Me'orot a Sectarian Prayer?», 3–5; Id., «Prayers from Qumran and their
Historical Implications», 271–273; F. García Martínez – J. Trebolle Barrera,
People of the Dead Sea Scrolls, 9.

[83] Cf. C.A. Newsom, «"Sectually Explicit" Literature from Qumran», 169.

[84] Cf. E.G. Chazon, «Is Divrei Ha-Me'orot a Sectarian Prayer?», 16f.; Id.,
«4QDibHam: Liturgy or Literature?», 455.

[85] Cf. J.M. Baumgarten – D.R. Schwartz, «Damaskus Document», 20f.

[86] Cf. Dtn 32,28(MT): עצות המה ואין בהם תבונה כי גוי אבד; תבונה (Dtn 32,28)
und בינה (CD V,17) unterscheiden sich eigentlich nicht in semantischer Hinsicht.

Die nächsten beiden Stellen in der Damaskusschrift, in denen
Gedanken aus dem Moselied aufgegriffen werden, laufen parallel und
entsprechen einander daher im Wortlaut:[87] CD VIII,9–10 und CD
XIX,22 nehmen die Fürsten Judas ins Visier und beschreiben deren
schandhaftes Verhalten.[88] Gegen sie wird in aller Schärfe polemisiert, von ihnen wird ausgesagt, dass sie auf den Wegen der Frevler
gehen, die Gott selbst verurteilt. So wird in diesem Zusammenhang
Dtn 32,33 als Gottesrede (אמר אל עליהם) in Bezug auf das Verhalten
der Gottlosen wörtlich zitiert,[89] die letztlich keine anderen sein können als die besagten Fürsten von Juda. Im Kontext des Moseliedes
bezog sich Dtn 32,33 auf die Feinde Israels, deren Wein im übertragenen Sinn als Gift von Schlangen und grausamer Ottern bezeichnet wird. In der Damaskusschrift wird nun dieser Vers nach dem
Schriftverständnis und der Deutungsmethode der Qumrangemeinde
unmittelbar im geschichtlichen Kontext interpretiert: die Schlangen
sind die Könige der Völker, der Wein sind ihre Wege und das
Otterngift wird mit dem kommenden Haupt der Könige von Jawan
gleichgesetzt, das an den Fürsten Rache üben wird. Sowohl der
Kontext der Spendestelle Dtn 32,33 (cf. Dtn 32,41–43), als auch der
neue in CD VIII,9–10 bzw. XIX,22 ist also vom Rachegedanken
geprägt, wobei das Moselied von der göttlichen Rache an den Feinden
Israels ausgeht, die betreffenden Stellen in CD aber an eine Rache
an den Führern Judas durch die Feinde Israels denken. Diese Umkeh-
rung der Verhältnisse in der Rezeption von Dtn 32,33 hängt jedoch
mit der Sonderstellung der Qumrangemeinde zusammen, die gegen
das herrschende "establishment" in Jerusalem opponiert. In jedem
Fall ist festzuhalten, dass das Moselied unter dem Blickwinkel der
Polemik gegen den Feind rezipiert wird, dem unausweichlich Rache
angesagt wird.
    Zwei weitere Stellen, die jeweils auf Dtn 32,33 zurückgreifen fin-
den sich in 1QH XIII(V), wobei nicht der ganze Vers zitiert wird,
sondern nur einzelne Phrasen, die in einen ganz neuen Zusammenhang

---

[87] Bekanntlich läuft CD VII,5–VIII,21 parallel zu CD XIX; cf. J.M. BAUMGARTEN –
D.R. SCHWARTZ, «Damaskus Document», 4.
[88] Cf. J.M. BAUMGARTEN – D.R. SCHWARTZ, «Damaskus Document», 28–29.32–33.
[89] Eine kleine orthographische Variante gibt es: MT—תנינם; CD VIII,9 bzw. CD
XIX,22—תנינים. Zu Dtn 32,33 gibt es ein Qumranfragment (4Q141 = 4QPhyl^n),
das ein wenig von MT abweicht (cf. DJD, VI, 73): שׁ נמ[ו]ה וראשׁ [יי] חמת תנ[ינים
[אכזרי] פתני[ם]; orthographisch finden sich also Übereinstimmungen zwischen den
Stellen aus CD und 4Q141.

eingebaut werden. Da die Wendung חמת תנינם in MT nur an der Stelle Dtn 32,33 zu finden ist, muss sich in 1QH XIII(V),10 und 27 ein Bezug zum Moselied herstellen lassen. Der fromme Beter bezieht sich in 1QH XIII(V),5–6 auf den Herrn, der ihn nicht im Stich gelassen und sein Leben nicht dem Verderben preisgegeben hat. In diesem Zusammenhang ist in Zeile 9–10 davon die Rede, dass der Herr das Maul der Löwen verschliesst, deren Zähne wie Schwerter, deren Hakenzähne wie Wurfspiesse und deren Ränke wie Schlangengift sind (חמת תנינם). Letztlich aber fühlt sich der Beter bei Gott geborgen, der ihn in seiner Bedrängnis nicht verlassen und sein Schreien gehört hat (1QH XIII(V),12). Diese Art der Rezeption bedient sich eigentlich nur einer feststehenden Redewendung, um sie in einen ganz neuen Sinnzusammenhang einzubauen, der mit dem ursprünglichen Kontext im Moselied nichts mehr gemein hat. Diese Feststellung trifft im wesentlichen auch für 1QH XIII(V),27 zu, wenngleich dort drei Wendungen aus dem Moselied miteinander kombiniert sind: חמת תנינם und ראש פתנים aus Dtn 32,33 und זחלי עפר[90] aus Dtn 32,24. Der Beter beschreibt seine missliche Lage, die darin besteht, dass Männer aus seinem Kreis gegen ihn reden. Von ihnen wird ausgesagt, dass sie in ihrem Herzen Verderben planen und mit lügnerischer Zunge wie Schlangengift (חמת תנינם) ihre Ränke vortragen, sowie gleichsam als Staubkriecher (זחלי עפר) ihr Otterngift (ראש פתנים) verspritzen. Diese Bedrohung des Beters wird ihm zu unheilbarem Schmerz, zu Dunkel und Gram. In 1QH XIII(V),27 werden demnach bestimmte Wendungen, die im Moselied von den Feinden oder vom feindlichen Vorgehen Gottes gegen sein Volk ausgesagt waren, auf die Männer übertragen, mit denen der Beter verbunden war, die aber jetzt gegen ihn Stellung beziehen. Man bekommt unweigerlich den Eindruck, das Moselied werde als "Steinbruch" für die bedrohlichen Qualitäten der Gegner benutzt.

Eine letzte Stelle, die auf das Moselied zurückgreift, findet sich in 4Q504 (= 4QDibHam), wobei aufgrund der Bruchstückhaftigkeit des Fragments der Sinnzusammenhang nicht ganz erhellt werden kann. Wahrscheinlich handelt es sich in 4Q504, Frag. 6, Zeile 6–8, um eine Bitte an Gott, sich seines Volkes anzunehmen, es zu tragen und zu schützen. Daher wird auf das Bild des Adlers aus Dtn 32,11 zurückgegriffen, der seine Flügel über sein Junges ausbreitet, es auf-

---

[90] Diese Wendung kommt in MT nur an dieser Stelle vor und muss demnach von dort aufgegriffen worden sein.

nimmt und trägt. Im wörtlichen Vergleich ergeben sich einige kleinere Unterschiede, wobei jedoch der Bezug zum Moselied unbestritten bleibt (wenngleich sich im ersten Teil auch Zusammenhänge mit
Ex 19,4 ergeben könnten). Dort erscheint dieses Bild ebenfalls, um
zum Ausdruck zu bringen, dass Jahwe auf sein Volk achtet, es leitet und behütet. Eine Gegenüberstellung der Texte zeigt deren Verwiesenheit aufeinander:

Dtn 32,11

כנשר יעיר קנו על גוזליו ירחף
יפרש כנפיו יקחהו ישׂאהו על אברתו

4Q504, Frag. 6, Zeile 7–8[91]

[על כנפי] נשרים ותביאנו אליכם וכנשר יעיר קנו [על]
[גוזליו]ירחף יפרוש כנפיו ויקח וישׂאהו על[אברתו]

Bei der Rezeption von Dtn 32,11 in 4Q504 ist festzustellen, dass
der Sinn des Bildes jeweils in die gleiche Richtung entfaltet wird: es
geht darum, dass Jahwe sich um sein Volk kümmert und es beschützt.
Geht es im Moselied um eine Aussage im Indikativ, so wurde diese
im Qumrantext höchstwahrscheinlich in einen Gebetszusammenhang
gebracht und erhält dadurch bittenden Charakter. Jedoch ist der
Kontext der Rezeption im Qumranfragment aufgrund dessen, dass
es sehr bruchstückhaft erhalten ist, nicht eindeutig zu benennen.
Zudem ist die Autorschaft dieses Textes—wie eingangs erwähnt—
nicht klar auszumachen, da eine vor-qumranische Entstehung nicht
ausgeschlossen werden kann.

4.2.4   *Rezeption des Moseliedes im NT*

Da die Entstehung der neutestamentlichen Schriften im wesentlichen
im 1.Jh.n.Chr. anzusetzen ist, sind auch sie nach Bezugnahmen auf
das Moselied zu befragen. In der ntl. Apokalypse fand sich bereits
eine explizite Erwähnung des Moseliedes (Offb 15,3f.), das als Siegeslied
angesichts feindlicher Bedrohung rezipiert worden war. Drei weitere
Stellen aus dieser Apokalypse können mit dem Moselied in Verbindung
gebracht werden, wenn auch unter Umständen nicht ausschliesslich
Gedankengut aus Dtn 32,1–43 zu ihrer Ausfaltung herangezogen wurde.
So kann Offb 6,10 und 19,2 mit Rückgriff auf die Septuagintafassung

---

[91] Cf. *DJD*, VII, 158; D.T. Olson, «Words of the Lights», 120f.; F. García
Martínez – E.J.C. Tigchelaar, *The Dead Sea Scrolls. Study Edition*, II, 1008f.

von Dtn 32,43, 2Kön 9,7 oder Ps 78,10(LXX) formuliert worden
sein, wobei durchaus auch eine Kombination aller drei Spendestellen
denkbar ist. Desweiteren handelt es sich ebenfalls um eine nicht ein-
deutig-ausschliessliche Bezugnahme auf das Moselied in Offb 10,5f.,
weil sowohl Dtn 32,40 als auch Dan 12,7, oder eine Verschränkung
beider Stellen im Hintergrund stehen könnte. Um eindeutige und
unmissverständliche Wiederaufnahmen aus dem Moselied namhaft
machen zu können, ist man auf die paulinische Literatur verwiesen,
die ja unbestritten zu den frühesten schriftlichen Zeugnissen des NT
gehört.

In diesem Textbereich finden sich eine Reihe wörtlicher Zitate,
die es wert sind, in ihrem neuen Kontext näher betrachtet zu werden. Zunächst sei auf Phil 2,15 verwiesen: Paulus lobt die Philipper,
weil sie sich selbst in seiner Abwesenheit als gehorsam erwiesen hatten, und muntert sie auf, als Kinder Gottes ohne Makel mitten in
einer verkehrten und verdrehten Generation als Lichter in der Welt
zu leuchten. Die Wendung[92] γενεὰ σκολιὰ καὶ διεστραμμένη bezeichnet die ungläubige Umgebung der Christen (von Philippi) und verdankt sich der Rezeption von Dtn 32,5; dort allerdings ging es um
die Kinder Israels, die derart charakterisiert worden waren, weil sie
mit Jahwe gebrochen, sich letztlich gegen ihn gestellt hatten. Bei
dieser Redewendung könnte es sich allerdings auch um einen feststehenden Ausdruck handeln, der zum traditionellen Allgemeingut
geworden war, so dass eine geradlinige Bezugnahme auf das Moselied
nicht unbedingt zwingend sein muss. Da aber eine wörtliche Übereinstimmung vorliegt und die Wendung in der LXX nur in Dtn 32,5
anzutreffen ist, kann man davon ausgehen, dass der schriftgelehrte
Paulus die Phrase aus dem Moselied "im Hinterkopf" gehabt haben
muss. Das Moselied wird also sachthematisch unter dem Aspekt des
Abfalls von Jahwe rezipiert, wenngleich die entsprechende Prädikation
auf die heidnische, also nicht-christliche Umgebung übertragen wurde.
Unter dem Blickwinkel des Abfalls zu anderen Göttern wird das
Moselied auch in der nächsten Stelle rezipiert: in 1Kor 10,20 findet
sich ein wörtliches Zitat aus Dtn 32,17, wenngleich das im Aorist
stehende Verbum θύω ins Präsenz gesetzt wurde (θύουσιν δαιμονίοις
καὶ οὐ θεῷ). In der Spendestelle ging es um den Götzendienst Israels
im Opfern unbekannter Götter, Paulus jedoch greift diesen Sinnzusammenhang gleichsinnig gerichtet in seiner Polemik gegen heidnisch-

---

[92] Cf. dazu auch Mt 17,17 und Apg 2,40.

hellenistischen Götzendienst angesichts des eucharistischen Herrenmahls auf. Dass das Moselied im Hintergrund stehen muss, ist unbestreitbar, da sowohl wörtliche Anklänge als auch thematische Parallelen augenfällig sind. Weiterhin im Anschluss an die Götzenthematik des Moseliedes greift Paulus in Röm 10,19 auf Dtn 32,21b in einer wörtlichen Zitation zurück (ἐγὼ παραζηλώσω [ὑμᾶς] ἐπ᾽ οὐκ ἔθνει ἐπ᾽ ἔθνει ἀσυνέτῳ παροργιῶ [ὑμᾶς]). Dieses Zitat ist von ihm als ein Ausspruch Moses gekennzeichnet (πρῶτος Μωυσῆς λέγει) und steht im Kontext der Beantwortung der aufgeworfenen Frage, ob Israel die (christliche) Botschaft nicht verstanden habe. Durch zwei weitere Schriftzitate (Jes 65,1a und Jes 65,2a) versucht Paulus die angeschnittene Frage in Kombination mit dem vorgängigen Zitat aus Dtn 32,21b zu erhellen bzw. sie zu beantworten. Stand Dtn 32,21b ursprünglich im Kontext der Götzenpolemik und der darauf bezogenen Strafaktion Jahwes, so benutzt Paulus den zitierten Gedanken, um seine Auserwählungstheologie zu entfalten, die zwischen dem alten Gottesvolk Israel und dem neuen Gottesvolk der Christen differenziert und beide in Beziehung setzt. In diesem Sinn verlässt er den ursprünglichen Sinnzusammenhang und konstruiert aufgrund eigenen theologischen Denkens neue Horizonte. Dennoch ist festzuhalten, dass in der Rezeption wiederum aus dem Bereich der Götzenpolemik Anleihen am Moselied gemacht werden.

Weiterhin ist der Blick auf Röm 12,19 zu lenken, wo sich Paulus ausdrücklich auf ein Schriftzitat beruft (γέγραπται γάρ [. . .] λέγει κύριος), mit dem auf eine Wendung aus Dtn 32,35 verwiesen ist.[93] Allerdings ergibt sich die erstaunliche Feststellung, dass diese Phrase (ἐμοὶ ἐκδίκησις ἔγω ἀνταποδώσω) weder konsequent die LXX-Fassung noch die des MT widerspiegelt. Die LXX-Version ἐν ἡμέρᾳ ἐκδικήσεως ἀνταποδώσω steht der MT-Fassung לי נקם ושלם gegenüber. Das weist darauf hin, dass Paulus an dieser Stelle einen Mischtext aus LXX und MT zitiert, denn die ersten beiden Wörter gehen mit dem MT, die letzten beiden mit der LXX zusammen, wobei die betonte Hervorhebung des ἔγω auf das Konto des Paulus geht. Daher scheint die Vermutung berechtigt, dass er in diesem Fall aus dem Gedächtnis zitiert und nicht unbedingt eine schriftliche Vorlage benutzt. Wie auch immer, er greift den Rachegedanken aus Dtn 32,35 auf, der dort in Bezug auf die Feinde Israels formuliert wurde, um zum Ausdruck zu bringen, dass Gott letztlich und trotz allem zu seinem

---

[93] Cf. G. ZERBE, «"Pacifism" and "Passive Resistance"», 79/Anm. 63.

Volk steht und ihm Recht verschafft. Im neuen Kontext Röm 12,19
bekommt das Zitat die Funktion, die paränetischen Weisungen des
Apostels zu stützen. Paulus ermahnt die römischen Gemeindemitglie-
der in seinen Aufforderungen zu einem Leben aus dem Geist, sich
nicht selbst zu rächen, sondern dem Zorn Gottes Raum zu schaffen.
Gleichsam als tatkräftigen Beweis für die Schriftgemässheit seiner
Forderung greift er auf die Wendung aus Dtn 32,35 zurück und
rezipiert das Moselied unter dem Aspekt der Rache an den Feinden,
die letztlich allein Jahwes Sache ist.[94] An diesem Punkt sei darauf
verwiesen, dass dieses Mischzitat (LXX/MT) aus Dtn 32,35 in gleicher
Form auch in Hebr 10,30 zu finden ist, wobei es dort mit einer
Phrase aus Dtn 32,36 kombiniert wird (κρινεῖ κύριος τὸν λαὸν αὐτοῦ).
Im Hebräerbrief wird an dieser Stelle vor der Gefahr des Abfalls
gewarnt, vor vorsätzlichen Sünden gegen den Geist der Gnade, die
im Gericht harte Strafen nach sich ziehen werden. Dass die Rache
Gottes ureigene Sache ist und er selbst sein Volk richten wird, soll
diesen Gerichtsgedanken verstärken, ihn schriftgemäss verankern.
Wiederum ergibt sich eine Rezeption des Moseliedes im Blick auf
den Rachegedanken, der dort breit ausgefaltet ist und ursprünglich
die Rache Gottes an den Feinden Israels meint.

Eine letzte Stelle im Römerbrief bezieht sich auf Dtn 32,43, dem
abschliessenden Vers des Moseliedes, in dem die Überwindung der
Feinde Israels definitiv, die Rache an ihnen letztgültig besiegelt wird.
In Röm 15,10 befindet sich die Wendung εὐφράνθητε ἔθνη μετὰ τοῦ
λαοῦ αὐτοῦ aus Dtn 32,43(LXX) in einen völlig anderen Kontext
eingebaut: während im Moselied die Heiden aufgefordert werden,
das Gottesvolk zu preisen, weil Jahwe das Blut seiner Söhne rächt
und die Bedränger nicht ungestraft lässt, sollen sich bei Paulus entsprechend seiner theologischen Grundoption die Heiden mit dem
Gottesvolk freuen, weil sie vor Gott Erbarmen gefunden und letztendlich durch Christus auch Anteil an der göttlichen Erwählung bekommen haben. Der ursprüngliche Rachekontext verschwindet durch
die Teilzitation also völlig und die Sinnrichtung der Aussage wird
nahezu ins Gegenteil verkehrt. Dennoch ist wiederum festzuhalten,
dass Dtn 32,43 für die Aussage Pate stand, der krönende Abschluss
des Moseliedes.

---

[94] Cf. dazu auch Spr 20,22; 24,29; Sir 28,1.

4.2.5 *Bewertung des Moseliedes durch Josephus und Philo*

Wie Josephus das Moselied einschätzt, ergibt sich aus einer Bemerkung in den *Antiquitates*, die wahrscheinlich auf Dtn 31,19 zurückgreift: ἔπειτα ποίησιν ἑξάμετρον αὐτοῖς ἀνέγνω, ἥν καὶ καταλέλοιπεν ἐν βίβλῳ ἐν τῷ ἱερῷ πρόρρησιν περιέχουσαν τῶν ἐσομένων, καθ' ἥν καὶ γέγονε τὰ πάντα καὶ γίνεται, μηδὲν ἐκείνου διημαρτηκότος τῆς ἀληθείας (Ant IV,303). Mose hat also sein in Hexametern abgefasstes Kunstwerk dem Volk vorgelesen, das er in einem heiligen Buch hinterlassen hatte, und das zukünftige Dinge (τῶν ἐσομένων) beinhaltete, die bereits geschehen waren oder noch geschehen. Demnach geht es um eine Weissagung künftigen Geschehens[95] und Mose werden prophetische Charakterzüge zugeeignet. Dass Josephus das Moselied als ein Gedicht in Hexametern bezeichnet, hängt sicherlich mit der hellenistischen Bildung seiner Adressaten zusammen, und dass er Mose als Propheten zeichnet, steht in Einklang mit dessen Darstellung im allgemeinen. So wird beispielsweise der Mosesegen aus Dtn 33 auch als eine prophetische Vorausschau des Gesetzgebers deklariert, wenn jedem der Stämme das künftige Geschick vorausgesagt wird (Ant IV,320).[96] Inhaltlich macht Josephus über das Moselied keine Aussagen, sein Grundduktus aus Dtn 32 auf dem Hintergrund des Schemas "apo-stasy-punishment-vindication" ist jedoch in einer Prophezeiung zu finden,[97] die Josua in den Mund gelegt wird (Ant IV,311–314). Er redet aufgrund göttlicher Eingebung davon, dass künftig das Volk aufgrund eigenen Verschuldens in Bezug auf die Gottesverehrung allerhand Übel zu tragen hätte. Diese werden in concreto benannt, wenn von der Zerstörung des Tempels und der Städte, sowie von einer drohenden Sklaverei gesprochen wird. Doch Gott selbst würde das Geschick seines Volkes wenden, indem er den Tempel und die Städte wiederherstellt; dieser Verlust würde sich nicht nur einmal, sondern mehrmals ereignen (οὐχ ἅπαξ ἀλλὰ πολλάκις).

Was also von der Bewertung des Moseliedes durch Josephus fest-gehalten werden muss, ist das Faktum, dass er es als eine Prophetie betrachtet, die sich in der Geschichte Israels schon mehrfach bewahr-heitet hat und die immer wieder aktuell bleibt, weil sich der darin

---

[95] Cf. D.J. Harrington, «Interpreting Israel's History», 63.

[96] Ant IV,320 im Wortlaut: Μωυσέος δὲ ταῦτα πρὸς τελευτῇ τοῦ βίου φήσαντος καὶ μετ' εὐλογίας ἑκάστῃ τῶν φύλων προφητεύσαντος τὰ καὶ γενόμενα τὸ πλῆθος εἰς δάκρυα πρόϋπεσεν.

[97] Cf. D.J. Harrington, «Interpreting Israel's History», 63.

zu findende Zyklus auch in Zukunft wiederholen kann.[98] Insofern
hat dieses Lied als prognostischer Parameter auch die Funktion, ein
entsprechendes Verhalten anzumahnen, das die rechte Gottesverehrung
gewährleisten möchte.

Philo nimmt in seiner Schrift *De virtutibus* auf das Moselied Bezug:
es heisst, dass Mose, nachdem er mit den Untergebenen und seinem Nachfolger im Führungsamt gesprochen hat, Gott in einem
Gesang zu preisen beginnt (Virt 73: ἄρχεται τὸν θεὸν ὑμνεῖν μετ᾽ ᾠδῆς),
der als letzter Dank für die erwiesenen Gnadengaben in seinem irdischen Leben kurz vor seinem Tod zu verstehen ist.[99] Bezüglich des
Inhalts des Liedes ist die Aussage gemacht, dass es das Schicksal des
Volkes ins Visier nimmt, indem es auf seine alten Sünden hinweist,
Warnungen und Zurechtweisungen für die Gegenwart, sowie Aufmun-
terungen für die Zukunft beinhaltet (Virt 75).[100] Abschliessend wird
es als ein Chorlied bezeichnet (χορεία), das gleichsam aus Frömmigkeit
und Menschenliebe zusammengesetzt ist. Interessant ist jedoch die
Tendenz Philos, das Moselied als kosmischen Gesang darzustellen,
der vor einer göttlichen Versammlung vorgetragen wird und sich
harmonisch in den Äther einfügt. Dtn 32,1 mit der Anrede von
Himmel und Erde wird von Philo derart rezipiert, dass alle Elemente
des Alls und die wichtigsten Bestandteile der Welt dieser göttlichen
Versammlung angehören (Virt 73: ἄθροισμα θεῖον), und sowohl
Menschen wie dienende Engel zu Zuhörern werden. Obwohl Mose
ein sterblicher Mensch ist, vermag er dennoch in Einklang mit den
Gestirnen und den Gesetzen des Kosmos seinen Gesang in vollen-
deter Form darzubieten. Das Motiv des Mose für seinen Gesang
besteht darin, Gott zu danken, ihn zu loben und seine Zuneigung
zum Volk auszudrücken (Virt 75). Insgesamt erscheint die Mosefigur
in diesen Stellen erhöht,[101] und sein Lied markiert gleichsam den
Übergang seiner Seele in die andere Welt (Virt 76).

---

[98] Cf. L. VEGAS MONTANER, «Testamento de Moisés», 238.
[99] Cf. J.D. TABOR, «"Returning to the Divinity"», 235f.
[100] Virt 75 konkret im Wortlaut: ἔλεγχοι παλαιῶν ἁμαρτημάτων, αἱ πρὸς τὸν
παρόντα καιρὸν νουθεσίαι καὶ σωφρονισμοί, παραινέσεις αἱ πρὸς τὰ μέλλοντα διὰ
χρηστῶν ἐλπίδων, αἷς ἐπακολουθεῖν ἀναγκαῖον αἴσια τέλη.
[101] Zur Mosefigur bei Philo cf. G. OBERHÄNSLI-WIDMER, «Mose/Moselied/Mose-
segen/Moseschriften. III», 349ff.

4.3 *Auswertung der Rezeptionsvorgänge*

Eine abschliessende Auswertung der Rezeptionsvorgänge soll zunächst bei der eben ausgeführten Darstellung der Rezeptionsbeispiele des Moseliedes in der Zeit vom 2.Jh.v.Chr. bis ins 1.Jh.n.Chr. ansetzen, die sowohl die Rezeptionsschwerpunkte als auch die Perspektiven der Wahrnehmung des gesamten Liedes aufzuzeigen hat. Sodann müssen diese Ergebnisse mit der Rezeption von Dtn 32,1–43 in der Geschichtsschau der AM verglichen werden, um dort die Rezeptionsvorgänge besser verstehen und einordnen zu können.

Bezüglich des ersten Anliegens sind in erster Linie die direkten Bezugnahmen auf das Lied als ganzes ins Blickfeld zu nehmen. Zu diesem Zweck ist noch einmal auf 2Makk 7,6 (bzw. 4Makk 18,18f.) und Offb 15,3f. Rekurs zu nehmen. Beide Stellen sind von der Bedrängnis angesichts einer feindlichen Übermacht geprägt, die unter dem Vorzeichen religionspolitischer Verfolgungsmassnahmen steht. In dieser Not wird das Moselied als ein prophetischer Text rezipiert, der das Erbarmen Gottes über die Seinen thematisiert und den Sieg über die feindliche Bedrohung verheisst. Es wird als die verlässliche Zusage Gottes gesehen, trotz aller Vergehen zu den Seinen zu stehen, die entweder unbeirrbar am Gesetz oder am Christusbekenntnis festgehalten hatten. Zudem geht es darum, in der Absage an Fremdgötter und heidnische Kultpraktiken den wahren Gott anzubeten und an ihm standhaft festzuhalten. Das Moselied endet in Dtn 32,43 mit der göttlichen Rache an den Bedrängern, die bei der Rezeption jeweils im Blick bleibt, sie womöglich auch motiviert hat. In diesem Zusammenhang wird Gott als der gerechte, der souveräne und heilige Herrscher über sein Volk gesehen, der als Herr über Leben und Tod alle Fäden in der Hand hat.

Was die Rezeptionsschwerpunkte anbelangt, so ergeben sich eindeutige Präferenzen, die mit den obigen Beobachtungen zur Einschätzung des Liedes als solchem korrelieren. Vorrangig geht es um Rezeptionen aus dem Bereich Dtn 32,15–18.21, also der Fremdgötterthematik und die darauf bezogene Reaktion Gottes. Das ist auf dem geschichtlichen Hintergrund im besagten Zeitraum durchaus verständlich, weil der Abfall zu fremden und heidnischen Göttern und eine damit zusammenhängende Kultpraxis eine handgreifliche Gefahr im religiösen Leben darstellte. Sowohl die Beispiele aus der apokryphen bzw. deuterokanonischen Literatur (TestNaph 8,2; Bar 4,5–8; 3Bar 16,2; cf. auch CD V,16–17), als auch aus dem NT (Phil 2,15; 1Kor 10,20;

Röm 10,19) weisen eindeutig in diese Richtung, wenngleich die jeweils neuen Kontexte nicht immer mit den rezipierten Gedanken aus dem Moselied gleichsinnig kongruent sind.

Neben dieser als durchaus primär zu bezeichnenden Rezeptionslinie spielt eine zweite Thematik eine grosse Rolle, die breit im Moselied ausgefaltet und mit der es krönend abgeschlossen ist. In Dtn 32,41–43 ist die göttliche Rache an den Bedrängern und Feinden des auserwählten Volkes mit bunten Farben gezeichnet, so dass unmissverständlich klar wird, auf wessen Seite Gott steht, selbst wenn das Volk im Fremdgötterkult von ihm abgefallen war. Überhaupt hat man in den Rezeptionsbeispielen den Eindruck, dass das Moselied von der abschliessenden göttlichen Rache her in seiner Ganzheit gelesen wird; dieser Aspekt scheint einer der dominanten in der Wahrnehmung des Moseliedes zu sein, von seinem Ende her entfaltet es seine eigentliche Stossrichtung. In der Rezeption erscheint diese Thematik sowohl im Gerichtskontext als auch in paränetischen Abschnitten (3Hen 32,2; Offb 6,10; 19,2; Röm 12,19; 15,10; Hebr 10,30). Was weiterhin das Rachemotiv anbelangt, so lenkt sich der Blick auf die Rezeption in Qumran (CD VIII,9–10; XIX,22), die sich vornehmlich auf Dtn 32,33 stützt. Die dort gemachten Aussagen werden zur Qualifizierung der Feinde der Qumrangemeinde benutzt, denen Rache angesagt ist.

Eine mehr untergeordnete Linie im Rezeptionsprozess betrifft das Gottesbild, das allerdings mit der eben beschriebenen Thematik in Einklang steht. Wenn Gott die Macht zur Rache an den Feinden zugestanden wird, dann handelt er als der Freie und Souveräne, er ist der, dessen Wege gerecht und zuverlässig sind, der sich als der Treue und Heilige erweist, der sein Volk leitet, tötet und lebendig macht, der allein retten kann. In einigen Beispielen dringen diese Charakterzüge Gottes durch und bezeugen so seine Macht gegen alle feindlichen Gewalten (4Makk 18,18f., Offb 15,3f.; 3Hen 48A,10).

Zusammenfassend kann man bezüglich der Rezeption des Moseliedes im besagten Zeitraum feststellen, dass es als eine bis in die Zeit der Autoren massgebliche Prophetie betrachtet wurde (cf. Josephus), auf die man sich im geschichtlichen Kontext der feindlichen Bedrohung und der Religionsverfolgung beziehen konnte, um sich der Verlässlichkeit und Parteilichkeit Gottes für die Seinen zu vergewissern. In Anbetracht der Gefahr des Abfalls vom wahren Jahweglauben rezipierte man aus dem Moselied primär die Fremdgötterthematik, dann aber auch das Rachemotiv und Züge des damit zusammenhängenden Gottesbildes.

Betrachtet man nun auf diesem Hintergrund die Rezeption des
Moseliedes in der Geschichtsschau der AM, so lässt sich diese geradlinig
in die Rezeptionsgeschichte dieses Textes in intertestamentarischer
Zeit einordnen. Auch in der AM liegen die Rezeptionsschwerpunkte
im Aufgreifen der Fremdgötterpolemik, im Rekurs auf das Motiv der
Rache an den Feinden des erwählten Volkes und in einer besonderen Akzentuierung Gottes als des freien und souveränen Herrschers,
der auf der Seite der Seinen steht. So besteht in der Geschichtsschau
der AM die Sünde jeweils im Abfall zu fremden Göttern (AM 2,8;
5,3), und auf diesen Frevel folgen göttlich sanktionierte Strafmassnahmen in der Bedrohung durch die Feinde Israels. Weiterhin ist das
Rachemotiv in extenso rezipiert, man könnte sogar von einer Rezep-
tionsdominanz von Dtn 32,43 im letzten Abschnitt der Geschichtsschau
sprechen (AM 10,1-10; bes. AM 9,7; 10,2.7.10). Vom Ende der
Geschichtsschau her, vom rettenden Eingreifen Gottes, der die Rache
an den Feinden vollzieht, bekommt die Geschichtsschau sogar ihre
Konturen. Was das Gottesbild der AM betrifft, so ist es in jedem
Fall mit dem des Moseliedes in Einklang zu bringen, weil Gott als
der Gerechte und Heilige (AM 3,5), als der Souveräne und Freie,
als der Herrscher über Leben und Tod gezeichnet wird, von dessen
Erbarmen alles abhängt (AM 4,4-6). Die Thematiken des Abfalls zu
fremden Göttern und der göttlichen Rache an den Feinden, sowie
die Markierung des entsprechenden Gottesbildes, werden sogar durch
eindeutige Wortbezüge verdeutlicht, so dass die Grundaussagen des
Moseliedes in jedem Fall durchschimmern. Überhaupt hat das Moselied
und die Geschichtsschau der AM den gleichen Einsatz- und Schlusspunkt: es geht zunächst um die Errichtung von irdischen Herrschaftsstrukturen (AM 2,2; Dtn 32,8f.), die aber dann durch den
endgültigen Herrschaftsantritt Gottes in der Rache an den Feinden
eine neue Ausrichtung bekommen (AM 10,1-10; Dtn 32,41-43). Was
den Rezeptionsablauf in seiner Kongruenz betrifft, so kann durchaus
die gesamte Geschichtsschau der AM auf dem Hintergrund des Moseliedes gesehen werden, wenngleich wörtliche Entsprechungen zwischen
AM 9,7 und Dtn 32,43 suggerieren könnten, dass der eschatologische
Hymnus in AM 10,1-10 nicht mehr im eigentlichen Rezeptionshorizont
liegt. Dieser poetische Text aber ist umso mehr mit dem poetischen
Moselied vergleichbar, als er gleichsam unter der Überschrift von
Dtn 32,43 steht; das Finale der Geschichtsschau verdichtet gleichsam die Aussagen des Moseliedes von dessen Ausgang her. Im eschatologischen Hymnus wird also das Moselied brennpunktartig von

seinem Ende her zusammengefasst aufgenommen, denn die Rache
an den Feinden und die Rettung Israels gehört schliesslich zur krönenden Schlusssentenz beider Texte. Strukturell lässt sich die Aufnahme
des Moseliedes in der Geschichtsschau der AM dadurch aufweisen,
dass beide Texte als prophetischer Geschichtsvorausblick auf dem
Hintergrund des "apostasy-punishment-vindication-pattern" formuliert sind. In der Vorausschau des Moseliedes fällt das Volk nach
der Landnahme im Fremdgötterkult vom wahren Gott Israels ab,
der es mit Strafmassnahmen durch die Feinde Israels bedenken will,
es letztlich aber doch aufgrund seines grossen Erbarmens rettet und
sich an den Feinden rächt. Genau dieser theologische Grundduktus
ist auch in der Geschichtsschau der AM interesseleitend.

Schliesslich kann die Frage gestellt werden, warum sich der Autor
der AM in seinen Geschichtsbetrachtungen auf das Moselied bezieht.
Da die AM als eine Schrift charakterisiert werden kann, die ungebrochenen Gesetzesgehorsam in einer Zeit einschärfen will, in der
der Abfall zu heidnischen Göttern eine handgreifliche Gefahr gewesen sein muss, ist es nicht verwunderlich, dass in der Rezeption auf
das Moselied zurückgegriffen wurde. Dieses Lied hat mehrere Vorteile,
um zum einen die Adressaten der apokryphen Schrift in ihrer bedrängten Situation zu ermutigen, sie aber zum anderen auch auf die
Konsequenzen ihres Verhaltens hinzuweisen. Nur eine rigorose Gesetzesobservanz und die Orientierung an den Traditionen der Vorväter
konnte das rettende Eingreifen Gottes gewährleisten. Von ihm wurde
erwartet, dass er der Bedrängnis der Gesetzestreuen ein Ende bereite,
indem er die heidnischen Feinde machtvoll überwinde und an ihnen
Rache übe. Dass in der biblischen Tradition dieses Lied von Mose
selbst artikuliert worden ist, dem Gesetzgeber und Garanten der göttlichen Offenbarung, ist ein weiteres Motiv, in der Rezeption auf
diesen Text zurückzugreifen. Es hatte deshalb eine unumstössliche
Autorität und wurde als eine Prophetie begriffen, die sich im weiteren Verlauf der Geschichte immer wieder erfüllen werde (cf. Josephus,
Ant IV,314), die also zu jeder Zeit brandaktuell gewesen sein muss.
Zum Zeitpunkt der Abfassung der AM glaubte also der Autor an
die Wirkkraft dieser Moseprophetie über seinen geschichtlichen Standpunkt hinaus und benutzte sie in der Rezeption deshalb für seine
Geschichtsbetrachtungen.

Die Tatsache, dass in Qumran ein Fragment gefunden wurde
(4Q44 = 4QDeut^q), das mit ziemlicher Sicherheit allein das Moselied

enthalten hatte,[102] bezeugt zudem die besondere Benutzung, die eminente Bedeutung, und vielleicht auch die einzigartige "theologische Deutekraft" dieses Textes, die vor allem in der Interpretation geschichtlicher Abläufe wirksam werden konnte. In jedem Fall lässt sich soviel aussagen, dass das Moselied als Text auch für sich genommen tradiert und benutzt wurde.

---

[102] Cf. P.W. SKEHAN, «A Fragment of the "Song of Moses" (Deut. 32) from Qumran», 12–15; R. MEYER, «Die Bedeutung von Deuteronomium 32,8f.43 (4Q) für die Auslegung des Moseliedes», 207f.; E. TOV, *The Text-Critical Use of the Septuagint in Biblical Research*, 192; ID., «Rewritten Bible Compositions», 336f.; cf. besonders *DJD*, XIV, 138: «The surviving clues reveal a manuscript that was probably a 'special use' manuscript, containing only the Song of Moses (Deut 32,1–43), excerpted from a biblical manuscript circulating in Jewish circles around the middle of the first century BCE».

KAPITEL 5

DIE REZEPTION VON DTN 33 – JOS 1 IN DER AM

Nachdem als Rezeptionshintergrund für die AM bereits Dtn 31–32 ausgeleuchtet wurde, lässt sich weiterhin danach fragen, ob auch der Mosesegen in Dtn 33 und die Erzählung vom Tod des Mose in Dtn 34 im eigentlichen Rezeptionshorizont der AM liegen. Schliesslich ist die AM literarisch vom bevorstehenden Mosetod motiviert und auf dessen Grab wird in AM 11,5–8 verwiesen. Die Rezeption von Dtn 31–32 konnte lediglich bis AM 10 nachgewiesen werden, wie aber steht es um eventuelle Rezeptionsvorgänge in den verbleibenden Kapiteln AM 11 und 12? Dort reagiert Josua in einer Rede auf den von Mose selbst angekündigten Tod und dieser tröstet ihn abschliessend in einer theologisch gefärbten Schlussmahnung, die stark vom Prädestinationsgedanken geprägt ist.

Die beiden Kapitel AM 11 und 12 scheinen zwar sehr eigenkonturiert zu sein, vor allem auch in theologischer Hinsicht, im weiteren Sinn liegt jedoch eine thematische Bezugnahme auf Dtn 33 – Jos 1 vor, die im folgenden näher erhellt werden soll. Schon in AM 10 lassen sich Rezeptionsspuren von Dtn 33 nachweisen; dieses Kapitel der AM verdankt sich in mehrfacher Hinsicht biblischem Material verschiedenster Provenienz.[1] Besonders augenfällig ist diesbezüglich die Rezeption von Dan 12, und zwar mit Bezug auf eine durchgehende Abfolge der entsprechenden Motive. In diesem Sinn lässt sich von Rezeptionsinterferenzen sprechen, die dargestellt werden sollen.

5.1 *Beziehungen zwischen Dtn 33 – Jos 1 und AM 10–12*

Möchte man die Überlegungen Josuas über das zukünftige Grab Moses in AM 11,5–8 auf dem Hintergrund der biblischen Tradition orten, so ist man unzweideutig auf Dtn 34,5f. verwiesen.[2] Dort allerdings ist in lapidarer Weise davon die Rede, dass Mose in Moab

---

[1] Cf. L. HARTMAN, *Prophecy interpreted*, 126–132.
[2] Cf. C. MÜNCHOW, *Ethik und Eschatologie*, 65.

begraben wurde und sein Grab unbekannt ist. Diese Notiz nimmt der Autor der AM zum Anlass, die Grösse Moses mit aller Deutlichkeit herauszustreichen. Der rhetorischen Frage, welcher Natur wohl das Mosegrab sein könnte, folgt eine masslose Aufwertung der Mosefigur: er wird gleichsam aus den gewöhnlichen Sterblichen herausgenommen, und demzufolge erscheint sein Grab über den ganzen Weltkreis hin ausgeweitet[3] (AM 11,8). Einerseits könnte das damit zusammenhängen, dass nach MT wahrscheinlich Gott selbst Mose begräbt,[4] andererseits aber ist diese Aufweitung von Dtn 34,6 durchaus mit dem Mosebild der AM in Einklang zu bringen; seine göttliche Erwählung, Mittlerfunktion und Präexistenz wurde ja in AM 1,14 bereits zum Ausdruck gebracht.

Fragt man nun im Anschluss an die vorgängige Überlegung danach, ob in der AM der Rekurs auf Dtn 34,6 isoliert vom übrigen Kontext geschieht oder er in einen grösseren Rezeptionszusammenhang eingebettet ist, so erweist sich eine der Reihenfolge nach fast durchgängige Entsprechung einiger Sachaspekte von Dtn 33 – Jos 1 in AM 10–12. Allerdings ist diesbezüglich nur vom äusseren Rahmen von Dtn 33 auszugehen[5] und der eigentliche Mosesegen über die einzelnen 12 Stämme auszuklammern, so dass als Hintergrund für AM 10–12 nur Dtn 33,2–5.26–29; 34,1–12; Jos 1,1–9 in Frage kommt. Im Folgenden sollen nun die einzelnen Bezüge näher untersucht werden, wobei sowohl Gemeinsamkeiten, als auch unterschiedliche Akzentsetzungen namhaft gemacht werden.

Nachdem in AM 10,1 die Herrschaft Gottes über die ganze Schöpfung verheissen wird, erfolgt die Beauftragung eines "nuntius" (10,2), der gleichsam als Vorbote des "caelestis" fungiert (10,3; cf. auch V.7:

---

[3] Von einer «Ubiquität von Moses Grab» spricht G. OBERHÄNSLI-WIDMER, «Mose/Moselied/Mosesegen/Moseschriften. III», 348.

[4] Grammatikalisch gesehen ergeben sich für MT zwei Möglichkeiten: da der vorangegangene Vers mit der Erwähnung Jahwes endet, kann er selbst das Subjekt von ויקבר sein; denkbar wäre auch eine passivische Übersetzung (man begrub). Die LXX und der Samaritanus setzt an dieser Stelle den Plural (ἔθαψαν) und interpretiert damit eindeutig in Richtung der zweiten Möglichkeit. Der Plural findet sich auch in 4QDeut^l (= 4Q39), Frag. 10, Zeile 3 (cf. DJD, XIV, 112); ein in Masada gefundenes Deuteronomium-Fragment hingegen zeigt den Singular: MasDeut, Frag. 3–4, Zeile 7 (cf. F. GARCÍA MARTÍNEZ, «Les manuscrits du désert de Juda et le Deutéronome», 75–78).

[5] Zur Abgrenzung des äusseren Rahmens in Dtn 33 (V.2–5; V.26–29) cf. z.B. A. BERTHOLET, Deuteronomium, 102–105; C. STEUERNAGEL, Deuteronomium und Josua, 122; S.R. DRIVER, A Critical and Exegetical Commentary on Deuteronomy, 385; G. VON RAD, Das fünfte Buch Mose, 147; P.D. MILLER, Deuteronomy, 237–241.

summus deus aeternus solus), wobei letzterer unter kosmischen Erschütterungen auftritt (V.4–6). Die Schilderung einer Theophanie geschieht ebenso in Dtn 33,2,[6] wobei die LXX in Abweichung vom durchaus unverständlichen MT Jahwe zusammen mit seinen Engeln erscheinen lässt (ἄγγελοι μετ' αὐτοῦ).[7] Während Jahwe in Dtn 33,2 vom Sinai hervorkommt (MT: בא; LXX: ἥκει; Vulgata: venit), ersteht in AM 10,3 der Himmlische vom Sitz seiner Herrschaft und tritt aus seiner heiligen Wohnung heraus (exurget enim caelestis a sede regni sui et exiet de habitatione sancta sua). Wenn auch nicht in jeweils gleicher Weise die Theophanie beschrieben wird, so ist doch in beiden Fällen das Erscheinen Gottes damit zum Ausdruck gebracht, dass er seinen eigentlichen Ort verlässt, um sich machtvoll zu zeigen. Die Gottesbezeichnung "caelestis" kann diesbezüglich durchaus auf dem Hintergrund von Dtn 33,26[8] gesehen werden, denn auch dort geht es um eine bewusste Akzentuierung der himmlischen Sphäre Gottes.[9] Wenn nun Israel zum Sternenhimmel erhöht wird (AM 10,9), scheint das auf der gleichen Linie zu liegen, und eigentlich ist damit zum Ausdruck gebracht, dass es Anteil an der Sphäre Gottes bekommt und somit in unmittelbarerer Weise mit ihm in Verbindung steht.

Die Theophanie hat in beiden Fällen das gleiche Ziel: die Feinde sollen unterjocht werden, damit Israel in Sicherheit wohnen kann. Schon in AM 10,2 war als Aufgabe des beauftragten "nuntius" die Rache an den Feinden genannt, die dann in V.7 Gott selbst zufällt. Die Vertreibung der Feinde durch Gott findet sich nach der Betonung seiner himmlischen Sphäre in Dtn 33,27b; daraufhin sollen sie aufgrund göttlicher Entscheidung vernichtet werden. Der endgültige Sieg über sie kommt schliesslich in V.29 zum Ausdruck, wobei der

---

[6] Cf. dazu G.W.E. Nickelsburg, «Studies on the Testament of Moses—Introduction», 12: «noteworthy is the manner in which our author transforms material regarding a past theophany from Mt. Sinai, found in Deut 33, into a picture of the future theophany».

[7] Die Vulgata zu Dtn 33,2 an dieser Stelle, die sich am unverständlichen MT orientiert (אשדת למו): eius ignea lex.

[8] Gott wird in Dtn 33,26(MT) dargestellt in seiner Hoheit auf den Wolken (ובגאותו שחקים) und als einer, der am Himmel reitet (רכב שמים); die LXX betont das Herabsteigen über dem Himmel (ὁ ἐπιβαίνων ἐπὶ τὸν οὐρανὸν) und betitelt ihn als "Grossartigen des Firmaments" (ὁ μεγαλοπρεπὴς τοῦ στερεώματος); cf. dazu die Vulgata: ascensor caeli auxiliator tuus magnificentia eius discurrunt nubes.

[9] Was die Gottesbezeichnungen in AM 10,1–10 betrifft, so könnte fernerhin der "summus deus aeternus" von AM 10,7 auf dem Hintergrund von Dtn 33,27 gelesen werden (MT: אלהי קדם; LXX: θεοῦ ἀρχῆς); cf. R.H. Charles, The Assumption of Moses, 41.

Herr Israel rettet und ihm zum schützenden Schild wird. In diesem Vers entdeckt man Wendungen, die durchaus wörtlich Eingang in AM 10,8 gefunden haben. Israel wird glücklich gepriesen, weil es durch Gott vor den Feinden Rettung erfahren hat und nun ohne Sorge im Land leben kann. Zum Ausdruck gebracht wird das in Dtn 33,29aα mit dem Makarismus אַשְׁרֶיךָ יִשְׂרָאֵל (LXX: μακάριος σύ, Ισραηλ; Vulgata: beatus tu Israhel), der in AM 10,8 mit "tunc felix eris, tu Istrahel" übersetzt wird.[10] Desweiteren bezieht sich das "et ascendes supra cervices et alas aquilae" unter anderem auch auf Dtn 33,29bβ zurück.[11] Allerdings stimmt in diesem Zusammenhang die Version der LXX besser mit der Wiederaufnahme in der AM über-

---

[10] Cf. R.H. CHARLES, The Assumption of Moses, 42; T.W. MANSON, «Miscellanea Apocalyptica», 44; G. REESE, Die Geschichte Israels, 89; E.-M. LAPERROUSAZ, «Le Testament de Moïse», 129; D.J. HARRINGTON, «Interpreting Israel's History», 65; A.Y. COLLINS, «Composition and Redaction», 184; J. TROMP, The Assumption of Moses, 236.

[11] Bezüglich AM 10,8b ist nicht auszuschliessen, dass auch Rekurs auf Dtn 32,11 genommen wurde (cf. E. HÜHN, Die messianischen Weissagungen, 98/Anm. 3; E. SCHÜRER, Geschichte des jüdischen Volkes, II, 630/Anm. 53; M.-J. LAGRANGE, Le Judaïsme avant Jésus-Christ, 241/Anm. 1; J. TROMP, The Assumption of Moses, 236). Dtn 32,10f. handelt von Israel (cf. Dtn 32,9: Jakob), das von Jahwe beschützt wird. In diesem Zusammenhang ist von der Fürsorge Gottes die Rede, die im Bild eines Adlers oder Geiers (נֶשֶׁר/ἀετός) zum Ausdruck gebracht wird, der über seinen Jungen schwebt, über sie seine Flügel (כְּנָפָיו/πτέρυγες) ausbreitet. In AM 10,8b kann der lateinische Text "et ascendes supra cervices et alas aquilae" folgendermassen im Griechischen wiedergegeben werden: «καὶ ἀναβήσῃ ὑπὲρ τοὺς τραχήλους καὶ τὰς πτέρυγας τοῦ ἀετοῦ» (A. HILGENFELD, «Die Psalmen Salomo's und die Himmelfahrt des Moses», 293). Insofern ergeben sich wörtliche Berührungspunkte, wie es um das Bild des Adlers und dessen Schwingen geht (cf. zum Bild der Adlerflügel auch Ex 19,4). Der Kontext von Dtn 32,11 (לָקַח als terminus technicus für eine Erhöhung) scheint von Erhöhungsvorstellungen geprägt zu sein (cf. Dtn 32,13), so dass das zu AM 10,9, der erwähnten Erhöhung Israels zum Sternenhimmel, passen würde; cf. G. REESE, Die Geschichte Israels, 89–91; O. CAMPONOVO, Königtum, Königsherrschaft und Reich Gottes, 168f. Bezüglich einer Bezugnahme von AM 10,8b im ausschliesslichen Sinn auf entweder Dtn 32,11 oder Dtn 33,29bβ ist kritisch anzumerken, dass der Verfasser der AM auch beide Stellen im Auge gehabt und Vokabular aus ihnen kombiniert haben kann, auch wenn beide Spendestellen durchaus nicht sinnkongruent sind. Der Sinn von AM 10,8 scheint nach zwei Seiten hin offen zu sein: der nachfolgende V.9 handelt von der Erhöhung Israels zum Sternenhimmel, und insofern könnte das Hinaufsteigen auf die Nacken und Flügel des Adlers mit dieser Erhöhung zu tun haben (mythologische Interpretation: Adler gleichsam als Transportmittel zum Himmel; cf. z.B. W. BOUSSET – H. GRESSMANN, Die Religion des Judentums, 221); andererseits geht es im vorangehenden V.7 um die Bestrafung der "gentes", so dass das "ascendere supra cervices et alas aquilae" als ein Gestus des Besiegens der Feinde gedeutet werden könnte. So darf bezüglich AM 10,8b in keinem Fall der Rekurs auf Dtn 33,29bβ fallen gelassen werden, weil sich bereits AM 10,8a daraus speist (tunc felix eris tu Istrahel), und es unlogisch wäre, dass sich das Folgende nun ausschliesslich einer anderen Rezeptionsgrundlage verdanken würde (zudem gibt es bei einer ausschliesslichen Rückführung auf Dtn 32,11 die Schwierigkeit, dass die "cervices" im Plural stehen und in einer Rezeption konsequenter Weise eigent-

ein,[12] denn das τράχηλος entspricht bezüglich der Semantik durchaus den "cervices" in AM 10,8. Insofern besteht der Verdacht, dass
sich die AM in diesem Punkt an der LXX als Vorlage orientiert,[13]
denn der hebräische Terminus במה müsste doch vielmehr mit "Rücken,
Anhöhe" wiedergegeben werden.[14] In jedem Fall geschehen an diesem Punkt wörtliche Aufnahmen, die bezüglich des Rezeptionsvorgangs
eine eindeutige Bezugnahme von AM 10 auf Dtn 33,26–29 vor
Augen führen.[15]

Während Dtn 33,28f. in der noch anhaltenden Moserede davon
spricht, dass Israel in Sicherheit im fruchtbaren Land aufgrund des
Sieges über die Feinde wohnen wird, erhält Mose in 34,1–4 Gelegen-
heit, das ganze Land zu überblicken. Diese narrative Passage erhält
insofern eine Entsprechung in AM 10, als dort von einer Erhöhung
Israels zum Sternenhimmel die Rede ist (V.9): es handelt sich um
ein "neues Land", an dem Israel nun Anteil gegeben werden soll.
Ganz Israel ist hier im Blick, wenngleich in AM 2–4 jeweils zwischen
zwei und zehn Stämmen unterschieden worden war. In Dtn 33,6–25
waren die einzelnen Stämme im Mosesegen mit Namen benannt, in
V.28f. aber ergehen die Verheissungen an ganz Israel. Setzt man
nun AM 2–4 und AM 10 damit in Verbindung, so ist auch diesbezüglich eine Bewegung von einer differenzierten Betrachtungsweise

---

lich nur die "alae" erwähnt sein müssten); cf. A. HILGENFELD, «Die Himmelfahrt
des Moses und der Ezra-Prophet», 616–619; A.Y. COLLINS, «Composition and
Redaction», 184f.; D. MAGGIOROTTI, *Il Testamento di Mosè*, 267f. Naheliegend ist die
These, dass mit dem Adler die römische Besatzungsmacht gemeint ist (cf. dazu die
Adlervision in 4Esr 11–12); cf. C. CLEMEN, «Die Himmelfahrt Moses», in *APAT*,
II, 327; T.W. MANSON, «Miscellanea Apocalyptica», 44; M. HENGEL, *Die Zeloten*,
308–313; G.W.E. NICKELSBURG, *Jewish Literature*, 213. Unter anderem ist diesbezüglich bekannt, dass Herodes über dem Tempeltor einen Adler, das Paradesymbol
der römischen Fremdherrschaft, anbringen liess, der von jüdischen Frommen zerstört
wurde (Ant XVII,149–167); cf. M. HENGEL, *Die Zeloten*, 107f.

[12] Cf. Dtn 33,29bβ(MT): ואתה על במותימו תדרך; dazu die LXX-Version καὶ σὺ
ἐπὶ τὸν τράχηλον αὐτῶν ἐπιβήσῃ; die Vulgata an dieser Stelle: et tu eorum colla cal-
cabis. 1QM XIX,3 scheint beide Lesarten miteinander zu verbinden: תן ידכה
בעורף אויביכה ורגלכה על במותי חלל; cf. J. TROMP, *The Assumption of Moses*, 236/Anm. 1.

[13] Allerdings findet sich die gleiche Lesart wie in der LXX auch im Targum,
der syrischen Version und der Vulgata; cf. R.W. KLEIN, «The Text of Deuteronomy
Employed in the Testament of Moses», 78. Angesichts dieses Textbefunds ist in
Erwägung zu ziehen, ob nicht eine hebräische (vielleicht auch aramäische) Vorlage
der LXX als Rezeptionsgrundlage benutzt worden sein könnte.

[14] Interessant ist in diesem Zusammenhang, dass die LXX nur hier במה mit τράχηλος übersetzt; letzteres gibt normalerweise andere hebräische Termini wieder.

[15] Cf. G.W.E. NICKELSBURG, *Resurrection*, 29; ID., *Jewish Literature*, 82; G.W.E.
NICKELSBURG – E.M. STONE, *Faith and Piety in Early Judaism*, 129f.

der Stämme zu einer einheitlichen Aussage über sie als Volksganzes festzustellen.

Nachdem Mose in Dtn 34,1–4 das gelobte Land gesehen hat, wird lapidar von seinem Tod im Lande Moab berichtet (Dtn 34,5). Ebenso geht es um seinen Tod in AM 10,12.14, der allerdings von ihm selbst als noch ausstehendes Ereignis angekündigt wird. In Dtn 34,6 folgt danach eine kurze Notiz über sein Begräbnis und die Erwähnung, dass sein Grab niemand kennt; die Totenklage wird schliesslich in V.8 berichtet. In der AM redet ab 11,4 Josua, der mit Trauer über den Weggang des Mose erfüllt ist; Tränen und Seufzer werden in diesem Zusammenhang genannt (plena lacrimis et gemitibus). Ähnliche Termini begegnen in Dtn 34,8, als die Tage des Weinens und der Trauer um Mose zu Ende sind.[16] In AM 11,5–8 geht es dann um Josuas Überlegungen zum Mosegrab, die sich aus Dtn 34,6 speisen und bereits oben in ihrem Interpretationscharakter dargestellt wurden.

Geht man weiterhin dem Duktus von Dtn 34 nach, so kommt dort Josua in V.9 vor; er wird als ein Mann dargestellt, der erfüllt ist mit dem Geist der Weisheit (MT: מלא רוח חכמה; LXX: ἐνεπλήσθη πνεύματος συνέσεως; Vulgata: repletus est spiritu sapientiae), weil Mose ihm die Hände aufgelegt hatte. Im Gegensatz dazu begegnet man in AM 11,15 den Selbstzweifeln Josuas, der danach fragt, welche Weisheit und Einsicht ihm wohl zu eigen wäre (et quae est mihi sapientia aut intellectus), um fernerhin richten oder Antwort geben zu können. Wenn auch hier die Sinnrichtung eine andere ist als in Dtn 34,9, so wurde doch zumindest ein Stichwort bezüglich der Qualität Josuas aufgenommen.[17]

Dtn 34,10 bringt die Einzigartigkeit Moses zum Ausdruck, weil nach ihm kein Prophet wie er in Israel erstehen werde. Das Stichwort "Prophet" greift AM 11,16 auf: dort wird allerdings aus Mose ein göttlicher Prophet über die ganze Erde, ein heiliger, vielfältiger und unbegreiflicher Geist, ein treuer Herr des Wortes, ein vollkommener Lehrer in der Welt. Insofern wird also auf dem Fundament von Dtn 34,10 die Mosegestalt in AM 11,16 aufgeweitet und überhöht. Diese Darstellung liegt durchaus auf einer Linie mit den Aussagen über

---

[16] Cf. Dtn 34,8b(MT): ויתמו ימי בכי אבל משה; im Vergleich die LXX-Version: καὶ συνετελέσθησαν αἱ ἡμέραι πένθους κλαυθμοῦ Μωυσῆ; dazu die Vulgata: et conpleti sunt dies planctus lugentium Mosen.

[17] Cf. J. Tromp, *The Assumption of Moses*, 250.

die Präexistenz des Mose (1,14) und der Ausweitung seines Grabes über den ganzen Erdkreis (11,5–8); scheinbar kann die herausragende Rolle des Mose nicht genug betont werden. Diesbezüglich erwähnt AM 11,11.17 seine eminent wichtige Fürsprachetätigkeit in der gefährlichen Situation der Bedrohung durch die Feinde, die in V.16 als "reges Amorreorum" bezeichnet werden. Das wiederum kann auf dem Hintergrund von Dtn 34,11f. gesehen werden, denn auch dort werden die rettenden Aktionen Moses angesichts des Feindes hervorgehoben, der in diesem Fall der Pharao von Ägypten ist. Hatte er damals angesichts der feindlichen Bedrohung furchtbare Taten, Zeichen und Wunder gewirkt, so erwähnt Josua kurz vor seinem Tod seine wichtige Funktion als Mittler und Fürsprecher Israels in schwieriger Lage.

Nach der Josuarede in AM 11,4–19 folgt im 12. Kapitel die Antwort Moses, die die von Josua geäusserten Bedenken zerstreuen möchte. Zu diesem Zweck wird er zu Beginn seiner abschliessenden Rede in 12,3 ermutigt: er soll sich nicht gering schätzen, darf sich eigentlich sicher geben und soll auf die Worte Moses achten. Schon in 10,15 war Josua von Mose zugesagt worden, dass er dessen Nachfolger im Bund sein werde. Auf biblischem Hintergrund begegnet im Zusammenhang der Josuaberufung zum Nachfolger Moses die gängige Ermutigungsformel חזק ואמץ (LXX: ἴσχυε καὶ ἀνδρίζου; Vulgata: confortare et esto robustus), die Josua bei der Übernahme seiner Aufgabe zugesprochen wird. Jedoch nur in Jos 1,7 wird sie zusammen mit der Mahnung kombiniert, sich an die durch Mose übergebene Weisung zu halten; insofern muss sich AM 12,3 genau auf diese Stelle zurückbeziehen und nicht auf andere, an denen die Ermutigungsformel zum Ausdruck kommt.[18] Bestätigt wird das dadurch, dass auch Jos 1,8 im weiteren Duktus von AM 12 aufgenommen wird: in V.10 wird unmissverständlich auf die Bedeutung der Gebote Gottes hingewiesen, deren genaue Beachtung Wachstum und die Vollendung eines guten Weges bewirkt (via bona). Das ist auf dem Hintergrund von Jos 1,8 zu sehen, weil dort dieser Aspekt in gleicher Ausgestaltung auftritt: über die Tora des Mose ist nachzusinnen, damit sie genauestens beachtet werden kann; das hat zur Folge, dass der Weg gelingen kann (MT: דרך; LXX: ἡ ὁδός; Vulgata: via).

Betrachtet man nun die Bezugnahmen von AM 10–12 auf Dtn 33 – Jos 1, so lässt sich ohne weiteres feststellen, dass die Motive

---

[18] Cf. zu dieser Ermutigungsformel im Zusammenhang mit der Josuafigur Dtn 3,28; 31,6.7.23; Jos 1,6.9.18; 10,25.

entsprechend der dort vorgegebenen Reihenfolge aufgegriffen werden, um sie in den eigenen Zusammenhang einzubauen. Eine schematische Übersicht kann das in aller Klarheit verdeutlichen:

Dtn 33 – Jos 1	*AM 10–12*
33,2: Theophanie (LXX: ἄγγελοι μετ' αὐτοῦ)	10,2–3: Beauftragung des "nuntius" und Theophanie
33,26: Betonung der himmlischen Sphäre Gottes	10,3: Gottesbezeichnung "caelestis" (cf. 10,9: Erhöhung Israels zum Sternenhimmel)
33,27b: Vertreibung der Feinde und auf sie bezogener Vernichtungsbeschluss (cf. 33,29bβ: Sieg über die Feinde)	10,7: Rache an den Feinden (cf. auch 10,2)
33,29aα: μακάριος σύ, Ισραηλ (אשריך ישראל)	10,8: tunc felix eris tu Istrahel
33,29bβ: καὶ σὺ ἐπὶ τὸν τράχηλον αὐτῶν ἐπιβήσῃ (ואתה על במותימו תדרך)	10,8: et ascendes supra cervices et alas aquilae
34,1–4: Mose bekommt das ganze Land zu sehen	10,9: Das "neue Land" Israels: Erhöhung zum Sternenhimmel
34,5: Tod Moses	10,12.14: Angekündigter Tod Moses
34,6: Begräbnis und Grab Moses	11,4: Tränen und Seufzer anlässlich des bevorstehenden Weggang Moses
34,8: Trauer und Tränen nach dem Tod Moses	11,5–8: Überlegungen zum Grab Moses
34,9: Josua, erfüllt mit dem Geist der Weisheit	11,15: Selbstzweifel Josuas bezüglich seiner Weisheit und Einsicht
34,10: Mose als grösster Prophet, dem keiner gleich sein wird	11,16: Mose als göttlicher Prophet
34,11f.: Zeichen, Wunder und Taten Moses angesichts des Feindes (Pharao)	11,17: Fürsprachetätigkeit Moses angesichts der Feinde (Könige der Amoriter)
Jos 1,7: Ermutigung für Josua und Mahnung an ihn, sich an die Weisung Moses zu halten (Jahwerede)	12,3: Ermutigung für Josua und Mahnung an ihn, auf die Moseworte zu achten (Moserede)
Jos 1,8: Weisung an Josua, die Tora Moses zu meditieren und nach ihr zu handeln, damit sein Weg gelingt	12,10: Versicherung an Josua, dass nur die ihren Weg glücklich vollenden, die sich an die Gebote halten

5.2   *Beobachtungen zum Rezeptionsvorgang*

Die Auflistung der Bezüge zwischen AM 10–12 und Dtn 33 – Jos 1 macht in jedem Fall deutlich, dass der Autor der AM sich von der Abfolge der in der biblischen Grundlage vorgegebenen Motive hat inspirieren lassen.

Betrachtet man die erste Bezugnahme in AM 10,2–3 auf dem Hintergrund von Dtn 33,2, so ergibt sich die Gemeinsamkeit, dass das Erscheinen Gottes mit dem Verlassen seines eigentlichen Ortes verbunden ist, damit er sich glanzvoll zeigen kann. Ansonsten beschreibt AM 10,2–7 doch sehr eigenkonturiert das Theophaniephänomen mit traditionellen Vorstellungen,[19] wenngleich auf dem Hintergrund der LXX-Version noch der Auftritt des "nuntius" als Vorbote in 10,2 mit dem von Engeln begleiteten Erscheinen Gottes in Dtn 33,2 zusammengesehen werden kann. Dass bezüglich der Theophanie nicht umfassender auf die biblische Orientierungsgrundlage zurückgegriffen wurde, hängt mit den Aussageschwerpunkten von AM 10 zusammen. In erster Linie geht es doch dort um die Rettung bzw. Erhöhung des Gottesvolkes und die damit verbundene Rache an den Feinden. Aus diesem Grund liegt in der Rezeption der Hauptakzent auf Dtn 33,27.29, denn dort geht es um den göttlichen Vernichtungsbeschluss bezüglich der Feinde und den endgültigen Sieg über sie. Zudem stellt der Autor der AM seine Theophanie durchaus mit klassischen Mitteln dar, zu denen die Erschütterung kosmischer Elemente gehört (AM 10,4–6). Diesbezüglich gibt es sowohl in der biblischen, als auch ausserbiblischen Literatur eine Fülle von Vorbildern.[20] In dieser Hinsicht operiert der Autor der AM ungezwungen mit mehreren Mitteln, die er nach Belieben kombiniert, um seine theologische Aussage gültig zum Ausdruck zu bringen.

Beschäftigt man sich nun im einzelnen mit der Abfolge der rezipierten Motive von AM 10–12 aus Dtn 33 – Jos 1, so entdeckt man an einer Stelle eine kleine Abweichung, die erklärt werden muss: wird in Dtn 34,5 zunächst der Tod Moses berichtet, dann auf sein

---

[19] Cf. C. Münchow, *Ethik und Eschatologie*, 71.
[20] Cf. z.B. Ex 19,18f.; Ri 5,4f.; Jes 26,21; Joel 2,10f.; 3,4; 4,15; Mi 1,3f.; Nah 1,2–8; Hab 3,3–7; Ps 68,8f.; 97,1–5 und (äth)Hen 1,3–7; cf. dazu R.H. Charles, *The Assumption of Moses*, 40f.; L. Hartman, *Prophecy interpreted*, 126–132; S.R. Isenberg, «On the Non-Relationsship of the Testament of Moses to the Targumim», 85; G.W.E. Nickelsburg, *Faith and Piety in Early Judaism*, 128f.; O. Camponovo, *Königtum, Königsherrschaft und Reich Gottes*, 167; J. Tromp, *The Assumption of Moses*, 232–235.

Begräbnis bzw. Grab Bezug genommen (V.6) und schliesslich die 30tägige Trauerzeremonie erwähnt (V.8), so ergibt sich in AM 10,12ff. nach der Ankündigung seines Todes (V.12.14) die Schilderung der von Trauer gekennzeichneten Reaktion Josuas (11,4), auf die dessen Erwägungen zum künftigen Mosegrab folgen (11,5–8). Aus dieser Differenz bezüglich der Reihenfolge nun ein theologisches Problem des Autors der AM mit seiner Orientierungsgrundlage zu kreieren, wäre in jedem Fall übertrieben, denn die Abweichungen lassen sich banaler Weise mit der zum Zuge kommenden Erzähllogik begründen. Wenn in der AM Mose noch lebt und seinen Tod vorausverkündet, so scheint es doch das normalste Verhalten Josuas zu sein, auf diese Ankündigung in seinen ersten Worten mit Bestürzung, Trauer und Tränen zu reagieren. Wie unlogisch und paradox wäre es doch, wenn Josua in seiner Rede zuerst mit Überlegungen zum Mosegrab einsetzen würde, um danach erst seine persönliche Betroffenheit zum Ausdruck zu bringen. Insofern verlangt die direkte Kommunikation zwischen Josua und Mose die Umstellung im Erzählablauf, damit dieser der Redesituation angepasster erscheint.

An dieser Stelle könnte auf dem Hintergrund der Rezeptionsvorgänge danach gefragt werden, warum sich Josua überhaupt in einer Rede an Mose wendet, nachdem dieser doch alles geregelt und vorausgesagt hat, die Dinge also letztlich klar sein müssten. Desweiteren ist zu erklären, warum Josua in seiner Rede nur auf den angekündigten Tod Moses reagiert, nicht aber auf die von ihm in der Geschichtsschau vorausgesagten zukünftigen Ereignisse.

Dass nun Josua zu Wort kommt, könnte damit zusammenhängen, dass nach dem Tod und Begräbnis Moses jener selbst benannt wird als einer, der vom Geist der Weisheit erfüllt ist (Dtn 34,9). Diese Aussage muss auf dem Hintergrund der dominanten Mosefigur der AM mit Josuas eigenen Worten relativiert werden. Entsprechend der Struktur von AM 11,9–19 stehen ja die von Josua ins Feld geführten Selbstzweifel bezüglich der ihm anvertrauten Aufgabe im Aussagezentrum dieses Abschnitts (V.15). Dabei greift er das Stichwort Weisheit von Dtn 34,9 (MT: חכמה; LXX: σύνεσις; Vulgata: sapientia) auf und setzt es in einen diametral entgegengesetzten Sinnzusammenhang. Galt in Dtn 34,9 Josua als ein mit dem Geist der Weisheit erfüllter Nachfolger Moses, so wird er in AM 11,15 zu einer schwachen Figur, die sich fragt, ob sie wohl über genügend Weisheit und Einsicht verfüge, um den gestellten Anforderungen Genüge zu leisten. Diese Akzentverschiebung hängt damit zusammen, dass die Mosefigur ihre

absolute Dominanz behalten soll und sein Nachfolger in keinster
Weise ihm gleichkommen darf. Deutlich wurde das bereits im eröffnenden Rahmen der AM, der Mose als erwählten und präexisten-
ten Mittler des Bundes darstellt (1,14), und bekräftigt findet sich das
in der Aufweitung seiner Prophetenrolle, die nachfolgend in 11,16
vor Augen geführt wird.[21] War es die Aufgabe des Mose, das Volk durch
seine Fürsprachetätigkeit vor Not und Elend zu bewahren (11,11.17),
so kann es sich unter der Führung Josuas nur dadurch eines gelingenden Weges in die Zukunft versichern, dass es die gegebenen Gebote beachtet (12,10f.). Undenkbar wäre für den Autor der AM eine
Fürsprachetätigkeit Josuas, die analog der des Mose die Bewahrung
vor den Feinden bewirken könnte. Zudem wäre eine zur Rettung
führende Fürsprache Josuas nur schwer mit der biblischen Tradition in Einklang zu bringen.[22] Geschieht doch schon beim erstmali-
gen Auftreten Josuas in der paradigmatischen Stelle Ex 17,8–16 eine
klare Rollenzuweisung bzw. Aufgabenverteilung: während Mose auf
dem Hügel fürbittend seine Hände zu Gott erhebt, obliegt Josua in
Befolgung der Weisung Moses die konkrete militärische Kriegsführung
gegen Amalek. Insofern ordnet die AM die Gestalt des Josua klar
dem eigentlichen Offenbarungsträger Mose unter, wenngleich ersterer
zur Nachfolge bestimmt ist. Sukzession meint aber in diesem Zusammenhang nicht die Ablösung einer Person durch eine andere bezüglich gleichbleibender Aufgabenbewältigung, denn an die Stelle der
unnachahmlichen Fürsprachetätigkeit Moses tritt nun unter Josua ein
rigoroser Gebotsgehorsam. Das muss auf biblischem Hintergrund mit
Jos 1,7f. parallelisiert werden, denn auch dort hat sich der Nachfolger
Moses strikt an dessen Weisungen—also die Gebote—zu halten, die
doch letztlich aus göttlichem Mund hervorgegangen sind. Rezeptionstechnisch spielt ja dann auch Jos 1,7f. eine Rolle, wenn Josua zu
seiner Aufgabe ermutigt (AM 12,3) und auf die eminente Bedeutung
der Weisung Moses hingewiesen wird (AM 12,10f.). In diesem Zusammenhang wird zudem augenfällig, dass in der AM das erste Wort
Moses an Josua genau die Befolgung des Anbefohlenen, also der

---

[21] Literarisch wird das zudem dadurch gestützt, dass in den Abschnitten AM 1,9b–18
und 12,3–9 jeweils die Person des Mose im Aussagezentrum steht.

[22] Jos 7,6–9 kann nicht als Fürbittgebet Josuas für das Volk verstanden werden,
obwohl er sich zusammen mit den Ältesten vor der Lade des Herrn niederwirft,
weil nur ratlose Fragen angesichts einer Notsituation an Gott gestellt werden und
eigentlich kein Ruf um göttliches Erbarmen artikuliert wird, das von der Beschreibung
der eigenen misslichen Lage oder einem Sündenbekenntnis begleitet wird.

Gebote, betrifft: in AM 1,9b wird er gemahnt, alles ohne Tadel auszuführen, was ihm aufgetragen wird. Die Josuafigur wird also mit
dem Halten der Gebote verbunden, sie ist zum einen aufgrund der
Sukzession der Garant für die Authentizität der Moseworte, zum
anderen der Erstling der Angemahnten zu ihrer strikten Beachtung
und insofern leuchtendes Vorbild für Nachfolgende.

Warum nun Josua nur auf die Ankündigung des Mosetodes reagiert, nicht aber auf das in der Geschichtsschau Offenbarte, so könnte
das mit der Orientierungsgrundlage Dtn 34 zu tun haben. Dort geht
es nicht um die Vorausschau künftiger Ereignisse, sondern nur um
den Sukzessionsgedanken: weil Mose seinem Nachfolger die Hände
aufgelegt hatte, ist dieser mit dem Geist der Weisheit erfüllt, und als
Folge davon hören die Israeliten auf ihn und tun das, was der Herr
dem Mose aufgetragen hatte (34,9). Mehr interessiert im Moment
des Mosetodes nicht, nur die Gewähr, dass das göttliche Wort durch
Josua weiterhin zur Ausführung gelangen wird. Wie es sich in der
Zukunft verwirklichen wird, bleibt in diesem Zusammenhang unbe-
rücksichtigt; im Zentrum steht also bezüglich des Fortgangs der Geschichte nur das "Dass" des göttlichen Wortes, nicht aber das "Wie"
seiner Konkretisation. Derselbe Sachaspekt ist ebenfalls in Jos 1,7f.
leitend, denn auch dort geht es ausschliesslich um die Befolgung des
durch Mose gegebenen Gotteswortes, nicht aber um die Art und
Weise seiner Verwirklichung.

Diese Perspektive könnte sich in der Josuarede AM 11,4–19 derart niedergeschlagen haben, dass keine Rückfrage bezüglich der
geoffenbarten Geschichtsabläufe artikuliert wird. Auf der anderen
Seite passt es natürlich auch besser zur Erzähllogik, dass es Josua
in seinen Ausführungen nur um die ihm persönlich zugedachte
Aufgabe geht, weil er die fernere Geschichte genauso wenig beeinflussen kann wie Mose selbst. Ein Rückbezug zum Anfang der
Geschichtsschau in AM 2,1–2 macht sich in diesem Zusammenhang
bemerkbar, weil dort Mose in direkter Anrede (2.Pers.) dem Josua
dessen Aufgabe im Geschichtsablauf zuteilt, nämlich die Landnahme
und dessen Verteilung.

Insofern werden in AM 11,9–14 die Fragen bezüglich der täglichen Sorge für das Volk bei der Führung ins Land verständlich, die
in Dtn 34 eigentlich keinen Anhalt hatten. Auf dem Hintergrund
dieser ängstlichen Sorge Josuas für das Volk werden dann auch dessen Zweifel bezüglich der eigenen Fähigkeiten in 11,15 plastischer
und drastischer. Diese Überlegungen zur Sachstruktur von AM 11

können also die Einschaltung anderer Motive erklären, die in der Orientierungsgrundlage fehlen. Zudem ist dem Autor der AM durchaus zuzugestehen, dass er frei kombinieren kann, ohne sich sklavisch an Vorgegebenes halten zu müssen; letztlich hat er doch eine eigene Aussageabsicht. Diese ist aber in jedem Fall davon geprägt, dass er—wie bereits deutlich aufgezeigt—die Mosefigur in leuchtendere Bedeutungszusammenhänge einbaut, sie gleichsam ins Unendliche hinein überhöht. Sowohl die Aufweitung der Mosegrabtradition in AM 11,5–8, als auch die Benennung zum göttlichen Propheten, die von weiteren Prädikationen in 11,16f. begleitet wird, weisen auf eine latente Tendenz zur Divinisierung hin. Die beiden Bezeichnungen "sanctus et sacer spiritus" und "magnus nuntius" zeugen in anschaulicher Weise von dieser Stossrichtung. Bezüglich der Rezeptionstechnik des Autors der AM ist in diesem Zusammenhang zu bemerken, dass er Stichwörter aus der Orientierungsgrundlage aufgreift, um diese als Mittelpunkt für eigene, midraschähnliche Erweiterungen zu benutzen (cf. z.B. auch Dtn 34,6 und AM 11,5–8). Um diese Zentralwörter webt er gleichsam ein sich ausbreitendes Netz, das die Mosegestalt unter neuem Blickwinkel zu decken vermag. Im Hintergrund dieser Vorgänge muss das Bedürfnis stehen, die Figur des Mose unter veränderten geschichtlichen Verhältnissen zu fassen, so dass den Adressaten neue Identifikationsmöglichkeiten mit den von ihm geoffenbarten Geboten gegeben sind. Die Betonung des Gebotsgehorsams nach der Abwesenheit des Mose macht das an anderer Stelle offenkundig (AM 12,10f.; cf. auch 3,12; 9,4–6). An die Stelle Moses treten nun dessen Gebote, deren Beachtung—selbst und gerade in bedrängter Lage—gelingendes Leben schenken wird. Aus diesem Grund werden auch über die Buchgrenze des Deuteronomiums hinaus Zusammenhänge aufgegriffen, die die Josuagestalt als Protagonisten treuer Gesetzeserfüllung kennzeichnen. Jos 1,7f. zu rezipieren, hat den Vorteil, den Gebotsgehorsam personal an Josua festzumachen und die Wichtigkeit einzuschärfen, sich observant gegenüber der Mosetora zu verhalten. So wie sich Josua an der Weisung Moses orientiert hat und dadurch seine Lebensaufgabe der Landnahme und dessen Verteilung erfüllen konnte, so wird das Leben eines jeden letztlich gesichert sein, der die Vorschriften der Mosetora in Treue erfüllt. Begleitet wird diese Aussageabsicht in AM 12,4–5 von der tröstlichen Zuversicht, dass Gott als der Schöpfer alles Lebens alles von ihm Geschaffene vom Beginn der Schöpfung bis zum Ende der Welt vorhergesehen hat. Diese Thematik hat in der Rezeptionsgrundlage keinen Anhalt,

scheint aber mit Bedacht vom Autor gewählt zu sein und muss folg-
lich mit seiner theologischen Aussageabsicht zu tun haben. Letztlich
geht es sowohl in der Schöpfungsthematik, als auch im Hinweis auf
die Tora um Heilsgarantien Gottes. Weil sich Gott um seine Schöpfung
sorgt und alles vorhergesehen hat, deswegen kann man unbesorgt
das eigene Schicksal in seine Hand legen. Weil Gott seine Gebote
als Geschenk gegeben hat, kann durch ihre Beachtung ein gelingendes Leben realisiert werden. Beide Themenkreise verstärken also die
Heilssorge Gottes für sein Volk,[23] das scheinbar in grosser Bedrängnis
ist und von ihm her alles erwartet, wie der eschatologische Hymnus
in AM 10,1–10 deutlich zeigt. Dass also die Rezeptionsgrundlage
durch die Schöpfungsthematik erweitert wurde, hat mit eminent theologischen Interessen zu tun, die darauf hinzielen, das Volk in bedrängter Lage zu trösten und ihm einen Heilshorizont in allen Facetten
zu eröffnen.

Erstaunlich ist, dass der Rezeptionsvorgang die Buchgrenze des
Deuteronomiums und damit die Grenze des gesamten Pentateuchs
nicht respektiert, sondern sich bis in das erste Kapitel des Josuabuches
hinein erstreckt.[24] Das lässt zumindest die Frage aufkommen, ob überhaupt Kap. 11 und 12 der AM literarisch zusammengehören, weil
ab Kap. 12 auf Jos 1 Rekurs genommen wird. Die stereotype Redeeinleitung von 12,1–2, die nach dem Modell von 11,1–3 gebaut ist,
und die Tatsache, dass Mose nicht umfassend auf die Einwände des
Josua in seiner abschliessenden Rede reagiert bzw. neue Themen ins
Spiel bringt, nähren den Verdacht, dass Kap. 12 nachgetragen sein
könnte. Dem steht jedoch massiv entgegen, dass mit dem Ende von
Kap. 11 kein befriedigender Schluss erreicht ist und die Rolle Josuas
in Kap. 12 mit dem vorher Ausgeführten durchaus in Einklang steht.
Insofern muss die Rezeptionsgrundlage pentateuchübergreifend gewesen sein.

---

[23] Ein biblisches Beispiel für die Zuordnung der Schöpfungsthematik zur Tora
ist Psalm 19 in seinen beiden Teilen.

[24] Dass Rezeptionsvorgänge durchaus pentateuchübergreifend sein können, zeigt
auch 4Q378 (Psalms of Joshua[a]), denn Frag. 14 greift Dtn 34,8 auf, also die Trauer
der Israeliten über den Tod des Mose, und Frag. 3, Kol. II, nimmt nachweislich
Jos 1,6–9 wieder auf; cf. unter 6.2.5 dazu die Ausführungen, 211f.

5.3 *Rezeptionsinterferenzen: Dan 12 und AM 10*

Nachdem nun ausführlich die Rezeption von Dtn 33 – Jos 1 in AM 10–12 beleuchtet wurde, und eine parallele Abfolge im Aufgreifen der einzelnen Motive festgestellt werden konnte, lässt sich danach fragen, ob weitere Motivfolgen auf dem Hintergrund biblischer Grundlagen ab AM 10 entdeckt werden können. Der eschatologische Hymnus AM 10,1–10 ist durch und durch von biblischer Sprache geprägt, greift Wortfolgen und Motive aus verschiedenen biblischen Texten auf, vermengt sie und ordnet sie der eigenen theologischen Aussageabsicht unter.[25] Nun soll es aber nicht um den detaillierten Aufweis biblischer Sprache in der AM gehen, vielmehr sind Motivfolgen im Rezeptionsprozess interessant, weil diese eher den Rückschluss zulassen, dass ein Text als Rezeptionshintergrund fungiert. Was nun das gesamte 10. Kapitel der AM betrifft (Hymnus in V.1–10; Abschluss der Geschichtsschau in V.11–15), so sollen die Überlegung zur Entdeckung von Motivfolgen bei AM 10,11 ansetzen. Dort geht es um den Befehl Moses an Josua, die geoffenbarten Worte zusammen mit einem Buch zu verwahren. Der Rückbezug auf AM 1,16–18 ist evident, wo Josua beauftragt wird, die Schriften bis zum "exitus dierum" an einem geheimen Ort zu verbergen. Bezüglich schriftlich fixierter Offenbarungen, die bis zur Endzeit verwahrt werden sollen, ist man in der biblischen Tradition auf Dan 12 verwiesen.[26] Es geht zunächst in V.1bβ um ein Buch, in dem alle aufgeschrieben sind, die zu "jener Zeit",[27] also der Endzeit, gerettet werden sollen.

Das Motiv des Buches des Lebens, in dem die Gerechten und Sündlosen wegen ihrer bevorstehenden Rettung aufgezeichnet sind, findet sich bereits in biblischer Tradition und kehrt in der jüdischen bzw. christlichen Literatur in vielfacher Ausgestaltung wieder;[28] dort gewinnt es unter anderem besondere Bedeutung in Gerichtssituationen

---

[25] Cf. L. Hartman, *Prophecy interpreted*, 126–132.

[26] Zum Topos der Verwahrung oder Versiegelung von Offenbarungsschriften bis zur Endzeit in Dan 12 cf. M. Hutter, «"Halte diese Worte geheim!"», 16–18.

[27] Cf. Dan 12,1ba – MT: בעת ההיא; LXX (ο'): ἐν ἐκείνῃ τῇ ἡμέρᾳ; LXX (θ'): ἐν τῷ καιρῷ ἐκείνῳ; Vulgata: in tempore illo (cf. auch Dan 12,1aα.1aγ).

[28] Cf. z.B. Ex 32,32; Ps 69,29; Mal 3,16; Dan 7,10; Lk 10,20; Offb 3,5; 13,8; 17,8; 20,12.15; Jub 30,22f.; JosAs 15,4.12; AscJes 9,22; TestAbr A 12,7.17f.; TestAbr B 10,8.11; 11,9; 4Esr 6,20; 1QM XII,1–2; ein kurzer Überblick über das Buchmotiv und viele weitere Stellen finden sich in W. Bousset – H. Gressmann, *Die Religion des Judentums*, 258f.; cf. auch L. Koep, *Das himmlische Buch in Antike und Christentum*, 18–39.

oder anlässlich der Schilderung von Endzeitereignissen. Es kann um eine himmlische Buchführung guter und schlechter Taten gehen, die in die Waagschale geworfen werden und für das endzeitliche Schicksal qualifizierende oder disqualifizierende Funktion haben.

Jenes Buch aus Dan 12,1bβ soll nun in V.4 versiegelt werden bis zur Endzeit (MT: עַד עֵת קֵץ; LXX (o' und θ'): ἕως καιροῦ συντελείας; Vulgata: usque ad tempus statutum), und zwar zusammen mit den geoffenbarten Worten (MT: דְּבָרִים; LXX (o'): τὰ προστάγματα; LXX (θ'): τοὺς λόγους; Vulgata: sermones), womit die dem Daniel anvertrauten Offenbarungen gemeint sein müssen. In diesem Zusammenhang wird im Parallelismus zu חתם (LXX (o' und θ'): σφραγίζω) das Verbum סתם (LXX (o'): καλύπτω; LXX (θ'): ἐμφράσσω) gebraucht,[29] das nicht nur "verstopfen, unkenntlich machen", sondern auch "verschliessen, geheimhalten" bedeuten kann.[30] Insofern geht es also um ein Verwahren der Worte und des Buches, so dass deren Inhalt bis zum Eintreffen der Endzeit verborgen gehalten werden muss und nicht eingesehen werden kann. Ausdrücklich verstärkt wird diese Aussage in V.9, die die beiden in V.4 benutzten Verben nun allein auf die geoffenbarten Worte bezieht. Genau dieser Sachverhalt ist ebenfalls in AM 1,16–18 zum Ausdruck gebracht, denn auch dort geht es um die Verwahrung offenbarter Worte, die bis zum Ende der Tage geheim gehalten werden sollen (AM 1,18: exitus dierum). Wie in Dan 12,4.9 ergehen Imperative bezüglich der Verschriftungen an den Adressaten der Offenbarung (AM 1,16: percipe scripturam hanc; AM 10,11: custodi verba haec et hunc librum) und es wird offenbar unterschieden zwischen den Worten der Offenbarung und einem Buch, die beide bis zum Einbruch der Endzeit verborgen bleiben sollen. In der biblischen Literatur erweist sich Dan 12 als die einzige Stelle, die das Buchmotiv mit dem Verweis auf die Verwahrung bis zur Endzeit kombiniert, aber auch ausserhalb der hebräischen Bibel bleibt unseres Wissens nach diese Zusammenbindung singulär.[31] Häufig geht es um die Kundgabe offenbarter Zusammenhänge, wobei die Weitergabe von Generation zu Generation unter dem Hinweis der Beachtung zur glücklichen Vollendung des Lebensweges eine Rolle spielt und das Motiv der

---

[29] Die Vulgata verwendet in Dan 12,4 die beiden Verben "claudere" und "signare".

[30] Cf. *HALAT*, III, 728.

[31] In 4Esr 12,37 ergeht ein Schreibbefehl zur Niederschrift der offenbarten Worte, die in einem Buch an einem verborgenen Ort aufbewahrt werden sollen; allerdings fehlt der Verweis auf die Endzeit als *terminus ad quem* bezüglich der Zurückhaltung des Verschrifteten.

Kontinuität im Vordergrund steht.[32] Die drängende Zeit oder Endzeitereignisse sind dabei jedoch nicht im Blick. Dan 12 aber ist ganz
klar konturiert durch den Hinweis auf die Endzeit: V.4a bringt die
Weisung zum Ausdruck, die Worte und das Buch bis zur Endzeit
zu verwahren, in V.6b und 8b erscheint die Frage nach dem Zeitpunkt
des Endes, V.9b greift noch einmal verstärkend die Versiegelung der
Worte bis zur Endzeit auf und in V.13b wird Daniel die Verheissung
gemacht, zu seinem Erbteil am Ende der Tage zu erstehen. In denselben Rahmen ist auch die AM eingespannt,[33] denn die offenbarten
Worte der Geschichtsschau sollen bis zum "dies paenitentiae", bzw.
"exitus dierum" verborgen werden (AM 1,18), Berechnungen werden
bis zum Ende der Tage angestellt (AM 7,1; 10,13), und der "exitus
saeculi" wird als Zielpunkt der von Gott geschaffenen Welt benannt
(AM 12,4); zudem werden die Endzeitereignisse im eschatologischen
Hymnus AM 10,1–10 plastisch vor Augen geführt. Bezüglich der
Endzeitberechnungen ergibt sich unter Umständen ein Berührungs-
punkt: während in AM 10,12 von 250 Zeiten vom Tode des Mose
bis zur Vollendung die Rede ist, könnten in Dan 12,7b zweieinhalb
Zeiten bis zum wunderbaren Ende angezeigt sein.[34] Überhaupt ergeben sich bemerkenswerte Entsprechungen zwischen der Schilderung
der Endzeitereignisse in AM 10,1–10 und dem von Endzeitgedanken
durchdrungenen 12. Kapitel des Danielbuches. Sowohl im Hymnus

---

[32] Cf. z.B. Jub 45,16; äthHen 81,1f.; 104,11ff.; grEsrApk 7,9.12; TestIjob 51,4;
4Esr 14,44; Offb 22,7.10; cf. dazu U.B. MÜLLER, «Die Parakletenvorstellung im
Johannesevangelium», 52–65.

[33] Cf. R. STÄHELIN, «Zur paulinischen Eschatologie», 217; dort wird die AM
sogar als eine Prophetie bezeichnet, die in wesentlichen Zügen auf Daniel zurückgeht.

[34] Die gängige Deutung von Dan 12,7b (die gleiche Zeitangabe findet sich auch
in Dan 7,25, dort allerdings in Aramäisch) geht jedoch von dreieinhalb Zeiten aus
(cf. dazu z.B. K. MARTI, Das Buch Daniel, 54–55.91; P. VOLZ, Die Eschatologie der
jüdischen Gemeinde, 142f.; L.F. HARTMAN – A.A. DI LELLA, The Book of Daniel,
215–216.312; J.-C. LEBRAM, Das Buch Daniel, 87.136; J.J. COLLINS, Daniel, 322.399).
Die Annahme von zweieinhalb Zeiten beruht darauf, dass zuerst allgemein eine
Zeit(angabe) markiert wird, die anschliessend in ihrem Umfang benannt ist. Der
Ausdruck למועד מועדים וחצי (LXX (ο'): εἰς καιρὸν καὶ καιροὺς καὶ ἥμισυ καιροῦ;
LXX (θ'): εἰς καιρὸν καιρῶν καὶ ἥμισυ καιροῦ; Vulgata: in tempus temporum et
dimidium temporis) könnte durchaus in diesem Sinn gedeutet werden (oder zumindest in der weiteren Rezeption von Dan 12,7b wäre diese Interpretation möglich).
Ob sich dann die unter Umständen so zu deutenden zweieinhalb Zeiten von Dan
7,25;12,7b und die 250 Zeiten von AM 10,12 entsprechen, kann jedoch durchaus
in Zweifel gezogen werden. Zweieinhalb Zeiten bis zum Ende finden sich beispielsweise auch in LAB 19,15 und 4Esr 14,11; Offb 12,14 übernimmt die Fassung von
LXX (ο').

der AM, als auch in Dan 12 spielt scheinbar ein himmlisches Wesen eine wichtige Rolle: die Endzeitereignisse heben in Dan 12 damit an, dass der Engelfürst Michael auftritt und in AM 10,2 wird ein "nuntius" beauftragt, der die Rache an den Feinden vorzunehmen hat. Dieser ist näher charakterisiert als einer der an höchster Stelle eingesetzt ist (qui est in summo constitutus), und insofern kann vermutet werden, dass mit ihm ebenfalls der höchste der Engel, Michael, gemeint ist, der in Dan 12 als הַשַּׂר הַגָּדוֹל (LXX (o'): ὁ ἄγγελος ὁ μέγας; LXX (θ'): ὁ ἄρχων ὁ μέγας; Vulgata: princeps magnus) bezeichnet wird.[35] Während in Dan 12,1aα Michael ersteht (MT: יַעֲמֹד; LXX (o'): παρελεύσεται; LXX (θ'): ἀναστήσεται; Vulgata: consurget), tritt Gott in der AM selber als "caelestis" (AM 10,3) oder als "summus deus aeternus" (AM 10,7) hervor (exsurgere; griechisch wahrscheinlich ἐξεγείρω oder ἀνίστημι); er steht auf, um die Endzeit durch kosmische Erschütterungen beginnen zu lassen und sich an den "gentes" zu rächen. Während es in AM 10,1–10 um die Erhöhung Israels und die Rache an den Feinden geht (V.2.7.9), spricht Dan 12,1bα von der Rettung des Volkes und davon, dass die einen zum ewigen Leben erwachen, die anderen aber zu Schmach und ewiger Abscheu (V.2). Insofern wird in beiden Texten zwischen zwei diametral entgegengesetzten Gruppen differenziert, wenngleich Dan 12 nicht zwischen dem eigenen Volk und den Feinden unterscheidet, sondern vielmehr zwischen den Frevlern und Verständigen (V.10).[36] In der AM wird keine Unterscheidung zwischen den Gesetzestreuen und den Gesetzlosen evident, so dass an den endzeitlichen Heilsereignissen nur die Gerechten Anteil hätten, vielmehr wird in AM 10,8 ganz Israel als kollektive Grösse benannt. Gleichwohl wird betont, dass die ihren Weg glücklich vollenden, die die Gebote beachten, während die Gesetzesübertreter einer Bestrafung entgegensehen müssen (AM 12,10f.). Was die Belohnung für die Verständigen bzw. Gerechten in Dan 12,3 betrifft, so erstehen sie nicht nur zu ewigem Leben, sondern sie werden leuchten wie der Glanz des Firmaments, wie die Sterne. Insofern ergibt sich zu AM 10,9 eine Parallele,[37] weil dort Gott sein Volk zum Sternenhimmel erhöht (faciet te herere caelo

---

[35] Cf. z.B. R. STÄHELIN, «Zur paulinischen Eschatologie», 217; R.H. CHARLES, *The Assumption of Moses*, 39; W. BOUSSET – H. GRESSMANN, *Die Religion des Judentums*, 327.

[36] Cf. Frevler nach Dan 12,10—MT: רְשָׁעִים; LXX (o'): ἁμαρτωλοί; LXX (θ'): ἄνομοι; Vulgata: impii. Verständige—MT: מַשְׂכִּלִים; LXX (o'): διανοούμενοι; LXX (θ'): νοήμονες; Vulgata: docti.

[37] Cf. G.W.E. NICKELSBURG, *Resurrection*, 82.84.

stellarum). Dass der Erhöhung eine Zeit der Bedrängnis zugeordnet war, wird sowohl in Dan 12,1aβ als auch in den der Erhöhung Israels vorausgegangenen Schilderungen zum Ausdruck gebracht, die im unmittelbaren Kontext als kosmische Erschütterungen erscheinen (AM 10,4–6), sich vorher aber schon ab Kap. 5 in steigernden Bögen auf die Eskalation zubewegen; diese besteht schliesslich in einer Befreiung vom Feindesjoch und einer wunderbaren Errettung durch die Hand Gottes. In diesem Wissen kann sowohl Mose sich zur letzten Ruhe betten (AM 1,15; 10,12.14), als auch Daniel der Aufforderung folgen, hinzugehen und zu ruhen, um am Ende der Tage wieder zu erstehen (Dan 12,13). Sowohl am Abschluss der Endzeitüberlegungen von Dan 12, als auch am gloriosen Ende der Geschichtsschau des Mose (im äusseren Rahmen der AM) wird der Tod beider Protagonisten vorausschauend erwähnt und dadurch relativiert, dass die Dinge letztendlich eine positive Wendung nehmen werden, sei es die individuell differenzierte Erstehung zum ewigen Leben, oder die kollektive Erhöhung des gesamten Volkes.

Die aufgezeigten Zusammenhänge zwischen Dan 12 und AM 1,16–18; 10,11–15 einerseits, sowie 10,1–10 andererseits, weisen darauf hin, dass aufgrund der Dichte der Bezüge die AM in ihren Gedankenführungen diesen bekannten Traditionen verpflichtet ist.[38] Sie greift den endzeitlichen Rahmen und das damit gekoppelte Buchmotiv von Dan 12 auf und bezieht es auf die zu artikulierende Geschichtsschau des Mose.[39] Die in Dan 12 gemachte Unterscheidung zwischen dem Buch des Lebens und den dem Daniel geoffenbarten Worten (Dan 12,4) verändert der Autor der AM dahingehend, dass die prophetischen Worte des Mose enger in Verbindung gebracht werden mit den ebenfalls zu verwahrenden Büchern (AM 1,16); die ersteren bilden gleichsam den hermeneutischen Schlüssel zum rechten Verständnis

---

[38] Zum Zusammenhang zwischen AM 10,1–10 und Dan 12 cf. G.W.E. Nickelsburg, *Resurrection*, 28–31; Id., «Studies on the Testament of Moses—Introduction», 12f.; G.W.E. Nickelsburg – M.E. Stone, *Faith and Piety in Early Judaism*, 128f.; L. Vegas Montaner, «Testamento de Moisés», 234.

[39] Ob AM 10,1–10 direkt auf Dan 12,1–3 zurückgreift, bezweifelt G.W.E. Nickelsburg, *Resurrection*, 30f.; er meint vielmehr: «The Assumption of Moses appears, then, to draw on a form of the material in Daniel 12,1–3 more primitiv than the Danielic form». Er muss diese Annahme machen, weil er die AM (ohne die nach seiner Meinung später interpolierten Kap. 6 und 7) zeitlich vor der Endfassung des Danielbuches ansetzt. Eine eher skeptische Position bezüglich einer Wiederaufnahme von Dan 12 in AM 10,1–10 nimmt J.J. Collins, «The Date and Provenance», 26f., ein.

der zweiteren. Zwar wird in Dan 12,4.9 nichts davon gesagt, dass
die geoffenbarten Worte bereits als verschriftete zu verwahren sind,
jedoch legt der Gebrauch des Verbums םתח (LXX (o' und θ'):
σφραγίζω) diese Annahme nahe; gesprochene Worte können wohl
schlecht versiegelt und bis zur Endzeit unter Verschluss gehalten werden. Insofern geht es sowohl in Dan 12, als auch in AM 1,16–18
um die Verwahrung zweier verschrifteter Dokumente. Während allerdings in Dan 12,4 keine spezielle Beziehung der beiden Schriften
ausfindig zu machen ist,—es sei denn, dass beide in der Endzeit eine
Rolle spielen werden: die eine, um die Geretteten ausfindig zu machen,
die andere, um die Richtigkeit des vorausgesagten Verlaufs bis zur
Endzeit zu bestätigen—misst AM 1,16 der prophetischen Geschichtsschau des Mose für die restlichen Schriften die Rolle einer Lesehilfe
zu, die deren Zuverlässigkeit und Richtigkeit gewährzuleisten im-
stande ist. Dass das Buch des Lebens aus Dan 12,1bβ in der AM
wahrscheinlich durch den Pentateuch ersetzt ist, braucht nicht zu
verwundern, denn zum einen gewährt das Halten der Gebote ein
glückliches Leben (AM 12,10) und zum anderen gehört es zu den
Grundmotiven des Autors, zum Gesetzesgehorsam in bedrängter Zeit
zu ermuntern (cf. AM 3,12; 9,4–6; 12,10f.).

Bezüglich der Ansage der Endzeit bescheidet sich Dan 12 mit
deren Verheissung und damit zusammenhängenden Terminspekulationen, aber ein eschatologisches Enddrama in extenso wird mit
Ausnahme des Verweises auf die Auferstehung nicht entworfen. Ein
anderes Ziel setzt sich der Autor der AM, denn die in 1,18 ange-
kündigte Endzeit wird in bunten Farben in 10,1–10 geschildert. Aus
diesem Grund bedient er sich der Elemente aus Dan 12, wobei er
allerdings die dort gemachte Differenz zwischen den Frevlern und
Verständigen (Dan 12,10) auf die Beziehung zwischen Israel und seinen Feinden überträgt. Dass in AM 10,2 zuerst ein "nuntius" für
die Rache an den Feinden zuständig ist und in V.7 dann Gott selbst
dafür verantwortlich gemacht wird,[40] kann damit zusammenhängen,
dass zunächst auf Dan 12,1aα mit dem Auftreten des Engels Michael
zurückgegriffen wurde.[41] Schliesslich aber macht sich eine durchwegs

---

[40] Aufgrund dieses Faktums schlägt R.H. CHARLES, *The Assumption of Moses*, 40,
eine literarkritische Scheidung der V.1–2 und 3–7 vor; diese erscheint aber mit
Blick auf den Rezeptionsvorgang als nicht gerechtfertigt.

[41] Dan 12,1aα: Die LXX (o') verwendet tatsächlich das griechische Äquivalent
zu "nuntius", indem sie einen ἄγγελος auftreten lässt (παρέρχομαι); cf. dazu LXX
(θ'): ἀναστήσεται Μιχαηλ ὁ ἄρχων.

theozentrische Orientierung im eschatologischen Hymnus der AM
bemerkbar, denn die Rettung kommt allein von Gott: er erhebt sich,
bestraft die Feinde und erhöht Israel (AM 10,7.9). Insofern benutzt
der Autor der AM seine Orientierungsvorlage entsprechend seiner
theologischen Optik, denn in Dan 12 ist nicht expressis verbis davon
die Rede, dass Gott allein der wirkende Retter ist, wenngleich das
natürlich zwischen den Zeilen wahrzunehmen ist;[42] diese Interpretation
hat also durchaus einen Anhalt schon in der Orientierungsgrundlage.
Was den Rettungsvorgang betrifft, so stösst man in der Septuaginta-
Handschrift 88–Syh zum o'-Text[43] auf das Verbum ὑψόω (V.1bα:
καὶ ἐν ἐκείνῃ τῇ ἡμέρᾳ ὑψωθήσεται πᾶς ὁ λαός), das die Erhöhung des
ganzen Volkes Israels zum Sternenhimmel erklären könnte. Bezüglich
dieser Erhöhung geht der Autor der AM im Vergleich zu seiner
Vorlage allerdings einen Schritt weiter: während in Dan 12,3 davon
die Rede ist, dass die Verständigen leuchten werden wie der Glanz
des Firmaments, wie die Sterne,[44] sagt AM 10,9 eine Erhöhung zum
Sternenhimmel an. Eine vergleichende Redeweise wurde in diesem
Fall aufgesprengt und zur Verheissung uminterpretiert. Zwar geht es
sowohl in der vorausgesagten Auferstehung, als auch in der Erhöhungsvorstellung um eschatologische Ereignisse, aber der Unterschied zwischen einer rein bildhaft-vergleichenden Ausdrucksweise und einer
in der Linie der Verheissung liegenden Ansage bleibt dennoch bestehen. Waren mit der Auferstehungsvorstellung individuelle Kategorien
verbunden, so bleibt die Erhöhungsvorstellung dem Kollektiv verhaf-
tet; das hängt aber damit zusammen, dass die Differenzierung von
Dan 12,10 (cf. auch V.2) zwischen den Frevlern und Verständigen
auf das Volk Israel und seine Feinde verlagert wurde.

Insgesamt bekommt also die Intention des Autors der AM im
Vergleich zu Dan 12 deutlichere Konturen. Er hält an einer Einheit
des Volkes Israel fest, ist von stark theozentrischen Akzenten geprägt
und ihm liegt daran, die endgültige Rettung unmissverständlich, plastisch und ohne Umschweife zu beschreiben. Desweiteren ist er auch
daran interessiert, die Konsequenzen des eschatologischen Szenarios
für die Feinde Israels deutlich vor Augen zu führen.

In der gesamten Ausführung des 10. Kapitels der AM orientiert

---

[42] Cf. die Niphalform יִמָּלֵט in Dan 12,1bα (LXX (o' und θ'): σωθήσεται).

[43] Zur Charakteristik der Handschrift 88-Syh cf. J. ZIEGLER, *Susanna, Daniel, Bel et Draco*, 9–12.

[44] Cf. J.J. COLLINS, «Apocalyptic Eschatology», 34.

er sich auch bezüglich des erzähltechnischen Ablaufs an Dan 12,
denn die Reihenfolge der zur Darstellung gelangten Motive erweist
sich jeweils als entsprechend. Eine kurze Gegenüberstellung vermag
das deutlich zu machen:

Daniel 12	*Assumptio Mosis 10*
Auftreten des Engels Michael (V.1aα)	Beauftragung eines "nuntius" (V.2)
Zeit der Bedrängnis (V.1aα)	Bedrängnis durch kosmische Erschütterungen (V.4–6)
Errettung des Volkes (V.1bα)	Errettung Israels vor den Feinden (V.7–9)
Leuchten der Gerechten wie die Sterne (V.3b)	Erhöhung Israels zum Sternenhimmel (V.9)
Versiegelung der Worte und des Buches (V.4a)	Auftrag zur Verwahrung der Worte und des Buches (V.11)
Frage nach dem Termin des Endes (V.6b) und entsprechende Antwort (V.7b)	Ankündigung des Termins der Endzeit (V.12f.)
Aufforderung zum Ruhen mit Verheissung der Auferstehung (V.13)	Ankündigung des Todes durch Mose: ad dormitionem patrum meorum (V.14)

Mit Blick auf die Anordnung der Elemente, die den Erzählduktus
von AM 10 gestalterisch formen, bestätigt sich die Beobachtung eines
rezeptiven Prozesses in der Motivfolge auf dem Hintergrund von
Dan 12. Die Gründe für die beschriebene Umgestaltung der Bausteine muss theologiegeschichtliche Ursachen haben. Es darf konstatiert werden, dass die Aufteilung des Volkes in Gerechte und Frevler
verlassen wurde, eine aussergeschichtliche kollektive Erhöhung von
Gesamtisrael propagiert und alles Heil von diesem allein durch Gott
bewirkten Vorgang erwartet wird. Diese heilvollen Endverhältnisse
bedeuten für die Feinde Israels zugleich als zu recht verhängte Strafe
deren Untergang.

Was das gesamte 10. Kapitel der AM betrifft, so lässt sich mit
Blick auf die Orientierungsgrundlage im Rezeptionsprozess der eschatologische Hymnus in V.1–10 nicht vom erzählerischen Abschluss

der Geschichtsschau in V.11–15 trennen, denn beide verdanken sich
auch in ihrer Abfolge Dan 12 und gehören so untrennbar zusammen.

5.4 *Auswertung der Rezeptionsvorgänge*

Eine Zusammenfassung der Rezeptionsphänomene bezüglich einer
Wiederaufnahme von Dtn 33 – Jos 1 in AM 10–12 bzw. von Dan
12 in AM 10 soll zunächst die Art und Weise der Bezugnahme auf
die biblischen Texte bedenken. Dass im Hintergrund von AM 10–12
der Rahmen des Mosesegens (Dtn 33,2–5.26–29), die Beschreibung
seines Todes (Dtn 34) und der göttlich initiierte Beginn der Aktivität
Josuas steht (Jos 1,1–9), haben die bisherigen Ausführungen deutlich gezeigt. Gleichermassen verdankt sich AM 10 in den beiden
Teilen (eschatologischer Hymnus in V.1–10; Abschluss der Geschichtsschau in V.11–15) einer Rezeption von Dan 12. Beide Texte sind
von Endzeitvorstellungen und vom Buchmotiv geprägt: bis zur Endzeit
soll Offenbartes jeweils verwahrt werden.

Insgesamt werden in erster Linie jeweils die entsprechenden Motive
der Rezeptionsgrundlage aufgenommen, und zwar in ihrer thematischen Abfolge, wenngleich erzähltechnische Abläufe der AM auch
Modifikationen erfordern. Die Orientierung an biblischen Texten ist
sekundär motiviert, d.h., dass der Autor der AM zwar an den Er-
zählfäden entlanggeht, letztlich aber bei der Wiederaufnahme seine
eigenen Aussageabsichten leitend bleiben. Vor allem AM 11–12 ist
sehr stark eigenkonturiert, besonders was die theologischen Schwerpunkte betrifft. Der Autor hält sich nicht sklavisch an seine Vorlage,
sondern lässt sich von ihr inspirieren und verfährt sehr frei bei der
Ausgestaltung der Josua- und Moserede. Insofern lässt sich im Rezeptionsprozess eher von einer Orientierungsvorlage als von einer Rezeptionsgrundlage sprechen. AM 10 unterscheidet sich aber insofern von
den folgenden Kapiteln, als dort biblisches Material verschiedenster
Herkunft kombiniert und die dort dargestellte Theophanie mit durchaus klassischen Mitteln beschrieben wird. Den drei Aussageabsichten—
dem machtvollen Erscheinen Gottes, der Überwindung der Feinde
und der Rettung Israels—wird alles andere untergeordnet und entsprechend umgestaltet. In erster Linie geht es bei den Rezeptionen
in AM 10–12 um Motivfolgen, die frei ausgestaltet werden, einige
wörtliche Wiederaufnahmen aber markieren eindeutig die Herkunft.
So wird nachweislich Dtn 33,29 in AM 10,8 wörtlich rezipiert

(Seligpreisung Israels, Überwindung der Feinde), wobei eine Bezugnahme auf die LXX-Version vorzuliegen scheint. Überhaupt spielt
bei der Wiederaufnahme Dtn 33,27.29 eine besondere Rolle, weil
die Thematik des Sieges über die Feinde zur Grundintention des
Autors der AM gehört, besonders was die Komposition des 10.
Kapitels betrifft. Dass die Rache an den Feinden in AM 10,2 zunächst
einem "nuntius" obliegt, könnte mit der Rezeptionsgrundlage Dtn
33,2(LXX) und Dan 12,1 zu tun haben. In der ersten Stelle geschieht
das Erscheinen Gottes entsprechend der LXX-Version zusammen
mit den ἄγγελοι, die zweite Stelle erwähnt das Auftreten des Engel-
fürsten Michael. Diese Theophanie hat das Ziel der Erhöhung Israels
zum Sternenhimmel, die auf dem Rezeptionshintergrund von Dan
12,3 gesehen werden kann. Wörtliche Wiederaufnahmen oder eine
direkte Anlehnung an den Wortlaut der biblischen Texte sind jedoch
nicht die Regel im vorgängig untersuchten Rezeptionsprozess. Vielmehr
werden vorhandene Motive oft mit anderem Vokabular aufgegriffen
oder umgedeutet. Besonders augenfällig ist eine durchgehend thematische Bezugnahme auf Dtn 33 – Jos 1 in AM 10–12: Theophanie,
Seligpreisung Israels, Sieg über die Feinde, Landperspektive, Moses
Tod, Begräbnis des Mose, Trauer über Moses Tod, Josua als mit
Weisheit erfüllt, Mose als Prophet, Ermutigung für Josua, Weisung
an Josua bezüglich ungebrochener Toraobservanz. Diesbezüglich muss
aber vermerkt werden, dass der Autor der AM von eigenen Intentionen
geleitet auf diese Motive zurückgreift. Eine Technik besteht auch
darin, bestimmte Stichworte aufzugreifen, und um diese herum in
midraschartiger Weise eine weiterführende oder anders gerichtete
Aussage neu zu formulieren (besonders deutlich in AM 11,5–8, das
sich auf Dtn 34,6 bezieht). So heisst es beispielsweise in Dtn 34,9,
Josua wäre nach der Handauflegung durch Mose mit dem Geist der
Weisheit begabt gewesen, und dieses Stichwort der Weisheit benutzt
der Autor der AM derart, dass er Josua verzweifelt fragen lässt: et
quae est mihi sapientia aut intellectus in domini verbis aut judicare
aut respondere (AM 11,15)? Weiterhin wird die Bemerkung in Dtn
34,10, es würde kein Prophet mehr wie Mose auftreten, dazu benutzt,
aus ihm einen "divinum per orbem terrarum profetem" zu machen
(AM 11,16). Überhaupt ist in der Josuarede von AM 11 überdeut-
lich, dass die Mosefigur dermassen überhöht wird, dass Josua nicht
nur in ihrem Schatten steht, sondern gleichsam als unzulänglich für
die bevorstehende Aufgabe gezeichnet wird. Die Josuarede in AM
11,4–19 scheint sowieso die Funktion zu haben, die Mosefigur zu

verabsolutieren, Josua aber in jeder Weise zu relativieren. Zwischen Mose und Josua wird ferner die bekannte Rollenverteilung aus Ex 17,8–16 deutlich: der eine als Fürsprecher, der andere als Ausführungsorgan. Insofern ist diese Josuarede zur eindeutigen Rollenzuweisung notwendig, obwohl man nach Abschluss von AM 10 meinen könnte, mit der Artikulation der Geschichtsschau wären keine weiteren Aussagen mehr nötig. Rezeptionstechnisch steht für diese Josuarede Dtn 34 im Hintergrund, wenngleich der Autor der AM auch zusätzliche Themen und erzählerische Aufweitungen ins Spiel bringt. So ist beispielsweise die Sorge Josuas um das Volk in extenso beschrieben und die Prädikation der Mosefigur geht nahezu ins Unermessliche. Diese Technik der Aufweitung vorhandenen Materials und der Zufügung neuer Themenkreise findet sich auch in Kapitel 12, wenn dort die Schöpfungsthematik und die Vorhersehung allen Geschehens angeführt wird. Bei Josua und beim Leser soll damit bewirkt werden, dass er sich angesichts aller Bedrohung dennoch sicher fühlen kann, weil Gott letztlich alles hervorgebracht hat und es in seiner Fürsorge auch begleitet. Weiterhin spielt in AM 12 die Rezeption von Jos 1,7f. eine wichtige Rolle, denn die scheidende Mosegestalt soll durch das Gesetz ersetzt werden, dessen erster Repräsentant nun Josua ist. Dieser wird zum Garant und Prototyp der Erfüllung der Tora, denn nur dessen Weg kann gelingen, der sich voll und ganz der Gesetzesobservanz verschreibt.

KAPITEL 6

DIE REZEPTION DER JOSUAFIGUR BZW. DES VERHÄLTNISSES MOSE-JOSUA

Um das Proprium der Josuafigur der AM erheben zu können, ist es notwendig, diese Gestalt in allen verfügbaren Schriften bis zum Ende des 1.Jh.n.Chr. in Augenschein zu nehmen. Ausgehend von der biblischen Grundlage in den verschiedenen Übersetzungen und Versionen (MT im Vergleich mit den entsprechenden fragmentarischen Texten aus Qumran, LXX, barbat, Vulgata, Targumim) müssen demnach alle Texte einander gegenübergestellt werden, die vom Nachfolger des Mose sprechen. Besonderes Augenmerk ist dabei—wo es möglich ist—auf das Nachfolgeverhältnis zwischen Mose und Josua zu legen, da dieses in der AM eine entscheidende Rolle zur Weitergabe der geheim zu verwahrenden Geschichtsschau des Mose spielt. Auf diesem Hintergrund wird es möglich sein, das ganz spezifische Josuabild der AM zu eruieren, um es traditionsgeschichtlich orten zu können. Weiterhin sollen Überlegungen angestellt werden, wie dieser spezifische Josua der AM auf dem geschichtlichen Hintergrund des 1.Jh.n.Chr. einzuordnen ist, und warum man für einen derartigen Geschichtsvorausblick ausgerechnet das Nachfolgeverhältnis zwischen Mose und Josua gleichsam als Aufhänger benutzte. In jedem Fall empfiehlt es sich aber zunächst das Mose-Josua-Verhältnis der AM deutlich zu beleuchten, um den gesetzten Ausgangspunkt nicht aus den Augen zu verlieren.

.

6.1 *Das Verhältnis Mose-Josua in der AM*

Nachdem in der AM der geschichtliche Handlungsrahmen mit dem erfolgten Auszug aus Ägypten und dem unmittelbar bevorstehenden Einzug ins gelobte Land gesetzt und auf das Deuteronomium verwiesen ist, besteht die erste Aktion des Protagonisten Mose darin, Josua zu sich zu rufen, der als ein "homo probatus domino" vorgestellt wird (AM 1,6). Das Ziel des Herbeirufens wird sofort evident: er soll der Nachfolger für das Volk und das Zelt des Zeugnisses werden, sowie das Volk in das gelobte Land führen (AM 1,7–9). Eine offizielle Beauftragung Josuas zum Nachfolger oder ein Einsetzungsritual ist hier nicht zu finden,[1] wenngleich Mose an anderer Stelle unmissverständlich zum Ausdruck bringt, dass es Gott selbst ist, der Josua zum Nachfolger erwählt hat; deshalb ermutigt Mose ihn auch, stark zu sein (AM 10,15).[2] Die Beziehung der beiden ist demnach mit einem gottgewollten Nachfolgeverhältnis zu beschreiben. Was Gott dem Mose geoffenbart hat (AM 1,11), wird von ihm nun an dessen Nachfolger als Vermächtnis weitergegeben, das allerdings nicht für die Öffentlichkeit bestimmt ist. Die geoffenbarten Worte, also die kundgegebene Geschichtsvorausschau (AM 2,1–10,10), sollen verschriftet zusammen mit anderen Büchern geordnet, gesalbt und an einem bestimmten Ort bis zur Vollendung der Tage verwahrt werden (AM 1,16–18; 10,11). An Josua ergehen demnach die durch Mose vermittelten göttlichen Offenbarungen, nach dessen Tod wird er gleichsam zum Träger göttlicher Geheimnisse. Das erste Wort Moses an Josua steht genau in diesem Kontext: er soll das ihm Anvertraute bewahren und das ihm Anbefohlene eifrig und ohne Tadel ausführen (AM 1,10). Mit dem ihm Anbefohlenen sind unzweideutig die göttlichen Gebote gemeint, weil das hier verwendete Verbum "mandare" im weiteren Textzusammenhang die von Gott gegebenen Vorschriften betrifft.[3] Die Person des Josua wird also mit dem strikten Einhalten der Gesetze verbunden; er ist der, der zum einen das Vermächtnis des Mose verwahrt, gleichzeitig aber auch an die von Mose artikulierten Gottesgebote derart gebunden ist, dass er deren Ausführung zu gewährleisten hat. So sichert Mose in AM 12,7–9 dem Josua zu, dass eigentlich Gott selbst ihn für seine künftigen Aufgaben ausrüsten wird. Gleichzeitig ist aber auch die Erfüllung

---

[1] Ob eine Art Einsetzungsritual in AM 12,2 (Et Monse prendit manum ipsius et erexit illum in cathedra ante se) vorliegt, also die Übernahme der "cathedra" des Mose durch Josua, scheint zweifelhaft zu sein, denn in Verbindung mit AM 11,1 dürfte es sich dort vielmehr um eine Geste der Ermutigung handeln; cf. jedoch zu dieser Annahme S.C. MARTIN, *Pauli Testamentum*, 177f.

[2] Diesbezüglich gibt es aber textkritische Unsicherheiten. Der ursprüngliche Text von AM 10,15b lautete im Manuskript CERIANIS (Mose spricht zu Josua): «itaque tu iesu naue forma te elegit deus esse mihi successorem eiusdem testamenti» (A.M. CERIANI, «Fragmenta Assumptionis Mosis», 61). Schon bald aber wurde folgende Konjektur vorgeschlagen: «itaque tu, Jesu Nave, firma te te elegit Deus esse mihi successorem ejusdem testamenti»; cf. A. HILGENFELD, «Mosis Assumptionis quae supersunt» (2. Auflage 1884), 124; M. SCHMIDT – A. MERX, «Die Assumptio Mosis», 134; R.H. CHARLES, *The Assumption of Moses*, 89f.; J. TROMP, *The Assumption of Moses*, 20.

[3] Das Substantiv "mandatum" steht für das jüdische Gesetz; cf. AM 3,12; 9,4.6; 12,10f.

der Gebote Gottes als Garantie zur glücklichen Vollendung des Weges von Bedeutung (AM 12,10f.). Im unmittelbaren Kontext der Geschichtsschau kommt tatsächlich die Aufgabe Josuas im historischen Ablauf der vorausgesagten Ereignisse zum Ausdruck, dass das Volk nämlich unter seiner Führung ins Land einziehen wird und er dieses verteilen soll (AM 2,1–2).

Besonders aufschlussreich für das Verhältnis Mose-Josua ist jedoch die Rede Josuas, die sich an die von Mose vorhergesagten Geschichtsereignisse anschliesst[4] (AM 11,4–19). Bevor er zu reden anhebt, zerreisst er als Zeichen grosser Betroffenheit sein Gewand und fällt seinem Meister in einer Geste grosser Unterwürfigkeit zu Füssen (AM 11,1; 12,1). Josua ist sehr betroffen über den bevorstehenden Tod des Mose, kann sich kaum trösten (AM 11,4) und rühmt dessen Grösse, indem er ins Ausufernde gehende Überlegungen zu seinem Grab anstellt: die ganze Welt wäre sein Grab (AM 11,8). Überhöhungstendenzen bezüglich der Mosefigur prägen die Rede Josuas sehr stark, denn diese wird weiterhin als des Herrn würdiger, vielfältiger und unfassbarer Geist, als treuer Herr des Wortes, als göttlicher Prophet, vollkommener Lehrer in der Welt, als "magnus nuntius" bezeichnet, der Tag und Nacht für sein Volk Fürbitte leistet (AM 11,16f.). Im Gegensatz dazu relativiert sich die Josuagestalt derart, dass sie als schwach und für die zu bewältigende Aufgabe nahezu unzulänglich gezeichnet wird: Josua fragt sich, wer nach dem Tod des Mose sich um das Volk sorgen und Fürbitte leisten soll, wie er selbst für es einstehen könne (AM 11,9–14). Die Unfähigkeit Josuas kulminiert in AM 11,15: et quae est mihi sapientia aut intellectus in domini verbis aut judicare aut respondere? Das korrespondiert zur erwidernden Aufmunterung durch Mose in AM 12,3: Jesus te ne contemnas sed praebe te securum et adtende verbis meis. Wenn demnach Mose gestorben sein wird, ist sich an seine Worte und das von ihm Aufgetragene zu halten. Insofern ersetzen die durch Gott gegebenen Gebote die scheidende Mosegestalt: unmissverständlich wird ein ungebrochener Gesetzesgehorsam propagiert, der notwendig ist, damit alles in rechten Bahnen verlaufen und gelingen kann (AM 12,10f.).

Insgesamt kommt also aufgrund der Erhöhung der Mosegestalt eine bescheidene Josuafigur zum Vorschein, die in Treue zum Meister das von ihm Offenbarte—seien es die göttlichen Gebote oder die sie

---

[4] Parallelen zur Josuarede finden sich scheinbar im Midrasch Deuteronomium rabba; cf. M. ROSENFELD, *Der Midrasch Deuteronomium rabba*, 28f.

entschlüsselnden prophetischen Worte—zu bewahren bzw. entsprechend umzusetzen hat.

6.2 Das Verhältnis Mose-Josua in der jüdischen Literatur vom 2.Jh.v.Chr. bis ins 1.Jh.n.Chr.

Auf dem Hintergrund der Zeichnung der Josuafigur in der AM sollen nun die biblischen Texte in ihren verschiedenen Versionen und Übersetzungen bezüglich des Mose-Josua-Verhältnisses untersucht werden. Sodann ist auf alle Texte im entsprechenden Zeitraum Bezug zu nehmen, in denen Josua erwähnt wird, sei es nun in seiner Beziehung zu Mose oder in seiner Charakteristik im allgemeinen. So ist der Väterhymnus des Sirachbuches, die verschiedenen Qumrantexte, das NT und die apokryphe bzw. deuterokanonische Literatur heranzuziehen; desweiteren interessiert die Einschätzung Josuas bei Philo und Josephus.

6.2.1 Das Verhältnis Mose-Josua in MT und LXX

Im Pentateuch ist die Gestalt des Josua aufs engste mit der des Mose verbunden. Es gibt praktisch keine Geschichte, die ihn allein als Protagonisten ausgibt, er wirkt stets im Schatten der dominanten Mosefigur; das gilt sowohl für den hebräischen MT, als auch für die griechische LXX. Zwischen beiden Fassungen gibt es allerdings bezüglich der Josuagestalt kleinere, jedoch nicht unbedeutende Differenzen, die im folgenden deutlich herausgestellt werden sollen.

Zum ersten Mal tritt Josua in Ex 17,8–16 als Heerführer des Mose auf, der ihn zur Kampfführung gegen Amalek beauftragt. Nach erfolgreichem Ausgang der Schlacht befiehlt der Herr dem Mose, das Geschehen zur Erinnerung in einem Dokument schriftlich festzuhalten und es Josua einzuschärfen. Die Begründung dafür wird nun in der LXX etwas abweichend dargestellt: während im MT davon die Rede ist, dass Jahwe das Andenken an Amalek ganz und gar austilgen will, spricht die LXX davon, dass er mit Öl (Fett oder Salbe) die Erinnerung wegwischen bzw. ausstreichen wird.[5] Ansonsten erzählt

---

[5] Cf. Ex 17,14b(MT): כי מחה אמחה את זכר עמלק; die entsprechende Wiedergabe in der LXX: ὅτι ἀλοιφῇ ἐξαλείψω τὸ μνημόσυνον Ἀμαληκ. Interessant ist auf diesem Hintergrund die Aussage in AM 1,17, dass Josua die zu verwahrenden Schriften mit Zedernöl salben soll.

man die Geschichte—abgesehen von nicht erwähnenswerten Abweichungen—in der hebräischen und griechischen Textfassung in
gleicher Weise.

Als nächstes tritt Josua nach dem Bundesschluss am Gottesberg
in Ex 24,12–18 auf. Nachdem der Herr dem Mose geboten hatte,
wiederum zu ihm hinaufzusteigen, um ihm die Steintafeln zu übergeben, ist im MT davon die Rede, dass er und sein Diener Josua
zwar aufsteht, sich allerdings allein an den Aufstieg macht. In der
LXX steigt Josua zusammen mit Mose auf den Berg (Ex 24,13.15),[6]
bekommt dadurch Anteil an der göttlichen Herrlichkeit und wird
ebenso zum Offenbarungsempfänger. Insofern wird also die Josuagestalt
in die Nähe des Mose gerückt und damit dessen Nachfolge im göttlichen Offenbarungsempfang angedeutet. Zur LXX-Version passt dann
wiederum besser die Erwähnung Josuas beim Abstieg vom Berg in
Ex 32,17, denn im MT hat man den Eindruck, dass er grundlos und
unvermittelt auftritt, um das laute Geschrei des Volkes zu vernehmen.

Dass Josua schon vor seiner Einsetzung zum Nachfolger des Mose
durch Jahwe mit dem Offenbarungszelt zu tun hat (Dtn 31,14), kommt
in Ex 33,11 zum Ausdruck,[7] wo er in der Abwesenheit seines Meisters
die Stellung im Zelt hält. Eine besondere Hervorhebung erfährt er
in der Septuagintaversion von Num 11,28: dort wird er als ἐκλεκτὸς
bezeichnet, während der MT nur davon redet, dass Josua von seiner Jugend an der Diener des Mose gewesen wäre.[8]

Die weiteren Stellen im Buch Numeri, die von Josua handeln, der
vormals Hosea geheissen hatte und von Mose umbenannt wurde
(Num 13,8.16; cf. auch Dtn 32,44), drehen sich um seine Aufgabe
zur Erkundung des gelobten Landes und um die Zusicherung, dass
er zusammen mit Kaleb aufgrund seines tadelfreien Verhaltens am

---

[6] Ex 24,13(MT): ויקם משה ויהושע משרתו ויעל משה אל הר האלהים; dazu die entsprechende Interpretation der LXX: καὶ ἀναστὰς Μωυσῆς καὶ Ἰησοῦς ὁ παρεστηκὼς
αὐτῷ ἀνέβησαν εἰς τὸ ὄρος τοῦ θεοῦ; verstärkt und bestätigt wird diese Aussage in
Ex 24,15(LXX): καὶ ἀνέβη Μωυσῆς καὶ Ἰησοῦς εἰς τὸ ὄρος (im MT fehlt Josua als
Begleiter). Interessanter Weise findet sich in Qumran dazu ein bereits interpretie-
render Text, der die MT-Fassung und die der LXX harmonisiert; in Frag. 14 von
4Q364 = 4Q Reworked Pentateuch[b] liest man anstelle von ויעל משה (MT) nur den
Infinitiv לעלות; cf. *DJD*, XIII, 221f.

[7] Ex 33,11(MT): ומשרתו יהושע בן נון נער לא ימיש מתוך האהל; LXX: ὁ δὲ θεράπων
Ἰησοῦς υἱὸς Ναυη νέος οὐκ ἐξεπορεύετο ἐκ τῆς σκηνῆς.

[8] Es könnte durchaus sein, dass der Übersetzer mit מבחריו (von seinen Jugendtagen
an) nichts anzufangen wusste und aufgrund der Wurzel בחר (erwählen, auswählen)
zu seiner Übersetzung kam; eine sinngemässe Wiedergabe findet sich diesbezüglich
im Targum Onqelos (מעולימותיה) und Neophiti (מן רוביותיה) zu Num 11,28.

Leben bleiben und dorthin gelangen wird (Num 14,6.30.38; 26,65; 32,12). Desweiteren wird seine Aufgabe zur Landverteilung erwähnt (Num 32,28; 34,17), die er nach erfolgter Landnahme zusammen mit dem Priester Eleasar vornehmen soll.

Die göttliche Ankündigung des Todes des Mose und die damit verbundene Einsetzung Josuas zu seinem Nachfolger geschieht zum ersten Mal in Num 27,15–23. Dort wird die Notwendigkeit eines militärischen Führers in der Mosenachfolge erwähnt und Josua für diese Aufgabe bestimmt. Er wird als ein Mann bezeichnet, in dem der Geist wirksam ist, und der bei seiner Einsetzungszeremonie zuerst vor den Priester Eleasar bzw. die ganze Gemeinde treten muss, bevor ihm Mose zum Zeichen der Nachfolge die Hände auflegen kann. Die Bestimmung zum Nachfolger geschieht aufgrund göttlicher Weisung, sie wird von Mose selbst vorgenommen, wobei jedoch der Priester eine eminent wichtige Rolle spielt, weil Josua letztlich ihm gegenüber weisungsabhängig ist (Num 27,21).

Bevor in Dtn 31 dieses Thema in ausführlicher Weise aufgegriffen wird, taucht die Josuagestalt im Geschichtsrückblick des Deuteronomiums auf. So erzeugt Dtn 1,37f. ein Gegensatzverhältnis zu Mose: während es diesem nicht vergönnt ist, in das Land einzuziehen, wird Josua hineinkommen, um es an Israel als Erbbesitz zu verteilen. In Dtn 3,21 versichert ihm Mose, dass er ohne Furcht den Jordan überschreiten kann, weil alle Königreiche dort in seine Hand gegeben werden. Seine zweifache Aufgabe des Einzugs ins Land und dessen Verteilung kommt schliesslich in Dtn 3,28 in den Blick, wobei zugleich der göttliche Befehl zu seiner Beauftragung hervorgehoben wird und Mose ihn ermutigen und stärken soll.[9] Latent kommt an diesen Stellen immer schon der Nachfolgegedanke ins Blickfeld, wenngleich die eigentliche Beauftragung Josuas zum Nachfolger erst ab Dtn 31[10] geregelt wird.[11] Allerdings entdeckt man dort im MT zwei verschie-

---

[9] Eine kleine Differenz ergibt sich in Dtn 3,28 zwischen dem MT und der LXX. Während im hebräischen Text davon die Rede ist, dass Mose den Josua ermutigen und stärken soll (וחזקהו ואמצהו), führt die LXX aus, dass er nur gestärkt und herbeigerufen werden soll (καὶ κατίσχυσον αὐτὸν καὶ παρακάλεσον); damit betont die Septuagintaversion das Herbeirufen durch Mose.

[10] Die Differenzen im konkreten Text von Dtn 31 zwischen den Versionen MT und LXX bestimmen natürlich das jeweilige Verhältnis von Mose und Josua; cf. dazu vor allem L. LABERGE, «Le texte de Deutéronome 31», 143–160; N. LOHFINK, «Zur Fabel in Dtn 31–32», 272–275.

[11] Einleitend wird in Dtn 31,3 die bekannte Vorstellung erwähnt, dass nicht Mose, sondern Josua ins Land mit dem Volk ziehen wird; cf. Dtn 1,38, 3,28.

dene Versionen: während in V.7 Mose ohne direkt vorgängigen göttlichen Befehl den Josua zur Beauftragung herbeiruft, beordert Gott
in V.14 beide ins Offenbarungszelt, um Josua in V.23 dann selbst
in sein Amt einzusetzen. Betrachtet man die Septuagintafassung, so
bietet sich ein anderes Bild: sowohl in V.7, als auch in V.23 erfolgt
die Übergabe des Amtes allein durch Mose. Um die Unterschiede
deutlicher herauszustellen, muss jeweils im einzelnen die Fassung des
MT der der LXX gegenübergestellt werden.[12]

In V.7 wahrt die griechische Übersetzung durchaus die Sinnrichtung
des hebräischen Textes, wenngleich die Rolle des Josua näher präzisiert ist: er soll vor dem Volk, gleichsam an seiner Spitze, in das
Land hineinkommen (σὺ γὰρ εἰσελεύσῃ πρὸ προσώπου τοῦ λαοῦ τούτου).
Die zweite Beauftragungsszene in V.14 geht initiativ von Gott aus.
Nachdem er dem Mose das unmittelbare Ende seiner Tage kundgetan hat, fordert er ihn entsprechend des MT auf, den Josua her-
beizurufen, um ins Offenbarungszelt zu zweit einzutreten, damit dort
die Einsetzung zum Nachfolger erfolge. In der LXX allerdings befiehlt
Gott dem Mose, Josua zunächst herbeizubitten, damit sich beide von
aussen an den Eingang des Zeltes stellten (παρὰ τὰς θύρας τῆς σκηνῆς
τοῦ μαρτυρίου) und er ihn beauftragen könne. Erst danach gehen sie
ins Zelt und stellen sich von innen an seinen Eingang. Die LXX
verlegt also in der göttlichen Anweisung die Beauftragung des Josua
an den äusseren Eingang des Zeltes und lässt erst anschliessend beide
zum Offenbarungsempfang hineingehen. Die eigentliche Einsetzung
erfolgt aber nach dem MT erst in V.23: obwohl im vorangegangenen V.22 Mose das Subjekt war und kein neues direkt eingeführt
wird, muss es nun Gott selbst sein,[13] weil allein schon zum Ausdruck
הארץ אשר נשבעתי להם nichts anderes denkbar ist. Insofern tritt nun
Gott im MT auf den Plan und regelt selbst die Sukzessionsfrage
durch eine entsprechende Beauftragung. Die LXX aber kehrt die
Dinge um und gleicht diese Einsetzungsszene V.7 an: Mose ist der,
der seinem Nachfolger selbst das künftige Amt verleiht. Insofern bindet die LXX die Josuafigur mehr an die des Mose und betont die
Weitergabe der Sukzessionsgewalt vom Vorgänger auf den Nachfolger;

---

[12] Die textlichen Unterschiede von Dtn 31,7.14.23 in den verschiedenen Versionen
(MT, Qumrantexte, LXX, 𝔐, Vulgata) wurden bereits mit Verweis auf entsprechende Literatur dargestellt und diskutiert. Im Folgenden sollen dennoch kurz noch
einmal die wichtigen Unterschiede mit Blick auf die Josuafigur erwähnt werden.
[13] Cf. N. LOHFINK, «Zur Fabel in Dtn 31–32», 272f.

das schliesst allerdings nicht die vorgängige göttliche Weisung zu diesem Geschehen aus.

Bevor Josua zum letzten Mal nach dem Tod des Mose im Pentateuch in Dtn 34,9 auftritt und dort als mit dem Geist der Weisheit erfüllt dargestellt wird, weil ihm Mose die Hände aufgelegt hatte, findet man ihn (im Gegensatz zu LXX) im MT zusammen mit seinem Vorgänger beim Vortragen des berühmten Moseliedes Dtn 32,1–43, denn die abschliessende Rahmennotiz in V.44 spricht davon, dass beide dieses Lied dem Volk vorgetragen hätten.[14] Da das im Widerspruch zu vorgängigen Ausführungen steht, die die Verschriftung, das Lehren und den Vortrag dieses Liedes allein dem Mose vorbehalten (cf. Dtn 31,22.28.30),[15] ändert die LXX die Sachlage: nicht mehr das Lied wird von beiden vorgetragen, sondern die von Mose im Deuteronomium ergangene Weisung. Insofern reserviert die LXX das Lied mit seiner Geschichtsvorausschau im direkten Vortrag dem Mose allein, der es dann an andere weitergibt.

Vergleicht man nun zusammenfassend im Pentateuch das Josuabild des MT mit dem der Septuaginta, so lassen sich doch deutlich konturierte Unterschiede namhaft machen. Hervorstechend ist zunächst die Tatsache, dass in der LXX Josua zusammen mit Mose als Offenbarungsempfänger auf dem Gottesberg dargestellt wird (Ex 24,13.15), er somit als sein Diener enger mit diesem zusammengebunden wird. Dem entspricht eine besondere Hervorhebung der Josuagestalt, wenn er zum Hüter des Offenbarungszeltes in der Abwesenheit des Mose wird (Ex 33,11) und man ihn in einem anderen Zusammenhang als Erwählten bezeichnet (Num 11,28). Desweiteren bindet die LXX die Weitergabe der Sukzessionspotestas ausschliesslich an die Mosefigur (Dtn 31,7.23); nur er beauftragt seinen Nachfolger, ins Land einzuziehen, wenngleich natürlich eine göttliche Weisung dazu im Hintergrund steht. Insgesamt ist also in der LXX auf der einen Seite die Josuafigur enger an die des Mose gebunden, auf der anderen Seite aber wird ihre herausragende Stellung und ihre Fähigkeit zum Offenbarungsempfang betont.

---

[14] Allerdings wird Josua mit seinem früheren Namen Hosea genannt (cf. Num 13,8.16); der Zusatz בן נון lässt jedoch keinen Zweifel an seiner Identität aufkommen.

[15] In Dtn 31,19(MT) ergeht der auf das Lied gerichtete göttliche Verschriftungsbefehl scheinbar an Mose und Josua (Pluralimperativ), während das Lehren Aufgabe des Mose allein bleibt (Singularimperative). Die LXX zeigt dort jedoch durchgängig Pluralimperative, die sich demnach an Mose und Josua richten müssen.

6.2.2 *Das Verhältnis Mose-Josua im Samaritanus*

Die entsprechenden Stellen im samaritanischen Pentateuch (= ﬡ), die die Beziehung zwischen Mose und Josua zum Gegenstand haben, scheinen fast ausnahmslos mit dem MT konform zu gehen. Im Folgenden sollen auch die kleineren Unterschiede benannt werden.

Hatte entsprechend des MT nach Num 13,8 Josua (יהושע) zuerst den Namen Hosea (הושע) und wurde dann von Mose umbenannt (Num 13,16), so weist in ﬡ nichts auf einen früheren Namen hin. Allerdings ergibt sich dann für Num 13,16b eine recht befremdliche Aussage: und Mose (be)nannte Josua, den Sohn Nuns, Josua.[16] In Konsequenz der Tilgung seines früheren Namens findet sich dann auch in ﬡ nach dem Abschluss des Moseliedes in Dtn 32,44 die Bemerkung, der Vortrag des Liedes wäre von Mose und Josua ausgeführt worden (MT: הושע).

Die erste Erwähnung Josuas im Pentateuch geschieht in Ex 17,8–16; dort wird er als Kriegsführer des Mose gegen Amalek dargestellt, der aufgrund des ständigen Fürbittgebets seines Herrn die Schlacht siegreich beenden kann. In ﬡ wird nun die Niederschlagung der feindlichen Amalekiter durch ein zusätzliches Verbum unterstrichen: zum in MT vorfindlichen חלש (besiegen) tritt נכה (schlagen, erschlagen) hinzu. Damit wird die kriegerische Durchschlagskraft des Siegers über die Feinde hervorgehoben.

Was die Beauftragung Josuas zum Nachfolger des Mose betrifft, so findet sich in ﬡ im Anschluss an Num 27,15–23 eine Ergänzung, die fast wörtlich Dtn 3,21f. wiedergibt. Mose legt dem Josua in der Beauftragungsszene in Entsprechung zur göttlichen Anordnung seine Hände auf (Num 27,23), und ﬡ lässt ihn dann noch zu Josua die folgenden Worte sprechen:[17] "Deine Augen haben gesehen, was der Herr diesen zwei Königen getan hat; so wird der Herr allen Königreichen tun, in die du ziehen wirst. Fürchte dich nicht vor ihnen, denn der Herr, euer Gott, er ist es, der für euch streitet". Durch die die Geste der Handauflegung begleitenden und deutenden Worte des Mose wird Josua Mut zugesprochen und die Gewissheit zum

---

[16] Cf. Num 13,16b im hebräischen Original: ויקרא משה ליהושע בן נון יהושע.

[17] Der hebräische Text zu Num 27,23 lautet: ויאמר אליו עיניך הראות את (כל) אשר עשה יהוה (אלהיכם) לשני המלכים האלה כן יעשה יהוה לכל הממלכות אשר אתה עבר שמה לא תיראם כי יהוה אלהיכם הוא הנלחם לכם; es handelt sich um eine wörtliche Wiedergabe von Dtn 3,21b–22, wobei die eingeklammerten Worte in MT, jedoch nicht in ﬡ zu finden sind und die Redeeinleitung sekundär eingefügt wurde (ויאמר אליו); zudem ergibt sich eine orthographische Variante: תיראם in ﬡ steht תיראום in MT gegenüber.

Ausdruck gebracht, dass Gott auf dessen Seite stehen und für ihn kämpfen wird. Josua ist somit in einem gewissen Sinn abhängiger vom Vorgänger dargestellt; er erweist sich eines Zuspruchs bedürftig in Anbetracht der vor ihm liegenden Aufgabe. In dieser Erzählung gibt es einen weiteren kleinen Unterschied: während im MT von Josua als *einem* Mann die Rede ist, in dem der Geist wirksam ist (Num 27,18), spricht ɯ von *dem* geistbegabten Mann; d.h., dass ɯ im Gegensatz zu MT den bestimmten Artikel verwendet und dadurch Josua von vornherein als den Geisterfüllten schlechthin präsentiert. Weiterhin bemerkenswert ist an dieser Erzählung, dass in ɯ Mose dem Josua in der Beauftragungsszene jeweils nur eine Hand auflegt (Num 27,18.23; jeweils Singular), während der MT einmal von einer Hand, dann aber von beiden Händen spricht (Num 27,18: Singular; Num 27,23: Plural). Die Handauflegungsszene kommt noch einmal in Dtn 34,9 vor und dort ergibt sich die Differenz, dass der MT wieder die Pluralform verwendet, während ɯ erneut den Singular bringt. Das heisst doch nichts anderes, als dass ɯ den Widerspruch geglättet hat und konsequent an der Singularform festhält. Für das Verhältnis zwischen Mose und Josua ist diese den Text betreffende Beobachtung aber nicht von Bedeutung; entscheidend ist nur, dass die Beauftragung unter Handauflegung geschieht, ob dabei eine Hand oder zwei Hände im Spiel sind, scheint unerheblich.

Weitere Unterschiede betreffen einzelne Verbformen. In Dtn 1,38 wird Mose aufgefordert, Josua zu stärken und dafür steht die Pielform des Imperativs חַזֵּק. Der ɯ bringt an dieser Stelle die Hiphilform הַחֲזֵק, die aber wahrscheinlich das gleiche zum Ausdruck bringen will.[18] Desweiteren findet sich bei Dtn 31,7 in ɯ die Hiphilform תביא[19] (cf. auch Dtn 31,23, MT und ɯ), während der MT das Qal תבוא aufweist. Im ersten Fall ist zum Ausdruck gebracht, dass Josua das Volk ins Land führen soll, im zweiten kommt Josua zusammen mit dem Volk ins Land (Jahwe aber zieht vor ihm her und ist der eigentliche Führer; cf. Dtn 31,8). Der ɯ betont demnach die Führungs-

---

[18] חזק hiph. bedeutet meistens "ergreifen, festhalten, packen", es ist aber auch die Bedeutung "kräftigen, befestigen" bezeugt (2Kön 15,19; Ez 30,25); cf. *HALAT*, I, 291.

[19] Eine Entsprechung zu dieser Hiphilform findet sich auch in der Vulgata, der syrischen Version, dem Targum Neophiti, sowie fünf mittelalterlichen hebräischen Handschriften; cf. R.H. Charles, *The Assumption of Moses*, 111; R.W. Klein, «The Text of Deuteronomy Employed in the Testament of Moses», 78.

aufgabe Josuas und betont seinen Anteil an der Landnahme[20] im Gegensatz zum MT.

Insgesamt also kann man sicher nicht von einem eigenkonturierten Bild der Mose-Josua-Beziehung in 𝔪 sprechen, die sich deutlich von der des MT abhebt. Dennoch ergeben sich für die Josuafigur in 𝔪 einige kleinere Akzentverschiebungen, die unter anderem auch seine Führungsaufgabe betonen.

6.2.3 *Das Verhältnis Mose-Josua in den Targumim*

Mit dem Wissen um die Darstellung des Josua in MT und LXX kann man nun die aramäischen Übersetzungen zu Untersuchungen heranziehen, die von der Frage geleitet sein werden, ob sich ähnliche Verschiebungen ergeben. Sensibilisiert durch die Veränderungen, die sich bereits in LXX gegenüber MT zeigten, kann zunächst festgestellt werden, dass in Ex 24,13 Mose in allen Targumim *allein* auf den Berg geht und damit ohne Josua zum göttlichen Offenbarungsempfänger wird. Desweiteren interessiert im Verhältnis zwischen Mose und Josua besonders Dtn 31, denn in MT wird Josua einerseits durch Mose (V.7), andererseits aber durch Jahwe selbst (V.23) eingesetzt. Die LXX hatte diesbezüglich harmonisiert und die göttliche Beauftragung gestrichen, so dass Mose an beiden Stellen seinen Nachfolger allein einsetzt. Die Targumim folgen nun ausnahmslos der MT-Fassung und belassen den scheinbaren Widerspruch, dass Josua von zwei verschiedenen Instanzen beauftragt wird. Desgleichen belassen die Targumim im Gegensatz zu LXX die Reihenfolge des MT in Dtn 31,14: entsprechend der göttlichen Anweisung soll Mose zuerst Josua herbeirufen, dann sollen beide ins Offenbarungszelt eintreten, und schliesslich will Gott selbst Josua einsetzen. Eine weitere Harmonisierung der LXX im Vergleich zum MT wird in den Targumim nicht aufgegriffen: in Dtn 32,44 trägt Mose zusammen mit Josua das vorgestellte Lied vor, obwohl in Dtn 31 allein Mose dafür bestimmt war (unter Umständen mit Ausnahme von Dtn 31,19a); diese von der LXX entschärfte widersprüchliche Aussage belassen aber die Targumim.

Kleinere Akzentverschiebungen gegenüber dem MT machen sich jedoch durchaus in den Targumim bemerkbar, was die menschlichen Qualitäten des Josua anbelangt. So wird beispielsweise im Targum

---

[20] Cf. L. LABERGE, «Le texte de Deutéronome 31», 148f.; C. SCHÄFER-LICHTENBERGER, *Josua und Salomo*, 177.

Pseudo-Jonathan zu Num 13,16 die Umbenennung Hoseas zu Josua dadurch begründet dass Mose seine Demut bzw. Niedrigkeit gesehen hat.[21] Im gleichen Targum zur Stelle Num 32,12 wird er zusammen mit Kaleb als einer dargestellt, der in vollkommener Weise mit Gottesfurcht gehandelt hatte, wobei diese Qualifizierung im MT nicht zum Vorschein kommt. In die gleiche Richtung geht die Formulierung im Targum Onqelos, denn beide werden in ihrer Vollkommenheit gezeichnet, was die Eigenschaft der Gottesfurcht betrifft.[22] Besonders aufschlussreich ist in dieser Hinsicht die im Pentateuch zum ersten Mal berichtete Beauftragung Josuas in der interpretierenden Wiedergabe durch die Targumim. Entsprechend MT in Num 27,18 wird Josua als ein geistbegabter Mann vorgestellt, dem Mose die Hand auflegen soll. Die Targumim Onqelos und Pseudo-Jonathan kommentieren dahingehend, dass auf Josua der Geist der Prophetie ruhte, bevor er zum Nachfolger eingesetzt wird;[23] der Targum Neophiti macht daraus sogar einen "heiligen Geist".[24] Was nun die Wirkung der Beauftragung Josuas zum Nachfolger Moses für die Israeliten anbelangt, so interpretieren die Targumim Onqelos und Pseudo-Jonathan zur Stelle Dtn 34,9 in der Weise, dass sie nicht nur entsprechend MT auf den neuen Anführen hören, sondern seine Unterweisungen annehmen, sie als Lehre akzeptieren.[25] Damit ist der Sukzessionsgedanke hervorgehoben, der mit der Weitergabe bewährter Traditionen verknüpft wird;[26] diese wiederum können durchaus ihren Ursprung in göttlicher Kundgabe haben.

Insgesamt behalten also die Targumim bezüglich des Verhältnisses zwischen Mose und Josua die Grundlinien des MT bei, betonen jedoch die vor Gott wohlgefälligen Eigenschaften des Josua und zeichnen ihn in der Nachfolge des Mose als prophetische Figur, der der Beistand Gottes zugesichert ist.[27]

---

[21] Cf. Pseudo-Jonathan zu Num 13,16b: וכדי חמא משה עינוותנותיה קרא להושע בר נון יהושע.

[22] Cf. Onqelos zu Num 32,12: ארי אשלימו בתר דחלתא דיוי.

[23] Cf. Onqelos zu Num 27,18: גבר דרוח נבואה ביה; entsprechend dazu Pseudo-Jonathan: גבר דרוח נבואה מן קדם ייי שריא עלוי.

[24] Cf. Neophiti zu Num 27,18: גבר דרוח קדש מן קדם ייי שרייה עלוי.

[25] Cf. Onqelos zu Dtn 34,9: וקבילו מניה בני ישראל; entsprechend dazu Pseudo-Jonathan: וקבילו אולפן מיניה בני ישראל.

[26] Cf. bzgl. der Sukzession die Aussage von Pseudo-Jonathan zur Stelle Dtn 1,38, die Josua gleichsam als Schüler des Mose ausgibt: יהושע בר נון דמשמש בבית אולפנך.

[27] Diesbezüglich ist Dtn 31,23 in allen Targumim (Onqelos, Pseudo-Jonathan, Neophiti) interessant, weil die Aussage des MT, dass Jahwe mit Josua sei, dahin-

6.2.4 *Das Verhältnis Mose-Josua im Väterhymnus des Sirachbuches*

Am Ende des deuterokanonischen Buches Jesus Sirach, das im ersten Viertel des zweiten Jahrhunderts v.Chr. in Jerusalem entstanden ist,[28] findet sich vor dem das Gesamtwerk abschliessenden 51. Kapitel der Väterhymnus (Sir 44,1–50,24), ein Lobpreis der Herrlichkeit Gottes in der Geschichte Israels anhand der Darstellung herausragender biblischer Gestalten.[29] Unter diesen Figuren ist auch Josua eingereiht, der in seiner Vorstellung (Sir 46,1) sofort mit Mose in Verbindung gebracht[30] und in den ersten Worten stichwortartig charakterisiert wird.[31] Als Held und Krieger (נבור בן חיל) wird er vorgeführt, als Diener des Mose (משרת משה);[32] diese beiden Charakterzüge kommen in der weiteren Ausführung auch zur Entfaltung,[33] wenn in Sir 46,1c–6d von den Kriegs- und Heldentaten Josuas die Rede ist und in 46,6e–8d aufgezeigt wird, dass er in den Tagen des Mose Treue bewies, zusammen mit Kaleb nach der Erkundung des zu erobernden Landes die Gemeinde beruhigte und schliesslich ins Erbland Einzug halten konnte. Bei der Beschreibung der kriegerischen Aktivitäten Josuas werden Einzelzüge seiner Gestalt vorwiegend aus Jos 8

---

gehend geändert wurde, dass nun das Jahwewort ihm zur Hilfe dienen werde (Onqelos und Pseudo-Jonathan: ומימרי יהי בסעדך).

[28] Cf. M. HENGEL, *Judentum und Hellenismus*, 241f.; G.W.E. NICKELSBURG, *Jewish Literature*, 64; O. KAISER, *Grundriß der Einleitung*, III, 97.100–101; J. MARBÖCK, «Das Buch Jesus Sirach», 367f.

[29] Zur Geschichtsdarstellung des Väterhymnus cf. H.C. KEE, «Appropriating the History of God's People», 48–50.

[30] Cf. dazu S.J. HAFEMANN, «Moses in the Apocrypha and Pseudepigrapha», 86.

[31] Zum hebräischen Text von Sir 46,1–10 cf. P.C. BEENTJES, *The Book of Ben Sira in Hebrew*, 81f; zur griechischen LXX-Fassung cf. J. ZIEGLER, *Sapientia Iesu Filii Sirach*, 341–343.

[32] In der griechischen Übersetzung der LXX wird Josua in Sir 46,1a–d etwas anders vorgestellt: κραταιὸς ἐν πολέμῳ Ἰησοῦς υἱὸς Ναυη καὶ διάδοχος Μωυσῆ ἐν προφητείαις, ὃς ἐγένετο κατὰ τὸ ὄνομα αὐτοῦ μέγας ἐπὶ σωτηρίᾳ ἐκλεκτῶν αὐτοῦ (cf. dazu die hebräische Fassung נבור בן חיל יהושע בן נון משרת משה בנבואה אשר נוצר להיות בימיו תשועה נדלה לבחיריו). Während die hebräische Fassung Josua als einen mächtigen Helden und Diener des Mose bezeichnet, betont die LXX seine kriegerischen Fähigkeiten ("mächtig im Krieg") und stellt ihn als Nachfolger (διάδοχος) des Moses vor. Weiterhin nimmt die LXX in Sir 46,1c Bezug auf die Bedeutung seines Namens (Jahwe hilft/rettet) und macht das konkret an seiner Funktion fest. Dass Josua ein Kriegsheld ist und in dieser Tätigkeit dem Volk Hilfe bringen soll, wird also in der LXX noch deutlicher von Anfang an herausgestrichen (cf. auch die Übersetzung von חרם mit πανοπλία in Sir 46,6c, so dass dort Josua mit der vollen Rüstung eines Schwerbewaffneten gezeichnet wird, obwohl der hebräische Text einen ganz anderen Sinn aufweist).

[33] Cf. H. STADELMANN, *Ben Sira als Schriftgelehrter*, 189.

und 10 rezipiert, bei der weiteren Darstellung aber wird auf die Kund-
schaftergeschichte in Num 13–14 zurückgegriffen. Im einzelnen braucht
es nicht darum zu gehen, die Rezeptionsprozesse bis ins Detaill zu
erhellen, um die Josuagestalt des Siraziden von der der zugrunde
liegenden Texte abzuheben; es genügt, die mit ihrer Gestalt verbundenen biblischen Motive streifzugartig zu erwähnen, um die Konturen
des Josua im Väterhymnus in Ansätzen aufleuchten zu lassen. Wie
fast überall wird mit Josua die Landnahme in Verbindung gebracht:
er ermöglicht es, dass Israel Erbbesitz gegeben wird (Sir 46,1f: ולהנחיל
את ישראל/ὅπως κατακληρονομήσῃ τὸν Ισραηλ), und zieht selbst in das
Land ein, das von Milch und Honig fliesst (Sir 46,8c–d). Damit verbunden ist der Sieg über die Feinde Israels (Sir 46,5b.6a–b) und die
Rache an ihnen, die explizit in Sir 46,1e erwähnt wird (להנקם נקמי
אויב).[34] Die konkret durchgeführte Führung ins gelobte Land und die
Einnahme Jerichos stehen nicht im Rezeptionshorizont, dafür aber
der Kampf gegen Ai. Josua wird in diesem Zusammenhang als der
aufgegriffen, der das Sichelschwert (כידון/ῥομφαία; cf. auch Jos 8,18.26)
in der Hand gegen diese Stadt führt (Sir 46,2). Damit wird das Bild
eines aggressiven Heerführers evoziert, der als Tätiger selbst Hand
anlegt und die Waffe gegen die Feinde gebraucht. Mit Blick auf Jos
1,5 wird schliesslich die rhetorische Frage gestellt, wer vor einem
derartig gewaltigen und schrecklichen Helden Bestand haben kann,
der souverän die Kriege des Herrn geführt hat[35] (Sir 46,3).[36] Besonders
ausführlich wird schliesslich auf Jos 10,11–14 Bezug genommen, so
dass Sir 46,4–6b von wörtlichen Wiederaufnahmen gekennzeichnet
ist. Nicht nur das Heeresglück Josuas wird diesbezüglich herausgestellt, sondern auch seine Wundermacht (die Sonne bleibt auf seinen Befehl hin stehen) und unendliche Überlegenheit über die Feinde.
Was sein Verhältnis zu Gott betrifft, so führt er dessen Kriege (Sir
46,3b), ruft in der Bedrängnis durch die Feinde zu ihm (Sir 46,5a–b),
wird von ihm auch erhört (Sir 46,5c),[37] und hält sich völlig an ihn
(Sir 46,6e). Letztlich ist es ja Gott, der das Land gibt, weil er die

---

[34] Cf. dazu die etwas abweichende Wiedergabe von Sir 46,1e in der LXX:
ἐκδικῆσαι ἐπεγειρομένους ἐχθρούς.

[35] Cf. dazu 1Sam 18,17; 25,28.

[36] Cf. die recht unterschiedliche Wiedergabe der LXX von Sir 46,3a im Vergleich
zum hebräischen Text: מי הוא לפניו יתיצב und τίς πρότερος αὐτοῦ οὕτως ἔστη.

[37] Im Väterhymnus rufen weiterhin noch Samuel (Sir 46,16.19), David (Sir 47,5.8)
und Hiskija (Sir 48,20) zu Gott; cf. B.L. MACK, *Wisdom and the Hebrew Epic*, 211;
T.R. LEE, *Studies in the Form of Sirach 44–50*, 17.

Feinde vernichtet; Josua hat dabei eigentlich nur die Funktion einer "grossen Hilfe für die Auserwählten" (Sir 46,1d: תשועה גדלה לבחיריו/ μέγας ἐπὶ σωτηρίᾳ ἐκλεκτῶν αὐτοῦ). Interessant ist bezüglich der Landperspektive die Beobachtung, dass er mit Kaleb zusammengebunden wird (Sir 46,7b–8d). Beide Figuren gehören einer Periode des Übergangs von der früheren Gründung des Volkes zum Königtum an, und haben als Krieger die historische Funktion der Landnahme.[38] In diesem Zusammenhang wird auf Num 13,32 bzw. 14,37 Rekurs genommen (Verbreiten falscher Gerüchte) und die Murrgeschichte in Num 14,1–10 verkürzt aufgegriffen (Sir 46,7c–d). Weiterhin ist mit Bezug auf Num 11,21; 14,29.30.38; 26,65 und Dtn 1,35–38 von sechshunderttausend Kriegern die Rede (cf. auch Sir 16,10), von denen nur die beiden Helden gerettet werden und ins Land ziehen können (Sir 46,8). Warum Josua im Gegensatz zu den vielen anderen ins Land ziehen darf, ist aus Sir 46,6e–7a ersichtlich: er stand "vollkommen in der Nachfolge Gottes"[39] bzw. "hielt völlig zu ihm"[40] (מלא אחרי אל/ἐπηκολούθησεν ὀπίσω δυνάστου), und bewies Treue in den Tagen des Mose (עשה חסד/ἐποίησεν ἔλεος);[41] sein loyales Verhalten gegenüber Jahwe und Mose ermöglichen ihm also den Einzug ins Land.

In diesem Zusammenhang ist näher auf das Verhältnis zwischen Mose und Josua einzugehen, von dem schon zu Beginn ausgesagt war (Sir 46,1), dass er dessen משרת[42] (LXX: διάδοχος)[43] im Prophetenamt war. Implizit wird bei dieser Formulierung davon ausgegangen, dass schon Mose als Prophet gesehen werden muss, wenngleich bei dessen Vorstellung davon in keiner Weise die Rede war (cf. Sir 45,1–5). Die Eröffnung des Väterhymnus weist jedoch darauf hin, dass auch Seher aller Dinge in ihrem Prophetenamt dargestellt werden sollen[44] (Sir 44,3d). Dass Mose in der biblischen Tradition als

---

[38] Cf. B.L. MACK, *Wisdom and the Hebrew Epic*, 33 (Josua, Kaleb und die Richter als «figures of transition who take the people into the land»); cf. auch 39–40.206.

[39] Übersetzung nach G. SAUER, *Jesus Sirach*, 621.

[40] Übersetzung nach R. SMEND, *Die Weisheit des Jesus Sirach. Hebräisch und Deutsch*, 83.

[41] Im Väterhymnus findet sich die Formulierung עשה חסד noch im Zusammenhang mit König Josia (Sir 49,3), der sein Herz ganz auf Gott richtete und Treue in den Zeiten des Unrechts bewies; cf. B.L. MACK, *Wisdom and the Hebrew Epic*, 21.

[42] Ein in der biblischen Tradition gängiger Begriff für Josua im Verhältnis zu Mose; cf. Ex 24,13; 33,11; Num 11,28; Jos 1,1 (auch Elischa dient dem Elija in 1 Kön 19,21).

[43] Cf. dazu "successor" in AM 1,7; 10,15, das in der Bedeutung mit διάδοχος von Sir 46,1b korreliert.

[44] Die hebräischen Termini נבואה oder נביא finden sich weiterhin für Mose in

Prophet verstanden wird, scheint dabei unausgesprochen im Hintergrund zu stehen.[45] Josua ist nun Diener in oder an dessen Prophetentum, wobei die LXX durch die Übersetzung von משרת mit διάδοχος den Nachfolgegedanken in den Vordergrund rückt.[46] Berechtigter Weise können Zweifel angebracht werden, ob es tatsächlich um eine Mose-Josua-Sukzession geht, weil in Sir 45,23 bei der Amtsübernahme von Pinhas zum Ausdruck kommt, dass er als Dritter in der Reihenfolge Mose-Aaron-Pinhas sein Amt bekommt.[47] Bekanntermassen hat der Sirazide an priesterlichen Sachverhalten ein grosses Interesse, was allein daran erkennbar ist, dass das Lob des Aaron (Sir 45,6–22) das des Mose (Sir 45,1–5) an Umfang und Intensität bei weitem übertrifft,[48] und zwar Mose die "Tora des Lebens und der Einsicht" in die Hand gelegt bekommt (Sir 45,5), Aaron jedoch über Gesetz und Recht bestimmt und das Volk entsprechend lehrt (Sir 45,17). Insofern ist Josua nicht unbedingt als direkter Nachfolger in allen Belangen im Väterhymnus gezeichnet,[49] wenngleich durch ihn und Kaleb die Geschichte Gottes mit seinem Volk in der Landnahme eine Fortsetzung findet. Daher kann nur unter einer ganz bestimmten Perspektive von einem Nachfolgeprinzip in der Mose-Josua-Relation die Rede sein, da eigentlich nur die Kontinuität der Heilsgeschichte garantiert werden soll.[50]

Von Josua wird nun im Hinblick auf seine Beziehung zu Mose lediglich ausgesagt, dass er dessen Diener im Prophetenamt war.[51] Ist damit wirklich auch schon zum Ausdruck gebracht, dass Josua selbst als Prophet verstanden werden muss, zumal er in der Darstellung des Siraziden keine prophetischen Züge trägt (Sir 46,1–8)? Vielmehr ist er der gegen die Feinde erfolgreiche Krieger und zusammen mit Kaleb der, der einen positiven Einfluss auf die Volksgemeinde hat

---

Sir 46,1 für Samuel in 46,13, für Elija in 48,1, für Jesaja in 48,22, für Jeremia in 49,7 und für die zwölf Propheten in 49,10.

[45] Zum Prophetentum des Mose cf. Dtn 18,15–22; 34,10; Hos 12,14; Weish 11,1.

[46] Nur an dieser einen Stelle übersetzt die LXX משרת mit διάδοχος; in Ex 24,13 und Num 11,28 findet sich die Übersetzung ὁ παρεστηκώς, in Ex 33,11 liest man ὁ δὲ θεράπων und in Jos 1,1 τῷ ὑπουργῷ; in Sir 48,8 findet sich ein zweites Mal das Wort διάδοχος (im Pl.), das aber auf das hebräische תחליף zurückgeht.

[47] Cf. H. STADELMANN, Ben Sira als Schriftgelehrter, 189.

[48] Cf. M. HENGEL, «"Schriftauslegung" und "Schriftwerdung" in der Zeit des Zweiten Tempels», 41.

[49] Cf. B.L. MACK, Wisdom and the Hebrew Epic, 126.

[50] Cf. M. HENGEL, Judentum und Hellenismus, 249.

[51] Cf. die Präposition ב in Sir 46,1b.

und ins Land einzieht. Einer, der der Diener eines anderen in dessen Prophetenamt ist,[52] muss noch lange nicht selbst als Prophet betrachtet werden.[53] Daher erledigt sich die Überlegung, dass Josua deswegen zum Propheten avanciert, weil das Buch Josua im jüdischen Kanon zu den "Vorderen Propheten" gezählt wird.[54] Desweiteren ist auch kein Rekurs auf Dtn 18,15.18 notwendig, um aus Josua einen Propheten zu machen.[55] Mose spricht in dieser Stelle davon, dass Jahwe einen Propheten aus der Mitte des Volkes erstehen lassen wird, der ihm ähnlich sein wird. Dieser Prophet soll nun Josua sein, weil er entsprechend der LXX-Übersetzung von Sir 46,1b der Nachfolger des Mose ist. Sowohl die Zweideutigkeit der hebräischen Textfassung, als auch die oben angestellten Überlegungen zur Mose-Aaron-Pinhas-Trias erschweren es, die Mose-Josua-Beziehung als geradliniges Nachfolgeverhältnis zu beurteilen. Auch wenn in 1Kön 19,21 Elischa dem Elija dient (שרת) und als Prophet dessen Nachfolger wird, so kann dieses Dienstverhältnis aufgrund von Analogieschlüssen weder ein prophetisches Nachfolgeverhältnis zwischen Mose und Josua begründen, noch aus Josua einen Propheten machen.[56]

Insgesamt ergibt sich für Josua lediglich eine besondere Nähe zu Mose,[57] dessen Diener er bezüglich seines Prophetenamtes war (Sir 46,1b), und in dessen Tagen er Treue bewies (Sir 46,7a). Nur damit die Kontinuität der Heilsgeschichte in der Landnahme gewahrt bleibt, treten die beiden Figuren Josua und Kaleb im Väterhymnus auf.[58] Josua selbst wird als dem Herrn ergeben, als dessen Werkzeug dargestellt,

---

[52] Grammatikalisch gibt es für Sir 46,1b zwei Übersetzungsmöglichkeiten: a) Diener des Mose im Prophetenamt; b) Diener des Mose, der im Prophetenamt war; die Variante a) bezieht das Prophetenamt auf Mose und in der Teilhabe daran auch auf Josua, die Variante b) spricht das Prophetenamt allein Mose zu.

[53] In der LXX-Fassung scheint es allerdings klar, dass Josua der Nachfolger Moses im Prophetenamt ist; cf. Sir 46,1b: καὶ διάδοχος Μωυσῆ ἐν προφητείαις.

[54] Cf. H. STADELMANN, *Ben Sira als Schriftgelehrter*, 190f.

[55] Im übrigen würde Josua der Charakterisierung dieses nach Mose erstehenden Propheten in Dtn 18,15–22 nicht Genüge leisten.

[56] Anders H. STADELMANN, *Ben Sira als Schriftgelehrter*, 191f.; T.R. LEE, *Studies in the Form of Sirach 44–50*, 78–79.226.

[57] Zum Vergleich zwischen Sir 46,1 und dem Mose-Josua-Nachfolgeverhältnis in der AM cf. D.L. TIEDE, «The Figure of Moses in the Testament of Moses», 92.

[58] Eine Parallele zum Väterhymnus in Ben Sira ist das Testament des Mattatias (1Makk 2,49–70), das unter der Prämisse, sich für das Gesetz einzusetzen, die Taten der Väter stichwortartig auflistet (Abraham, Josef, Pinhas, Josua, Kaleb, David, Elija, Hananja-Asarja-Mischael, Daniel); Josua wird als der dargestellt, der das Wort (λόγος) erfüllt und zum Richter in Israel wird (1Makk 2,55).

wobei er in erster Linie als Kriegsheld angesichts der Übermacht der Feinde gezeichnet wird,[59] an denen er Rache zu nehmen hat.

6.2.5 *Die Josuafigur in Qumrantexten*

Da im biblischen Kontext Josua eigentlich keine priesterliche Gestalt ist und die Leute von Qumran sich sehr an kultisch-priesterlichen Sachverhalten orientiert hatten, müsste man erwarten, dass die Josuafigur dort keine zentrale Rolle spielt. Allerdings ist gleichermassen ins Kalkül zu ziehen, dass nicht alle Textfunde von Qumran im strengen Sinn mit der Qumrangemeinde in Verbindung gebracht werden können, da es auch Texte mit vor-qumranischer oder nicht-qumranischer Autorschaft gibt, die in Qumran überliefert und benutzt worden sind.

Eine Durchsicht der biblischen Pentateuchtexte bezüglich des Verhältnises zwischen Mose und Josua, die in Qumran gefunden wurden,[60] ergibt den Tatbestand, dass aus den vorhandenen Fragmenten keine Veränderungen gegenüber MT ausfindig gemacht werden können. Einzig in einem Fragment aus 4QReworked Pentateuch[b] (= 4Q364) findet sich eine kleine Veränderung; diese Art von Text aus Qumran interpretiert aber bereits Pentateuchabschnitte und will sie nicht wortgetreu wiedergeben.[61] Ex 24,13 liest sich in Frag. 14 folgendermassen:[62] [ויקום מושה ויהושע] משרתו[ ]לעלות אל[הר] האלוהים. Die Wortfolge ויעל משה des MT wird also durch den Infinitiv לעלות ersetzt und dadurch ergibt sich die Möglichkeit, den Vers im gleichen Sinnzusammenhang zu lesen wie in der LXX: beide, Mose und Josua, besteigen den Berg zum Offenbarungsempfang. Dieser Unterschied

---

[59] Die LXX betont im Gegensatz zur hebräischen Fassung in augenfälliger Weise die kriegerischen Fähigkeiten Josuas und verstärkt dadurch das Bild eines gegen die Feinde erfolgreichen Heerführers, der im Vergleich zu anderen vorzüglichere Qualitäten besitzt (cf. auch in Sir 46,3a die Wiedergabe von מי הוא לפניו יתיצב mit τίς πρότερος αὐτοῦ οὕτως ἔστη).

[60] Zu Ex 17,8–16 finden sich Fragmente in 4Q11 (cf. *DJD*, IX, 39), 4Q14 (cf. *DJD*, XII, 120), 4Q22 (cf. *DJD*, IX, 92f.), zu Ex 32,17 in 4Q22 (cf. *DJD*, IX, 124f.), zu Num 32,12.28 in 4Q23 (cf. *DJD*, XII, 172f.), zu Dtn 1,38 in 4Q35 (cf. *DJD*, XIV, 64), zu Dtn 3,21 in 4Q40 (cf. *DJD*, XIV, 114), zu Dtn 31,3 in 1Q5 (cf. *DJD*, I, 59), zu Dtn 31,7 in 1Q5 (cf. *DJD*, I, 60), und zu Dtn 31,14 in 4Q29 (cf. *DJD*, XIV, 12); cf. U. GLESSMER, «Liste der biblischen Texte aus Qumran», 153–192.162–170; F. GARCÍA MARTÍNEZ, «Les manuscrits du désert de Juda et le Deutéronome», 80–82.

[61] Cf. F. GARCÍA MARTÍNEZ, «Biblical Borderlines», 127–130; cf. dazu auch den recht aufschlussreichen Artikel von E. TOV, «Rewritten Bible Compositions», 334–354.

[62] Cf. *DJD*, XIII, 221f.

zum MT in einem derartigen Text kann aber in keiner Weise genügen, um ein eigenes Josuabild der Qumrantexte zu konstruieren. Um in dieser Sache ein klareres Bild zu bekommen, sind zudem die ausserbiblischen Texte heranzuziehen, in denen die Josuafigur vorkommt.

In CD V,2–5 taucht sie in einem Atemzug mit dem Priester Eleazar auf;[63] dort geht es um eine zeitliche Bestimmung, die die Josuafigur in ein bestimmtes Licht rückt: in Israel wäre die Lade nicht geöffnet worden (in der das versiegelte Buch des Gesetzes gewesen wäre) seit dem Tod des Eleazar, des Josua und der Ältesten;[64] dieses Buch wäre nun—wie auch immer—verborgen geblieben bis zum Auftreten Zadoks.[65] Das würde bedeuten, dass ab Josuas Tod die Tora nicht öffentlich zugänglich war, und damit nicht eingesehen werden konnte. Das lässt unweigerlich an AM 1,16–18 denken; dort wird Josua der Befehl gegeben, Schriften bis zur Vollendung der Tage an einem unbestimmten Ort unzugänglich aufzubewahren (wahrscheinlich die Tora und die Geschichtsschau der AM). Josua wird in AM 1,16–18 auf diese Weise zum Geheimnisträger, in CD V,3–4 aber scheint mit Josuas Tod die Kenntnis der Tora unmöglich geworden zu sein. Aus der Leserperspektive der AM offenbart Josua am Ende der Tage das rechte Verständnis der Tora mithilfe der von Mose gegebenen Geschichtsdarstellung. Um also die Tora neu verständlich zu machen, braucht es erneut die Josuafigur (narrativer Duktus der AM), da sie seit deren Tod unzugänglich ist (CD V,2–5). Insofern wirft diese Stelle aus der Damaskusschrift ein neues Licht auf das Verständnis von AM 1,16–18. Weiterhin lässt sich an eine Gegenüberstellung des "neuen Josua" der AM und des Hohenpriesters Zadok von CD V,5 denken, da beide damit zu tun haben, dass die Tora in neuem Verstehenshorizont zugänglich gemacht wurde. Dass Josua in der AM mit priesterlichem Kolorit gezeichnet

---

[63] Cf. E. Lohse, *Die Texte aus Qumran*, 74f.; J.M. Baumgarten – D.R. Schwartz, «Damascus Document», 20f.

[64] Der Josuaname findet sich im Original zweimal hintereinander; es handelt sich offensichtlich um eine Dittographie; cf. E. Lohse, *Die Texte aus Qumran*, 74; J. Maier, *Die Qumran-Essener*, I, 14/Anm. 28; J.M. Baumgarten – D.R. Schwartz, «Damascus Document», 21/Anm. 42. Geht man allerdings davon aus, dass hier keine Dittographie vorliegt, dann kann man noch andere Sinnzusammenhänge konstruieren; cf. die Übersetzung von F. García Martínez, *The Dead Sea Scrolls*, 36.

[65] Eigentlich steht David im Zentrum von CD V,2–5, denn er wird entschuldigt (wegen seiner vielen Frauen, die er trotz der gesetzlichen Vorschrift von Dtn 17,17 hatte), weil er gar nicht die Tora mit ihren Bestimmungen hatte einsehen können; cf. dazu J.C. VanderKam, «Zadok and the SPR HTWRW HHTWM in Dam Doc. V,2–5», 561–570.

wird (cf. z.B. die Verbindung Josuas mit dem Offenbarungszelt und
dessen Zuordnung zu einer betont strengen Gesetzesobservanz), würde
zu dieser Deutung durchaus passen.

Weiterhin handelt 1Q22[66] (Kol. I,12) von der Josuagestalt,[67] die
kommunikationstechnisch mit der des Mose in Verbindung gebracht
wird. Eröffnet wird dieses Fragment mit einer Gottesrede an Mose
(I,2–11), die wie das Deuteronomium kurz vor dem Einzug ins gelobte
Land situiert ist und die Beachtung der Tora propagiert, sowie vom
künftigen Verhalten des Volkes nach der Landnahme handelt. Es
würde zu fremden Göttern abfallen und hätte dann auch die angedrohten Konsequenzen zu tragen. Schliesslich richtet Mose an Eleasar
und Josua eine Rede (I,12–II,5) und betont die Wichtigkeit, die
Toravorschriften einzuhalten und sich nach der Landnahme vor
Überhebung zu hüten. Im weiteren wendet sich Mose in zweimaligem Redeansatz an die Söhne Israels (II,5 und 11),[68] wobei er jeweils
mit Nachdruck auf die von Gott geoffenbarten Gebote verweist (II,6–7
und 11). Insgesamt wird in 1Q22 die Rolle Josuas deutlich, die von
Mose geoffenbarte Tora dem Volk einzuschärfen und es davor zu
warnen, die Gebote Jahwes zu vergessen.

Desweiteren ist man auf die beiden Texte der Josuapsalmen aus
Höhle 4 verwiesen (4QPsalms of Joshua[a] = 4Q378; 4QPsalms of
Joshua[b] = 4Q379),[69] die aber nur recht fragmentarisch erhalten sind;
zudem ist es nicht klar, in welcher Reihenfolge und Textanordnung
die einzelnen Fragmente zu lesen sind.[70] Inhaltlich finden sich nicht-
biblische Reden, Gebete und Hymnen, die mit der Josuagestalt verbunden sind,[71] wobei sich der biblische Rahmen für diese Texte vom
Ende des Buches Deuteronomium zumindest bis ins 6. Kapitel des
Josuabuches erstreckt. Eine Klassifizierung des dahinterstehenden voll-

---

[66] Cf. *DJD*, I, 91–97; F. García Martínez – E.J.C. Tigchelaar, *The Dead Sea
Scrolls. Study Edition*, I, 58–62.

[67] Allerdings ist der Josuaname in einer Lücke zum Teil ergänzt: ויקרא מושה
לאלעזר בן [אהרון] ולישו[ע בן נון ויאמר אלי]הם; cf. *DJD*, I, 92.

[68] In 1Q22 IV,3 könnte sogar noch ein dritter Redeansatz vorliegen; da es sich
aber um Ergänzungen in einer Lücke handelt, kann man sich dessen nicht absolut
sicher sein.

[69] Cf. C. Newsom, «The "Psalms of Joshua" from Qumran Cave 4», 56–73; Id.,
«4Q378 and 4Q379: An Apocryphon of Joshua», 35–85; *DJD*, XXII, 237–288;
F. García Martínez – E.J.C. Tigchelaar, *The Dead Sea Scrolls. Study Edition*, II,
744–753.

[70] Cf. C. Newsom, «The "Psalms of Joshua" from Qumran Cave 4», 61.

[71] Cf. E. Tov, «The Rewritten Book of Joshua», 234.

ständigen Werkes als Josua-Apocryphon, das im Sinn eines Rewritten-
Bible-Phänomens das kanonische Buch Josua neu akzentuieren möchte,
scheint durchaus erwägenswert, wenngleich der erzählerische Beginn
mit Sicherheit schon im letzten Deuteronomiumkapitel ansetzt.[72] So
finden sich in 4Q378, Frag. 14, Bezüge zur Trauer der Israeliten
nach dem Tod des Mose (Dtn 34,8); in 4Q378, Frag. 3, Kol. II,
klingt mit Blick auf Jos 1,6–9 die Nachfolge des Mose durch Josua
an;[73] 4Q379, Frag. 12, greift Jos 3,13.16 auf und 4Q379, Frag. 22,
Kol. II, stellt Jos 6,26 deutend in den Mittelpunkt. Es geht in diesen Texten nicht so sehr um eine biblische Nacherzählung, sondern
um eine freie Komposition auf dem Hintergrund einer Sprache, die
den biblischen Stil imitiert.[74] Diesbezüglich scheinen die Texte eher
mit der LXX zusammenzugehen als mit dem MT.[75] Da für sie eine
vor-qumranische Abfassungszeit wahrscheinlich ist,[76] lässt sich durch
sie nicht das Josuabild der Qumran-Gemeinde fassen. Dennoch ist
kurz anzuführen, wie Josua in 4Q378 und 379 gesehen wird oder
wie er mit der ihm anvertrauten Aufgabe umgeht, die Israeliten ins
Land führen zu müssen. Wahrscheinlich ist in 4Q378, Frag. 3, Kol.
II, Josua der Sprecher, der eine Rede an die Israeliten kurz vor dem
Einzug ins gelobte Land hält; dabei nimmt er Bezug auf die Worte,
die Mose zu ihm gesprochen hatte bei der Amtseinsetzung zu seinem Nachfolger.[77] Deutlich wird die unbedingte Orientierung an
dem, was Mose aufgetragen hatte (Zeile 5: ושמענו למושה) und die
Ermutigung des Volkes genau mit den Worten, die Mose bzw. Gott
selbst benutzt hatte, um Josua Mut für seine künftige Aufgabe zuzusprechen (cf. Dtn 31,7–8; Jos 1,6–9). Expressis verbis wird Josua in
4Q378, Frag. 22, Kol. I, erwähnt, und zwar zusammen mit Mose
in der dritten Person (Zeile 2 und 3); dass Josua der Diener Moses
ist (Zeile 2: משרת עבדך משה), hat seinen Anhalt in der biblischen
Tradition (Ex 24,13; 33,11; Num 11,28, Jos 1,1). Höchstwahrscheinlich
handelt es sich hier um ein Gebet, weil Gott in Zeile 1 angesprochen

---

[72] Cf. C. Newsom, «4Q378 and 4Q379: An Apocryphon of Joshua», 35f.; *DJD*,
XXII, 237f.

[73] Ob bei der Rezeption auch Dtn 31,7f. im Hintergrund steht, scheint unsicher
zu sein, da sowohl Jos 1,6–9 als auch Dtn 31,7f. teilweise gleiches Vokabular aufweist; cf. unter 3.4. dazu die Ausführungen, 114.

[74] Cf. C. Newsom, «The "Psalms of Joshua" from Qumran Cave 4», 73; Id.,
«4Q378 and 4Q379: An Apocryphon of Joshua», 36.

[75] Cf. F. García Martínez, «Estudios Qumránicos», 111; *DJD*, XXII, 238.

[76] Cf. C. Newsom, «The "Psalms of Joshua" from Qumran Cave 4», 59f.

[77] Cf. C. Newsom, «The "Psalms of Joshua" from Qumran Cave 4», 62f.

bzw. angerufen wird.[78] Aus der zweimaligen Erwähnung des Josuanamens in diesem Fragment lässt sich aber kaum mehr folgern als
dass Josua der Diener des Mose gewesen ist, weil die Sinnzusammenhänge zu bruchstückhaft sind, um nähere Verhältnisbestimmungen
vorzunehmen.

4Q379, Frag. 22, Kol. II, aktualisiert schliesslich die Stelle Jos
6,26f., also den Fluch Josuas über den, der Jericho wieder aufbaut;[79]
der Akzent liegt in diesem Text nicht auf einer Darstellung der
Josuafigur, sondern auf der Applikation des Fluches auf neue
Zeitumstände. Es ist möglich, dass dieses Textfragment eine Sequenz
von Lobgesängen abschloss, weil zum einen davon die Rede ist, dass
Josua aufhörte zu lobsingen und Dank zu bekennen, bevor er den
Fluch ausstösst (Zeile 7), zum anderen die Zeile 5 aus den Psalmen
als Abschlussformel bekannt ist (ברוך יהוה אלהי ישראל).[80] Nachweislich
hängen 4QTestimonia (= 4Q175),[81] Zeile 21–30, und 4Q379, Frag.
22, Kol. II, literarisch derart zusammen, dass der Josuapsalm als
Grundlage gedient haben muss.[82] Im Prinzip geht es weitgehend um
wörtliche Übereinstimmungen, so dass sich ihnhaltlich mit 4Q175
keine neuen Perspektiven ergeben.

Der Vollständigkeit halber sei noch auf das Vorkommen des
Josuanamens in 5Q9 hingewiesen,[83] das aber aufgrund des fragmentarischen Charakters der Texte kaum in einen sinnvollen Zusammenhang gestellt werden kann. Scheinbar geht es in den kleinen Fragmenten
von 5Q9 um bestimmte Ortsangaben, deren Kontext aber unbe-
stimmt bleibt. Jedenfalls liest man in Frag. 1, Zeile 1, die folgenden
Buchstaben[84]]והיה ישוע[, die offenbar den Josuanamen wiedergeben.

Insgesamt lässt sich aufgrund der Nennung der Josuafigur in den
Qumrantexten kein eigenkonturiertes Bild dieser Gestalt ausfindig
machen, das im Vergleich zu MT das Verhältnis zu Mose neu oder

---

[78] Cf. das Suffix der ersten Person in Zeile 1 (אלהי).

[79] Cf. H. Eshel, «The Historical Background of the Pesher Interpreting Joshua's
Curse», 409–420.

[80] Cf. C. Newsom, «The "Psalms of Joshua" from Qumran Cave 4», 69.

[81] Cf. DJD, V, 57–60; F. García Martínez – E.J.C. Tigchelaar, The Dead Sea
Scrolls. Study Edition, I, 354–357.

[82] Cf. C. Newsom, «The "Psalms of Joshua" from Qumran Cave 4», 56; T.H.
Lim, «The "Psalms of Joshua"», 309–312.

[83] Da es durchaus umstritten ist, ob der Josuaname auch in 4Q522 Frag. 9, Kol.
II, Zeile 13–14, erwähnt wird, soll auf diesen Sachverhalt in diesem Zusammenhang
nicht eingegangen werden; cf. E. Tov, «The Rewritten Book of Joshua», 237–241.

[84] Cf. DJD, III, 179; F. García Martínez – E.J.C. Tigchelaar, The Dead Sea
Scrolls. Study Edition, II, 1132f.

anders bestimmen würde. Im Hinblick auf 1Q22 ergeben sich dennoch interessante Parallelen zur AM, was die Offenbarungssituation in Bezug auf das Mose-Josua-Verhältnis anbelangt.

6.2.6 Das Verhältnis Mose-Josua bei Philo

Am ergiebigsten und ausführlichsten ist die Beziehung zwischen Mose und Josua in der Schrift Philos *De virtutibus* beschrieben, wo es um die Frage der Mosenachfolge in der Leitung des Volkes geht (Virt 51–75). Bevor sich aber mit dieser Schrift näher beschäftigt werden soll, ist ein Blick auf die anderen Stellen zu werfen, in denen von Josua die Rede ist.

In der Schrift *De mutatione nominum* handelt Philo von der Namensänderung Josuas durch Mose (Mut 121–123): es wird eine ethymologische Deutung des früheren Namens gegeben (Ὠσηὲ), deren Ableitung im Dunkel bleibt, sowie darauf verwiesen, dass der neue Name Josua (Ἰησοῦς) soviel wie "Heil des Herrn" (σωτηρία κυρίου) bedeutet. Dieser neue Name korreliert mit einer neuen Seinsweise des Trägers, die als die bessere und edlere angesehen wird (ἕξεως ὄνομα τῆς ἀρίστης). Weiterhin nimmt Philo in seiner Schrift *De ebrietate* auf Josua Bezug, wenn er nahezu im Wortlaut Ex 32,17–19a(LXX) zitiert und anschliessend allegorisch auslegt (Ebr 96ff.). Allerdings spielt die Josuafigur in der Interpretation der Stelle keine Rolle, so dass nur im Zitat davon die Rede ist, dass sie nach dem Abstieg des Mose vom Berg das Geschrei des Volkes im Lager vernimmt. Schliesslich nimmt Philo in *De vita Mosis* die Erzählung vom Krieg gegen Amalek in Ex 17,8–16 auf (VitMos I, 216–218). Dort ist nur ganz lapidar davon die Rede, dass Mose aufgrund der bevorstehenden Kriegsgefahr die kriegsfähigen Männer musterte und als Feldherrn einen seiner Unterbefehlshaber, eben Josua, auswählte (καὶ στρατηγὸν ἑλόμενος ἕνα τῶν ὑπάρχων Ἰησοῦν). Die Bezeichnung Josuas als Unterbefehlshaber (ὕπαρχος) findet sich auch in *De virtutibus* (Virt 55); dort geht es unter dem Untertitel περὶ φιλανθρωπίας um die Regelung der Nachfolge des Mose. Der thematische Grundtenor ist davon geprägt, dass die Menschenliebe des prophetischen Gesetzgebers (Virt 51: ὁ προφήτης τῶν νόμων) unter anderem darin zum Ausdruck kommt, dass er bezüglich der Nachfolgeregelung nicht die eigenen Kinder als Erben bevorzugt und die Bestimmung Josuas von einer göttlichen Willensentscheidung abhängig macht. Das Verhältnis zwischen Mose und Josua wird als eine Freundschaft seit frühester Jugendzeit beschrieben. Als φίλος [. . .] ἐκ

πρώτης ἡλικίας wird Josua eingeführt[85] (Virt 55), als einer, der mit
Mose zusammengewohnt hatte und deshalb mit ihm in ständigem
Umgang stand (Virt 55: ὁμωρόφιος καὶ ὁμοδίαιτος), wenngleich im
Fall göttlicher Offenbarungen betont wird, dass diese Mose ohne seinen Freund zu empfangen hatte. Über dessen Tätigkeit wird ausgesagt, er hätte verschiedene Dienstleistungen für das Volk versehen
und wäre als Unterbefehlshaber dem Mose in der Verwaltung zur
Seite gestanden.[86] Da Josua als "Intimus" des Mose gezeichnet wird,
scheint er für die Nachfolge geradezu prädestiniert zu sein. Mose
aber misstraut den eigenen Sympathien und Verstandesurteilen, er
ruft Gott selbst als Schiedsrichter in dieser Sache an, da dieser allein
ins Herz zu schauen vermag (Virt 56ff.); zudem scheint für eine derartig wichtige Aufgabe allein eine göttliche Erwählung adäquat zu
sein. So wird also Josua zum Führer aufgrund göttlichen Entscheids
(Virt 66: Ἰησοῦς ἄρχων ἐδοκιμάσθη κριτηρίοις θείοις), obwohl er allein
schon als beständiger Schüler und Nachahmer des Mose qualifiziert
genug gewesen wäre (Virt 66: ὁ φοιτητὴς αὐτοῦ καὶ μιμητής). Diesbezüglich führt Mose ins Feld, dass auch er aufgrund göttlicher Erwählung
dieses Amt angetreten hat, selbst wenn er versucht hatte, sich anfangs
dagegen zu wehren (Virt 63). Wenn nun aber Gott den Josua aus-
erwählt, so wird nur bestätigt, dass er ein in jeder Hinsicht tüchtiger Leiter sein wird (Virt 67). Mose führt seinen Nachfolger vor das
Volk und bekräftigt: ὁ δὲ τῆς ὑμετέρας ἐπιτροπῆς διάδοχος οὗτός ἐστιν
αἱρεθεὶς ὑπό θεοῦ (Virt 68). Schliesslich ermutigt er Josua für die
bevorstehende Leitungsaufgabe: er solle mutig und stark in seinen
Entschlüssen sein (Virt 69: ἀνδραγαθίζεσθαι παραινεῖ καὶ σφόδρα
ἰσχύειν ἐν ταῖς εὐβουλίαις). Diese Ermutigung geschah in göttlichem
Auftrag und hatte den Zweck, Josua für die Leitung des Volkes stark
zu machen, damit er nicht vor der Last des Amtes zurückschrecke
(Virt 70). Schliesslich wird noch die Vorbildfunktion Josuas für die
künftigen Führer des Volkes betont, denn er solle Richtschnur und
Norm für dieselben werden, die letztlich aber Mose als urbildliches
Muster im Blick behalten sollen.[87]

Insgesamt ergibt sich also bei Philo zwischen Mose und Josua ein
enges Freundschaftsverhältnis, das in langjährigem und beständigem

---

[85] Cf. auch Virt 60: φίλος ἄμεμπτος.

[86] Virt 55 im Wortlaut: ὑπηρέτει μέντοι καὶ τὰς ἄλλας ὑπηρεσίας ἀεὶ διαφερόντως
τῷ πλήθει, μόνον οὐχ ὕπαρχος ὤν καὶ τὰ τῆς ἡγεμονίας συνδιοικῶν.

[87] Virt 70 im Wortlaut: ἵνα τοῖς ἔπειτα γένηται κανὼν καὶ νόμος ἅπασιν ἡγεμόσι
πρὸς ἀρχέτυπον παράδειγμα Μωυσῆν ἀποβλέπουσι.

Umgang miteinander zum Ausdruck kam, der Nachfolger wird in
jedem Fall als ein für seine zukünftige Aufgabe geeigneter und fähi-
ger Mann betrachtet, wenngleich die göttliche Erwählung für seine
Bestimmung den Ausschlag gegeben hat.

6.2.7 Das Verhältnis Mose-Josua bei Josephus

Josephus erzählt in seinen *Antiquitates*, von bestimmten Intentionen
geleitet, die biblische Geschichte als historische Abfolge von Ereignissen
für vorwiegend heidnische Leser nach, und setzt aus diesem Grund
eigenkonturierte Akzente, die apologetische oder propagandistische
Ausrichtungen durchscheinen lassen.[88] Wenn man nun die Beziehung
zwischen Mose und seinem Nachfolger Josua erheben möchte, ist
man in erster Linie auf dieses Werk Josephus' verwiesen,[89] wenngleich Josua auch einmal in *Bellum Iudaicum* als der aufscheint, der
die Stadt Jericho als erste der Städte Kanaans militärisch erobert
hat (Bell IV,459). Dort wird er als der Feldherr der Hebräer bezeichnet (στρατηγός), wobei ihn dieser Titel auch in den *Antiquitates* ständig begleitet, vor allem dort, wo er nicht im Kontext seiner mit ihm
in Verbindung gebrachten Ereignisse steht, sondern man sich auf
ihn nur beiläufig bezieht (Ant VI,84; VII,68.294; IX,207.280; XI,112).[90]
Was die Charakterisierung Josuas bei Josephus anbelangt, so ist
man auf seine Vorstellung in den *Antiquitates*[91] beim ersten Auftritt
vor der Schlacht gegen Amalek (III,49) und auf eine Art Lobeshymne
nach seinem Tod verwiesen (V,118). Auf Anweisung des Mose werden Josua alle streitbaren Männer unterstellt, da er als tapferer und
tüchtiger (ἀνδρεῖος/γενναῖος) Führer gilt, der keine Mühen scheut, im
Reden und Denken versiert ist (ἵκανος), sich durch entsprechende
Frömmigkeit auszeichnet (ἐκπρεπῶς) und bei den Hebräern in grossem
Ansehen stand (τιμάω im Pass.). Der Nachruf auf den verstorbenen
Feldherrn betont dessen intellektuelle Einsicht (σύνεσις) und Fähigkeit,
sich klar und unmissverständlich zu äussern, er bringt zum Ausdruck,
dass er sich in Gefahren als entschlossen und mutig (εὔψυχος/μεγαλότολ-
μος), in Friedenszeiten aber als geschickter (δέξιος) Verwalter erweist,

---

[88] Cf. L.H. FELDMAN, «Josephus' Portrait of Joshua», 376.

[89] Zur Josuagestalt bei Josephus cf. auch L.H. FELDMAN, *Josephus' Interpretation of the Bible*, 443–460.

[90] Dieser Titel findet sich auf Josua im entsprechenden Erzählzusammenhang angewandt noch in Ant III,59 und IV,165.324.

[91] Die folgenden Angaben beziehen sich immer auf die *Antiquitates*.

und jederzeit über die geziemende Tüchtigkeit verfügt (ἀρετή). Im Zusammenhang mit diesen beiden Charakteristiken ist jeweils das Verhältnis Mose-Josua als ein Lehrer-Schüler-Verhältnis gefasst, denn einerseits ist der Meister (διδάσκαλος) für die Unterweisung in Angelegenheiten der Frömmigkeit (εὐσεβεία) zuständig, und andererseits konnte der Schüler in Entsprechung zur Lehre des Meisters (διδασκαλία) durchaus Brauchbares und Nützliches erlernen, weil er vierzig Jahre mit ihm Umgang gehabt hat.

Um die Beziehung zwischen Mose und Josua besser fassen zu können, sind die Vorgänge bei der Schlacht gegen Amalek näher darzustellen. Zunächst gibt Mose dem Josua genaue Anweisung (ἀναδιδάσκω; III,50), wie er das Heer aufzustellen hat; desweiteren ermahnt (παρακαλέω; III,51) er ihn, die auf ihn gesetzten Hoffnungen zu erfüllen und sich Ruhm (δόξα) bei der Heerführung zu erwerben. Schliesslich vertraut er nach seiner aufmunternden Rede und vor seinem Aufstieg auf den Berg das Heer Gott und Josua an (παραδίδωμι). Am Ende der siegreichen Schlacht belobigt (ἐγκωμιάζω) Mose seinen Feldherrn vor dem gesamten Heer und stellt damit heraus, dass er sich wirklich durch sein Geschick δόξα erwerben konnte. Josua erweist sich in dieser Szene in jeder Hinsicht als weisungsabhängig von Mose, der ihn belehrt, ermahnt und ihn nach getaner Arbeit vor den anderen rühmt. Er ist praktisch das untergeordnete Exekutivorgan des Meisters, der selbst alle Fäden in der Hand hat. Während Josua in MT allein für die Auswahl der Krieger und die Aufstellung der Schlachtordnung verantwortlich ist, betont Josephus im Gegensatz dazu die dominierend-dirigistische Rolle des Mose.

Was die Darstellung der Kundschaftertätigkeit Josuas und Kalebs im zu erobernden Land anbelangt, und deren darauf an das Volk gerichtete Ermutigung (III,308–310), so lässt sich fast so etwas wie eine Arbeitsteilung zwischen diesen beiden auf der einen Seite, bzw. Mose und Aaron auf der anderen Seite konstatieren. Josua und Kaleb rufen im Vertrauen auf Gottes Hilfe das Volk dazu auf, den Feind anzugreifen und ihnen zu folgen, während sich Mose und Aaron auf die Erde niederwerfen, um Gott anzuflehen.[92] Das erinnert doch stark an die Amalek-Geschichte, denn auch dort beten Mose und Aaron (mit ihnen Hur), während Josua sich als Feldherr verdient macht und den Sieg über die Feinde erreicht.

---

[92] In MT fallen Mose und Aaron vor der ganzen Gemeindeversammlung auf ihr Angesicht nieder (cf. Num 14,5).

Für das Mose-Josua-Verhältnis von entscheidender Bedeutung ist die Einsetzung zum Nachfolger (διάδοχος), die nahezu zusammenhangslos in Ant IV,165 eingeschoben ist. Dort ist davon die Rede, dass Mose aufgrund seines vorgerückten Alters Josua zu seinem Nachfolger bestimmt (καθίστημι), und zwar sowohl im Prophetenamt (προφητεία), als auch bezüglich der Heerführung (στρατηγός). Aufgrund göttlichen Befehls soll ihm die Leitung (προστασία) aller Aktivitäten übertragen werden, weil er stets in enger Verbindung mit Mose gestanden war. Dieser hatte ihn genauestens unterwiesen bezüglich aller Kenntnisse (ἐκδιδάσκω), die mit dem Gesetz und der Religion zu tun haben. Die enge Verbindung Josuas mit Mose kommt wiederum zum Ausdruck, nur von ihm her ist er als künftiger Führer legitimiert, die Sukzession ist nur deshalb möglich, weil er bei seinem Meister gleichsam in die Schule gegangen war. Interessant ist in diesem Zusammenhang, dass Josua bezüglich der Nachfolge als Prophet bezeichnet wird; an anderer Stelle prophezeit (προεφήτευσε) er sogar in Anwesenheit des Mose, und zwar kurz vor dessen Hinwegnahme (IV,311–314). Aufgrund göttlicher Offenbarung sieht er nach der Landnahme den Abfall in der Gottesverehrung voraus, die darauf erfolgende Strafe in der Zerstörung durch die Feinde, schliesslich aber den von Gott bewirkten Wiederaufbau. Mit Händen greifbar wird in dieser kurzen Geschichtsvorausschau das deuteronomistische Geschichtsbild, das den traditionsgeschichtlichen Hintergrund für die Zukunftsansagen Josuas abgibt. Für Josephus ist der Prophet allerdings mit dem Historiker verwandt; beide haben durch göttliche Inspiration ihr Wissen. Dass der Prophet auch mit Vergangenem beschäftigt ist, zeigt die Tatsache, dass Mose kurz vor seiner Hinwegnahme[93] jedem Stamm Ereignisse prophezeit (IV,320), die bereits der Vergangenheit angehören (γενόμενα).[94]

Überhaupt scheint es notwendig zu sein, die Situation vor der Entrückung des Mose näher zu betrachten,[95] weil dort Josua eine herausragende Rolle spielt. Bevor Mose das letzte Mal zum Volk spricht, ermahnt (παρορμάω) er seinen Nachfolger, gegen die Kanaanäer

---

[93] Zur Hinwegnahme des Mose bei Josephus cf. K. HAACKER – P. SCHÄFER, «Nachbiblische Traditionen zum Tod des Mose», 147–151; J.D. TABOR, «"Returning to the Divinity"», 226ff.

[94] Cf. L.H. FELDMAN, «Josephus' Portrait of Joshua», 357; ID., *Josephus' Interpretation of the Bible*, 447.

[95] Nach Ant IV,326, wird Mose entrückt und stirbt nicht eines natürlichen Todes, wenngleich das so in den "heiligen Büchern" dargestellt ist.

Krieg zu führen, und versichert ihm, Gott würde ihm dabei beistehen (IV,315). Als das irdische Dasein Moses sich dem Ende zuneigt, folgen ihm zwar anfangs alle weinend nach (IV,323), aber nur die Ältesten, der Hohenpriester Eleazar und Josua dürfen ihn auf sein Geheiss hin begleiten (IV,324). Als er schliesslich auf dem Berg seiner Entrückung ankommt (IV,325: ἐπὶ τῷ ὄρει τῷ Ἀραρεῖ), werden zusätzlich die Ältesten entlassen, so dass sich Mose eigentlich nur von Josua und Eleazar, den beiden engsten Vertrauten, verabschiedet (IV,326: ἀσπάζομαι). Die Kombination "Älteste, Hoherpriester Eleazar, Josua" taucht bereits in IV,171.186 auf und lässt sich vermehrt im fünften Buch der *Antiquitates* finden (V,15.42.55.57.80.103), das auf die Josephus' eigene Weise das biblische Josuabuch nacherzählt. Es lässt sich feststellen, dass stets bei wichtigen Angelegenheiten, die das Volk als Gemeinwesen betreffen, dieses Gremium in Aktion tritt;[96] Josua agiert also in politischer Hinsicht nie als autoritativer Souverän, dem sich alle anderen unterzuordnen hätten. In Kriegsangelegenheiten kann er jedoch unabhängig von den anderen Autoritäten manövrieren; das zeigt beispielsweise seine erste Aktivität nach der Hinwegnahme des Mose: er verkündet dem Volk, es solle sich zur kriegerischen Auseinandersetzung rüsten (V,1), und stellt daraufhin die Schlachtordnung auf (V,2). Josua hat als Nachfolger demnach nicht die gleiche Position wie Mose inne, der unangefochten allein seinen Führungsanspruch geltend machen konnte. Wie sehr Josua auch nach der Entrückung des Mose noch an ihn, an die von ihm ausgeführten Taten und die von ihm gegebenen Weisungen gebunden ist, zeigen die markanten Bezugnahmen auf ihn bei der Besetzung und Verteilung des eroberten Landes (V,4.39.40.69.89.90.91.96.98.117). Im Prinzip geht es darum, das von Mose Angesagte auszuführen und sich an die von ihm gegebenen Weisungen zu halten. Letzlich handelt es sich doch um göttliche Offenbarung, die Mose lediglich weitergegeben hat und die über seinen Tod hinaus normierende Funktion behalten muss. Das wird auch am Lebensende Josuas deutlich, denn er ermahnt, sich am Willen Gottes (προαίρεσις τοῦ θεοῦ) in Frömmigkeit festzumachen, damit man sich dessen Wohlwollen für die Zukunft sichern könne.

Abschliessend kann festgehalten werden, dass Josua dem Mose in allen Belangen untergeordnet ist, er aber zum rechtmässigen Nachfolger

---

[96] Als Paradebeispiel sei die Landverteilung genannt; cf. Ant IV,171; V,80.

im Prophetenamt und in der Heerführung deswegen bestimmt werden konnte, weil er gleichsam jahrelang in die Schule seines Meisters
gegangen war und in authentischer Weise dessen Weisungen auslegen bzw. befolgen kann. Als "Intimus" seines Lehres, der zusammen
mit dem Hohenpriester gewürdigt worden war, Augenzeuge seiner
Entrückung in himmlische Sphären zu sein, ist er befähigt, dessen
Vermächtnis weiterzugeben. Josua ist und bleibt aber stets nur Ausführungsorgan des Mose, er ist der Feldherr, dem die konkrete Aufgabe der Niederwerfung der Feinde obliegt. Zwar ist er der Nachfolger
des Mose in der Führung des erwählten Volkes, in keiner Weise aber
ein Moseersatz oder ein "zweiter Mose", der den entrückten Meister
vollwertig ersetzen könnte.[97] Die Distanz zwischen beiden Figuren ist
dafür einfach zu gross.

6.2.8 Die Josuafigur im NT

Im NT kommt Josua in ganz bestimmten Sinnzusammenhängen an
zwei Stellen vor (Apg 7,45; Hebr 4,8). Im 7. Kapitel der Apostel-
geschichte findet sich der Geschichtsrückblick des Stephanus kurz
vor seinem Tod, der als Rechtfertigung vor dem ihn anklagenden
Hohenpriester und seinem Rat gestaltet ist (Apg 6,15–7,1). Stephanus
weist die heilsgeschichtlichen Linien des Handelns Gottes mit seinem
erwählten Volk auf, und macht sie sowohl an den Patriarchen als
auch an Mose, David und Salomo fest. In diesem Zusammenhang
ist im Abschnitt Apg 7,44–50 vom Zelt des Zeugnisses (7,44: ἡ σκηνὴ
τοῦ μαρτυρίου) die Rede, das unter Salomo durch den Tempel (7,47:
οἶκος) ersetzt wurde. Es wird ausgesagt, dass die Väter das Zelt unter
Josua (7,45: μετὰ Ἰησοῦ) in das Land hineingebracht hätten, das von
den Völkern in Besitz gehalten wurde, es letzlich aber Gott gewesen sei, der diese bis zu den Tagen Davids vor dem Angesicht der
Väter aus dem Land vertrieben hat. Zum einen wird hier Josua mit
der Landnahme in Verbindung gebracht, wobei aber ausdrücklich
darauf verwiesen ist, dass Gott selbst das Land von den feindlichen
Völkern gereinigt hat; zum anderen findet die Josuafigur eine Erwähnung im Zusammenhang mit dem Zelt des Zeugnisses, das unter
seiner Führung ins Land gekommen ist.

---

[97] Zur Mosefigur bei Josephus cf. den dreiteiligen Artikel von L.H. FELDMAN,
«Josephus' Portrait of Moses» 285–328 bzw. 7–50 und 301–330; ID., *Josephus' Inter-
pretation of the Bible*, 374–442; G. OBERHÄNSLI-WIDMER, «Mose/Moselied/Mosesegen/
Moseschriften. III», 350–352.

Rekurriert man auf diesem Hintergrund auf die AM, so ist festzustellen, dass Josua bei seinem ersten Auftritt in 1,6–9 zum einen mit der Sukzessionsfrage, zum anderen aber auch mit dem Zelt des Zeugnisses (1,7: scene testimonii) in Verbindung gebracht wird; erst danach wird seine zukünftige Aufgabe erwähnt, das Volk in das den Vätern verheissene Land zu führen (AM 1,8). Zumindest ist die auffällige Parallele bezüglich des Zeltes des Zeugnisses interessant, weil die alttestamentliche Überlieferung Josua nicht primär damit verbindet. Was den Geschichtsrückblick des Stephanus anbelangt, so kann noch auf eine andere Parallele zur AM verwiesen werden. Bezüglich der Mosefigur wird von Stephanus in Apg 7,36 die jüdisch-heilsgeschichtliche Trias "Ägyptenaufenthalt, Durchzug durchs Rote Meer, Wüstenwanderung" erwähnt, die sich in gleicher Abfolge mit der Erwähnung der vierzig Jahre des Aufenthalts im Ödland auch in AM 3,11 wiederfindet.[98] Während es dort um einen Rückblick auf die Prophezeiungen des Mose geht, ist Apg 7,36 in den erzählerischen Zusammenhang der Mosetaten eingebaut und mit dem Motiv des Herausführens aus Ägypten verbunden.

Die zweite Stelle im NT, an der auf die Person Josuas verwiesen ist, befindet sich im Hebräerbrief im Zusammenhang einer midraschartigen Auslegung von Ps 95,7b–11, die in Hebr 3,7–4,11 zu finden ist. Im letzten Teil Hebr 3,18–4,11 geht es im besonderen um die Interpretation von Ps 95,11 mit der Frage, wer denn wohl für die κατάπαυσις (Ruhe, Ruhestätte, Land der Ruhe) Gottes bestimmt ist. Schliesslich geht es um eine zeitliche Bestimmung für den Einzug in die κατάπαυσις, der noch einmal bevorstehen soll (Hebr 4,7). Hätte nun Josua die dafür Bestimmten in die κατάπαυσις bereits gebracht, dann wäre nicht von einem zukünftigen Tag die Rede (Hebr 4,8), also von einem noch ausstehenden Einzug. Nun aber ist von einem erneuten Heute die Rede (Hebr 4,7), so dass für die Zukunft aufgerufen werden kann, in die κατάπαυσις einzugehen (Hebr 4,11). In Hebr 4,8 wird also Josua in Zusammenhang mit dem Landnahmemotiv erwähnt, wobei es in einem übertragenen Sinn auf den Eintritt in das zukünftige Land der Ruhe angewandt wird. Im Gleichklang der

---

[98] Cf. R.H. CHARLES, *The Assumption of Moses*, lxiii–lxiv.13f.; E.-M. LAPERROUSAZ, «Le Testament de Moïse», 66–73; A. DÍEZ MACHO, *Introducción general*, 275; L. VEGAS MONTANER, «Testamento de Moisés», 252; C.R. KOESTER, *The Dwelling of God*, 94f. Zu dieser Parallele meint J. TROMP, *The Assumption of Moses*, 172/Anm. 7, im Gegensatz zu CHARLES und LAPERROUSAZ, es gebe keinen Grund, diesbezüglich eine literarische Abhängigkeit anzunehmen.

griechischen Namen von Josua und Jesus könnte folgende Aussage im Hintergrund stehen: Josua steht für die erfolgte, geschichtlich gedachte, Landnahme, Jesus aber für die noch ausstehende Landnahme, für die Inbesitznahme des Landes der Ruhe und der Verheissung.

Bezüglich der κατάπαυσις ergibt sich zum ersten Vorkommen Josuas in Apg 7,45 eine interessante Querverbindung: mit Rückbezug auf Jes 66,1 ist nämlich in Apg 7,49 vom Tempel als Ort der Ruhe (τόπος τῆς καταπαύσεως) die Rede. Josua tauchte ja in Apg 7,45 im Zusammenhang mit dem Zelt der Verheissung auf, das unter Salomo durch den Tempel ersetzt worden war.

6.2.9 Die Josuafigur in den Apokryphen

Sucht man nach der Josuagestalt in apokryphen bzw. weiteren deuterokanonischen Schriften, so steht zunächst Eupolemus im Zentrum des Interesses, der in etwa um die Mitte des 2.Jh.v.Chr. zu datieren ist. Im Rahmen eines Geschichtssummariums, dessen Zielpunkt die Figur des Königs Salomo ist, wird Josuas prophetische Tätigkeit in Anlehnung an die des Mose hervorgehoben (Eupolemus Frag. 2, zitiert nach Eusebius, *Praeparatio Evangelica* 9,30,1).[99] Letzterer, so der Text, hatte vierzig Jahre lang prophezeit, während es Josua nur dreissig Jahre tat. Desweiteren wird entsprechend Jos 24,29 das Lebensalter Josuas von 110 Jahren erwähnt, und mit Blick auf Jos 18,1ff. ausgesagt, dass er es gewesen ist, der das heilige Zelt in Schilo aufgestellt hat. In diesem Zusammenhang ist interessant, dass Josua—wie auch in Apg 7,44–46—mit dem Offenbarungszelt in Zusammenhang gebracht wird, denn desgleichen geschieht bei seinem ersten Auftreten auch in der AM (1,7).

Weiterhin ist man bezüglich der Josuafigur auf das erste Makkabäerbuch verwiesen. Im Testament des Mattatias taucht er in 1Makk 2,55 in der Abfolge der für die Geschichte Israels beispielhaften Gestalten als "Richter in Israel" auf (κριτὴς ἐν Ἰσραηλ). Der Kontext zur Erwähnung dieser Vorbilder aus der Väterzeit ist von der eindringlichen Mahnung geprägt, in Anbetracht der Taten der Vorfahren am Gesetz rigoros festzuhalten (1Makk 2,50–51.64). Die letzten Worte des Mattatias kurz vor seinem Tod betonen unmissverständlich die Einhaltung des Gesetzes, wobei die Aufforderung nicht fehlt, an den

---

[99] Cf. C.R. HOLLADAY, *Fragments from Hellenistic Jewish Authors*, I, 114f.

fremden Völkern Vergeltung zu üben (1Makk 2,68). Diese Gedankenzu-
sammenhänge sind durchaus in der AM zu finden, wenn die Rache
an den Feinden vor Augen geführt (AM 9,7; 10,2.7.10) und das
Festhalten an den Gesetzen angemahnt wird (AM 9,4.6; 12,10f.).
Fernerhin findet sich sowohl in 1Makk 2,64 seitens des Mattattias
an seine Söhne die Aufforderung mannhaft und stark im Gesetz zu
sein (ἀνδρίζεσθε καὶ ἰσχύσατε ἐν τῷ νόμῳ), als auch in AM 10,15 die
Mahnung des Mose an Josua, sich als stark zu erweisen.[100]

Was im Testament des Mattatias allerdings verwundert, ist die
Zusammenstellung der für die Heilsgeschichte Israels bedeutender
Persönlichkeiten: Abraham, Josef, Pinhas, Josua, Kaleb, David, Elija,
Hananja-Asarja-Mischael, Daniel. Augenfällig ist das Fehlen des Mose
und die Darstellung der genannten Figuren in einem jeweils käm-
pferisch-polemischen Kontext bezüglich der Gesetzesbeobachtung; insofern werden nahezu alle Gestalten in unumstösslicher Treue zur
jüdischen Tradition gezeichnet. Genau dieser Gesichtspunkt scheint
bei der Zusammenstellung der Väterliste interesseleitend gewesen zu
sein, so dass der eigentliche "Mittler des Gesetzes" durchaus fehlen
kann. Von Josua wird ausgesagt, dass er das ausgeführt hat, was ihm
aufgetragen war ('Ιησοῦς ἐν τῷ πληρῶσαι λόγον). Es kann vermutet
werden, dass in diesem Fall mit λόγος das jüdische Gesetz gemeint
ist; zumindest aber handelt es sich um die Erfüllung einer Weisung,
die Josua in Auftrag gegeben war.

Auch im zweiten Makkabäerbuch stösst man auf die Josuagestalt,
allerdings in einem rein assoziativen Zusammenhang: Judas Makkabäus
greift in 2Makk 12,13ff. die Stadt Kaspin an, und in Anbetracht ihrer
Befestigung mit starken Mauern rufen die Männer Judas den Herrn
der Welt an, der "ohne Widder und Belagerungsmaschinen zur Zeit
Josuas Jericho zum Einsturz gebracht hatte" (2Makk 12,15). Insofern
ruft die Situation vor dem Angriff der mit Mauern befestigten Stadt
das Jericho-Ereignis ins Gedächtnis, das natürlich unmittelbar mit
der Josuagestalt in Verbindung steht (cf. Jos 6).

In 4Esr und 2Bar wird Josua jeweils nur beiläufig in einer
Aufzählung mit anderen Personen erwähnt. So geht es in 4Esr 7,106ff.
um massgebliche Fürbitter, unter die neben Abraham und Mose
auch Josua gerechnet wird, der in den Tagen Achans für sein Volk

---

[100] Das konjezierte "firma te" geht im Griechischen wahrscheinlich auf ἴσχυε
zurück; cf. unter 3.3. dazu die Ausführungen, 105f.

eingetreten sein soll (cf. Jos 7,6–9). In 2Bar findet sich die Josuagestalt in der Wolkenvision: das Kommen Moses wird als das "vierte helle Wasser" beschrieben und dort findet er sich in einer Auflistung zusammen mit Aaron, Miriam und Kaleb (2Bar 59,1).

In LAB geht Gott einen Bund mit Josua ein, nachdem Mose gestorben ist (LAB 20,1). Seine Installation ist mit einer besonderen Geste verbunden: er erscheint erst dann zur Leitung befähigt, als er mit den Gewändern der Weisheit seines Vorgängers bekleidet ist (LAB 20,2f.). Josua wird schliesslich die Anerkennung des Volkes zuteil, das ihm für seine Aufgabe Mut zuspricht (LAB 20,5). Der an Kraft mächtige Josua (LAB 23,1) soll in Entsprechung zu Mose dem Volk bezeugen, dass es nach seinem Tod von anderen Göttern verführt werden wird. Die Folge besteht darin, das es dann von Gott verlassen wird (LAB 21,1). Daher wird er als Fürbitter gezeichnet, der für sein Volk einsteht (LAB 21,2ff.). Insgesamt bleibt Josua die Mosegestalt vorgeordnet, aber bezüglich der Führung des Volkes werden beide auf gleicher Linie gesehen. Die Führung Josuas wird gleichermassen eingeschätzt wie die des Mose (LAB 24,6), beide werden als Diener des Herrn (LAB 30,1), als Fürsten des Volkes bezeichnet (LAB 25,3). Was beide im Rückblick bezüglich der Führung des Volkes unterscheidet, ist ihre jeweils unterschiedliche Aufgabe zu verschiedenen Zeiten (cf. LAB 32,9f.).

Bleibt man dem Josua weiterhin auf der Spur, so lassen sich in relativ später Zeit (2.–6.Jh.n.Chr.) nur Sukzessionsketten ausfindig machen, die ihn in eine heilsgeschichtliche Reihenfolge mit anderen alttestamentlichen und nach-alttestamentlichen Figuren setzen[101] (eine derartige Traditionskette ist wohl zum ersten Mal im Mischnatraktat Av 1,1ff. belegt). Konkret sei der Anhang zu 3Hen 48D,10 erwähnt: es geht um die Weitergabe himmlischer Geheimnisse, die Gott selbst dem Engel Metatron anvertraut; dieser wiederum gibt sie an Mose weiter, der an Josua, dieser an die Ältesten, bis sie über den Mann der grossen Synagoge, Esra, dem Schreiber, Hillel, dem Ältesten und anderen schliesslich bei den Gläubigen ankommen.

---

[101] Es seien hier beispielsweise genannt: das Sepher Ha-Razim (zitiert nach D.C. DULING, «Testament of Salomon», 949/Anm. 82), 3Hen 45,4 (cf. P. ALEXANDER, «3(Hebrew Apocalypse of) Enoch», 297), Anhang zu 3Hen 48D,10 (cf. P. ALEXANDER, «3(Hebrew Apocalypse of) Enoch», 315), Hellenistische Synagogengebete 6–8 (cf. D.A. FIENSY – D.R. DARNELL, «Hellenistic Synagogal Prayers», 684–687), Sybillinische Orakel 2,245 (cf. J.J. COLLINS, «Sibylline Oracles», 351). Im 12. Hellenistischen Synagogengebet wird in einem Geschichtsrückblick Josua als Krieger gezeichnet (cf. D.A. FIENSY – D.R. DARNELL, «Hellenistic Synagogal Prayers», 694).

6.3 Das Proprium der Josuafigur der AM angesichts der verschiedenen Josua-Rezeptionen

Nach einem Durchgang durch die verschiedenen Josua-Rezeptionen bis zum Ende des 1.Jh.n.Chr. lassen sich Vergleiche bezüglich der Josuabilder anstellen, so dass das Proprium des Josua der AM umso deutlicher zum Vorschein kommt. Als Geheimnisträger fungiert Josua in der AM (und in gewisser Weise damit zusammenhängend auch in CD V,2–5); ihm sind die Offenbarungsworte des Mose in einer bis zum Ende der Tage geheim zu haltenden Schrift anvertraut (AM 1,16–18), die zukünftige Geschehnisse nach der Landnahme ins Blickfeld nimmt (AM 2,1–10,10). Bezüglich der Vorausschau künftiger Ereignisse lässt sich jedoch das Josuabild des Josephus heranziehen, denn dort wird er als Prophet gezeichnet, der das voraussieht, was sich im Land ereignen wird: der Fremdgötterkult des Volkes, die damit verbundene göttliche Strafe durch die Feinde und den von Gott bewirkten Wiederaufbau (Ant IV,311–314). Diese Themen finden sich aber genauso—wenn auch in abgewandelter Form—in der Geschichtsschau des Mose, die dem Josua anvertraut wird. Dass dahinter die gemeinsamen Grundlinien des deuteronomistischen Geschichtsbildes zu finden sind, dürfte offensichtlich sein.

Eine weitere interessante Parallele zur Josuagestalt der AM ist die Erwähnung des Offenbarungszeltes in Apg 7,44f. und die oben angezeigte Eupolemus-Stelle (zitiert nach Eusebius, *Praeparatio Evangelica* 9,30,1). Zwar wird er schon in Ex 33,11 und Dtn 31,14f. mit dem Zelt in Verbindung gebracht, aber die gängigen Josuabilder verzichten meistens auf diese Zuordnung. In der AM allerdings geschieht sie gleich zu Beginn seines Auftritts, wenn er zum Nachfolger für das Volk und das Zelt des Zeugnisses werden soll (AM 1,7.9). Dieses Zelt und später der Tempel mit dem Altar und Allerheiligsten spielt für den Autor der AM eine wichtige Rolle.[102]

Während die Josua-Traditionen oft davon geprägt sind, dass dieser als glänzender Feldherr und Krieger das Land zu erobern hat (cf. Josephus und der Väterhymnus bei Sir), und ihm deshalb weitere positive Eigenschaften zugesprochen werden (cf. die Targumim), fehlt dieser Charakterzug völlig in der AM. Natürlich wird seine

---

[102] Zelt (scenae) ferner in: AM 2,3.4.8; der Tempel als Heiligtum (domus, aedis): AM 2,9; 3,2; 5,3; 6,9; der Altar im Heiligtum (altarium): 5,4; 8,5; das Allerheiligste (sanctum sanctitatis): 6,1.

Aufgabe erwähnt, das Volk in das Land zu führen und es zu verteilen (AM 1,8; 2,1f.), aber seine kriegerischen Fähigkeiten werden
dabei in keiner Weise erwähnt. Vielmehr wird er dort als nahezu
unzulänglicher Nachfolger des Mose gezeichnet, der sich seiner heilsgeschichtlichen Aufgabe nicht sicher ist, bzw. sie sich anfänglich nicht
zutraut (AM 11,9–15). Die Schwäche des Josua bringt aber umso
deutlicher die Stärke des Mose zum Ausdruck, seine Unentbehrlichkeit,
Unantastbarkeit und Erhabenheit,[103] seine Schutzfunktion vor den
Feinden und Fürbittertätigkeit für das Volk[104] (AM 11,11.16–19).
Diese Art von Mosenachfolger findet sich in keiner Josua-Rezeption
und scheint somit zum Proprium der Josuafigur der AM zu gehören. Dass er aber als Nachfolger des Mose gezeichnet wird, gehört
zum durchgängigen Gedankengut der gesamten Rezeptionsgeschichte.
Eine Ausnahme bildet in dieser Hinsicht der Väterhymnus des Sirachbuches, weil unter priesterlichem Blickwinkel die Sukzessionskette
Mose-Aaron-Pinhas geltend gemacht wird (cf. Sir 45,23), während
Josua nur dafür zu sorgen hat, dass die Heilsgeschichte nach aussen
hin eine Fortsetzung in der Landnahme erfährt. Wie allerdings das
Mose-Josua-Verhältnis in der Weitergabe der Sukzession oder ein
entsprechendes Einsetzungsritual gestaltet ist, darin unterscheiden sich
die Rezeptionen auffällig. Die AM kennt kein eigentliches Einsetzungsritual: Mose ruft lediglich Josua herbei, um ihm die bevorstehenden Aufgaben mitzuteilen und ihm den künftigen Geschichtsverlauf
bis zum Ende der Tage mitzuteilen. Das weist auf Dtn 31,7.14.23
(V.23 in der LXX-Version) hin und weniger auf Num 27,15–23,
weil dort von einer Einsetzungszeremonie berichtet wird, bei der
Mose dem Josua die Hände auflegt. Sir 46,1 bezeichnet Josua in
der hebräischen Fassung lediglich als Diener des Mose (משרת), die
LXX macht daraus aber einen Nachfolger (διάδοχος). Josephus lässt
Josua zum Zeugen der Entrückung des Mose werden und er kann
nur deshalb Nachfolger werden (διάδοχος), weil er gleichsam jahrelang in dessen Schule gegangen war (Ant IV,165). LAB bestimmt
das Nachfolgeverhältnis derart, dass Gott mit Josua nach Moses Tod

---

[103] Zu Erhöhungstendenzen in Bezug auf die Mosefigur cf. z.B. W. Bousset –
H. Gressmann, *Die Religion des Judentums*, 121f.; E. Stauffer, «Probleme der Priestertradition», 142; S.J. Hafemann, «Moses in the Apocrypha and Pseudepigrapha»,
93; G. Oberhänsli-Widmer, «Mose/Moselied/Mosesegen/Moseschriften. III»,
348.354–356.
[104] Zur Fürsprecherfunktion des Mose cf. D.L. Tiede, «The Figure of Moses in
the Testament of Moses», 88f.

einen Bund eingeht, und die Nachfolge nur deshalb möglich ist, weil Josua mit den Gewändern der Weisheit seines Vorgängers bekleidet wird (LAB 20,1f.). Diese Nachfolgevorstellungen spiegeln sich in der AM nicht wider, sie greift vielmehr direkt auf die biblische Grundlage in Dtn 31 zurück.

An dieser Stelle könnte man sich fragen, warum man den Josua der AM mit solchen Farben zeichnet. Er erscheint als der unkriegerische Geheimnisträger, der die Worte des Mose bis zur Endzeit verwahren soll, ist ganz und gar abhängig von seinem Meister, erweist sich als schwache, von der bevorstehenden Aufgabe eingeschüchterte Person und wird mit der strikten Einhaltung der Gebote zusammengeordnet (AM 1,10; 12,8–11). Vom narratologischen Ablauf der Geschehnisse kann sich der Leser mit Josua identifizieren; er sitzt gleichsam—wie Josua—dem Mose zu Füssen und lauscht auf die Worte der Geschichsvorausschau. Was die Situation des Lesers womöglich im 1.Jh.n.Chr. betrifft, so steht er unter Fremdherrschaft und betrachtet dieses Joch als ein Übel, das letztendlich zu beseitigen ist. Sein Bestreben ist es, sich unter dieser Fremdherrschaft schadlos zu halten, gleichzeitig aber auch entschieden an der Religion der Väter festzuhalten. Insofern ist es erklärbar, dass die Josuafigur derart schwach und dem Mose untergeordnet gezeichnet wird. Der bedrückte Leser soll sich nämlich an der Gestalt des Mose aufrichten und damit am Gesetz selbst. Der scheidende Mose betont die Wichtigkeit des Gesetzes, das gleichsam an seine Stelle tritt, und für dessen Einhaltung Josua—also der Leser—zum Garanten werden soll (AM 12,8–11). In AM 11,16–19 nimmt Josua direkten Bezug auf die Feindesgefahr, und betont die Wichtigkeit der Rolle des Mose bei deren Abwehr. Mose aber beruhigt Josua mit dem Hinweis darauf, dass von Gott alles vorhergesehen[105] (AM 12,4) und der Gesetzesgehorsam für ein Gelingen des weiteren Weges entscheidend ist (AM 12,10f.). Damit wird dem Leser in Anbetracht der drückenden Fremdherrschaft ein gangbarer Weg gewiesen: selbst wenn die eigene Situation von Schwäche und Orientierungslosigkeit angesichts der Feindbedrohung geprägt ist, kann ein rigoroser Gesetzesgehorsam den eigenen Weg gelingen lassen. In der Geschichtsschau weist ja schon Taxo in seiner Mahnrede an die sieben Söhne auf einen ungebrochenen Gesetzesgehorsam hin, die das Martyrium nicht scheuen sol-

---

[105] Cf. E. Cortés, *Los discursos de adiós*, 144.

len (AM 9,4–6). So kann die Heilswende von Gott allein heraufgeführt werden (AM 10,1–10), der die Rache an den Feinden vornimmt. Dass also Josua derart zögerlich, unentschlossen, ängstlich,
bedroht und schwach in AM 11 dargestellt wird, hat mit der geschichtlichen Situation des Lesers zu tun, der sich an Mose und dessen
Gesetz aufrichten soll.

"Josua" lebt also zur Zeit des Lesers im Land selbst und braucht
deshalb nicht mehr mit kriegerischen Zügen dargestellt werden, die
ihn nowendigerweise als Eroberer des gelobten Landes kennzeichnen würden. Er wird vielmehr zum Träger von Geheimwissen, das
allein den Eingeweihten zugänglich ist, also der tatsächlichen Zielgruppe der AM. In Anlehnung an Jos 1,7f. besteht das Geheimwissen
Josuas aus einer rechten Auslegung der Tora mithilfe der Geheim-
worte des Mose, also der in der AM artikulierten Geschichtsschau
(AM 2,1–10,10). Das Nachsinnen über das Gesetzbuch des Mose
(Jos 1,8) kann Josua—und damit dem Leser—nur in rechter Weise
gelingen, wenn er den Ablauf und die Deutung der Ereignisse in
der Geschichtsschau der AM kennt und um das Ende aller Geschichte
in der Erhöhung Israels zum Sternenhimmel weiss (AM 10,9). Jos
1,7f. eignet sich demnach rezeptionsgeschichtlich bestens als Dreh-
und Angelpunkt, um aus Josua gleichsam einen Tora-Gelehrten zu
machen, der im Besitz von Geheimwissen aufgrund seiner ursprünglichen Nähe zu Mose zum autoritativen Interpreten der Tora werden
kann. Daher ist es auch notwendig, beide in einem Nachfolgeverhältnis
zu zeichnen, das die absolute Vorordnung des Mose (= des Gesetzes)
betont und Josua lediglich als Ausführungsorgan darstellt.

KAPITEL 7

DIE AM IM VERGLEICH MIT APOKRYPHEN DES 2.JH.V.CHR. BIS INS 1.JH.N.CHR.

Von besonderem Interesse sind in der AM natürlich die Rezeptionsprozesse auf der Basis der kanonischen Schriften der hebräischen
Bibel, die apokryphen Schriften ausserhalb des MT müssen aber
auch berücksichtigt werden, weil sie zur Zeit der Abfassung der AM
bekannt waren und benutzt wurden. Theologische Traditionen werden
weitergegeben, aktualisiert, modifiziert, aufgeweitet oder verengt und
schlagen sich in verschiedenen literarischen Zeugnissen nieder. Sollte
die AM im ersten Drittel des 1.Jh.n.Chr. ihre vorliegende Gestalt
erfahren haben, so sind die Schriften aus dem 2. bis ins 1.Jh.v.Chr.
insofern von Belang, als sie als literarische Orientierungsgrundlage
gedient haben oder in ihnen ähnliche theologische Traditionen verarbeitet sein könnten, die sich aus gemeinsam zugrundeliegenden Überlieferungen oder Quellen speisen. So gilt es, Parallelen zwischen den
bedeutendsten Schriften der intertestamentarischen Zeit und der AM
aufzuzeigen, damit diese im Gesamtzusammenhang der theologischen
Traditionen geortet werden kann. Unter Umständen lassen sich auch
gewisse Abhängigkeiten der Schriften voneinander aufweisen, die über
die Datierung der AM Aufschluss geben können. So soll der Reihe
nach das äthiopische Henochbuch, die Testamente der 12 Patriarchen,
das Jubiläenbuch, das erste, zweite und vierte Makkabäerbuch, die
Psalmen Salomos und die Qumrantexte nach Beziehungen zur AM
befragt werden. Das Kriterium zur Auswahl dieser Schriften bestand
darin, ob Parallelen zur AM benannt werden können.

7.1 *Die AM im Vergleich mit dem äthiopischen Henochbuch*

ÄthHen kann als eine Sammlung apokalyptischer Traditionen und
Schriften verschiedener literarischer Gattungen betrachtet werden, die
sich auf den entsprechenden Patriarchen der Urzeit beziehen. Diese
Schrift wurde in den letzten drei Jahrhunderten v.Chr. in Palästina[1]

---

[1] Cf. E. Isaac, «1(Ethiopic Apocalypse of) Enoch», 8; E. Schürer – G. Vermes,
The History of the Jewish People, III/1, 254f.

verfasst oder zusammengestellt und weist mehrere Schichten auf.[2]
Mit Ausnahme der Bilderreden (äthHen 37–71) fand man in Qumran
aramäische Fragmente aller Teile des Henochbuches,[3] ob aber die
Originalsprache ausschliesslich Aramäisch ist, lässt sich nicht mit
absoluter Sicherheit behaupten, da die Möglichkeit nicht ausgeschlossen werden kann, dass auch einzelne Passagen in hebräisch verfasst
sein könnten.[4] Vollständig liegen alle Teile nur in äthiopisch vor, es
gibt aber auch griechische, lateinische, syrische und koptische Fragmente.[5] Bezüglich der Trägerkreise ist man in jedem Fall auf geset-
zestreue, sich der hellenistischen Assimilation widersetzende Gruppen
verwiesen, die mit der späteren Qumrangemeinschaft Denkmuster
gemeinsam haben.[6]

Da auch die AM apokalyptische Elemente aufzuweisen hat, sind
unter formaler Perspektive auf diesem Sektor Vergleichsmöglichkeiten
zum äthHen gegeben. Vor allem der zweite Teil der Geschichtsschau
(AM 5,1–10,10) läuft mit klimaktischer Stringenz auf die eschatologische Erhöhung Israels hinaus (AM 10,9), die teilweise mit apokalyptischen Farben gezeichnet wird. Das für apokalyptische Schriften
typische Element des periodisierten Geschichtsablaufes mit der
Darstellung des verqueren gegenwärtigen Äons und der Überwindung desselben findet sich sowohl in der Geschichtsschau der AM,
als auch in den Geschichtsentwürfen des äthHen.[7] So wird auch in
der Tierapokalypse (äthHen 85–90) und Zehnwochenapokalypse[8]
(äthHen 93,1–10; 91,12–17) eine Geschichtsdeutung geliefert, die von
der endgültigen Überwindung misslicher Zustände gekennzeichnet ist
und die die in einzelne Phasen eingeteilte Geschichte als notwendig
sich vollziehende Bewegung auf das—wie auch immer gedachte—
Eschaton hin markiert. Gleichwohl findet sich der in äthHen zum
Ausdruck gebrachte Gerichtsgedanke nicht in derart expliziter Form

---

[2] Cf. G.W.E. Nickelsburg, «The Bible Rewritten and Expanded», 90.

[3] Im äthHen ergeben sich folgende Teile: 1. Das Buch der Wächter (1–36); 2. Die Bilderreden (37–71); 3. Das Astronomische Buch (72–82); 4. Das Buch der Traumvisionen (83–91); 5. Henochs Mahnreden (92–106). Ob ein Henochpentateuch in Qumran existierte und anstelle der Bilderreden das "Buch der Giganten" einge-fügt war, ist umstritten, cf. M.E. Stone, «Apocalyptic Literature», 397–400.

[4] Cf. E. Isaac, «1(Ethiopic Apocalypse of) Enoch», 6.

[5] Cf. S. Uhlig, Das äthiopische Henochbuch, 470–483.

[6] Cf. S. Uhlig, Das äthiopische Henochbuch, 492.

[7] Cf. E. Isaac, «1(Ethiopic Apocalypse of) Enoch», 10.

[8] Zur mutmasslichen literarischen Unabhängigkeit der Zehnwochenapokalypse cf. M.E. Stone, «Apocalyptic Literature», 405.

in der Geschichtsschau der AM, wenn man die Überwindung der
Feinde nicht in diesen Zusammenhang geradlinig einordnen will (cf.
AM 10,2.7). Bezüglich der in beiden Schriften ähnlichen Geschichtskonzeptionen lässt sich wiederum das deuteronomistische Geschichtsbild
anführen, das in unterschiedener Ausgestaltung sowohl in der Tier-
als auch Zehnwochenapokalypse zu finden ist.[9]

Was die AM anbelangt, so finden sich "apokalyptische Töne" vor
allem im eschatologischen Hymnus in Kapitel 10, so dass vornehmlich dort thematische Berührungspunkte namhaft gemacht werden
können. In AM 10,3 ist davon die Rede, dass der Himmlische vom
Sitz seiner Herrschaft aufstehen und aus seiner heiligen Wohnung
heraustreten würde. Dass Gott sich erheben und zur Bestrafung der
Völker hervortreten würde, kommt verstärkend ebenso in AM 10,7
zum Ausdruck. Motivgeschichtlich ergibt sich ein Vergleich mit
äthHen 1,3, denn auch dort erwähnt Henoch, dass der Heilige und
Grosse aus seiner Wohnstätte heraustreten würde,[10] um mit seinen
Heerscharen in Stärke und Macht auf den Sinai zu treten.[11] Es handelt sich dort um eine Gerichtsszene (äthHen 1,7), die von kosmischen Erschütterungen der Erde begleitet ist (äthHen 1,5–7); genau
diese Erscheinungen werden auch in AM 10,4 geschildert, wenn
gesagt ist, dass die Erde erbeben wird. In beiden Stellen geht es im
Wortlaut darum, dass die hohen Berge erschüttert und die Hügel
sich senken bzw. niedrig gemacht werden. Nun ist die Erschütterung
der Festen der Erde ein allgemeines Theophanieelement,[12] das sicher
nicht auf einen spezifischen Zusammenhang zwischen äthHen 1,6
und AM 10,4 hinweisen kann, bemerkenswert ist jedoch, dass die
gleichen Gedanken mit einem nahezu gleichen Vokabular in der
gleichen Abfolge erscheinen.[13]

---

[9] Cf. O.H. STECK, *Israel*, 153–157.

[10] Das Sich-Erheben Gottes als Gerichtsterminus findet sich auch in äthHen
100,4: «Und der Höchste wird sich an jenem Tag des Gerichtes erheben, damit er
das grosse Gericht unter den Sündern halte».

[11] Cf. A. HILGENFELD, «Mosis Assumptionis quae supersunt» (2. Auflage 1884),
123; R.H. CHARLES, *The Assumption of Moses*, 40; W. BALDENSBERGER, *Die messia-
nisch-apokalyptischen Hoffnungen des Judentums*, 153; S. SZÉKELY, *Bibliotheca Apocrypha*, 260;
P. VOLZ, *Die Eschatologie der jüdischen Gemeinde*, 276; E. BRANDENBURGER, «Himmelfahrt Moses», 76; M. REISER, *Die Gerichtspredigt Jesu*, 73; J. TROMP, *The Assumption of
Moses*, 233.

[12] Cf. z.B. auch äthHen 102,2, wo das Motiv der Erschütterung der Erde mit
dem Erbeben der Himmelslichter verbunden ist (cf. AM 10,4f.).

[13] Zu äthHen 1,1–6 gibt es ein aramäisches Fragment in den Qumranfunden
(4Q201); cf. K. BEYER, *Die aramäischen Texte vom Toten Meer*, 232.

Was die Bestrafung der heidnischen Völker und die Vernichtung
ihrer Götzenbilder betrifft, so findet sich dieses Motiv sowohl in
AM 10,7 als auch in äthHen 91,9, wobei in der letzten Stelle wiederum der Gerichtsgedanke mehr betont wird. Wie die AM, so polemisiert auch das äthHen gegen den Götzendienst als pervertierte
Gottesverehrung und nimmt dezidiert gegen Götzenbilder Stellung.[14]

Schliesslich sei noch auf die Erhöhung Israels zum Sternenhimmel
verwiesen, die in AM 10,9 zum Ausdruck kommt und mit der die
definitive Rettung des Volkes vor den Feinden ausgesagt ist. Ob es
sich hier um eine rein metaphorische Redeweise handelt, oder eine
tatsächliche Entrückung Israels gemeint ist, die das Volk dem Zugriff
der Feinde entzieht, muss dahingestellt bleiben, rezeptionstechnisch
lässt sich auf jeden Fall eine Verbindung mit Dan 12,3 herstellen.[15]
In diesem Zusammenhang scheint aber auch äthHen 104,2 recht
instruktiv zu sein:[16] den Gerechten wird zugesagt, sie werden leuchten wie das Licht des Himmels, sie werden scheinen und das Tor
des Himmels werde für sie geöffnet werden. Schon im ersten Kapitel
des äthHen wird den Gerechten in Aussicht gestellt, dass das Licht
Gottes ihnen leuchten würde (äthHen 1,8). Überhaupt scheint im
äthHen immer wieder durch, dass der Wohnort der Heiligen im
Himmel ist (äthHen 47,2; 58,5; 61,8.10). In äthHen 47,1f. wird dieser
Gedanke mit dem Martyrium der Gerechten verbunden: das Gebet
und das Blut der Gerechten würde von der Erde aufsteigen vor den
Herrn, damit dieser sie erhöre, die Heiligen für sie Fürsprache ein-
legen würden und für sie schliesslich Gericht gehalten werde. Das
lässt sich mit AM 9,6f. und 10,9 verbinden, denn auch dort wird
ein eventuelles Martyrium der Gesetzestreuen angesprochen, die
Rache für deren vergossenes Blut erwähnt und letztlich eine Erhöhung
in himmlische Sphären in Aussicht gestellt. Allerdings ergibt sich
bezüglich der Erhöhung zum Sternenhimmel in AM 10,9 und den
Vorstellungen im äthHen ein markanter Unterschied: in der AM ist
ganz Israel gemeint, im äthHen jedoch nur die Schar der Gerechten.

Diese möglichen thematischen Berührungspunkte zwischen der AM

---

[14] Cf. weiterhin äthHen 19,1; 46,7; 99,7.14; 104,9.

[15] Zum Leuchten und Glanz der Gerechten in himmlischen Sphären mit entsprechender Angabe von Vergleichsstellen cf. W. BOUSSET – H. GRESSMANN, *Die Religion
des Judentums*, 277; K. KOCH, *Ratlos vor der Apokalyptik*, 26/Anm. 28.

[16] Cf. z.B. R.H. CHARLES, *The Assumption of Moses*, 43; S. SZÉKELY, *Bibliotheca
Apocrypha*, 260; E. BRANDENBURGER, «Himmelfahrt Moses», 77; J.J. COLLINS, «Apocalyptic Eschatology», 34; J. TROMP, *The Assumption of Moses*, 237.

und dem äthHen können zwar benannt werden, lassen aber nicht unbedingt auf ein literarisches Abhängigkeitsverhältnis schliessen, da sie zu unspezifisch sind und zu wenig Ausschliesslichkeitscharakter besitzen (ausserdem gehört Kap. 47 zu den schwer datierbaren Bilderreden). Die aufgezeigten Zusammenhänge könnten sich letztlich auch gemeinsamen Traditionsströmungen verdanken, die sich genauso in anderen Schriften finden lassen. Die Behauptung, dass die AM den äthHen benutzt habe,[17] müsste unter diesen Prämissen differenzierter und vorsichtiger formuliert werden.

7.2   Die AM im Vergleich mit den Testamenten der 12 Patriarchen

Das TestXII gibt sich als eine Sammlung von Testamenten der Jakobssöhne an ihre jeweilige Nachkommenschaft zu erkennen, die sich offensichtlich an Gen 49 und Dtn 33 orientiert.[18] Ursprünglich dürften sie in griechisch abgefasst sein, es existieren aber auch armenische und slavische Übersetzungen.[19] Wahrscheinlich handelt es sich um eine zunächst jüdische Schrift aus der vormakkabäischen Zeit des 2.Jh.v.Chr., die aber im 2.Jh.n.Chr. christlich überarbeitet wurde[20] und unter Umständen der ägyptischen Diaspora zuzurechnen ist.[21]

---

[17] Ohne konkreten Aufweis behauptet das E. ISAAC, «1(Ethiopic Apocalypse of) Enoch», 8.

[18] Cf. G.W.E. NICKELSBURG, *Jewish Literature*, 231–234.

[19] Cf. J. BECKER, *Die Testamente der zwölf Patriarchen*, 20; J.J. COLLINS, «Testaments», 331.

[20] Die Datierung der TestXII wird sehr kontrovers diskutiert, je nachdem, ob man diese Schrift als jüdisch mit christlichen Zusätzen in späterer Zeit betrachtet oder ob man sie als christliches Produkt versteht, das auf jüdische Traditionsstücke zurückgreift. Für die erste Auffassung optieren beispielsweise O.H. STECK, *Israel*, 149f., und H.C. KEE, «Testaments of the Twelve Patriarchs», 777f.: die jüdische Grundschrift der TestXII müsse im ersten Drittel des 2.Jh.v.Chr. noch vor der makkabäischen Erhebung verfasst worden sein. Diesbezüglich konkretisiert J. BECKER, *Die Testamente der zwölf Patriarchen*, 25, der einen Datierungszeitraum zwischen 200–174 v.Chr. angibt. Die zweite Auffassung vertreten H.W. HOLLANDER – M. DE JONGE, *The Testament of the Twelve Patriarchs*, 85: «In conclusion, we may say that the coherence and the consistency on the level of the main ideas suggest that the Testaments received (more or less) their present form some time during the second half of the second century in Christian circles» (cf. auch M. DE JONGE, «Christian Influence in the Testaments of the Twelve Patriarchs», 193–246). Zum *status quaestionis* in der Datierungsfrage cf. E. SCHÜRER – G. VERMES, *The History of the Jewish People*, III/2, 770–775. Letztlich wird dort eine Entstehung der semitischen Testamente im 2.Jh.v.Chr. behauptet, die eine Redaktion zwischen 100–63 v.Chr. zusammengestellt haben soll, und die im 2.Jh.n.Chr. mit christlichen Zusätzen versehen worden sein sollen.

[21] Cf. J.J. COLLINS, «Testaments», 343f.; M. WINTER, *Das Vermächtnis Jesu*, 203.

Gattungsgeschichtlich sind die einzelnen Teile eindeutig der Testamentenliteratur zuzuordnen, die sich nachweislich durch feste Formelemente auszeichnet.[22] Diese sind auch in der AM wiederzufinden und insofern ergeben sich auf diesem Hintergrund Vergleichsmöglichkeiten. Die Testamentsrede ist zunächst durch den bevorstehenden Tod des jeweiligen Protagonisten motiviert und wendet sich an den oder die Hinterbliebenen. Sie ist von einer Einleitung und einem Schluss umrahmt, in denen eine—wie auch immer geartete—Überschrift erscheint, der oder die Adressaten genannt sind und die jeweiligen Umstände des Todes bzw. der Beerdigung erwähnt werden. Während diese Teile in dritter Person verfasst sind, ist der Mittelteil oft als Ich-Rede gestaltet und beinhaltet die eigentliche Botschaft des Sterbenden, die meistens von drei Elementen gekennzeichnet ist: Rückblick auf die Vergangenheit, Verhaltensanweisung, Zukunftsansage.[23] Die AM ist als Testament des Mose an seinen Nachfolger Josua konzipiert, von seinem Tod her motiviert (AM 1,15; 10,12.14), und die offenbarten Inhalte haben ausschliesslich den Charakter einer Zukunftsansage (AM 2,1–10,10).[24] Was die einzelnen Testamente der 12 Patriarchen anbelangt, so sind sie jeweils kurz vor deren Tod an die Nachkommenschaft gerichtet und beinhalten stets die drei charakteristischen Elemente,[25] also nicht nur ausschliesslich Vorhersagen. Aufgrund der Zuordnung der AM zur Testamentenliteratur, auch wenn sie durchaus apokalyptische Elemente beinhalten mag, ergeben sich demnach die formalen Ähnlichkeiten mit den TestXII. Inhaltlich entdeckt man eigentlich keine augenfälligen Berührungspunkte, wenngleich—wiederum unter formalem Aspekt—in beiden Schriften biblische Passagen aufgegriffen und neu ausgestaltet werden. Handelt es sich bei den Patriarchen um Erzählungen aus dem kanonischen Buch Gen, die sie mit Blick auf ihr verflossenes Leben kurz vor ihrem Tod paränetisch für die Adressaten ausdeuten, so ist die AM als eine Wiederaufnahme von Dtn 31 –

---

[22] Cf. E. VON NORDHEIM, *Die Lehre der Alten*, I, 107.

[23] Cf. E. VON NORDHEIM, *Die Lehre der Alten*, I, 229f.; J.J. COLLINS, «Testaments», 325; M. WINTER, *Das Vermächtnis Jesu*, 205.

[24] Ob die AM auch von einer Rückschau geprägt ist, darf mit Recht bezweifelt werden. Allein der Verweis auf die Erwählung Israels und den Bundesgedanken lässt den Rückschluss auf eine explizite und im einzelnen ausgeführte Rückschau nicht zu (anders M. WINTER, *Das Vermächtnis Jesu*, 172). Vielmehr ist davon auszugehen, dass die AM als eine «ganz auf die Zukunftsansage zentrierte Rede» gesehen werden muss (M. WINTER, *Das Vermächtnis Jesu*, 174.208/Anm. 5).

[25] Cf. E. VON NORDHEIM, *Die Lehre der Alten*, I, 89f.

Jos 1 zu verstehen, näherhin als eine Neuapplikation des Moseliedes Dtn 32,1–43. Deutlich kommt das deuteronomistische Geschichtsschema an einzelnen Stellen der TestXII zum Vorschein,[26] das ja auch die Ausgestaltung der Geschichtsschau der AM prägt, besonders deren ersten Teil (AM 2,1–4,9). Beide Schriften verdanken sich in dieser Hinsicht demnach den gleichen Traditionsströmungen und setzen diese in entsprechend eigener Brechung fort. Dazu gehört auch, dass jeweils das Festhalten am Gesetz angemahnt[27] und eindeutig Stellung gegen den Götzendienst bezogen wird, beide betonen die Wichtigkeit der Treue zu den von Jahwe gegebenen Geboten und machen daran die Identität Israels fest.

7.3   *Die AM im Vergleich mit dem Jubiläenbuch*

Dass die AM als eine apokryphe Schrift betrachtet werden kann, in der die Figur des Mose in einem Offenbarungskontext eine eminent wichtige Rolle spielt, ist offensichtlich und bedarf keiner weiteren Begründung. Insofern ist man beim Vergleich mit anderer Literatur primär auf Schriften verwiesen, in denen Mose in ähnlicher Weise eine entsprechende Stellung inne hat. So bietet sich das Jubiläenbuch in geradezu vordringlicher Weise an, das insgesamt als göttliche Offenbarung an Mose zu verstehen ist,[28] die am Sinaiereignis mit Rekurs auf Ex 24,12–18 festgemacht wurde. Was Mose dort mitgeteilt wird, ist eine interpretierende und aufgrund des neuen historischen Kontextes angereicherte Wiederaufnahme[29] des kanonischen Buches Genesis,[30] so dass es auch als "Kleine Genesis" bzw. "Leptogenesis" bezeichnet wurde. Die theologische Absicht bei der Rezeption der Genesis unter dem Vorzeichen einer Offenbarung an Mose kann

---

[26] Cf. O.H. Steck, *Israel*, 149–153; J.J. Collins, «Testaments», 337f.

[27] Cf. J. Becker, *Die Testamente der zwölf Patriarchen*, 17.

[28] Cf. M. Winter, *Das Vermächtnis Jesu*, 149; L.H. Schiffman, «The Temple Scroll and the Halakhic Pseudepigrapha», 126–128.

[29] Cf. D.S. Russell, *The Old Testament Pseudepigrapha*, 102f. Zur Art und Weise der Wiederaufnahme biblischen Materials in Jub cf. G.W.E. Nickelsburg, *Jewish Literature*, 73f.

[30] In den letzten Kapiteln von Jub wird noch auf Themen aus dem Exodusbuch Rekurs genommen: Jub 46 erwähnt Moses Vater und die Knechtschaft in Ägypten (Ex 1); Jub 47 handelt von der Geburt des Mose und seiner Kindheit (Ex 2); Jub 48 berichtet kurz von den ägyptischen Plagen und vom Exodusereignis (Ex 14); Jub 49 nimmt Bezug auf das Paschafest (Ex 12); Jub 50 erläutert detailliert die Sabbatvorschriften.

damit bestimmt werden, dass die gesamte Überlieferung von Gen
bis Lev der Moseautorität unterstellt werden soll.[31] Vollständig ist
das Jubiläenbuch nur in äthiopischer Sprache überliefert, es gibt bei
Kirchenvätern griechische Zitationen, eine bruchstückhafte lateinische und syrische Übersetzung,[32] das Original aber ist nachweislich
in Hebräisch verfasst, da in Qumran entsprechende Fragmente gefunden wurden. Was die Abfassungszeit des Jubiläenbuches anbelangt,
so ist es um die Mitte des 2.Jh.v.Chr. anzusetzen, wenngleich es bezüglich einer genaueren Datierung unterschiedliche Meinungen gibt.[33]

Vergleicht man nun vom Gesamtaufriss her das Jubiläenbuch
mit der AM, so handelt es sich jeweils um göttliche Offenbarungen
an Mose. In Jub 1 wendet sich Gott in dreimaligem Redeansatz an
Mose,[34] um ihm das künftige Geschick des Volkes nach dem Einzug
ins gelobte Land anzusagen. Ab Jub 2 ergreift der "Engel des
Angesichts" das Wort, um bezüglich der abgelaufenen Geschichte
seit den Tagen der Schöpfung die entsprechenden Einteilungen kund
zu machen. Mose ist also der jeweils Hörende, der, dem die Offenbarungen gelten, und der Leser lauscht gleichsam zusammen mit
ihm den göttlichen Kundgaben. Nun geben sich in der AM die
Worte Moses auch als göttliche Offenbarung zu erkennen (AM 1,11),
die aber von ihm an Josua weitergegeben werden, so dass der Leser

---

[31] Cf. K. BERGER, *Das Buch der Jubiläen*, 279f.

[32] Die lateinische, syrische und äthiopische Fassung basieren auf der griechischen
Übersetzung aus dem Hebräischen, cf. K. BERGER, *Das Buch der Jubiläen*, 294.

[33] Von einem Zeitraum zwischen 167 bis 140 v.Chr. geht K. BERGER, *Das Buch
der Jubiläen*, 299f., aus, grenzt aber dann näherhin zwischen 145 und 140 v.Chr.
ein. O.S. WINTERMUTE, «Jubilees», 43f., setzt Jub zwischen 161 und 140 v.Chr. an.
O.H. STECK, *Israel*, 158, behauptet, Jub sei kurz nach der makkabäischen Erhebung
zwischen 167 und 164 (bzw. 162) v.Chr. entstanden, also zur Zeit des Hohenpriesters
Menelaos (172–162 v.Chr.). Eine Entstehung kurz nach 168 v.Chr. nimmt ebenfalls an G.W.E. NICKELSBURG, *Jewish Literature*, 78f.; ID., «The Bible Rewritten and
Expanded», 101–103, und J. GOLDSTEIN, «The Date of the Book of Jubilees», 63–86.
M. WINTER, *Das Vermächtnis Jesu*, 158f., schlägt eine Datierung zwischen 167/165
und 150 v.Chr. vor. Er bezieht sich scheinbar auf J.C. VANDERKAM, *Textual and
Historical Studies in the Book of Jubilees*, 283f., der zunächst den Entstehungszeitraum
zwischen 163/161 und 140 v.Chr. bestimmt, ihn dann aber näherhin auf 161 bis
152 v.Chr. eingrenzt (cf. auch ID., *The Book of Jubilees*, V–VI). Abseits dieser Datie-
rungsversuche in der Mitte des 2.Jh.v.Chr. liegt wohl L. ROST, *Einleitung in die alttestamentlichen Apokryphen und Pseudepigraphen*, 100, der Jub zwischen 109 und 105
v.Chr. ansetzen möchte. Er bezieht sich ohne Zweifel auf R.H. CHARLES, «The
Book of Jubilees», *APOT*, II, 6, wobei dieser einige Jahre vorher den weiteren
Datierungszeitraum auf 135 bis 96 v.Chr. festgesetzt hatte (cf. ID., *The Book of Jubilees
or the Little Genesis*, lviii–lix).

[34] Die drei Gottesreden: Jub 1,1b.5–18.22–26.

sich mit diesem identifizieren kann. Während in Jub eine direkte
Offenbarungssituation intendiert ist, erweist sie sich in der AM als
eine vermittelte, wobei die Autorität des Offenbarungswortes aber in
keinem Fall eine Einbusse erleidet, weil die göttliche Offenbarung
jeweils Mose allein gilt. Jub 1 ist insofern mit der Geschichtsschau
der AM vergleichbar, als es sich auch dort um einen Geschichtsvorausblick nach der Landnahme des Volkes handelt. Elemente eines
reflektierten Geschichtsrückblicks finden sich in der AM nicht, in Jub
aber steht dieser massiv im Zentrum (Jub 2–50).[35] In beiden Schriften
ist die jeweilige Offenbarungssituation von Bedeutung;[36] sie lehnt sich
an massgültige biblische Erzählungen an, wird von dorther gleichsam legitimiert. Schon die Zeitangabe in Jub 1,1a verweist unzweideutig auf das Sinaiereignis, denn der dritte Monat im ersten Jahr
nach dem Auszug aus Ägypten wird auch zu Beginn der Sinaiperikope
in Ex 19,1 genannt. Desweiteren wird in Jub 1,1b–4 auf Ex 24,12–18
zurückgegriffen, teilweise sogar mit wörtlichen Zitationen, sodass die
Offenbarungssituation auf dem Sinai gleichsam gegenwärtig gesetzt
wird. Das heisst nichts anderes, als dass das in Jub Mitgeteilte schon
auf dem Sinai geoffenbart wurde, von dorther seine Legitimation
bekommt. Die für die Geschichte Israels besondere Offenbarungssituation am Sinai, in der nach jüdischer Tradition Gott seine für
Israel massgültige Weisung zu einem gelingenden Leben kundmacht,
wird also derart aufgeweitet, dass auch andere, bislang noch nicht
verschriftete Offenbarungen dort ihren eigentlichen Ursprung haben.
Dass es neben der schriftlichen Tora auch eine massgebliche mündliche Tradition gibt, die ebenfalls am Sinai ihren Ausgang genommen
haben soll, gehört mit der Zeit zur allgemein akzeptierten jüdischen
Glaubensüberzeugung. Insofern verwundert es nicht, dass gerade das
Sinaiereignis als Aufhänger für weitere Offenbarungen benutzt wird.
In jedem Fall dient in der wörtlichen Rezeption eine biblische Passage (Ex 24,12–18) als Anknüpfungspunkt für neue Offenbarungen,
an einer wichtigen biblischen Schnittstelle macht der Autor des Jub
seine Neubearbeitung des Buches Genesis fest. Das gleiche Phänomen ist auch in der AM zu beobachten, denn die von Mose artikulierte Geschichtsschau knüpft an einer biblischen Offenbarungssituation
bei der Übertragung der Leitungsgewalt von Mose auf Josua an. Die

---

[35] Auch in Jub 23 ergeben sich Ausblicke auf das künftige Geschick; der Geschichtsrückblick ist also dort zugunsten eines Ausblicks unterbrochen.
[36] Cf. J. Tromp, *The Assumption of Moses*, 136.

in Dtn 31,7.14.23 beschriebene Einsetzung Josuas in das Amt des Mosenachfolgers und die Situation im Offenbarungszelt dient als Aufhänger für die von Mose vorgetragenen Geschichtsoffenbarungen. Näherhin ergibt sich in Dtn 31,14 die Offenbarungssituation im Zelt als der Dreh-und Angelpunkt zur Bekanntgabe neuer göttlicher Mitteilungen: dort im Zelt wird dem Mose ein Lied mitgegeben, das in der Geschichtsschau der AM aufgeweitet und neu appliziert wird. Eine wichtige biblische Offenbarungssituation wird also auch in der AM dazu verwendet, neue Offenbarungen zu legitimieren. Wird in Jub das gesamte Buch Genesis aufgegriffen, neu akzentuiert und interpretiert, so geschieht das in der AM mit dem Moselied Dtn 32,1–43. Beide Texte sind in einen neuen historischen Kontext gestellt, werden von dort her bearbeitet und ausgelegt, damit sie ihre Gültigkeit behalten und neue Wirkkraft erlangen. Interessant ist in diesem Zusammenhang, dass Jub eine Offenbarungssituation unmittelbar nach dem Auszug aus Ägypten (Jub 1,1), die AM aber eine unmittelbar vor dem Einzug ins gelobte Land benutzt (AM 1,3f.). In Jub 1,7ff. wird vorausblickend auf die Landnahme und das Verhalten des Volkes im Land Bezug genommen, in AM 1,3f. aber rückblickend auf den Auszug aus Ägypten. Beide Schriften könnten gleichsam als ein Vermächtnis des Mose betrachtet werden. So war es auch nicht unüblich, Jub als das Testament des Mose zu bezeichnen,[37] und es gibt Mutmassungen, dass die AM als eine Fortsetzung der testamentarischen Rede des Mose in Jub zu verstehen ist.[38]

Jedenfalls spielt in beiden Schriften die Figur des Mose eine herausragende Rolle, der unter anderem jeweils als Fürsprecher für sein Volk gezeichnet wird.[39] Nach der Gottesrede in Jub 1,5–18 ergreift

---

[37] Cf. z.B. M.R. JAMES, *The Lost Apocrypha of the Old Testament*, 43; A.-M. DENÌS, *Introduction aux pseudépigraphes grecs*, 136.160f.; L. ROST, *Einleitung in die alttestamentlichen Apokryphen und Pseudoepigraphen*, 99; J. TROMP, *The Assumption of Moses*, 115f.

[38] In den von CERIANI 1861 herausgegebenen *Monumenta sacra et profana ex codicibus praesertim Bibliothecae Ambrosianae* folgt entsprechend der Anordnung im ursprünglichen Codex die Assumptio Mosis. D. DIMANT, «New Light from Qumran», 411, vermutet, dass der Autor der AM nicht nur Jub gekannt, sondern sich auch an ihm orientiert hat; vielleicht hätte es als drittes Werk noch eine "Ascensio Mosis" gegeben, auf die sich manche Kirchenväter beziehen, so dass es sich um einen Mosezyklus mit der Beschreibung seines Todes und seiner Auffahrt gehandelt hätte. Zum Zusammenhang zwischen Jub und AM im von CERIANI herausgegebenen Codex cf. auch J. LANGEN, *Das Judentum in Palästina zur Zeit Christi*, 102f.

[39] Zur Rolle Moses als Fürsprecher in Jub cf. W.A. MEEKS, *The Prophet-King*, 160; S.J. HAFEMANN, «Moses in the Apocrypha and Pseudepigrapha», 89f.

Mose fürbittend das Wort und fleht, Gott möge sein Volk nicht verlassen, es nicht der Hand der Völker ausliefern und vor weiteren
Sünden bewahren (Jub 1,19–21). Als grosser Fürsprecher wird er
auch in AM 11,17 (cf. auch AM 11,11) bezeichnet, der im Angesicht
der Feinde für sein Volk Tag und Nacht im Gebet einsteht. Aufgrund
seiner Mittlerfunktion (AM 1,14) wird seine Fürsprache als unerlässlich und wirksam betrachtet, er steht in der Nähe Gottes und ist
somit auch Gewährsmann für göttliche Offenbarungen. Diese sollen
nach Jub 1,5.7.26 von Mose für Israel und die kommenden Generationen aufgeschrieben werden (cf. auch Jub 2,1; 23,32; 33,18), d.h.,
dass sie vor ihrer mündlichen Mitteilung noch nicht verschriftet vor-
lagen und eigentlich das Jub selbst ihre schriftliche Fassung darstellt.
Verschriftungsvorgänge haben auch in der AM eine wichtige Bedeutung, damit das Geoffenbarte erhalten bleibt und eine weitere Wirksamkeit entfalten kann. Allerdings liegt dort die von Mose artikulierte
Geschichtsschau schon vor ihrer Verkündigung verschriftet vor und
wird dem Josua zur Aufbewahrung bis zum Ende der Tage anvertraut (AM 1,18; 10,11). In beiden Büchern wird aber die Verschriftung
explizit erwähnt und betont, damit das Geoffenbarte auf Dauer seine
Gültigkeit behalten kann.

Es wurde bereits festgestellt, dass Jub 1 insofern mit der Geschichtsschau der AM zu vergleichen ist, als es sich jeweils um einen Geschichtsvorausblick bezüglich des künftigen Geschicks des Volkes
nach der Landnahme handelt. Betrachtet man nun die Ausführungen
in Jub 1 näher, so ist zu beobachten, dass dort—wie auch in der
AM—Gedanken aus Dtn 31 aufgegriffen werden. Das pervertierte
Verhalten des Volkes im Abfall zu fremden Göttern nach der Landnahme wird in Dtn 31,20 vorausgesagt und in Dtn 31,27 wird das
mit seiner Widersetzlichkeit und Halsstarrigkeit begründet. Diese
Ausführungen erscheinen wieder in Jub 1,7f., teilweise sogar mit
wörtlichen Wiederaufnahmen,[40] und werden verstärkend in der dritten Gottesrede in Jub 1,22 angeführt. Insofern bildet also der thematische Grundduktus von Dtn 31,16–22.27–29, der eng mit dem
des Moseliedes verbunden ist, die Schablone für die Beschreibung
des Abfalls des Volkes nach der Landnahme: es wendet sich fremden
Göttern zu, missachtet die Gebote Jahwes und erweist sich als ein
halsstarriges Volk. Was die Rezeptionstechnik in der AM anbelangt,

---

[40] Cf. D.J. HARRINGTON, «Interpreting Israel's History», 62; wie Dtn 31 in Jub
rezipiert worden ist, cf. unter 3.4. die Ausführungen, 111f.

so wird im Rahmen aus Dtn 31 das Sukzessionsverhältnis zwischen Mose und Josua aufgenommen, in der Geschichtsschau aber die Gedankenlinie des Moseliedes Dtn 32,1–43 verfolgt, die bereits in Dtn 31,16–22 angedeutet ist. Der Abfall des Volkes zu fremden Göttern spielt in der Geschichtsschau der AM (2,8; 5,3) und in Jub 1,8–9.11 eine wichtige Rolle, ist Thema in Dtn 31,16.20, genauso aber auch im Moselied (Dtn 32,17.21). Das heisst also nichts anderes, als dass sowohl in Jub 1 als auch in der AM Dtn 31 und damit zusammenhängend das Moselied als Rezeptionsgrundlage nachweisbar sind.

Auf dem Hintergrund dieser Beobachtungen lässt sich nach den Elementen des deuteronomistischen Geschichtsbildes in Jub fragen, die in der AM im ersten Teil der Geschichtsschau (AM 2,1–4,9) in bekannter Reihenfolge ausfindig gemacht werden konnten, im zweiten Teil allerdings in etwas abgeänderter Abfolge vorzufinden sind (AM 5,1–10,10). Dieses Schema hat seine Ursprünge in der biblisch-deuteronomistischen Literatur, und findet sich in vielfacher Ausgestaltung in jüdischen Schriften.[41] Da sich sowohl für Jub 1, als auch für die AM die beiden Kapitel Dtn 31–32 als eine massgültige und formgebende Rezeptionsgrundlage erweisen und dort dieses Schema ablesbar ist, soll nun Jub 1 daraufhin beleuchtet werden.

In der zweiten Gottesrede an Mose (Jub 1,5–18) kommt unmittelbar am Anfang zum Ausdruck, dass das Volk Böses getan habe, Jahwe es aber dennoch nicht verlassen würde (Jub 1,5). Diese Aussage bildet gleichsam die Ouvertüre und den Rahmen zu den weiteren Ausführungen, die die anfängliche Feststellung explizieren. Das eigentlich böse Verhalten des Volkes wird in V.8 konkretisiert und in V.18 endet die Rede mit der Zusicherung, dass das Volk von Jahwe dennoch nicht verlassen und verstossen werde. Innerhalb dieser thematischen Grenzen, dem Abfall des Volkes und der unabdingbaren Gewissheit, zu Jahwe zu gehören, entdeckt man nun die Bausteine des deuteronomistischen Geschichtsbildes. In Jub 1,8–12 wird das sündhafte Verhalten des Volkes beschrieben, das sich an fremde Götter wendet, die Gebote Jahwes vergisst, sich unrein macht, die festgesetzten Ordnungen und Feste missachtet, sich Götzenbilder verfertigt und diese anbetet. Als logische Konsequenz dieses pervertierten Verhaltens erfolgt in Jub 1,13–14 die göttliche Strafe: Jahwe wird

---

[41] Cf. O.H. STECK, «Die getöteten "Zeugen" und die verfolgten "Tora-Sucher" in Jub 1,12 (I)», 445–447.

sein Angesicht verbergen, sein Volk der Hand der Völker ausliefern, sie in Gefangenschaft führen, aus dem Land vertreiben und inmitten der Völker zerstreuen. Schliesslich wendet sich das Volk in Jub 1,15 wieder Jahwe zu, sucht ihn von ganzem Herzen, so dass er es wieder aus den Völkern zurückführen wird. Am Ende von Jub 1,15 beginnt schliesslich die endgültige Wiederherstellung und Heilszusage, die sich bis V.18 erstreckt: Jahwe bezeichnet Israel als "Pflanze der Gerechtigkeit", macht es zum Segen und wird mitten unter seinem Volk wohnen, sein Gott sein und es nicht verlassen. Das deuteronomistische Geschichtsschema gelangt hier offensichtlich zur Anwendung,[42] wobei der Wendepunkt darin besteht, dass das Volk sich wieder Jahwe zuwendet (eingefügt ist hier das Element der "Reue"), ihn sucht und somit zur Umkehr bereit ist (Jub 1,15). Angedeutet ist dieses Schema noch einmal in der dritten Gottesrede: in Jub 1,22 wird die Halsstarrigkeit Israels und sein Ungehorsam erwähnt, V.23a spricht von der Umkehr des Volkes und in V.23b-25 sagt Jahwe den Leuten zu, dass er ihnen heiligen Geist schaffe, sie rein mache und ihnen ein liebender Vater sein werde. In beiden Schriften, in AM 2,1–4,9 und in Jub 1,8–18, lässt sich also das deuteronomistische Geschichtsschema nachweisen:[43] die Sünde besteht in erster Linie im Abfall zu fremden Göttern, die göttliche Bestrafung in der Auslieferung an die Feinde und der Vertreibung aus dem Land, die Heilsrestitution in der Zurückführung ins Land. Der Wendepunkt im Geschick des Volkes ist allerdings jeweils anders beschrieben: in AM 3,9; 4,2–4 wendet man sich hilferufend und fürbittend an Jahwe, in Jub 1,15 ist jedoch eine Umkehr des Volkes angedeutet (Jub 1,23).

Das deuteronomistische Geschichtsbild lässt sich in abgewandelter Form als Hintergrund aber auch noch an einer anderen Stelle in Jub ausfindig machen: die bekannte Apokalypse in Jub 23,16–31, die ebenfalls als Geschichtsvorausschau das künftige Geschehen ins Blickfeld nimmt,[44] ist gleichermassen von dieser Struktur geprägt.[45] In Jub 23,16–21 kommt zum Ausdruck, dass alle Böses tun, sich die Kinder gegen die Eltern auflehnen, die Ordnungen Jahwes aufgegeben werden,

---

[42] Cf. D.J. HARRINGTON, «Interpreting Israel's History», 61f.; M.A. KNIBB, «The Exile in the Literature of the Intertestamental Period», 266f.

[43] Zum Nachweis des deuteronomistischen Geschichtsbildes in Jub cf. O.H. STECK, *Israel*, 157–162.

[44] Als «ex eventu prophecy» bezeichnet J.J. COLLINS, «Pseudepigraphy and Group Formation», 53, das 23. Kapitel des Jubiläenbuches.

[45] Cf. G.W.E NICKELSBURG, *Resurrection*, 46f.; ID., *Jewish Literature*, 76–78.

sie sein Gebot nicht beachten, Unreinheit, Verdorbenheit und Befleckung Einzug halten, Kämpfe entstehen wegen des Gesetzes und der Festordnung, Betrug wegen Reichtums überhand nimmt und das Allerheiligste verunreinigt wird. In Jub 23,22–25 wird die entsprechende Strafe als grosse Plage beschrieben, als Gefangenschaft, Plünderung und Aufgefressenwerden; die Heidenvölker werden Israel Gewalt antun, so dass viel Blut vergossen wird.[46] Die Umkehr des Volkes findet sich in Jub 23,26: man beginnt wieder, das Gesetz und die Gebote zu suchen. Die Heilserfahrung nach der Schicksalswende besteht schliesslich darin, dass die Menschen ein langes Lebensalter erreichen, Friede und Freude Einzug halten, das Böse vernichtet wird, Tage des Segens beginnen und die Feinde vernichtet werden bzw. Gott an ihnen ein Gericht vollzieht (Jub 23,27–31).[47] Somit lässt sich in modifizierter Form der deuteronomistische Grundduktus auch in Jub 23,16–31 ausfindig machen,[48] wenngleich die Sünde nicht im Abfall zu fremden Göttern besteht, die Bestrafung nicht in erster Linie als Exilierung und die Heilsrestitution nicht als Rückführung ins Land beschrieben wird. Ob man diesbezüglich von einem Geschichtsbild sprechen kann, muss dahingestellt bleiben, in jedem Fall aber schimmert dieses durch und scheint den Hintergrund für die Ausführungen abzugeben.

Was die inhaltlichen Aussagen in Jub 23,16–31 betrifft, so müssen sie noch näher beleuchtet werden, weil sich thematische Parallelen zum zweiten Teil der Geschichtsschau in AM 5,1–10,10 ergeben, die zwar nicht unbedingt zwingend sein müssen, jedoch einer Erwähnung wert sind. AM 5 handelt von untragbaren Zuständen, die wahrscheinlich von jüdischen Volksführern verursacht sind, unter anderem heisst es, dass sie das Haus ihres Dienstes mit Befleckungen verunreinigen (AM 5,3), sowie den Altar entweihen (AM 5,4). In der Darstellung der unheilvollen Zustände findet sich in Jub 23,21 am Ende der Beschreibung der Vergehen ebenso die Feststellung, dass sie das Allerheiligste entweiht hätten durch die Unreinheit des Verderbens ihrer Befleckung[49] (cf. dazu auch Jub 30,15). Weiterhin

---

[46] Zu Jub 23,23–31 cf. G.W.E. Nickelsburg – M.E. Stone, *Faith and Piety in Early Judaism*, 130f.

[47] Zu Jub 23,27–31 cf. G.W.E. Nickelsburg, *Resurrection*, 31–33.

[48] Zu den Unterschieden zwischen Jub 23,16–31 und der AM cf. G.W.E. Nickelsburg, *Jewish Literature*, 82f.

[49] Cf. G.W.E. Nickelsburg, *Jewish Literature*, 81; D. Maggiorotti, *Il Testamento di Mosè*, 225.

kommt in AM 5,5 zum Ausdruck, dass Bestechung durch Geschenke und Lösesummen an der Tagesordnung war. Auch das findet eine Entsprechung in Jub 23,21, wenn es dort heisst, dass sich alle zu Betrug und in Reichtum erheben, und einer alles nehme, was dem Nächsten gehört.[50] Die Schilderung unheilvoller Zustände aufgrund von Verbrechen und Freveltaten in AM 5,6 kann fernerhin mit Jub 23,16 verglichen werden, denn auch dort ist von Ungerechtigkeit, Bosheiten und Sünde die Rede. Die darauf erfolgte Strafe durch den "rex petulans" wird in AM 6,2–6 erwähnt: er wird die Oberen mit dem Schwert zerschmettern, die Alten und die Jungen umbringen und keinen schonen. Eine ähnliche Darstellung der Strafaktionen findet sich in Jub 23,22f., denn auch hier werden alle dem Schwert der Sünder der Heidenvölker ausgeliefert, es zählt keine Barmherzigkeit und Güte, kein Ansehen der Person, weder bei den Alten noch den Jungen, an Israel wird Gewalt verübt und auf der Erde viel Blut vergossen. Die Wende geschieht im zweiten Teil der Geschichtsschau durch die Mahnung Taxos, an den Geboten festzuhalten, wenn es sein muss bis zum Tod (AM 9,6). Das könnte seine Entsprechung in Jub 23,26 haben, dort zum Ausdruck gebracht wird, dass die Kinder wieder beginnen werden, die Gesetze und das Gebot zu suchen, und auf diese Weise auf den Weg der Gerechtigkeit umkehren. In jedem Fall wird in beiden Texten die Schicksalswende durch eine konsequente Beachtung der Gebote eingeleitet. Was die Schilderung der neuen Heilszustände anbelangt, so sticht eine Gemeinsamkeit ins Auge: sowohl AM 10,1 handelt von der Abschaffung des Satans, als auch Jub 23,29,[51] und in beiden Texten ist das mit der Abwesenheit von Traurigkeit bzw. der Anwesenheit von Friede und Freude verbunden.[52] Die Heilszeit ist also von der Vernichtung des Bösen gekennzeichnet, die mit der Inexistenz des Satans gleichgesetzt werden kann. Was die Vernichtung der Feinde betrifft, so finden sich ähnliche Ausfaltungen und unter Umständen sogar wörtliche Berührungen in AM 10,10 und Jub 23,30: einerseits wird Israel zum Sternenhimmel erhöht, kann auf seine Feinde herabsehen, sich freuen, Dank sagen und sich zu seinem Schöpfer bekennen, andererseits werden die Feinde vertrieben, die Gerechten sagen Dank, freuen sich

---

[50] Von betrügerischen Leuten, die in Reichtum leben ist fernerhin in AM 7,4.7 die Rede.
[51] Dieser Gedanke ist ferner in Jub 40,9; 46,2 und 50,5 zu finden.
[52] Cf. G.W.E. NICKELSBURG, *Resurrection*, 33; ID., *Jewish Literature*, 82.

und sehen an ihren Feinden deren Gericht und Verfluchung.[53] Interessant ist die Beobachtung, dass als Abschluss in Jub 23,32 auf die
Verschriftung der Worte durch Mose hingewiesen wird, und dass nach
der Artikulation der Geschichtsschau durch Mose dieser in AM 10,11
Josua mahnt, die von ihm gesprochenen Worte zu bewahren. Bedeut-
sames soll als schriftliches Dokument sorgsam verwahrt werden, damit
es für Nachfolgende erhalten bleibt. Insgesamt ergeben sich also zwischen Jub 23,16–32 und AM 5,1–10,11 thematische Entsprechungen,
die in ihrer Folge durchaus bemerkenswert sind, aber in keiner Weise
den Schluss einer literarischen Abhängigkeit zulassen.

Abschliessend sei noch auf die gemeinsame Ausrichtung der beiden
Schriften hingewiesen, denn sowohl Jub als auch die AM betonen
mit Vehemenz die Bedeutung des Gesetzes, das Festhalten an den
althergebrachten Traditionen der Väter angesichts der Bedrohung
durch heidnische Infiltrationen. Beide beziehen ganz massiv Stellung
gegen die Verehrung fremder Götter, lehnen Götzenbilder ab und
beharren auf der Treue zum einzigen Gott Israels,[54] der allein zu
retten vermag. Beide Werke können im weiteren Sinn bezüglich ihrer
Abzweckung als Mahnschriften zur rigorosen Gesetzesobservanz
betrachtet werden und wollen jedweden Fremdeinfluss anderer Reli-
gionen ausgrenzen. Es kommt letztlich auf die Treue zu den ergangenen Offenbarungen Jahwes an, die im neuen geschichtlichen
Kontext nichts an ihrer Aktualität verloren haben und ihre Gültigkeit
in der Wirklichkeitsdeutung behalten. Die Identität des Volkes kann
nur im Rückgriff auf massgültige Traditionen gewährleistet werden,
die ihre Wirkkraft auch unter neuen geschichtlichen Umständen entfalten können, sofern man ihre Orientierungsvalenz anerkennt. Jahwe
steht dann zu seinem Volk und verlässt es nicht, wenn die Gebote
gehalten werden, und selbst bei Verstössen erweist er immer wieder
seine unverbrüchliche Treue. Am Ende des Fragments in AM 12,12
wird betont, dass Jahwe sein Volk nicht verlassen kann, und die gleiche Zuversicht kommt auch in Jub 1,5.18f. zum Ausdruck. Insofern
sprechen beide Schriften den Lesern in bedrängter Situation Mut
zu, ermahnen aber gleichzeitig zum Festhalten an Jahwe und seinen
Geboten.[55]

---

[53] Cf. G.W.E. NICKELSBURG, *Jewish Literature*, 82.
[54] Die Ablehnung fremder Götter und Götzenbilder findet sich in Jub 1,8.9.11;
11,4.7.16; 12,2.5.12; 20,7f.; 21,3.5; 22,22; 31,1f.; 36,5; 48,5 und in AM 2,8; 5,3;
10,7.
[55] Cf. G.W.E. NICKELSBURG, *Jewish Literature*, 79f.

7.4 Die AM im Vergleich mit dem ersten, zweiten und vierten Makkabäerbuch

Dass die beiden Kapitel AM 8 und 9 mit den Zuständen der Religions-verfolgung unter Antiochus IV. zusammengebracht werden können und dementsprechend mit den Farben der unmittelbaren vormakka-bäischen Zeit gezeichnet sind, ist durchaus evident, denn die geschil-derte Situation gleicht der, die in den ersten beiden Makkabäerbüchern beschrieben ist.[56] So scheint ein näherer Vergleich der Motive und Handlungsabläufe von AM 8–9 auf dem Hintergrund dieser beiden deuterokanonischen Bücher geradezu geboten. Sollte die AM im ersten Drittel des 1.Jh.n.Chr. verfasst worden sein, so hätte sie durch-aus auf die Traditionen der Makkabäerbücher zurückgreifen können, denn deren Datierung ist am Ende des 2.Jh. bzw. am Anfang des 1.Jh.v.Chr. anzusetzen.[57] Da gewisse Teile aus 2Makk wahrscheinlich

---

[56] Cf. R.H. CHARLES, The Assumption of Moses, lii; W. BALDENSBERGER, Die messia-nisch-apokalyptischen Hoffnungen des Judentums, 43; G.W.E. NICKELSBURG, Resurrection, 97–102; J.J. COLLINS, «The Date and Provenance», 18–22; J.P.M. SWEET, «The Assumption of Moses», 604; E. SCHÜRER – G. VERMES, The History of the Jewish People, III/1, 282; J. TROMP, «Taxo», 200; G. ZERBE, «"Pacifism" and "Passive Resistance"», 77/Anm. 55.

[57] Der terminus a quo für 1Makk dürfte unbestritten die in 16,23f. tangierte Regie-rungszeit Johannes Hyrkans (134–104 v.Chr.) darstellen. So meint O. EISSFELDT, Einleitung, 785, dass 1Makk vor dem letzten oder vorletzten Jahrzehnt des 2.Jh.v.Chr. kaum entstanden sein kann. Näher präzisiert K.-D. SCHUNCK, 1.Makkabäerbuch, 292, und datiert ins Jahr 120 v.Chr., da der endgültige Bruch Johannes Hyrkans mit den Pharisäern zur Abfassungszeit noch nicht erfolgt wäre. Dass der Verfasser sicher vor 63 v.Chr. gewirkt haben muss, behauptet O. KAISER, Grundriss der Einleitung, I, 162, wahrscheinlich aber am Ende des 2.Jh. oder am Anfang des 1.Jh.v.Chr. Einen Enstehungszeitraum von 134–64 v.Chr. nennt schliesslich H. ENGEL, «Die Bücher der Makkabäer», 282, benennt aber dann konkret das Jahr 100 v.Chr. (das Ende der Regierungszeit Johannes Hyrkans wird vorausgesetzt; Alexander Jannäus regiert die ersten Jahre). Kurz nach dem Tod Johannes Hyrkans datiert auch R. DORAN, «The First Book of Maccabees», 22, das 1.Makkabäerbuch. Das 2.Makkabäerbuch hingegen setzt das Werk Jasons von Kyrene voraus, das zwischen 161/160 und 124 v.Chr. verfasst worden sein muss. Wann die Epitome dieses Werkes entstanden ist, die dem 2.Makkabäerbuch zugrunde liegt, bleibt allerdings strittig. O. EISSFELDT, Einleitung, 787f., meint, den Bearbeiter wird man sich wohl kaum vor der zweiten Hälfte des 1.Jh.v.Chr. am Werk denken dürfen. Dass die Epitome 124 v.Chr. ent-standen ist, nimmt C. HABICHT, 2.Makkabäerbuch, 169–177, an, rechnet aber mit weiteren Bearbeitungen (insgesamt drei Schichten), die vor der Tempelzerstörung im Jahre 70 n.Chr. zu datieren sind. Von einer Grundfassung des Buches im Jahr 124 v.Chr. geht auch O. KAISER, Grundriss der Einleitung, I, 164f., aus, die weiteren Bearbeitungen kann er aber auch nicht näher datieren. Dass der Epitomator vor 64 v.Chr. die Bearbeitung vorgenommen haben soll, vermutet H. ENGEL, «Die Bücher der Makkabäer», 288f., meint aber, dass 2Makk in seinem vorliegenden Umfang

noch aus späterer Zeit stammen,[58] in jedem Fall aber aus der Zeit
vor der Tempelzerstörung im Jahre 70 n.Chr., besteht auch die Möglichkeit, dass bestimmte Motive der AM sich im gleichen Zeitraum
niederschlugen wie solche, die sich in 2Makk finden. Auf der anderen Seite kann auch nicht ausgeschlossen werden, dass hinter den
Traditionen, die in der AM und den Makkabäerbüchern aufscheinen, gemeinsame Wurzeln liegen, die sich jeweils in ihren Entsprechungen differenziert ausgefaltet haben. Bevor aber nähere Aussagen
gewagt werden können, sollen zunächst die Beobachtungen im Vordergrund stehen, die sich ergeben, wenn man AM 8–9 auf dem Hintergrund der Schilderungen in den Makkabäerbüchern liest.

Der in AM 8,1 vorgestellte "rex regum terrae" muss zunächst
assoziativ mit Antiochus IV. verbunden werden, weil die dort dargestellten religionspolitischen Verfolgungsmassnahmen zweifellos
dessen Fingerabdrücke tragen. Das Beschneidungsverbot bzw. die
Strafmassnahmen bei erfolgter Beschneidung, die konkreten Verfolgungsmassnahmen und die Aufforderung zur Verleugnung der eigenen Religion durch Teilnahme an kultischen Veranstaltungen der
Heiden tragen unmissverständlich Züge der Religionspolitik des ge-
fürchteten Fremdherrschers. Welche Probleme und Bedrängnisse sich
aus jüdischer Sicht unter diesem Gewaltherrscher ergeben, ist Thema
von AM 8,1–5. Zunächst wird auf die jüdische Sitte der Beschneidung
Rekurs genommen (AM 8,1–3), die für die Frommen und die sich
jeder Assimilation mit der griechischen Lebensart widersetzenden
Toratreuen Bekenntnischarakter hatte, denn mit ihr steht gleichsam
das Judentum als solches auf dem Spiel (cf. 2Makk 6,6). Das Beschneidungsverbot findet sich in 1Makk 1,48 und die Bestrafungsmassnahme
bei Vornahme der Beschneidung werden ausdrucksstark in 1Makk
1,60f. beschrieben (cf. auch 2Makk 6,10; 4Makk 4,25).[59] Von der
Kreuzigung als Strafe entdeckt man allerdings in den Makkabäerbüchern nichts,[60] wenngleich dort das Foltern der Frauen näher prä-

---

schon bald nach 124 v.Chr. zusammengestellt worden sein könnte. In eine ähnliche Richtung artikuliert sich R. DORAN, «The Second Book of Maccabees», 183.

[58] So bestimmte Fortführungen und Ergänzungen in 2Makk 6 und das ganze 7.
Kapitel; cf. C. HABICHT, 2.Makkabäerbuch, 173.175–177.

[59] Schon R.H. CHARLES, The Assumption of Moses, 30, erwähnt diese Parallelen zu
AM 8,1.

[60] Josephus (Ant XII,256) redet davon, dass schon zur Zeit Antiochus IV.
Kreuzigungen vorgenommen worden sein sollen (cf. J. TROMP, The Assumption of
Moses, 218). Überhaupt scheint Ant XII,254–256 und AM 8,1b–3 von der gleichen
Thematik zu handeln: es geht um religionspolitische Verfolgungsmassnahmen im

zisiert ist, die ihre Kinder beschnitten hatten: die Säuglinge hängte man ihnen an die Brüste und dann wurden sie umgebracht. AM 8,3 erwähnt den bekannten Epispasmos,[61] der in 1Makk 1,15 nebenbei angeführt wird;[62] allerdings scheint dieses Phänomen dort schon in den ersten Jahren des Regierungsantritts des Königs Antiochus IV. angesetzt zu sein, als die Hohenpriester Jason und Menelaos die griechische Lebensart einzuführen versuchten. Was die vorgängige Aussage in AM 8,3 betrifft, dass Frauen den Göttern bei den Heiden geschenkt werden,[63] so könnte man das auf dem Hintergrund von 2Makk 6,4 lesen, wo davon die Rede ist, dass sich die Tempelschänder in den Vorhöfen mit Frauen eingelassen hatten. Dass die, die sich zum jüdischen Glauben in Standfestigkeit und Treue bekannt haben, gefoltert und umgebracht wurden, davon zeugen exemplarisch die Geschichten des greisen Schriftgelehrten Eleasar in 2Makk 6,18–31 und die der Mutter mit den sieben Söhnen in 2Makk 7. Insofern ist die recht allgemein gehaltene Bemerkung in AM 8,4, dass man Bekennende mit Folter, Feuer und Schwert bestraft hätte, in mehrfacher Brechung in den Makkabäerbüchern zu entdecken.[64] Die Nötigung,[65] heidnische Götzenbilder öffentlich tragen zu müssen, könnte hingegen einen sehr konkreten Hintergrund haben: in 2Makk 6,7 wird angemerkt, dass man die Juden zwang, am Fest der Dionysien sich mit Efeu bekränzt an der Prozession zu beteiligen.[66] Schliesslich

---

Zusammenhang mit dem Beschneidungsverbot und den darauf bezogenen Strafmassnahmen; cf. bes. AM 8,1 "qui confitentes circumcisionem in cruce suspendit" und Ant XII,256 καὶ γὰρ μαστιγούμενοι καὶ τὰ σώματα λυμαινόμενοι ζῶντες ἔτι καὶ ἐμπνέοντες ἀνεσταυροῦντο, τὰς δὲ γυναῖκας καὶ τοὺς παῖδας αὐτῶν, οὓς περιέτεμνον παρὰ τὴν τοῦ βασιλέως προαίρεσιν, ἀπῆγχον, ἐκ τῶν τραχήλων αὐτοὺς τῶν ἀνεσταυρωμένων γονέων ἀπαρτῶντες (cf. R. MARCUS, Josephus, VII, 130–133).

[61] Zum Phänomen des Epispasmos cf. R.G. HALL, «Epispasm», 71–86.

[62] Zwischen 1Makk 1,15 und AM 8,3 gibt es allerdings einen erheblichen Unterschied, nämlich den, dass im ersten Fall der Epispasmos von den Juden freiwillig vollzogen wird, während er im zweiten Fall eine Zwangsmassnahme zu sein scheint; cf. L. VEGAS MONTANER, «Testamento de Moisés», 240; D. MAGGIOROTTI, Il Testamento di Mosè, 239f.

[63] An dieser Stelle gibt es allerdings eine textkritische Unsicherheit: statt "diis donabuntur" (so bei CERIANI) lesen einige "disdonabuntur", so dass die Frauen gleichsam als Beute unter die Heiden verteilt werden; cf. J. TROMP, The Assumption of Moses, 218f.

[64] Cf. 2Makk 6,11, aber auch Dan 11,33; cf. D. MAGGIOROTTI, Il Testamento di Mosè, 241.

[65] Cf. das in 2Makk 6,7 verwendete Verbum ἀναγκάζω (bzw. das Substantiv ἀνάγκη) und "cogere" in AM 8,4f.

[66] Schon R.H. CHARLES, The Assumption of Moses, 31, erwähnt diese Parallele zu AM 8,4.

ergibt sich zur Aussage in AM 8,5, dass der Altar im Heiligtum ver-
unehrt werden wird (blasfemare), eine Parallele in 2Makk 6,5, wo
zum Ausdruck kommt, dass sich unerlaubte und verbotene Dingen
auf dem Altar häuften (cf. auch 1Makk 1,47).

Das 9. Kapitel der AM wurde durchaus schon mit Szenen aus
den Makkabäerbüchern verglichen[67] und es kamen augenfällige Parallelen zum Vorschein,[68] denen nun im einzelnen nachgegangen werden soll. Die sieben Söhne des Taxo in AM 9,1 können ohne weiteres
in Verbindung gebracht werden mit den sieben Söhnen der Mutter
in 2Makk 7, die alle im Beisein des frevelhaften Königs Antiochus
zu Tode gebracht werden, weil sie standhaft am jüdischen Gesetz
festhalten und nicht der Anordnung Folge leisten, Schweinefleisch
zu essen.[69] Die ganze Geschichte steht, wie auch die vorgängige vom
greisen Eleazar in 2Makk 6,18–31, unter dem Motto[70] "Lieber sterben
als die Gebote übertreten". Diesbezüglich könnte man unter Umständen
von wörtlichen Berührungen zwischen AM 9,6 und 2Makk 7,2 reden.[71]
Hinter dem lateinischen "et moriamur potius quam praetereamus
mandata domini dominorum, dei parentum nostrorum" von AM 9,6
dürfte folgender griechischer Text stehen «καὶ ἀποθάνωμεν μᾶλλον ἤ
παραβῶμεν τὰς ἐντολὰς τοῦ κυρίου τῶν κυρίων, τοῦ θεοῦ τῶν προγόνων
ἡμῶν»,[72] der sich auf 2Makk 7,2 zurückbeziehen könnte (ἕτοιμοι γὰρ
ἀποθνῄσκειν ἐσμὲν ἤ παραβαίνειν τοὺς πατρίους νόμους). Das Motiv
allerdings, eher zu sterben als die Gesetze zu übertreten, findet sich
mit anderem Vokabular und in anderem Zusammenhang noch an
weiteren Stellen in den ersten beiden Makkabäerbüchern,[73] wenngleich es das berühmte 7. Kapitel von 2Makk gleichsam refrainartig durchzieht (V.2.9.23.30)[74] und dessen Umsetzung durch den

---

[67] Cf. R.H. CHARLES, *The Assumption of Moses*, 32ff.

[68] Cf. W.N. STEARNS, «Notes on Acts xiii.9 and on Assumptio Mosis ix.», 53f.;
G.W.E. NICKELSBURG, *Resurrection*, 97–102.

[69] Zu 2Makk 7 cf. G.W.E. NICKELSBURG, *Resurrection*, 93–96.

[70] Dazu findet sich eine interessante Parallele bei Josephus (Bell II,174); cf. D.M.
RHOADS, «The Assumption of Mose and Jewish History», 56. Weitere Stellen in
der Literatur des entsprechenden Zeitraums zur grundsätzlichen Bereitschaft für die
Tora oder die Gesetze der Väter zu sterben finden sich bei U. KELLERMANN, «Das
Danielbuch und die Märtyrertheologie», 71.

[71] Cf. z.B. R.H. CHARLES, *The Assumption of Moses*, 33.38; M. DELCOR, «Contribution
à l'étude de la législation», 63; J. TROMP, *The Assumption of Moses*, 227.

[72] A. HILGENFELD, «Die Psalmen Salomo's und die Himmelfahrt des Moses», 292.

[73] Cf. 1Makk 1,63; 2,37 (dort könnte mit der Zeugenanrufung von Himmel und
Erde auf das Moselied angespielt sein; cf. Dtn 31,28; 32,1), 2,50; 2Makk 8,21; 13,14.

[74] Die Bedeutung des Gesetzes im Angesicht des Martyriums findet sich insgesamt in 2Makk 7,2.9.11.23.30.37.

Märtyrertod der Söhne und der Mutter plastisch vor Augen führt.

An diesem Punkt ist sich auch der Darstellung des Märtyrertodes Eleasars und der Mutter mit den sieben Söhnen im vierten Makkabäerbuch zuzuwenden, das wahrscheinlich ausserhalb Palästinas im 1.Jh.n.Chr. entstanden sein muss[75] und eng mit dem zweiten Makkabäerbuch in Verbindung steht. Die Frage, ob letzteres als literarische Vorlage für 4Makk gedient hat, beide aus dem Geschichtswerk Jasons von Kyrene geschöpft haben oder beiden andere davon abhängige gemeinsame Traditionen zugrunde lagen, wird kontrovers diskutiert, wenngleich der offenkundige Zusammenhang zwischen beiden Büchern durchaus zur Annahme berechtigt, 4Makk basiere auf der vorgängigen Schrift 2Makk.[76] So werden die in 2Makk 6,18–31; 7,1–42 berichteten Märtyrergeschichten von Eleasar und der Mutter mit den sieben Söhnen in 4Makk 5,1–17,6 breit und ausladend aufgegriffen. Im Prinzip sollen diese Geschichten dem Zweck der durchaus philosophisch angehauchten Schrift entsprechend demonstrieren, dass die Vernunft die Herrin über die Leidenschaften des Menschen ist (4Makk 1,7–9). Von ihrer inhaltlichen Ausrichtung sind diese Märtyrergeschichten in jedem Fall in Einklang zu bringen mit dem Grundduktus des 9. Kapitels der AM.[77] Immer wieder dringt durch, dass der Gehorsam zum Gesetz über den Wert des eigenen Lebens zu stellen ist. Lieber sterben als die Gesetze übertreten, das ist auch hier die Maxime, die durch das standhafte Verhalten der Märtyrer propagiert wird und beim Leser Bewunderung und unter Umständen den gleichen Starkmut erregen möchte. Besonders die Reden des greisen Eleasars bringen die Wichtigkeit des Gesetzesgehorsams und die Abscheu vor der Übertretung der göttlichen Gebote zum Ausdruck (4Makk 5,16–38; 6,17–23.27–29). Bezüglich wörtlicher Berührungen zur AM ist man auf zwei Stellen in 4Makk verwiesen, die vielleicht noch enger als 2Makk 7,2 mit AM 9,6 verbunden werden können. In der ersten geht es um die chorische Antwort aller sieben Söhne

---

[75] Bezüglich einer näheren Bestimmung behauptet H. ANDERSON, «4Maccabees», 533f., diese Schrift sei zwischen 63 v.Chr. und 70 n.Chr. entstanden (unter Umständen zwischen 18–55 n.Chr.), während J.W. VAN HENTEN, «Datierung und Herkunft des vierten Makkabäerbuches», 136–149, meint, sie sei etwa um 100 n.Chr. zu datieren.

[76] Cf. H. ANDERSON, «4Maccabees», 540f.; J.W. VAN HENTEN, «Datierung und Herkunft des vierten Makkabäerbuches», 137.

[77] Überhaupt ergeben sich in 4Makk nur Vergleichspunkte zu AM 9, wenn man vom Bild der himmlischen Verklärung der Mutter mit ihren sieben Söhnen in 4Makk 17,5 absieht, das mit der Erhöhung Israels zum Sternenhimmel in AM 10,9 verglichen werden kann.

auf das frevelhafte Ansinnen Antiochus', seinen Anordnungen Folge
zu leisten und damit die Gesetze der Väter zu übertreten. Nach
4Makk 9,1f. antworten sie mit dem festen Willen, sich nicht zu beugen (cf. auch 4Makk 13,9): τί μέλλεις, ὦ τύραννε; ἕτοιμοι γάρ ἐσμεν
ἀποθνήσκειν ἢ παραβαίνειν τὰς πατρίους ἡμῶν ἐντολάς. αἰσχυνόμεθα
γὰρ τοὺς προγόνους ἡμῶν εἰκότως εἰ μὴ τῇ τοῦ νόμου εὐπειθείᾳ καὶ
συμβούλῳ Μωυσεῖ χρησαίμεθα. Augenfällig findet sich hier gleiches
Vokabular wie in AM 9,6 (ἀποθνήσκω, παραβαίνω, τὰς ἐντολάς) und
der Bezug auf die Vorväter (πρόγονοι) ist jeweils im Kontext ausgeführt. Was Wortberührungen betrifft, so ist man weiterhin auf die
zweite Stelle in 4Makk 16,24 verwiesen. Dort wird abschliessend die
Rede der Mutter an ihre Söhne folgendermassen kommentiert: διὰ
τούτων τῶν λόγων ἡ ἑπταμήτωρ ἕνα ἕκαστον τῶν υἱῶν παρακαλοῦσα
ἀποθανεῖν ἔπεισεν μᾶλλον ἢ παραβῆναι τὴν ἐντολὴν τοῦ θεοῦ. Wiederum
wird die Ähnlichkeit zu AM 9,6 deutlich, wobei das Verbum παρακαλέω durchaus auf dem Hintergrund von AM 9,1 gesehen werden
kann. Dort leitet nämlich Taxo seine Rede an seine sieben Söhne
mit folgenden Worten ein: Taxo qui habens VII filios dicet ad eos
rogans. Hinter dem Partizip "rogans" könnte durchaus das griechische παρακαλῶν stehen, so dass sich die Mutter mit dem gleichen
Verbum an ihre Söhne wendet, wie es Taxo tut. Ist schliesslich in
AM 9,7 davon die Rede, dass im Fall eines Märtyrertodes der Herr
das Blut der Seinen rächen wird, so ist in den Märtyrergeschichten
von 4Makk unmissverständlich zum Ausdruck gebracht, dass der
grausame Tyrann für seine unmenschlichen Greueltaten bestraft werden wird (4Makk 11,3; 12,12.19; 17,21; 18,5.22). Insgesamt lässt sich
also AM 9 ohne Schwierigkeiten mit den in 4Makk geschilderten
Märtyrergeschichten verbinden, da aber diesen wahrscheinlich die
entsprechenden Texte in 2Makk zugrunde liegen, lassen sich über
die traditionsgeschichtlichen Zusammenhänge keine eindeutigen Aussagen machen, zumal nicht auszuschliessen ist, dass diese Geschichten
im entsprechenden Zeitraum mit dem aufgezeigten typischen Vokabular
allgemein verbreitet gewesen sein können.[78]

Kehrt man wieder zur Verbindung zwischen AM 9 und 2Makk
7 (cf. auch 4Makk 7,24–17,6) zurück, so könnte es durchaus sein,

---

[78] Zudem wären diesbezüglich fundiertere Untersuchungen notwendig, die hier
aber nicht geleistet werden können (cf. dazu z.B. J.W. VAN HENTEN, *The Maccabean
Martyrs*, 295–304). Es kann lediglich festgestellt werden, dass wahrscheinlich Zusammenhänge zwischen AM 9,6 und 2Makk 7,2 bzw. 4Makk 9,1–2; 16,24 bestehen.

dass die Geschichte der Mutter mit ihren sieben Söhnen[79] für die Ausgestaltung von AM 9 Vorbildfunktion hatte,[80] weil auf der einen Seite die Söhne wirklich einen qualvollen Tod für das Gesetz erleiden, auf der anderen Seite aber Taxo lediglich zur Bereitschaft auffordert, für die Gebote zu sterben. Dass in beiden Fällen vom Tod der sieben Brüder zusammen mit jeweils einem Elternteil gehandelt ist, davon kann keine Rede sein.[81] Genausowenig bewirkt die Aufforderung Taxos, für die Gesetze zu sterben, das eschatologische Szenario in AM 10,1–10, weil die Wende mit der Rache an den Feinden allein Gottes souveränes Werk ist.[82] Letztlich ist ja auch in 2Makk 7

---

[79] Zum Motiv der Mutter mit den sieben Söhnen bemerkt R. DORAN, «The Second Book of Maccabees», 240: «The particular motif of a mother's dying with her seven sons was a favorite one in later Jewish literature, where the event takes place either before a Roman emperor or "in the days of persecution"».

[80] Zumindest theoretisch könnte sich 2Makk 7 und AM 9 auch unabhängig voneinander entwickelt haben; cf. L. VEGAS MONTANER, «Testamento de Moisés», 242. Entweder konkretisieren sich in beiden Texten auf je eigene Art und Weise vorhandene Traditionsströmungen der damaligen Zeit oder beide gehen auf eine gemeinsame Quelle zurück, die aufgrund verschiedener, sich historisch entwickelnder Traditionsstränge jeweils anders rezipiert wird.

[81] Anders G.W.E. NICKELSBURG, *Resurrection*, 97 (Punkt 2).

[82] Diesbezüglich ist strikt vom Text in AM 9,6f. auszugehen, denn nirgends ist vom Tod Taxos oder seiner sieben Söhne die Rede, noch davon, dass die Mahnung Taxos bezüglich der Bereitschaft für das Gesetz zu sterben die göttliche Rache und damit die apokalyptische Wende verursacht. Dennoch wird diese Meinung nach wie vor hartnäckig vertreten. Als erster artikuliert sich in diese Richtung F.C. BURKITT, *Jewish and Christian Apocalypses*, 40: «The voluntary death of the holy Taxo has a redeeming value, for it hastens the end». C.C. LATTEY, «The Messianic Expectation», 17, macht gar aus Taxo einen leidenden Messias: «We have here a voluntary death for Israel [. . .] and it is to bring about the final consummation. To put it into our modern language, Taxo is to be a suffering Messiah, and his death is to bring about a glorious deliverance». Letztlich macht J. LICHT, «Taxo», 97f., die Auffassung, dass der unschuldige Tod Taxos und seiner Söhne die göttliche Rache und damit das Ende der Zeiten heraufbeschwört, derart salonfähig, dass sie von einer Vielzahl von Forschern unkritsch übernommen wird: cf. G.W.E. NICKELSBURG, *Resurrection*, 97 (Punkt 4); ID., «An Antiochan Date», 33/Anm. 2; D.M. RHOADS, «The Assumption of Moses and Jewish History», 56; D.C. CARLSON, «Vengeance and Angelic Mediation», 95; G.W.E. NICKELSBURG – M.E. STONE, *Faith and Piety in Early Judaism*, 128; O. CAMPONOVO, *Königtum, Königsherrschaft und Reich Gottes*, 150; J.J. COLLINS, «Testaments», 347; ID., *The Apocalyptic Vision of the Book of Daniel*, 200; D.J. HARRINGTON, «Palestinian Adaptations of Biblical Narratives and Prophecies», 244; J.W. VAN HENTEN, «Das jüdische Selbstverständnis», 135/Anm. 18; C. THOMA, «Das Böse im Zeitalter Jesu», 56; ID., *Das Messiasprojekt*, 227; B. HALPERN-AMARU, *Rewriting the Bible*, 58 (cf. auch ID., «Redesigning Redemption», 135); W. ZAGER, *Gottesherrschaft und Endgericht*, 94f. In diesem Zusammenhang verdient eine besondere Erwähnung D.P. MOESSNER, «Suffering, Intercession and Eschatological Atonement», 213, der den Tod Taxos mit dem des Mose vergleicht («Like Moses, Taxo knows that God will use his own faithfulness and his death to bring deliverance for Israel»), obwohl weder des einen noch des anderen Ableben in der AM expressis verbis berichtet wird (nur als

die Bestrafung des ruchlosen Königs allein dem Eingreifen Gottes
anheimzustellen und nicht unbedingt durch den freiwilligen Märtyrertod
der Brüder provoziert, wenngleich dieser aufgrund einer höheren
Gerechtigkeit nicht ohne Strafe bleiben kann (V.14.17.19.31.35–37).
Das Leiden und der Tod der Söhne hat nicht unbedingt als erstes
Ziel, die göttliche Rache heraufzubeschwören, sondern wird als Sühne
für begangene kollektive Sünden betrachtet (V.18.32–33.38).[83] Was
das Motiv der Rache an den Verfolgern bzw. Feinden betrifft, so
ergibt sich allerdings eine andere auffällige Parallele: AM 9,6 greift
rezeptionstechnisch in jedem Fall Dtn 32,43 auf, den Schluss des
Moseliedes, und dieses wird explizit in 2Makk 7,6 unter der Perspektive des göttlichen Erbarmens erwähnt. Sowohl AM 9 als auch
2Makk 7 beziehen sich somit eindeutig auf das Moselied, das thematisch von seinem Schluss her mit der göttlichen Rache an den
Feinden und dem Erbarmen über das eigene Volk verbunden wird.
So lässt sich also durchaus von sachthematischen Parallelen zwischen
AM 9 und 2Makk 7 sprechen, wenngleich die Siebenzahl der Söhne
und die Bereitschaft für die Gesetze zu sterben die augenfälligsten
Vergleichspunkte darstellen.[84]

Weiterhin ist AM 9 auf dem Hintergrund des sogenannten Testa-
ments des Mattatias in 1Makk 2,49–70 zu betrachten,[85] da in jedem
Fall thematische Berührungspunkte zwischen den Weisungen des
Taxo an seine sieben und denen des Mattatias an seine fünf Söhne

---

Mutmassung kann die Schilderung des Mosetodes im weggebrochenen Schluss angenommen werden). In Anlehnung an den eigentlichen Text der AM nimmt jedoch
schon S. ZEITLIN, «The Assumption of Moses and the Revolt of Bar Kokba», 31,
Stellung gegen diese These: «There is nothing [. . .] to indicate that the death of
Taxo and his seven sons will effect the establishment of the kingdom of God». In
die gleiche Richtung argumentieren: H.H. ROWLEY, *The Relevance of Apocalyptic*, 151f.;
J. PRIEST, «Some Reflections on the Assumption of Moses», 103f.; ID., «Testament
of Moses», 923; ID., «Moses, Testament of», 921; G. ZERBE, «"Pacifism" and "Passive
Resistance"», 78/Anm. 60; D. MAGGIOROTTI, «La datazione del Testamento di
Mosè», 256f.; ID., *Il Testamento di Mosè*, 244.260. Taxos Funktion wird von
C. MÜNCHOW, *Ethik und Eschatologie*, 69f., als eine paränetische bezeichnet; ihm kann
durchaus zugestimmt werden, wenn er behauptet: «Das Handeln Taxos und seiner
Söhne ist also nicht als eine Provokation des Eingreifens Gottes aufzufassen. Sie
sterben nicht, *damit* Gott das Ende herbeiführe, sondern können den Tod im
Gesetzesgehorsam freiwillig auf sich nehmen, *weil* Gott vergelten wird».
[83] Cf. R. DORAN, «The Second Book of Maccabees», 242.
[84] Cf. R. DORAN, «The Martyr», 190.
[85] Zur Verbindung des Testaments des Mattatias mit dem biblischen Hintergrund
der erwähnten Gestalten cf. D. DIMANT, «Use and Interpretation of Mikra», 394f.

bestehen.[86] Ob es sich allerdings bei den Ausführungen Taxos um seine letzten Worte mit testamentarischem Charakter handelt, muss dahingestellt bleiben, wenngleich es sich unbestritten in beiden Fällen um paränetische Reden an die jeweiligen Söhne dreht, die die absolute Gesetzesbefolgung im Angesicht jeder Bedrohung propagieren. Beide Väter beginnen ihre Rede mit dem Verweis auf schwierige Zeiten, wenn Taxo von einer "ultio crudelis", einer "traductio sine misericordia" spricht (AM 9,2) und Mattatias von Hochmut, einer Zeit des Zusammenbruchs und des grimmigen Zorns (1Makk 2,49).[87] Der letztere fährt fort, indem er zum Eifer für das Gesetz[88] und zum Einsatz des Lebens für den Bund der Väter aufruft (1Makk 2,50). Dem entspricht in der Taxorede die eindringliche Mahnung, an den Geboten des Herrn festzuhalten, wenn es sein muss bis zum Tod (AM 9,6). Sowohl Mattatias als auch Taxo nehmen Rekurs auf das tadelfreie Verhalten der Väter und Vorfahren, wenn es um die Treue zum Gesetz geht. Während allerdings der zweite in AM 9,4 mehr summarisch davon redet, dass diese Gott niemals versucht und seine Gebote übertreten hätten, listet der erste unter dem Aspekt der treuen und teilweise kämpferischen Gesetzesbefolgung eine Reihe von vorbildhaften Gestalten auf (Abraham, Josef, Pinhas, Josua, Kaleb, David, Elija, Hananja-Asarja-Mischael, Daniel), die vor Augen führen sollen, dass der niemals zuschanden wird, der auf Gott seine Hoffnung setzt (1Makk 2,51–61). Mattatias ruft weiterhin dazu auf, für das Gesetz stark und mannhaft einzutreten,[89] weil in ihm allein Ruhm zu erwerben wäre (1Makk 2,64), während Taxo zum Ausdruck bringt, dass allein in ihm die eigene Kraft bestünde (AM 9,5: haec sunt vires nobis). Schliesslich enden beide ihre Rede mit dem Rachegedanken, der jeweils auf dem Hintergrund von Dtn 32,43 formuliert ist.[90] Taxo ist überzeugt, dass aufgrund der Bereitschaft zum Martyrium für das

---

[86] Cf. W.N. STEARNS, «Notes on Acts xiii.9 and on Assumptio Mosis ix.», 53f.; G.W.E. NICKELSBURG, *Resurrection*, 98f.

[87] Im Griechischen beginnt die Rede des Mattatias in 1Makk 2,49 folgendermassen: νῦν ἐστηρίσθη ὑπερηφανία καὶ ἐλεγμὸς καὶ καιρὸς καταστροφῆς καὶ ὀργὴ θυμοῦ. Im Vergleich mit AM 9,2 ist anzumerken, dass hinter dem lateinischen "traductio" das griechische ἐλεγμός stehen könnte und "ultio" im Wortfeld von ὀργή und θυμός anzusiedeln ist; cf. J. TROMP, *The Assumption of Moses*, 224.

[88] Dem Leser wurde schon in 1Makk 2,19–22 klar, dass Mattatias entgegen dem Befehl des Königs am Gesetz unbeirrbar festhalten wird; die Geschichte in 1Makk 2,23–28 illustriert das markant.

[89] Cf. 1Makk 2,64: ἀνδρίζεσθε καὶ ἰσχύσατε ἐν τῷ νόμῳ.

[90] Cf. G.W.E. NICKELSBURG, «An Antiochan Date», 36.

Gesetz das Blut vor dem Herrn gerächt werden wird (AM 9,7), während Mattatias seine Söhne dazu auffordert, selbst Rache zu nehmen[91] und es den fremden Völkern heimzuzahlen (1Makk 2,67f.).[92]

Beim Vergleich von AM 9 mit 1Makk 2,49–70 lässt sich demnach feststellen, dass sowohl die Adressaten der Rede vergleichbar sind als auch deren inhaltlicher Grundduktus. Die paränetische Ausrichtung ist jeweils die gleiche, wenn zum Festhalten am Gesetz im Angesicht der feindlichen Bedrohung aufgefordert wird. Die Rede Taxos scheint die Dinge allerdings mehr zu bündeln und auf das eigentliche Ziel hinzuführen, nämlich die ungebrochene Gesetzesobservanz. Insofern könnte man durchaus davon ausgehen, dass der Autor der AM mit Blick auf das Testament des Mattatias eine eingängige Kurzform geschaffen hat, die die Motive alle aufgreift, sie aber stringenter für den neuen Zusammenhang anordnet. Zudem ist der Einfluss der Geschichte in 2Makk 7 auf AM 9,6 nicht zu leugnen, wenn es um die Maxime geht, lieber zu sterben, als die Gebote zu übertreten.

Ein Motiv sei noch näher beleuchtet, das im eben genannten Vers AM 9,6 zu entdecken ist: die Aufforderung Taxos, zu fasten und sich in einer Höhle zurückzuziehen.[93] Die dreitägige Fastzeit[94] hat in 2Makk 13,12 die Bedeutung, sich in einer Bedrohungssituation für das Bevorstehende im Gebet zu rüsten und diese Funktion[95] dürfte auch das Fasten in AM 9,6 haben.[96] Was den Rückzug in Höhlen

---

[91] Der augenfälligste Unterschied zwischen AM 9,7 und 1Makk 2,67f. besteht wohl darin, dass im ersten Fall die Rache Gott selbst überlassen wird, während im zweiten dies das Geschäft der Söhne des Mattatias sein soll; cf. J.J. COLLINS, «Testaments», 348; T. HOLMÉN, «Covenant Thinking», 108.

[92] Die dort vorfindbaren Verben ἐκδικέω und ἀνταποδίδωμι könnten hinter dem "vindicare" von AM 9,7 stehen; beide finden sich in Dtn 32,43(LXX).

[93] Cf. R.H. CHARLES, *The Assumption of Moses*, 37f.

[94] Cf. auch Est 4,16 und TestJos 3,5.

[95] Wie dieses dreitägige Fasten zu deuten ist, darüber gibt es verschiedene Meinungen: J. LICHT, «Taxo», 98, sieht darin einen Akt der Reue und Umkehr; A. JAUBERT, *La notion d'alliance dans le Judaïsme*, 259, meint mit Bezug auf 1QSa I,26 und 2Makk 6,11; 10,6, es handele sich beim Fasten um die Vorbereitung eines Festes, das in den Höhlen gefeiert werden soll; J.J. COLLINS, «The Date and Provenance», 25, schliesst sich dieser Meinung an; C. MÜNCHOW, *Ethik und Eschatologie*, 70, deutet das Fasten als eine Vorbereitung auf ein eschatologisches Ereignis; R.W. HUEBSCH, «The Testament of Moses», 33/Anm. 28, deutet das Fasten mit Bezug auf Est 4,16 als ein «sign primarily of resolution»; J. TROMP, *The Assumption of Moses*, 226, meint, «fasting is a common ritual corollary to the confession of sins and expresses humility», und deutet das Fasten Taxos als «vicarious» für seine Leute.

[96] Das dreitägige Fasten in AM 9,6 vergleicht G.W.E. NICKELSBURG, *Resurrection*, 99, mit dem Buss- und Trauerritus des Mattatias und seiner Söhne in 1Makk 2,14.

angesichts feindlicher Bedrohung betrifft, so bezeugen die Makkabäerbücher diesen Sachverhalt zur Genüge.[97] Man zog sich auch zur
Feier des Sabbats und jüdischer Feste in Höhlen zurück, um nicht
öffentlich gegen die religionspolitischen Sanktionen zu verstossen (cf.
2Makk 6,11; 10,6). Hinter dem lateinischen "spelunca" in AM 9,6
dürfte das griechische Wort σπήλαιον stecken,[98] das eigentlich nur
in den letztgenannten Stellen 2Makk 6,11 und 10,6 vorkommt; ansonsten wird im ersten Makkabäerbuch κρύφος verwendet, das mit
"Schlupfwinkel, verborgener Ort" übersetzt werden kann. Aber nicht
nur in den Makkabäerbüchern hatten Höhlen die Funktion des
Schutzes vor Feinden oder bedrohlichen Situationen, dieses Phänomen wird vielmehr in der gesamten biblischen Tradition bezeugt.[99]
Allerdings wird das Motiv, in Höhlen Schutz vor Feinden zu suchen,
nur in den Makkabäerbüchern im Zusammenhang mit einer massiven Religionsverfolgung erwähnt.

Betrachtet man abschliessend die Verbindungslinien zwischen
1/2/4Makk und den Kapiteln 8–9 der AM, so ist festzustellen, dass
Wortberührungen lediglich zwischen 2Makk 7,2 bzw. 4Makk 9,1–2;
16,24 und AM 9,6 festzustellen sind. Wie diese Wortberührungen
allerdings zu deuten sind, das ist eine andere Frage, denn es muss
sich nicht unbedingt um eine literarische Abhängigkeit handeln, sondern es können auch in dieser Zeit unabhängig voneinander vorhandene Traditionen verarbeitet worden sein. Bezüglich der in der
AM aus den Makkabäerbüchern aufgenommenen Motive scheinen
aber viele Fäden zusammenzulaufen, so dass man mit Recht behaupten kann, die beiden besagten Kapitel der AM atmen in intensiver
Weise den Geist der Religionsverfolgung in unmittelbar vormakkabäischer oder makkabäischer Zeit. Daraus den Schluss ziehen
zu wollen, dass aufgrund der Lebendigkeit und Realitätsnähe der geschilderten Zustände die Abfassungszeit auch in diese Periode fallen
müsste, hiesse aber die Zähigkeit und Überlebensfähigkeit jüdischer

---

Das Zerreissen der Gewänder und das Tragen von Trauergewändern ist dort eher
ein Zeichen tiefer Trauer als der Vorbereitung auf bevorstehendes Unheil im Gebet.

[97] Cf. 1Makk 1,53; 2,31.36.41; 2Makk 6,11; 10,6. 1Makk 2,29–38 sei näher expli-
ziert: es wird davon berichtet, dass Juden in die Wüste geflohen waren, sich in
Höhlen versteckt haben, und am Sabbat umgebracht wurden, weil sie sich aus religiösen Motiven nicht gewehrt hatten.

[98] Cf. A. HILGENFELD, «Die Psalmen Salomo's und die Himmelfahrt des Moses»,
292.

[99] Cf. z.B. Jos 10,16–27; 1Sam 13,6; 22,1; 2Sam 23,13; 1Kön 18,4.13; 1Chr
11,15; Ps 57,1; 142,1; Jes 2,19; Hebr 11,38; Offb 6,15.

Traditionen zu unterschätzen. Das, was im 2.Jh.v.Chr. geschehen
und unter bestimmter Wahrnehmungsperspektive entsprechend tradiert
worden ist—sei es mündlich oder schriftlich in den Makkabäerbüchern—behält seine Gültigkeit und kann seine Wirkkraft auch noch
im 1.Jh.n.Chr. in bestimmten Wiederaufnahmen entfalten. Betrachtet
man nämlich AM 8–9 genau, so laufen dort viele Motive zusammen, die eigentlich erst aus der Zusammenschau von 1 und 2Makk
möglich sind.[100] Augenfällig ist, dass in erster Linie 1Makk 1–2 und
2Makk 6–7 in der aufgewiesenen Motivrezeption berücksichtigt wurden, und zwar in der Weise, dass im Hintergrund von AM 8 hauptsächlich 1Makk 1 und 2Makk 6 steht, AM 9 hingegen auf dem
Hintergrund von 1Makk 2 und 2Makk 7 gelesen werden kann. So
verdankt sich AM 9 hauptsächlich dem Vorbild des Testaments des
Mattatias, wobei aber gleichzeitig der Einfluss der Märtyrergeschichte
in 2Makk 7 angenommen werden kann. Das vorgängige Kapitel AM 8
mit der Schilderung der religionspolitischen Verfolgungsmassnahmen
aber speist sich vornehmlich aus 2Makk 6, wobei einzelne Motive
auch in 1Makk 1 zu finden sind. Insofern ergeben sich Ablaufkon-
gruenzen in der Rezeptionstechnik bezüglich der Motivverkettung
(1Makk 1/2Makk 6 ↦ AM 8; 1Makk 2/2Makk 7 ↦ AM 9), die

---

[100] Bezüglich der traditionsgeschichtlichen Zusammenhänge entwirft G.W.E.
NICKELSBURG, *Resurrection*, 99–102, zwischen 1Makk 2,29–38, AM 9, 1Makk
2,15–28.49ff. und 2Makk 7 ein recht kompliziertes Modell, das aufgrund der teilweise durchaus nachvollziehbaren Beobachtungen auch ganz anders ausschauen
könnte. Warum AM 9 die früheste Ausgestaltung einer nicht nachweisbaren ursprünglichen Geschichte eines berühmten Asidäers und seiner sieben Söhne sein soll, ist
nicht ohne weiteres einsehbar, da AM 9 auch 1Makk 2,49ff. voraussetzen kann (cf.
auch G.W.E. NICKELSBURG, «An Antiochan Date», 35–37). J.A. GOLDSTEIN, *I Maccabees*,
39f. geht davon aus, dass 1/2Makk die um 166–165 verfasste Grundschicht der
AM (ohne die interpolierten Kapitel 6 und 7) voraussetzt und somit 2Makk 7 eine
Bewahrheitung der in AM 9,7–10,1 gegebenen Prophetie sein muss (cf. auch J.A.
GOLDSTEIN, *II Maccabees*, 292–295). AM 8–9 erweist sich aber als eine Konzentration von Motiven aus den Makkabäerbüchern, und deshalb scheint die Annahme
wahrscheinlicher, die AM setze 1/2Makk voraus (cf. dazu J.J. COLLINS, «The Date
and Provenance», 24f.; ID., «Some Remaining Traditio-Historical Problems», 40;
L. VEGAS MONTANER, «Testamento de Moisés», 242; U. KELLERMANN, «Das Danielbuch und die Märtyrertheologie», 71; J. TROMP, «Taxo», 200; D. MAGGIOROTTI,
«La datazione del Testamento di Mosè», 250; I. FRÖHLICH, *"Time and Times and
Half a Time"*, 168f.). Es ist doch einfacher zu begründen, dass ein späterer Autor
die Dinge für einen neuen Zusammenhang sequenzhaft konzentriert, um ein bestimmtes Stimmungsbild der Verfolgungssituation zu zeichnen, als dass er zu bestimmten
Aussagen auslegende und ausladende Geschichten komponiert, die diese überbor-
dend illustrieren.

darauf hinweisen, dass die AM die beiden Makkabäerbücher in der heute vorliegenden Gestalt voraussetzten könnte, um sich daran zu orientieren.

7.5   Die AM im Vergleich mit den Psalmen Salomos

Bei den PsSal handelt es sich um 18 Dichtungen, die bewusst in Anlehnung an die kanonischen Psalmen gestaltet sind, allerdings pseud-epigraphisch der Autorschaft des Königs Salomo unterstellt sind.[101] Überliefert sind sie in griechischer und syrischer Sprache, ursprüng-lich aber müssen sie in hebräisch verfasst worden sein.[102] Ob es sich um einen einzigen Autor handelt, eine Gruppe von Verfassern oder um kompilierte Texte aus einem gewissen Zeitraum ist nicht mit absoluter Sicherheit auszumachen.[103] Abfassungsort muss Palästina sein, aufgrund einer thematischen Zentrierung auf die Hauptstadt wahrscheinlich sogar Jerusalem,[104] und bezüglich der Datierung ist man aufgrund der chiffrierten Erwähnung des Auftretens des Pom-pejus (PsSal 2.8.17) ins 1.Jh.v.Chr. verwiesen, wenngleich nicht aus-zuschliessen ist, dass einzelne Psalmen auch schon früher oder erst später verfasst worden sein könnten.[105] Inhaltlich geht es in diesen Psalmen um zwei Hauptgedanken, nämlich die Gerechtigkeit Gottes und das Verhältnis zwischen Frommen und Gottlosen, wobei aber oft beide Gedankenkreise miteinander verwoben sind und der traditionelle

---

[101] Vor allem die Überschriften zu den einzelnen Psalmen bringen das zum Ausdruck, die aber womöglich sekundär sind; cf. R. KITTEL, «Die Psalmen Salomos», 127; S. HOLM-NIELSSEN, *Die Psalmen Salomos*, 58.

[102] Cf. R. KITTEL, «Die Psalmen Salomos», 129f.; S. HOLM-NIELSSEN, *Die Psalmen Salomos*, 53–55; R.B. WRIGHT, «Psalms of Salomon», 640.

[103] Cf. S. HOLM-NIELSSEN, *Die Psalmen Salomos*, 58f.

[104] Cf. S. HOLM-NIELSSEN, *Die Psalmen Salomos*, 59; R.B. WRIGHT, «Psalms of Salomon», 641.

[105] Mit der Orientierung an Pompejus gibt R. KITTEL, «Die Psalmen Salomos», 128, die Datierungsgrenzen mit 63 bis 45 v.Chr an (bzw. 80–45 v.Chr.). S. HOLM-NIELSSEN, *Die Psalmen Salomos*, 58, meint, der Einfall des Pompejus in Palästina (63 v.Chr.) und dessen Tod (48 v.Chr.) könnten nicht ohne weiteres als obere und untere Grenze der Entstehung der Sammlung betrachtet werden, da es nicht sicher ist, dass alle Gedichte zur gleichen Zeit entstanden sind; so erwägt er, dass einige Gedichte zwar älter sein könnten, alle aber letztendlich aus der Zeit Herodes des Grossen stammen dürften. R.B. WRIGHT, «Psalms of Salomon», 640f., nennt als weitere Grenze zur Entstehung der einzelnen Texte die Zeit von 125 v.Chr. bis ins frühe 1.Jh.n.Chr., als engere die Zeit von 70 bis 45 v.Chr., wobei jedoch die gesamte Sammlung der Psalmen später anzusetzen sei; dennoch müsse sie vor der Tempel-zerstörung im Jahre 70 n.Chr. vorgelegen haben.

Tun-Ergehen-Zusammenhang im Hintergrund steht.[106] Besonders bekannt sind PsSal 17 und 18, die als zentrales Thema den eschatologisch-davidischen Messias behandeln. Welcher Trägergruppe die PsSal zuzuorden sind, muss aufgrund der Vielgestaltigkeit des Judentums in der vermuteten Zeit der Abfassung offen bleiben,[107] wenngleich sie schon mit den Pharisäern und Essenern in Zusammenhang gebracht wurden.[108]

Wie in vielen anderen Schriften der intertestamentarischen Zeit, finden sich in einzelnen Psalmen die Grundzüge des deuteronomistischen Geschichtsbildes, das auch als prägend für die Ausgestaltung der Geschichtsschau der AM erkannt wurde.[109] Abgesehen von dieser mehr allgemeinen Vergleichsmöglichkeit, gibt es aber auch einige thematische Berührungspunkte, die näher zu betrachten sind. So ist in den PsSal des öfteren davon die Rede, dass das Heiligtum oder der Altar verunreinigt wurde und dieses Motiv entdeckt man ebenfalls in der AM.[110] In PsSal 1,8 ist von einer Gruppe die Rede, die in Wohlstand und Reichtum lebt, nicht mit den Heiden identisch sein kann, sich aber Übertretungen zuschulden kommen liess und das Heiligtum des Herrn entweihte. Dass fremde Völker in ihrem Übermut den Altar bestiegen, findet sich in PsSal 2,2, und als Begründung dafür wird angegeben, dass die Söhne Jerusalems selbst das Heilige des Herrn befleckt hätten (PsSal 2,3). Weiterhin kommt dieses Motiv in PsSal 8,12 zum Ausdruck, wenn dort von eigenen Volksgenossen ausgesagt ist (cf. PsSal 8,13), sie hätten in aller Unreinheit den Altar des Herrn betreten und ihre Opfer besudelt während des Blutflusses. Verstärkend wird fernerhin in PsSal 8,22 beklagt, sie hätten Jerusalem und das, was dem Namen Gottes geheiligt war, besudelt. Diese von Teilen des eigenen Volkes verübten kultischen

---

[106] Cf. S. Holm-Nielssen, *Die Psalmen Salomos*, 56.

[107] Die in AM 7 dargestellten Personen identifiziert R.H. Charles, *The Assumption of Moses*, 25–28, mit den Sadduzäern, gegen die dort entsprechend heftig polemisiert werde. Deshalb kann er auf dem Hintergrund der Annahme, dass die PsSal aus pharisäischer Sicht die Sadduzäer kritisieren, eine Reihe von Parallelen zwischen der AM und den PsSal ausmachen; cf. dazu auch O. Camponovo, *Königtum, Königsherrschaft und Reich Gottes*, 161. Da den von Charles ausgemachten Parallelen zwischen der AM und den PsSal eine nicht unproblematische Vorentscheidung bezüglich der scheinbar gleichgerichteten Trägerkreise zugrunde liegt, sind diese Parallelen mit Vorsicht zu behandeln, zumal sie oft sehr allgemeinen Charakter haben und wenig Spezifisches aufweisen.

[108] Cf. R.B. Wright, «Psalms of Salomon», 642.

[109] Cf. O.H. Steck, *Israel*, 170f.

[110] Cf. R.H. Charles, *The Assumption of Moses*, 17; E.-M. Laperrousaz, «Le

Frevel werden auch in AM 5,3f. angeführt, wenn es dort heisst, dass sie das Haus ihres Dienstes mit Befleckungen verunreinigen (contaminabunt inquinationibus domum servitutis suae), fremden Göttern nachhuren und einige den Altar mit Gaben beflecken (quidam altarium inquinabunt de muneribus quae inponent domino). Hinter den lateinischen Verben "contaminare" und "inquinare" könnten die griechischen βεβηλόω und μιαίνω stecken, die ebenfalls an den aufgeführten Stellen in den PsSal zu finden sind.

Eine interessante Paralle zur Erhöhung Israels zum Sternenhimmel in AM 10,9 lässt sich in PsSal 1,5a ausmachen:[111] dort heisst es, dass die in Wohlstand lebende Gruppe aus dem eigenen Volk bis zu den Sternen erhöht wurde (ὑψώθησαν ἕως τῶν ἄστρων). Damit soll im Textzusammenhang wahrscheinlich auf den Übermut dieser Gruppe angespielt werden, die sich absolut in Sicherheit wähnt. Im Hintergrund steht unter Umständen Jes 14,13: in einem Spottlied auf den König von Babel wird dessen Ansinnen erwähnt, den Himmel zu ersteigen und über den Sternen Gottes seinen Thron zu errichten, doch letztlich folgt der Fall in die Unterwelt.[112] Blickt man nun auf AM 10,9, so ist mit der Erhöhung zum Sternenhimmel die Rettung Israels ausgedrückt, und es geht nicht um das Bild der Beschreibung des Hochmuts einer Gruppe. Dennoch wird nahezu gleiches Vokabular verwendet: die lateinische Phrase "et altavit te deus et faciet te herere caelo stellarum" könnte folgendermassen ins Griechische rückübersetzt werden: «καὶ ὑψώσει σε ὁ θεὸς καὶ ποιήσει σε προσέχεσθαι τῷ οὐρανῷ τῶν ἄστρων».[113] In den beiden Stellen PsSal 1,5a und AM 10,9 kommt in jedem Fall eine Erhöhung in den Bereich der Sterne zum Ausdruck (ὑψόω, ἀστήρ), wenngleich im einen Fall nur eine Gruppe, im anderen aber ganz Israel erhöht erscheint.

Schliesslich soll noch neben unbedeutenderen Vergleichspunkten zwischen den beiden Schriften[114] auf PsSal 7,8 verwiesen werden, wo

Testament de Moïse», 118; J. PRIEST, «Testament of Moses», 929/Anm. 5b; J.TROMP, *The Assumption of Moses*, 194.
    [111] Cf. R.H. CHARLES, *The Assumption of Moses*, 42; G. HÖLSCHER, «Über die Entstehungszeit», 158; T.W. MANSON, «Miscellanea Apocalyptica», 45; M. REISER, *Die Gerichtsbotschaft Jesu*, 74; J. TROMP, *The Assumption of Moses*, 237.
    [112] Zu diesem Motiv cf. auch Obad 4; Jer 51,53; Am 9,2; Dan 8,10;12,3; Lk 10,15; TestLev 18,3; äthHen 46,7;104,2; Sib 5,72; cf. N. MESSEL, *Die Einheitlichkeit der jüdischen Eschatologie*, 72; C. BARTH, *Diesseits und Jenseits*, 42/Anm. 26; M. REISER, *Die Gerichtsbotschaft Jesu*, 74/Anm. 22.
    [113] A. HILGENFELD, «Die Psalmen Salomo's und die Himmelfahrt des Mose», 293.
    [114] In AM 4,2 und PsSal 9,8f. erscheinen im Kontext eines an Gott gerichteten

Gott als der bezeichnet wird, der sich über Israels Geschlecht in Ewigkeit erbarmen wird, es also letztlich nicht verstossen kann. Das erinnert stark an AM 12,12: auch dort heisst es, dass es für Gott unmöglich ist, sein Volk auszurotten oder zu verlassen, selbst wenn es sich vergeht. Betrachtet man nun die ausfindig gemachten Berührungspunkte beider Schriften, so kann von einer literarischen Abhängigkeit sicher nicht die Rede sein, vielmehr dürften sich die Parallelen gemeinsamen Traditionen verdanken, die um die Zeitenwende aktuell gewesen sind.

7.6   *Die AM im Vergleich mit Qumrantexten*

Ein Qumrantext, in dem Mose und Josua gleichermassen eine namentliche Erwähnung finden und beide in einer Gesprächssituation aufeinander bezogen sind, liegt in 1Q22 (= 1QDM)[115] vor. Dieser Text ist in mehrfacher Hinsicht mit der AM zu vergleichen, da beide in ähnlichen Situationen situiert sind und gleiche Thematiken aufgreifen. Zunächst aber soll 1Q22 allein ins Blickfeld genommen werden, um die Struktur und Aussagen dieses Textes evident zu machen.

In 1Q22 I,1 ruft Gott (ויקרא) Mose im vierzigsten Jahr des Auszugs der Israeliten aus Ägypten zu sich[116] und gibt ihm die Anweisung, die ganze Gemeinde zu versammeln, um ihnen die Worte der Tora zu befehlen (I,3–4), ihnen vorauszusagen, dass sie im Fremdgötterkult das Gesetz verlassen werden (I,7) und die entsprechenden Konsequenzen dafür zu tragen haben sobald sie den Jordan überschreiten (I,10). Inhaltlich ist anzumerken, dass in I,5 die Zeugenanrufung von Himmel und Erde begegnet und in I,10–11 davon die Rede ist, dass alle Flüche über das Volk kommen werden bis zu dessen Untergang, es somit letztlich erkennen wird, dass an ihm die (vorausgesagte)

Bittgebets eine Reihe von gleichen Motiven, wie die Erwählung Israels, die Bezugnahme auf äussere Feinde, die Anrufung des Namens Gottes über Israel; cf. J. Tromp, *The Assumption of Moses*, 177. Ferner geschieht die Erwähnung von "Jung und Alt" in einem Strafkontext gleichermassen in AM 6,4 und PsSal 17,11 (cf. auch PsSal 2,8). Davon, dass die Wasserquellen zurückgehalten werden bzw. versiegen, ist sowohl in AM 10,6 als auch PsSal 17,19 die Rede; dieses Motiv ist aber keine spezifische Parallele, da es sich häufig auch in anderer Literatur findet.

[115] Cf. *DJD*, I, 91–97; F. García Martínez – E.J.C. Tigchelaar, *The Dead Sea Scrolls. Study Edition*, I, 58–62.

[116] Die Eingangsformulierung muss sich auf die ersten Worte des Buches Levitikus beziehen (Lev 1,1), während die folgende Datierung sich der Rezeption von Dtn 1,3 verdankt.

Wahrheit vollzogen wird. Danach ruft (ויקרא) Mose den Priester Eleazar und Josua zu sich (I,11–12) und gibt ihnen den Auftrag, alle Worte der Tora bis zu ihrem Ende (כול ד̇ברי התורה עד] לכלות̇ א]ותם) zu sprechen, und zwar vor Israel, denn in Kol. II,1 erweist es sich unzweideutig als Adressat. Im weiteren wendet sich Mose in zweimaligem Redeansatz an die Söhne Israels (II,5 und 11),[117] wobei er jeweils mit Nachdruck auf die von Gott geoffenbarten Gebote verweist (II,6–7 und 11). Die Struktur der Kommunikationssituation[118] ist somit davon geprägt, dass Gott sich zuerst an Mose wendet, dann dieser an Eleazar und Josua. Wenngleich die beiden Reden aufgrund der gleichen Situation vor der Landnahme Gemeinsames haben (Verkündigung der Tora, Mahnung zum Einhalten der Gebote, Überschreitung des Jordan), so fällt dennoch auf, dass Gott dem Mose kundtut, die Israeliten würden sich im Land nicht an die Gesetze halten und deshalb vernichtet werden, dass Mose aber dem Eleasar und Josua aufträgt, sie sollten die Einhaltung der Gebote trotzdem eindringlich anmahnen. Der gesamte inhaltliche Grundduktus von 1Q22 ist die Bekanntgabe der Gesetzesvorschriften und die Betonung ihrer immensen Bedeutung; das ist vor allen Dingen auch an der Fortsetzung der Moserede zu den Söhnen Israels ablesbar (II,5–IV,11). Gleichzeitig ist alles als Geschichtsvorausblick konzipiert, weil die geschichtliche Situation der Gottes- bzw. Mosereden mit dem unmittelbar bevorstehenden Einzug ins gelobte Land verbunden ist. Zeitlich ist vom vierzigsten Jahr nach dem Auszug aus Ägypten die Rede (I,1; II,5–6) und lokal wird der Berg Nebo im Ostjordanland genannt (I,2).[119]

Lenkt man nun den Blick auf die AM, so ergibt sich die gleiche geschichtliche Situation, denn auch dort ist alles kurz vor dem Einzug ins versprochene Land situiert und die in AM 2,1–10,10 gegebene Geschichtsvorausschau nimmt gleichermassen den künftigen Abfall von den göttlichen Geboten ins Visier (AM 2,8; 5,3). Inhaltlich ist die Zeugenanrufung von Himmel und Erde (I,5), sowie die Bemerkung, dass alle Flüche entsprechend der angedeuteten Wahrheit über das Volk gekommen sind (I,10–11), mit dem Passus AM 3,11–13

---

[117] In 1Q22 IV,3 könnte sogar noch ein dritter Redeansatz vorliegen; da es sich aber um Ergänzungen in einer Lücke handelt, kann man sich dessen nicht absolut sicher sein.

[118] Cf. L.H. Schiffman, «The Temple Scroll and the Halakhic Pseudepigrapha», 128.

[119] Bezüglich des Nebo muss jedoch angemerkt werden, dass es sich um eine Ergänzung in einer Lücke handelt.

vergleichbar, weil auch dort diese Zeugenanrufung geschieht und das
Eintreffen früherer Worte und Versicherungen in einem negativen
Kontext erfolgt. Zudem ist das Mose-Josua-Verhältnis ähnlich gefasst,
was die zum Ausdruck gebrachte Offenbarungssituation anbelangt.
Sowohl in der AM, als auch in 1Q22 empfängt Mose göttliche Offenbarungen, die er an Josua weitergibt. Natürlich gibt es Unterschiede:
in 1Q22 ist als Adressat der Moserede auch Eleazar genannt, und
dort sollen die Inhalte an das Volk weitergegeben werden, während
in der AM die geoffenbarten Moseworte von Josua bis zur Vollendung
des Endes der Tage zu verbergen sind (AM 1,16–18). Ferner finden
sich in 1Q22 verschiedene Akzentsetzungen bei der Weitergabe der
göttlichen Offenbarungen an Josua und Eleasar. Letztlich aber ergeben sich markante Vergleichspunkte zwischen 1Q22 und der AM,
was die Rede- und Offenbarungssituation sowie die thematischen
Schwerpunkte anbelangt.

Weitere Qumrantexte, in denen Mose und Josua namentlich erwähnt
werden, liegen in den sogenannten Psalmen Josuas vor (4Q378 und
4Q379).[120] Da zumindest in 4Q378 Vokabular verwendet wird (Frag.
3, Kol. II, Zeile 10–11), das auf biblischem Hintergrund mit der Amtseinsetzung Josuas durch Mose verbunden werden kann,[121] lässt sich
vermuten, dass auch dort diese Thematik ausgeführt wurde. Aufgrund
des fragmentarischen Charakters lassen sich aber die genauen Zusammenhänge nicht rekonstruieren, zumal auch unklar bleibt, wer der
Redende ist. Ob in der wörtlichen Rezeption auf Dtn 31 zurückgegriffen wurde, kann angezweifelt werden, da sich eine grössere Nähe
zu Jos 1 zu ergeben scheint. In jedem Fall kann angemerkt werden,
dass in diesem Fragment das Mose-Josua-Verhältnis eine Rolle spielt,
und die in diesem Zusammenhang typische Ermutigunsformel (חזק
ואמץ) zu finden ist (cf. unter Umständen die textkritisch unsichere
Stelle AM 10,15). Selbst wenn in 4Q378 die Bestellung Josuas zum
Nachfolger Moses erwähnt sein sollte, so kann sie in keinem Fall die
Funktion haben, die sie in der Rahmenerzählung der AM einnimmt.
Es ergeben sich in diesem Qumrantext aber weitere Vergleichspunkte
zur AM, da die Trauer nach dem Tod des Mose auf der durchaus
nachweisbaren Rezeptionsgrundlage von Dtn 34,8 in 4Q378 Frag.

---

[120] Cf. C. NEWSOM, «4Q378 and 4Q379: An Apocryphon of Joshua», 35–85;
DJD, XXII, 237–288; F. GARCÍA MARTÍNEZ – E.J.C. TIGCHELAAR, *The Dead Sea
Scrolls. Study Edition*, II, 744–753.
[121] Cf. unter 3.4. und 6.2.5. dazu die Ausführungen, 114.210f., ob Dtn 31 unter
Umständen in 4Q378 rezipiert worden ist.

14, Zeile 1–3, erwähnt ist,[122] und diese Situation mit der Bestürzung und Trauer Josuas in AM 11,4 vergleichbar ist. Dort scheint man sich zumindest im Erzählduktus gleichermassen auf Dtn 34,8 zu beziehen.

Versucht man weiterhin wörtliche Berührungen zwischen Qumrantexten und der AM zu entdecken, so muss vorneweg angemerkt werden, dass die Texte nur aufgrund gleicher Thematiken miteinander verglichen werden können, denn direkte wörtliche Entsprechungen scheint es nicht zu geben. So sollen in etwa ähnliche Texte oder Textfragmente gegenübergestellt werden ohne eine—wie auch immer geartete—direkte oder indirekte Abhängigkeit zu postulieren. Besonders zum eschatologischen Hymnus in AM 10,1–10 finden sich in den Qumrantexten Vergleichspassagen, denn im Horizont der eschatologisch ausgerichteten Gemeinschaft von Qumran stand natürlich auch der Umbruch der Zeiten mit dem Anbruch des neuen Äon. So findet sich zum "nuntius" in AM 10,2, der scheinbar auch priesterliche Funktionen hat und dem die Rache an den Feinden obliegt, eine vergleichbare Gestalt in 11Q13 (= 11QMelch).[123] Dort ist es der als himmlische Figur gezeichnete Melchisedek, der die Rache der Gerichte Gottes zu vollziehen hat und aus der Hand Belials errettet (II,13). Unmissverständlich klar bleibt jedoch, dass der Herr des Gerichts Gott selbst ist und er allein die Völker richtet (cf. II,9–11). Dieselbe Situation ist in AM 10,1–10 gegeben, denn wenn auch zuerst der "nuntius" die Rache vollzieht (10,2), so ist das eigentliche Strafgericht doch Gott vorbehalten, der aus seiner heiligen Wohnung[124] heraustritt (10,3), die Völker straft und ihre Götzenbilder vernichtet (10,7). Der Vergleichspunkt liegt also darin, dass eine himmlische Figur zur Ausführung der göttlichen Rache bestimmt ist, wobei das eigentliche Gericht Gott selbst vorbehalten bleibt.[125] Was den Rachegedanken betrifft, also die göttliche Rache an den Feinden des Gottesvolkes, so finden sich in den Qumrantexten einige Parallelen,[126] denn die Gemeinschaft von Qumran lebte in Frontstellung zu verschiedenen

---

[122] Cf. C. NEWSOM, «4Q378 and 4Q379: An Apocryphon of Joshua», 50f.; *DJD*, XXII, 254.

[123] Cf. F. GARCÍA MARTÍNEZ – E.J.C. TIGCHELAAR, *The Dead Sea Scrolls. Study Edition*, II, 1206–1209.

[124] Zum Begriff der "heiligen Wohnung" cf. 1QH XX,2; 1QM XII,1–2; 1QS X,3.

[125] Cf. A.Y. COLLINS, «Composition and Redaction», 181.

[126] Cf. z.B. 1QM III,6–7; IV,12; VII,5; XI,13–14; XV,3.6.15; 1QS V,12; 4Q501 Zeile 8.

Gruppen. Während allerdings die AM die dem gesamten Volk Israel entgegenstehenden Feinde meint, können sich die Qumrantexte durchaus auch auf innerjüdische Gruppierungen ausserhalb der Jachad-Gemeinschaft beziehen.

Ein bemerkenswerter Anklang an das Ende des Hymnus in AM 10,8–10 findet sich in 1QM XVII,6–8,[127] und daher gilt es, diese Stelle näher zu beleuchten.[128] Scheinbar gehören diese Zeilen noch zur Rede des Hauptpriesters, der die Beteiligten zum Endkampf ermutigen (XVI,13–15) und ihnen die Furcht nehmen möchte (XVII,4). So beteuert er, dass die Zeit gekommen sei, den Fürsten der Herrschaft des Frevels niederzuzwingen und ihn zu erniedrigen (XVII,5–6). Dazu sendet Gott eine ewige Hilfe durch die Macht eines prächtigen Engels für Michaels Herrschaft in ewigem Licht (XVII,6: בגבורת מלאך האדיר למשרת מיכאל באור עולמים). Er will den Bund Israels "in Freude leuchten lassen", um die Herrschaft Michaels unter Göttlichen aufzurichten (XVII,7: להרים באלים משרת מיכאל). So soll sich die Gerechtigkeit bzw. das Recht in den Höhen freuen und alle Söhne seiner Wahrheit jauchzen in ewiger Erkenntnis (XVII,8: ישמח צדק במרומים וכול בני אמתו יגילו בדעת עולמים). Diese Aussagen können nun auf dem Hintergrund von AM 10,1–10 gesehen werden, denn auch dort geht es um den endgültigen Durchbruch einer neuen Herrschaft. Zunächst darf die Figur des Michael der des "nuntius" in AM 10,2 gegenübergestellt werden, dann kann man die Herrschaft in ewigem Licht und das Leuchten-Lassen des Bundes mit Israels Erhöhung zum Sternenhimmel vergleichen (AM 10,9). Dass Michaels Herrschaft aufgerichtet bzw. erhöht (להרים) werden soll und die Gerechtigkeit sich in den Höhen (במרומים) erfreut, ist mit der Vorstellung der Erhöhung Israels durchaus vereinbar. Im Anschluss an die letzte Aussage, dem Aufruf zur Freude (XVII,7: בשמחה; XVII,8: ישמח), heisst es, dass die Söhne der Wahrheit in ewiger Erkenntnis jauchzen dürfen. Diese Grundstimmung ist mit AM 10,10 in Einklang zu bringen, wo es um die Freude und um den Dank nach der Rettungstat Gottes geht. Ein ähnliches Bild wird auch in 1QH XI(III),20–22[129] gezeichnet, wenngleich die Vergleichsmomente nicht derart markant

---

[127] Cf. J. DUHAIME, «War Scroll», 132f.; F. GARCÍA MARTÍNEZ – E.J.C. TIGCHELAAR, *The Dead Sea Scrolls. Study Edition*, I, 140f.

[128] Cf. E. SCHÜRER – G. VERMES, *The History of the Jewish People*, III/1, 283/Anm. 21.

[129] Cf. F. GARCÍA MARTÍNEZ – E.J.C. TIGCHELAAR, *The Dead Sea Scrolls. Study Edition*, I, 164f.

zu sein scheinen. Dort betet ein Frommer, dass Gott seine Seele aus dem Verderben zu ewiger Höhe erhoben hat. Weiterhin äussert er seine Hoffnung, dem Heer von Heiligen, einer Gemeinschaft von Himmelsöhnen, zugerechnet werden zu können. Hier geht es um ein individuelles Gebet, dass nicht das Geschick des Volkes im Blickfeld hat, und insofern ergibt sich eine nur eingeschränkte Vergleichsmöglichkeit zu AM 10,8–10. Was die Überwindung der Feinde in AM 10,8 anbelangt, so ist das Bild gebraucht, dass Israel auf die Nacken und Flügel des Adlers hinaufsteigen wird (cf. dazu 4Esr 11–12). Diese Siegesgeste mit Bezug auf den Nacken der Feinde findet sich desgleichen in 1QM XII,11 und XIX,3, allerdings dort in anderen Zusammenhängen.

Nach den sehr allgemeinen Bezügen zu AM 10,1–10 können nun noch einzelne Themen oder Aussagen der Qumrantexte aufgegriffen werden, die sich gleichermassen in der AM finden lassen. Zunächst ist anzumerken, dass sowohl die AM als auch eine Reihe von Qumrantexten davon geprägt sind, dass mehr oder weniger unmittelbar ein Ende der Zeiten, eine Zeit der Heimsuchung bevorsteht. So kommt in AM 1,18 zum Ausdruck, dass Josua die ihm anvertrauten Schriftstücke an einem bestimmten Ort aufbewahren soll bis zum Tag der Busse, bis zur Vollendung des Endes der Tage (usque in diem paenitentiae in respectu quo respicit illos dominus in consummatione exitus dierum). Dass die Zeiten gemessen sind und das Ende der Zeiten im Blickfeld bleibt, zeigen auch noch andere Stellen (AM 7,1; 10,12f.; 10,1–10; 12,4), die davon zeugen, dass in der AM auch apokalyptische Traditionen ihren Niederschlag gefunden haben. Von einer Zeit oder eines Termins der Heimsuchung ist auch manchmal in den Qumrantexten die Rede. So findet sich zum Beispiel in 1QS IV,18–20[130] die Aussage, dass Gott in seinen Geheimnissen einen Zeitraum für den Bestand des Unrechts gegeben hat, es aber zum Termin seiner Heimsuchung (IV,18–19: ובמועד פקודה) für immer vernichtet wird; für die Unrechtsherrschaft gibt es also einen festgesetzten Gerichtstermin. Ähnliche Gedanken bezüglich einer Zeit oder eines Termins der Heimsuchung finden sich auch an anderen Stellen in den Qumrantexten, z.B. 1QS III,18; CD XIX, 10–11.

Weiterhin lassen sich die in AM 5 beschriebenen Frevel der abtrünnigen Volksführer in den Qumrantexten wiederfinden, dort allerdings

---

[130] Cf. E. Qimron – J.H. Charlesworth, «Rule of the Community», 18f.; F. García Martínez – E.J.C. Tigchelaar, *The Dead Sea Scrolls. Study Edition*, I, 78f.

oft in anderen Zusammenhängen oder in fragmentarischer Unvollstän-
digkeit. Das Dienen anderer Götter, in der AM als gravierendstes
Vergehen dargestellt (AM 2,8f.; 5,3), dem unmittelbar die göttliche
Bestrafung folgt, entdeckt man beispielsweise in den folgenden drei
Fragmenten: 4Q387A, Frag. 2, Zeile 6; 4Q388A, Frag. 1, Kol. II,
Zeile 7; 4Q388B, Frag. 4–6, Zeile 15. In diesen Texten ist aber die
Funktion dieser Aussage aufgrund der Bruchstückhaftigkeit des Text-
bestands kaum eindeutig zu bestimmen. Eine recht allgemeine Ablehnung des Götzenkults anderer Völker kommt zum Beispiel in der
Deutung der Stelle Hab 2,18 in 1QpHab XII,13–14[131] zum Ausdruck.[132] Geht es in der biblischen Grundlage darum, dass man auf
selbst verfertigte Götterbilder nicht vertrauen kann, so bezieht die
Deutung des in Qumran gefundenen Textes diesen Sachverhalt auf
die Standbilder der Völker, vor denen man sich niederwirft, die aber
doch nicht zu retten vermögen. Im weitesten Sinn vergleichbar ist
diese Aussage mit AM 2,8f., weil auch dort das Verfertigen von
Götzenbildern und das Aufstellen derselben im Heiligtum erwähnt
wird. Allerdings wird in 1QpHab XII,13–14 das Verhalten der Völker
pauschal disqualifiziert, während in AM 2,8f. das Betragen des eigenen Volkes in dieser Hinsicht als Frevel hingestellt wird. Was das
Dienen fremder Götter betrifft, so ist der Grundduktus von 4Q504
(= 4QDibHam^a), Frag. 2, Kol. V,[133] am ehesten mit den thematischen Grundlinien von AM 2–4 vergleichbar.[134] In beiden Texten
geht es um den Frevel des Götzendienstes des Volkes (AM 2,8f.;
Kol. V,3), der den Verlust des Landes zur Folge hat. Letztlich aber
wird auf den Bund Gottes mit seinem Volk Rekurs genommen, der
dieses nicht im Stich lassen kann, und es in sein Land aufgrund seiner Umkehrbereitschaft im Hören auf das, was Gott durch Mose
befohlen hatte, zurückbringt. Überhaupt lässt sich 4Q504 mit dem
theologischen Gehalt des Fürbittgebets in AM 4,2–4 vergleichen: es
wird des öfteren der Bundesgedanke erwähnt, die Erwählung Israels

---

[131] Cf. F. García Martínez – E.J.C. Tigchelaar, *The Dead Sea Scrolls. Study Edition*, I, 20f.

[132] Ähnliche Gedanken finden sich auch in den Pesharim zu Hosea, Micha, u.a.; exemplarisch sei hier jedoch diese Stelle aus 1QpHab angeführt.

[133] Cf. D.T. Olson, «Words of the Lights», 130–133; F. García Martínez – E.J.C. Tigchelaar, *The Dead Sea Scrolls. Study Edition*, II, 1014f.

[134] In diesem Zusammenhang ist allerdings anzumerken, dass für 4Q504 eine vor-qumranische Autorschaft wahrscheinlich ist; cf. E.G. Chazon, «Is Divrei Ha-Me'orot a Sectarian Prayer?», 16f.; Id., «4QDibHam: Liturgy or Literature?», 455.

spielt eine Rolle und das Erbarmen Gottes wird ins Feld geführt (cf. bes. Frag. 1 und Frag. 2, Kol. III-VI). Im Hintergrund scheint gleichermassen aufgrund eigenen Vergehens eine Notsituation des Volkes zu stehen, das bittend seine Stimme zu Gott erhebt, damit er seinen Zorn und Grimm von ihm abwendet. Was weiterhin das Vergehen bestimmter Leute im Land betrifft, so findet sich in der AM im Anschluss an die Erwähnung, dass man fremden Göttern diente, auch die Bemerkung, dass das Heiligtum verunreinigt wurde (AM 2,9; 5,3f.; 6,1). Dieser Sachverhalt findet sich nun auch in den Qumranschriften, allerdings hauptsächlich im Zusammenhang der Deutung von Schriftstellen, die einen Bezug zu konkreten Ereignissen herstellt. So greift beispielsweise 1QpHab XII,6–9[135] in einer Interpretation von Hab 2,17 die Aussage auf, dass in der Stadt Gewalttaten verübt werden, und zwar in der Weise, dass Bezug auf Jerusalem genommen wird, wo der Frevelpriester abscheuliche Taten begeht und das Heiligtum Gottes verunreinigt. Desweiteren findet diese Thematik in je unterschiedlichen Zusammenhängen eine Erwähnung in CD IV,17–18; V,6–7; XX,23–24; 4Q390, Frag. 2, Kol. I, Zeile 9 bzw. Kol. II, Zeile 11.

Schliesslich ist noch auf einen Sachverhalt in einigen Qumrantexten hinzuweisen, der mit AM 6,2 verbunden werden kann. Dort ist vom Auftreten eines "rex petulans" die Rede, der als verwegener und gottloser Mensch beschrieben wird und sich durch verschiedene Gewalttaten hervortut. Ein lästernder König, der Böses tut, ist ebenso in folgenden Stellen erwähnt (ein Bezug zu Herodes scheint jedoch fraglich): 4Q388A, Frag. 1, Kol. II, Zeile 3; 4Q388B, Frag. 4–6, Zeile 9; 4Q389, Frag. 1, Zeile 9. Wenn man die Zusammenhänge dort richtig deutet, scheint dieser König deshalb aufzutreten, um Israel zu vernichten und es zu zerschmettern. In AM 5 wird dieser König auch als gewalttätiger Despot beschrieben, der viele schonungslos umbringen lässt. Allerdings scheint sich die Aktivität dieses Königs auf die "principales" zu beziehen (AM 6,3), während in den Qumrantexten Israel als Volksgrösse vernichtet werden soll.

Ausführlicher muss schliesslich noch auf einen Vergleich von 4Q390[136] mit der AM eingegangen werden, da in beiden Texten die Figur

---

[135] Cf. F. García Martínez – E.J.C. Tigchelaar, *The Dead Sea Scrolls. Study Edition*, I, 20f.

[136] Cf. D. Dimant, «New Light from Qumran», 414f.; F. García Martínez – E.J.C. Tigchelaar, *The Dead Sea Scrolls. Study Edition*, II, 782–785.

des Mose eine herausragende Rolle spielt.[137] Dieses Qumranfragment gibt sich nämlich als eine Jahwerede an Mose[138] im deuteronomistischen Stil zu erkennen, das die künftige Geschichte des Volkes in *vaticinia ex eventu* ins Blickfeld nimmt.[139] Der konkrete Ablauf der Geschichte scheint durch eine entsprechende Zeiteinteilung periodisiert zu sein.[140] Deutlich wird wiederum das deuteronomistische Geschichtsbild,[141] und womöglich sind die Offenbarungen an Mose zur Weitergabe an das Volk bestimmt.[142] Dass in diesem Text—wie in der AM—rezeptionstechnisch auf Dtn 31 (bes. V.16–18) zurückgegriffen wird, lässt sich durch eine Reihe von Wortverbindungen aufweisen,[143] so dass die Jahwerede an Mose an der gleichen Schnittstelle zu situieren sein muss wie die Rede Moses an seinen Nachfolger Josua in der AM. Allein diese von der äusseren Form her bestimmte Situierung von 4Q390 macht einen inhaltlichen Vergleich mit der AM notwendig. Zwar lassen sich keine expliziten Wortbezüge unzweideutig aufweisen, aber eine thematische Nähe zu AM 5 scheint sich regelrecht aufzudrängen.[144] Sehr allgemein haben in inhaltlicher Hinsicht AM 5 und 4Q390 die Polemik gegen die Volksführer gemeinsam, die sich in frevelhaftem Verhalten, in Missachtung der gesetzlichen Vorschriften, in massiven sozialen Vergehen und in der Entweihung des Heiligtums ausdrückt. Mit dem Grundduktus von AM 5 ist zunächst die Aussage vereinbar, dass die Israeliten das Gebot Jahwes verlassen (4Q390 Frag. 1, Zeile 6–7),[145] die Festzeiten

---

[137] Unter diesem Aspekt ist auch die Nähe von 4Q390 zum Jubiläenbuch interessant (speziell zu Jub 1,12–14), zumal die AM von der Anlage her durchaus Affinitäten zu Jub zeigt; cf. D. Dimant, «New Light from Qumran», 437–439; J.J. Collins, «Pseudepigraphy and Group Formation», 54f.

[138] Dass es sich in 4Q390 um eine göttliche Rede an Mose handelt, behauptet D. Dimant, «New Light from Qumran», 410. Erhebliche Zweifel daran, dass Mose der Adressat ist, äussert jedoch F. García Martínez, «Nuevos textos no biblicos (I)», 131. Diese Frage scheint M.A. Knibb, «A Note on 4Q372 and 4Q390», 171, offen zu lassen, weil der Text diesbezüglich nicht eindeutig zu beurteilen ist. Cf. dazu auch M.J. Bernstein, «Pseudepigrapha in the Qumran Scrolls», 22; L.H. Schiffman, «The Temple Scroll and the Halakhic Pseudepigrapha», 128–130.

[139] Cf. M.A. Knibb, «A Note on 4Q372 and 4Q390», 170; D. Dimant, «New Light from Qumran», 432–434.

[140] Cf. F. García Martínez, «Nuevos textos no biblicos (I)», 133.

[141] Cf. M.A. Knibb, «A Note on 4Q372 and 4Q390», 173; D. Dimant, «New Light from Qumran», 434–436.

[142] Cf. D. Dimant, «Seventy Weeks Chronology», 73.

[143] Cf. unter 3.4. dazu die Ausführungen, 112–114.

[144] Cf. D. Dimant, «New Light from Qumran», 439f.

[145] Zum hebräischen Text von 4Q390, Frag. 1 und 2, cf. D. Dimant, «New Light from Qumran», 414f.

vergessen und den Bund bzw. die Gebote gebrochen hätten (Frag. 1, Zeile 8; Frag. 2, Kol. I, Zeile 5–6). Dass Gott sie den Händen der Feinde und dem Schwert ausliefern wird (Frag. 1, Zeile 9–10; Frag. 2, Zeile 4), lässt sich auf dem Hintergrund von AM 5,1 lesen. Von einem Streit innerhalb der Gruppe der frevelhaften Leute ist in Frag. 2, Kol. I, Zeile 6, die Rede und diese Aussage kann mit AM 5,2 verglichen werden; dort wird eine Spaltung in Bezug auf die Wahrheit erwähnt. Auch die Bemerkung, dass Vermögen und unrechtmässiger Besitz eine Rolle spielt (Frag. 2, Kol. I, Zeile 8) könnte in AM 5,5 einen Widerhall finden, weil dort scheinbar Bestechungsgelder erwähnt werden. Von Raub und Unterdrückung liest man in Frag. 2, Kol. I, Zeile 9, und das würde zu den in AM 5,5–6 beschriebenen Zuständen durchaus passen. Weiterhin ergeben sich Vergleichspunkte in der Verunreinigung des Heiligtums (Frag. 2, Kol. I, Zeile 9 und Kol. II, 11; AM 5,3f.) und in der Darstellung von Priestern, die Gewalttaten verüben (Frag. 2, Kol. I, Zeile 10; AM 5,4). Wenn auch die Themen in AM 5 und 4Q390 gegenübergestellt werden können, so darf doch aufgrund der wenig ausschliesslich-spezifischen Vergleichspunkte nicht eine irgendwie geartete Abhängigkeit beider Texte behauptet werden. Es geht jeweils um eine Beschreibung einer Abfallssituation,[146] die im weiteren Sinn Berührungen aufweist.

Nimmt man abschliessend den Vergleich der oben angeführten Qumrantexte mit der AM in den Blick, so weisen 1Q22 und unter Umständen 4Q390 von der Textsituierung und Ausfaltung der Kommunikationssituation her Ähnlichkeiten mit der AM auf. Zudem beziehen sich beide Texte auf je eigene Art und Weise auf Dtn 31, und dieses Kapitel gibt ja auch in der Rezeption den Rahmen für die Offenbarungssituation der AM ab. Thematische Vergleichspunkte konzentrieren sich im wesentlichen auf den eschatologischen Hymnus in AM 10,1–10 und die Beschreibung der Abfallssituation in AM 5,1–6. Diese aber sind in den wenigsten Fällen zwingend, vielmehr lassen sich lediglich ähnlich formulierte Aussagen in thematischer Hinsicht gegenüberstellen.

---

[146] Cf. F. García Martínez, «Nuevos textos no biblicos (I)», 133.

7.7 *Auswertung der Gegenüberstellung*

In den aufgeführten Schriften konnte eine ganze Reihe von Parallelen ausgemacht werden, die damit erklärt werden können, dass gemeinsame theologische Traditionen über Jahrzehnte oder sogar Jahrhunderte in den jeweiligen Trägerkreisen aktuell waren und immer wieder in neuen Zusammenhängen zum Vorschein gekommen sind. Eine eindeutige literarische Abhängigkeit, konnte absolut zweifelsfrei nicht gefunden werden, wenngleich sich Wortberührungen zwischen AM 9,6 und 2Makk 7,2 bzw. 4Makk 9,1–2; 16,24 ergeben. Überhaupt scheinen viele Motive aus den ersten beiden Makkabäerbüchern in AM 8–9 eine Entsprechung zu finden, so dass mit einer hohen Wahrscheinlichkeit davon auszugehen ist, dass der Autor der AM sich an den Motiven von 1Makk 1–2 und 2Makk 6–7 orientiert haben muss, ihm also beide Bücher bekannt gewesen sein müssen. Aufgrund dessen, dass in AM 8–9 die Motive der besagten Kapitel der Makkabäerbücher in entsprechender Reihenfolge konzentriert zum Vorschein kommen, drängt sich gleichsam der Schluss auf, dass die AM die beiden Bücher voraussetzt. Zudem ist in thematischer Hinsicht AM 9 durchaus mit den Märtyrergeschichten von 4Makk zu vergleichen, so dass in beiden Texten gleiche Traditionen ihren Niederschlag gefunden haben könnten. Das 9. Kapitel der AM atmet gleichsam den Geist des vierten Makkabäerbuches.

Bezüglich der Abhängigkeit der AM von den untersuchten Schriften lässt sich weiterhin das Jubiläenbuch nennen, das eine ähnliche offenbarungstechnische Situation aufweist wie die AM, als Protagonist und Offenbarungsempfänger ebenfalls die Mosefigur in den Mittelpunkt rückt und in der Rezeption auf Dtn 31 zurückgreift. So könnte das Jubiläenbuch durchaus Vorbildfunktion für den Autor der AM gehabt haben:[147] göttliche Kundgaben an Mose werden an biblischen Schnittstellen situiert, um biblische Texte in anderen geschichtlichen Umständen zu aktualisieren, sie in veränderten Situationen neu zu applizieren, sie einerseits als Deutemuster zu benutzen, andererseits aber auch ihre zeitübergreifende Gültigkeit zu demonstrieren. Weitere motivgeschichtliche Parallelen zwischen dem Jubiläenbuch und der AM weisen desweiteren auf die enge Zusammengehörigkeit der beiden Schriften hin.

---

[147] Cf. S. Mowinckel, «The Hebrew Equivalent of Taxo», 95.

Was die anderen untersuchten Schriften betrifft, also äthHen, TestXII und PsSal, so ergeben sich lediglich vereinzelt Motive, die miteinander verglichen werden können. Die Gegenüberstellung von AM und TestXII muss auf dem Hintergrund der gemeinsamen Zugehörigkeit zur Testamentenliteratur gesehen werden, mit äthHen ergeben sich gemeinsame Elemente, die für die Strömung der Apokalyptik typisch sind.

Der Vergleich der AM mit Qumrantexten weist auf eine Fülle von gleichen Motiven und Themen, die im entsprechenden Zeitraum dem gängigen theologischen Horizont angehört haben dürften. Besonders die Darstellung theologisch Andersgerichteter greift auf ähnliche Beschreibungsmuster zurück und ist von nahezu gleichen Motiven geprägt (cf. AM 5,1–6). Desweiteren ergeben sich aufgrund der eschatologischen Ausrichtung der Qumrangemeinde besonders Vergleichspunkte zum eschatologischen Hymnus in AM 10,1–10, die aber aufgrund ihrer mangelnden Spezifität nicht auf eine irgendwie geartete Abhängigkeit schliessen lassen. Besonders interessant ist aber, dass unter den Qumrantexten 1Q22 und unter Umständen 4Q390 von der Situierung des Textes und der damit zusammenhängenden Offenbarungs- bzw. Kommunikationssituation Ähnlichkeiten zur AM aufweisen. Es handelt sich womöglich um Mosereden, die göttliche Offenbarung vermitteln (auch an Josua), und kurz vor dem Einzug ins gelobte Land formuliert sind. Zudem stützen sich beide Texte auf je eigene Art und Weise rezeptionstechnisch auf Dtn 31, und dieses Kapitel fungiert nachweislich gleichermassen als Rezeptionshintergrund für den erzählerischen Rahmen der AM.

Was nahezu durchgängig in allen untersuchten Schriften gefunden werden konnte, ist die Orientierung am deuteronomistischen Geschichtsbild.[148] Überall kommt die Betonung der Wichtigkeit des Gesetzesgehorsams zum Vorschein; damit im Zusammenhang steht die Warnung vor der Verehrung fremder Götter und die Ablehnung jeglicher Götzenbilder. Dieses Phänomen bezeugt die geschichtliche Situation der Bedrängnis durch Fremdgötterkulte und die Gefahr der Assimiliation an heidnische Kulte. Fast allen Schriften ist der paränetische Zweck abzulesen, zur rigorosen Gesetzesobservanz und zur Treue gegenüber dem einzigen Gott Israels zu ermuntern. Schliesslich

---

[148] Zur Problematik eines "deuteronomistischen Geschichtsbildes" und damit zusammenhängender Fragestellungen cf. z.B. N. LOHFINK, «Gab es eine deuteronomistische Bewegung?», bes. 318.323.371–373.

wird oft auch die Treue Gottes betont, der zu seinem Volk steht, es letztlich nicht verlassen kann. Die AM steht voll und ganz in dieser Tradition, denn auch sie betont den Gesetzesgehorsam und verheisst die Überwindung aller Missstände.

Die angedeuteten Hinweise darauf, dass die AM die ersten beiden Makkabäerbücher und das Jubiläenbuch voraussetzen könnte, würde für die Datierung der AM bedeuten, dass sie nicht im 2.Jh.v.Chr. verfasst worden sein kann. Wahrscheinlich ist das Jubiläenbuch in etwa in der Mitte des 2.Jh.v.Chr. entstanden, die Makkabäerbücher datiert man gewöhnlich ans Ende des 2.Jh.v.Chr. oder an den Anfang des 1.Jh.v.Chr. Aus diesem Grund bekommt die Datierung der AM im 1.Jh.n.Chr. eine grössere Wahrscheinlichkeit.

KAPITEL 8

DIE AM IM VERGLEICH MIT APOKRYPHEN
DES 1.JH.N.CHR.

Um das theologische Gedankengut der AM besser orten zu können, ist es ratsam, jüdische Schriften aus dem 1.Jh.n.Chr. bzw. dem frühen 2.Jh.n.Chr. unter dem Aspekt näher zu betrachten, wo und wie sie Parallelen zu ihr aufweisen. Diese Schriften sind durchaus von Bedeutung, weil sich im Vergleich mit ihnen die theologischen Eigenkonturen der AM besser abheben können. Sollte die AM ihre endgültige Gestalt im 1.Jh.n.Chr. erhalten haben, so ist davon auszugehen, dass ihr Gedankengut zu grossen Teilen den theologischen Strömungen bzw. Traditionen des 1.Jh.n.Chr. verpflichtet ist, und sie sich in die Reihe der anderen Schriften aus dieser Zeit einordnen lässt.

Von besonderem Interesse ist in diesem Zusammenhang auch die apokalyptische Literatur, denn die AM weist untrügliche Merkmale der theologischen Strömung der Apokalyptik auf, wenngleich sie näherhin als Testament oder Abschiedsrede zu qualifizieren ist. Apokalyptische Literatur weist im allgemeinen unverzichtbare Charakteristika auf,[1] wie zum Beispiel die Periodisierung der Zeit oder die Ablösung des alten durch einen völlig neuen Äon; beides ist auch in abgewandelter Form in der AM zu entdecken. Da die wichtigsten Apokalypsen jüdischer Prägung am Ende des 1. bzw. am Anfang des 2.Jh.n.Chr. das *4.Buch Esra* und die *syrische Baruchapokalypse* sind, müssen diese beiden Schriften näher unter die Lupe genommen werden. Beide können miteinander behandelt werden, weil sie unter ähnlichen Umständen entstanden sein dürften, teilweise gleiche theologische Aussagen ins Zentrum stellen und von vergleichbaren Intentionen geleitet sind.

Weiterhin soll die AM dem *Liber Antiquitatum Biblicarum* gegenübergestellt werden, weil auch dort biblische Geschichte aufgegriffen und

---

[1] Diesbezüglich ist zwischen der literarischen Gattung der Apokalypse und der theologischen Strömung der Apokalyptik zu unterscheiden; zu dieser Differenzierung und den jeweiligen Merkmalen cf. K. Koch, *Ratlos vor der Apokalyptik*, 15–31. Cf. unter 1.4. die Ausführungen, 18f.

unter neuen Perspektiven erzählt wird. Von besonderem Interesse wird natürlich die Wiederaufnahme von Dtn 31–32 in dieser Schrift sein, weil man diese mit den entsprechenden Phänomenen in der AM vergleichen kann.

8.1 Die AM im Vergleich mit 4Esr und 2Bar

4Esr setzt die Zerstörung des Jerusalemer Tempels unter Titus voraus (70 n.Chr.) und muss unter oder—was wahrscheinlicher ist— bald nach Domitian (81–96 n.Chr.) in Palästina verfasst worden sein.[2] Das Werk ist jüdischer Provenienz (mit späteren christlichen Zusätzen) und in lateinischer[3] (im Anhang der offiziellen Vulgata), syrischer, äthiopischer, arabischer, armenischer und georgischer Übersetzung erhalten (es gibt auch ein Fragment einer koptischen Version),[4] wobei mit Sicherheit ein griechisches Original zugrundeliegt;[5] dieses wiederum könnte auf ein semitisches, wahrscheinlich auf ein hebräisches, zurückgehen.[6] Die Hauptintention des Autors besteht darin, die Situation nach der Zerstörung des Tempels zu reflektieren, die theologischen Ursachen und Folgen dieser Katastrophe offen zu legen (cf. 4Esr 3,20: cor malignum), letztlich aber in einer derart bedrängten Situation dem Volk Trost und Hoffnung zu schenken; den Frommen bzw. Gesetzestreuen wird die Überwindung allen Übels in der Anteilnahme am neuen, kommenden Äon in Aussicht gestellt. In diesem Zusammenhang ist natürlich auf die Wichtigkeit des Haltens der Gebote verwiesen, um der Rettung Gottes teilhaftig zu werden.

Verglichen mit 4Esr ist auch 2Bar derselben Zeit, demselben Raum und denselben Umständen zuzuordnen;[7] die gleiche Abfassungsabsicht

---

[2] Cf. O.H. STECK, Israel, 177; O. EISSFELDT, Einleitung, 849; J. SCHREINER, Das 4.Buch Esra, 301f.; M.E. STONE, «Apocalyptic Literature», 412; ID., Fourth Ezra, 9f.

[3] Ausgehend von der lateinischen Version gibt es auch spätere Übersetzungen: ein arabisches Fragment, ein Fragment in modernem Griechisch, eine zweite armenische und georgische Übersetzung, eine slavonische Version und eine Übersetzung ins moderne Hebräisch; cf. M.E. STONE, Fourth Ezra, 2.

[4] Cf. H. GUNKEL, «Das 4.Buch Esra», 331; J. SCHREINER, Das 4.Buch Esra, 292; wie die einzelnen Übersetzungen untereinander zusammenhängen cf. bes. M.E. STONE, Fourth Ezra, 1–8.

[5] Cf. J. SCHREINER, Das 4.Buch Esra, 294; B.M. METZGER, «The Fourth Book of Esra», 520.

[6] Cf. H. GUNKEL, «Das 4.Buch Esra», 333; O. EISSFELDT, Einleitung, 849; J. SCHREINER, Das 4.Buch Esra, 294f.; B.M. METZGER, «The Fourth Book of Esra», 520; M.E. STONE, Fourth Ezra, 10f.

[7] Cf. M. WINTER, Das Vermächtnis Jesu, 192–193.197–198.

wird evident, wenngleich verschiedene Nuancierungen deutlich werden (z.B. wird die Rache an den Feinden des erwählten Volkes explizit erwähnt; cf. 2Bar 82). Die Motive in den beiden Apokalypsen
sind sich derart ähnlich,[8] dass von einer literarischen Abhängigkeit
auszugehen ist, wobei strittig bleibt, welcher Schrift in dieser Hinsicht
zeitliche Priorität zuzugestehen ist.[9] Der Text liegt in einer syrischen
Übersetzung vor, der sich auf ein griechisches Original zurückbezieht; wiederum steht ein semitisches, wahrscheinlich ein hebräisches,
dahinter.[10] Wahrscheinlich handelt es sich um ein literarisch einheit-
liches Werk, wobei allerdings davon auszugehen ist, dass der Brief
an die 9 1/2 Stämme (2Bar 78–87) ein eigenständiges Überliefer-
ungsstück ist und deshalb sekundär angefügt wurde.[11]

8.1.1 *Die AM im Vergleich mit 4Esr*

Dem Faktum entsprechend, dass die AM im weitesten Sinn der theologischen Strömung der Apokalyptik verpflichtet und 4Esr der apokalyptischen Literatur zuzuordnen ist, sollen zunächst diese Berührungspunkte
zur Sprache kommen. Die Charakteristika apokalyptischer Kreise
zugehöriger Schriften können ja zum einen in ähnlicher, zum anderen aber auch in unterschiedener Weise zur Darstellung gelangen.

8.1.1.1 *Apokalyptische Merkmale im Vergleich*
Die Vollendung des Endes der Tage ist in der AM schon von Beginn
an im Blickfeld (AM 1,18; cf. auch 7,1; 10,12f.), dass bezüglich der
Schöpfung vom Anfang bis zum Ende der Welt alles vorherbestimmt
war, wird ausdrücklich im letzten Kapitel betont (AM 12,4). Leuchtend
vor Augen geführt wird aber der Anbruch des neuen Äons nach
einer Zeit der Bedrängnis (AM 5–9) in AM 10,1–10: Gott selbst
schafft seinem Volk Recht, überwindet die Feinde und erhöht es
zum Sternenhimmel.
    Das Ende aller Tage wird natürlich auch in 4Esr thematisiert:
schon Abraham wird das Ende der Zeiten offenbart (4Esr 3,14); es

---

[8] Cf. die Synopse beider Schriften: K. BERGER, *Synopse des Vierten Buches Esra und
der Syrischen Baruch-Apokalypse*, 11–278.
    [9] Cf. E. KAUTZSCH, «Die Apokalypsen des Baruch», 404–407; O. EISSFELDT,
Einleitung, 853; J. SCHREINER, *Das 4.Buch Esra*, 301.
    [10] Cf. O.H. STECK, *Israel*, 180f.; O. EISSFELDT, *Einleitung*, 853; A.F.J. KLIJN, «Die
syrische Baruch-Apokalypse», 110; M.E. STONE, «Apocalyptic Literature», 409.
    [11] Cf. O.H. STECK, *Israel*, 180.

kommt zum Ausdruck, dass der Äon mit Macht dem Ende zueilt
(4Esr 4,26); es wird den Geretteten verheissen, dass sie das Heil und
das Ende der Welt schauen (4Esr 6,25); man bringt die Ansicht vor,
dass alles einen Anfang und ein offenkundiges Ende hat (4Esr 9,5);
Esra wird für würdig erachtet, das Ende der Zeiten und den Schluss
der Stunden gezeigt zu bekommen (4Esr 12,9). Wie in der AM gehen
dem Ende Not, Bedrängnis und seltsame Zeichen voraus; so geschieht
beispielsweise folgendes: Ungerechtigkeit nimmt überhand (4Esr 5,2);
Sonne und Mond verkehren ihren Rhythmus (4Esr 5,4; cf. dazu
AM 10,5); die Völker kommen in Aufruhr (4Esr 5,5); die Tiefen der
Erde zittern und schwanken (4Esr 6,15f.; cf. dazu AM 10,4); die
Frevel der Bösen werden untersucht (4Esr 6,19); Trompeten erschallen
und die Wasserquellen stehen still (4Esr 6,23f.; cf. dazu AM 10,6).
Allerdings gibt es in 4Esr einen entscheidenden Unterschied zur AM,
der darin besteht, dass die Endzeit mit dem letzten Gericht anhebt
und man sich den neuen Äon nicht aussergeschichtlich vorstellt. Die
Gerichtsszenerie ist auch von kosmischen Erscheinungen begleitet: so
wird der Gerichtstag beispielsweise als ein Tag ohne Sonne, Mond
und Sterne beschrieben (4Esr 7,39; cf. dazu AM 10,5). Diesbezüglich
tritt der Messias auf den Plan (4Esr 7,28f.; 12,32ff.), auf den die
AM scheinbar verzichten kann (cf. aber die Rolle des "nuntius" in
AM 10,2, der durchaus mit priesterlichen Konnotationen präsentiert
wird—cf. z.B. Ex 28,41; 29,29; Num 3,3), weil von Gott allein die
Äonenwende heraufgeführt wird. Jeder wird dann im Gericht verantwortlich gemacht für seine Gerechtigkeit oder Ungerechtigkeit
(4Esr 7,105), und den Sündern steht der endgültige Untergang bevor.
Der Tag des Gerichts ist somit das Ende der Welt und der Anfang
der kommenden ewigen Welt (4Esr 7,113). Der Termin dieses Endes
bzw. Neuanfangs war von Gott schon vor aller Schöpfung souverän
festgesetzt worden (4Esr 6,6; cf. dazu AM 12,4). Von der Seite des
Menschen aber gibt es immer wieder Spekulationen, wann das Ende
eintreffen wird (4Esr 4,33ff.; 6,7; 8,63; 9,1ff.; cf. dazu AM 7,1; 10,12f.).
Dass die Zeit zur Neige geht, die Schöpfung alt geworden ist (4Esr
5,55; 14,16) und die Wende kurz bevor steht, erfordert von Esra ein
entsprechendes Verhalten (4Esr 14,13f.). So wird ausgesagt, dass die
Weltgeschichte in zwölf Sektionen untergliedert ist und nur noch 2,5
Teile bis zur Vollendung fehlen (4Esr 14,11ff.). Das korrespondiert
wiederum mit den 250 Zeiten in der AM, die noch nach dem Tod
des Mose kommen müssen, damit sich der Lauf der Welt vollendet
(AM 10,12f.). Überhaupt werden sowohl in der AM, als auch in

4Esr Segmentierungen bezüglich des Geschichtsverlaufs deutlich. So ist die Geschichtsschau der AM offensichtlich in zwei grosse Teile gegliedert (AM 2,1–4,9: Landnahme bis zur Rückkehr aus dem Exil; AM 5,1–10,10: Fortführung der Geschichte bis zur apokalyptischen Wende), wobei zumindest der erste Block in eindeutiger Strukturierung auf dem Hintergrund des deuteronomistischen Geschichtsbildes wiederum in einzelne Geschichtsphasen unterteilt werden kann. Geschichtssummarien sind nun auch in 4Esr zu finden, wenn z.B. gleich zu Beginn in 3,4–27 der Zeitraum vom Beginn der Schöpfung bis zum babylonischen Exil betrachtet wird, in der Adlervision politischgeschichtliche Ereignisse in ihrer Abfolge chiffriert eine Erwähnung finden (4Esr 11–12),[12] oder in einem kurzen Geschichtsrückblick das Verhalten der Väter näher charakterisiert wird (4Esr 14,27–32). Diesbezüglich entdeckt man die Spuren des deuteronomistischen Geschichtsbildes,[13] wenn davon die Rede ist, dass sündiges Verhalten im Verstoss gegen das Gesetz den Verlust des Landes durch die Feinde zur Folge hat, Gott sich aber schlussendlich als gerechter Richter doch wieder seines Volkes erbarmt, sofern dieses umkehrt oder sich im weiteren an die Gebote hält (4Esr 3,25ff.; 14,30ff.). Dass sich die Geschichtsschau der AM dem gleichen Traditionshintergrund des deuteronomistischen Geschichtsbildes verdankt, ist ohne weiteres ersichtlich.

Bezüglich der oben beschriebenen Endzeitvorstellungen gibt es zwischen 4Esr und der AM den nicht einzuebnenden Unterschied des hereinbrechenden Weltgerichts und des neuen Äons als Fortsetzung des alten im verbliebenen geschichtlichen Rahmen. Differenziert nun die AM zwischen dem geretteten Volk Israel und den unterjochten Feinden (AM 10,1–10), so geschieht in 4Esr eine Scheidung zwischen den gesetzestreuen Frommen und den gesetzesfernen Frevlern im eigenen Volk (4Esr 7,33ff.); den einen steht eine siebenfache Pein bevor (4Esr 7,80ff.), die anderen erhalten Anteil an einer siebenfachen Freude (4Esr 7,88ff.). Auf dem Hintergrund von Dtn 30,15ff. besteht das entscheidende Kriterium der Scheidung darin, sich an das Gesetz zu halten und dessen Bestimmungen genau zu beobachten (4Esr 7,127ff.), denn es ist letztendlich die Weisung zum wahren Leben.

---

[12] Cf. dazu unter 5.1. die Ausführungen, 168f./Anm. 11.
[13] Cf. O.H. STECK, *Israel*, 178f.

8.1.1.2 *Die Bedeutung des Gesetzes*

An diesem Punkt kommt die Aussageabsicht des Verfassers deutlich zum Tragen: seinen Lesern will er einen ungebrochenen Gesetzesgehorsam in Anbetracht der bedrängten Situation einschärfen und sie durch den bevorstehend gedachten Anbruch der Weltenwende trösten. Das Gesetz hat für ihn unumstössliche Geltung, es geht nicht verloren und bleibt in seiner Herrlichkeit (4Esr 9,37). Im Festhalten an den Geboten kann man sich das Leben erwerben und der ewigen Strafe entgehen. Die aber, die ungehorsam sind, das Gesetz verachten und den Geboten Gottes nicht glauben, haben ihr Schicksal bereits verwirkt (4Esr 7,21–24.37). Selig gepriesen werden hingegen die, die Gottes Gebote halten (4Esr 7,45); gleichzeitig aber wird skeptisch angemerkt, dass eigentlich nur wenige dem Gesetz restlos entsprechen können und deswegen viele der siebenfachen Pein ausgesetzt sein werden (4Esr 7,79ff.). Doch erweist der Allmächtige denjenigen Sündern Langmut und Güte, die in seinen Wegen wandeln (4Esr 7,132ff.). Das Gottesbild in 4Esr ist einerseits von der absoluten Transzendenz, Mächtigkeit und Omnipotenz Gottes geprägt, dessen Gebot gewaltig und Geheiss gefürchtet ist (4Esr 8,23), andererseits von seiner Gerechtigkeit im Gericht und der Barmherzigkeit gegenüber den Frevlern im Verzeihen ihrer Vergehen (4Esr 7,132–139). Sein Gesetz ist in das Herz der Menschen gesät und soll dort Frucht bringen, damit sie Anteil erlangen an der ewigen Herrlichkeit (4Esr 9,31).

Die Bedeutung der Gebote in 4Esr ist in jedem Fall in Einklang zu bringen mit ihrer Bewertung in der AM. Dort wird nämlich auch ein unverzichtbarer Gesetzesgehorsam propagiert, der sogar der Bedrohung durch den Tod Stand halten soll (AM 9,4–6), und der absolut notwendig ist, damit der Lebensweg letztendlich gelingen kann (AM 3,12; 12,10f.). Allerdings verschärft in 4Esr das unausweichlich bevorstehende Gericht die Notwendigkeit, sich an die Gebote strikt zu halten.

8.1.1.3 *Die Bezugnahme auf die Schöpfung*

In der AM ist die ständige Wiederkehr der Schöpfungsthematik auffällig: Gott wird unangefochten als der Schöpfer des ganzen Erdkreises, als Herr der Welt bezeichnet (AM 1,11; 2,4; 10,10). Die Erschaffung der Welt wird als Bezugsdatum angeführt (AM 1,2), sie geschieht um Israels willen (AM 1,12); am Ende der Tage wird Gottes Herrschaft über seine ganze Schöpfung erscheinen (AM 10,1–10), die vom Anfang bis zum Ende der Welt von ihm vorherbestimmt war (AM 12,4–5.9).

Bezüglich dieser Gedanken finden sich nun in 4Esr unzweideutige Parallelen, denn in 6,55.59 (cf. auch 7,10f.) wird ebenfalls ausgesagt, dass die Welt um Israels willen erschaffen wurde.[14] Diese Aussage fällt gleichsam im Zielpunkt einer eigenwilligen Nacherzählung des ersten biblischen Schöpfungsberichts (4Esr 6,38–54). An anderer Stelle jedoch kommt zum Ausdruck, dass der Höchste alles wegen des Menschen geschaffen (4Esr 8,44), und er eigentlich um vieler willen diese Welt ins Dasein gerufen hat, die zukünftige aber nur für wenige (4Esr 8,1). Das muss keinen Widerspruch bedeuten, weil die zweite Aussage zugunsten der ersten relativiert wird (4Esr 6,56f.); letztlich ist ja Israel der Erstgeborene, der Einzige, der Liebling Gottes (4Esr 6,58; cf. dazu AM 1,13). Gottes Fürsorge gilt seinem Volk, für das er die Schöpfung vorausbestimmt hat (AM 12,4f.). Zwar kommt in 4Esr der Prädestinationsgedanke bezüglich der Schöpfung nicht so explizit zum Ausdruck wie in der AM, aber das letzte Gericht über die Schöpfung und deren Ende sind doch schon von Anfang an im göttlichen Weltenplan verankert (4Esr 6,1–6; 7,70). Der "Äon ist von Anfang an gewogen", seine "Stunden gemessen", die Zahl der Epochen vorausbestimmt (4Esr 4,36f.). Die Schöpfung hat aber bereits ihre Jugendkraft verloren, ist alt geworden (4Esr 5,55; 14,10), und ihre Erneuerung steht bevor (4Esr 7,75). In einer der Visionen wird vor Augen geführt, dass Gott seine Schöpfung (die er sehr liebt; cf. 4Esr 8,47) durch den Messias erlösen will (4Esr 13,25f.). Doch Gott selbst als der souveräne Schöpfer (4Esr 5,44; cf. auch 10,14) wird auf einmal seine Schöpfung zum neuen Leben erwecken (4Esr 5,45).

8.1.1.4 *Das Buchmotiv*
Beim Heraufführen der versprochenen neuen Welt werden unter anderem auch Bücher aufgeschlagen (4Esr 6,20; cf. auch 2Bar 24,1), die wahrscheinlich die Verdienste und Vergehen derer enthalten, die sich vor dem letzten Gericht verantworten müssen. Das Buchmotiv taucht wiederum nach der Adlervision auf: Esra, der allein würdig ist, die Geheimnisse des Höchsten zu erfahren, wird beauftragt, das

---

[14] Cf. G. VOLKMAR, *Mose Prophetie und Himmelfahrt*, 66; A. HILGENFELD, «Mosis Assumptio quae supersunt» (2. Auflage 1884), 131; R.H. CHARLES, *The Assumption of Moses*, 5; S. SZÉKELY, *Bibliotheca Apocrypha*, 260; G. HÖLSCHER, «Über die Entstehungszeit», 121; L. GINZBERG, *Legends of the Jews*, V, 67f.; P. VOLZ, *Die Eschatologie der jüdischen Gemeinde*, 99.121; L. VEGAS MONTANER, «Testamento de Moisés», 243; A. SCHALIT, *Untersuchungen zur Assumptio Mosis*, 128; J. TROMP, *The Assumption of Moses*, 141.

Gesehene in ein Buch zu schreiben, das an verborgenem Ort verwahrt werden soll; es handelt sich um Geheimwissen, das nur den
Weisen des Volkes gelehrt werden soll (4Esr 12,36–38). Das Motiv
der Verwahrung eines Buches mit Gedankengut,[15] das nicht für die
Allgemeinheit bestimmt ist, erinnert natürlich an AM 1,17f., wenngleich dort die letzte Heimsuchung Gottes am Ende der Tage den
Rahmen abgibt.

Was die Verschriftung von Offenbarungen anbelangt, so ist man
in 4Esr in erster Linie auf das 14. Kapitel verwiesen. Da bei der
Tempelzerstörung alle heiligen Schriften verbrannt sind (4Esr 14,21),
muss Esra alles noch einmal schriftlich fixieren lassen. Von Bedeutung
ist in dieser Hinsicht die Zweiteilung der Schriften in die, die allen
zugänglich sein sollen, und die, die nur für die Weisen des Volkes
bestimmt sind (4Esr 14,26.45f.). Dies wird mit Rekurs auf Mose bestimmt, der schon am Sinai beauftragt war, einen Teil der Offenbarungen zu veröffentlichen, einen anderen aber geheimzuhalten (4Esr
14,3–6). Von einer Verhältnisbestimmung der Geschichtsschau der
AM, die dem Josua schriftlich zur Verwahrung überreicht wird, zu
anderen Büchern ist in 1,17f. die Rede. Wie in 4Esr 14,45f. ist damit
auf die Beziehung von apokryphen zu allgemein bekannten (vielleicht
kanonischen) Schriften angespielt. In der AM handelt es sich aber
einzig und allein um die dort geoffenbarte Geschichtsschau, die
zusammen mit anderen Büchern verwahrt werden soll, in 4Esr jedoch
um die apokryphe Literatur in ihrer Gesamtheit (4Esr 14,46: 70
Bücher). Während 4Esr die apokryphen und die allgemein bekannten Bücher nebeneinanderstellt und nur bezüglich ihrer Zielgruppe
Unterschiede macht, nimmt die AM als hermeneutischer Schlüssel
zum Verständnis der anderen Bücher (wahrscheinlich der Bücher des
Pentateuch) eine wichtige Rolle ein. Der Vergleichspunkt zwischen
der AM und 4Esr besteht demnach nur darin, dass eine Zweiteilung
der Schriften vorgenommen wird, deren Verhältnisbestimmung jedoch
jeweils anders ausfällt. Was aber mit der Schriftenübergabe gewährleistet werden soll, das ist die Sicherung der Kontinuität des Tradierten.[16]

8.1.1.5 *Die Rolle Moses und Josuas*

Da die Offenbarungssituation in der AM an die Person des Mose
und des Josua rückgebunden ist, muss noch bedacht werden, wie

---

[15] Cf. M. Hutter, «"Halte diese Worte geheim!"», 14.
[16] Cf. U.B. Müller, «Die Parakletenvorstellung im Johannesevangelium», 54.

beide in 4Esr gesehen werden. Dass Esra auf dem Hintergrund der
Mosegestalt dargestellt wird, ist mit Händen zu greifen: in 4Esr 14,1–7
wird er in Anlehnung an die Moseberufung in Ex 3,4 gezeichnet,
und er hat—wie Mose—einerseits bestimmte Offenbarungen zu veröffentlichen, andere aber geheimzuhalten. Dass er zur erneuten
Aufzeichnung aller heiligen Schriften, also auch des Gesetzes, beauftragt wird, macht aus ihm natürlich den neuen Gesetzgeber (4Esr
14,23–26). Auf die Worte des Mose, also auf das Gesetz, wird ja
andauernd in 4Esr verwiesen. In ausdrücklicher Weise geschieht das
aber in 7,129f.; dort wird auf Dtn 30,15ff. zurückgegriffen und Mose
in einem Atemzug mit den nach ihm folgenden Propheten genannt.
Interessant ist in diesem Zusammenhang, dass beim Weggang Esras
das Volk genauso bestürzt reagiert (4Esr 12,41.44f.) wie Josua, nachdem
ihm Mose seinen bevorstehenden Tod angekündigt hatte (AM 11,4).
Wie Esra das Volk tröstet (4Esr 12,46f.), so redet Mose dem bestürz-
ten Josua zu und macht ihm Mut (AM 12,3). Dass der Allmächtige
nicht für immer das Volk vergessen bzw. verlassen wird, kommt in
den Reden beider jeweils deutlich zum Ausdruck (AM 12,12 und
4Esr 12,47). Was Esra und dessen Ende betrifft, so wird ihm von
Gott zugesagt, er werde entrückt und in der himmlischen Sphäre
verweilen bis der Zeitenlauf vollendet ist (4Esr 14,9). Bezüglich der
Mosegestalt in der AM muss aufgrund ihres fragmentarischen Charakters offen bleiben, ob sie eines natürlichen Todes stirbt oder direkt
in den Himmel aufgenommen wird.[17]

Was die Gestalt des Josua anbelangt, so taucht sie nur einmal in
4Esr auf, und zwar in einer Auflistung von massgeblichen Fürbittern,
die vor Gott für ihr Volk eingestanden sind. Zunächst wird Abraham
und Mose erwähnt, dann aber Josua, der in den Tagen Achans für
sein Volk eingetreten sein soll (4Esr 7,106 ff.).[18] Dass Mose als

---

[17] Die einzige Stelle in der AM, die auf eine Entrückung oder Aufnahme des
Mose in den Himmel hinweist findet sich in 10,12: erunt enim a morte, receptione
mea usque ad adventum illius tempora CCL quae fiunt. Wie dieses "receptione mea"
in Anbetracht dessen zu interpretieren ist, dass sonst nur vom Tod Moses die Rede
ist (cf. 1,15; 10,12.14; 11,4), bleibt offen. Jedenfalls gibt es in der rabbinischen
Tradition sowohl die Auffassung, Mose sei—wie jeder andere Mensch—gestorben,
und die Meinung, er sei direkt—wie Henoch und Elia—in den Himmel entrückt
worden (cf. auch die Entrückung bei Josephus Ant IV,326); cf. K. HAACKER –
P. SCHÄFER, «Nachbiblische Traditionen vom Tod des Mose», 164–174.
[18] Als weitere Fürbittergestalten werden an dieser Stelle noch Samuel, David,
Salomo, Elia und Hiskija erwähnt.

Fürsprecher für das Volk gezeichnet wird, hat durchaus einen Anhalt in der AM (cf. 11,11.17), bezüglich der Josuafigur kann das aber nicht behauptet werden.

8.1.2   *Die AM im Vergleich mit 2Bar*

Da 4Esr und 2Bar zur apokalyptischen Literatur gehören, sie unter Umständen voneinander literarisch abhängig sind und aufgrund der gleichen Abfassungszeit derselben theologischen Tradition verpflichtet sind, werden sich natürlich ähnliche Berührungspunkte zur AM ergeben.

8.1.2.1   *Apokalyptische Charakteristika*
Baruch wird nach der Zerstörung des Tempels von Gott beauftragt, in der Verwüstung Zions zu bleiben; ihm soll offenbart werden, was sich am Ende der Tage ereignen wird (2Bar 10,3). Er selber soll bis zu diesem Ende der Zeiten aufbewahrt werden, stirbt also keines natürlichen Todes, und soll Zeugnis für das Eingetroffene ablegen (2Bar 13,3; 25,1; 48,30; 76,2). Damit ist wiederum das Ende der Tage und dessen Ankündigung zum primären Inhalt der göttlichen Offenbarungen gemacht (cf. auch 2Bar 19,5; 21,8; 27,15; 29,8; 30,3; 42,6; 69,5, u.a.).[19] Diesem Ende gehen zwölf Zeitabschnitte der Drangsal voraus (2Bar 27), die verschiedene Ausformungen kennt (cf. auch 2Bar 48,31–41). Danach aber wird der Messias erscheinen, unter dessen Herrschaft paradiesische Zustände verwirklicht werden (2Bar 29,3–8; 73–74);[20] er wird aber wieder in die himmlische Herrlichkeit zurückkehren vor der Auferstehung der Toten (2Bar 30). Das Gericht trifft schliesslich alle von den Toten Erstandenen (2Bar 50) und scheidet zwischen denen, die aufgrund des Gesetzes gerecht (2Bar 51,3), und solchen, die gottlos gehandelt haben (2Bar 51,2).[21] Von der Abfolge dieser Geschehnisse und dem Lauf der vorausgehenden Zeiten erhält Baruch Kenntnis (2Bar 14,1; 20,5; cf auch 21,19). Überhaupt wird ihm in der grossen Vision von der aus dem Meer aufsteigenden Wolke mit den schwarzen und hellen Wassern die Aufteilung geschichtlicher Ereignisse in verschiedene Abschnitte

---

[19] Cf. R.H. CHARLES, *The Assumption of Moses*, 8.
[20] Cf. zur Messiasgestalt auch 2Bar 39,7f.; 40,1–4; 70,9; 72,2ff.
[21] Zur Unterscheidung von Gerechten und Frevlern cf. auch 2Bar 30,4; 42,2.7; 51,5ff.; 54,15–17.

vor Augen geführt (2Bar 53–74). Die vorübergegangenen und künftigen Zeitläufe vom Anfang der Schöpfung bis zu ihrem Ende (cf. dazu AM 12,4) werden ihm kundgetan (2Bar 56,2).

Was das Gesetz betrifft, so wird es als eine Leuchte für Israel bezeichnet (2Bar 17,4): in Rezeption von Dtn 30,15ff. entscheidet man sich entsprechend seiner Beachtung für das Leben oder den Tod (2Bar 19,1); ihm kommt Schutzfunktion zu, sofern man bereit ist, seine Früchte ins Herz einzulassen (2Bar 32,1); solange man sich an seine Vorschriften hält, kann man letztlich nicht fallen, und es dient zur zuverlässigen Hilfe (2Bar 48,22); beobachtet man es geduldig, wandeln sich die Zeiten zum Heil (2Bar 44,7). Letztlich wird eindringlich gemahnt, am Gesetz festzuhalten (2Bar 44,3) und es zusammen mit den Überlieferungen der Väter nicht zu vergessen (2Bar 84,8f.).

Die Vergleichspunkte zur AM sind offensichtlich: es geht um eine Periodisierung des Geschichtsablaufs, die Schilderung der Bedrängnis vor dem Ende der Zeiten, die Offenbarung der endgültigen Rettungstat Gottes in der Aufhebung aller unheilvollen Zustände am Ende aller Tage, die Mahnung, sich in ungebrochener Treue an das Gesetz zu halten. In Übereinstimmung mit 4Esr geschieht die Heilswende in Zusammenhang mit der Gestalt des Messias, Gerichtsvorstellungen kommen zum Zug und eine Scheidung zwischen Gerechten und Frevlern wird evident; in diesen Punkten gibt es Unterschiede zur Darstellung der AM.

8.1.2.2 *Die Figur des Baruch und des Mose*

In 2Bar 44,2–3 teilt Baruch seinem Sohn und den Ältesten mit, dass er sterben werde und sie sich nach seinem Tod nicht vom Weg des Gesetzes lossagen, sowie das Volk entsprechend lehren sollen (2Bar 45). Weiterhin tut er ihnen kund, dass die neue Welt bevorsteht, die von denen in Besitz genommen werden kann, die die Wahrheit des Gesetzes beobachtet haben (2Bar 44,13–15). Die Reaktion der Angeredeten auf diese Ankündigung ist von Bestürzung gekennzeichnet: sie können nicht glauben, dass Baruch hinweggenommen werden sollte, sie wähnen sich im Dunkel und bringen ihre Ratlosigkeit zum Ausdruck, wen sie wohl dann noch nach dem Gesetz befragen könnten (2Bar 46,1–3).[22] Baruch hingegen beteuert, dass es Israel nie an Weisen und Gesetzeskundigen fehlen wird, deren Anordnungen befolgt

---

[22] Cf. zu diesem Motiv auch 2Bar 33,3.

werden sollen (2Bar 46,4).[23] Letztlich aber geht es darum, dem Gesetz zu gehorchen, um Anteil an den ergangenen Verheissungen zu bekommen (2Bar 46,5f.).

Diese narrative Sequenz kann in jedem Fall mit den Vorgängen in der AM verglichen werden. Nachdem Mose seinen bevorstehenden Tod angesagt und die prophetischen Worte der Geschichtsschau mit dem Hinweis kundgetan hat, dass das Gesetz in jedem Fall zu beachten ist (AM 9,4–6), reagiert Josua mit Trauer und Bestürzung. Er kann sich nicht trösten über das mitgeteilte Todesgeschick des Mose (AM 11,4), und es kommt das Verlassen-Sein des Volkes zum Ausdruck, wenn der grosse Fürbitter nicht mehr für die Seinen einstehen kann[24] (AM 11,16–18). Mose aber ermuntert Josua und betont, dass nach seinem Tod das Halten der Gebote von entscheidender Bedeutung ist, um den Weg glücklich zu vollenden (AM 12,10f.). Damit ist eigentlich ausgesagt, dass das Gesetz bzw. das Einstehen für dessen Gebote die Funktion übernimmt, die Mose zu seinen Lebzeiten gehabt hat; es erfolgt gleichsam eine Substitution der Mosefigur durch das Gesetz, die heilbringende Weisung zum geglückten Leben vor Gott. Dieser Gedanke ist ebenfalls in 2Bar 77,15f. zu finden: Baruch erklärt, dass eigentlich alle Hirten, Lampen und Quellen aus dem Gesetz stammen und dieses bestehen bleibt, auch wenn er selbst (und andere Gesetzesausleger) fortgeht; er versichert, dass es nie an einer Lampe, einem Hirten oder einer Quelle fehlen wird, sofern man auf das Gesetz schaut und sich seine Weisheit zu Herzen nimmt. Überhaupt wird Baruch massiv mit Zügen der biblischen Mosefigur ausgestattet. Entsprechend bestimmter Traditionen, die auch in 2Bar ihren Niederschlag gefunden haben, stirbt Mose keines natürlichen Todes, sondern wird entrückt (2Bar 59,3); dasselbe ist von Baruch ausgesagt (2Bar 13,3; 25,1; 48,30; 76,2). Wie Mose kurz vor seinem Tod (cf. dazu Num 27,12f.; Dtn 32,49f.; 34,1–3), soll er auf den Gipfel eines Berges steigen, um die Gestalt des gesamten Erdkreises in Augenschein zu nehmen (2Bar 76,3). Ein Zeitraum von vierzig Tagen wird erwähnt, und Baruch soll das Volk lehren, dass es in der letzten Zeit nicht sterben werde (2Bar 76,4f.). Wie Mose wird Baruch zum Offenbarungsempfänger göttlicher Geheimnisse und bekommt die Aufgabe, das Volk zu unterweisen. Durch Mose ist das

---

[23] Cf. U.B. Müller, «Die Parakletenvorstellung im Johannesevangelium», 59f.

[24] Cf. auch die Fürbitterfunktion Baruchs in 2Bar 3 und 34, oder das von ihm vorgetragene Gebet in 2Bar 48 bzw. 2Bar 49,1.

Gesetz vermittelt, durch Baruch soll es erneut ins Zentrum als einziger Heilsweg gestellt werden; beide haben die Funktion, ungebrochenen Gesetzesgehorsam anzumahnen. Mose selbst wird in 2Bar 17,4 als dem Herrn untertänig beschrieben, der dem Volk die Leuchte des Gesetzes anzündete. Er hat dem Volk den Bund aufgerichtet, ihm Leben und Tod in der Beachtung der Gebote vorgelegt (2Bar 19,1 auf dem Hintergrund von Dtn 30,15ff.). Das Volk aber verging sich nach seinem Tod und wird aufgrund des Gesetzes zur Verantwortung gezogen, verfällt also dem Gericht (2Bar 19,3f.). Aus diesem Grund ist erneut einer notwendig, der auf die Bedeutung des Gesetzes hinweist und gleichzeitig das Ende der Zeiten ansagt (2Bar 19,5). Baruch ist demnach der neue Mose, der das Ende aller Tage zu verkünden hat, denn Zion ist verstossen und harrt der endgültigen Heimsuchung Gottes (2Bar 20,2). Natürlich war alles schon Mose offenbart worden (2Bar 3,9; 4,5), auch das Ende der Zeiten (2Bar 59,4ff.), aber für die Ansage dieses Endes hat ganz konkret Baruch einzustehen. Er erinnert mit Nachdruck an die Mahnung des Mose, der Erde und Himmel zu Zeugen angerufen (2Bar 19,1; 84,2ff.) und die Zerstreuung des Volkes für den Fall vorausgesagt hat, dass man das Gesetz übertritt (cf. dazu AM 3,10–13).[25] In der Tradition des Mose, das Volk im Hinweis auf den geschuldeten Gesetzesgehorsam zu verwarnen, sieht sich Baruch selbst (2Bar 84,1.6–11). In der Wolkenvision wird das Kommen des Mose als das vierte helle Wasser beschrieben; er wird dabei in einem Atemzug mit Aaron, Miriam, Josua und Kaleb genannt (2Bar 59,1). Die Josuafigur bekommt in 2Bar überhaupt keine Konturen und wird an dieser einen Stelle nur beiläufig zusammen mit den anderen erwähnt. In der AM spielt sie ja eine grosse Rolle, da ihr die Offenbarungsworte des Mose gelten und sie diese verschriftet bis zum Ende aller Tage aufzubewahren hat (AM 1,16–18). Bezüglich der Verschriftung von massgeblichen

---

[25] Aufgrund der frappanten Ähnlichkeiten zwischen AM 3,10–13 und 2Bar 84,2–5 sind literarische Zusammenhänge nicht auszuschliessen. So meint R.H. CHARLES, *The Assumption of Moses*, 12, zu AM 3,10–13: «These verses are either the source of Apoc. Bar. lxxxiv. 2–5, or both passages are derived from a common original»; (cf. fernerhin im Kommentar von R.H. CHARLES, *The Assumption of Moses*, lxiv–lxv und 66–67). Zum Zusammenhang zwischen AM 3,10–13 und 2Bar 84,2–5 cf. auch J.C. CARRICK, «"The Assumption of Moses"», 375; M. RIST, «Moses, Assumption of», 450; E.-M. LAPERROUSAZ, «Le Testament de Moïse», 76–79; A. SCHALIT, *Manuskript zu AM 2–4*, 463; J. TROMP, *The Assumption of Moses*, 172/Anm. 6. Anzumerken ist weiterhin, dass AM 3,10–13 auch in der Rede des Stephanus in Apg 7,36 aufgegriffen zu sein scheint; cf. unter 6.2.8. dazu die Ausführungen, 220.

Worten betont Baruch kurz vor seinem Tod[26] im Brief an die 9 1/2
Stämme, dass er zum Trost der Adressaten diesen Brief schreibt
(2Bar 77,12; 78,5). Sie sollen das über sie ergangene Gericht als
gerecht anerkennen und versichert sein, dass Gott sie nicht vergessen oder im Stich lassen werde (2Bar 78,7).[27] Das erinnert natürlich
verdächtig an AM 12,12; dort wird betont, dass Gott sein Volk letztlich nicht ganz ausrotten und verlassen kann.

8.1.2.3 *Sonstige Berührungspunkte zwischen 2Bar und AM*
Die weiteren Vergleichspunkte zwischen den beiden Schriften lassen
sich nicht systematisch unter ein Thema stellen, so dass die einzelnen Querverbindungen in loser Abfolge präsentiert werden müssen.

Zunächst wird wieder deutlich, dass das deuteronomistische Geschichtsbild formgebenden Charakter für die Darstellung in 2Bar hat.
Schon am Anfang kommt zum Ausdruck, dass die Sünden des Volkes
für das Unheil der Stadt und die Zerstreuung des Volkes verantwortlich sind (2Bar 1,2–4), dass Gott aber die Seinen nur eine zeitlang züchtigt (2Bar 4,1), um ihnen dann Anteil am neuen Jerusalem
zu geben, das für sie bereitgehalten ist (2Bar 4,2–6).[28] In der
Geschichtsschau der AM sind diese Bausteine—vor allem in ihrem
ersten Teil—gleichermassen augenfällig, so dass dieselbe theologische
Tradition im Hintergrund steht.

Bezüglich der Sichtweise des Volkes wird in 2Bar 1,2f. zwischen
den schon in die Gefangenschaft weggeführten zehn und den übriggebliebenen zwei Stämmen differenziert. Die Sünden der zwei Stämme
seien im Vergleich zu denen der zehn zahlreicher, weil sie ihre
Könige zu den Vergehen nötigten. Diese Anschauung steht im
Kontrast zu AM 3,4–6: dort artikulieren die zwei Stämme im Gebet
den Vorwurf, dass sie das Exilsgeschick deshalb getroffen hat, weil
die zehn Stämme gesündigt haben.[29] Was die Exilssituation anbe-

---

[26] Auch in der AM ist die Offenbarung der Geschichtsschau an Josua vom Tod
des Mose motiviert; cf. AM 1,15; 10,12.14.

[27] Cf. dazu die Aussage, dass die Welt nicht vergeht, auch wenn das Volk eine
zeitlang gezüchtigt wird (2Bar 4,1).

[28] Cf. dazu O.H. STECK, *Israel*, 181–184.

[29] Cf. dazu 2Bar 77,4: Baruch spricht zu den Kindern Israels, zu den von den
zwölf Stämmen Übriggebliebenen und meint, weil deren Brüder die Gebote übertreten hätten, hätte Gott über jene und sie selbst Vergeltung gebracht. Diese
Anschauung ist insofern mit AM 3,5–6 vereinbar, als man die Übriggebliebenen
mit den zwei, die Brüder aber mit den zehn Stämmen identifizieren kann. Wenn
man jedoch den Gesamtduktus von AM 3 in Betracht zieht, geht es letztendlich

langt so wird allerdings im Brief an die 9 1/2 Stämme (2Bar 78–87)
die im Gegensatz zu 2Bar 1,2f. stehende Meinung vertreten, dass
eigentlich alle zwölf Stämme in die eine Gefangenschaft weggeführt
wurden, da ja alle von einen einzigen Vater abstammen (2Bar 78,4).
Das geht konform mit der Darstellung in AM 3, weil im dort zum
Ausdruck gebrachten Zusammenhang auch keine explizite Differenzierung zwischen dem Exilsgeschick der beiden Stämmegruppen vorgenommen wird.[30]

Was die Feinde des auserwählten Volkes betrifft, so werden sie
zunächst als Strafwerkzeuge Gottes betrachtet, die gleichsam als dessen Exekutivorgan richterliche Funktionen wahrnehmen (2Bar 5,3).
Sodann gilt auch ihnen, wie allen Nationen und Völkern, das göttliche Strafgericht, weil sie die Erde in unrechtmässiger Weise zertre-
ten haben (2Bar 13,11). Letztlich aber kommt im Brief an die 9 1/2
Stämme klar zum Ausdruck, dass der Schöpfer sich an den Feinden
des Volkes entsprechend ihres ruchlosen Vorgehens rächen wird (2Bar
82,2). Wenn sie auch jetzt noch Frevel verüben und die Gebote des
Höchsten nicht einhalten, so werden sie doch einmal wie Rauch vergehen (2Bar 82,4ff.). Dieses deutlich ausgesprochene Rachemotiv kann
in jedem Fall in Zusammenhang mit AM 10,1–10 gesehen werden,
denn dort steht es durchaus im Zentrum des Aussagezusammenhangs
(AM 9,7; 10,2.7).

Eine nicht unbekannte Parallele, die bereits in 4Esr benannt wurde,
ist die Erschaffung der Welt um Israels willen,[31] die in 2Bar 14,18f.
zum Ausdruck kommt. Das ist in Einklang mit AM 1,12 zu bringen,
weil dort die gleiche Aussage gemacht wird. Stellvertretend für alle
werden in 2Bar 21,24 auch die Väter angeführt, um deretwillen die
Welt ins Leben gerufen wurde. Näher konkretisiert ist das jedoch
in 2Bar 15,7; dort werden die Gerechten als die bezeichnet, um
deretwillen diese Welt geschaffen wurde und die zukünftige kommen
wird.[32] Was das künftige Geschick der Gerechten anbelangt, so
entdeckt man eine interessante Parallele zur Erhöhung Israels zum

---

um Solidarisierungstendenzen zwischen den zwei und zehn Stämmen; cf. J. TROMP,
The Assumption of Moses, 168; D. MAGGIOROTTI, *Il Testamento di Mosè*, 193.

[30] Cf. G. HÖLSCHER, «Über die Entstehungszeit», 122.

[31] Cf. z.B. G. HÖLSCHER, «Über die Entstehungzeit», 121; J.J. COLLINS, «The
Date and Provenance», 27f., L. VEGAS MONTANER, «Testamento de Moisés», 243;
J. TROMP, *The Assumption of Moses*, 141.

[32] Mit Verweis auf die drei entsprechenden Stellen in 2 Bar bezeichnet das R.H.
CHARLES, *The Assumption of Moses*, 5, als «a still more limited view».

Sternenhimmel in AM 10,9. Ihnen wird nämlich verheissen, dass sie
in den Höhen der neuen Welt wohnen, den Engeln gleichen und
sogar mit den Sternen vergleichbar sein werden (2Bar 51,10).[33]

Bezüglich der Schilderung der Drangsal vor dem hereinbrechenden Äonenwechsel oder der Beschreibung der Verdorbenheit der
Welt ergeben sich in 2Bar 48,38 und 73,4f. Anknüpfungspunkte zum
7. Kapitel der AM. Es kommt nämlich zum Ausdruck, dass die Leute
sich befleckten, Betrug übten, sich in Streitigkeiten, Anklagen und
Rachetaten verfingen, mit Begierden, Neid und Hass erfüllt waren.
Lenkt man den Blick zu AM 7, so ist auch dort von verderblichen
und betrügerischen Leuten die Rede, die von Streitsucht geprägt voll
Ungerechtigkeit und Frevel stecken, sowie Unreines treiben. Allerdings
hat die Zusammenordnung dieser Gedanken aus 2Bar mit denen der
AM nur sehr allgemeinen Charakter, da es sich nicht um spezifisch
beschriebene, historisch ortbare Untaten handelt.

8.2   *Die AM im Vergleich mit LAB*

Am Ende des 1. oder zu Beginn des 2.Jh.n.Chr.[34] wurde der LAB
als midraschartiges Werk geschaffen,[35] das auf eigene Weise die Bibel
von Gen 1 bis 2 Sam 1 nacherzählt.[36] Erhalten ist er nur in lateinischer Übersetzung, aber bereits am Ende des 1.Jh.n.Chr. muss er
in Palästina hebräisch verfasst vorgelegen haben.[37] Die Intention dieses Werkes ist damit beschrieben, dass das aufgrund seines Ungehorsams
durch die Katastrophe des Jahres 70 n.Chr. bestrafte Volk zur Umkehr
im rigorosen Gesetzesgehorsam gemahnt werden soll.[38]

---

[33] Dieser Vergleich verdankt sich aber wahrscheinlich einer Rezeption von Dan
12,3; cf. zur Erhöhungsvorstellung in 2Bar 51,10 M. HIMMELFARB, *Ascent to Heaven*, 51.

[34] Cf. G.W.E. NICKELSBURG, *Jewish Literature*, 267f.; C. DIETZFELBINGER, *Pseudo-
Philo: Antiquitates Biblicae*, 95f.: *terminus a quo* ist ihm zufolge die Tempelzerstörung
im Jahre 70 n.Chr. und *terminus ad quem* der Bar-Kochba-Aufstand (132–135 n.Chr.).
Hingegen F.J. MURPHY, *Pseudo-Philo. Rewriting the Bible*, 6, behauptet eine Entstehung
im 1.Jh.n.Chr. vor der Tempelzerstörung.

[35] Cf. G. KISCH, *Pseudo-Philo's Liber Antiquitatum Biblicarum*, 17f.; C. PERROT –
P.-M. BOGAERT, *Pseudo-Philon*, 22–28.

[36] Zur Art und Weise der Wiederaufnahme biblischen Materials in LAB cf.
G.W.E. NICKELSBURG, *Jewish Literature*, 265–268; ID., «The Bible Rewritten and
Expanded», 107–110.

[37] Cf. O.H. STECK, *Israel*, 173; M. WINTER, *Das Vermächtnis Jesu*, 167.

[38] Cf. O.H. STECK, *Israel*, 175; M. WINTER, *Das Vermächtnis Jesu*, 168; zum Gesetzesgehorsam cf. LAB 13,10; 19,2ff.; 20,3f.; 21; 22,6f.; 23; 24,1ff.; 25,3; 28,2; 30; 33;
38,2; 39,6; u.a.

8.2.1 *Allgemeine Beobachtungen*

Auch in der AM gehört der ungebrochene Gesetzesgehorsam zu einer der theologischen Hauptaussagen; er ist unabdingbar, damit Gott von sich aus die Heilswende herbeiführt (AM 9,4–6, 12,10f.). In beiden Schriften ist das auf dem Hintergrund des von Gott gewährten Bundes zu sehen, der gleichsam als Heilsgarantie in bedrängter Zeit fungiert; Gott kann letztendlich sein erwähltes Volk nicht ganz und gar vergessen oder verlassen (AM 3,9; 4,2.5; 11,17; 12,12 und LAB 9,4; 13,10; 19,2ff.; 39,6). Dass aber durch die Feinde Unheil über das Volk gekommen war, hängt damit zusammen, dass es die Gebote Gottes übertreten hat bzw. fremden Göttern nachgelaufen ist (AM 2,8; 5,3 und LAB 19,2.7; 21,1; 22,2). Auf dem Hintergrund von Dtn 30,15ff. kommt jeweils zum Ausdruck, dass das entscheidende Kriterium für das Gelingen des zukünftigen Weges das Beachten der Gebote ist (AM 12,10f. und LAB 13,9f.).

Zwar ist der LAB kaum als Schrift mit apokalyptischen Elementen einzustufen, aber das Ende der Zeiten wird gleichermassen ins Blickfeld genommen, wenn in Gebeten massgeblicher Leute von den letzten Tagen die Rede ist (LAB 27,7; 28,1) und Terminspekulationen bezüglich der Erfüllung der Zeiten vor Moses Tod zum Ausdruck kommen (LAB 19,4.13ff.). Die AM versteht sich als Schrift, die bis zum Ende der Tage aufbewahrt werden muss (AM 1,17f.), die ganz bewusst dieses Ende einplant und beschreibt (AM 10,1–10; 12,4); deshalb ergeben sich auf diesem Hintergrund Überlegungen zum Eintreffen der Endzeitereignisse (AM 7,1; 10,12).

8.2.2 *LAB 19–21 und AM auf dem Hintergrund von Dtn 31–32*

Da auch der LAB Moses Tod auf der Grundlage von Dtn 31–32 neu aktualisiert,[39] ergeben sich an diesem Punkt die meisten Parallelen zur AM. Diesbezüglich sind die Kapitel ab 19 zu untersuchen, und zwar vornehmlich unter dem Blickwinkel, was im Gegensatz zur biblischen Vorlage in beiden Schriften gemeinsam zum Ausdruck kommt. Davon abzuheben ist aber zunächst das, was die gleiche biblische Rezeptionsgrundlage hat und jeweils ähnlich ausgefaltet wird.

Die Motivation zur Moserede[40] ist jeweils dessen bevorstehender

---

[39] Cf. D.J. HARRINGTON, «Interpreting Israel's History», 62f.
[40] Zur Analyse der Moserede in LAB 19,1–16 mit Hinblick auf ihren Charakter als Testament cf. M. WINTER, *Das Vermächtnis Jesu*, 161–163.

Tod (AM 1,15; 10,12.14 und LAB 19,2.6.8.12), wobei sie in der AM ausschliesslich an Josua, in LAB zunächst an das ganze Volk gerichtet ist, bevor sich dort ein Zwiegespräch zwischen Mose und Gott entfaltet. Damit verbunden ist auch die Beschreibung des Todes und des Begräbnisses der Hauptfigur[41] (LAB 19,12.16), die allerdings in der AM fehlt (davon könnte im weggebrochenen Schluss unter Umständen die Rede sein). Auf dem Hintergrund von Dtn 31–32 wird in beiden Schriften auf das Verhalten des Volkes nach der Landnahme Bezug genommen, also dessen Abfall im Fremdgötterkult oder im Abweichen von der Moseweisung gebrandmarkt und die damit verbundene Strafe erwähnt (AM 2,8; 5,3 und LAB 19,2.7; 21,1). Dass in dieser Hinsicht von Mose Erde und Himmel als Zeugen angerufen werden, hat einen biblischen Anhalt (Dtn 30,19; 31,28; 32,1) und findet sowohl in AM 3,12, als auch in LAB 19,4 eine Entsprechung.[42] Die Strafe wird mit Blick auf Dtn 32 (cf. auch Dtn 28,15ff.) näher konkretisiert, und zwar sind es die Feinde, die das erwählte Volk bedrohen, zerstören und deportieren (AM 3,1–3; 5,1–8,5 und LAB 19,2.7). Die Wege des Volkes können im Angesicht des Feindes aber letztlich nur dann gelingen, wenn man in den Wegen Gottes einhergeht; die Rezeption von Jos 1,7f. erfolgt in dieser Hinsicht in AM 12,10f. und LAB 20,3.

Schliesslich sind die Gemeinsamkeiten beider Schriften ins Blickfeld zu rücken, die nicht unbedingt in der biblischen Vorlage einen Anhaltspunkt haben. Auf Terminspekulationen bezüglich des Endes der Zeiten und des Erdkreises wurde bereits oben verwiesen, die in den letzten Deuteronomiumkapiteln keine Entsprechung haben. Interessant ist in diesem Zusammenhang, dass die AM von 250 Zeiten nach des Mose Tod bis zur Vollendung der Tage redet (10,12f.), während der LAB eine Zeitspanne von 2,5 Zeiten benennt[43] (19,15). Dass die alte Erde unweigerlich dem Ende zugeht, kommt in beiden Schriften in jeweils unterschiedlicher Akzentsetzung zum Ausdruck: in LAB 19,2.4.13–15 ist ein Ende in Aussicht gestellt bei der Heimsuchung Gottes und AM 10,1–10 beschreibt es lebhaft in apokalyptischen Farben. Diesbezüglich finden sowohl in AM 10,5, als auch

---

[41] Zum Tod und Begräbnis des Mose in LAB cf. K. HAACKER – P. SCHÄFER, «Nachbiblische Traditionen vom Tod des Mose», 151–156; S.E. LOEWENSTAMM, «The Death of Moses», 153.162.

[42] Cf. ferner LAB 24,1; 32,9; 62,10.

[43] Cf. D.J. HARRINGTON, «Interpreting Israel's History», 63; J. TROMP, *The Assumption of Moses*, 239.

in LAB 19,13 die Gestirne eine Erwähnung: sie geben kein Licht mehr bzw. ihre Bahn ist verwirrt (cf. auch LAB 32,10.17).

In der AM spielt die Schöpfungsthematik von Beginn an eine wichtige Rolle, die besonders im 12. Kapitel entfaltet wird: Gott hat alles geschaffen und alles vorhergesehen vom Anfang der Welt bis zu deren Ende (AM 12,4). Auch im 19. Kapitel des LAB findet sich die Erwähnung unumstösslicher Schöpfungsgegebenheiten, die unter anderem die Wasserzufuhr und damit die Lebensmöglichkeiten des Landes regeln (19,10). In diesem Kontext ist auch von der Langmut und Barmherzigkeit Gottes die Rede, die für die Stabilität des dem Volk gewährten Erbes und angesichts der Sündhaftigkeit des Menschen notwendig ist (19,8–9.11.14). Blickt man wiederum auf AM 12, so findet die "misericordia" Gottes auch dort eine Erwähnung, und zwar in Bezug auf die Ausrüstung des Mose zur Erfüllung seiner Aufgaben (AM 12,7). So sind also in beiden Schriften die Themenkreise Schöpfung und Barmherzigkeit Gottes in ähnlicher Abfolge zu finden.

Betrachtet man nun Moses Tod und Begräbnis, sowie die damit zusammenhängende Trauer näher, so stellt man fest, dass in LAB 19 im Vergleich zur biblischen Vorlage Aufweitungen vorliegen. Die Engel und Heerscharen des Himmels betrauern den Verstorbenen, den Gott sehr liebte und eigenhändig begräbt (LAB 19,12.16). Kein Engel und kein Mensch kennt das Grab, in dem Mose ruhen wird bis zur Heimsuchung der Welt (LAB 19,12). Die Thematik des Mosegrabes wird in der AM auch überhöhend aufgegriffen: kein Ort kann letztlich diesen Grossen aufnehmen, so dass die ganze Welt zum Grab wird (AM 11,5–8).[44] Die Trauer Josuas über den Tod seines Vorgängers kommt in beiden Schriften gleichermassen zum Ausdruck: in AM 11,4 reagiert er mit verzweifelten Worten über den angekündigten Tod des Mose und in LAB 20,2 spricht Gott den trauernden Josua an, er müsse dieses unumstössliche Faktum akzeptieren. So ergibt sich also, dass in beiden Schriften Moses Tod und Begräbnis mit Überhöhungen und ausschmückenden

---

[44] In AM 11,8 wird über das Mosegrab ausgesagt: omnis orbis terrarum sepulcrum est tuum. Bezüglich des Begräbnisses des Mose heisst es in LAB 19,16, dass Gott ihn selbst begrub: et sepelivit eum per manus suas super excelsam terram, et in lumine totius orbis. Auffällig ist in beiden Fällen die Verwendung von "orbis": einerseits wird der ganze Erdkreis als Mosegrab bezeichnet, andererseits geschieht die Beerdigung im Licht des ganzen Erdkreises; cf. K. HAACKER – P. SCHÄFER, «Nachbiblische Traditionen vom Tod des Mose», 157/Anm. 9.

Begleiterscheinungen versehen wird, wobei die Trauer seines Nachfolgers ausdrücklich thematisiert vorzufinden ist.

Selbst als Mose längst gestorben ist, sind seine Worte immer noch
massgebend. So wird sowohl in LAB 22,2, als auch in AM 3,11 im
Erzählduktus rückgreifend auf sie Bezug genommen. Inhaltlich geht
es jeweils um den Aufweis, dass sich die Moseworte bewahrheitet
haben: hält man sich nicht an seine Gebote, nehmen die Feinde
überhand und dem Volk steht Unheil bevor. Was die Feinde zur
Zeit Josuas anbelangt, so sind es in LAB 20,2 die Könige der Amoriter,
die ebenso in AM 11,16 erwähnt werden. Diese erwägen in AM
11,16f. die Möglichkeit zum Angriff gegen das erwählte Volk mit
dem Hinweis, dass gottloses Verhalten und das Fehlen des Mose die
Schutzlosigkeit des Volkes zur Folge hat. In eine ähnliche Richtung
geht in LAB 20,4 die Überlegung der feindseligen Völker, dass Gott
sein Volk verlassen haben könnte, weil er es nicht befreit hat. In
beiden Schriften spielt also die Bedrohung durch die Feinde eine
Rolle, die unter der Bedingung abgewehrt werden kann, dass das
Volk in den Wegen des Herrn wandelt.

Demnach gibt es also eine Reihe von Berührungspunkten zwischen dem LAB und der AM, die nicht unbedingt einen Anhalt in
der biblischen Literatur haben. Da aber in beiden Schriften biblische Stoffe mit erweiterndem Gedankengut eng verquickt wurden,
das miteinander verglichen wiederum gewisse Ähnlichkeiten aufweist, lassen sich vergröbert beide dem gleichen Traditionskreis und
zuordnen.

8.2.3 *Die Mose- und Josuagestalt in LAB und AM*

Bezüglich der Gestalt des Mose und des Josua ergeben sich beim
Vergleich beider Schriften kleine Nuancen, die nun zur Sprache
kommen müssen. War in der AM die Tendenz zur Erhöhung der
Mosefigur derart fortgeschritten, dass er als göttlicher Prophet über
die ganze Erde, als vollkommener Lehrer in der Welt, als "magnus
nuntius" bezeichnet wurde (AM 11,16f.), der von Anfang der Welt
bereitet worden war (AM 1,14), so wird im LAB zwar auch seine
grosse Bedeutung herausgestrichen, aber Divinisierungstendenzen sind
im allgemeinen nicht festzustellen. Gott bezeichnet Mose als seinen
Freund (LAB 23,9) und auch andere Führer des Volkes sehen ihn
als "amicus domini" (LAB 24,3; 25,5); er ist der erste aller Propheten
(LAB 35,6; 53,8) und wird als Geliebter des Allmächtigen dargestellt

(LAB 32,8). Weil Gott ihn so sehr liebt, wird Mose von ihm auch eigenhändig begraben und die Engel trauern über seinen Tod (LAB 19,16). Natürlich wird Mose auf dem Hintergrund der biblischen Tradition auch mit der Gabe des Gesetzes in Verbindung gebracht (LAB 11) und er ist der, der alle Weisungen Gottes genau befolgt (LAB 13,1). Seine Fürsprecherfunktion[45] kommt in beiden Schriften in ähnlicher Weise zum Ausdruck: in LAB 19,3 stellen die Söhne Israels die Frage, wer nach Moses Tod ihnen einen Hirten geben wird wie er es war, einen Richter, der für ihre Sünden Fürbitte leisten würde[46] und in AM 11,17[47] wird Mose als ein "magnus nuntius" qualifiziert, der Tag und Nacht zu Gott betet und ihn an seinen Bund erinnert. Der LAB bringt zwar Mose als fürbittenden Mittelsmann in die Nähe Gottes und macht aus ihm gleichsam dessen Vertrauten, aber göttliche Qualitäten bekommt er in keinem Fall.

Josua wird als der dargestellt, mit dem Gott einen Bund nach dem Tod des Mose eingeht (LAB 20,1) und der aufgrund der Bekleidung mit den Gewändern der Weisheit seines Vorgängers schliesslich Führungsaufgaben übernehmen kann[48] (LAB 20,2f.). Diese Sukzession steht jedoch unter dem Zeichen des einzuhaltenden Gesetzes, das die Wege des Herrn weist (LAB 20,3). Da Mose seinen Nachfolger eindeutig bestimmt hat, wird er als neues Haupt des Volkes anerkannt und man spricht ihm Mut zu: confortare et viriliter age, quoniam tu solus in Israel principaberis (LAB 20,5). Josua, der mächtig an Kraft ist (LAB 23,1), soll in Entsprechung zu Mose dem Volk bezeugen, dass es nach seinem Tod von anderen Göttern verführt und deshalb von Gott verlassen werden wird (LAB 21,1). Daher wird er auch zum Fürbitter und erhebt seine Stimme vor Gott für das sündige Volk (LAB 21,2ff.). Zwar ist und bleibt dem Josua die Mosegestalt vorgeordnet, aber was die Führung des Volkes und den Einsatz für die ihm Anvertrauten betrifft, so werden sie auf gleicher Linie gesehen. So beurteilt Josua seinen eigenen Tod und den seines Vorgängers mit Bezug auf das künftige Verhalten des

---

[45] Zur Fürsprecherfunktion des Mose in LAB cf. W.A. MEEKS, *The Prophet-King*, 161; D.J. HARRINGTON, «Interpreting Israel's History», 63; S.J. HAFEMANN, «Moses in the Apocrypha and Pseudepigrapha», 94–101.

[46] Cf. J. TROMP, *The Assumption of Moses*, 247.

[47] Die Fürsprecherfunktion des Mose kommt eigentlich schon indirekt in der bangen Frage Josuas zum Ausdruck, wer denn nach dem Tod des Mose für das Volk beten könnte (AM 11,11: aut quis orabit pro eis).

[48] Cf. U.B. MÜLLER, «Die Parakletenvorstellung im Johannesevangelium», 57f.; J. TROMP, *The Assumption of Moses*, 250.254.

Volkes in gleicher Weise (LAB 24,3). Die Führung Josuas wird in
eine Reihe mit der des Mose gestellt (LAB 24,6), beide werden als
Diener des Herrn betrachtet (LAB 30,1), als Fürsten des Volkes
(LAB 25,3), die dasselbe aufgetragen hatten. Was beide im Rückblick
bezüglich der Führung des Volkes unterscheidet, ist ihre jeweils unterschiedliche Aufgabe zu verschiedenen Zeiten (LAB 32,9f.), aber sie
waren in gleicher Weise anerkannte Führergestalten.

Diese Zeichnung der Josuafigur steht nicht unbedingt in Einklang
mit den Ausführungen in der AM. Josua ist voll und ganz von Mose
abhängig, scheint nahezu hilflos zu sein nach dessen Todesankündigung
(AM 11,2ff.) und erachtet sich kaum für fähig, die an ihn gestellte
Aufgabe der Führung des Volkes zu bewältigen (AM 11,9–15).
Desgleichen befürchtet er nach dem Weggang des Mose die Bedrän-
gung durch die Feinde (AM 11,16ff.) und muss sich von seinem
Vorgänger Mut zusprechen lassen (AM 12,3). Eine Fürsprecherrolle
Josuas wird in der AM nicht ersichtlich, vielmehr wird er mit der
strikten Einhaltung des Gesetzes in Zusammenhang gebracht.

Diese kleinen Unterschiede machen deutlich, dass die Mose- und
Josuafigur in den beiden Schriften jeweils anders akzentuiert sind.
Die groben Linien fallen natürlich zusammen, weil als Hintergrund
und Vorlage die biblische Tradition fungiert.

8.3   *Auswertung der Gegenüberstellung*

Aufgrund dessen, dass sowohl in der AM als auch in den beiden
Schriften 4Esr und 2Bar Elemente der theologischen Strömung der
Apokalyptik zu entdecken sind, ergeben sich in jedem Fall Vergleichsmöglichkeiten. Die AM läuft auf das Ende der Zeiten hinaus
(AM 7,1; 10,12f.; 12,4), das im eschatologischen Hymnus AM 10,1–10
durch den Anbruch einer neuen Heilszeit mit apokalyptischen Farben
beschrieben wird. Gleichermassen kommt in 4Esr zum Ausdruck,
dass die Weltzeit schnell vorübergeht (4Esr 4,26) und den Geretteten
wird verheissen, dass sie das Heil und das Ende der Welt schauen
werden (4Esr 6,25). Wie in der AM, so gehen dem Zeitenumbruch
in 4Esr Bedrängnis, Angst und Not voraus, und die Begleiterscheinungen der Wende werden teilweise ähnlich geschildert (4Esr 5,2–5;
6,15–24). Auch 2Bar ist davon geprägt, dass das Ende der Tage im
Blickfeld erscheint (2Bar 10,3), dem eine Zeit der Drangsal vorausgeht (2Bar 27). Beide Schriften sind aber im Gegensatz zur AM stark

vom Gerichtsgedanken bestimmt, von einer Unterscheidung zwischen Gerechten und Frevlern, und die Figur des Messias spielt bei der Heraufführung des Heils eine entscheidende Rolle (4Esr 7,28f.; 12,32ff.; 2Bar 29,3; 73–74). Sowohl in der AM als auch in 4Esr bzw. 2Bar findet sich eine offenkundige Periodisierung des Geschichtsablaufes, die auf das bevorstehende Ende hinweist (besonders AM 5,1–10,10; 4Esr 14,11ff.; 2Bar 27). So heisst es beispielsweise in AM 10,12, dass vom Zeitpunkt des Mosetodes noch 250 Zeiten vergehen müssen, 4Esr 14,11 aber geht davon aus, dass noch 2,5 Teile bis zur Vollendung fehlen (cf. auch LAB 19,15). Deutlich werden in 4Esr und 2Bar die Elemente des deuteronomistischen Geschichtsbildes (4Esr 3,25ff.; 14,30ff; 2Bar 1,2–4; 4,1–6), das auch bei der Ausgestaltung der AM im Hintergrund gestanden war.

Was die Beurteilung des Gesetzes und die Wichtigkeit rigoroser Gesetzesobservanz betrifft, so lassen sich die Aussagen in 4Esr und 2Bar in jeder Hinsicht mit denen der AM verbinden (cf. 4Esr 7,45; 9,37; 2Bar 32,1; 44,3.7; AM 12,10f.). Die Abzweckung dieser Schriften scheint in dieser Hinsicht das gleiche Ziel zu verfolgen. Weiterhin entdeckt man sowohl in 4Esr bzw. 2Bar als auch in der AM die Bezugnahme auf Schöpfungsgegebenheiten. Besonders die Aussage, dass die Welt um Israels willen geschaffen wurde, fällt markant ins Auge (AM 1,12; 4Esr 6,55.59; 7,10f.; 2Bar 14,18f.; 15,7; 21,24). Die AM ist die erste Schrift, in der dieses Theologumenon entdeckt werden kann, das dann auch Eingang in andere Apokryphen und die rabbinische Literatur gefunden hat.[49] Unter diesem Gesichtspunkt würde die AM in ihrer theologischen Ortung wesentlich besser ins 1.Jh.n.Chr. passen.

Ein durchaus interessanter Vergleichspunkt ergibt sich bezüglich der Verschriftungsphänomene in der AM und 4Esr. Während in AM 1,16–18 dem Josua die von Mose artikulierte verschriftete Geschichtsschau und weitere Bücher (wahrscheinlich der Pentateuch) zur Verwahrung an einem geheimen Ort übergeben werden, muss Esra nach der Tempelzerstörung alle Schriften noch einmal schriftlich fixieren lassen. Dort wird ebenfalls eine Zweiteilung der Schriften deutlich, denn ein Teil soll allen zugänglich sein, der andere aber nur den Weisen des Volkes (4Esr 14,26.45f.). Mit der Schriftenübergabe soll jeweils die Sicherung der Kontinuität des Tradierten gewährleistet werden.

---

[49] Cf. L. GINZBERG, *Legends of the Jews*, V, 67f.

Weiterhin ist ein im Erzählzusammenhang eingebautes ähnliches Motiv im Vergleich zwischen der AM und 2Bar anzuführen, das eine ähnliche Funktion zu haben scheint. In 2Bar 44 teilt Baruch seinem Sohn und den Ältesten mit, dass er sterben werde, sie sich aber weiterhin in Treue am Gesetz orientieren sollen. Die Reaktion der Angesprochenen ist von Bestürzung und Ratlosigkeit gekennzeichnet (2Bar 46,1–3), und dieses Verhalten kann durchaus mit den Worten Josuas verglichen werden, die er in der AM nach dem angekündigten Tod des Mose artikuliert (AM 11,4–19). Die Idee, dass die jeweils scheidende Gestalt durch die Weisungskraft des Gesetzes ersetzt werden soll, kommt in beiden Schriften zum Ausdruck. Überhaupt ist festzustellen, dass in 2Bar die Gestalt des Baruch offenkundig mit den Farben der Mosefigur gezeichnet wird (cf. den Zusammenhang zwischen AM 3,10–13 und 2Bar 84,2–5).

Wendet man sich schliesslich den Vergleichspunkten zwischen der AM und dem LAB zu, so fällt zunächst das ähnliche theologische Profil auf, denn in beiden Schriften wird der Bund Jahwes mit seinem Volk als unverbrüchliche Heilsgarantie gesehen (cf. AM 3,9; 4,2.5; 11,17; 12,12 und LAB 9,4; 13,10; 19,2ff.). Seitens des Volkes ist jedoch die Abwehr von Fremdgötterkulten gefordert und ein rigoroser Gesetzesgehorsam wird eingeklagt. Wie die AM als Rezeptionsgrundlage Dtn 31–32 benutzt und auslegt, so geschieht das auch in LAB 19–21. Daher ergeben sich viele Ähnlichkeiten: der bevorstehende Tod des Mose als Motiv für seine Abschiedsrede, die auf den künftigen Abfall zu fremden Göttern Bezug nimmt; midraschähnliche Aufweitungen bezüglich des Mosetodes und seines Grabes bzw. Begräbnisses; Trauer über den Tod des Mose; die Nachfolge Moses durch Josua. Beide Schriften haben aber auch Themen gemeinsam, die in der gemeinsamen Rezeptionsgrundlage nicht zu finden sind: Blick auf das Ende der Zeiten; Verbindung der Schöpfungsthematik mit der Barmherzigkeit Gottes; Bedrohung Israels durch die Feinde (Amoriter). Besonders interessant ist natürlich ein Vergleich des Verhältnisses Mose-Josua unter der Perspektive der Nachfolge: in LAB finden sich im Gegensatz zur AM keine explizit hervorgehobenen und besonders akzentuierten Überhöhungstendenzen bezüglich der Mosefigur, so dass Josua nahezu als gleichwertiger Nachfolger gezeichnet werden kann.

Will man ein abschliessendes Resümee des Textvergleichs dieser Schriften im Vergleich zur Literatur des 2. bzw. 1.Jh.v.Chr. ziehen, so kann durchaus behauptet werden, dass 4Esr, 2Bar und LAB der

AM theologisch näher stehen und in vielfacher Hinsicht Ähnlichkeiten aufweisen. Während die früheren Schriften nur vereinzelt ähnliche
Motive zeigen (z.B. 1/2/4Makk) oder von ihrer Offenbarungssituation her Vergleichspunkte bieten (z.B. Jub), können die Schriften aus
dem 1.Jh.n.Chr. durchaus dem gleichen theologischen Milieu zugeordnet werden. Ein traditionsgeschichtlicher Vergleich scheint also
die Datierung der AM ins 1.Jh.n.Chr. zu verweisen,[50] wenngleich
diese literarische Gegenüberstellung nicht über jeden Zweifel erha-
ben sein kann.

---

[50] Cf. L. Vegas Montaner, «Testamento de Moisés», 243.

KAPITEL 9

DIE DARSTELLUNG DER REZEPTIONEN AUF DEM HINTERGRUND VON REWRITTEN-BIBLE-PHÄNOMENEN

Nachdem die konkrete Art und Weise der Wiederaufnahme, besonders der letzten Deuteronomiumkapitel, in der AM beleuchtet wurde, die Rezeptionsprozesse in ihrer Struktur und Abhängigkeit von der jeweiligen Vorlage offengelegt werden konnten und die dabei möglichen leitenden theologischen Intentionen am Rand erwähnt wurden, sollen nun die ausfindig gemachten Ergebnisse auf einem ganz bestimmten Hintergrund gebündelt und beurteilt werden. Im Forschungsüberblick war des öfteren davon die Rede, dass die AM als ein "rewriting of Deuteronomy 31–34" zu verstehen ist. Diese Rewritten-Bible-Phänomene sollen nun den Rahmen für eine abschliessende Deutung der Rezeptionsprozesse der AM abgeben. Inwiefern erzählt die AM die letzten Deuteronomiumkapitel nach, wie schauen die Rezeptionsphänomene in concreto aus und wie lassen sie sich beurteilen, wie steht es um das Verhältnis von Rezeptionsvorlage und aktualisierter Neuaufnahme, was ist mit dieser Rezeption in theologischer Hinsicht intendiert, welche historischen Implikationen sind damit verbunden, wie ist es um das Legitimationsverhältnis von erfolgter Wiederaufnahme und zugrunde liegendem biblischen Text bestellt? Will die AM die letzten Deuteronomiumkapitel ersetzen, macht sie ihre Ausführungen nur dort fest oder geht es um eine aktualisierende Neuaufnahme, die eigentlich erst den Sinn der biblischen Texte für das Heute des Autors konstituiert?

Alle diese Fragen sollen nun auf dem Hintergrund der sogenannten Rewritten-Bible-Phänomene aufgegriffen werden, wobei zunächst zu klären ist, was eigentlich unter diesen Phänomenen genau verstanden werden kann. In der Literatur wird oft ein sehr wahlloser und undifferenzierter Gebrauch der Termini "Rewriting the Bible" bzw. "Rewritten Bible" offenkundig. Zwar gibt es Versuche, die entsprechenden Texte unter formaler Hinsicht zu erfassen,—man spricht bisweilen sogar von einer eigenen literarischen Gattung mit bestimmten Gattungsmerkmalen—eine umfassende theologische Ortung dieser Phänomene scheint aber schwierig.

Den besagten Begriffen soll also zunächst nachgegangen werden
und auf diesem Hintergrund kann man versuchen, die oben gestellten Fragestellungen mit den zugehörigen Antworten einzuordnen.
Schliesslich ergibt sich die abschliessende Frage, ob man wirklich mit
Recht von Rewritten-Bible-Phänomenen in der AM sprechen darf.
Sind die dort ausgemachten Rezeptionsprozesse so zu klassifizieren
oder ist eine adäquatere Bezeichnung zu wählen?

9.1   Der Begriff "Rewritten Bible"

Bevor nun auf die Klassifikation und Kriterien von Rewritten-Bible-
Phänomenen eingegangen werden soll, muss ein Wort zur Geschichte
und Applikation des in Frage stehenden Begriffs erwähnt werden.[1]
Besonders die Funde von Qumran scheinen für seine Entstehung
und Verwendung (bzw. auch für seine Modifikation) von ausschlaggebender Bedeutung gewesen zu sein.[2]

9.1.1   Zur Geschichte und Applikation dieses Begriffs[3]

Erstmals scheint der Begriff "The Rewritten Bible" von GEZA VERMES
in seiner Publikation *Scripture and Tradition in Judaism* im Jahre 1961
geprägt worden zu sein.[4] Allerdings ist die Situation bei seiner Geburt
bezeichnend, denn er wird nicht bei der ersten Applikation grundsätzlich definiert, sondern so verwandt, als ob es evident wäre, was
damit gemeint sei. VERMES untersucht die Rezeptionsprozesse im
Sefer ha-Yashar und in dem in Qumran gefundenen Genesis Apocryphon bezüglich der zugrunde liegenden biblischen Grundlage und
den darin verarbeiteten weiteren Traditionen, versucht diese namhaft zu machen und zu orten, und bezeichnet das erste Beispiel als

---

[1] Bei der Bestimmung der literarischen Gattung des LAB prägten C. PERROT –
P.-M. BOGAERT, *Pseudo-Philon*, 22–28, den Begriff "texte continué" (im Gegensatz
zum "texte expliqué"), der jedoch mit dem korrespondiert, was unter "Rewritten
Bible" gemeint ist; cf. dazu auch F.J. MURPHY, *Pseudo-Philo. Rewriting the Bible*, 4f.

[2] Cf. E. Tov, «Rewritten Bible Compositions», 337.

[3] Die folgenden Ausführungen stellen die überarbeitete und erweiterte Fassung
meines Artikels «Die "nacherzählte Bibel". Erwägungen zum sogenannten "Rewritten-
Bible-Phänomen"» dar; cf. *Salesianum* 62 (2000) 3–17.

[4] Cf. J.C. ENDRES, *Biblical Interpretation*, 15f.; D. DIMANT, «Use and Interpretation
of Mikra», 402; ID., «Apocrypha and Pseudepigrapha at Qumran», 154; B. HALPERN-
AMARU, *Rewriting the Bible*, 4.

«one of the latest examples of the rewritten Bible»,[5] das zweite aber als «one of the jewels of midrashic exegesis, and the best illustration yet available of the primitive haggadah and of the unbiased rewriting of Bible».[6] Am Ende der Untersuchung des ersten Beispiels macht er folgende Bemerkung, die implizit illustriert, was er mit einem Rewritten-Bible-Phänomen meint:

> Finally, this examination of the Yashar story fully illustrates what is meant by the term "rewritten Bible". In order to anticipate questions, and to solve problems in advance, the midrashist inserts haggadic development into the biblical narrative—an exegetical process which is probably as ancient as scriptural interpretation itself. The Palestinian Targum and Jewish Antiquities, Ps.-Philo and Jubilees, and the recently discovered "Genesis Apocryphon" [...], each in their own way show how the Bible was rewritten about a millennium before the redaction of Sefer ha-Yashar.[7]

Demnach seien diese Phänomene für die sogenannte "midrashic literature" typisch, die von haggadischen Weiterentwicklungen geprägt sei, also von Erweiterungen im Sinn von Interpretationen, reichhaltigen Ausschmückungen und organischen Aufweitungen in Rückbindung an den biblischen Text. Dadurch solle die biblische Geschichte attraktiver, durchsichtiger, verständlicher, erbaulicher und vor allem zeitgemässer werden. Letztlich gehe es jedoch um eine Art Exegese, um den biblischen Text für den Leser einer anderen Zeit auszulegen, ihn lebendig zu halten, unter Umständen anwendbar zu machen in veränderten Situationen.

Weiterhin reiht VERMES in einer späteren Publikation (1986) unter der Gesamtüberschrift "Biblical Midrash" neben den bereits erwähnten Schriften auch noch die folgenden—vor allem Qumrantexte—ein, die von Rewritten-Bible-Phänomenen geprägt seien:[8] das Noachbuch (= 1Q19 und 19bis), das Testament Kohaths (= 4Q542), das Testament Amrams (= 4Q543–548), ein Samuel Apocryphon (= 4Q160), das Martyrium Jesajas, weitere apokryphe Fragmente. Andere Autoren

---

[5] G. VERMES, *Scripture and Tradition in Judaism*, 68.
[6] G. VERMES, *Scripture and Tradition in Judaism*, 126.
[7] G. VERMES, *Scripture and Tradition in Judaism*, 95.
[8] Cf. E. SCHÜRER – G. VERMES, *The History of the Jewish People*, III/1, 308–341. Weiterhin werden unter dem Stichwort "Biblical Midrash" noch eine Reihe anderer Schriften erwähnt (u.a. Life of Adam and Eve, Testament of Abraham, Testament of the Twelve Patriarchs, Book of Jannes and Jambres, Book of Eldad and Modad, Life of the Prophets); cf. E. SCHÜRER – G. VERMES, *The History of the Jewish People*, III/2, 757–808.

aber weisen eine andere Liste von in Frage stehenden Schriften auf,
und zwar je nach dem eigenen Blickwinkel und der im Vordergrund
stehenden Fragestellung.[9]

Nach VERMES ginge es letztlich um eine Umgestaltung und Fortentwicklung biblischer Geschichte, die als vor-rabbinische Haggadah
zu bezeichnen sei, von Interpretationen, Amplifikationen und Ergänzungen geprägt wäre, um textbezogene, kontextuelle und doktrinäre
Schwierigkeiten zu lösen. In diesem Zusammenhang ist von Interesse,
was VERMES eigentlich unter einem "haggadic midrash" versteht.[10]
Es handele sich um eine Neubearbeitung historischer oder religiös-
ethischer Teile der Bibel mit Erweiterungen und Anreicherungen.
Die Modifikationen würden in Anpassung an die Erfordernisse und
Meinungen späterer Zeit geschehen, es gehe unter anderem bei der
Neubearbeitung auch um die Kombination verschiedener Aussagen,
indem ein Text durch die Hilfe eines anderen vervollständigt werde

---

[9] Ohne explizit zu definieren, was man unter einem Rewritten-Bible-Phänomen
versteht, behandelt beispielsweise NICKELSBURG (1984) unter der Kapitelüberschrift
"The Bible Rewritten and Expanded" im einzelnen folgende Schriften, wobei er
jeweils die biblischen Grundlagen und manchmal auch die Art der Bezugnahme
erwähnt: 1Enoch and the Book of Giants (1Enoch 6–11, 1Enoch 12–16, 1Enoch
106–107, 1Enoch 65–67 and 83–84, the Book of the Giants); Jubilees; the Genesis
Apocryphon; the Book of Biblical Antiquities; the Books of Adam and Eve (the
Apocalypse of Moses, the Life of Adam and Eve); Hellenistic Jewish Poets (Philo
the Epic Poet, Theodotus the Epic Poet, Ezekiel the Tragedian); Supplements to
Biblical Books (the Story of Darius' Bodyguards, Additions to the Book of Esther,
David's Compositions, Baruch, the Epistle of Jeremiah, the Prayer of Azariah and
the Song of the Three Young Men). Diese Texte bezeichnet er als «literature that
is very closely related to biblical texts, expanding and paraphrasing them and impli-
citly commenting on them», und er spricht von «developing ways of retelling the
events of biblical history» (G.W.E. NICKELSBURG, «The Bible Rewritten and Expanded»,
89). Eine andere Liste in Verbindung mit dem Begriff "Rewritten Bible" («charac-
terized by expansions and re-writings of biblical narrative») und dem Verweis auf
die jeweilige biblische Grundlage präsentiert schliesslich CHARLESWORTH (1987/1988/
1993): Jubilees, Martyrdom of Isaiah, Joseph and Aseneth, Life of Adam and Eve,
Pseudo-Philo, Live of the Prophets, Ladder of Jacob, 4Baruch, Jannes and Jambres,
History of the Rechabites, Eldad and Modad (cf. J.H. CHARLESWORTH, «The Pseudepigrapha as Biblical Exegesis», 151, oder ID., «Biblical Interpretation: The Crucible
of the Pseudepigrapha», 74f., oder ID., «In the Crucible: The Pseudepigrapha as
Biblical Interpretation», 38–40). Mit der Begrenzung auf die Fragestellung, wie
"Pseudepigraphy" in den Qumrantexten zu kategorisieren ist, erwähnt BERNSTEIN
(1999) unter der Teilüberschrift "Rewritten Bible" (kurz bezeichnet als "retelling
and expansion of biblical stories") folgende Texte: 4QRP (Reworked Pentateuch),
4Q158 (Biblical Paraphrase), 11QT (Temple Scroll), Genesis Apocryphon (cf. M.J.
BERNSTEIN, «Pseudepigraphy in the Qumran Scrolls», 10–17; zur Benutzung und
Interpretation der Schrift in Qumrantexten cf. M. FISHBANE, «Use, Authority and
Interpretation of Mikra at Qumran», 339–377).

[10] Cf. E. SCHÜRER – G. VERMES, *The History of the Jewish People*, II, 346–355.

oder indem man ältere Lehrmeinungen im Licht von Propheten-
aussagen interpretiere. Ein Paradebeispiel für einen "historical midrash"
seien in der Bibel die Chronikbücher, und in späterer Zeit geschehe
dieses "rewriting of sacred history" in besonders ausgeprägter Weise
durch Ausschmückungen und Anreicherungen. Bei der erneuten Bearbeitung von biblischen Texten bediene man sich auch der Kombination von Texten, ihrer Ergänzung und Vervollständigung durch Produkte der freien Phantasie, die als ein Ausdruck der Kreativität der
jeweiligen Autoren aufzufassen seien. Was "haggadic historiography" betrifft, so seien diesbezüglich auch Autoren wie Demetrius, Eupolemus,
Artapanus, Josephus, Philo zu nennen, aber auch in Qumrantexten,
den Targumim und im Talmud fänden sich derartige Erscheinungen.

Die Verbindung von Rewritten-Bible-Phänomenen mit der haggadischen Tradition des Midrasch würde natürlich einen weiten Horizont
eröffnen,[11] so dass eine ganze Reihe von Texten betroffen wäre.
Nicht alle Autoren sind bereit, einen derart weiten Blickwinkel mit
Bezug auf den in Frage stehenden Begriff zuzugestehen. Vor allem
wenn man eine entsprechende literarische Gattung postulieren will,
sind Restriktionen unumgänglich. Diesen Weg beschreitet ALEXANDER
(1988), der bestimmte unterscheidende, formal literarische Charakteristika festsetzt, die lediglich für vier Schriften zutreffen würden:[12]
das Jubiläenbuch, das Genesis Apocryphon, der Liber Antiquitatum
Biblicarum und die Antiquitates von Josephus.[13] Ohne eine literarische Gattung entdecken zu wollen, nimmt DIMANT (1988) eine Reihe
von Klassifizierungen und Unterscheidungen bezüglich des Gebrauchs
von biblischem Material in der apokryphen und pseudepigraphischen

---

[11] Für die in Frage stehende Literatur weist HARRINGTON, die Begriffe Targum
und Midrasch zurück; dazu D.J. HARRINGTON, «Palestinian Adaptations of Biblical
Narratives and Prophecies», 240: «If we understand the term "targum" to describe
a more or less paraphrastic translation of the Bible and if we understand the term
"midrash" to mean a body of literature that takes the biblical text itself as the focus
of attention, then these books are not correctly called targum or midrash in the
narrow or traditional senses of those terms». Aufgrund der Unterscheidung zwischen
«compositional and expositional use of biblical elements» verwehrt sich weiterhin
DIMANT am Beispiel des Genesis Apocryphon überhaupt dagegen, den Begriff
Midrasch auf Rewritten-Bible-Phänomene anzuwenden: «To apply the term 'midrash'
to works of the type 'rewritten Bible' [...] is misleading» (D. DIMANT, «Use and
Interpretation of Mikra», 382/Anm. 17).
[12] Cf. P.S. ALEXANDER, «Retelling the Old Testament», 99–121.
[13] Zum Begriff "rewriting" in Bezug auf die *Antiquitates* des Josephus cf. L.H.
FELDMAN, *Josephus' Interpretation of the Bible*, 14–73 (Untertitel: "Josephus as Rewriter
of the Bible").

Literatur vor und schränkt die Anwendung des Begriffs auf folgende
vier Werke ein:[14] das Jubiläenbuch, den Liber Antiquitatum Biblicarum,
das Genesis Apocryphon und äthHen 6–11. Weniger restriktiv wendet HARRINGTON (1986) diesen Begriff an, wenn er meint, es müsse
sich um Texte des palästinischen Judentums handeln, die biblische
Geschichte interpretierend aktualisieren wollen.[15] Er möchte beim
Rewritten-Bible-Phänomen nicht von einer literarischen Gattung sprechen, sondern vielmehr von einer literarischen Aktivität oder von
einem Prozess, der schon in den Chronikbüchern nachweisbar wäre.[16]
So ordnet er diesem Phänomen zunächst folgende Werke zu: das
Jubiläenbuch, die Assumptio Mosis, die Tempelrolle (= 11QT), das
Genesis Apocryphon, den Liber Antiquitatum Biblicarum, die Antiquitates von Josephus. Weiterhin seien diesbezüglich noch die Parali-
pomena Jeremiae, die Vitae Adae et Evae sowie die Ascensio Iesaiae
zu erwähnen. Ganz allgemein bezeichnet HAYWARD (1990) "Rewritten
Bible" als einen Begriff, um nach-biblische jüdische Schriften zu
bezeichnen, die ursprüngliche Bücher der Schrift wieder neu präsentieren und verfassen («re-presenting and re-drafting original books of
scripture»), um sie mit bestimmten Zielvorgaben auszulegen und zu
interpretieren.[17] Solche Werke gäben sich äusserlich wie die biblischen Bücher und würden nahezu die gleiche Autorität beanspruchen.
Der Beginn der "Rewritten Bible" dürfte schon innerhalb des Kanons
der hebräischen Schriften erkennbar sein (z.B. die Chronikbücher).
Speziell erwähnt er in diesem Zusammenhang das Jubiläenbuch, das
Genesis Apocryphon, die Tempelrolle, den Liber Antiquitatum
Biblicarum, die Antiquitates von Josephus, meint aber auch, dass die
Targumim in die Kategorie "Rewritten Bible" einzureihen wären.
Desweiteren könnten auch unter Umständen folgende Schriften Berück-
sichtigung finden: äthHen 6–11, die Vitae Adae et Evae, die Ascensio
Iesaiae, das Noachbuch, das Testament Kohaths, das Testament
Amrams und das Samuel Apocryphon. Weiterhin nimmt HALPERN-
AMARU (1994) auf den in Frage stehenden Begriff Bezug, erwähnt
dessen recht unterschiedliche Applikation, reiht aber in jedem Fall

---

[14] Cf. D. DIMANT, «Use and Interpretation of Mikra», 400–403.
[15] Cf. D.J. HARRINGTON, «Palestinian Adaptations of Biblical Narratives and
Prophecies», 239.
[16] Cf. D.J. HARRINGTON, «Palestinian Adaptations of Biblical Narratives and Prophecies», 243.
[17] Cf. C.T.R. HAYWARD, «Rewritten Bible», 595f.

folgende vier Schriften in diese Kategorie ein:[18] das Jubiläenbuch, die Assumptio Mosis, den Liber Antiquitatum Biblicarum, die Antiquitates von Josephus. Ferner möchte SWANSON (1995) in jedem Fall die Tempelrolle in die Kategorie Rewritten-Bible aufgenommen wissen,[19] zumal es evident ist, dass dort biblisches Material aufgenommen und—wie und mit welcher Absicht auch immer[20]—ausgedeutet ist.[21] Schliesslich bringt Tov (1998) den Begriff "Rewritten Bible" in Zusammenhang mit Qumrantexten; dessen Definition sei nach den Textfunden weniger klar als zuvor.[22] Hätte man vorher unter anderem das Jubiläenbuch, den Liber Antiquitatum Biblicarum und bestimmte Abschnitte aus den Antiquitates des Josephus mit diesem Phänomen etikettiert, so fielen jetzt auch eine Reihe von Qumrantexten in diese Kategorie. Im besonderen erwähnt er die Reworked-Pentateuch-Texte (4QRP = 4Q364–367) und die Tempelrolle (11QT^a = 11Q19).

Insgesamt ergibt sich also eine recht schillernde und uneinheitliche Verwendung des Begriffs "Rewritten Bible", je nachdem welche Voraussetzungen und Annahmen gemacht werden.[23] Aus diesem Grund variiert die Zuordnung der Schriften zu diesem Begriff in beträchtlichem Mass. Daher scheint es notwendig, sich Gedanken zu machen über die Klassifikation von Rewritten-Bible-Phänomenen und die entsprechenden Kriterien, die sie konstituieren sollen.

---

[18] Cf. B. HALPERN-AMARU, *Rewriting the Bible*, 4.

[19] Cf. D.D. SWANSON, *The Temple Scroll and the Bible*, 225.

[20] Ein kurzer Überblick bezüglich der Forschungsmeinungen über die Abzweckung der Tempelrolle findet sich bei M.O. WISE, *A Critical Study of the Temple Scroll*, 31–33.

[21] Zur Art und Weise der Aufnahme biblischen Materials in der Tempelrolle cf. D.D. SWANSON, *The Temple Scroll and the Bible*, 225–235.

[22] Cf. E. Tov, «Rewritten Bible Compositions», 337–339.

[23] Überhaupt skeptisch betrachtet KRAFT (1996) diesen Begriff und macht unter anderem folgende Einwände: «The relatively recently emphasized category of 'rewritten Scripture' (or similarly) [. . .] has probably rather quickly outlived its usefulness. It assumes both the existence of particular 'Scriptures' in roughly the forms that have been transmitted in our Bible, and the presence of developed attitudes to those materials that roughly approximate 'Scripture consciousness'. Neither of these assumptions are necessary for understanding the phenomenon, and the assumptions may discourage the possibility of asking other types of questions about the transmission and use of materials that we now find embedded in the received biblical compilations. If a new label is needed for these works, I would suggest something like 'parallels to scriptural traditions', without prejudicing the questions of whether the materials in question were dependent upon or drawn directly from accounts that were already accepted as 'scriptural'» (R.A. KRAFT, «Scripture and Canon in the Commonly Called Apocrypha and Pseudepigrapha», 203/Anm. 11).

9.1.2 *Klassifikation und Kriterien für Rewritten-Bible-Phänomene*

Geht man allgemein von der pseudepigraphischen Literatur aus und fragt nach deren Verhältnis zur jeweiligen biblischen Grundlage, so lassen sich nach CHARLESWORTH (1993) insgesamt fünf Kategorien namhaft machen (Inspiration, Framework, Launching, Inconsequential, Expansions).[24] Im ersten Fall diene das Alte Testament in erster Linie dazu, den Autor zu inspirieren, der dann in seiner literarischen Tätigkeit oft unter dem Einfluss nicht-biblischer Schriften eine beträchtliche Vorstellungskraft an den Tag lege. Im zweiten Fall liefere das Alte Testament das Grundgerüst bzw. den erzählerischen Rahmen für die eigengeprägte Arbeit des Autors, wobei die ursprüngliche Fassung des Alten Testaments oft eine andere Ausgestaltung und Zielrichtung entsprechend neuer Intentionen erfahre. Unter "Launching" sei gemeint, dass die ursprüngliche biblische Grundlage als Impuls für eine andere, völlig unterschiedliche Geschichte diene, und mit "Inconsequential" sei auf die literarische Tätigkeit verwiesen, die aus dem Alten Testament lediglich einige Fakten, Namen oder Motive aufnehme, um daraus eine völlig neue Geschichte zu komponieren. Unter "Expansions" seien schliesslich diejenigen literarischen Produkte einzuordnen, die als Ausgangspunkt eine biblische Passage des Alten Testaments haben und sie in gewisser Weise neu verfassen (rewrite), und zwar oft unter dem Einfluss mündlicher Traditionen, die irgendwie mit den biblischen Erzählungen in Verbindung stehen. Wenn auch CHARLESWORTH in dieser Kategorisierung nicht ausdrücklich den Begriff "Rewritten Bible" erwähnt oder ihn in seine fünf Sparten geradlinig einordnet, so scheint doch die letzte Kategorie "Expansions" damit besonders eng zu verbinden zu sein (nur dort verwendet er das Verbum "rewrite").

Eine andere Klassifizierung nimmt DIMANT (1988) vor, um die Benutzung und Interpretation biblischen Materials in der apokryphen und pseudepigraphischen Literatur darzustellen.[25] Sie geht zunächst davon aus, dass ein "expositional" und ein "compositional use of biblical elements" festzustellen sei,[26] d.h. zum einen eine aus-

---

[24] Cf. J.H. CHARLESWORTH, «In the Crucible: The Pseudepigrapha as Biblical Interpretation», 29.

[25] Eine Einteilung der Apokryphen und Pseudepigraphen mit der unter Umständen zugrundeliegenden Evidenz einer abgeschlossenen (eventuell kanonischen) Schriftensammlung nimmt R.A. KRAFT, «Scripture and Canon in the Commonly Called Apocrypha and Pseudepigrapha», 204, vor.

[26] Cf. D. DIMANT, «Use and Interpretation of Mikra», 382.

drückliche und sichtbar markierte Bezugnahme auf biblische Texte durch Zitationen und eindeutige Verweise auf biblische Personen und Umstände, zum anderen aber ein impliziter Gebrauch biblischen Materials durch implizite Zitationen, Anspielungen und Motive bzw. Modelle.[27] Bezüglich der zweiten Klassifizierung unterscheidet sie unter der Teilüberschrift "Implicit Quotations in Narratives" weiterhin zwischen drei Arten von Erzählungen:[28] ein "free-narrative" bestehe hauptsächlich aus nicht-biblischem Material und greife indirekte Zitationen auf, um dem Erzählten einen biblischen Charakter zu verleihen; eine "biblical expansion" erzähle eine biblische Geschichte nach, indem sie aus dem ursprünglichen Text Elemente übernehme, ihn aber auch in unterschiedlicher Weise erweitere und aufweite; eine "pseudepigraphic biography" bestehe aus unterschiedlichen Reden, die von einem biblischen Protagonisten auf dem Hintergrund eines biblischen Erzählgerüsts artikuliert werden. "Biblical expansions" liessen sich wiederum in zwei Sparten einteilen: ein freierer Gebrauch der Grundlage, indem die Grundlinien der biblischen Geschichte aufgegriffen, diese aber mit ausladenden haggadischen Erweiterungen verschönert werden; ein Erzähltyp, der nahe am Erzählablauf der biblischen Episode bleibt und grosse Teile des aktuellen biblischen Textes benutzt. Diese zweite Form sei nun als "Rewritten Bible" zu bezeichnen und allein auf narrative Texte einzuschränken (in diese Kategorie seien deshalb lediglich Jub, LAB, GenAp und äthHen 6–11 aufzunehmen). Die Funktion des biblischen Materials sei nun in Bezug auf dessen Rolle innerhalb der neuen kompositionellen Struktur zu bestimmen. Diesbezüglich lasse sich zwischen Material unterscheiden, das für die narrative Erzählfolge bzw. den logischen Handlungsablauf notwendig sei und solchem, das für narrative Digressionen unterschiedlicher Form verwendet werde. In diesem Sinn nehme der Autor die Position des ursprünglichen biblischen Schriftstellers ein, und der biblische Text bilde zusammen mit den Zusätzen ein organisches Ganzes. Es entstehe so ein Gesamt von biblischem Text, haggadischen Erweiterungen, Ausschmückungen und interpretativen Zusätzen.

Eine andere Kennzeichnung von Rewritten-Bible-Phänomenen nimmt weiterhin HARRINGTON (1986) vor, der scheinbar recht allgemein

---

[27] Cf. dazu auch die Unterscheidung von "texte expliqué" und "texte continué" bei C. PERROT – P.-M. BOGAERT, *Pseudo-Philon*, II, 22–28.

[28] Cf. D. DIMANT, «Use and Interpretation of Mikra», 401–403.

und ohne grosse Spezifizierungen diesen Begriff anwendet: es müsse
sich um Texte des palästinischen Judentums um die Zeitenwende
handeln, die in ihrem literarischen Rahmen und Erzählfluss auf biblische Texte zurückgreifen und sich zum Ziel setzen, biblische Geschichte zu erklären und zu aktualisieren.[29] Ohne näherhin auf eine
ausführliche Definition dieser Phänomene einzugehen, kennzeichnet
HALPERN-AMARU (1994) diese auf dem Hintergrund ihrer Merkmale
und Funktionen.[30] So bestehe in den in Frage kommenden Texten
eine implizite oder auch explizite Beziehung zur biblischen Grundlage,
es würden narrative Strukturen als exegetisches Medium zur Neu-
Interpretation benutzt und das Ziel der Wiederaufnahme ergebe sich
in einer Aktualisierung religiöser Traditionen,[31] so dass diese in neuen
Situationen eine neue Bedeutung bekommen. Die Neuaufnahme könne
sogar die historischen Umstände offenbaren, die zu einem "rewriting" geführt haben. Mit der Rezeption biblischer Texte sollten diese
aber keineswegs ausser Kraft gesetzt oder ersetzt werden, denn jeder
Autor setzte gleichsam voraus, dass der Leser den entsprechenden
Schrifttext in Beziehung setzen könne. Bei einer Wiederaufnahme,
die die biblische Theologie neu akzentuiere oder sogar ersetze, sei
eine textimmanente, intern konsistente und systematische Weiterent-
wicklung erkennbar. In diesem Sinn hätten die exegetischen Methoden,
durch die die verschiedenen Rekonstruktionen erreicht würden, ihre
eigene interne Logik.

Schliesslich muss noch auf die Kennzeichnung der Rewritten-Bible-
Phänomene durch ALEXANDER (1988) eingegangen werden, der gleich-
sam eine literarische Gattung postuliert (cf. die Teilüberschrift "The
'Rewritten Bible': Towards the Definition of the Genre").[32] Die ent-
sprechenden Texte würden einer sequenzhaften, chronologischen
Ordnung folgen, ihr Grundgerüst bestehe aus einer Erzählung von
Ereignissen, so dass sie grösstenteils als Geschichten beschrieben wer-
den könnten (es handele sich nicht um theologische Abhandlungen).
Es gehe um in sich stehende Kompositionen, die in gewissem Sinn
die Form biblischer Bücher nachbilden, auf die sie sich stützen. Daher

---

[29] Cf. D.J. HARRINGTON, «Palestinian Adaptations of Biblical Narratives and
Prophecies», 239.

[30] Cf. B. HALPERN-AMARU, *Rewriting the Bible*, 4.

[31] Mit Bezug auf LAB erwähnt das auch F.J. MURPHY, *Pseudo-Philo. Rewriting the
Bible*, 5.

[32] Cf. P.S. ALEXANDER, «Retelling the Old Testament», 116–118.

würden sie ständigen Gebrauch vom Wortmaterial der Schrift machen und es ohne Bruch in eine Nacherzählung der biblischen Geschichte integrieren. Zweck dieser Wiederaufnahmen sei sicher nicht, die Bibel zu ersetzen oder sie zu verdrängen, vielmehr wären bei ihrer Lektüre die Originaltexte ständig geistig präsent. Weiterhin sei für sie charakteristisch, dass sie in ihrer literarischen Aktivität einen durchaus umfänglichen Teil der Bibel rezipieren und immer wieder auf das biblische Material zurückgreifen. Was die Anreicherung durch legendären Stoff betrifft, so wird dieser in die biblische Erzählung organisch eingebaut. Zwar würden Rewritten-Bible-Texte dem biblischen Erzählfaden in entsprechender Ordnung folgen, aber in einer oft selektiven Weise, denn es würden manche Passagen ausgelassen oder abgekürzt, andere aber ergänzt oder aufgeweitet. Die Intention bei dieser Vorgehensweise bestünde darin, eine interpretative Lektüre der Schrift zu bieten, die den heiligen Text in eine vollere und lehrmässig ausgefeiltere Form bringt. Es handele sich gleichsam um einen indirekten Kommentar, der sich ständig implizit auf das Original beziehe. Diesbezüglich werde evident, dass—im Gegensatz zu rabbinischen Kommentaren—nur eine einzige Interpretation des zugrunde liegenden Originals verfolgt werde. Insgesamt würden die Rewritten-Bible-Texte die Bibel mit einer intensiveren Aufmerksamkeit lesen, indem sie Lücken, Unklarheiten und Widersprüche bemerken, die sie auf eine dem rabbinischen Midrasch ähnliche Art und Weise überbrücken. Schliesslich würden sie auch auf mündliche oder schriftliche nicht-biblische Traditionen und Quellen zurückgreifen, die vielleicht vorher selbständig gewesen sind. In diesem Sinn handele es sich um eine gelungene Synthese aus biblischer Erzählung und ausserbiblischem Material im biblischen Erzählrahmen, so dass auf diesem Hintergrund die gesamte religiöse Tradition gebündelt werde.

9.1.3 *Deskriptive Annäherung an das Rewritten-Bible-Phänomen*

Von Anfang an war bezüglich des in Frage stehenden Begriffs von einem "Phänomen" die Rede, nicht von einer literarischen Technik oder gar von einer literarischen Gattung mit jeweils gleichbleibend wiederkehrenden Merkmalen. Wollte man wirklich eine literarische Gattung postulieren, so genügt es nicht, sich von vornherein auf entsprechende Texte zu stützen, deren Auswahl bereits implizit von uneingestandenen Voraussetzungen motiviert sein dürfte, um dann gemeinsame Formmerkmale festzustellen. Diesbezüglich wäre auch nach einem "Sitz im Leben", nach historischen und sozio-kulturellen Implikationen zu fragen, die sich nicht mit dem Hinweis auf eine reichhaltige Tradition der Schriftauslegung begnügen könnte. Daher scheint durchaus Skepsis angebracht zu sein, wenn man von einer eigenen Gattung "Rewritten Bible" ausgehen möchte. Ob andererseits hinter dem feststellbaren Phänomen eine bewusst geübte literarische Technik der Schriftauslegung steht, lässt sich zwar aufgrund der meistens interpretativen Abzweckung der Schriften vermuten, aber nicht mit absoluter Sicherheit behaupten. Es wäre ja auch durchaus denkbar, dass biblische Texte in ihrer mündlichen Tradierung nach und nach modifiziert wurden, obwohl sie schon vorher schriftlich vorgelegen waren. Dann würde es sich nicht um eine bewusste literarische Technik handeln, sondern um eine dem Traditionsprozess inhärente Gegebenheit, die weiterhin rezipiert wurde. In diesem Zusammenhang liesse sich beispielsweise auch an eine Neubearbeitung biblischer Texte zu katechetischen oder liturgischen Zwecken denken, so dass es sich nicht in erster Linie um eine literarische Technik der Schriftauslegung handeln würde, sondern um eine notwendig temporäre Adaption zu Lehrzwecken oder liturgischen Anlässen.

Nach einer ausgiebigen Auseinandersetzung mit dem Rewritten-Bible-Phänomen und den damit verbundenen Klassifikationen und Kriterien, soll nun annäherungsweise versucht werden, diesen Begriff deskriptiv zu fassen. Es soll hier eine Beschreibung dieses Phänomens unternommen werden ohne den Anspruch zu erheben, ihn genau definiert zu haben. Genausowenig wird eine Liste von Texten präsentiert, die bestimmte aufgestellte Kriterien erfüllt.

Zunächst ist zu differenzieren zwischen dem Vorgang und dem damit verbundenen Ergebnis der Wiederaufnahme eines biblischen Textes. Während das erstere als "Rewriting the Bible" bezeichnet werden kann, lässt sich zweiteres als "Rewritten Bible" einstufen. Von der Wortbedeutung her muss es um einen zugrunde liegenden biblischen Text gehen, der neu oder erneut schriftlich aufgegriffen wird.[33] Aus diesem Grund ist eine—wie auch immer geartete— Verbindung zwischen der biblischen Grundlage und seiner sich dar-

---

[33] Mit Bezug auf die Gattungsbestimmung des Genesis Apocryphon spricht J.A. FITZMYER, *The Genesis Apocryphon of Qumran Cave I*, 6, von einem «free reworking of the biblical stories». In diesem Sinn ginge es um eine freie Be-arbeitung (bzw. eine Neu-bearbeitung) oder ein Wieder-Aufarbeiten (bzw. eine Wieder-Aufbereitung) biblischer Geschichten.

auf stützenden ausserbiblischen Aufnahme unerlässlich.[34] Im weiteren Sinn lässt sich vielleicht auch von der "nacherzählten Bibel" sprechen,[35] die vom zugrunde liegenden Text als unverzichtbarem Ausgangspunkt ausgeht. Es geht also darum, einen entsprechenden biblischen Text zu wieder-holen, und zwar im zweifachen Sinn des Wortes: man holt ihn von bestimmten Intentionen geleitet wieder herauf, um ihn noch einmal unter anderen Umständen ausserbiblisch aufzulegen und damit auszulegen, ihn eben zu wiederholen. Eine Wieder-holung unterscheidet sich in dieser Hinsicht vom Original, weil der Kontext, in den sie hineingestellt wird, ein anderer geworden ist, und die mit dem ursprünglichen Text verbundenen Konnotationen nun eine andere Valenz bekommen.

Wenn jeweils von einem biblischen Text als Rezeptionsgrundlage die Rede ist, so muss dieser in der Wiederaufnahme als solcher in seiner Handlungsstruktur, in seinem erzählerischen Rahmen, in seinen Motiven oder vielleicht sogar in wörtlichen Bezugnahmen bzw. Zitationen erkenntlich sein. Ein Text, der lediglich einen biblischen Stil imitiert oder einzelne Phrasen, Motive oder Sachverhalte aus verschiedensten zugrunde liegenden biblischen Referenzpunkten gleichsam in anthologischer Manier zusammenhangslos und kumulativ aufgreift, kann daher nicht in die Kategorie "Rewritten Bible" eingereiht werden. Daher scheint es durchaus sinnvoll, diese Phänomene in ihrer Grundstruktur in erster Linie auf narrative Texte einzugrenzen,[36] wenngleich damit natürlich auch andere Textsorten im

---

[34] Während der biblische Text einen autoritativen Status hat, konstituiert ein "Rewritten-Bible-Text" keinen autoritativen biblischen Text; cf. E. Tov, «Rewritten Bible Compositions», 334. In Qumran jedoch scheint das Jubiläenbuch und unter Umständen auch andere Texte durchaus eine autoritative Geltung gehabt zu haben; cf. ID., «Rewritten Bible Compositions», 337f.

[35] Cf. G. Stemberger, «Hermeneutik der jüdischen Bibel», 31. Zum Begriff "retelling" mit Bezug auf die *Antiquitates* des Josephus und den LAB cf. T.W. Franxman, *Genesis and the "Jewish Antiquities" of Flavius Josephus*, 24–27; F.J. Murphy, *Pseudo-Philo. Rewriting the Bible*, 12f.: «long retellings of the Bible found outside the canon have been called "rewritten Bible"».

[36] Die Einschränkung auf narrative Texte würde natürlich die Tempelrolle (= 11QT) ausgrenzen, da sie fast ausschliesslich gesetzliches Material aus dem Pentateuch aufgreift (vorwiegend aus Dtn), um es im Modus einer Halacha neu auszulegen und zu deuten (cf. dazu z.B. E. Schürer – G. Vermes, *The History of the Jewish People*, III/1, 411f.; H.-A. Mink, «The Use of Scripture», 48; M.O. Wise, *A Critical Study of the Temple Scroll*, 31; D.D. Swanson, *The Temple Scroll and the Bible*, 232). Da aber das zugrunde liegende biblische Material derart bearbeitet wurde, dass sich die Tempelrolle als direkte göttliche Offenbarung zu erkennen gibt (Änderung der dritten in die erste Person), steht es in Frage, ob sie nicht die biblische Mosetora erweitern, neu auflegen oder gar ersetzen möchte (cf. dazu z.B. D. Dimant, «Qumran Sectarian

Zusammenhang stehen können. Diesbezüglich muss die Wiederaufnahme nicht in jedem Fall auf das Wortmaterial der Grundlage
wiederholt zurückgreifen, da auch Motive, Modelle, Namen und
Situationen ausreichen, die Rezeptionsgrundlage durchschimmern zu
lassen. Dass diese unverwechselbar erkennbar bleibt, auch in den
groben Linien der sequenzhaften Erzählstruktur, nicht unbedingt aber
in ihrer detaillierten chronologischen Ordnung, ist jeweils intendiert.
Daher werden nicht nur einzelne Verse oder Bruchstücke biblischen
Materials aufgenommen, sondern im Regelfall einigermassen durchgehende Erzählsequenzen oder unverwechselbare Handlungsabläufe.
Diese werden derart rezipiert, dass die biblische Grundlage entweder
aufgeweitet und ergänzt, aber auch verkürzt und komprimiert werden kann.[37] Die Zusätze, in denen die verschiedensten schriftlichen
und mündlichen ausserbiblischen Traditionen verarbeitet werden
können,[38] bilden mit der Grundlage des rezipierten biblischen Textes
ein neues organisches Ganzes, eine in sich geschlossene neue Erzählung.

Ziel dieser Modifikation biblischer Texte ist spürbar deren implizite Interpretation, Auslegung und Deutung, und zwar in einem
neuen geschichtlichen Rahmen. In keinem Fall will die Re-interpretation den eigentlichen biblischen Text relativieren, verdrängen
oder gar ersetzen, sondern ihn in ein neues Licht stellen. Die Motive
zu dieser Art der Textauslegung können darin liegen, dass man diesen auf neue geschichtliche Situationen appliziert, ihn auf dem Hintergrund der Zeitumstände aktualisiert und ihm so eine neue Gültigkeit verleiht.[39] Unter Umständen können sogar konkrete historische

---

Literature», 526–530; M. FISHBANE, «Use, Authority and Interpretation of Mikra at
Qumran», 362f.). Diese mögliche (sicher auch in der Forschung umstrittene) Sichtweise
der Tempelrolle würde sie weiterhin als "echtes Pseudepigraphon" disqualifizieren
und entsprechend der oben angestellten weiteren Überlegungen aus der Kategorie
Rewritten-Bible ausgrenzen; cf. zu dieser Problematik M.J. BERNSTEIN, «Pseudepigraphy
in the Qumran Scrolls», 13–15. In diesem Sinn kann der Tempelrolle durchaus
eine gewisse Sonderstellung zugestanden werden.

[37] Mit Bezug auf den LAB nimmt F.J. MURPHY, *Pseudo-Philo. Rewriting the Bible*,
20, eine Klassifizierung entsprechend des "extent of rewriting the Bible" vor: 1.
Abschnitte, die stark von der biblischen Grundlage durch Zitationen abhängig sind;
2. Abschnitte, die die biblische Grundlage aufgreifen, um bestimmte Situationen zu
evozieren und diese erweiternd auszuschmücken; 3. Abschnitte, die einer biblischen
Figur zugeordnet werden, aber aus nicht-biblischem Material bestehen; 4. Abschnitte
ohne Entsprechung in der biblischen Grundlage.

[38] In diesem Zusammenhang spricht P. ENNS, *Exodus Retold*, 17, von einem «"retelling" genre as a whole, which does not simply repeat or reproduce the biblical text
but retells it in an augmented manner; it is not merely Scripture, but "Scripture plus"».

[39] Ein anderes Motiv zur Textauslegung erwähnt G. VERMES, *Post-Biblical Jewish*

Umstände eine derartige Aktualisierung von Texten motivieren, eine neue Sichtweise in der Auslegung notwendig machen.[40] In theologischer Perspektive geht es darum, dass ein einmal als heilig betrachteter geoffenbarter Text seine Valenz in neuen Umständen nicht verlieren kann, sondern neue Bedeutung gewinnen muss. Die alten Texte leben weiter, ihnen ist von Anfang an ein je neu anwendbares Sinnpotential zu eigen, das immer wieder entsprechend der gewandelten historischen Situation zur Entfaltung gelangt. In diesem Sinn helfen Rewritten-Bible-Phänomene die alten Texte nicht nur zu verlebendigen und zu aktualisieren, sondern sie konservieren in gewisser Weise deren unerschöpfliche Wirkkraft und verlängern sie. In diesem Sinn geht es nicht um "Pseudo-Literatur", sondern um eine authentische Weiterentfaltung und Fortentwicklung der göttlich geoffenbarten Schrift. Auf diesem Hintergrund kann man sogar von einer Verlängerung der göttlichen Offenbarung sprechen, die deswegen gültig ist, weil sie schon in der ursprünglichen Kundgabe mitgegeben war und nicht erst durch willkürliche menschliche Erfindung hervorgebracht wurde. Es geht demnach nicht um eine grundsätzliche Veränderung, Verkürzung oder Erweiterung des Gotteswillens, sondern immer um dessen profundere Erschliessung, Vertiefung und Bestätigung. Die Wahrheit der älteren biblischen Texte wird letztlich auch in der ausserbiblischen Auslegung unverändert und mit unverminderter Autorität ausgesagt.[41]

In der wissenschaftlichen Diskussion um Rewritten-Bible-Phänomene dominierten bislang die Versuche, Formmerkmale und literarische Kennzeichen im Verhältnis zur Rezeptionsgrundlage ausfindig zu machen und deren Funktion zu bestimmen. Literarische Tätigkeit im Sinn von Schriftauslegung hat aber in jedem Fall ihren historischen Haftpunkt im Koordinatensystem der jeweiligen theologischen

---

Studies, 62: «exegesis was required to adapt and complete scripture so that it might on the one hand apply to the present time, and on the other, satisfy the requirements of polemics».

[40] Mit Bezug auf das Beispiel des Jubiläenbuches erwähnt J.C. ENDRES, *Biblical Interpretation*, 15–17, folgende Zusammenhänge: «To speak of Rewritten Bible means to speak of rewriting with intent and purpose of mind. [. . .] The ways in which the author interprets the sacred story indicate the main points of his teaching and polemic».

[41] Cf. R.G. KRATZ, *Kyros im Deuterojesaja-Buch*, 218–223. Zur Autorität bzw. Inspiration von apokryphen bzw. pseudepigraphischen Texten in Qumran, die biblisches Material verarbeiten, cf. D. DIMANT, «Apocrypha and Pseudepigrapha at Qumran», 154–159; die dort für Qumrantexte gemachten Überlegungen können durchaus auch auf Rewritten-Bible-Phänomene übertragen werden.

Anschauungen, und deshalb scheint es unerlässlich, sich auch über diese Perspektiven Gedanken zu machen. Welche historischen Umstände oder welche theologischen Notwendigkeiten führen zu diesen Phänomenen, wie entwickeln sie die theologischen Prämissen weiter und welche Konsequenzen sind damit verbunden? Je im Einzelfall ist sich dieser Frage zu widmen, denn jede Schrift dürfte in dieser Hinsicht andere Ausgangs- und Zielpunkte haben.

9.2   *Auswertung der Rezeptionsphänomene*

Auf dem Hintergrund der Rewritten-Bible-Phänomene sollen nun die Rezeptionen der AM in ihrer Art und Weise anschaulich gemacht und brennpunktartig gebündelt werden, so dass sich abschliessend die Frage aufgreifen lässt, ob man wirklich von derartigen Phänomenen in der AM sprechen kann. Dabei müssen die Einzelergebnisse der jeweiligen Arbeitsschritte bezüglich der ausfindig gemachten Rezeptionsprozesse präsent bleiben.

9.2.1   *Verhältnis zwischen der AM und der biblischen Grundlage*

Dass die AM in ihren Ausführungen auf Dtn 31 – Jos 1 zurückgreift, dürften die Untersuchungen bestätigt haben und lässt sich allein durch die Abfolge der entsprechenden Motive aufweisen. Die unmittelbare Situation kurz vor dem Einzug ins gelobte Land, das Mose-Josua-Nachfolgeverhältnis, der bevorstehende Tod des Mose und die Aufgabe Josuas der Landnahme und -verteilung weisen auf diesen Abschnitt der biblischen Geschichte hin. Nicht in allen Details ist aber der Rückgriff auf diese Vorlage ohne weiteres beim ersten Blick erkenntlich, da der Autor der AM diese in vielfacher Hinsicht ergänzt und aufgeweitet hat. Seine Technik besteht nicht in erster Linie darin, wörtliche Zitate zu präsentieren, ganze Passagen der Vorlage unverändert zu übernehmen oder zu kommentieren, sondern er benutzt in seiner Wiederaufnahme hauptsächlich das Erzählgerüst und die Offenbarungssituation, geht an einzelnen Motiven entlang und verwendet einen eigenkonturierten Wortschatz (bes. in AM 10–12). Das heisst aber nicht, dass er nicht auch markante Ausdrücke oder Wörter benutzt, die gleichermassen in der Vorlage zu finden sind. Besonders dort, wo die Nachfolge Josuas im Zentrum steht, bedient sich der Autor der AM auch des Wortmaterials der Grundlage. Daher stehen, was wörtliche Rezeptionen betrifft, vor

allem Dtn 31,7.14.23 im Mittelpunkt, wobei diese drei Verse von
ihrem Wortlaut her auch beliebig kombiniert und kumulativ aufgenommen werden können. Weiteres Vokabular aus Dtn 31 wird oft
nur sporadisch, zusammenhangslos und unsystematisch benutzt. Insgesamt aber bleibt klar, dass aufgrund der erzählerischen Grundlinien
dieses Kapitel bei der Rezeption Pate gestanden haben muss. So ist
es offensichtlich, dass vor allem für die Rahmenhandlung der Geschichtsschau in AM 1,2–18; 10,11–15 das erzählerische Grundgerüst
von Dtn 31 im Hintergrund steht. Folgerichtig ordnet daher CHARLES-
WORTH (1993) in seiner Einteilung die AM der Sparte "Framework"
zu;[42] diesbezüglich kann aber weiterhin präzisiert werden. Denn es
geht nicht nur darum, dass ein bekanntes biblisches Erzählgerüst benutzt wurde, um daran eine grundsätzlich andere Geschichte festzumachen, die mit der ursprünglichen Grundlage nichts mehr zu tun
hätte. Vielmehr ist ersichtlich, dass die innere Handlungsstruktur von
Dtn 31 insofern beibehalten und genutzt wird, als dort eine göttliche Offenbarung im Zelt erfolgt (Dtn 31,14), die scheinbar in der
AM derart aufgegriffen wird, dass die dort artikulierte Geschichtsschau
(AM 2,1–10,10) auch in dieser Situation ihren offenbarungstechnischen
Haftpunkt erhält. Die neue Offenbarung der Geschichtsvorausschau
will offenkundig die in Dtn 31,14ff. ergangene weder ersetzen, noch
ergänzen oder korrigieren, sondern applizierend in neuen konkreten
historischen Umständen auslegen und aktualisieren. Da in Dtn 31,16–22
mit der im Zelt erfolgten Offenbarung unzweideutig das Moselied
gemeint ist (Dtn 32,1–43), muss also in der Geschichtsschau dieser
Text erneut aufgegriffen sein. Das aber geschieht nicht in augenfällig expliziter Weise, denn auf den ersten Blick scheint es nicht evident,
dass die Geschichtsschau der AM mit dem Moselied in Verbindung
gebracht werden kann. Und dennoch gebietet das erzählerische
Grundgerüst der AM mit der entsprechenden Offenbarungssituation
die Annahme, dass in der Geschichtsschau eine applizierende Aktualisierung des Moseliedes vorliegt. Beides sind Texte, die in die
Zukunft nach der Landnahme blicken (*vaticinia ex eventu*), die literarisch den gleichen Einsatz- und Schlusspunkt aufweisen, inhaltlich
vom Abfall zu Fremdgöttern und der darauf bezogenen göttlichen
Strafe, von der göttlichen Rache an den Feinden, von der letztendlichen
Rettung und einem damit in Zusammenhang stehenden Gottesbild

---

[42] Cf. J.H. CHARLESWORTH, «In the Crucible: The Pseudepigrapha as Biblical
Interpretation», 36.

geprägt sind, in beiden Texten erweist sich das "apostasy-punishment-vindication-pattern" als formgebend. Zudem bestehen wörtliche Wieder-aufnahmen, die besonders in der Rezeption von Dtn 32,43 in AM 9,7 (damit zusammenhängend AM 10,2.7) deutlich werden. Über-haupt scheint der gesamte eschatologische Hymnus in AM 10,1–10 unter der Rezeptionsüberschrift von Dtn 32,43 zu stehen (Rache an den Feinden, Rettung Israels), so dass das Moselied gleichsam brenn-punktartig von seinem Ende her zusammengefasst aufgenommen wird. Will man die Technik des Autors der AM bei der Wiederaufnahme des Moseliedes beschreiben, so lässt sich feststellen, dass dieser ledig-lich die Grundstrukturen und Hauptthemen rezipiert, keineswegs aber in buchhalterischer Weise an der detaillierten Gedankenführung des Moseliedes entlanggeht. Ihn interessiert der für Israel heilvolle Ausgang des Moseliedes, der mit dem Untergang der Feinde korreliert; die in diesem Sinn soteriologische Sichtweise scheint sein dominanter Blickwinkel zu sein. Daher kann er eigenes Vokabular benutzen, neue Episoden auf aktuellem historischen Hintergrund komponieren, eigene Handlungsmuster entwerfen, historische Personen typologisie-ren, ein eigenes Eskalationsmuster der Verfolgungssituation zeichnen. Diesbezüglich bewegt er sich frei auf dem Hintergrund seiner eige-nen theologischen Anschauungen und der eigenen Interpretation histo-rischer Begebenheiten. Das Moselied scheint gleichsam die Form zu sein, in die er seine eigene Theologie giesst. Die Aufnahme des Mose-liedes geschieht daher derart geschickt und eigenkonturiert, dass sie erst bei näherem Hinschauen deutlich wird. Was im Konkreten die theologischen Grundlinien des Autors der AM betrifft, so zeigen sie sich in erster Linie in den Ergänzungen, die in der biblischen Grund-lage fehlen oder dort nur am Rand erwähnt werden. So gehört eine Betonung des Bundes als göttlicher Heilsgarantie, der Rekurs auf die Schöpfung als grundlegender Heilssetzung Gottes und der Gedanke der Prädestination alles Geschehens durch den göttlichen Heilswillen zu seinen theologischen Grundoptionen. Deutlich wird auf diese Weise ein Primat der soteriologischen Dimension vor der historischen.

Schliesslich muss noch ein Wort zur Orientierung des Autors der AM in der Abfolge seiner Motive an den Motiven der Rezeptions-grundlage gesagt werden. Wie bereits erwähnt, bezieht sich der erste Teil des erzählerischen Rahmens in AM 1,2–18 (damit zusammen-hängend AM 10,11–15) auf Dtn 31, was besonders augenfällig an der Mose-Josua-Nachfolge ablesbar ist. Die Geschichtsschau hinge-gen (AM 2,1–10,10) greift in recht eigenwilliger Weise das Moselied

Dtn 32,1–43 auf, um mit seiner Hilfe die geschichtlichen Abläufe der vergangenen, aktuellen und kommenden Zeit theologisch verstehen zu können. Eine Schlüsselstellung hat in dieser Hinsicht der eschatologische Hymnus AM 10,1–10, der die unüberbietbare Rettung Israels in der Erhöhung zum Sternenhimmel demonstriert. Dass dieser Hymnus in seiner inhaltlichen Hauptaussage rezeptionstechnisch an Dtn 32,43 festgemacht wurde, macht deutlich, dass sich die Aufnahme des Moseliedes bis dorthin erstrecken muss. Gleichzeitig aber ist AM 10 (in seinen beiden Teilen, dem eschatologischen Hymnus in AM 10,1–10 und dem Abschluss der Geschichtsschau in AM 10,11–15) von einer Abfolge-Rezeption von Dan 12 geprägt. Zudem beginnt dort, markiert durch die wörtliche Aufnahme von Dtn 33,29 in AM 10,8, eine durchgehende Orientierung an Motiven aus Dtn 33 – Jos 1, die sich insgesamt bis zum Ende des 12. Kapitels der AM erstreckt. So scheint die Josuarede in AM 11,4–19 und die abschliesende Moserede in AM 12,3–13 auf dem Hintergrund von Dtn 34 und Jos 1,1–9 gelesen werden zu können. Diesbezüglich verwendet der Autor der AM die Technik, bestimmte Motive aus der Vorlage aufzugreifen, um diese herum aber eigene Aufweitungen zu komponieren. So wird beispielsweise die Notiz in Dtn 34,6, dass Mose begraben wurde und niemand sein Grab kennt, in AM 11,5–8 zum Anlass, die Bedeutung des Mosegrabes überschwenglich herauszustreichen und zu behaupten, die ganze Welt wäre gleichsam sein Grab. Weiterhin greift er das Stichwort Weisheit aus Dtn 34,9 heraus, um es in einer ganz anderen Sinnrichtung in AM 11,15 mit Josua zu verbinden. So lässt sich also erkennen, dass der Autor der AM einerseits bestimmte Aussagen seiner Vorlage midraschähnlich aufweitet, andererseits aber auch lediglich Stichwörter aufgreift, um diese neu zu applizieren. In dieser Hinsicht ist er frei, bestimmte Motive weiterhin auszugestalten, andere aber auch ganz wegzulassen. Leitend bleibt jeweils die eigene theologische Aussageabsicht, die die biblische Grundlage[43] selektiv rezipiert.[44] Die letzte ausfindig zu machende Rezeption auf

---

[43] Daher lässt sich in diesem Zusammenhang vielleicht besser von einer Orientierungsvorlage als im strengen Sinn von einer Rezeptionsgrundlage sprechen.

[44] Cf. dazu die Aussage in A. SCHALIT, *Manuskript zu AM 2–4*, 300, zur Technik des Verfassers der AM: «Eine derartige Handhabung des Gegenstandes ist für ihn ebenso bezeichnend wie natürlich. Es gehört eben zur Methode der Midraschliteratur— und die Assumptio Mosis ist ein Midrasch—, nur dasjenige zu berücksichtigen, was die bezweckte Auslegung zu stützen geeignet ist, alles andere dagegen, das der zu erzielenden Deutung widerspricht, unbeachtet zu lassen». Cf. dazu auch J. PRIEST,

biblischer Grundlage bezieht sich schliesslich auf die Verse Jos 1,7–8, die in AM 12,3.10–11 aufgegriffen sein müssen. Überhaupt wird Josua mit der Beachtung und Einhaltung des Gesetzes zusammengeordnet, das die scheidende Mosegestalt gleichsam ersetzen soll.

Zusammenfassend lässt sich bezüglich des Verhältnisses zwischen der AM und der zugrunde liegenden biblischen Grundlage aussagen, dass der Autor dieser Schrift mit seiner Rezeptionsgrundlage frei verfährt und jeweils eigene theologische Intentionen im Rezeptionsprozess interesseleitend bleiben. Insgesamt orientiert er sich aber an der Abfolge einzelner Motive der Grundlage und akzentuiert diese neu. Vor allem ist ihm an einer Neuaufnahme und Aktualisierung des Moseliedes unter neuen historischen Unständen gelegen, die auf dem rezipierten Erzählgerüst von Dtn 31 geschieht, also in das Mose-Josua-Nachfolgeverhältnis eingebettet ist. Die Offenbarungssituation von Dtn 31,14 spielt in dieser Hinsicht eine Schlüsselrolle, um die eigene Geschichtsschau als göttlich geoffenbart auszuweisen.

9.2.2 *Motive für die Rezeption von Dtn 31 – Jos 1*

Hätte der Verfasser der AM seine Geschichtsbetrachtungen nicht auch unabhängig von einem biblischen Erzählgerüst präsentieren können, warum also greift er auf die ausfindig gemachte Rezeptionsgrundlage in Dtn 31 – Jos 1 zurück? Diese Frage impliziert, dass der Autor der AM seine dort dargelegten Ausführungen zur Geschichte Israels als sein eigenes imaginatives Gedankengut verstanden hätte. Vielleicht hatte er gar nicht das Bewusstsein, eigene Anschauungen unter dem Deckmantel göttlich geoffenbarter Wahrheiten zu verkaufen. Vielmehr kann man davon ausgehen, dass er seine Darstellung als legitime Fortführung der einmal geoffenbarten Voraussagen empfunden hatte, da er selbst in einen grossen Traditionsstrom eingebettet war, der mit der göttlichen Kundgabe des Gesetzes am Sinai begonnen hatte, damit aber keinesfalls zum Abschluss gekommen war (mündliche Tora). Das, was Mose einmal geoffenbart wurde, konnte und musste seine Wirkung in gewandelten Situationen neu entfalten, es war von Anfang an nicht "toter Buchstabe", sondern "lebendige Weisung zum Leben", die ihre Gültigkeit jeweils neu erweisen konnte und ihr Sinnpotential ständig neu entfaltete. Natürlich konnte man eigenen

---

«Moses, Testament of», 921: «Deuteronomy 31–34 is the fundamental base and, in a loose sense, the *T.Mos.* can be read as a midrash on those chapters».

Anschauungen eine grössere und massgeblichere Autorität verleihen, wenn man sie aus dem Mund des Mose als göttliche Offenbarung hervorgehen liess, aber diese aus moderner Sicht herangetragene Beurteilung dürfte der eigentlichen Absicht des Autors der AM nicht gerecht werden. Er selbst dürfte sich als bevollmächtigt betrachtet haben, göttliche Offenbarung zu deuten und dieser Deutung gleichsam adäquate Autorität zuzugestehen. Insofern handelt es sich in der ausserbiblischen Aktualisierung biblischer Texte im Sinn einer zeitbezogenen Interpretation um die gleiche Bewegung, was die Offenbarungsqualität und den Wahrheitsanspruch dieser Texte betrifft, wie bei einer buchinternen Fortschreibung, die die Regel war vor dem Abschluss einer kanonischen Sammlung von Schriften.[45]

Warum also greift der Verfasser der AM gerade diese ausfindig gemachte Rezeptionsgrundlage auf, warum liegt ihm an einer Aktualisierung des Moseliedes? Das muss mit seiner entsprechenden historischen Situation und theologischen Interessen, also mit der eigentlichen Intention zur Abfassung dieser Schrift, zu tun haben. Sowohl die Ausführungen zur literarischen Struktur der AM als auch die traditionsgeschichtlichen Untersuchungen machen wahrscheinlich, dass diese apokryphe Schrift im 1.Jh.n.Chr. vor der Tempelzerstörung verfasst worden sein muss (erstes Drittel des 1.Jh.n.Chr.). Die Situation ist von der Fremdherrschaft der Römer und einer bedrohten oder massiv in Frage gestellten authentischen jüdischen Religionsausübung geprägt. Bezüglich des Umgangs mit dieser misslichen Lage gibt es im jüdischen Lager verschiedene Bewegungen und Haltungen, angefangen von einer distanzierten Kollaboration oder einer notgedrungenen Tolerierung bis hin zum offenen Widerstand oder zur bewaffneten Revolte. Letztlich aber ist man in vielfachen Kreisen bemüht, sich schadlos zu halten, vor allem was eine einigermassen ungehinderte Religionsausübung und der damit verbundenen Kultpraxis betrifft. Besonders nationale und im Zusammenhang damit eschatologische Hoffnungen auf eine Befreiung vom Feindesjoch bewegen viele Gemüter, so dass apokalyptischem Gedankengut ein fruchtbarer Boden bereitet ist. In einer derartigen Situation geht es darum, diesen Hoffnungen konkreten Ausdruck in entsprechender Literatur zu geben, gleichzeitig aber Leitlinien für entsprechendes Verhalten aufzuzeigen, damit sich diese im Verheissungshorizont verwirklichen können, der

---

[45] Cf. R.G. Kratz, *Kyros im Deuterojesaja-Buch*, 221.

durch die heiligen Schriften und die tradierten mündlichen Glaubens-
überzeugungen vorgegeben war. In diesem Sinn geht es um die
Kontinuität der überlieferter Wahrheiten, die sich im aktuellen "Hier
und Jetzt" bewahrheiten müssen und in eine heilvolle Zukunft aus-
gezogen werden können. Die Anschauung, die Intentionen des Verfassers der AM bestünden darin, zur rigorosen Gesetzesobservanz zu
ermuntern und den Adressaten der Schrift in bedrängter Situation
Trost und Zuversicht zu spenden, kann in diesem Sinn dahingehend
ergänzt werden, dass er auch an einer Aktualisierung in der Schrift
offenbarter Wahrheiten interessiert war, um deren Bewahrheitung
interpretierend in den aktuellen Verhältnissen aufzuweisen und deren
Wirkkraft in die Zukunft hinein zu verlängern. Auf dem Hintergrund
dieser Schriftaktualisierung spielen die drei Zeitdimensionen in der
Intention des Autors der AM eine Rolle: er möchte die Geschichte
des Volkes Israels auf dem Hintergrund des Moseliedes deuten und
so die aktuelle Bedrängnissituation erklären (Vergangenheit); in dieser Lage aber möchte er mit Blick auf die Verheissungen des Moseliedes
Trost und Hoffnung spenden (Gegenwart); auf diesem Hintergrund
zeigt er den Weg in die Zukunft durch die ethische Weisung absoluten Gesetzesgehorsams und die Zusicherung der endgültigen Rettung
vom Feindesjoch (Zukunft). Diese drei Zeitdimensionen umfasst in
einer aktualisierenden Deutung das Moselied, und deshalb kann es
als Matrix zum Verständnis der aktuellen Situation dienen. Wie ein
Interpretationsnetz wird es über die vergangene, gegenwärtige und
zukünftige Geschichte Israels geworfen, so dass es seine inhärenten
Verheissungsdimensionen entfalten und implizites Sinnpotential neu
freisetzen kann. Das Moselied wird also gleichsam als Hoffnungstext
rezipiert, andererseits aber auch als Mahnung zum rechten Verhalten
angesichts der bedrohten und misslichen Lage. Diese Funktion hatte
es ja schon in der biblischen Grundlage, wenn es als Zeuge gegen
die Israeliten und deren Abfall zu fremden Göttern angeführt wird
(Dtn 31,19.21), gleichzeitig aber die Rache an den Feinden Israels
verheisst (Dtn 32,41–43). Die Rezeptionsgeschichte des Moseliedes
weist zudem aus, dass es als Text in bedrängten Situationen fungiert
(bes. Religionsverfolgungen), der die definitive Errettung Israels und
den Untergang der Feinde verkündet. Die Rezeptionsschwerpunkte
liegen eindeutig im Bezug auf die Fremdgötterthematik, den Rachegedanken gegenüber den Feinden Israels und einem damit zusammenhängenden Gottesbild. Die Wiederaufnahme des Moseliedes in
der AM fügt sich in dieses Bild organisch ein.

Die Hintergründe für die Wiederaufnahme des Moseliedes dürften deutlich vor Augen geführt haben, warum gerade auf diesen biblischen Text in der Rezeption zurückgegriffen wurde. Warum aber wird nicht nur dieses Lied, sondern der ganze Komplex Dtn 31 – Jos 1 rezipiert? Zum einen hat das literarische Gründe, zum anderen aber eignet sich die Übergabe der Leitung von Mose auf Josua und die Gestalt Josuas auf dem Hintergrund von Jos 1,7–8 zur Akzentuierung von Sachaspekten, auf die der Verfasser der AM Wert zu legen scheint. Das Moselied wird in Dtn 31 dem Mose und Josua offenbart, und zwar ist dessen göttliche Weitergabe an das Offenbarungszelt in Dtn 31,14 gebunden, d.h., dass die Kundgabe dieses Textes schon in der biblischen Grundlage eng mit dem Mose-Josua-Nachfolgeverhältnis verbunden ist. Zudem wird zum Teil auf seine inhaltlichen Grundlinien schon in Dtn 31,16–22 (bzw. V.28–29) angespielt, so dass Kapitel 31 und 32 in literarischer Hinsicht eng miteinander verbunden sind. Diese Verbindung nutzt der Autor der AM insofern, als er die Offenbarungssituation in Dtn 31,14 braucht, um seine Geschichtsschau als göttliche Prophetie dort aufhängen zu können und sie dadurch zu legitimieren. Daher macht er seine Geschichtsbetrachtungen dort fest und fügt sie an der biblischen Schnittstelle der Mose-Josua-Nachfolge ein. Zudem ist Dtn 31 von Verschriftungsprozessen geprägt (Tora und Moselied), die sich als Anknüpfungspunkt für die ebenfalls verschriftet vorgestellte Geschichtsvorausschau bestens eignen. In der Mose-Josua-Sukzession geht es letztlich um die Weitergabe der göttlich geoffenbarten Tora und um die Garantie, dass diese weiterhin authentisch ausgelegt und verwirklicht werden kann. Josua wird schliesslich zum Garanten, dass die Tora entsprechend umgesetzt werden kann; in Jos 1,7–8 wird er als einer vorgestellt, der ganz nach der Weisung Moses handeln und über dieses Gesetzbuch bei Tag und Nacht nachsinnen soll. In der AM ist offensichtlich, dass die Josuafigur mit der Gesetzesobservanz von Anfang an zusammengeordnet ist (AM 1,10). Er wird gleichsam als Geheimnisträger gezeichnet, der die Worte Moses bis zur Endzeit verwahren soll (AM 1,16–18). Das Geheimwissen Josuas besteht aber in Anlehnung an Jos 1,7–8 aus einer rechten Auslegung der Tora mithilfe der von Mose artikulierten Geschichtsschau (AM 2,1–10,10). Aufgrund der ursprünglichen Nähe Josuas zu Mose wird er so zum autoritativen Interpreten der Tora und zum Garanten ihrer Einhaltung. Vom narratologischen Ablauf der AM kann sich der Leser mit Josua identifizieren, so dass diesem ein praktikabler Weg gewiesen wird.

Auch wenn Mose nicht mehr ist, so kann der Weg doch gelingen und die definitive Rettung durch Jahwe erwartet werden, wenn man sich an die von ihm weitergegebene Tora hält (AM 12,10f.). Der scheidende Mose wird durch die Tora ersetzt, für die Josua—und damit der Leser—einzustehen hat.

Dass die AM weiterhin auf den Rahmen des Mosesegens in Dtn 33,2–5.26–29 zurückgreift hängt einfach damit zusammen, dass dort von einer Jahwe-Theophanie und der göttlichen Rache an den Feinden Israels die Rede ist. Diese Thematik braucht er unter anderem zur Komposition des eschatologischen Hymnus in AM 10,1–10, der genau von diesem thematischen Hintergrund geprägt ist. Der Rekurs auf Motive aus Dtn 34 hängt sicher mit dem dort dargestellten Mosetod zusammen, da auf literarischer Ebene die Kundgabe der Geschichtsschau an Josua vom bevorstehenden Tod Moses motiviert ist (AM 1,15; 10,12.14; cf. auch 11,4–8). Weiterhin macht dieses Kapitel Aussagen über die Mose-Josua-Beziehung (Dtn 34,9), die das Erzählgerüst der AM konstituiert. Dass im Rezeptionsprozess auf Jos 1,1–9 Bezug genommen wird, hat eben mit der Josuagestalt zu tun, die in der AM als Garant für einen rigorosen Gesetzesgehorsam gezeichnet wird.

9.2.3 *Das Legitimationsverhältnis der AM zur Bibel*

Dass die AM die zugrunde liegende biblische Grundlage weder ersetzen, noch verdrängen oder korrigieren möchte, wurde auf dem Hintergrund der bisherigen Ausführungen bereits evident. Vielmehr ist anzunehmen, dass die Lektüre der AM stets den eigentlichen Rezeptionshintergrund lebendig halten wollte, der Leser also bewusst dazu angeleitet wurde, die biblische Grundlage mit dem neuen, darauf aufbauenden literarischen Werk zu vergleichen. Letztlich möchte die AM eine deutende Aktualisierung des Moseliedes auf aktuellem zeitgeschichtlichen Hintergrund bieten und der Leser soll dadurch ein neues und erweitertes Verständnis der alten Texte gewinnen. Wie aber ist das näherhin zu verstehen? Wie steht es um die theologische Verhältnisbestimmung des in der Geschichtsschau der AM applizierten und aktualisierten Moseliedes zur gesamten biblischen Überlieferung? Eine mögliche Antwort auf diese Frage könnten unter Umständen die Verschriftungsphänomene in der AM auf dem Hintergrund der Rezeptionsgrundlage liefern.

Wie das Moselied liegt die Geschichtsschau der AM vor ihrer mündlichen Verkündigung durch Mose verschriftet vor. Zur Aufbewahrung wird sie in AM 1,16–18 dem Josua anvertraut, der sie an einem bestimmten Ort bis zum Ende der Tage verwahren soll. Aber es sind nicht allein die von Mose artikulierten prophetischen Worte in entsprechender Weise zu deponieren, sondern mit ihnen auch bestimmte Bücher, die wahrscheinlich mit den Schriften des Pentateuch zu identifizieren sind. Das wird auch mit Blick auf AM 10,11–11,1 und den allgemeinen Gesamtzusammenhang deutlich, wie die hier vorgelegten detaillierten Untersuchungen gezeigt haben. In AM 1,16 kommt nun eine interessante und aufschlussreiche Verhältnisbestimmung zwischen der Moseprofetia und den weiteren Büchern zum Ausdruck: percipe scripturam hanc ad recognoscendam tutationem librorum. Die Beziehung der von Mose artikulierten Geschichtsdarstellung zur Tora dürfte demnach so zu beschreiben sein, dass die Kenntnis der prophetischen Moseworte zum richtigen Verständnis, zur Bewahrheitung und Zuverlässigkeit der Tora herangezogen werden können. In diesem Sinn wird die Geschichtsschau zu einem hermeneutischen Schlüssel zum aktuellen Verständnis der Tora, sie kann gleichsam als eine Lesehilfe für eine adäquate und zeitgemässe Deutung der Tora benutzt werden. Schon in der Rezeptionsgrundlage Dtn 31 wird das Moselied mit der Tora in ähnlicher Weise in Verbindung gesetzt. Als leicht zu erlernendes Vademecum erscheint dort das Moselied, das die Dringlichkeit der Gesetzesobservanz in den geschichtlichen Abläufen nach der Landnahme festmacht.

In den vergangenen Epochen der Geschichte Israels, der aktuellen Situation und den zukünftigen Ereignissen erweist sich durch die Geschichtsschau des Mose die Beachtung der Tora als entscheidend: Leben gedeiht und kann gelingen, wenn sie beachtet und in Treue umgesetzt wird (cf. AM 12,10f.), Leben aber ist bedroht und muss scheitern, wenn sie vernächlässigt oder ausser Kraft gesetzt wird (cf. AM 3,11–13). Zentral bleibt die Aussage der Tora, dass Jahwe allein zu verehren ist und diese Anhänglichkeit an den einen und wahren Gott gleichsam die Garantie für ein sicheres Wohlergehen des Volkes betrachtet wird. Der Abfall zu fremden Göttern und deren Verehrung muss hingegen den Zorn Gottes beschwören, der sich unter anderem in der Bedrohung durch die Feinde Israels und im Verlust des Landes ausdrückt (cf. AM 2,8f.; 5,3). Die Geschichtsschau des Mose der AM erweist somit die Vorschriften der Tora als wahr und zuverlässig, sie bekräftigt auch in gewandelten historischen Umständen deren absolute Gültigkeit. Insofern setzt die Geschichtsschau die Tora in ihr eigenes Recht und legitimiert sie als einzigen Verhaltenskodex,

sie nimmt nichts von ihr weg, fügt nichts hinzu und verwässert nichts
durch eine relativistisch geprägte Interpretation. Welchen Sinn die
Gebote der Tora haben, das erweist sich letztlich in der vergangenen und künftigen Geschichte Israels. In diesem Sinn wird ein Interpretationsschlüssel zur Tora durch geschichtliche Betrachtungen
geliefert. Wie ein Notenschlüssel die Tonhöhe und damit den melodi-
schen Klang eines Musikstückes bestimmt, so bestimmt die Geschichtsschau des Mose das Verständnis der Tora und die Dringlichkeit ihrer
Beobachtung. Auf diese Weise kann auch das gesamte Verständnis
der Tora offenbar werden, weil das "Woraufhin" aller gesetzlichen
Erfüllung deutlich vor Augen geführt wird: die endgültige Rettung
Israels durch Jahwe. Dass die AM in ihrer Geschichtsdarstellung mit
der Erscheinung Gottes, dessen Rache an den Feinden und der
Erhöhung Israels endet, zeigt den letzten Horizont und Sinn aller
Gesetzeserfüllung auf. Diese Perspektive war schon in der Tora imma-
nent, explizit gemacht ist sie aber in der AM. Insofern führt diese
die Toraobservanz auf ein höheres Ziel hin, das in bedrängter Situation
von den Adressaten der Schrift ersehnt wurde. Letztlich will Gott
das Heil seines Volkes, er bestimmt in seiner weisen Voraussicht alles
voraus und lässt nicht von seinem Bund ab, den er mit seinem Volk
geschlossen hat. Diese soteriologische Dimension ist aber eingebunden in eine ungebrochene Gesetzesobservanz, sind doch die göttlichen Gebote Weisungen zum Leben in Fülle, Verheissungen zum
endgültigen Heil.

9.2.4   *Überlegungen zur Textversion der Rezeptionsvorlage*

Bei der konkreten Untersuchung der Rezeptionsprozesse der AM
wurde stets danach gefragt, welche Textversion im Einzelfall dahinter steht. So wurden wörtliche Rezeptionen daraufhin untersucht, ob
die Fassungen des MT, entsprechender Qumranfragmente, des ю,
der LXX, der Vulgata oder der Targumim im Hintergrund stehen.
Manchmal war aufgrund dessen, dass die Versionen zusammenge-
gangen sind, keine Antwort möglich, oft aber stellte sich heraus, dass
die Bezüge zur LXX-Version am augenfälligsten waren.[46] Eine Auflistung der konkreten Fälle kann an dieser Stelle nicht stattfinden, da

---

[46] Cf. dazu die Bermerkung von G. VOLKMAR, *Mose Prophetie und Himmelfahrt*, 18:
«Der Verfasser ist [. . .] allerdings so viel Hellenist, dass er nicht blos Griechisch
schreibt, sondern auch das Griechische A.T.—Bequemlichkeitshalber—benutzt, statt
des ihm weniger verständlichen Hebräischen Textes».

sonst zu sehr ins Detail gegangen werden muss. An bestimmten erzählerischen Grundlinien, die mit der Josuafigur verbunden sind, lässt sich aber diese Beobachtung durchaus aufzeigen.

Zunächst ist Josua in der AM aufgrund der Dominanz und Wichtigkeit des Mose als schwache, für die bevorstehende Aufgabe fast unzulängliche Persönlichkeit gezeichnet, die voll und ganz auf den Vorgänger verwiesen ist; diese Tendenz ist gleichermassen in der LXX festzustellen. Weiterhin kennt die AM keine göttliche Einsetzung Josuas zum Mosenachfolger, und das korrespondiert mit der Darstellung der LXX, die ebenfalls keine direkte göttliche Intervention in dieser Angelegenheit erwähnt (nach der LXX setzt in Dtn 31,23 ebenfalls Mose den Josua ein). Was die Situation im Offenbarungszelt betrifft, ergeben sich gleichermassen Kongruenzen zur LXX-Fassung. In der AM ruft Mose den Josua zu sich (AM 1,6), dann wird er zum Nachfolger mit den entsprechenden Aufgaben bestimmt (AM 1,7f.), und schliesslich erfolgen im Offenbarungszelt Mitteilungen (AM 1,9). Dieselbe Reihenfolge ergibt sich in der LXX im Unterschied zu den anderen Fassungen: in der göttlichen Ankündigung muss Mose den Josua herbeirufen, dann soll die Einsetzung zum Nachfolger ausserhalb des Zeltes erfolgen und erst danach sollen beide ins Zelt gehen, um göttliche Offenbarungen[47] entgegenzunehmen (LXX-Version von Dtn 31,14). Dazu passt auch, dass in der LXX der Vortrag des Moseliedes allein dem Mose vorbehalten ist, während die anderen Versionen in Dtn 32,44 davon sprechen, dass beide dieses Lied vorgetragen hätten. Wenn nämlich die von Mose artikulierte Geschichtsschau, die in der AM dem Josua mitgeteilt wird, das Moselied aktualisieren möchte, dann kann sie nicht gleichzeitig von Josua vorgetragen sein.

Am Beispiel der Josuafigur lässt sich also wahrscheinlich machen, dass der Verfasser der AM sich in seinen erzählerischen Grundlinien an der griechischen LXX-Fassung orientiert, wenngleich nicht absolut ausgeschlossen werden kann, dass auch eine entsprechende hebräische Vorlage im Hintergrund stehen könnte, weil sich an manchen Stellen dieser Verdacht durchaus verdichtet. Eine eindeutige Option— entweder für die griechische LXX-Fassung oder deren hebräische Vorlage—ist also nicht möglich, zumal die Rekonstruktion einer

---

[47] In der LXX wird Josua von Anfang an als Empfänger göttlicher Offenbarungen gezeichnet, weil er schon in der Sinaierzählung zusammen mit Mose auf den Berg geht (Ex 24,13.15).

Vorlage immer problematisch zu sein scheint (schliesslich ist auch
mit Modifikationen seitens des Übersetzers zu rechnen).[48]

Zudem ist es nur schwer denkbar, dass—würde man ein hebräisches Original der AM voraussetzen, das zunächst den erzählerischen
Grundlinien des MT folgt—ein griechischer Übersetzer sich beim
Übersetzungsvorgang vom Hebräischen ins Griechische an der LXX—
sei es nun die griechische Fassung oder die hebräische Vorlage—
orientiert hätte. Wäre das der Fall gewesen, hätte er zum Teil das
Erzählgerüst ändern müssen, und das scheint doch eher unwahrscheinlich, zumal nachweisbar ist, dass der lateinische Übersetzer sich
sklavisch an seine griechische Vorlage gehalten hat und deshalb seine
Sprache in jedem Fall als griechisches Übersetzungslatein erkenntlich ist. Ginge es nur um stilistische Fragen, so wäre es durchaus
denkbar, dass ein griechischer Übersetzer den Stil der griechischen
LXX imitiert, um dem Ganzen ein mehr biblisches Kolorit in Entsprechung zur "LXX-Sprache" zu verleihen, aber eine Änderung der
Erzählstruktur ist doch einem Übersetzer kaum zuzutrauen.

Welche Konsequenzen ergeben sich nun aus diesem Befund für
die Sprache des ursprünglichen Textes? Man könnte durchaus versucht sein, eine ursprünglich griechische Textfassung der AM anzunehmen, weil sie sich in ihren Rezeptionsprozessen vornehmlich an
der griechischen LXX orientiert. Die Einsicht, dass als Rezeptionsgrundlage oft die LXX gedient hat, bezieht sich allerdings nur auf
die untersuchten Sachverhalte, also auf Abfolge-Rezeptionen aus dem
Bereich Dtn 31 – Jos 1 bzw. Dan 12. In diesem Zusammenhang
wäre jedoch eine umfangreichere Arbeit notwendig, die alle biblischen
Zitationen, Anspielungen und Bezugnahmen auf das Sprachmaterial
und den damit zusammenhängenden Rezeptionshintergrund untersucht. Ob sich dann die AM wirklich in allen Rezeptionsprozessen
auf die LXX bezieht, das wäre zu eruieren. In jedem Fall lässt sich
diese Aussage im Rahmen und der Grenzen der hier vorgelegten
Untersuchungen machen. Wenn es aber nun andererseits erwiesen
wäre, dass als Rezeptionshintergrund stets die LXX-Fassung fungieren würde, lässt sich noch lange nicht stringent auf einen griechischen Originaltext schliessen, denn auch eine hebräische Vorlage der
LXX wäre als Rezeptionsgrundlage denkbar. Die komplizierte und

---

[48] Cf. dazu E. Tov, *Textual Criticism of the Hebrew Bible*, 121–133 (deutsche Übersetzung: 101–112); Id., *The Text-Critical Use of the Septuagint in Biblical Research*, 188–204.

noch lange nicht bis ins Letzte geklärte Textüberlieferung des biblischen Textes lässt also mehrere Möglichkeiten offen. Zudem ist eine
ganz andere Möglichkeit ins Visier zu nehmen: es könnte auch sein,
dass die AM eine Textüberlieferung des biblischen Textes benutzt
hat, die weder mit dem MT noch mit der LXX—sei es die griechische Fassung oder eine hebräische Vorlage—in allen Details über-
einstimmt. Letztlich lässt sich doch nur konstatieren, an welchen
Stellen die AM mit welcher Fassung zusammengeht—mehr doch
nicht! Schliesslich wurden auch in Qumran hebräische Fragmente
gefunden, die mit dem LXX-Text (also scheinbar der hebräischen
Vorlage) oder dem Samaritanus zusammengehen, und da die AM zu
einer Zeit verfasst worden ist, da der Text durchaus noch im Fluss
gewesen sein muss, ist Vorsicht bei voreiligen Schlussfolgerungen geboten. Für die Bestimmung der Ursprache der AM kann deshalb
die Bestimmung der Textfassung der Rezeptionsgrundlage keine absolute Aussagekraft besitzen.

9.3 *Die AM und Rewritten-Bible-Phänomene*

Auf dem Hintergrund der konkreten Ausführungen, wie sich in der
AM die Wiederaufnahme von Dtn 31 – Jos 1 (bzw. Dan 12) gestaltet, und welche Konsequenzen bzw. theologischen Intentionen damit
verbunden sind, soll abschliessend die Frage gestellt werden, ob man
in diesem Zusammenhang von Rewritten-Bible-Phänomenen sprechen kann. Die Auseinandersetzung mit diesem Begriff machte deutlich, wie kontrovers diese Phänomene diskutiert werden. Die Tatsache,
dass die AM biblische Passagen nicht wörtlich übernimmt und letztlich sehr frei mit der zugrunde liegenden Erzählung umgeht, hatte
sicherlich die Anschauung favorisiert, man könne bei dieser Schrift
kein "rewriting of the Bible" ausfindig machen. Zudem meinte man,
es ginge nur oder in erster Linie um eine bruchstückhafte Rezeption
der Mose-Josua-Nachfolge auf dem Hintergrund von Dtn 31, nicht
aber um die Wiederaufnahme einer längeren biblischen Erzählfolge,
und diese Anschauung könnte ebenfalls dazu geführt haben, ein
Rewritten-Bible-Phänomen auszuklammern. Inwiefern das Moselied
im Rezeptionshorizont lag, darüber hatte man zudem sehr unklare
Vorstellungen. Die hier vorgelegten Untersuchungen weisen aber
einen durchgehenden Rezeptionshorizont von Dtn 31 bis Jos 1,1–9
auf, wobei es eigentlich um eine Aktualisierung des Moseliedes in

gewandelten historischen Umständen geht. Dass das Moselied kein
narrativer Text ist, kann nicht gegen ein Rewritten-Bible-Phänomen
ins Feld geführt werden, da seine Rezeption durchaus in den narrativen Zusammenhang von Dtn 31–34 eingebunden ist. Insgesamt
erwiesen sich die Rezeptionsprozesse als sehr vielschichtig und viel-
seitig, sie waren oft nicht auf den ersten Blick in ihrer besonderen
Art erkennbar. Darin liegt sicherlich auch ein Grund, die Wiederaufnahme nicht mit dem in Frage stehenden Begriff zu etikettieren.

Und dennoch lässt sich auf dem Hintergrund der oben deskripti-
ven Annäherung an Rewritten-Bible-Phänomene zurecht behaupten,
dass von einer derartigen Erscheinung die Abfassung der AM geprägt
ist. Es geht um einen zugrunde liegenden längeren narrativen Abschnitt
der biblischen Erzählung, der mit interpretativer Absicht aufgegriffen
worden ist. Dieser ist in jedem Fall durch eindeutige Bezugnahmen
erkenntlich, was biblische Personen, die erzählerische Grundstruktur,
den Handlungsablauf, einzelne Motive aber auch wörtliche Wiederaufnahmen betrifft. Die Ergänzungen und Aufweitungen bzw. Verkür-
zungen und Weglassungen des Autors der AM geschehen entsprechend
seiner eigenen theologischen Intentionen. In theologischer Hinsicht
möchte er mithilfe des Moseliedes durch eine entsprechende Aktualisierung die vergangene, gegenwärtige und zukünftige Geschichte
Israels deuten. Gleichzeitig dient diese als hermeneutischer Schlüssel
zum Verständnis der überlieferten Traditionen.

ZUSAMMENFASSUNG DER ERGEBNISSE

Eine Zusammenfassung der Ergebnisse der vorliegenden Untersuchungen hat sich am eingangs gegebenen Forschungsüberblick zu orientieren. Inwiefern lassen sich also die hier gemachten Überlegungen in die Forschungsgeschichte zur AM einordnen und welche Perspektiven ergeben sich daraus?

Die Beobachtungen zur literarischen Struktur der AM und die damit verbundenen Untersuchungen führten zur Einsicht, dass diese Schrift durchaus als literarisch einheitlich aufzufassen ist und der weggebrochene Schluss nicht allzu lang gewesen sein kann, da sich die Erzählstruktur als nahezu komplett erweist. Es müssen also keineswegs nachträgliche Interpolationen angenommen werden, um vermeintliche literarische Probleme lösen zu können, die sich bei einer theologischen—im Gegensatz zu einer historisierenden—Sichtweise gar nicht ergeben hätten. Das hat Konsequenzen für die Datierung dieser apokryphen Schrift: sie muss im 1.Jh.n.Chr. entstanden sein. Eine traditionsgeschichtliche Einordnung korreliert mit dieser Erkenntnis, denn die AM steht einigen Schriften des 1.Jh.n.Chr. (4Esr, 2Bar, LAB) theologisch näher als solchen aus dem 2.Jh.v.Chr. Zudem ist es wahrscheinlich, dass die AM sich an Literatur aus dem 2. bzw. 1.Jh.v.Chr. (zumindest) orientiert hat. So ist eine auffällige Verwandtschaft zum Jubiläenbuch zu konstatieren und eine offenkundige Orientierung an den Motiven der Makkabäerbücher (1/2/4Makk). Daher ergibt sich eine Bestätigung der ursprünglich klassischen Datierung im ersten Drittel des 1.Jh.n.Chr., die in neuerer Zeit stark in Zweifel gezogen worden war. In traditionsgeschichtlicher Hinsicht konnten ferner die Beziehungen der AM zu den Qumrantexten ein wenig erhellt werden: es gibt einige gemeinsame Motive, die sich wahrscheinlich aus der Bezugnahme auf damals gemeinsame aktuelle Traditionen erklären lassen. Dennoch können auf diesem Hintergrund keine näheren Angaben über die Provenienz und theologische Zugehörigkeit des Autors der AM gemacht werden, zumal die Bewegungen und Strömungen des Judentums in diesem Zeitraum recht vielgestaltig und uneinheitlich gewesen sein müssen.

Das Hauptinteresse für die vorliegenden Untersuchungen war von der Erhellung der Rezeptionsprozesse in der AM gekennzeichnet.

Diesbezüglich ging es nicht um die Kennzeichnung biblischen Vokabulars im allgemeinen, sondern um eine ausfindig zu machende
Rezeptionsgrundlage auf biblischem Hintergrund (im Sinn einer
Abfolge-Rezeption). Als Ergebnis kann festgehalten werden, dass in
der AM eine Wiederaufnahme von Dtn 31 – Jos 1 geschieht, sie
diesen Abschnitt biblischer Geschichte im Sinne eines Rewritten-
Bible-Phänomens aufgreift, ihn also aktualisierend in neuen historischen
Umständen interpretiert. Ertrag der vorliegenden Arbeit ist die genaue
und ins Detail gehende Darstellung dieser Rezeptionsprozesse mit
den damit verbundenen theologischen Implikationen. Insgesamt ist
festzustellen, dass der Verfasser derart auf die biblische Grundlage
zurückgreift, dass er für die Rahmenhandlung der AM das Mose-
Josua-Nachfolgeverhältnis aus Dtn 31 als Erzählgerüst benutzt. Die
Situation im Offenbarungszelt in Dtn 31,14 dient gleichermassen
dazu, dort die Geschichtsdarstellung der AM als durch Mose mitgeteilte göttliche Vorausschau geschichtlicher Ereignisse nach der
Landnahme festzumachen (AM 2,1–10,10). Daher können diese prophetischen Worte des Mose mit dem Moselied Dtn 32,1–43 in Verbindung gebracht werden, das in der Offenbarungssituation der
biblischen Grundlage ebenfalls im Zelt mitgeteilt worden war. In diesem Sinn geschieht in der Geschichtsschau der AM eine Neuaufnahme,
eine interpretierende Applikation des Moseliedes auf die gesamte Geschichte Israels von der Landnahme bis zur Rettung Israels, die als
apokalyptische Erhöhung zum Sternenhimmel dargestellt ist (AM 10,9).
Insofern geht es im letzten um eine Aktualisierung des Moseliedes,
die diesen biblischen Text gleichsam als Interpretationsschlüssel für
vergangene, gegenwärtige und zukünftige geschichtliche Entwicklungen
einsetzt. Mehr noch: die in der Geschichtsschau der AM vorgelegte
Aktualisierung kann zu einem vertieften Verständnis der tradierten
Überlieferung in der Tora verhelfen. So kann die Geschichtsschau
als ein hermeneutischer Schlüssel zum aktuellen Verständnis der Tora
betrachtet werden, als eine Lesehilfe für deren zeitgemässe Deutung.
Es geht letztlich um eine Bestätigung der Zuverlässigkeit und des
Wahrheitsgehalts der von Gott gegebenen "Weisung zum Leben".
Schon in der biblischen Grundlage fungierte das Moselied als Veri-
fizierung der Tora und ihrer Beachtung in den künftigen geschichtlichen Ereignissen. Das "Woraufhin" aller an die Tora gebundenen
Gesetzesobservanz wird in der Aktualisierung des Moseliedes deutlich: die endgültige Rettung Israels durch Jahwe. Diese ist aber mit
der im Gesetz vorgeschriebenen Alleinverehrung Jahwes verbunden.

In der Geschichte Israels erweist sich durch die Geschichtsschau des
Mose die Erfüllung der Tora als entscheidend: Leben gelingt dort,
wo sie in der Verehrung Jahwes beachtet wird; Leben scheitert dort,
wo sie vor allem in der Verehrung fremder Götter ausser Kraft
gesetzt wird. In diesem Sinn ist die Abzweckung dieser apokryphen
Schrift mit der Anmahnung rigorosen Gesetzesgehorsams verbunden, gleichzeitig aber auch davon geprägt, dem Leser in bedrängter
Situation Trost und Zuversicht zu schenken. Dieser kann sich mit
Josua identifizieren, der in der AM von Anfang an mit dem Gesetzesgehorsam zusammengebunden wird. Weiterhin geht es um eine
Aktualisierung in der Schrift offenbarter Wahrheiten, um deren Bewahrheitung interpretierend in den aktuellen Verhältnissen aufzuwei-
sen und deren Wirkkraft in die Zukunft hinein zu verlängern. Mit
Blick auf die geschichtliche Situation zur Zeit der Abfassung der AM
wird so die Absicht des Autors verständlich: die Fremdherrschaft der
Römer wird insgesamt als ein drückendes Joch empfunden, sie schafft
für eine authentische jüdische Religionsausübung massive Probleme.
In dieser Situation wird Mut zum Durchhalten gemacht, das unbeirr-
bare Festhalten an den Traditionen der Väter als einzig gangbarer
Weg ausgewiesen und am Horizont das bald hereinbrechende Heil
verkündet. Insgesamt ist erkennbar, dass der Autor der AM sehr frei
und eigenwillig mit der Rezeptionsgrundlage umgeht. Was die konkrete Textvorlage betrifft, so scheint er sich nahezu durchgehend
(nicht im ausschliesslichen Sinn) an der LXX-Fassung zu orientieren.
Eine Entscheidung darüber, ob die überlieferte griechische Textfassung im Hintergrund steht oder eine entsprechende hebräische
Vorlage, kann mit letzter Sicherheit nicht getroffen werden. Auf diesem Hintergrund lässt sich auch nichts über die Ursprache der AM
aussagen, da die Sprache der Rezeptionsvorlage nicht mit der Abfas-
sungssprache übereinstimmen muss und dem Autor der AM die
Freiheit zugestanden werden muss, von dieser Vorlage nach eigenem Gutdünken—wie auch immer—abzuweichen. Der Verfasser der
AM weitet je nach Bedarf diese seine Grundlage auf, kann sie aber
auch verkürzen. Das hängt mit den theologischen Prämissen und
Intentionen zur Abfassung dieser Schrift zusammen. Dominant ist
für ihn die soteriologische Dimension: der Bund spielt als Heilsgarantie
Gottes eine zentrale Rolle, die Schöpfung wird als seine grundle-
gende Heilssetzung gesehen und die Prädestination alles Geschehens
gibt Zeugnis von seinem Heilswillen.

Diese theologische Deutung der Rezeptionsprozesse kann sich auf eine Reihe von textbezogenen Beobachtungen stützen, die sich im Verlauf der Untersuchungen ergeben haben (cf. jeweils die Auswertungen der Rezeptionsvorgänge unter 3.5, 4.3, 5.4, 6.3 und bes. 9.2). Rewritten-Bible-Phänomene sind bislang hauptsächlich bezüglich formaler Merkmale untersucht worden, sie sind aber stets von theologischen Motiven getragen, weil es um eine bestimmte Art von Exegese geht, die biblische Texte auf neue historische (und somit pastoraltheologisch relevante) Umstände applizieren und damit aktualisieren möchte. Als Ausblick sei daher auf die Möglichkeit verwiesen, Rewritten-Bible-Phänomene in anderen Schriften gleichermassen theologisch zu deuten, und nicht bei einer formalen Beobachtung stehen zu bleiben, so unabdingbar diese auch ist.

BIBLIOGRAPHIE

I. *Quellen (Texte und Übersetzungen) und Hilfsmittel (Lexika, Wörterbücher, Konkordanzen, Grammatiken, etc.)*

ALAND, K., ed., *Vollständige Konkordanz zum Griechischen Neuen Testament unter Zugrundelegung aller modernen kritischen Textausgaben und des Textus Receptus*, I/1–I/2–II, Berlin – New York 1983, 1983, 1978.

ALEXANDER, P., «3 (Hebrew Apocalypse of) Enoch», in *OTP*, I, ed. J.H. Charlesworth, London 1983, 223–315.

ANDERSEN, F.I., «2 (Slavonic Apocalypse of) Enoch», in *OTP*, I, ed. J.H. Charlesworth, London 1983, 91–221.

ANDERSON, H., «4Maccabees», in *OTP*, II, ed. J.H. Charlesworth, London 1985, 531–564.

BARTELMUS, R., *Einführung in das Biblische Hebräisch – ausgehend von der grammatischen und (text-)syntaktischen Interpretation des althebräischen Konsonantentexts des Alten Testaments durch die tiberische Masoreten-Schule des Ben Ascher – mit einem Anhang: Biblisches Aramäisch für Kenner und Könner des biblischen Hebräisch*, Zürich 1994.

BAUER, W., *Griechisch-deutsches Wörterbuch zu den Schriften des Neuen Testaments und der frühchristlichen Literatur*, 6. Auflage, Berlin – New York 1988.

BAUERNFEIND, O. – MICHEL, O., ed., *Flavius Josephus. De Bello Judaico. Der jüdische Krieg. Griechisch und Deutsch. II. Buch IV–V*, München 1963.

BAUMGARTEN, J.M. – SCHWARTZ, D.R., «Damascus Document (CD)», in *The Dead Sea Scrolls. Hebrew, Aramaic, and Greek Texts with English Translations. II. Damascus Document, War Scroll, and Related Documents*, ed. J.H. Charlesworth, Tübingen – Louisville 1995, 4–57.

BAYER, K. – LINDAUER, J., *Lateinische Grammatik*, Bamberg – München 1983.

BECKER, J., *Unterweisung in erzählender Form: Die Testamente der zwölf Patriarchen*, JSHRZ III/1, Gütersloh 1974.

BEENTJES, P.C., *The Book of Ben Sira in Hebrew*, VT.S 68, Leiden – New York – Köln 1997.

BERGER, K., *Unterweisung in erzählender Form: Das Buch der Jubiläen*, JSHRZ II/3, Gütersloh 1981.

———, *Synopse des vierten Buches Esra und der syrischen Baruch-Apokalypse*, TANZ 8, Tübingen 1992.

BEYER, K., *Die aramäischen Texte vom Toten Meer*, Göttingen 1984.

Biblia Hebraica Stuttgartensia, ed. K. Elliger – W. Rudolph, 4. Auflage, Stuttgart 1990.

Biblia Hebraica, ed. R. Kittel, 16. Auflage, Stuttgart 1973.

Biblia Sacra Iuxta Vulgatam Versionem, ed. B. Fischer, 3. Auflage, Stuttgart 1983.

BLASS, F. – DEBRUNNER, A. – REHKOPF, F., *Grammatik des neutestamentlichen Griechisch*, 16. Auflage, Göttingen 1984.

BONSIRVEN, J., *La Bible Apocryphe. En marge de l'Ancien Testament*, Paris 1953; trad. italiana, *La Bibbia Apocrifa*, Milano 1962.

BOTTERWECK, G.J. – FABRY, H.-J. – RINGGREN, H., ed., *Theologisches Wörterbuch zum Alten Testament*, I–VIII, Stuttgart 1973–95.

BRANDENBURGER, E., «Himmelfahrt Moses», in *Apokalypsen*, ed. E. Brandenburger – U.B. Müller – A.F.J. Klijn, JSHRZ V/2, Gütersloh 1976, 57–84.

CERIANI, A.M., «Fragmenta Assumptionis Mosis», in *Monumenta sacra et profana ex codicibus praesertim Bibliothecae Ambrosianae, opera Collegii Doctorum ejusdem*, I, Milano 1861, 9–13. 55–64.

CHARLES, R.H., *The Assumption of Moses, Translated from the Latin Sixth Century Ms., the Unemended Text of which is Published herewith, together with the Text in its Restored and Critically Emended Form*, London 1897.

———, *The Book of Jubilees or the Little Genesis*, London 1902.

———, *The Apocrypha and Pseudepigrapha of the Old Testament*. I. *Apocrypha*. II. *Pseudepigrapha*, Oxford 1913.

———, «The Assumption of Moses», in *APOT*, II, ed. R.H. Charles, Oxford 1913, 407–424.

———, «The Book of Jubilees», in *APOT*, II, ed. R.H. Charles, Oxford 1913, 1–82.

———, *The Greek Versions of the Testaments of the Twelve Patriarchs*, 2. Auflage, Oxford – Hildesheim 1960.

CHARLESWORTH, J.H., ed., *The Old Testament Pseudepigrapha*. I. *Apocalyptic Literature and Testaments*. II. *Expansions of the "Old Testament" and Legends, Wisdom and Philiosophical Literature, Prayers, Psalms, and Odes, Fragments of Lost Judeo-Hellenistic Works*, London 1983, 1985.

———, *The Dead Sea Scrolls. Hebrew, Aramaic, and Greek Texts with English Translations*. I. *Rule of the Community and Related Documents*. II. *Damascus Document, War Scroll, and Related Documents*. IVA. *Pseudepigraphic and Non-Masoretic Psalms and Prayers*, Tübingen – Louisville 1994, 1995, 1997.

CHARLESWORTH, J.H. – WHITAKER, R.E., et al., ed., *Graphic Concordance to the Dead Sea Scrolls*, Tübingen 1991.

CLARKE, E.G., *Targum Pseudo-Jonathan of the Pentateuch: Text and Concordance*, Hoboken 1984.

———, *Targum Pseudo-Jonathan: Numbers*, The Aramaic Bible 4, Edinburgh 1995.

———, *Targum Pseudo-Jonathan: Deuteronomy*, The Aramaic Bible 5B, Edinburgh 1998.

CLEMEN, C., «Die Himmelfahrt Moses», in *APAT*, II, ed. E. Kautzsch, Tübingen 1900, 311–331.

———, «Die Himmelfahrt des Mose», in *Kleine Texte für theologische Vorlesungen und Übungen* 10, ed. H. Lietzmann, Bonn 1904, 1–16.

CLEMENTZ, H., ed., *Des Flavius Josephus Jüdische Altertümer*, I, Berlin – Wien 1923.

COHN, L., et al., ed., *Philonis Alexandrini. Opera quae supersunt*, I–VI, Berlin 1962 (unveränderter Nachdruck von 1896–1915).

———, et al., ed., *Philo von Alexandrien. Die Werke in deutscher Übersetzung*, I–VI, 2. Auflage, Berlin 1962 (unveränderter Nachdruck von 1909–1938).

COLLINS, J.J., «Sibylline Oracles», in *OTP*, I, ed. J.H. Charlesworth, London 1983, 317–472.

———, «The Testament (Assumption) of Moses», in *Outside the Old Testament*, CCWJCW 4, ed. M. De Jonge, Cambridge 1985, 145–158.

DE JONGE, M., *The Testaments of the Twelve Patriarchs. A Critical Edition of the Greek Text*, PVTG 1/2, Leiden 1978.

DENIS, A.-M., *Fragmenta Pseudepigraphorum Quae supersunt Graeca*, PVTG 3, Leiden 1970.

———, *Introduction aux pseudépigraphes grecs d'Ancien Testament*, SVTP 1, Leiden 1970.

———, *Concordance grecque des pseudépigraphes d'Ancien Testament*, Louvain-la-Neuve 1987.

———, *Concordance latine des pseudépigraphes d'Ancien Testament*, Thesaurus Patrum Latinorum Supplementum, Turnhout 1993.

DIETZFELBINGER, C., *Pseudo-Philo: Antiquitates Biblicae*, JSHRZ II/2, Gütersloh 1975.

DÌEZ MACHO, A., *Neophiti 1. Targum Palestinese. MS de la Biblioteca Vaticana*, I–V, Madrid – Barcelona 1968–78.

Discoveries in the Judean Desert (= *DJD*), I–XXVII, Oxford 1955–98.

DRAZIN, I., *Targum Onkelos to Deuteronomy. An English Translation of the Text with Analysis and Commentary*, Denver 1982.

———, *Targum Onkelos to Exodus. An English Translation of the Text with Analysis and Commentary*, Denver 1990.

DUHAIME, J., «War Scroll (1QM, 1Q33)», in *The Dead Sea Scrolls. Hebrew, Aramaic, and Greek Texts with English Translations*. II. *Damascus Document, War Scroll, and Related Documents*, ed. J.H. Charlesworth, Tübingen – Louisville 1995, 80–141.

DULING, D.C., «Testament of Salomon», in *OTP*, I, ed. J.H. Charlesworth, London 1983, 935–987.

EVEN-SHOSHAN, A., *A New Concordance of the Bible*, Jerusalem 1990.

FABRICIUS, J.A., *Codex pseudepigraphus Veteris Testamenti collectus, castigatus, testimoniisque, censuris et animadversionibus illustratus*, I–II, 2. Auflage, Hamburg 1722–23.

FIENSY, D.A. – DARNELL, D.R., «Hellenistic Synagogal Prayers», in *OTP*, II, ed. J.H. Charlesworth, London 1985, 671–697.

FISCHER, B., ed., *Novae Concordantiae Bibliorum Sacrorum Iuxta Vulgatam Versionem Critice Editam*, I–V, Stuttgart – Bad Cannstatt 1977.

FRITZSCHE, O.F., *Libri Apocryphi Veteris Testamenti Graece*, Leipzig 1871.

GALL, A. VON, ed., *Der Hebräische Pentateuch der Samaritaner*, Giessen 1918.

GARCÍA MARTÍNEZ, F., *The Dead Sea Scrolls Translated. The Qumran Texts in English*, Leiden – New York – Köln 1994.

GARCÍA MARTÍNEZ, F., – PARRY, D.W., *A Bibliography of the Finds in the Desert of Judah 1970–95*, StTDJ 19, Leiden – New York – Köln 1996.

GARCÍA MARTÍNEZ, F. – TIGCHELAAR, E.J.C., ed., *The Dead Sea Scrolls. Study Edition*. I. *1Q1 – 4Q273*. II. *4Q274 – 11Q31*, Leiden – New York/Boston – Köln 1997, 1998.

GAYLORD, H.E., «3 (Greek Apocalypse of) Baruch», in *OTP*, I, ed. J.H. Charlesworth, London 1983, 653–679.

GESENIUS, W. – BUHL, F., *Hebräisches und Aramäisches Handwörterbuch über das Alte Testament*, Berlin – Göttingen – Heidelberg 1954 (unveränderter Neudruck der 17. Auflage, 1915).

GESENIUS, W. – KAUTZSCH, E., *Hebräische Grammatik*, 28. Auflage, Leipzig 1909.

GEORGES, K.E., *Ausführliches Lateinisch-Deutsches Handwörterbuch*, I–II, 8. Auflage, Hannover – Leipzig 1913, 1918.

GINSBURGER, M., *Pseudo-Jonathan (Targum Jonathan ben Usiel zum Pentateuch)*, Hildesheim – New York 1971.

GINZBERG, L., *The Legends of the Jews*, I–VII, Philadelphia 1909–38.

GLARE, P.G.W., *Oxford Latin Dictionary*, Oxford 1982.

GLESSMER, U., «Liste der biblischen Texte aus Qumran», *RdQ* 62 (1993) 153–192.

GROSSFELD, B., *The Targum Onqelos to Exodus*, The Aramaic Bible 7, Edinburgh 1988.

———, *The Targum Onqelos to Leviticus and Numbers*, The Aramaic Bible 8, Edinburgh 1988.

———, *The Targum Onqelos to Deuteronomy*, The Aramaic Bible 9, Edinburgh 1988.

GUNKEL, H., «Das 4. Buch Esra», in *APAT*, II, ed. E. Kautzsch, Tübingen 1900, 331–401.

GUNNEWEG, A.H.J., «Das Buch Baruch», in *Unterweisung in lehrhafter Form*, ed. A.H.J. Gunneweg – E. Janssen – N. Walter, JSHRZ III/2, Gütersloh 1975, 165–182.

HAAG, H., ed., *Bibel-Lexikon*, 2. Auflage, Einsiedeln – Zürich – Köln 1968.

HABICHT, C., *Historische und legendäre Erzählungen: 2.Makkabäerbuch*, JSHRZ I/3, Gütersloh 1976.

HAELEWYCK, J.-C., ed., *Corpus Christianorum. Clavis Apocryphorum Veteris Testamenti*, Turnhout 1998.

HAGE, W., «Die griechische Baruch-Apokalypse», in *Apokalypsen*, ed. W. Hage – K.-G. Eckart, JSRHZ V/1, Gütersloh 1974, 15–44.

HARRINGTON, D.J., «Pseudo-Philo», in *OTP*, II, ed. J.H. Charlesworth, London 1985, 297–377.

———, «Research on the Jewish Pseudepigrapha During the 1970s», *CBQ* 42 (1980) 147–159.

HATCH, E. – REDPATH, H.A., *Concordance to the Septuagint and the Other Greek Versions of the Old Testament (Including the Apocryphal Books)*, I–II and Supplement, Graz 1975.

HILGENFELD, A., «Die Psalmen Salomo's und die Himmelfahrt des Moses, griechisch hergestellt und erklärt», *ZWTh* 11 (1868) 273–309.

————, «Mosis Assumptionis quae supersunt primum edita et illustrata» in *Novum Testamentum extra canonem receptum. Clementis Romani Epistulae*, ed. A. Hilgenfeld, Leipzig 1866, 93–115 (2. Auflage 1884: 107–135).

————, *Messias Judaeorum, libris eorum paulo ante et paulo post Christum natum conscriptis illustratus*, Leipzig 1869.

HOFFMANN, E.G. – SIEBENTHAL, H. VON, *Griechische Grammatik zum Neuen Testament*, 2. Auflage, Riehen 1990.

HOLLADAY, C.R., *Fragments from Hellenistic Jewish Authors. I. Historians*, SBL.PS 10, Chico 1983.

HOLM-NIELSSEN, S., *Die Psalmen Salomos*, JSHRZ IV/2, Gütersloh 1977.

ISAAC, E., «1 (Ethiopic Apocalypse of) Enoch», in *OTP*, I, ed. J.H. Charlesworth, London 1983, 5–89.

JENNI, E. – WESTERMANN, C., *Theologisches Handwörterbuch zum Alten Testament*, I–II, München – Zürich, 1971, 1976.

JOÜON, P. – MURAOKA, T., *A Grammar of Biblical Hebrew. I. Part One: Orthography and Phonetics. Part Two: Morphology. II. Part Three: Syntax*, SubBi 14/1 und 14/2, Roma 1991, 1993.

KAHANA, A., «Aliyyat Moshe», in *Ha-Sefarim Ha-Ḥiṣonim*, I, ed. A. Kahana, Jerusalem 1956, 314–325.

KAPPLER, W. – HANHART, R., *Maccabaeorum liber II*, Septuaginta. Vetus Testamentum Graecum. Auctoritate Academiae Scientiarum Gottingensis editum, IX/2, 2. Auflage, Göttingen 1976.

KAUTZSCH, E., ed., *Die Apokryphen und Pseudepigraphen des Alten Testaments. I. Die Apokryphen des Alten Testaments. II. Die Pseudepigraphen des Alten Testaments*, Tübingen 1900.

————, «Die Apokalypsen des Baruch», in *APAT*, II, ed. E. Kautzsch, Tübingen 1900, 402–457.

KEE, H.C., «Testaments of the Twelve Patriarchs», in *OTP*, I, ed. J.H. Charlesworth, London 1983, 775–828.

KISCH, G., *Pseudo-Philo's Liber Antiquitatum Biblicarum*, PMS 10, Indiana 1949.

KITTEL, R., «Die Psalmen Salomos», in *APAT*, II, ed. E. Kautzsch, Tübingen 1900, 127–148.

KLIJN, A.F.J., «Die syrische Baruch-Apokalypse», in *Apokalypsen*, JSHRZ V/2, ed. E. Brandenburger – U.B. Müller – A.F.J. Klijn, Gütersloh 1976, 103–191.

————, «2 (Syriac Apocalypse of) Baruch», in *OTP*, I, ed. J.H. Charlesworth, London 1983, 615–652.

KOEHLER, L. – BAUMGARTNER, W., *Hebräisches und Aramäisches Lexikon zum Alten Testament* (= *HALAT*), I–V, 1967–95, Supplementband 1996.

LAPERROUSAZ, E.-M., «Testament de Moïse», in *La Bible. Ecrits Intertestamentaires*, ed. A. Dupont-Sommer – M. Philonenko, Paris 1987, 995–1016.

LECHNER-SCHMIDT, W., *Wortindex der lateinisch erhaltenen Pseudepigraphen zum Alten Testament*, TANZ 3, Tübingen 1990.

LEUMANN, M. – HOFMANN, J.B. – SZANTYR, A., *Lateinische Grammatik. I. Lateinische Laut- und Formenlehre. II. Lateinische Syntax und Stilistik*, München 1963, 1965.

LÉVI, I., *The Hebrew Text of the Book of Ecclesiasticus*, SSS 3, 3. Auflage, Leiden 1969.

LIDDELL, H.G. – SCOTT, R.G., *A Greek English Lexicon. A New Edition Revised and Augmented throughout by Sir H.S. Jones*, 9. Auflage, Oxford 1940; A Supplement, ed. E.A. Barber, Oxford 1968.

LISOWSKY, G. – ROST, L., *Konkordanz zum Hebräischen Alten Testament*, 2. Auflage, Stuttgart 1981.

LOHSE, E., ed., *Die Texte aus Qumran. Hebräisch und Deutsch*, München 1964.

LUST, J. – EYNICKEL, E. – HAUSPIE, K., *A Greek-English Lexicon of the Septuagint*, I–II, Stuttgart 1992, 1996.

MCNAMARA, M., *Targum Neophiti 1: Numbers*, The Aramaic Bible 4, Edinburgh 1995.

———, *Targum Neophiti 1: Deuteronomy*, The Aramaic Bible 5A, Edinburgh 1997.

MAGGIOROTTI, D., *Il Testamento di Mosè. Edizione critica e commento dei "Fragmenta Assumptionis Mosis"*, unveröffentlichte Dissertation, Torino 1995.

MAHER, M., *Targum Pseudo-Jonathan: Exodus*, The Aramaic Bible 2, Edinburgh 1994.

MAIER, J., *Die Tempelrolle vom Toten Meer*, München – Basel 1992.

———, *Die Qumran-Essener: Die Texte vom Toten Meer*, I–III, München – Basel 1995–96.

MAIER, J. – SCHUBERT, K., *Die Qumran-Essener. Texte der Schriftrollen und Lebensbild der Gemeinde*, 3. Auflage, München – Basel 1992.

MANDELKERN, S., *Veteris Testamenti Concordantiae Hebraicae Atque Chaldaicae*, I–II, 9. Auflage, Jerusalem – Tel Aviv 1971.

MARCUS, R., *Josephus. VI. Jewish Antiquities, Books IX–XI*, Cambridge, Massachusetts 1937.

———, *Josephus. VII. Jewish Antiquities, Books XII–XIV*, Cambridge, Massachusetts 1961.

METZGER, B.M., «The Fourth Book of Esra», in *OTP*, I, ed. J.H. Charlesworth, London 1983, 517–559.

NESTLE, E. – ALAND, K., *Novum Testamentum Graece*, 27. Auflage, Stuttgart 1993.

NIESE, B., ed., *Flavii Iosephi Opera. I. Antiquitatum Iudaicarum Libri I–V*, 2. Auflage, Berlin 1955.

ODEBERG, H., *3Enoch or the Hebrew Book of Enoch*, Cambridge 1928.

OLSON, D.T., «Words of the Lights (4Q504–4Q506)», in *The Dead Sea Scrolls. Hebrew, Aramaic, and Greek Texts with English Translations. IVA. Pseudepigraphic and Non-Masoretic Psalms and Prayers*, ed. J.H. Charlesworth, Tübingen – Louisville 1997, 107–153.

PERROT, C. – BOGAERT, P.-M., *Pseudo-Philon. Les Antiquités Bibliques*, II, SC 230, Paris 1976.

PEYRON, A., ed., *M. Tulli Ciceronis Orationum pro Scauro, pro Tullio, et in Clodium fragmenta inedita; pro Cluentio, pro Caelio, pro Caecina etc. variantes lectiones; Orationem pro T.A. Milone a lacunis restitutam. Ex membranis palimpsestis Bibliothecae R. Taurinensis Athenaei edidit et cum Ambrosianis parium orationum fragmentis composuit . . .*, Stuttgart – Tübingen 1824.

PICARD, J.-C., *Apokalypsis Baruchi Graece*, PVTG 2, Leiden 1967.

PRIEST, J., «Testament of Moses. A New Translation and Introduction», in *OTP*, I, ed. J.H. Charlesworth, London 1983, 919–934.

PRITCHARD, J.B., *The Times Atlas of the Bible*, London 1987; deutsche Übersetzung, *Herders grosser Bibel-Atlas*, Freiburg 1989.

QIMRON, E., *The Hebrew of the Dead Sea Scrolls*, Atlanta 1986.

QIMRON, E. – CHARLESWORTH, J.H., «Rule of the Community (1QS)», in *The Dead Sea Scrolls. Hebrew, Aramaic, and Greek Texts with English Translations. I. Rule of the Community and Related Documents*, ed. J.H. Charlesworth, Tübingen – Louisville 1994, 1–51.

REHKOPF, F., *Septuaginta-Vokabular*, Göttingen 1989.

RENGSTORF, K.H., ed., *A Complete Concordance to Flavius Josephus*, I–IV, Leiden 1973, 1975, 1979, 1983.

RICHTER, W., *Biblia Hebraica transcripta BH¹, Sirach*, ATSAT 33.16, St. Ottilien 1993.

RIESSLER, P., *Altjüdisches Schrifttum ausserhalb der Bibel*, Augsburg 1928.

ROSENFELD, M., *Der Midrasch Deuteronomium rabba Par. IX und XI, 2–10 über den Tod Moses verglichen mit der Assumptio Mosis*, Berlin 1899.

ROSENTHAL, F., *A Grammar of Biblical Aramaic*, PLO 5, 5. Auflage, Wiesbaden 1983.

ROSSO UBIGLI, L., «Gli apocrifi (o pseudepigrafi) dell'Antico Testamento. Bibliografia 1979–1989», *Henoch* 12 (1990) 259–321.

SAUER, G., *Unterweisung in erzählender Form: Jesus Sirach*, JSHRZ III/5, Gütersloh 1981.

SCHALIT, A., *Namenwörterbuch zu Flavius Josephus*, A Complete Concordance to Flavius Josephus. Supplement 1, Leiden 1968.

SCHMIDT, M. – MERX, A., «Die Assumptio Mosis mit Einleitung und erklärenden Anmerkungen», *AWEAT* 1/2 (1869) 111–152.

SCHREINER, J., *Apokalypsen: Das 4. Buch Esra*, JSHRZ V/4, Gütersloh 1981.

SCHUNCK, K.-D., *Historische und legendarische Erzählungen: 1.Makkabäerbuch*, JSHRZ I/4, Gütersloh 1980.

SEGERT, S., *Altaramäische Grammatik mit Bibliographie, Chrestomathie und Glossar*, Leipzig 1975.

Septuaginta. Id Est Vetus Testamentum Graece Iuxta LXX Interpretes, ed. A. Rahlfs, Stuttgart 1979.

SMEND, R., *Die Weisheit des Jesus Sirach. Hebräisch und Deutsch*, Berlin 1906.

SPERBER, A., *The Bible in Aramaic*. I. *The Pentateuch according to Targum Onkelos*, Leiden 1959.

STRACK, H.L. – BILLERBECK, P., *Kommentar zum Neuen Testament aus Talmud und Midrasch*, I–IV, 2. Auflage, München 1956.

SWEET, J.P.M., «The Assumption of Moses», in *The Apocryphal Old Testament*, ed. H.F.D. Sparks, Oxford 1984, 601–616.

THACKERAY, H.S.J., *Josephus*. IV. *Jewish Antiquities, Books I–IV*, London – New York 1930.

THACKERAY, H.S.J. – MARCUS, R., *Josephus*. V. *Jewish Antiquities, Books V–VIII*, Cambridge, Massachusetts 1935.

TROMP, J., *The Assumption of Moses. A Critical Edition with Commentary*, SVTP 10, Leiden 1993 [cf. die Rezension dazu: HORBURY, W., *VT* 45 (1995) 398–403].

UHLIG, S., *Apokalypsen: Das Äthiopische Henochbuch*, JSHRZ V/6, Gütersloh 1984.

VANDERKAM, J.C., *The Book of Jubilees. A Critical Text*, CSCO.Ae 510.87, Leuven 1989.

————, *The Book of Jubilees*, CSCO.Ae 511.88, Leuven 1989.

VATTIONI, F., *Ecclesiastico: Testo ebraico con apparato critico e versioni greca, latina, e siriaca*, Istituto Orientale di Napoli. Testi 1, Napoli 1968.

VOLKMAR, G., *Mose Prophetie und Himmelfahrt. Eine Quelle für das Neue Testament. Zum ersten Male Deutsch herausgegeben, im Zusammenhang der Apokrypha und der Christologie überhaupt*, Handbuch der Apokryphen 3, Leipzig 1867.

WALTKE, B.K. – O'CONNOR, M., *An Introduction to Biblical Hebrew Syntax*, Winona Lake 1990.

WEINGREEN, M.A., *A Practical Grammar for Classical Hebrew*, 2. Auflage, Oxford – New York 1959.

WEVERS, J.W., ed., *Deuteronomium*, Septuaginta. Vetus Testamentum Graecum. Auctoritate Academiae Scientiarum Gottingensis editum, III/2, Göttingen 1977.

————, ed., *Numeri*, Septuaginta. Vetus Testamentum Graecum. Auctoritate Academiae Scientiarum Gottingensis editum, III/1, Göttingen 1982.

————, ed., *Exodus*, Septuaginta. Vetus Testamentum Graecum. Auctoritate Academiae Scientiarum Gottingensis editum, II/1, Göttingen 1991.

WINTERMUTE, O.S., «Jubilees», in *OTP*, II, ed. J.H. Charlesworth, London 1985, 35–142.

WRIGHT, R.B., «Psalms of Salomon», in *OTP*, II, ed. J.H. Charlesworth, London 1985, 639–670.

WÜRTHWEIN, E., *Der Text des Alten Testaments. Eine Einführung in die Biblia Hebraica*, 5. Auflage, Stuttgart 1988.

ZIEGLER, J., *Susanna – Daniel – Bel et Draco*, Septuaginta. Vetus Testamentum Graecum. Auctoritate Societatis Litterarum Gottingensis editum, XVI/2, Göttingen 1954.

————, *Ieremias – Baruch – Threni – Epistula Ieremiae*, Septuaginta. Vetus Testamentum Graecum. Auctoritate Societatis Litterarum Gottingensis editum, XV, Göttingen 1957.

ZIEGLER, J., *Sapientia Iesu Filii Sirach*, Septuaginta. Vetus Testamentum Graecum. Auctoritate Societatis Litterarum Gottingensis editum, XII/2, Göttingen 1965.

II. *Sekundärliteratur*

ALEXANDER, P.S., «Retelling the Old Testament», in *It is Written: Scripture Citing Scripture*, Fs. B. Lindars, New York – Melbourne – Sydney 1988, 99–121.

ARANDA PÉREZ, G. – GARCÍA MARTÍNEZ, F. – PÉREZ FERNÁNDEZ, M., *Literatura judía intertestamentaria*, Introducción al estudio de la Biblia 9, Estella 1996; trad. italiana, *Letteratura guidaica intertestamentaria*, Introduzione allo Studio della Bibbia 9, Brescia 1998.

ATTRIDGE, H.W., «The Ascension of Moses and the Heavenly Jerusalem», in *Studies on the Testament of Moses. Seminar Papers*, SCSt 4, ed. G.W.E. Nickelsburg, Cambridge 1973, 122–125.

BALDENSBERGER, W., *Die messianisch-apokalyptischen Hoffnungen des Judenthums*, 3. Auflage, Strassburg 1903.

BARTH, C., *Diesseits und Jenseits im Glauben des späten Israel*, SBS 72, Stuttgart 1974.

BARTON, J., *Oracles of God. Perceptions of Ancient Prophecy in Israel after the Exile*, London 1986.

BAUMGARTEN, A.I., *The Flourishing of Jewish Sects in the Maccabean Era: An Interpretation*, Supplements to JSJ 55, Leiden – New York – Köln 1997.

BECKER, H.-J., «A. Schalit, *Untersuchungen zur Assumptio Mosis*», *JQR* 84 (1993–94) 293–297.

BERNSTEIN, M.J., «Pseudepigraphy in the Qumran Scrolls: Categories and Functions», in *Pseudepigraphic Perspectives: The Apocrypha and Pseudepigrapha in Light of the Dead Sea Scrolls*, StTDJ 31, ed. E.G. Chazon – M. Stone, Leiden – Boston – Köln 1999, 1–26.

BERTHOLET, A., *Deuteronomium*, KHC 5, Freiburg – Leipzig – Tübingen 1899.

BOUSSET, W. – GRESSMANN, H., *Die Religion des Judentums im späthellenistischen Zeitalter*, HNT 21, Tübingen 1966.

BRAULIK, G., *Deuteronomium. II. 16,18–34,12*, NEB.AT 28, Würzburg 1992.

———, «Das Buch Deuteronomium», in *Einleitung in das Alte Testament*, ed. E. Zenger, 3. Auflage, Stuttgart – Berlin – Köln 1998, 125–141.

BURKITT, F.C., «Moses, Assumption of», in *DB(H)*, III, ed. J. Hastings, Edinburgh 1900, 448–450.

———, *Jewish and Christian Apocalypses*, London 1914.

CAIRUS, I., *Word and Presence. A Commentary on the Book of Deuteronomy*, Grand Rapids – Edinburgh 1992.

CAMPONOVO, O., *Königtum, Königsherrschaft und Reich Gottes in den frühjüdischen Schriften*, OBO 58, Fribourg – Göttingen 1984.

CARLSON, D.C., «Vengeance and Angelic Mediation in Testament of Moses 9 and 10», *JBL* 101 (1982) 85–95.

CARRICK, J.C., «The Assumption of Moses», *ET* 9 (1897–98) 374–375.

CARRIÈRE, A., «Note sur le Taxo de l'Assomption de Moïse», *ReTh* 6 (1868) 94–96.

CARRILLO ALDAY, S., *El Cantico de Moisés (Dt 32)*, Madrid 1970.

CHARLESWORTH, J.H., *The Pseudepigrapha and Modern Research with a Supplement*, SCSt 7, Chico 1981.

———, *The Old Testament Pseudepigrapha and the New Testament. Prolegomena for the Study of Christian Origins*, MSSNTS 54, Cambridge 1985.

———, «The Pseudepigrapha as Biblical Exegesis», in *Early Jewish and Christian Exegesis*, Fs. W.H. Brownlee, Atlanta 1987, 139–152.

———, «Biblical Interpretation: The Crucible of the Pseudepigrapha», in *Text and Testimony. Essays on New Testament and Apocryphal Literature*, Fs. A.F.J. Klijn, Kampen 1988, 66–78.

CHARLESWORTH, J.H., «In the Crucible: The Pseudepigrapha as Biblical Interpretation», in *The Pseudepigrapha and Early Biblical Interpretation*, JSPE.S 14, ed. J.H. Charlesworth – C.A. Evans, Sheffield 1993, 20–43.

CHARLESWORTH, J.H. – EVANS, C.A., *The Pseudepigrapha and Early Biblical Interpretation*, JSPE.S 14, Sheffield 1993.

CHAZON, E.G., «Is Divrei Ha-Me'orot a Sectarian Prayer?», in *The Dead Sea Scrolls. Forty Years of Research*, StTDJ 10, ed. D. Dimant – U. Rappaport, Leiden – New York – Köln 1992, 3–17.

———, «4QDibHam: Liturgy or Literature?», *RdQ* 15 (1992) 447–455.

———, «Prayers from Qumran and their Historical Implications», *Dead Sea Discoveries* 1 (1994) 265–284.

CHAZON, E.G. – STONE, M., *Pseudepigraphic Perspectives: The Apocrypha and Pseudepigrapha in Light of the Dead Sea Scrolls*, StTDJ 31, Leiden – Boston – Köln 1999.

CIMOSA, M., *La letteratura intertestamentaria*, Bologna 1992.

CLEMEN, C., «Die Entstehungszeit der Himmelfahrt des Mose», in *Hundert Jahre A. Marcus und E. Webers Verlag 1818–1918*, Bonn 1919, 72–76.

CLIFFORD, R., *Deuteronomy with an Excursus on Convenant and Law*, Wilmington 1982.

COATS, G.W., «Legendary Motifs in the Moses Death Reports», *CBQ* 39 (1977) 34–44.

———, *Moses. Heroic Man, Man of God*, JSOT.S 57, Sheffield 1988.

COLANI, T., «L'Assomption de Moïse», *ReTh* 6 (1868) 65–94.

COLLINS, A.Y., «Composition and Redaction of the Testament of Moses 10», *HThR* 69 (1976) 179–186.

———, «Introduction: Early Christian Apocalypticism», *Semeia* 36 (1986) 1–11.

COLLINS, J.J., «The Date and Provenance of the Testament of Moses», in *Studies on the Testament of Moses. Seminar Papers*, SCSt 4, ed. G.W.E. Nickelsburg, Cambridge 1973, 15–32.

———, «Some Remaining Traditio-Historical Problems in the Testament of Moses», in *Studies on the Testament of Moses. Seminar Papers*, SCSt 4, ed. G.W.E. Nickelsburg, Cambridge 1973, 38–43.

———, «Apocalyptic Eschatology as the Transcendence of Death», *CBQ* 36 (1974) 21–43.

———, *The Apocalyptic Vision of the Book of Daniel*, HSM 16, Missoula 1977.

———, «Introduction: Towards the Morphology of a Genre», *Semeia* 14 (1979) 1–20.

———, «Testaments», in *Jewish Writings of the Second Temple Period. Apocrypha, Pseudepigrapha, Qumran Sectarian Writings, Philo, Josephus*, CRI 2, ed. M.E. Stone, Philadelphia – Assen 1984, 325–355.

———, «The Testamentary Literature in Recent Scholarship», in *Early Judaism and its Modern Interpreters*, ed. R.A. Kraft – G.W.E. Nickelsburg, Philadelphia – Atlanta 1986, 268–278.

———, «Early Jewish Apocalypticism», in *Anchor Bible Dictionary*, I, ed. D.N. Freedman, et al., New York – London – Toronto – Sydney – Auckland 1992, 282–288.

———, *Daniel. A Commentary on the Book of Daniel*, Minneapolis 1993.

———, ed., *The Encyclopedia of Apocalypticism. I. The Origins of Apocalypticism in Judaism and Christianity*, New York 1998.

———, *The Apocalyptic Imagination. An Introduction to Jewish Apocalyptic Literature*, 2. Auflage, Grand Rapids – Cambridge 1998.

———, «Pseudepigraphy and Group Formation in Second Temple Judaism», in *Pseudepigraphic Perspectives: The Apocrypha and Pseudepigrapha in Light of the Dead Sea Scrolls*, StTDJ 31, ed. E.G. Chazon – M. Stone, Leiden – Boston – Köln 1999, 43–58.

CORTÉS, E, *Los discursos de adiós de Gn 49 a Jn 13–17. Pistas para la historia de un género literario en la antigua literatura judía*, Barcelona 1976.

Cousin, H., «Le Testament de Moïse», *Foi et Vie* 89 (1990) 39–48.

Craigie, P.C., *The Book of Deuteronomy*, Grand Rapids 1976.

Davies, P.R., «"Age of Wickedness" or "End of Days"?: Qumran Scholarship in Prospect», *HebStud* 34 (1993) 7–19.

De Jonge, M., «Christian Influence in the Testaments of the Twelve Patriarchs», in *Studies on the Testament of the Twelve Patriarchs. Text and Interpretation*, SVTP 3, ed. M. De Jonge, Leiden 1975, 193–246.

De Santo, C., «The Assumption of Moses and the Christian Gospel», *Interp.* 16 (1962) 305–310.

Delcor, M., «Contribution à l'étude de la législation des sectaires de Damas», *RB* 62 (1955) 60–75.

Di Lella, A.A., *The Wisdom of Ben Sira*, AncB 39, New York 1987.

Dìez Macho, A., *Introducción general a los Apocrifos del Antiguo Testamento*, Apocrifos del Antiguo Testamento 1, Madrid 1984.

Dillmann, A., *Numeri, Deuteronomium und Josua*, KEH 13, 2. Auflage, Leipzig 1886.

Dimant, D., «Qumran Sectarian Literature», in *Jewish Writings of the Second Temple Period. Apocrypha, Pseudepigrapha, Qumran Sectarian Writings, Philo, Josephus*, CRI 2, ed. M.E. Stone, Philadelphia – Assen 1984, 483–550.

———, «The Problem of Non-Translated Biblical Greek», in *VI Congress of the International Organization for Septuagint and Cognate Studies. Jerusalem 1986*, SCSt 23, ed. C.E. Cox, Atlanta 1987, 1–19.

———, «Use and Interpretation of Mikra in the Apocrypha and Pseudepigrapha», in *Mikra. Text, Translation, Reading and Interpretation of the Hebrew Bible in Ancient Judaism and Early Christianity*, CRI 1, ed. M.J. Mulder, Philadelphia – Assen, 1988, 379–419.

———, «New Light from Qumran on the Jewish Pseudepigrapha – 4Q390», in *The Madrid Qumran Congress, Proceedings of the International Congress on the Dead Sea Scrolls, Madrid 18–21 March 1991*, StTDJ 11/2, ed. J. Trebolle Barrera – L. Vegas Montaner, Leiden – New York – Köln 1992, 405–448.

———, «The Seventy Weeks Chronology (Dan 9,24–27) in the Light of New Qumranic Texts», in *The Book of Daniel in the Light of New Findings*, BEThL 106, ed. A.S. van der Woude, Leuven 1993, 57–76.

———, «Apocrypha and Pseudepigrapha at Qumran», *Dead Sea Discoveries* 1 (1994) 151–159.

Doran, R., «The Martyr: a Synoptic View of the Mother and her Seven Sons», in *Ideal Figures in Ancient Judaism. Profiles and Paradigms*, SCSt 12, ed. G.W.E. Nickelsburg – J.J. Collins, Chico 1980, 189–221.

———, «T. Mos. 4:8 and the Second Temple», *JBL* 106 (1987) 491–492.

———, «The First Book of Maccabees. Introduction, Commentary, and Reflections», in *The New Interpreter's Bible*, IV, ed. N.M. Alexander, et al., Nashville 1996, 1–178.

———, «The Second Book of Maccabees. Introduction, Commentary, and Reflections», in *The New Interpreter's Bible*, IV, ed. N.M. Alexander, et al., Nashville 1996, 179–299.

Driver, S.R., *A Critical and Exegetical Commentary on Deuteronomy*, 3. Auflage, Edinburgh 1902.

Drummond, J., *The Jewish Messiah. A Critical History of the Messianic Idea among the Jews from the Rise of the Maccabees to the Closing of the Talmud*, London 1877.

Duncan, J.A., «New Readings for the "Blessing of Moses" from Qumran», *JBL* 114 (1995) 273–290.

Dupont-Sommer, A., *Aperçus préliminaire sur les manuscrits de la Mer Morte*, OAI 4, Paris 1950.

Eissfeldt, O., «Die Umrahmung des Mose-Liedes Dtn 32,1–43 und des Mose-Gesetzes Dtn 1–30 in Dtn 31,9–32.47», in *Kleine Schriften*, III, ed. O. Eissfeldt, Tübingen 1966, 322–334.

EISSFELDT, O., *Einleitung in das Alte Testament*, 4. Auflage, Tübingen 1976.

ENDRES, J.C., *Biblical Interpretation in the Book of Jubilees*, CBQ.MS 18, Washington 1987.

ENGEL, H., «Die Bücher der Makkabäer», in *Einleitung in das Alte Testament*, ed. E. Zenger, 3. Auflage, Stuttgart – Berlin – Köln 1998, 275–290.

ENNS, P., *Exodus Retold. Ancient Exegesis of the Departure from Egypt in Wis 10:15–21 and 19:1–9*, HSM 57, Atlanta 1997.

ESHEL, H., «The Historical Background of the Pesher Interpreting Joshua's Curse on the Rebuilder of Jericho», *RdQ* 15 (1991) 409–420.

EWALD, H., «Rezension von A.M. Ceriani, *Monumenta sacra et profana*, I/1», GGA 124 (1862) 1–9.

———, «Rezension von J. Langen, *Das Judenthum in Palästina*, und von A. Hilgenfeld, *Novum Testamentum*», GGA 129 (1867) 100–118.

FELDMAN, L.H., «Josephus' Portrait of Joshua», *HThR* 82/4 (1989) 351–376.

———, «Josephus' Portrait of Moses», *JQR* 82 (1992) 285–328, 83 (1992) 7–50, 83 (1993) 301–330.

———, *Studies in Josephus' Rewritten Bible*, Supplements to JSJ 58, Leiden – Boston – Köln 1998.

———, *Josephus' Interpretation of the Bible*, Berkeley – Los Angeles – London 1998.

FERRAR, W.J., *The Assumption of Moses*, TED 1, 2. Auflage, London – New York 1918.

FISHBANE, M., «Use, Authority and Interpretation of Mikra at Qumran», in *Mikra. Text, Translation, Reading and Interpretation of the Hebrew Bible in Ancient Judaism and Early Christianity*, CRI 1, ed. M.J. Mulder, Assen – Philadelphia 1988, 339–377.

FITZMYER, J.A., *The Genesis Apocryphon of Qumran Cave I. A Commentary*, BibOr 18A, 2. Auflage, Roma 1971.

FLUSSER, D., *Judaism and the Origins of Christianity*, Jerusalem 1988.

FRANXMAN, T.W., *Genesis and the "Jewish Antiquities" of Flavius Josephus*, BibOr 35, Roma 1979.

FRÖHLICH, I., *"Time and Times and Half a Time". Historical Consciousness in the Jewish Literature of the Persian and Hellenistic Eras*, JSPE.S 19, Sheffield 1996.

GARCÍA LÓPEZ, F., «Deuteronomio 31, el Pentateuco y la historia deuteronomista», in *Deuteronomy and Deuteronomic Literature*, BEThL 133, Fs. C.H.W. Brekelmans, Leuven 1997, 71–85.

GARCÍA MARTÍNEZ, F., «Estudios Qumránicos 1975–1985: Panorama crítico (V)», *EstB* 47 (1989) 93–118.

———, «Nuevos textos no biblicos procedentes de Qumran (I)», *EstB* 49 (1991) 97–134.

———, et al., ed., *Studies in Deuteronomy*, VT.S 53, Fs. C.J. Labuschagne, Leiden – New York – Köln 1994.

———, «Les manuscrits du désert de Juda et le Deutéronome», in *Studies in Deuteronomy*, VT.S 53, Fs. C.J. Labuschagne, Leiden – New York – Köln 1994, 63–82.

———, «Biblical Borderlines», in *People of the Dead Sea Scrolls. Their Writings, Beliefs and Practices*, ed. F. García Martínez – J. Trebolle Barrera, Leiden – New York – Köln 1995, 123–138.

GARCÍA MARTÍNEZ, F. – TREBOLLE BARRERA, J., Los hombres de Qumrán. Literatura, estructura social y concepciones religiosas, Madrid 1993; English trans., *People of the Dead Sea Scrolls. Their Writings, Beliefs and Practices*, Leiden – New York – Köln 1995.

GOLDSTEIN, J.A., «The Testament of Moses: Its Content, its Origin, and its Attestation in Josephus», in *Studies on the Testament of Moses. Seminar Papers*, SCSt 4, ed. G.W.E. Nickelsburg, Cambridge 1973, 44–52 (unverändert mit dem gleichen Titel auch in *Semites, Iranians, Greeks and Romans. Studies in their Interaction*, BJSt 217, Atlanta 1990, 181–190).

GOLDSTEIN, J.A., *I Maccabees. A New Translation with Introduction and Commentary*, AncB 41, New York 1976.

————, *II Maccabees. A New Translation with Introduction and Commentary*, AncB 41A, New York 1983.

————, «The Date of the Book of Jubilees», *PAAJR* 50 (1983) 63–86.

GROSSFELD, B., «Neofiti 1 to Deut 31:7—The Problem Re-analyzed», *ABR* 24 (1976) 30–34.

HAACKER, K., «Assumptio Mosis—eine samaritanische Schrift?», *ThZ* 25 (1969) 385–405.

HAACKER, K. – SCHÄFER, P., «Nachbiblische Traditionen vom Tod des Mose», in *Josephus-Studien. Untersuchungen zu Josephus, dem antiken Judentum und dem Neuen Testament*, Fs. O. Michel, Göttingen 1974, 147–174.

HAFEMANN, S.J., «Moses in the Apocrypha and Pseudepigrapha: A Survey», *JSPE* 7 (1990) 79–104.

HALL, R.G., «Epispasm and the Dating of Ancient Jewish Writings», *JSPE* 2 (1988) 71–86.

HALPERN-AMARU, B., «Redesigning Redemptions Convenant in the Testament of Moses», in *Summoning. Ideas of the Convenant and Interpretative Theory*, ed. E. Spolsky, New York 1993, 131–152.

————, *Rewriting the Bible. Land and Convenant in Postbiblical Jewish Literature*, Valley Forge 1994.

HARL, M., *La langue de Japhet. Quinze études sur la Septante et le grec des chrétiens*, Paris 1992.

HARRINGTON, D.J., «Interpreting Israel's History: The Testament of Moses as a Rewriting of Deut 31–34», in *Studies on the Testament of Moses. Seminar Papers*, SCSt 4, ed. G.W.E. Nickelsburg, Cambridge 1973, 59–66.

————, «Palestinian Adaptations of Biblical Narratives and Prophecies», in *Early Judaism and its Modern Interpreters*, ed. R.A. Kraft – G.W.E. Nickelsburg, Philadelphia – Atlanta 1986, 239–247.

HARTMAN, L., *Prophecy Interpreted. The Formation of some Jewish Apocalyptic Texts and of the Eschatological Discourse Mark 13 par*, CB.NT 1, Uppsala 1966.

HARTMAN, L.F. – DI LELLA, A.A., *The Book of Daniel*, AncB 23, New York 1978.

HAUSRATH, A., *Neutestamentliche Zeitgeschichte*, IV, Heidelberg 1877.

HAYWARD, C.T.R., «Rewritten Bible», in *A Dictionary of Biblical Interpretation*, ed. R.J. Coggins – J.L. Houlden, London – Philadelphia 1990, 595–598.

HEIDENHEIM, M., «Beiträge zum bessern Verständniss der "Ascensio Moysis"», *VDETF* 4 (1871) 63–102.

HENGEL, M., *Judentum und Hellenismus*, WUNT 10, 2. Auflage, Tübingen 1973.

————, *Die Zeloten. Untersuchungen zur jüdischen Freiheitsbewegung in der Zeit von Herodes I. bis 70 n.Chr.*, AGJU 1, Leiden – Köln 1976.

————, «"Schriftauslegung" und "Schriftwerdung" in der Zeit des Zweiten Tempels», in *Schriftauslegung im antiken Judentum und im Urchristentum*, WUNT 73, ed. M. Hengel – H. Löhr, Tübingen 1994, 1–71.

HENTEN, J.W. VAN, «Datierung und Herkunft des vierten Makkabäerbuches», in *Tradition and Re-Interpretation in Jewish and Early Christian Literature*, StPB 36, Fs. J.C.H. Lebram, Leiden 1986, 136–149.

————, «Traditie en interpretatie in TestMos 9:1–10:10», *Summa* 19 (1987) 18–29.

————, «Das jüdische Selbstverständnis in den ältesten Martyrien», in *Die Entstehung der jüdischen Martyrologie*, StPB 38, ed. J.W. van Henten, Leiden – New York – København – Köln 1989, 127–161.

————, *The Maccabean Martyrs as Saviours of the Jewish People. A Study of 2 and 4 Maccabees*, Supplements to JSJ 57, Leiden – New York – Köln 1997.

HILGENFELD, A., «Moses, Ezra und Tobit unter den Apokryphen und Pseudepigraphen des Alten Testaments», *ZWTh* 29 (1886) 129–152.

HILGENFELD, A., «Die Himmelfahrt des Moses und der Ezra-Prophet», *ZWTh* 41 (1898) 616–619.

HIMMELFARB, M., *Ascent to Heaven in Jewish and Christian Apocalypses*, New York – Oxford 1993.

HOFMANN, N.J., «Die "nacherzählte Bibel". Erwägungen zum sogenannten "Rewritten-Bible-Phänomen"», *Salesianum* 62 (2000) 3–17.

HOLLANDER, H.W. – DE JONGE, M., *The Testaments of the Twelve Patriarchs. A Commentary*, SVTP 8, Leiden 1985.

HOLMÉN, T., «Covenant Thinking. Accounting for Diversity in Early Judaism», in *Approaches to Ancient Judaism. New Series. Volume Twelve*, SFSHJ 158, ed. J. Neusner, Atlanta 1997, 95–113.

HÖLSCHER, G., «Über die Entstehungszeit der Himmelfahrt Moses», *ZNW* 17 (1916) 108–127.149–158.

HOLTZMANN, O., *Neutestamentliche Zeitgeschichte*, 2. Auflage, Tübingen 1906.

HORBURY, W., «J. Tromp, *The Assumption of Moses*», *VT* 45 (1995) 398–403.

HUEBSCH, R.W., «The Testament of Moses: A Soteriological Consideration», *Proceedings Eastern Great Lakes Biblical Society* 2 (1982) 22–33.

HÜHN, E., *Die messianischen Weissagungen des israelitisch-jüdischen Volkes bis zu den Targumim*, Freiburg 1899.

HUTTER, M., «"Halte diese Worte geheim!" – Eine Notiz zu einem apokalyptischen Brauch», *BN* 25 (1984) 14–18.

ISENBERG, S.R., «On the Non-Relationship of the Testament of Moses to the Targumim», in *Studies on the Testament of Moses. Seminar Papers*, SCSt 4, ed. G.W.E. Nickelsburg, Cambridge 1973, 79–85.

JAMES, M.R., *The Lost Apocrypha of the Old Testament. Their Titles and Fragments*, London 1920.

JANSSEN, E., *Das Gottesvolk und seine Geschichte. Geschichtsbild und Selbstverständnis im palästinensischen Schrifttum von Jesus Sirach bis Jehuda ha-Nasi*, Neukirchen 1971.

JAUBERT, A., *La notion d'alliance dans le Judaïsme aux abords de l'ère chrétienne*, PatSor 6, Paris 1963.

KAISER, O., *Grundriss der Einleitung. I. Die erzählenden Werke. II. Die Prophetischen Werke. III. Die poetischen und weisheitlichen Werke*, Gütersloh 1992, 1994, 1994.

KEE, H.C., «Appropriating the History of God's People: a Survey of Interpretations of the History of Israel in the Pseudepigrapha, Apocrypha and the New Testament», in *The Pseudepigrapha and Early Biblical Interpretation*, JSPE.S 14, ed. J.H. Charlesworth – C.A. Evans, Sheffield 1993, 44–64.

KEIL, C.F., *Leviticus, Numeri und Deuteronomium*, Giessen – Basel 1987.

KEIM, T., *Geschichte Jesu von Nazara in ihrer Verkettung mit dem Gesamtleben seines Volkes*, II, Zürich 1871.

KELLERMANN, U., «Das Danielbuch und die Märtyrertheologie der Auferstehung», in *Die Entstehung der jüdischen Martyrologie*, StPB 38, ed. J.W. van Henten, Leiden – New York – København – Köln 1989, 51–75.

KLAUSNER, J., *The Messianic Idea in Israel from its Beginning to the Completion of the Mishnah*, London 1956.

KLEIN, R.W., «The Text of Deuteronomy Employed in the Testament of Moses», in *Studies on the Testament of Moses. Seminar Papers*, SCSt 4, ed. G.W.E. Nickelsburg, Cambridge 1973, 78.

KNIBB, M.A., «The Exile in the Literature of the Intertestamental Period», *HeyJ* 17 (1976) 253–272.

———, «A Note on 4Q372 and 4Q390», in *The Scriptures and the Scrolls*, VT.S 49, Fs. A.S. van der Woude, Leiden – New York – Köln 1992, 164–177.

KOCH, K., *Ratlos vor der Apokalyptik*, Gütersloh 1970.

———, ed., *Apokalyptik*, Darmstadt 1982.

KOEP, L., *Das himmlische Buch in Antike und Christentum*, Theophaneia 8, Bonn 1952.

KOESTER, C.R., *The Dwelling of God. Tabernacle in the Old Testament, Intertestamental Jewish Literature, and the New Testament*, CBQ.MS 22, Washington 1989.

KOLENKOW, A.B., «The Assumption of Moses as a Testament», in *Studies on the Testament of Moses. Seminar Papers*, SCSt 4, ed. G.W.E. Nickelsburg, Cambridge 1973, 71–77.

———, «The Genre Testament and Forecasts of the Future in the Hellenistic Jewish Milieu», *JSJ* 6 (1975) 57–71.

———, «The Literary Genre "Testament"», in *Early Judaism and its Modern Interpreters*, ed. R.A. Kraft – G.W.E. Nickelsburg, Philadelphia – Atlanta 1986, 259–267.

KOOIJ, A. VAN DER, «The Ending of the Song of Moses: on the Pre-Masoretic Version of Deut 32:43», in *Studies in Deuteronomy*, VT.S 53, Fs. C.J. Labuschagne, Leiden – New York – Köln, 1994, 93–100.

KRAFT, R.A., «Scripture and Canon in Jewish Apocrypha and Pseudepigrapha», in *Hebrew Bible/ Old Testament. The History of its Interpretation*, I/1, ed. M. Sæbø, Göttingen 1996, 199–216.

KRATZ, R.G., *Kyros im Deuterojesaja-Buch. Redaktionsgeschichtliche Untersuchungen zu Entstehung und Theologie von Jes 40–55*, FAT 1, Tübingen 1991.

KUHN, G., «Zur Assumptio Mosis», *ZAW* 43 (1925) 124–129.

LABERGE, L., «Le texte de Deutéronome 31 (Dt 31,1–29; 32,44–47)», in *Pentateuchal and Deuteronomistic Studies*, BEThL 94, ed. C. Brekelmans – J. Lust, Leuven 1990, 143–160.

LABUSCHAGNE, C.J., «The Song of Moses: Its Framework and Structure», in *De Fructu Oris Sui*, POS 9, Fs. A. van Selms, Leiden 1971, 85–98.

———, «The Setting of the Song of Moses in Deuteronomy», in *Deuteronomy and Deuteronomic Literature*, BEThL 133, Fs. C.H.W. Brekelmans, Leuven 1997, 111–129.

LAGRANGE, M.-J., *Le Judaisme avant Jésus-Christ*, Paris 1931.

LANGEN, J., *Das Judentum in Palästina zur Zeit Christi*, Freiburg 1866.

LAPERROUSAZ, E.-M., «Le Testament de Moïse (generalement appelé Assomption de Moïse). Traduction avec introduction et notes», *Semitica* 19 (1970) 1–140.

LATTEY, C.C., «The Messianic Expectation in "The Assumption of Moses"», *CBQ* 4 (1942) 9–21.

LEBRAM, J.-C., *Das Buch Daniel*, ZBK.AT 23, Zürich 1984.

LEE, T.R., *Studies in the Form of Sirach 44–50*, SBL.DS 75, Atlanta 1986.

LESZYNSKY, R., *Die Sadduzäer*, Berlin 1912.

LICHT, J., «Taxo, or the Apocalyptic Doctrine of Vengeance», *JJS* 12 (1961) 95–103.

———, «The Attitude to Past Events in the Bible and in Apocalyptic Literature», *Tarb.* 60 (1990–91) 1–18 (in hebräischer Sprache).

LIM, T.H., «The "Psalms of Joshua" (4Q379 fr. 22 col. 2): A Reconsideration of its Text», *JJS* 44 (1993) 309–312.

LOEWENSTAMM, S.E., «The Death of Moses», in *From Babylon to Canaan. Studies in the Bible and its Oriental Background*, ed. S.E. Loewenstamm, Jerusalem 1992, 136–166.

LOHFINK, N., «Der Bundesschluss im Land Moab. Redaktionsgeschichtliches zu Dt 28,69 – 32,47», *BZ* 6 *N.F.* (1962) 32–56.

———, «Die deuteronomistische Darstellung des Übergangs der Führung Israels von Mose auf Josue», *Schol.* 37 (1962) 32–44.

———, «Zur Fabel in Dtn 31–32», in *Konsequente Traditionsgeschichte*, OBO 126, Fs. K.Baltzer, Fribourg – Göttingen 1993, 255–279.

———, «Zur Fabel des Deuteronomiums», in *Bundesdokument und Gesetz. Studien zum Deuteronomium*, Herders Biblische Studien 4, ed. G. Braulik, Freiburg – Basel – Wien – Barcelona – Roma – New York 1995, 65–78.

———, «Gab es eine deuteronomistische Bewegung?», in *Jeremia und die "deuteronomistische Bewegung"*, BBB 98, ed. W. Gross, Weinheim 1995, 313–382.

LUYTEN, J., «Primeval and Eschatological Overtones in the Song of Moses (Dt 32,1–43)», in *Das Deuteronomium. Entstehung, Gestalt und Botschaft*, BEThL 68, ed. N. Lohfink, Leuven 1985, 341–347.

MACK, B.L., *Wisdom and the Hebrew Epic. Ben Sira's Hymn in Praise of the Fathers*, Chicago – London 1985.

MARTIN, S.C., *Pauli Testamentum. 2 Timothy and the Last Words of Moses*, Tesi Gregoriana. Serie Teologia 18, Roma 1997.

MCNAMARA, M., *Intertestamental Literature*, OTMes 23, Wilmington 1983.

MAGGIOROTTI, D., «La datazione del Testamento di Mosè», *Henoch* 15 (1993) 235–262.

MAIER, J., *Zwischen den Testamenten. Geschichte und Religion in der Zeit des zweiten Tempels*, NEB Ergänzungsband zum AT 3, Würzburg 1990.

MANSON, T.W., «Miscellanea Apocalyptica», *JThS* 46 (1945) 41–45.

MARBÖCK, J., «Das Buch Jesus Sirach», in *Einleitung in das Alte Testament*, ed. E. Zenger, 3. Auflage, Stuttgart – Berlin – Köln 1998, 363–370.

MARTI, K., *Das Buch Daniel*, KHC 18, Tübingen – Leipzig 1901.

MAYER, G., «Josephus Flavius», in *TRE*, XVII, ed. G. Müller, et al., Berlin – New York 1988, 258–264.

MAYES, A.D.H., *Deuteronomy*, Grand Rapids – London 1979.

MEEKS, W.A., *The Prophet-King. Moses Traditions and the Johannine Christology*, Leiden 1967.

MESSEL, N., *Die Einheitlichkeit der jüdischen Eschatologie*, BZAW 30, Giessen 1915.

MEYER, R., «Himmelfahrt Moses», in *RGG*, III, Tübingen 1959, 337.

———, «Die Bedeutung von Deuteronomium 32,8f.43 (4Q) für die Auslegung des Moseliedes», in *Verbannung und Heimkehr*, Fs. W. Rudolph, Tübingen 1961, 197–209.

MILLER, P.D., *Deuteronomy. A Bible Commentary for Teaching and Preaching*, Louisville 1990.

MINK, H.-A., «The Use of Scripture in the Temple Scroll and the Status of the Scroll Laws», *SJOT* 1 (1987) 20–50.

MOESSNER, D.P., «Suffering, Intercession and Eschatological Atonement: an Uncommon Common View in the Testament of Moses and in Luke-Acts», in *The Pseudepigrapha and Early Biblical Interpretation*, JSPE.S 14, ed. J.H. Charlesworth – C.A. Evans, Sheffield 1993, 202–227.

MOWINCKEL, S., «The Hebrew Equivalent of Taxo in Ass. Mos. ix», in *Congress Volume Copenhagen 1953*, VT.S 1, Leiden 1953, 88–96.

MÜLLER, K., «Apokalyptik/Apokalypsen. III. Die jüdische Apokalyptik. Anfänge und Merkmale», in *TRE*, III, ed. H.R. Balz, et al., Berlin – New York 1978, 202–251.

MÜLLER, U.B., «Die Parakletenvorstellung im Johannesevangelium», *ZThK* 71 (1974) 31–77.

MÜNCHOW, C., *Ethik und Eschatologie. Ein Beitrag zum Verständnis der frühjüdischen Apokalyptik mit einem Ausblick auf das Neue Testament*, Göttingen 1981.

MUNCK, J., «Discours d'adieu dans le Nouveau Testament et dans la littérature biblique», in *Aux sources de la tradition chrétienne*, Fs. M.M. Goguel, Paris 1950, 155–170.

MURPHY, F.J., *Pseudo-Philo. Rewriting the Bible*, New York – Oxford 1993.

NEWSOM, C., «The "Psalms of Joshua" from Qumran Cave 4», *JJS* 39 (1988) 56–73.

———, «"Sectually Explicit" Literature from Qumran», in *The Hebrew Bible and its Interpreters*, ed. W.H. Propp – B. Halpern – D.N. Freedman, Winona Lake 1990, 167–187.

———, «4Q378 and 4Q379: An Apocryphon of Joshua», in *Qumranstudien. Vorträge und Beiträge der Teilnehmer des Qumranseminars auf dem internationalen Treffen der Society of Biblical Literature, Münster, 25.–26. Juli 1993*, SIJD 4, ed. H.-J. Fabry – A. Lange – H. Lichtenberger, Göttingen 1996, 35–85.

NICKELSBURG, G.W.E., *Resurrection, Immortality, and Eternal Life in Intertestamental Judaism*, HThS 26, Cambridge – London 1972.

NICKELSBURG, G.W.E., ed., *Studies on the Testament of Moses. Seminar Papers*, SCSt 4, Cambridge 1973.

———, «Studies on the Testament of Moses – Introduction», in *Studies on the Testament of Moses. Seminar Papers*, SCSt 4, ed. G.W.E. Nickelsburg, Cambridge 1973, 5–14.

———, «An Antiochan Date for the Testament of Moses», in *Studies on the Testament of Moses. Seminar Papers*, SCSt 4, ed. G.W.E. Nickelsburg, Cambridge 1973, 33–37.

———, *Jewish Literature between the Bible and the Mishnah. A Historical and Literary Introduction*, Philadelphia 1981.

———, «Stories of Biblical and Early Post-biblical Times», in *Jewish Writings of the Second Temple Period. Apocrypha, Pseudepigrapha, Qumran Sectarian Writings, Philo, Josephus*, CRI 2, ed. M.E. Stone, Philadelphia – Assen 1984, 33–87.

———, «The Bible Rewritten and Expanded», in *Jewish Writings of the Second Temple Period. Apocrypha, Pseudepigrapha, Qumran Sectarian Writings, Philo, Josephus*, CRI 2, ed. M.E. Stone, Philadelphia – Assen 1984, 89–156.

———, «The Nature and Function of Revelation in 1Enoch, Jubilees, and Some Qumranic Documents», in *Pseudepigraphic Perspectives: The Apocrypha and Pseudepigrapha in Light of the Dead Sea Scrolls*, StTDJ 31, ed. E.G. Chazon – M. Stone, Leiden – Boston – Köln 1999, 91–119.

NICKELSBURG, G.W.E. – STONE, M.E., *Faith and Piety in Early Judaism. Texts and Documents*, Philadelphia 1983.

NIELSEN, E., *Deuteronomium*, HAT 1/6, Tübingen 1995.

NORDHEIM, E. VON, *Die Lehre der Alten. I. Das Testament als Literaturgattung im Judentum der hellenistisch-römischen Zeit. II. Das Testament als Literaturgattung im Alten Testament und im Alten Vorderen Orient*, ALGHJ 13 und 18, Leiden 1980, 1985.

OBERHÄNSLI-WIDMER, G., «Mose/Moselied/Mosesegen/Moseschriften. III. Apokalyptische und jüdisch-hellenistische Literatur», in *TRE*, XXIII, ed. G. Müller, et al., Berlin – New York 1994, 347–357.

PATTE, D., *Early Jewish Hermeneutic in Palestine*, SBL.DS 22, Missoula 1975.

PERLITT, L., «Mose als Prophet», *EvTh* 31 (1971) 588–608.

PFEIFFER, R.H., *History of New Testament Times. With an Introduction to the Apocrypha*, New York 1949.

PHILIPPI, F., *Das Buch Henoch, sein Zeitalter und sein Verhältnis zum Judasbrief*, Stuttgart 1868.

PRIEST, J., «Some Reflections on the Assumption of Moses», *PRSt* 4 (1977) 92–111.

———, «Moses, Testament of», in *AncB Dictionary*, IV, New York – London – Toronto – Sydney – Auckland 1992, 920–922.

PURVIS, J.D., «Samaritan Traditions on the Death of Moses», in *Studies on the Testament of Moses. Seminar Papers*, SCSt 4, ed. G.W.E. Nickelsburg, Cambridge 1973, 93–117.

RAD, G. VON, *Das fünfte Buch Mose. Deuteronomium*, ATD 8, 3. Auflage, Göttingen 1978.

REDDISH, M.G., ed., *Apocalyptic Literature. A Reader*, Nashville 1990.

REESE, G., *Die Geschichte Israels in der Auffassung des frühen Judentums. Eine Untersuchung der Tiervision und der Zehnwochenapokalypse des äthiopischen Henochbuches, der Geschichtsdarstellung der Assumptio Mosis und der des 4Esrabuches*, BBB 123, Berlin – Bodenheim 1999.

REISER, M., *Die Gerichtspredigt Jesu. Eine Untersuchung zur eschatologischen Verkündigung Jesu und ihrem frühjüdischen Hintergrund*, NTA 23, Münster 1990.

RHOADS, D.M., «The Assumption of Moses and Jewish History: 4 B.C.–A.D. 48», in *Studies on the Testament of Moses. Seminar Papers*, SCSt 4, ed. G.W.E. Nickelsburg, Cambridge 1973, 53–58.

RIST, M., «Moses, Assumption of», in *IDB*, III, New York – Nashville 1962, 450–451.

RÖNSCH, H., «Sprachliche Parallelen aus dem Bereiche der Itala und Vorschläge zu Mosis Prophetia et Assumptio», *ZWTh* 11 (1868) 76–108.

———, «Weitere Illustrationen zur Assumptio Mosis», *ZWTh* 12 (1869) 213–228.

———, «Xeniola theologica. Zweite Serie. 3. Chronologisches und Kritisches zur Assumptio Mosis», *ZWTh* 17 (1874) 542–562.

ROSE, M., «Empoigner le Pentateuque par sa fin! L'investiture de Josué et la mort de Moïse», in *Le Pentateuque en question*, ed. A.de Pury, Genève 1989, 129–147.

ROSENTHAL, F., *Vier Apokryphische Bücher aus der Zeit und Schule R. Akiba's*, Leipzig 1885.

ROST, L., *Einleitung in die alttestamentlichen Apokryphen und Pseudoepigraphen einschliesslich der grossen Qumran-Handschriften*, Heidelberg 1971; English trans., *Judaism outside the Hebrew Canon. An Introduction to the Documents*, Nashville 1976.

ROWLEY, H.H., «The Figure of "Taxo" in the Assumption of Moses», *JBL* 64 (1945) 141–143.

———, *The Relevance of Apocalyptic. A Study of Jewish and Christian Apocalypses from Daniel to the Revelation*, 4. Auflage, London – Greenwood 1980; deutsche Übersetzung, *Apokalyptik. Ihre Form und Bedeutung zur biblischen Zeit. Eine Studie über jüdische und christliche Apokalypsen vom Buch Daniel bis zur geheimen Offenbarung*, 3. Auflage, Einsiedeln – Zürich – Köln 1965.

RUBINKIEWICZ, R., «Reich Gottes im frühjüdischen Schrifttum als Hintergrund der ntl. Basileia-Verkündigung», *CoTh* 64 (Special Number 1994) 19–32.

RUSSELL, D.S., *Between the Testaments*, 3. Auflage, London 1970.

———, *The Method and Message of Jewish Apocalyptic 200 BC–AD 100*, 3. Auflage, London 1980; trad. italiana, *L'apocalittica giudaica (200 A.C.–100 D.C.)*, Brescia 1991.

———, *The Old Testament Pseudepigrapha. Patriarchs and Prophets in Early Judaism*, London 1987.

SANDERS, E.P., *Judaism. Practice and Belief 63 BCE–66 CE*, London – Philadelphia 1992.

SANDERS, J.A., «Introduction: Why the Pseudepigrapha?», in *The Pseudepigrapha and Early Biblical Interpretation*, JSPE.S 14, ed. J.H. Charlesworth – C.A. Evans, Sheffield 1993, 13–19.

SANDERS, P., *The Provenance of Deuteronomy 32*, Leiden – New York – Köln 1996.

SCHÄFER, P., «Tempel und Schöpfung», *Kairos* 16 (1974) 122–133.

SCHÄFER-LICHTENBERGER, C., *Josua und Salomo. Eine Studie zu Autorität und Legitimität des Nachfolgers im Alten Testament*, VT.S 58, Leiden – New York – Köln 1995.

SCHALIT, A., *Untersuchungen zur Assumptio Mosis*, ALGHJ 17, Leiden 1989 [cf. die Rezension dazu: BECKER, H.-J., *JQR* 84 (1993–94) 293–297].

———, *Manuskript zu AM 2–4*, ohne Orts- und Jahresangabe.

SCHIFFMAN, L.H., «The Temple Scroll and the Halakhic Pseudepigrapha of the Second Temple Period», in *Pseudepigraphic Perspectives: The Apocrypha and Pseudepigrapha in Light of the Dead Sea Scrolls*, StTDJ 31, ed. E.G. Chazon – M. Stone, Leiden – Boston – Köln 1999, 121–131.

SCHÜRER, E., *Geschichte des jüdischen Volkes im Zeitalter Jesu Christi*. I. *Einleitung und politische Geschichte*. II. *Die inneren Zustände*. III. *Das Judentum in der Zerstreuung und die jüdische Literatur*, 4. Auflage, Leipzig 1901, 1907, 1909.

———, *The History of the Jewish People in the Age of Jesus Christ (175 B.C.–A.D. 135)*, I–II–III/1–III/2, A New English Version, Revised and Edited by G. Vermes – F. Millar – M. Goodman, Edinburgh 1973, 1979, 1986, 1987; trad. española, *Historia del pueblo judío en tiempos de Jesús (175 A.C.–135 D.C.)*, I–II, Madrid 1985, 1985; trad. italiana, *Storia del popolo giudaico al tempo di Gesù Cristo (175 A.C.–135 d.C.)*, Biblioteca di storia e storiografia dei tempi biblici 1/6/12/13, I–II–III/1–III/2, Brescia 1985, 1987, 1997, 1998.

SCHWARTZ, D., «The Tribes of As.Mos. 4:4–9», *JBL* 99 (1980) 217–223.

SIEBENBECK, R.T., «May their Bones Return to Life!—Sirach's Praise of the Fathers», *CBQ* 21 (1959) 411–428.

Sigwalt, C., «Die Chronologie der Assumptio Mosis. Ein Beitrag zur historischen Wertung der Apokalyptiker», *BZ* 8 (1910) 372–376.

Sjöberg, E., *Gott und der Sünder im palästinischen Judentum nach dem Zeugnis der Tannaiten und der apokryphisch-pseudepigraphischen Literatur*, BWANT 4/27, Stuttgart – Berlin 1938.

Skehan, P.W., «The Structure of the Song of Moses in Deuteronomy (Deut. 32:1–43)», *CBQ* 13 (1951) 153–163.

⸺, «A Fragment of the "Song of Moses" (Deut. 32) from Qumran», *BASOR* 136 (1954) 12.

Smend, R., *Die Weisheit des Jesus Sirach*, Berlin 1906.

Sonnet, J.-P., *The Book within the Book. Writing in Deuteronomy*, Biblical Interpretation Series 14, Leiden – New York – Köln 1997.

Stadelmann, H., *Ben Sira als Schriftgelehrter*, WUNT 6, Tübingen 1980.

Stähelin, R., «Zur paulinischen Eschatologie», *JDTh* 19 (1874) 177–237.

Stauffer, E., «Probleme der Priestertradition», *ThLZ* 81 (1956) 135–150.

Stearns, W.N., «Notes on Acts xiii. 9 and on Assumptio Mosis ix.», *JBL* 19 (1900) 53–54.

Steck, O.H., *Israel und das gewaltsame Geschick der Propheten. Untersuchungen zur Überlieferung des deuteronomistischen Geschichtsbildes im Alten Testament, Spätjudentum und Urchristentum*, WMANT 30, Neukirchen 1967.

⸺, *Das apokryphe Baruchbuch. Studien zur Rezeption und Konzentration "kanonischer" Überlieferung*, FRLANT 160, Göttingen 1993.

⸺, «Die getöteten "Zeugen" und die verfolgten "Tora-Sucher" in Jub 1,12. Ein Beitrag zur Zeugnis-Terminologie des Jubiläenbuches (I)», *ZAW* 107 (1995) 445–465.

⸺, «Die getöteten "Zeugen" und die verfolgten "Tora-Sucher" in Jub 1,12. Ein Beitrag zur Zeugnis-Terminologie des Jubiläenbuches (II)», *ZAW* 108 (1996) 70–86.

Stegemann, H., *Die Essener, Qumran, Johannes der Täufer und Jesus*, 3. Auflage, Freiburg – Basel – Wien 1994.

Stemberger, G., «Hermeneutik der Jüdischen Bibel», in *Hermeneutik der Jüdischen Bibel und des Alten Testaments*, C. Dohmen – G. Stemberger, Stuttgart – Berlin – Köln 1996, 23–132.

Steuernagel, C., *Deuteronomium und Josua*, HK 1/3, Göttingen 1900.

Stone, M.E., «Apocalyptic Literature», in *Jewish Writings of the Second Temple Period. Apocrypha, Pseudepigrapha, Qumran Sectarian Writings, Philo, Josephus*, CRI 2, ed. M.E. Stone, Philadelphia – Assen 1984, 383–441.

⸺, *Fourth Ezra. A Commentary on the Book of Fourth Ezra*, Minneapolis 1990.

Stone, M.E. – Bergren, T.A., ed., *Biblical Figures outside the Bible*, Harrisburg 1998.

Strugnell. J., «Moses-Pseudepigrapha at Qumran: 4Q375, 4Q376 and Similar Works», in *Archaeology and History in the Dead Sea Scrolls*, JSPE.S 8, ed. L.H. Schiffman, Sheffield 1990, 221–256.

Swanson, D.D., *The Temple Scroll and the Bible. The Methodology of 11QT*, StTDJ 14, Leiden – New York – Köln 1995.

Székely, S., *Bibliotheca Apocrypha. Introductio Historico-Critica In Libros Apocryphos Utriusque Testamenti Cum Explicatione Argumenti Et Doctrinae*, Freiburg 1913.

Tabor, J.D., «"Returning to the Divinity"; Josephus Portrayal of the Disappearances of Enoch, Elijah, and Moses», *JBL* 108 (1989) 225–238.

Talstra, E., «Deuteronomy 31: Confusion or Conclusion? The Story of Moses' Threefold Succession», in *Deuteronomy and Deuteronomic Literature*, BEThL 133, Fs. C.H.W. Brekelmans, Leuven 1997, 87–110.

Thoma, C., «Das Böse im Zeitalter Jesu», in *Das Phänomen des Bösen*, ed. W. Kirch-schläger, Luzern – Stuttgart 1990, 50–60.

⸺, *Das Messiasprojekt. Theologie jüdisch-christlicher Begegnung*, Augsburg 1994.

Tiede, D.L., «The Figure of Moses in the Testament of Moses», in *Studies on the Testament of Moses. Seminar Papers*, SCSt 4, ed. G.W.E. Nickelsburg, Cambridge 1973, 86–92.

TORREY, C.C., «"Taxo" in the Assumption of Moses», *JBL* 62 (1943) 1–7.

———, «Taxo Once More», *JBL* 64 (1945) 395–397.

———, *The Apocryphal Literature. A Brief Introduction*, 2. Auflage, New Haven – London – Oxford 1946.

Tov, E., *Textual Criticism of the Hebrew Bible*, Assen – Minneapolis 1992; deutsche Übersetzung, *Der Text der Hebräischen Bibel. Handbuch der Textkritik*, Stuttgart – Berlin – Köln 1997.

———, «The History and Significance of a Standard Text of the Hebrew Bible», in *Hebrew Bible/ Old Testament. The History of its Interpretation*, I/1, ed. M. Sæbø, Göttingen 1996, 49–66.

———, *The Text-Critical Use of the Septuagint in Biblical Research*, JBS 8, 2. Auflage, Jerusalem 1997.

———, «The Rewritten Book of Joshua as Found at Qumran and Masada», in *Biblical Perspectives: Early Use and Interpretation of the Bible in Light of the Dead Sea Scrolls*, StTDJ 28, ed. M.E. Stone – E.G. Chazon, Leiden – Boston – Köln 1998, 233–256.

———, «Rewritten Bible Compositions and Biblical Manuscripts, with Special Attention to the Samaritan Pentateuch», *Dead Sea Discoveries* 5 (1998) 334–354.

TROMP, J., «Taxo, "The Messenger of the Lord"», *JSJ* 21 (1990) 200–209.

VANDERKAM, J.C., *Textual and Historical Studies in the Book of Jubilees*, HSM 14, Missoula 1977.

———, «Zadok and the SPR HTWRH HHTWM in Dam Doc. V,2–5», *RdQ* 11 (1984) 561–570.

———, «Exile in Jewish Apocalyptic Literature», in *Exile. Old Testament, Jewish, and Christian Conceptions*, ed. J.M. Scott, Supplements to JSJ 56, Leiden – New York – Köln 1997, 89–109.

VEGAS MONTANER, L., «Testamento de Moisés», in *Testamentos o discursos de adios*, Apocrifos del Antiguo Testamento 5, ed. A. Dìez Macho, et al., Madrid 1987, 217–255.

VERMES, G., *Scripture and Tradition in Judaism. Haggadic Studies*, StPB 4, Leiden 1961.

———, *Post-Biblical Jewish Studies*, SJLA 8, Leiden 1975.

VERNES, M., *Histoire des idées messianiques*, Paris 1874.

VOLZ, P., *Die Eschatologie der jüdischen Gemeinde im neutestamentlichen Zeitalter*, Tübingen 1934.

WALLACE, D.H., «The Semitic Origin of the Assumption of Moses», *ThZ* 11 (1955) 321–328.

WIESELER, K., «Die jüngst aufgefundene Aufnahme Moses nach Ursprung und Inhalt untersucht», *JDTh* 13 (1868) 622–648.

WINTER, M., *Das Vermächtnis Jesu und die Abschiedsworte der Väter. Gattungsgeschichtliche Untersuchung der Vermächtnisrede im Blick auf Joh 13–17*, FRLANT 161, Göttingen 1994.

WISE, M.O., *A Critical Study of the Temple Scroll from Qumran Cave 11*, SAOC 49, Chicago 1990.

ZAGER, W., *Gottesherrschaft und Endgericht in der Verkündigung Jesu. Eine Untersuchung zur markinischen Jesusüberlieferung einschließlich der Q-Parallelen*, BZNW 82, Berlin – New York 1996.

ZEITLIN, S., «The Assumption of Moses and the Revolt of Bar Kokba», *JQR* 38 (1947–48) 1–45.

ZENGER, E., ed., *Einleitung in das Alte Testament*, 3. Auflage, Stuttgart – Berlin – Köln 1998.

———, «Mose/Moselied/Mosesegen/Moseschriften. I. Altes Testament», in *TRE*, XXIII, ed. G. Müller, et al., Berlin – New York 1994, 330–341.

ZERBE, G., «"Pacifism" and "Passive Resistance" in Apocalyptic Writings: A Critical Evaluation», in *The Pseudepigrapha and Early Biblical Interpretation*, JSPE.S 14, ed. J.H. Charlesworth – C.A. Evans, Sheffield 1993, 65–95.

AUTORENVERZEICHNIS

STELLENREGISTER (AUSWAHL)

Die Seitenangaben beziehen sich auf Text- und/oder Fussnotenteil der betreffenden Seite.

Altes Testament

Apokryphen und Pseudepigraphen

Philo

Josephus